boesner-Sonderausgabe

Gottfried Bammes
Sammelband

1. Buch: Menschen zeichnen
2. Buch: Tiere zeichnen

Gottfried Bammes

Zeichenschule

Studien zur Gestalt von Mensch und Tier

boesner

Vorwort

Es gibt nicht viele Autoren, die sich – wie Gottfried Bammes – die künstlerische Anatomie bei Mensch und Tier zur Lebensaufgabe gemacht haben. Gottfried Bammes (1920–2007) galt als gefragter und herausragender Fachmann auf dem Gebiet der Künstleranatomie, über die er mehrere vielbeachtete und wegweisende Standardwerke verfasste. Anlässlich seines 80. Geburtstages wurde er sogar als „Nestor der künstlerischen Anatomie" und als „lebende Legende" gewürdigt. Gottfried Bammes studierte an der Hochschule für Bildende Künste in Dresden Malerei und Grafik sowie Pädagogik an der TH Dresden, wo er promovierte und zum Thema „Neue Grundlagen einer Methodik des Lehrfaches plastische Anatomie" habilitierte. Danach lehrte er als Ordinarius für Künstleranatomie an der Hochschule für Bildende Künste in Dresden.

In der vorliegenden Veröffentlichung werden gleich zwei wichtige Standardwerke von Gottfried Bammes zu einem Band zusammengefasst: „Menschen zeichnen" und „Tiere zeichnen". Auf über 500 Seiten wird in dieser Sonderausgabe anhand zahlreicher Beispiele, Schaubilder, Lehrtafeln, Detailstudien und Gesamtansichten auf jeden Aspekt der Anatomie eingegangen. Die Darstellungen in diesem Standardwerk der Anatomie genügen nicht nur künstlerischen, sondern auch wissenschaftlichen Ansprüchen und bieten sowohl Kunststudenten als auch Autodidakten eine zuverlässige Grundlage für ihre Arbeit.

Der eigenständige Wert der Zeichnung ist in der Kunsttheorie erst seit dem 15. Jahrhundert erkannt worden. Zwar galt die Zeichnung bereits in der mittelalterlichen Kunstlehre als eine Grundlage der Kunst, wurde jedoch lediglich als Technik betrachtet, mit deren Hilfe bestimmte künstlerische Aspekte geübt und erlernt werden konnten, nicht als autonomes Kunstwerk. Die Aufwertung der Zeichnung setzt im Jahr 1607 mit Federico Zuccaros Überlegungen zum Verhältnis von Idee und Zeichnung ein. Bei ihm steht am Anfang der künstlerischen Tätigkeit die Idee als eine Art innere Zeichnung. Der geistige Akt äußert sich in aller Regel zuerst in der Zeichnung, da sie in ihrer Ursprünglichkeit und Spontaneität mit der Idee eins ist. Sie ist die notwendige äußere Gestalt der Idee. Die weitere künstlerische Ausgestaltung ist dann, so Zuccaro, nur noch Zugabe und Vollendung.

Georg Wilhelm Friedrich Hegel (1770–1831) geht noch weiter, wenn er die Zeichnung sogar als eine der höchsten Künste bezeichnet, weil sie die genialische Ursprungsidee verkörpert, die gerade deshalb fasziniert, weil sie unausgeführt bleibt. In der Zeichnung würde die Handschrift des Künstlers in besonderer Weise sichtbar: Man könne ihm gewissermaßen bei der Arbeit zusehen.

Wie viele Pädagogen des 18. Jahrhunderts sah auch Johann Heinrich Pestalozzi (1746–1827) im Zeichnen einen wesentlichen Beitrag zur Allgemeinbildung. Seine Vorstellungen blieben das ganze Jahrhundert hindurch für die Zielsetzung und die Inhalte des Zeichenunterrichts in Deutschland maßgebend. Ungewöhnlich für Pestalozzis Zeit war seine Auffassung, den Sinn des Zeichnens nicht im Abbilden äußerer Wirklichkeit zu sehen. Vielmehr solle der Schüler zeichnen und malen, um das innere Erleben sichtbar zu machen und um seine schöpferischen Kräfte zu üben.

Über hundert Jahre später forderte Ernst Ludwig Kirchner (1880–1938), Mitbegründer der Künstlergruppe „Brücke“: „Die Kunst ist vom Menschen gemacht. Seine eigene Gestalt ist das Zentrum aller Kunst, denn für alles Empfinden ist seine Form und sein Maß Grundlage und Ausgangspunkt. Deshalb muss jeder Unterricht in Kunstdingen mit dem Menschen selbst beginnen. Ich verlange deshalb als erstes für alle Kunstschulen das Aktzeichnen als Hauptfach. Die genaue Kenntnis, die dadurch vom Menschen in seiner Bewegung und Ruhe erworben wird, ist die größte nötigste Grundbedingung für alles weitere Gestalten, sei es im Kunstgewerbe, sei es in der freien Kunst.“

Wir leben heute in einer mit vielen Zwängen behafteten Konsum-Kultur. Das Rad der Zeit, des Fortschritts und des Wissens dreht sich in unserer Gesellschaft so unerbittlich schnell, dass jeder von uns das ohnmächtige Gefühl kennt, manchmal nicht mehr mitzukommen. Viele empfinden sogar eine zunehmend persönliche Entfremdung von Dingen, Raum und Zeit. Ist es da verwunderlich, dass solche Ideen Hochkonjunktur haben, die nach einer neuen Langsamkeit und Einfachheit rufen, nach mehr Qualität statt Quantität, nach mehr Originalität statt Plattheit, nach mehr Tiefe statt Oberflächlichkeit, nach mehr Wahrnehmung statt Flüchtigkeit, nach mehr erfülltem Leben statt Tristesse, nach mehr Kunst statt Abklatsch?

Inwieweit kann eigentlich das eigene künstlerische Schaffen bei dem persönlichen Streben nach mehr Lebensqualität einen konstruktiven Beitrag leisten? Ich möchte Sie hier ganz einfach zu einem Experiment einladen: Holen Sie einen Bleistift und ein Blatt Papier hervor und setzen Sie sich vor einen beliebigen Gegenstand, den Sie in der Vergangenheit noch nie länger als eine oder zwei Minuten betrachtet haben. Beginnen Sie sodann, diesen Gegenstand zu zeichnen – vertiefen Sie sich in die Tätigkeit, lassen Sie so vielleicht eine halbe oder eine Stunde vergehen. In aller Regel machen Sie dann eine einschneidende Erfahrung – egal in welcher Technik oder mit welchem künstlerischen Anspruch Sie zu Werke gehen: Der Gegenstand, den Sie umkreisen, den Sie zeichnerisch erfassen möchten, löst sich ganz allmählich aus seiner Ferne und Anonymität, gewinnt an Kontur, Bedeutung und Wirklichkeit, tritt vor Ihr wahrnehmendes Auge als etwas Neues und Bedeutsames. Sie haben das Gefühl, ein Stück Wirklichkeit geschaffen zu haben. Es entsteht eine neue Beziehung ganz besonderer Qualität.

Die Zeichnung als künstlerische Technik bietet dem Kunstschaffenden einen Weg, eigenen Bildideen ganz unmittelbar und direkt Ausdruck zu verleihen und dabei ein Stück Welt neu zu entdecken. In diesem Sinne wünsche ich Ihnen durch dieses Buch viele Anregungen und Anstöße.

Wolfgang Boesner

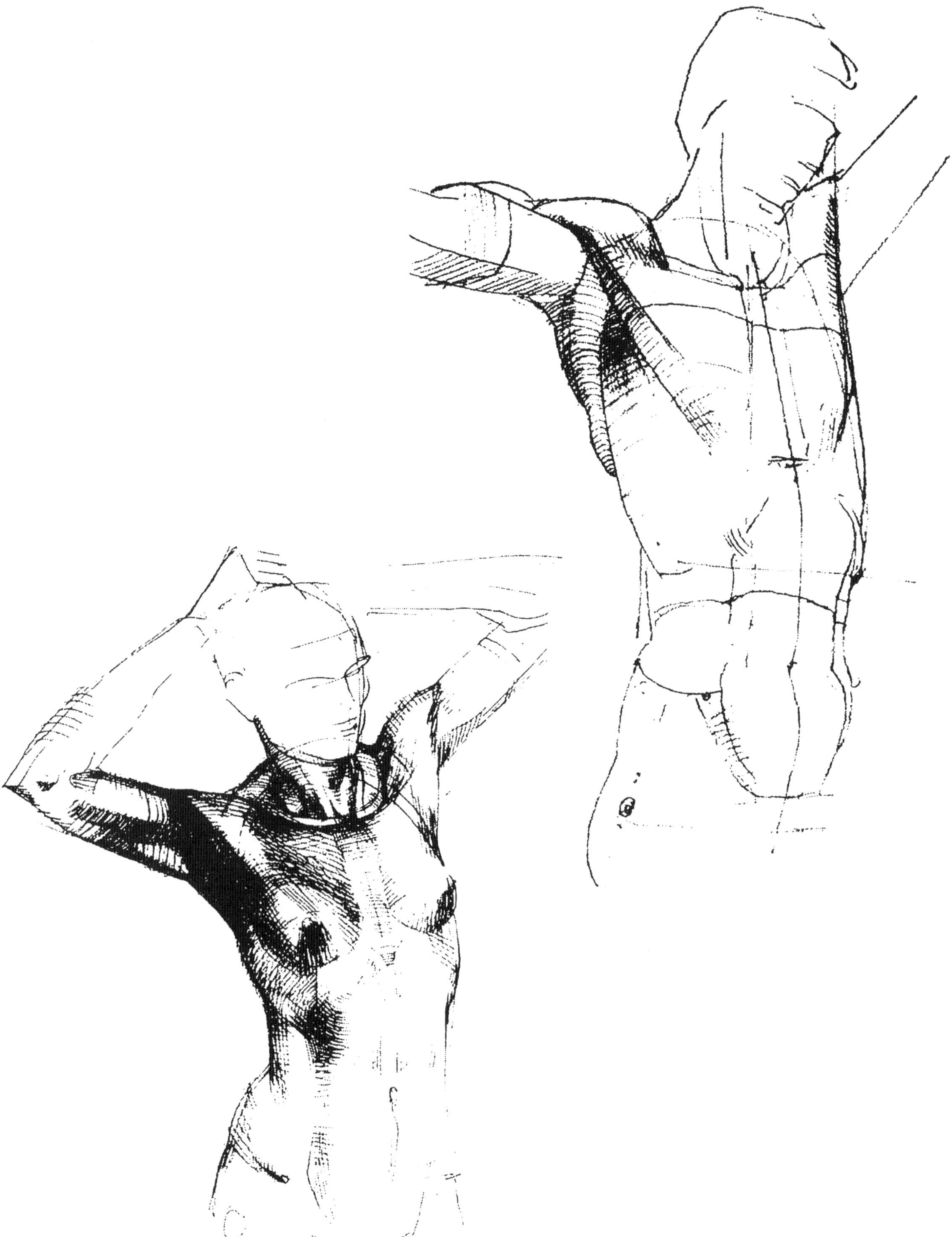

halbwüchsiger Löwe
Dresden 14.3.88

GOTTFRIED BAMMES

Menschen zeichnen

Grundlagen zum Aktzeichnen

Inhaltsübersicht

Vorwort

Hier liegt der Versuch vor, eine verknappte und vereinfachte Grundlegung des Zeichnens der menschlichen Figur zu geben. Durch eine textlich wie visuell leicht zugängliche Darstellung wird der Gegenstand des Buches in seiner didaktisch-methodischen Zielrichtung einem sehr breiten Interessenkreis erschlossen. Die vorliegenden Ergebnisse sind gleichsam ein Konzentrat und »Vademekum« aus jahrzehntelangen Lehrbemühungen zur menschlichen Gestalt. Der Leser mag ahnen, zu wieviel Verzicht an Erörterungen ich mich dabei entschließen mußte.

In meinen bisherigen didaktisch-methodisch ausgerichteten Publikationen – insbesondere im »Figürlichen Gestalten« und »Sehen und Verstehen« – habe ich mich bei dem großen und schweren Thema bereits um sachlich-fachliche und künstlerisch vertretbare Vereinfachungen bemüht. Hier wird diese Tendenz erneut aufgegriffen, forciert und zum hauptsächlichen Lehranliegen gemacht, sowohl im Hinblick auf die Abschnitte und Glieder des Körpers als auch auf seine Ganzheit. Denn immer nachdrücklicher artikulieren sich heute die Bestrebungen anschaulich fundierten Lehrens und Lernens. Sehendes Verstehen oder verstehendes Sehen sind nicht nur vorrangiges Bedürfnis für den ausübenden Künstler. Unabhängig von spezifischen Interessen und angepaßt vielen Formen künstlerisch orientierter Lehre, geben sie unverzichtbare didaktische Erleichterung und Hilfe.

Dessen eingedenk war ich bestrebt, die bildlichen Darstellungen noch einprägsamer und informationsintensiver anzulegen, ohne hierbei abzugleiten in wissenschaftlich wie künstlerisch unverantwortbare Schematismen oder Rezepturen. Alle hier erforderlichen Elementarisierungen zur menschlichen Körpergestalt in Wort und Bild wurden eigens für dieses Buch neugeschaffen. Wo auf längst in der Praxis Bewährtes zurückgegriffen wird, ist es umgearbeitet und dem noch leichteren Verstehen, einprägsamerer und eindringlicherer Umrissenheit angepaßt worden. In meinen von Anfang an verfolgten Bestrebungen, das Verständnis für die körperliche Formprägnanz zu erhöhen, bin ich in den vorliegenden neuesten Versuchen bis an die äußersten Grenzen der Vereinfachungsmöglichkeiten vorgedrungen.

Solche Absicht steht immer unter einem Doppelaspekt: *Einerseits visiert sie die einleuchtende Einfachheit an zum Zwecke ihrer didaktischen Umsetzbarkeit für einen sehr weit gefächerten Nutznießerkreis, andererseits die Ausbildung einer grundsätzlichen Verhaltensweise im zeichnerischen Naturstudium: des Dranges zum Erkennen des Formwesentlichen und zur Förderung der Anschauungskraft.*

Auf der Grundlage eines reichen, informativen und beweiskräftigen Abbildungsgutes war eine beträchtliche Textstraffung möglich. Statt eines von Anfang bis Ende durchgehenden Textes *steht hier jeder Abbildungsseite die ihr zugeordnete erläuternde Textseite gegenüber.* Somit kann jede Abbildungsseite in Verbindung mit ihrer Textseite als in sich abgeschlossene Informationsquelle benutzt werden. Trotzdem ist die Stoffabfolge als *Ganzes* konzipiert, sorgfältig aufeinander abgestimmt und verzahnt.

Daß ich wieder meine Lehrerfahrungen als Künstleranatom mit den, den Zeichenproblemen jeweils vorangestellten Sachauskünften einbringe, ist nicht nur natürlich, sondern unumgänglich; denn beim Erwerb zeichnerischer Grundfertigkeiten und Grundkenntnisse für ein verstehendes, bauendes Zeichnen gibt es keine geeignetere Hilfe als die der Künstleranatomie.

Wir fühlen uns verpflichtet einem ernsthaften Studium der gesetzmäßig natürlichen Sachverhalte, festgehalten und zu eigen gemacht in einer das Gesetzmäßige prägnant und einfühlsam erfassenden Zeichnung. Den knappen *Sachinformationen* folgen jeweils *Übungsempfehlungen mit Lösungswegen.* Letztere werden in vielen Fällen vorbereitet und erreichbar gemacht durch eine *Gliederung der Darstellungen in Arbeitsphasen.* Die Übungsempfehlungen erstrecken sich auch auf die *Arbeit mit dem Skizzenbuch.*

Mit der Synthese von Sachinformation und Übung bewegen wir uns bewußt im Bereich unerläßlicher und zuverlässiger Vorleistungen für künstlerische Kreativität.

Um gerade zu ihr immer Kontext zu halten und um methodisch-didaktisches Vorgehen nicht als Selbstzweck mißzuverstehen, werden immer wieder *Zeichenwerke der Weltkunst den mitarbeitenden Leser begleiten.* Sie schlagen notwendige Brücken und machen bekannt mit den Zeugnissen eines Erbes, das in seinem Gehalt und in seinen unterschiedlichen Formfindungen getragen ist von künstlerischer Verantwortung vor der Eigenständigkeit des zu bildenden Gegenstandes, des menschlichen Körpers in seinen von Natur gegebenen Gesetzmäßigkeiten.

Die künstlerischen, größtenteils wenig oder nicht bekannten Beispiele werden sich als stille, doch beredt Auskunft erteilende Freunde erweisen, wie Idee und Gehalt, Empfindung und Einfühlung, Form- und Ausdruckswollen gemeistert worden sind.

Wir treiben *Proportionserkundungen*, lernen die gesetzmäßigen Verhaltensweisen des *Körpers in Ruhe und Bewegung* kennen, ergründen die *Konstruktion*, die *Funktionsbedingungen seiner Glieder* und seiner Formereignisse, seine *Struktur* im bauenden Zeichnen und die *psychisch bedingten Ausdrucksformen* so mancher Modellpose.

Das sind die Gegenstände unserer zeichnerischen Befragung. Auf sie gibt der unbekleidete Körper die eindrucksvollsten Antworten, zumal da er heute zum bereits gewohnten Seherlebnis geworden ist. In seiner Verhüllung durch Gewandung verschleiern sich für den Unwissenden viele seiner Vorgänge wie auch die wirkliche Beschaffenheit der durch die Bekleidung hindurchgeformten Körperlichkeit. Die Seherfahrungen werden verunsichert, die Vorstellungen nur durch ganz oberflächliche (im wörtlichen Sinne) Vermutungen ersetzt. Die Entschlüsselung der Erscheinung und ihres Agierens, ihres Gliederbaues im Ganzen, ihrer Teile und strukturellen Beschaffenheit stehen daher notwendigerweise im Zentrum dieses Buches. In ihm sind Wissen und Seherfahrung, Einzel- und Ganzheitsbetrachtungen, Erlebnis und Einfühlung in gegenseitiger Förderung und Unauflösbarkeit verbunden.

Professor Dr. paed. habil. Gottfried Bammes

Grundorientierungen

Im Menschenzeichnen wachsen wir anderen und uns selbst entgegen, erschließen wir, was vordem sich dem flüchtigen Blick versagte und der Erfahrung unzugänglich blieb. Mit ihm und in ihm erfahren wir Eigenes und Fremdes. Das Eingehen darauf erweckt unsere visuelle, emotionale, körperliche, geistige oder gesellschaftliche Teilnahme. Seiten bislang verborgener Fremd- und Eigenwahrnehmungen erhellen sich und finden Eingang in unser mitfühlendes, verstehendes Sehen.
Zeichnen ist planvolle Arbeit. Zeichnen hebt die starken Eindrücke hervor und drängt die schwachen zurück, es macht das Bewegende bewußt, filtert, läutert und rettet durch Ordnen vor der Überwältigung durch ein Vielerlei. Angewiesen auf unsere sinnliche Wahrnehmung erleben wir beim Zeichnen unserer physischen Gestalt, der körperlichen Nacktheit, nicht den Körper allein; denn während der Beschäftigung mit ihm tritt das innerlich Bewegende mit in Erscheinung. Selbst in der schlichtesten Gebärde strebt es nach außen. Daß das Innen ein Außen und das Außen ein Innen hat, wird den abrundenden Schlußgedanken dieses Buches ausmachen.
Mit dem Zeichnen menschlicher Gestalt – je öfter, desto nachhaltiger – geht mit uns selbst eine Veränderung vor sich: Mit der Zunahme unserer Seherfahrungen wächst unsere Sensibilisierung, auch dann, wenn wir das Zeichnen in erster Instanz als untersuchendes Zeichnen betreiben. Es unterscheidet sich vom rein biologisch wissenschaftlichen, weil wir am Aufbau einer körperlichen *Physiognomie, an Gestaltqualitäten* und deren Geschlossenheit zum Ganzen arbeiten, weil wir den ereignisreichen, zweckvollen Verrichtungen der Körperglieder verständigen Ausdruck, die Beweiskraft der Formen verleihen. Zudem würde der bloß visuellen Beobachtung vieles entgehen, wäre sie nicht ausgerüstet mit der Empfänglichkeit und Empfindlichkeit des Erfühlens.
Beispielsweise würden die rein *quantitativen* Feststellungen von *Größenverhältnissen* noch nichts von körperlicher Physiognomie aussagen, wären sie nicht zugleich untrennbar verbunden mit der nahezu intuitiven Empfänglichkeit des Zeichners für die Eigenarten der in Verhältnissen aufgehenden Formensprache, im Kleinsten wie im Größten. Gäbe es hier keine *subjektive* Ansprechbarkeit für die *Qualität* der physiognomischen Natur, für Umriß und Gliederung, könnte man sich in der Tat auf wissenschaftlich Quantitatives – wie in wissenschaftlichen Anthropologien und Anthropometrien – beschränken. Aber eine Vorleistung für künstlerische Kreativität wäre es freilich nicht.
Um Verhältnisse von Körpermaß und Körpergliederung von Mann und Frau, Jüngling und jungem Mädchen oder Kindesgestalt erfahrbar, erkundbar zu machen, muß ein *Verfahren*, kein Schema, bereitgestellt werden, das sowohl die Beziehungen von Strecken durch Ähnlichkeit oder Gleichheit herstellt als auch dabei die qualitativen konstitutiven Merkmale miterfaßt. Schließlich, in der Endphase einer Proportionserkundung, muß dann auch der Erwerb der Fähigkeit und Fertigkeit des Schätzens vollzogen sein.
Das für das Erfassen und Darstellen der Proportionen erworbene Können ist damit nicht abgeschlossen. Im Gegenteil. Jetzt erst kann es im Verein mit weitergesteckten Zielen und Aufgaben seinen eigentlichen und nie abflauenden Zwecken nachkommen: der Realisierung funktioneller Eindrücke. Es sind dies die statisch *bedingten Ruhehaltungen des Körpers, die psychomotorischen Vorgänge der Körperbewegung und Körpergebärde, die dynamisch bedingten Orts- und Lageveränderungen.* In ihnen gehen Anwendung und Sicherheit des Blickes für Verhältnisse unauflösbar auf. Beide Gebiete sind – in lernpsychologischer Verzahnung – didaktisch assimilierbar. *Zwischen Proportionserkundung und funktionellen Problemen besteht eine fundierte und unlösbare Koexistenz.* Sie ist ein Bestandteil der Methode im weiteren Sinne.
Bein und Fuß, Rumpf und Schultergürtel, Arm und Hand sowie der Aufbau der Gestalt als Ganzes werden in der Struktur ihrer Formen grundsätzlich aus der Tiefe entwikkelt.
Das heißt: Die konstruktiv vereinfachten Gerüstformen stehen am Anfang jeder sachlichen Erörterung, um Aussagen zu machen über das Zustandekommen von Bewegung und plastischer Form. Als bewährtes Vorgehen erweist sich hier die Aufklärung über die Gelenkkonstruktionen und der ihnen zugeordneten Muskelgruppen. Aus diesen Beziehungen wiederum ergeben sich mögliche Folgerungen für die vorausschaubaren gesetzmäßigen Bewegungsvorgänge und für die gesetzmäßigen Dimensionierungen der Muskelfunktionsgruppen. Daraus leiten sich Einsichten ab, warum z. B. ein Arm, ein Bein in dieser oder jener Bewegung und Ansicht gerade diesen und keinen anderen Formenaufbau haben muß.
Vielgliedrige Formen rutschen beim unwissenden Zeichner oft ab in addierende Aufzählungen. Dieser Möglichkeit wird vorgebeugt durch Bemühungen um die *Elementarisierung* des Vielerlei zu Komplexen, zu leicht überschaubaren und von hier aus gliederungsfähigen Gesamtformen. Sie erweisen ihren Nutzen für die Vorstellungsbildung, für die Einprägbarkeit und Merk-Würdigkeit und darum für ihre Abrufbarkeit.
Aus einem derartig aufbereiteten Stoffangebot und seiner Verarbeitung durch Übungsempfehlungen ergibt sich:

- Das Zeichnen von Menschen versteht sich nicht als ausschließliche Vorleistung für die Bedürfnisse der Künstlerhand.
- Wir zeichnen den Menschen, um das Phänomen unserer Leiblichkeit zu verstehen. Ein Wort Wilhelm Pinders zu den Aufgaben der Kunstwissenschaft läßt sich hier abwandeln: Das Zeichnen der menschlichen Gestalt gehört nicht sich allein an, es dient der Kunde vom Menschen.

Im Zusammenklang mit meinen Darlegungen in den Büchern »Figürliches Gestalten«, »Sehen und Verstehen« und »Der nackte Mensch« werden die hier begründeten Vorleistungen nahe an die Bedürfnisse bildnerischen Denkens herangeführt und transponierbar gemacht für sehr stark abstufbare, einfache wie höher differenzierte Ebenen. Die Vorfeldleistung zielt auf das Eindringen in die anschaulichen Phänomene mit dem *Ausdruck des als wesentlich Erkannten.*

Dieses als wesentlich Erkannte ist freilich keine konstante Größe, da im Prozeß der Wahrnehmung nur das im »Sieb« des Sehens zurückbleibt, was vom zeichnenden *Subjekt* als wesentlich – dank seiner inneren Einstellung zum Gegenstand – anerkannt wird, was *es* erlebt oder sucht, was *es* unter den vielen möglichen Eindrücken als das *ihm* Bedeutende auswählt. *Wesentliches hat also Schwankungsbreiten, aber es ist pädagogisch möglich, zu verschiedenen Destillaten der erlebenden Wahrnehmung anzuregen und Um- und Irrwege abzukürzen.* Das bedeutet bewußte Konzentration, ja Beschränkung auf zunächst Weniges, ohne daß dies einem Schrumpfen und Eintrocknen der um vieles reicheren Erscheinung gleichkäme. *Didaktisch überlegte Konzentrationen sind vielmehr Hilfen, um die gegenständliche Wirklichkeit, das Erscheinende, nicht flach und oberflächlich zu kopieren.*

Die anatomische Begründung von Vorstellungsbeständen ist die eine wichtige Seite des Erwerbs eines Vorstellungsrepertoires, die Ausbildung von *Seherfahrungen* die andere. Das ist auch der Grund, weshalb man das Zeichnen von Menschen nicht im »Vorübergehen« einmal mit erledigen kann, gewissermaßen als Pflicht. Man muß es als immer zu wiederholende Kür leisten. Erst das ständige »Vor den Augen haben«, das immerwährende Seherlebnis hinterlassen ihre Spuren und graben sich als Inbild, als geistiges Modell ein. Erst auf diese Weise bildet sich auch allmählich das *Gefühl für die organische Form* heraus. *Die aus Sichtbarkeit und Wissen gewonnenen Haupteigenschaften werden im Gemenge mit Nebeneigenschaften formiert und organisiert zur Repräsentanz der sinnlich erfahrenen Wirklichkeit.*

Das Beachten von Details – einer Hand, eines Knies oder Fußes, eines Ohres – wird heute nicht selten abgewiesen als »Aderlaß«, wo Stärke des Erfassens großer Komplexe vonnöten sei, abgewiesen aus Angst vor dem Verlust der zeichnerischen Geschlossenheit und Ganzheitswirkung. Geht es also um eine Aufhebung des Reizes körperlicher Strukturen, um an ihre Stelle die künstlerischen zu setzen? Das wäre schon deshalb nicht zu rechtfertigen, weil es auch Kunstausübungen gibt, die gerade durch Überhöhung von Details einen bestimmten *Ausdruck* anstreben.

Die Künstleranatomie hat aber gerade die Beschaffenheit des Details abzuklären. Sie sind ein Teil ihres Programms und haben nichts mit blindem Abklatsch zu tun, und es gehört durchaus zum Programm und zur Methode auch dieses Buches, selbst das Einzelding in elementarisierter Vereinfachung darzustellen und ihm seinen Stellenwert im Körperganzen zuzuweisen.

Seit dem Beginn unseres Jahrhunderts bis heute haben Theoretiker der modernen Kunst gegen die Antike, die Renaissance und die Kunstschulen den Vorwurf erhoben, sie hätten *vor* die Kunstausübung die *Regel* und *Kunstlehre* gestellt. Bezogen auf die künstlerische Gestaltung mag man zustimmen, aber widersprechen muß man entschieden, wenn Regel und Gesetzmäßigkeit der *Natur* und ihres Verhaltens dem Verdikt verfallen. *In diesem Buche werden keine Kunstregeln vermittelt, sondern Regeln und Gesetze der Natur.* Zur *Regel* wird die annehmbare Wiederkehr oder Wiederholung von Merkmalen der Erscheinungen, so daß sie als typische Fälle angesehen werden können. Ereignisse und Vorgänge aber, die nach festen, unumstößlichen Grundsätzen ablaufen, nehmen den Charakter von Gesetzmäßigkeiten an, die, verstößt man gegen sie, Grundsachverhalte aufheben. Dieses Buch hat sich darum zu einer seiner wichtigsten Aufgaben gemacht, *naturgegebene Regeln und Gesetzmäßigkeiten* leicht ablesbar zu vermitteln.

Regel- und Gesetzmäßigkeiten eines Formaufbaus und Formverhaltens zu kennen, ist gleichbedeutend mit der Garantie, beim handwerklich-geistigen Aufbau des Körpers nicht in die bodenlose Tiefe des Unverständnisses und Unvermögens abzustürzen.

Noch eine Beschränkung sei genannt, die das Buch nicht umgehen kann: Regel- und Gesetzmäßigkeit machen ihrer Tendenz nach Körperlichkeit signifikant in Endgültigkeit, Abgeschlossenheit und als Definitivum gegenüber dem Unendlichen, Offenen, Indefiniten. Im Hinblick auf *künstlerische* Körperstudien würde das bedeuten: Die linear plastische, endliche Auffassung – in höchster Vollendung bei Michelangelo – muß gleichberechtigt stehen neben dem Sfumato Leonardos oder neben Rembrandts malerisch verwobenen Porträts und Akten mit ihrer Offenheit und Durchlässigkeit in der Unbestimmbarkeit des Raumes.

Wir hingegen mit unseren didaktisch bestimmten Absichten müssen uns das Behandeln der letztgenannten Problematik versagen, da es nur um die Figur und nur um diese gehen soll. Die letztlich auf die Regel- und Gesetzmäßigkeit gegründete, verstehbare »Einfachheit« des Körperlichen ist unser didaktisches Mittel, mit dem wir ein Stück vorwärtskommen wollen.

Immerhin finden sich auch in diesem Buche latente Andeutungen von Zügen der »Offenheit«: im absichtsvollen Nichtfertigmachen und im nicht endgültig Bestimmten, in Proportions- und Bewegungsstudien, in den Serien von ersten zeichnerischen Anlagen des Körperlichen und der Funktionen, in den unfertigen Folgen, die vor allem durch ihre Zusammenschau zum Ganzen die unendliche Wandelbarkeit körperlicher Physiognomie anklingen lassen.

Die in Rede stehende, von mir selbst auferlegte Beschränkung hat für die gezeichnete Figurenstudie den Verzicht von Raumandeutungen zur Folge. *Die Behandlung der körperlichen Struktur, die Bestimmung der Funktionen, die Richtungs- und Formartikulation der Gliedmaßen, die Klärung der den Körper umgrenzenden räumlichen Flächengefälle und deren Ausdehnung, das ist es, was hier im Vordergrund zu stehen hat.* All das besagt: Die Arbeit mit der elementaren, vereinfachten Form ist keiner schematischen willkürlichen Konstruktion und Abstraktion unterworfen. Sie ist letztlich das Ergebnis durchdringenden Anschauens, ein Mittel der Sublimierung, das über das rein Didaktische hinausgreift. Zeichnen von Menschen als eine Form der Selbsterfahrung verpflichtet noch nicht zum Kunstmachen. Was wir hier anstreben, ist die Fähigkeit zur zeichnerischen Durchbildung des Körpers, mit der aber noch kein künstlerisches Formideal postuliert ist.

Proportionserkundung

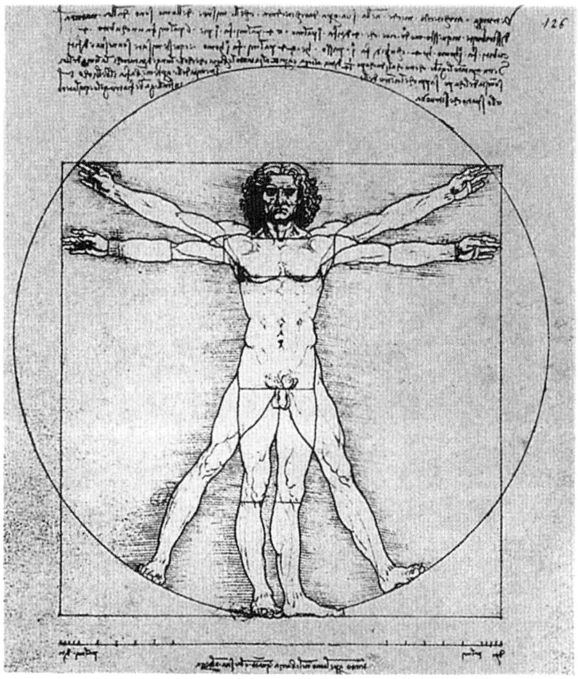

Leonardo da Vinci (1452–1519): Sogenannter Vitruvmann, um 1485–1490

Albrecht Dürer (1471–1528): Proportionsuntersuchungen einer Frau von 8 Kopflängen, 1509

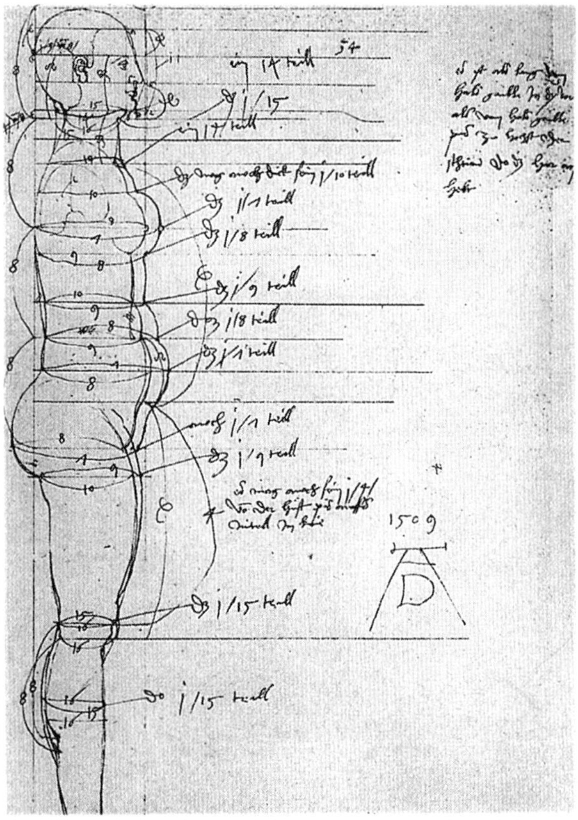

Die großen Entsprechungen der Strecken innerhalb des Körperganzen

Beim Aufbau einer Figur nach dem Leben spielen die Kenntnisse und Festlegungen von den Körperverhältnissen eine vorrangige Rolle. Sie gehören, mit unterschiedlichen Zielen und Anwendungen, zum primären praktischen künstlerischen Werkstattgebrauch.

Die künstlerisch und didaktisch berühmtesten Beispiele sind die Leonardo da Vincis (oben) und Albrecht Dürers (unten). Dem Wirken beider verdanken wir für die Gegenwart nützliche Vorgehensweisen. Sie beruhen auf der Feststellung der organischen Gliederung der Figur. Mit Hilfe des Vergleichs von gleich oder ähnlich langen Strecken gewinnen wir Übersicht und Ordnung. Wir orientieren uns dabei durch *Messen nach dem lebenden Modell* und entdecken (siehe rechte Abbildung):

- Die Symmetrielinie der Mittelfigur (starke rote Linie von Scheitel bis Sohle) läßt sich am weiblichen Körper in der Höhe des Schambeins bzw. großen Rollhügels (= geometrische Körpermitte, rote Pfeile) in eine gleich lange Ober- und Unterlänge teilen.
- Die *Unterlänge* (Beinlänge) wird durch die eingeschobene Zwischenform des Knies unterbrochen. Der *untere Kniescheibenrand* (= Lage des Kniespaltes, starker schwarzer Pfeil) markiert die Mitte der Unterlänge (= ein Körperviertel).
- In der *Oberlänge* liegt die *Brustwarzenachse* in den meisten Fällen unter dem oberen Körperviertel (gestrichelte Linie).
- Häufig halbiert die Kinnspitze das obere Viertel (starker schwarzer Pfeil). Daraus ergibt sich eine Proportionierungsregel *(Kanon)*, wonach in unserem Beispiel der Kopf ein Achtel der Gesamtlänge beträgt. Er ist ein geeignetes *Grundmaß (Modul)* für weitere Streckenermittlungen nach Höhe und Tiefe (siehe hierzu auch die Profilfiguren).

Aus der Tatsache der Gliederung in Körperviertel läßt sich folgern: Eine auf dem Stuhl Sitzende verringert ihre Körperhöhe um ein Viertel (= Oberschenkellänge), eine auf dem Boden Sitzende um die Hälfte ihrer Gesamthöhe.

Die größte Breitenausdehnung von Rollhügel zu Rollhügel mißt ein knappes bis ein volles Körperviertel.

Die unterschiedlichen Pfeilformen weisen auf unterschiedlich wichtige Gliederungspunkte:

rote Pfeile:	Gliederungspunkte 1. Ranges,
volle schwarze Pfeile:	Gliederungspunkte 2. Ranges,
lineare Pfeile:	Gliederungspunkte 3. Ranges,
dünne Pfeile:	Gliederungspunkte 4. Ranges.

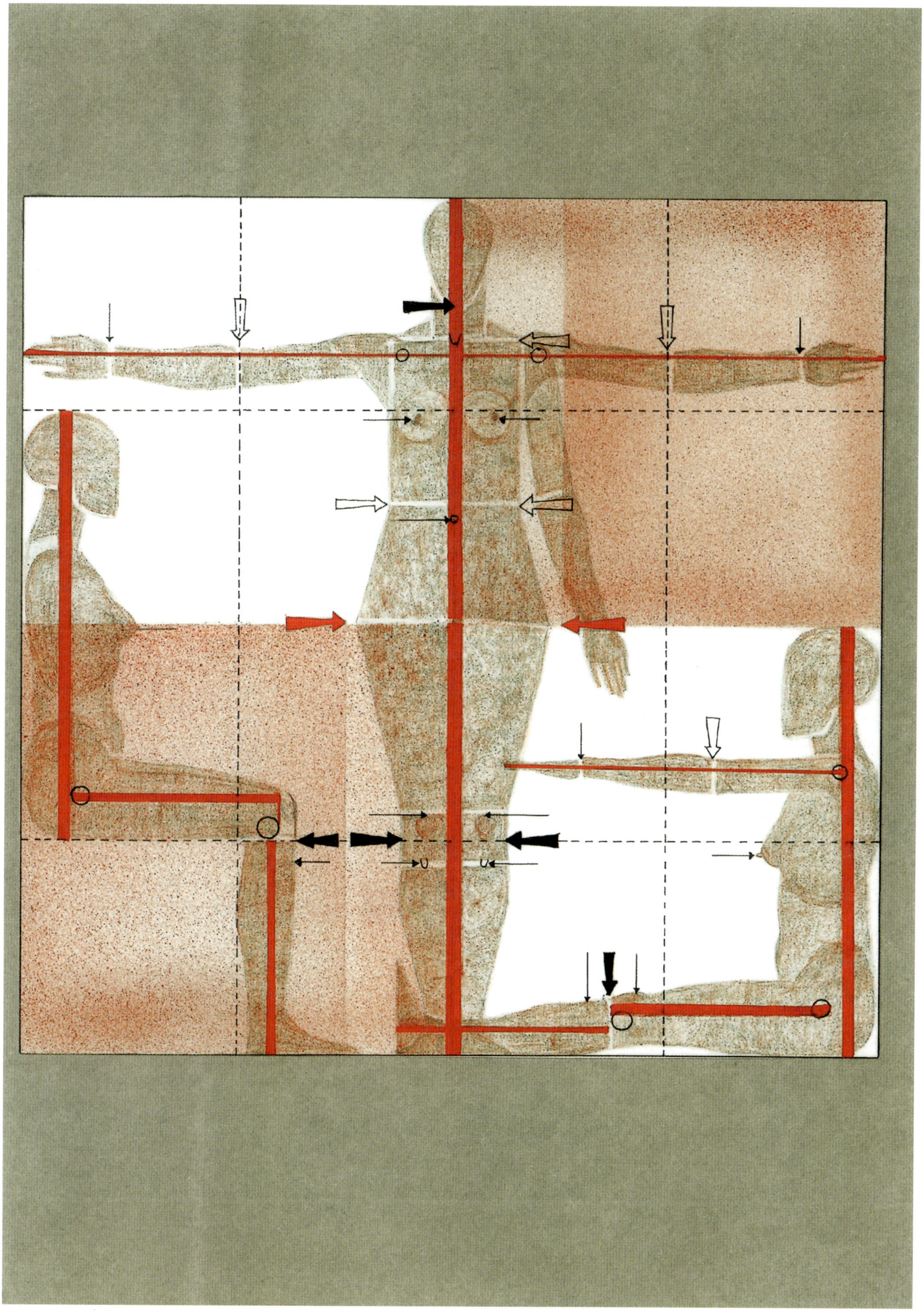

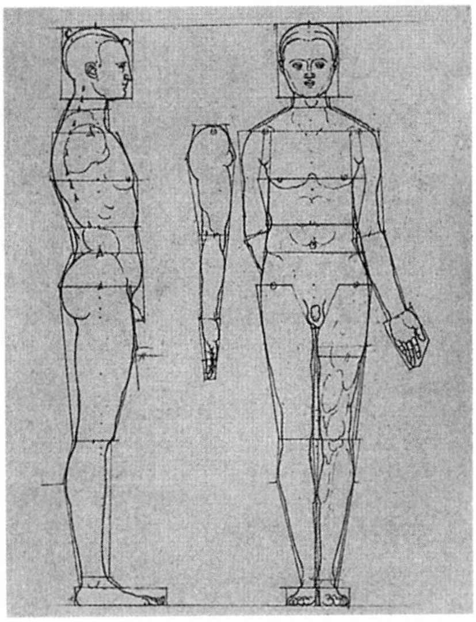

Albrecht Dürer (1471–1528): Stereometrische Konstruktion einer männlichen Figur, 1515–1519

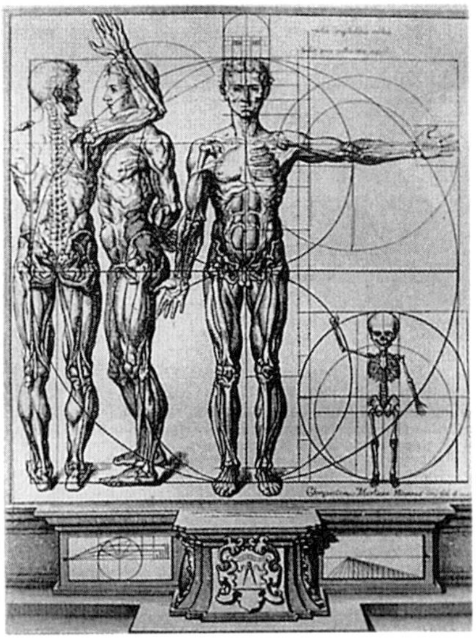

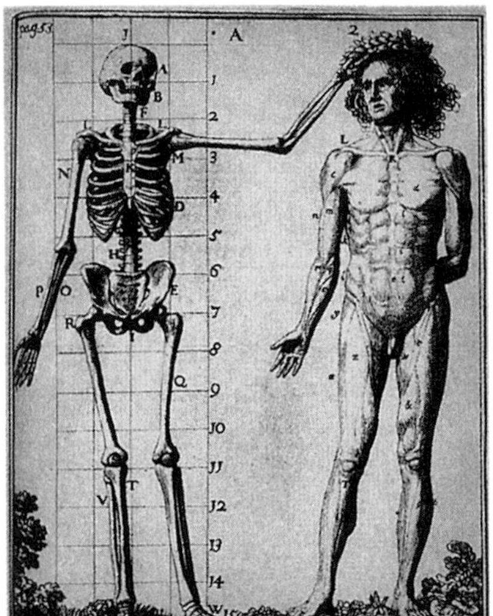

Christomo Martinez (1628–1694): Anatomische Proportionsfiguren, Abdruck um 1780
Samuel Hoogstraeten (1627–1678): Blatt aus der »Hohen Schule der Malerkunst«, 1678–1780

Die männliche Körpergestalt in ihrer Umrißform

Das Verfahren des Vergleichs von ähnlich oder gleich langen Strecken (Simultan- oder Analogieverfahren) wird hier auf die Verhältnisse der Höhen- und Breitenausdehnung des Mannes angewendet.

Die linke Figur ist entstanden aus der Ermittlung der horizontalen, parallelen Achsenabstände der Höhengliederung (siehe auch Seiten 17, 19, 27), die sich nach dem anatomisch bezeichenbaren Meßpunkten richtet. Mit der Feststellung, daß das Modell nach dem 8-Kopf-Kanon proportioniert ist, wurde von der Mittelachse aus je eine Kopflänge (KL) abgetragen und so ein Figurenrechteck als Hilfs- oder Kontrollrechteck gezeichnet, das auch die maximale Breitenausdehnung des Mannes im knöchernen Schulterdach, nämlich bei knappen oder vollen 2 KL, signalisiert (im Gegensatz zur Frau mit etwa 1 1/2 KL). Die nur schwach ausgeprägte Taille des Mannes und sein schmales Becken lassen seine silhouettierte Umrißform als eine auf der Spitze stehende Keilform erscheinen.

Im Unterschied zur Frau liegt sein Schambein bzw. großer Rollhügel etwas *über* der geometrischen Mitte, was seine *Oberlänge verkürzt, die Unterlänge verlängert.*

Die rechte Figur mit den eingetragenen vereinfachten Skelettformen motiviert die wichtigsten Akzente ihres Umrisses und gibt weitere Aufschlüsse:

- Die vorderseitige *Halslänge* (Kinnspitze–Halsgrube) beträgt 1/1–1/2 KL, die *Brustwarzenachse* markiert das oberste Körperviertel.
- Der Nabel liegt in der Höhe der 3. KL, das *Schambein* (gestrichelte Linie) oberhalb der geometrischen Mitte, kurz darunter die *Taille.*
- Die weitest ausladende Stelle des Oberschenkelbeines (großer Rollhügel) befindet sich in gleicher Höhe wie das Schambein.
- Im untersten Körperviertel ist der *Schienbeinstachel,* 1/2 KL darüber der *Kniespalt und untere Kniescheibenrand.*
- Der *innere Knöchel* liegt 1/3 KL über der Sohle.
- Die Armlänge beträgt 3 1/2 KL, die Mittelfingerspitze reicht meist etwas unter die Oberschenkelmitte, das Handgelenk befindet sich unterhalb des großen Rollhügels.

Zusätzliches zu den Breitenausdehnungen:

- Brustwarzenzwischenraum, die Außenseiten beider Knie und der Sohle betragen je 1 KL.

Die unteren Darstellungen illustrieren das Analogieverfahren durch weitere Vergleichbarkeiten.

Albrecht Dürer hat sich in seinem Dresdner Skizzenbuch um die Formeneinfachheit durch Einschreibung in stereometrische Figuren bemüht (l. o.). Der spanische Künstleranatom *Christomo Martinez* (l. Mitte) baut den Vitruvmann mit Knochen- und Muskelangaben aus, der Niederländer *Samuel Hoogstraeten* (l. u.) stellt u. a. Skelett- und Muskelmann vergleichend gegenüber.

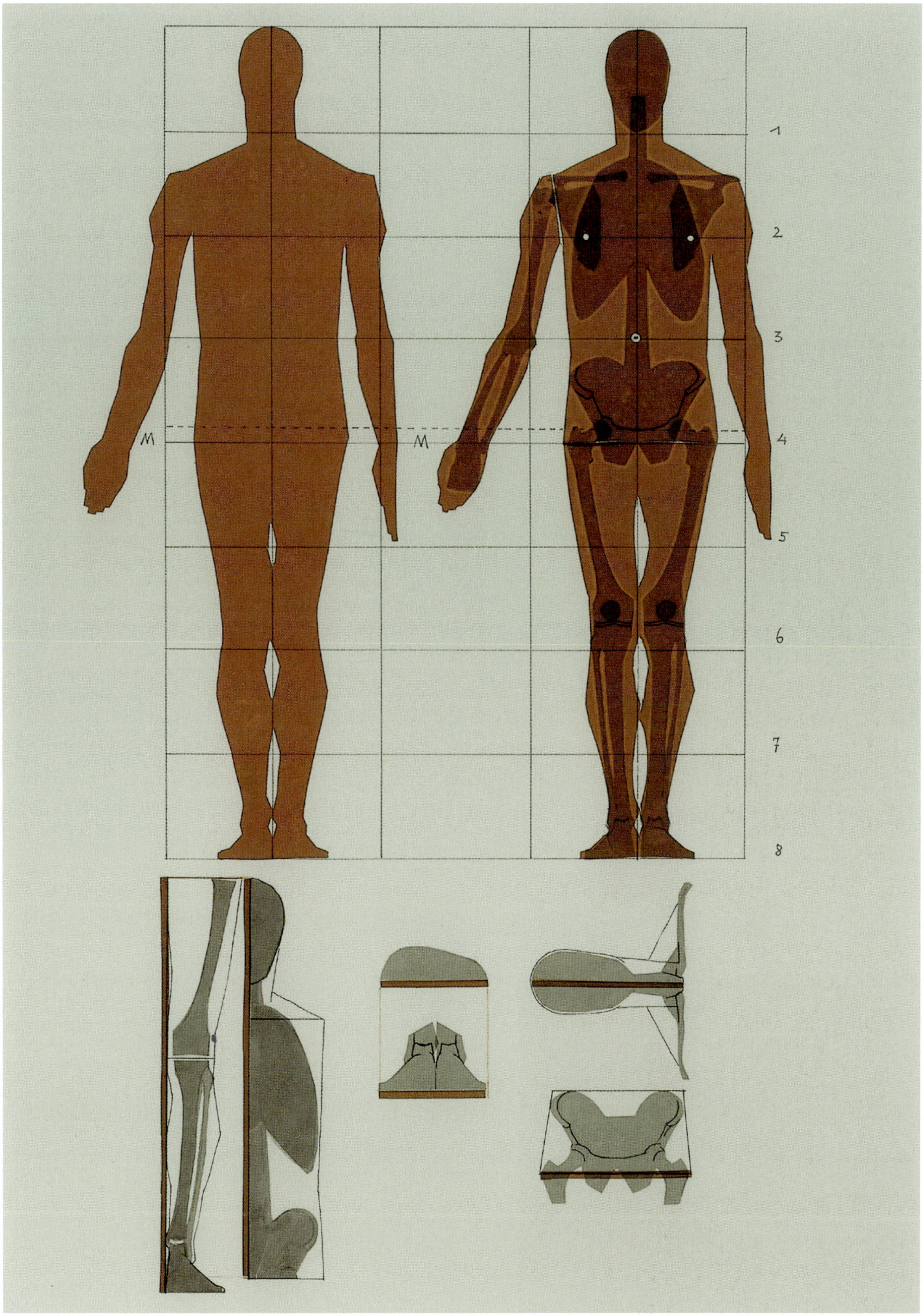
1
2
3
M
M
4
5
6
7
8

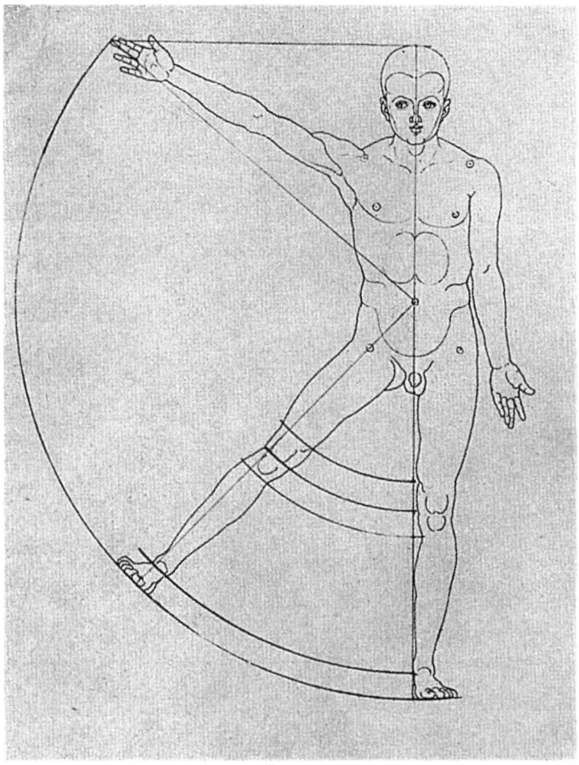

Albrecht Dürer (1471–1528): Mann in Vorderansicht, eingeschrieben in einen Kreis, nach 1520

Samuel Hoogstraeten (1627–1678): Männliche Proportionsfiguren mit dem Grundmaß von einer halben Kopflänge aus der »Hohen Schule der Malerkunst«, 1678 und 1780

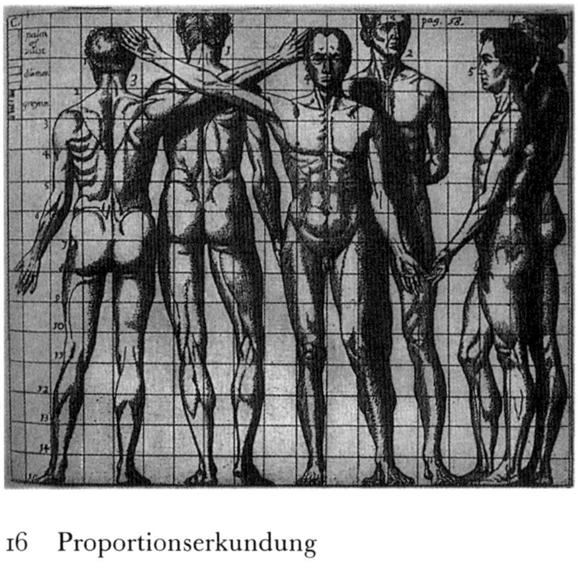

Der Aufbau eines Ordnungsgefüges zur männlichen Gestalt

Die gegenüberstehende Tafel macht sich zur Aufgabe, nach der vorseitigen Abbildung mit ihrem prägnant geschnittenen Umrißcharakter weitere *Ordnungsmöglichkeiten* der männlichen Gestalt im Zusammenhang mit ihrer lebendigen, differenzierten Erscheinung aufzuzeigen. Die Grundsätze der Kenntlichmachung einander entsprechender gleicher Strecken werden beibehalten:

- Die horizontale Armhaltung der grauen Figur gibt das Erreichen der Vertikalseite eines vorstellbaren, durch die Körpermittelachse halbierten Quadrates (gelbliche Tönung) mit den Fingerspitzen an.
- Hervorhebung der halben Quadratlänge durch graue horizontale und vertikale Streifenmarkierung und der Körperviertel durch ausgezogene Horizontallinien.

Die graue Frontalfigur (ähnlich den Dürer-Figuren, nächste Seite) erfaßt die *Grundformen* des Körpers in Gestalt von geometrischen Formen: das quadratähnliche Brustkorbrechteck, die Zwischenform des Bauches, das Trapezoid des Oberschenkels, die quadratnahe Zwischenform des Knies usw.

Zusätzlich wird diese Proportionsfigur ausgestattet mit den auf den *Grund-* oder *Hauptformen* aufgeschichteten *Nebenformen* (lineare Umrißlinien) und mit weiteren Binnenformen. Der Umriß des aus grauen *Hauptformen* bestehenden Figurenganzen repräsentiert den durchgehenden *Formzusammenhang*, der für die Anlage der Figur vordergründige Aufgabe ist.

Die weiteren Eintragungen in das Bein geben erste Hinweise auf die statische Konstruktion ab Hüftgelenkkopf:

- die nach unten konvergierende *Tragelinie* (gestrichelt), auf deren Verlaufsrichtung die Hauptgelenke des Beines angeordnet sind;
- die im stumpfen Winkel verlaufenden Richtungen der Schaftachsen von Oberschenkel- und Schienbein (ausgezogene Linie).

Die Rückansicht der rechten Figur hebt den Formunterschied zur Frontalansicht hervor:

- die trapezoide Abweichung der Rückenform von der quadrathaften Vorderansicht der Brustkorbregion;
- die weit *unter* der Schambeinhöhe (gestrichelte Linie) gelegene horizontale Gesäßfalte.

Dürers auf Vitruv fußende Proportionsfigur (l. o.) hat mit unserer Abbildung insofern Gemeinsamkeit, als das Erheben des Armes zur klafternden Bewegung, ähnlich Leonardo, mit in das Analogieverfahren einbezogen wird. Gemeinsamer Mittelpunkt eines Kreises für den Arm- und Beinanschlag ist der Nabel.

Hoogstraeten bedient sich für den Entwurf der Proportionen unterschiedlich großer Männer des Grundmaßes von einer halben Kopflänge (Scheitel-Augenachsenhöhe) bei einem Kanon von $7\frac{1}{2}$ und 8 KL.

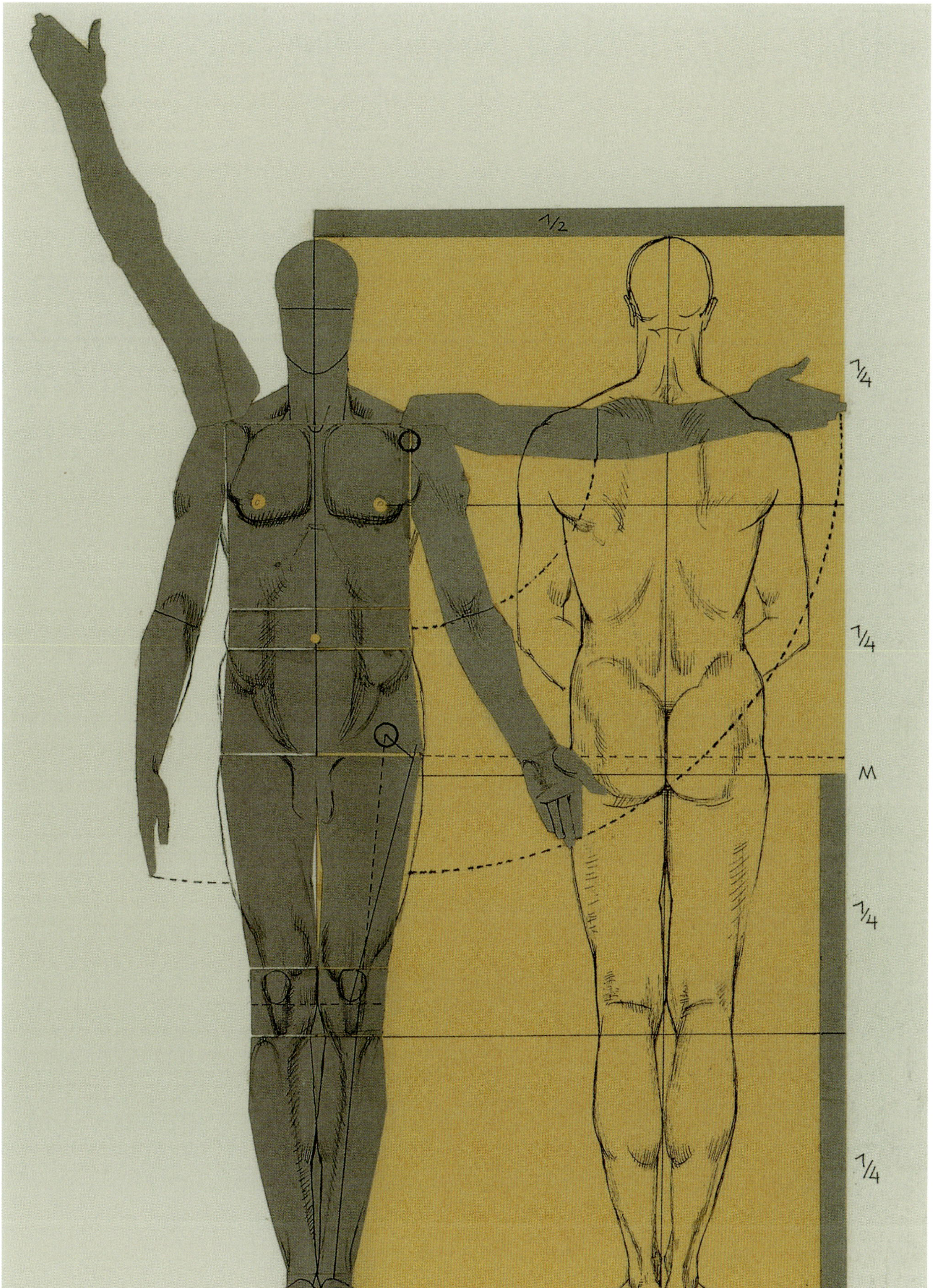
1/2
1/4
1/4
M
1/4
1/4

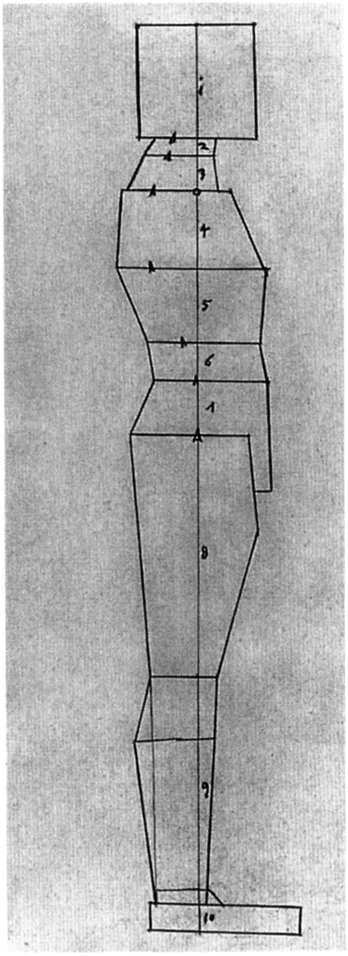

Albrecht Dürer (1471–1528): Konturen eines stereometrisch gezeichneten Mannes (Ausschnitt), um 1527
Heinrich Lautensack (1522–1590): Proportionsfiguren aus »Unterweisung des rechten Gebrauchs des Zirkels und Richtscheits« (Ausschnitt), 1564

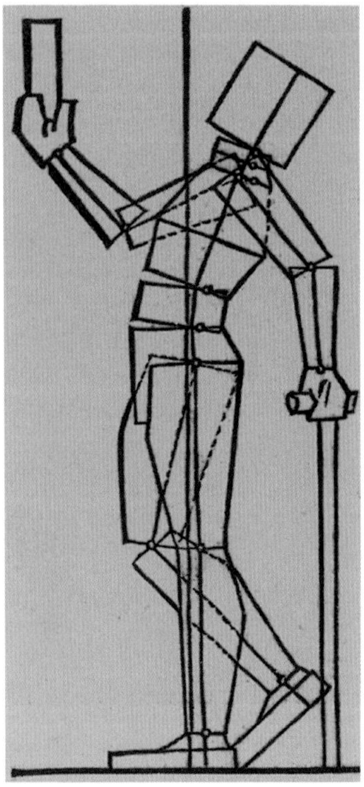

Die in geometrische Formen zerlegte männliche Gestalt

Das auf der vorigen Seite eingeschlagene Verfahren wird hier nochmals aufgenommen und in seinem flächigen Abstraktionsgrad gezeigt. Über das Erfassen der Proportioniertheit hinaus wird damit die Vorbereitung geschaffen für das Verständnis der Verhaltensweise der Körperabschnitte unter funktionell statischen Bedingungen (siehe Seite 73).
Die herausgehobenen Abschnitte gehen zurück auf in sich relativ abgeschlossene, konstante Formkomplexe, wie Nakkendreieck, Oberkörperquadrat, Hüfttrapez, oder auf variable Zwischenformen, wie die vordere, seitliche und hintere (Strichelung in der rechten Figur) Bauchdecke. Das bedeutet:

- Bei statisch funktionellen und anderen Bewegungsvorgängen verändern sich die Lagebeziehungen der konstanten Formkomplexe untereinander.
- Sie nähern sich gegenseitig an auf der einen Seite und rufen hier *Stauchungen* der weichen, variablen Zwischenformen hervor.
- Auf der Seite mit der Vergrößerung ihrer Distanz entstehen *Dehnungen* der Weichformen, wodurch die Gerüstgrundlagen besonders gut erkennbar heraustreten.

Glaubt man beim Zeichnen auf das Mitentwerfen oder Mitdenken der vereinfachenden, geometrisierten, gliedernden Abschnitte verzichten zu können, läuft man Gefahr, den funktionellen Ausdruck gar nicht oder nur schwächlich zu betonen.
Nicht beachtete Achsenverläufe der konstanten Formkomplexe bringen den Verlust mit sich, die Beziehungen von einer Körperseite zur anderen zu verwässern und die Entsprechungspunkte unbeachtet zu lassen.
Die beiden Vertikalstreifen neben der linken Figur betonen erneut die visuelle Feststellung des Unterschieds von Ober- und Unterlänge: Der kürzere Streifen = Oberlänge, der längere = Unterlänge.
Dürer hat im Dresdner Skizzenbuch die Zerlegung auch der Profilfigur in stereometrische Formen vorgenommen (l. o.), eine Vorarbeit zu den auf Seite 14 abgebildeten Proportionsfiguren. Daß er hierbei auch an die Demonstration oder Verschiebungen der Abschnitte in der Bewegung gedacht hat, wird zusätzlich durch Heinrich Lautensack bekräftigt, der die Dürersche Profilfigur für die didaktische Darstellung der Rückneigung übernimmt, das Auseinanderklaffen der gedehnten und das Zusammenschieben der gestauten Körperseite vorführt.

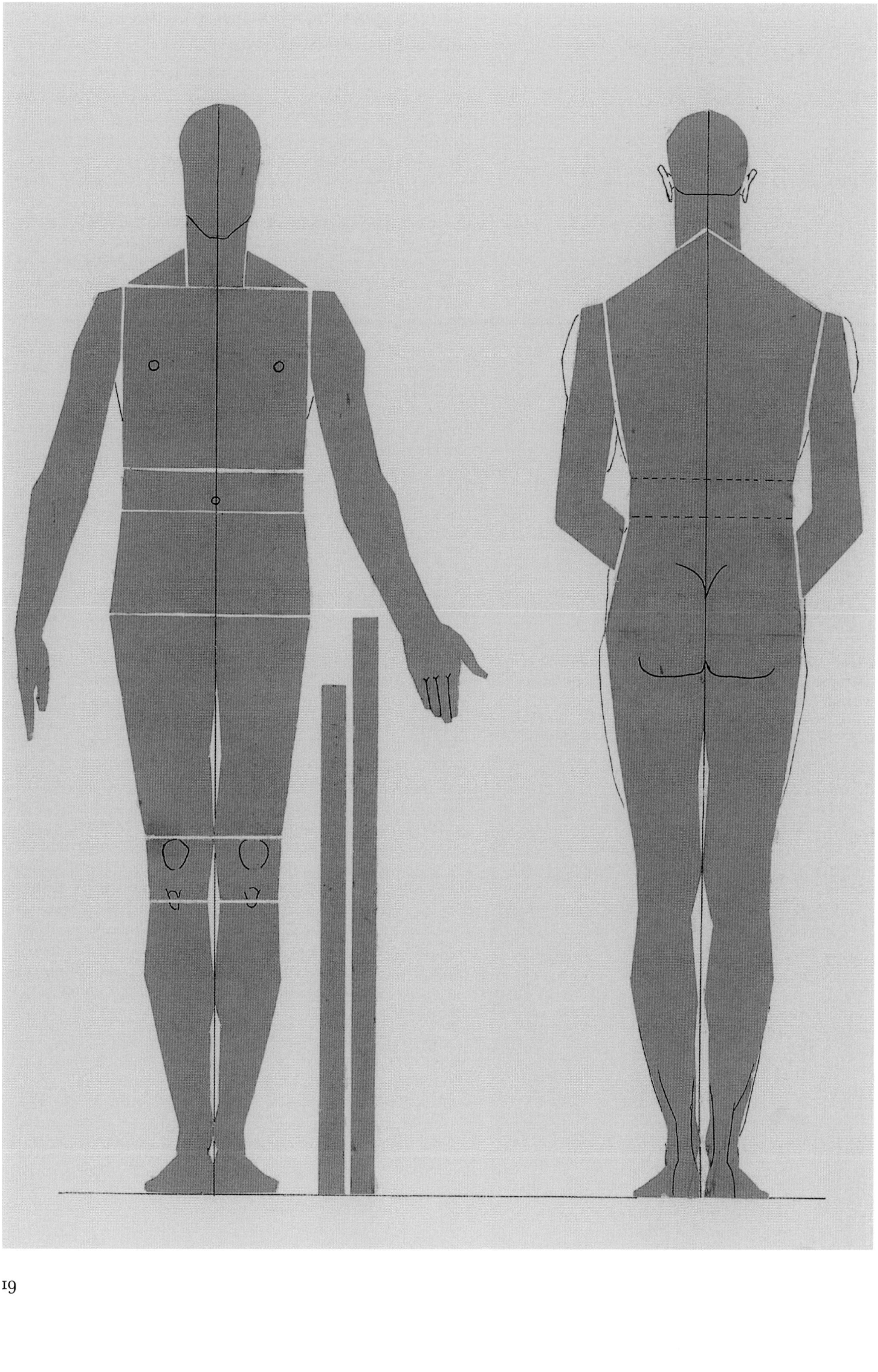

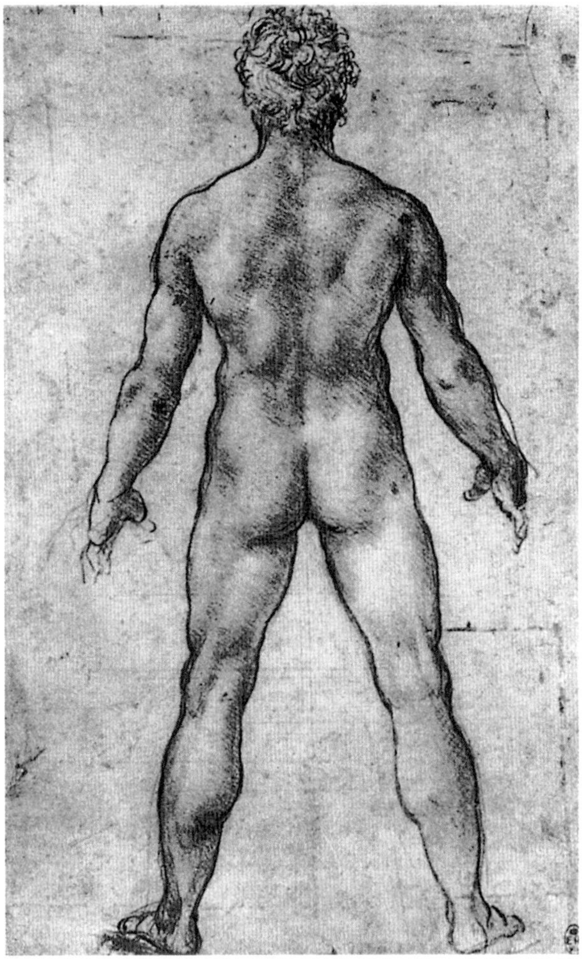

Leonardo da Vinci (1452–1519): Männlicher Rückenakt
Wilhelm Rudolph (1889–1982): Männlicher Rückenakt und Stehende von vorn, o. J.

Die männliche Gestalt in Vorbereitung auf statische Probleme und Übungsempfehlungen

Die Veranschaulichungsabsicht der beiden Figuren macht im Zusammenhang mit bisher behandelten Proportionsproblemen aufmerksam auf die Bedingungen der *stehenden Ruhehaltung* in Frontal- und Profilansicht:

- Der gedachte Massenmittelpunkt in zwei verschiedenen Höhen:
  S 1 (graue Tönung) bezeichnet die *Schwerpunktlage* der Figur bei geschlossen stehenden Füßen;
  S 2 (rote Tönung) die abgesunkene Höhe infolge des breitbeinigen Stehens (Vergrößerung der *Standfestigkeit*), Standfläche rot unterstrichen.
- Die gestrichelte rote Linie verdeutlicht das von S in die Unterstützungsfläche gefällte Lot.
- Alle wesentlichen Drehpunkte (rechte Figur), wie oberes Kopf-, Schulter-, Hüft-, Knie- und oberes Sprunggelenk, orientieren ihre Anordnung auf die *Schwerelinie.*

Die rechte Profilfigur nimmt die Proportionen der mit geschlossenen Füßen stehenden Frontalfigur auf und begründet den Rhythmus der Körperschwingung.

Übungsempfehlungen (Seite 22 bis 25):

- Stelle aus getöntem Papier von vorläufig beliebiger Länge Streifen her, so breit, daß drei nebeneinandergeklebte Streifen die Schulterbreite des Mannes ergeben (siehe Seite 22)!
- Schneide die Längen so, daß mit einer kürzeren Oberlänge (Scheitel bis Schambein) etwa die Figurenmitte betont wird. Setze die seitlichen Längen des Rumpfes an, von hier aus dann die konvergierende Beinrichtung und -länge sowie die Armlänge!

Diesen Vorgang kann man auch mit dem Flachpinsel und transparenter Farbe fortsetzen. Wichtig wird hierbei jetzt das *Abschätzen* der in vertikal parallelen Pinselzügen aufgesetzten Figuren. Versuche auch die Profilansicht und gehe auf die Richtungen der Massen ein (Seite 23 oben), entsprechend der Profilfigur von Seite 21! Bei gleichbleibender Verfahrensweise versuche leichte Haltungsabwandlungen der frei gezogenen Figuren (Seite 23 unten):

- Setze in ähnlicher Weise mit dem Pinsel die Hauptformen der Proportionen und deren Richtungen ein! Sind diese der Korrektur bedürftig oder besteht der Wunsch nach Einfügung weniger Feinheiten, so kann das auf linearem Wege geschehen (Seite 24 oben)!
- Übe dich mit halb trockenem Borstenpinsel im »Zusammenstreichen« der Figur, vom Zentrum aus zu den Paripherien! Nicht vorzeichnen (Seite 24 unten links)! Versuche mit dem Flachpinsel auch die Rückansicht (die tiefere Lage der horizontalen Gesäßfalte beachten, Seite 24 unten rechts)!
- Bei Studien im Freien schreibe die Konturen der Figuren linear und schnell herunter, Schwergewicht sind dabei die proportionalen Eindruckswerte und die Entschiedenheit der Gliedmaßenrichtungen (Seite 25)!

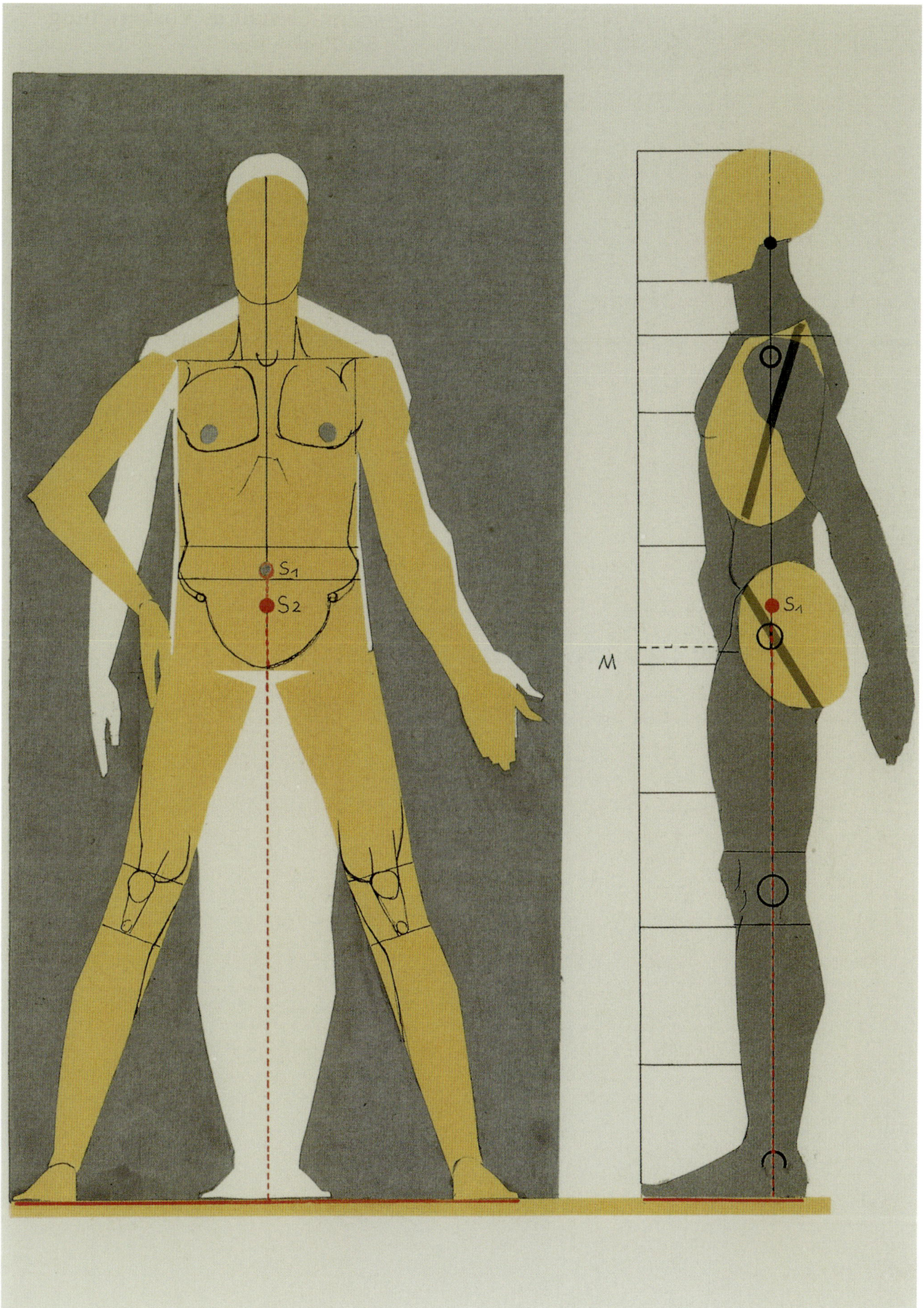
S1
S2
S1
M

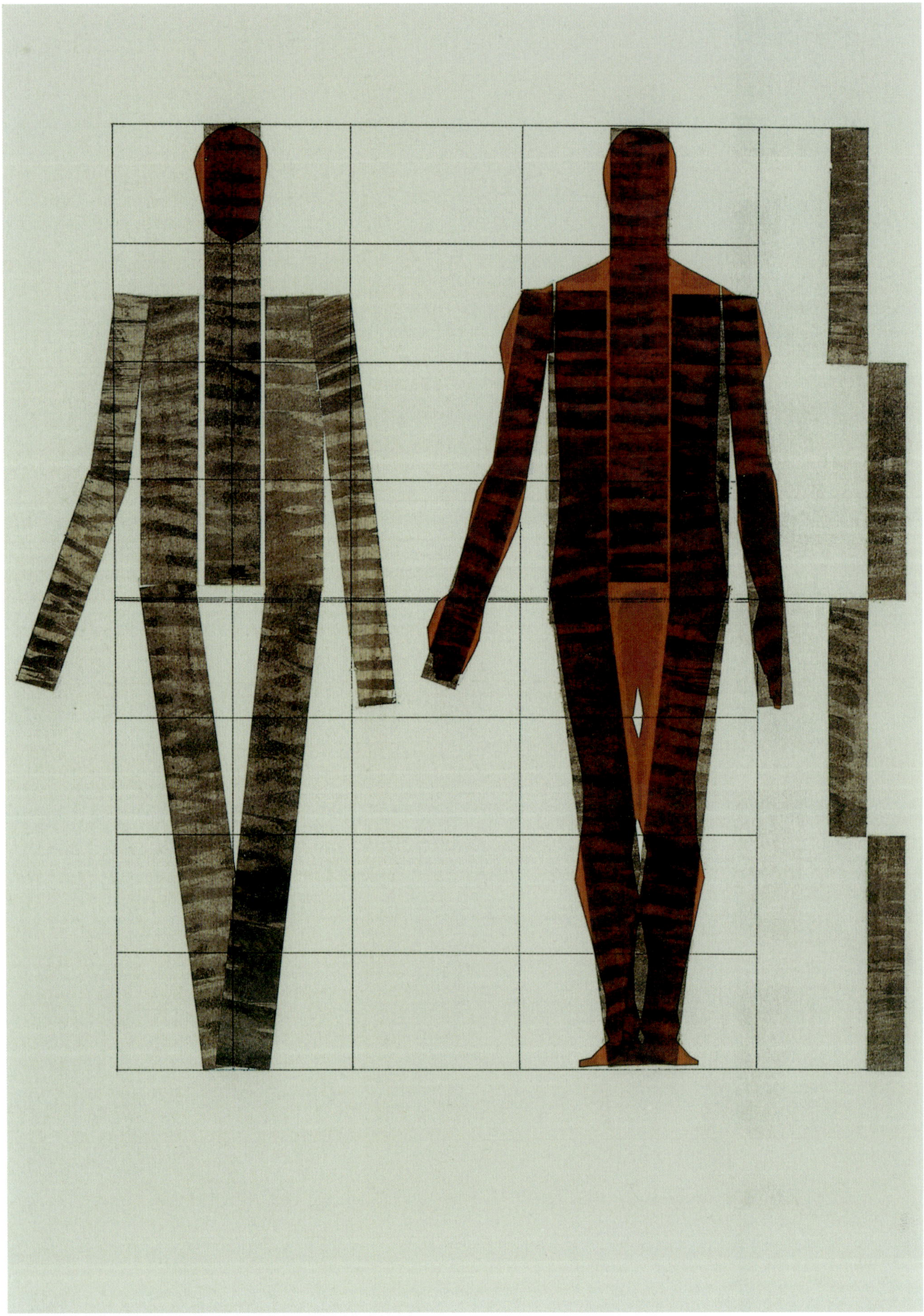

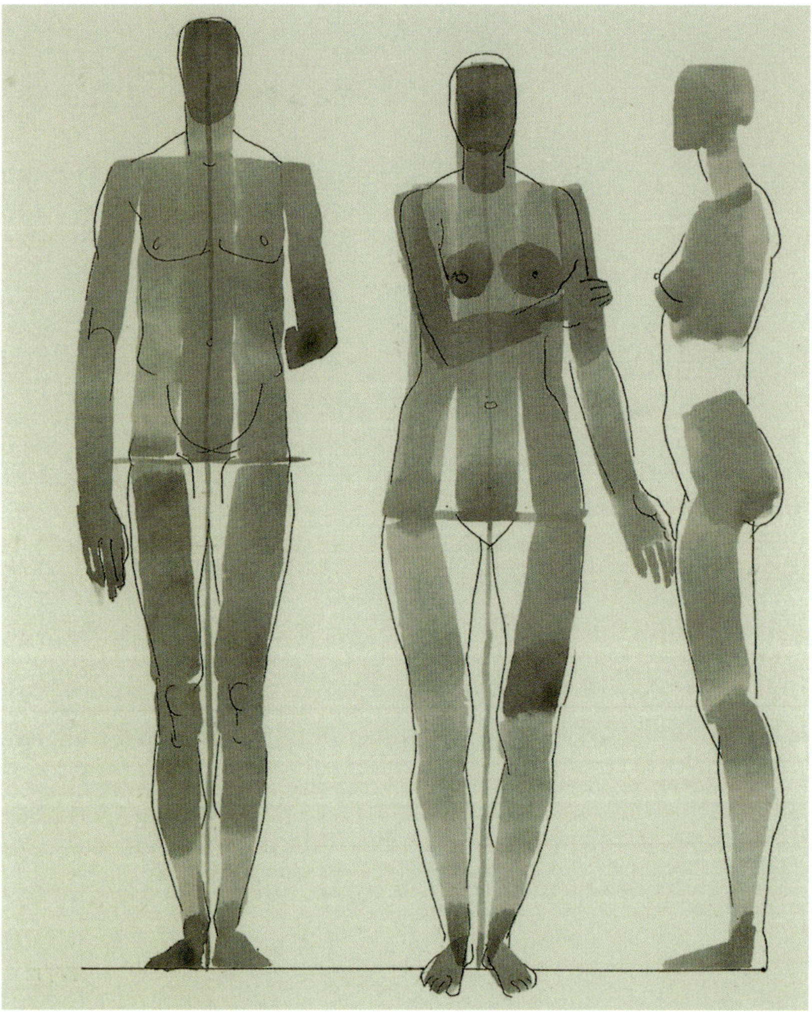

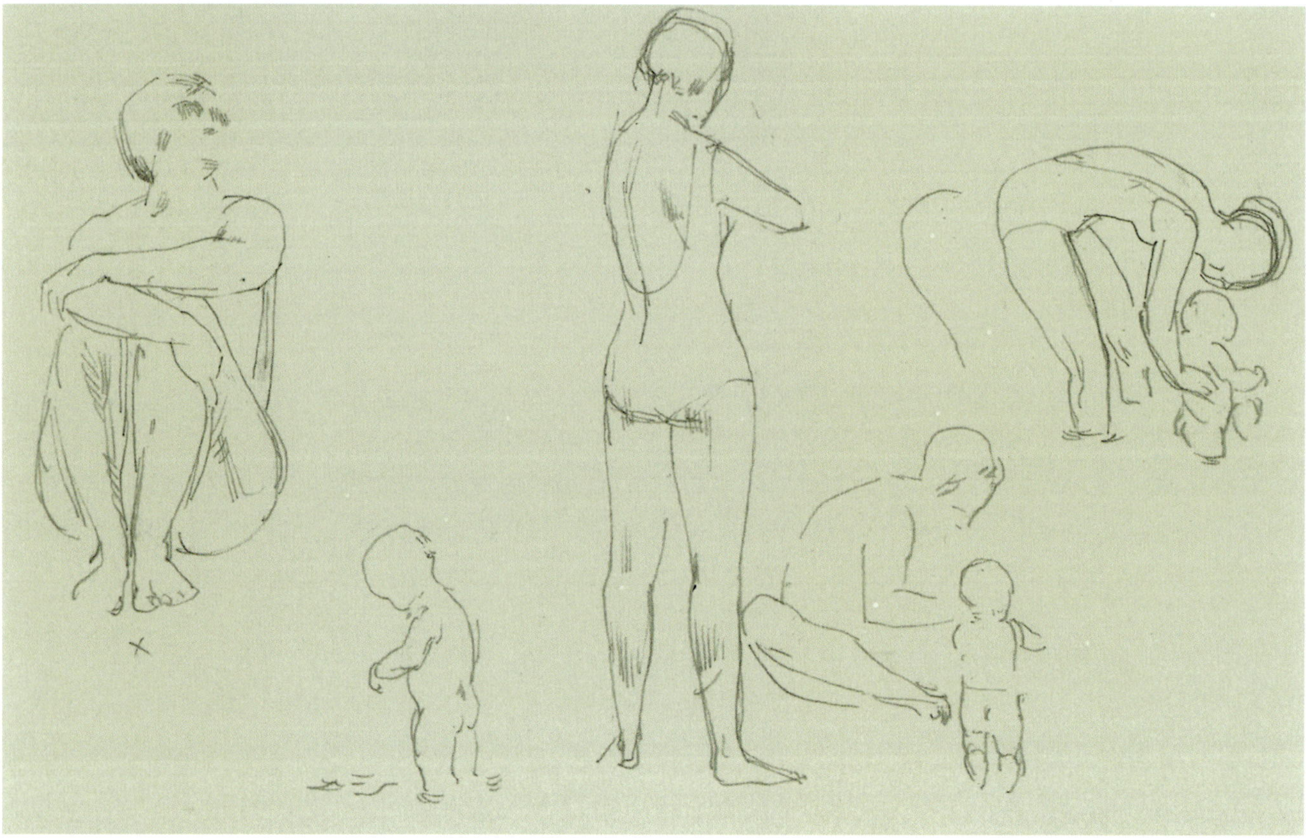

24 Proportionserkundung

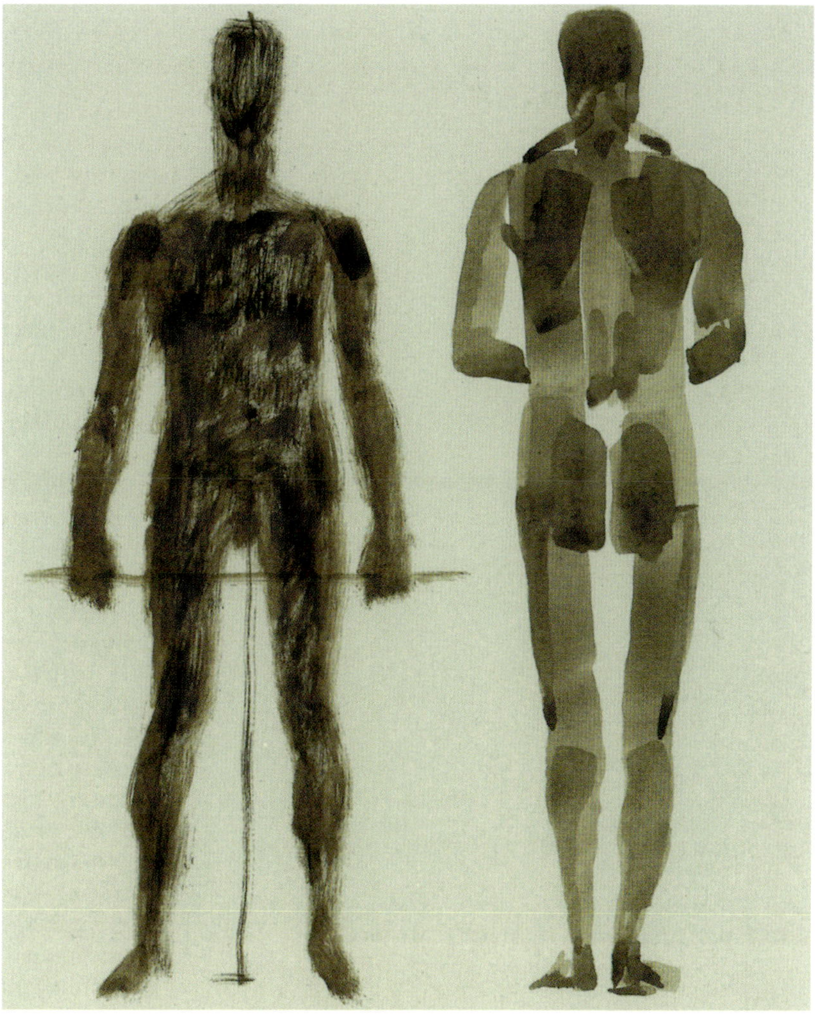

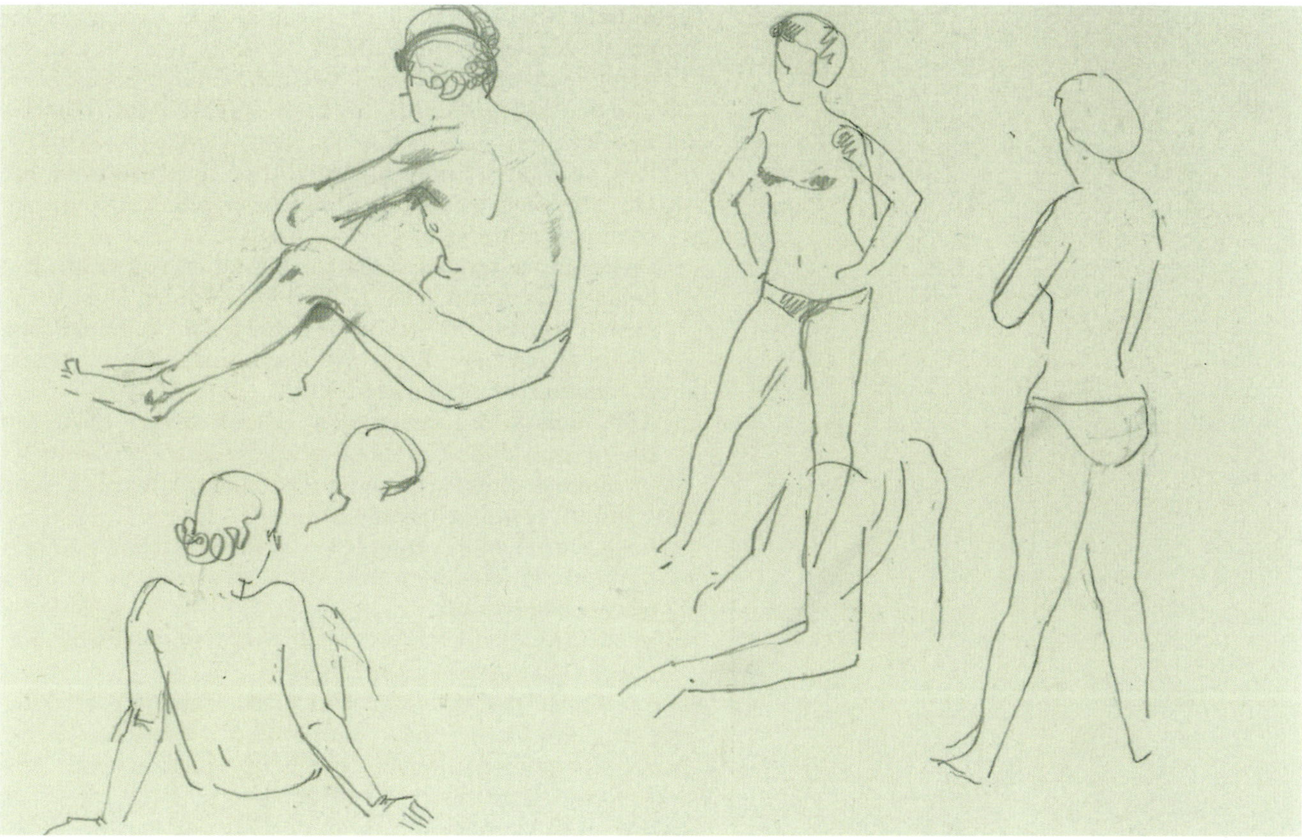

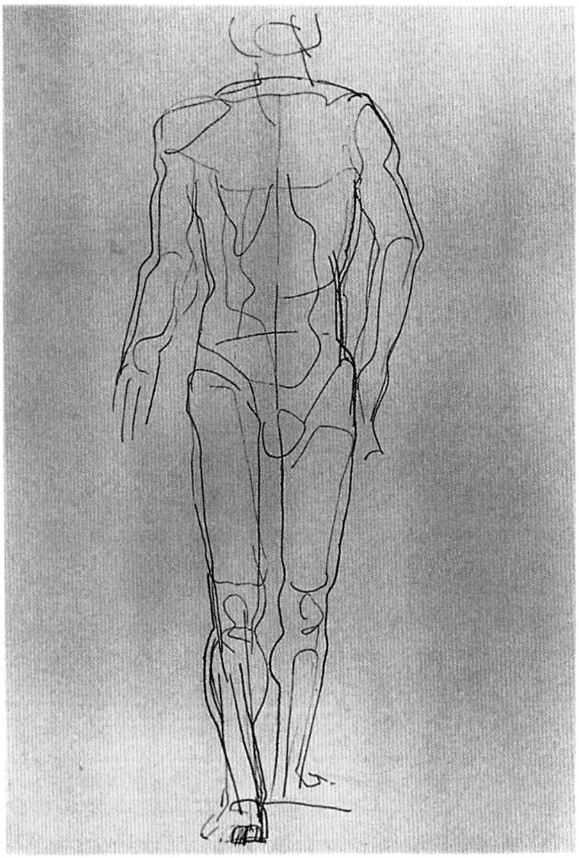

Gerd Jäger (geb. 1927): Schreitende männliche Figur
Karl Hofer (1878–1955): Männliche Aktstudie

Weitere Übungsempfehlungen zur männlichen Gestalt

(Seiten 27 bis 29)

Tafel Seite 27 vergegenwärtigt links oben die großen Gliederungsabschnitte. Ihr gemäß seien folgende Arbeitsschritte des Messens nach Modell angeraten:

- Ziehe zuerst die *Körpersymmetrieachse* und begrenze ihre Länge durch Scheitel (1) und Sohle (1), gliedere sie durch die Angabe der *Körpermittel* (2), Brustwarzen (3), Schienbeinstachel (4) und Schambeinachse (5) (oben Mitte)!
- Trage nun weitere *Untergliederungen* (6–12) wie angegeben ein (oben rechts)!
- Benutze 2 KL, um das *Kontrollrechteck* für die Breitenausdehnungen zu entwerfen (unten links)!
- Bestimme durch Messen die Breiten der die Höhe *gliedernden Horizontalachsen* (unten Mitte)!
- Verbinde die Eckpunkte untereinander, so daß der Umriß einer aus geometrischen Formen aufgebauten *Proportionsfigur* entsteht (unten rechts)!

Tafel Seite 28 gibt weitere Differenzierungen nach dem Modell an, die Anlage bleibt die gleiche wie oben beschrieben. Weitere Schritte sind:

- Erfassen des *individuellen* Modelltyps (linke Figur z. B. athletisch, rechte Figur schmal-hochwüchsig);
- Bereichern der stereometrisch festgelegten *Hauptformen* mit den individuell bedingten *Nebenformen*;
- Eintragen erster räumlicher Erscheinungen in Gestalt von sorgfältig beobachteten *Überschneidungen*;
- Angeben der wichtigsten *Binnenformen*; im Kopf keine Porträthaftigkeit anstreben.

Die Aufgabe ist gelöst, wenn der gesamte figürlich-physiognomische »Schnitt« die Unverwechselbarkeit der ganz bestimmten Modellperson enthält.

Tafel Seite 29 empfiehlt den Versuch, einen flächigen, individuellen Figurenumriß mit breit aufgesetztem Material zu entwickeln:

- Wie auf Tafel Seite 27 oben Mitte sind Angaben zur *Grobgliederung* mit Andeutungen des Kontrollrechtecks vorzunehmen.
- Das breit aufgesetzte Zeichenmaterial ist von einem beliebigen Zentrum aus (z. B. Becken- oder Brustkorbmitte) allmählich *nach der Peripherie* hin auszudehnen (siehe angegebene Pfeilrichtungen), immer unter strenger Beobachtung des Modells.
- Auf diese Weise lassen sich *Wuchstendenzen* nach der Breite und Höhe einlebend und einfühlend erfassen.

So gewinnt man einen ersten andeutenden Überblick über die Gestalt. Dann gehe dazu über,

- nach Erreichen des komplex zusammengeschauten Figurenumrisses *charakteristische Modellmerkmale* einzufügen (rechte Figur) und
- in zurückhaltender Weise auch Angaben zu einigen wenigen *Binnenformen* zu machen.

Die Aufgabe wäre verfehlt, wenn zuerst Umrisse gezeichnet würden, um diese dann mechanisch auszuschraffieren. Auch hier muß die persönliche Körperphysiognomie unverkennbar sein (hier das Modell von Tafel Seite 28 links).

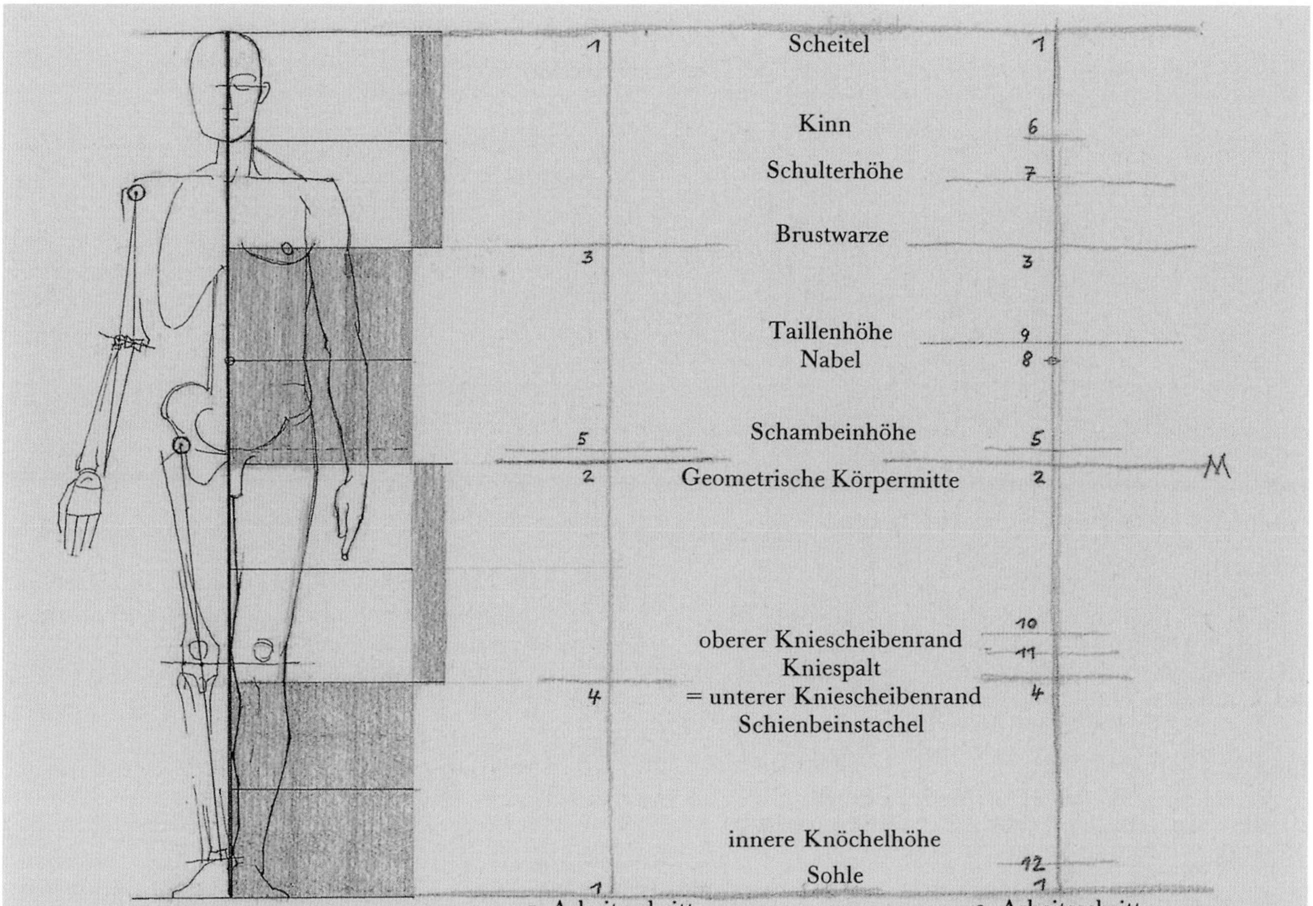

1. Arbeitsschritt 2. Arbeitsschritt

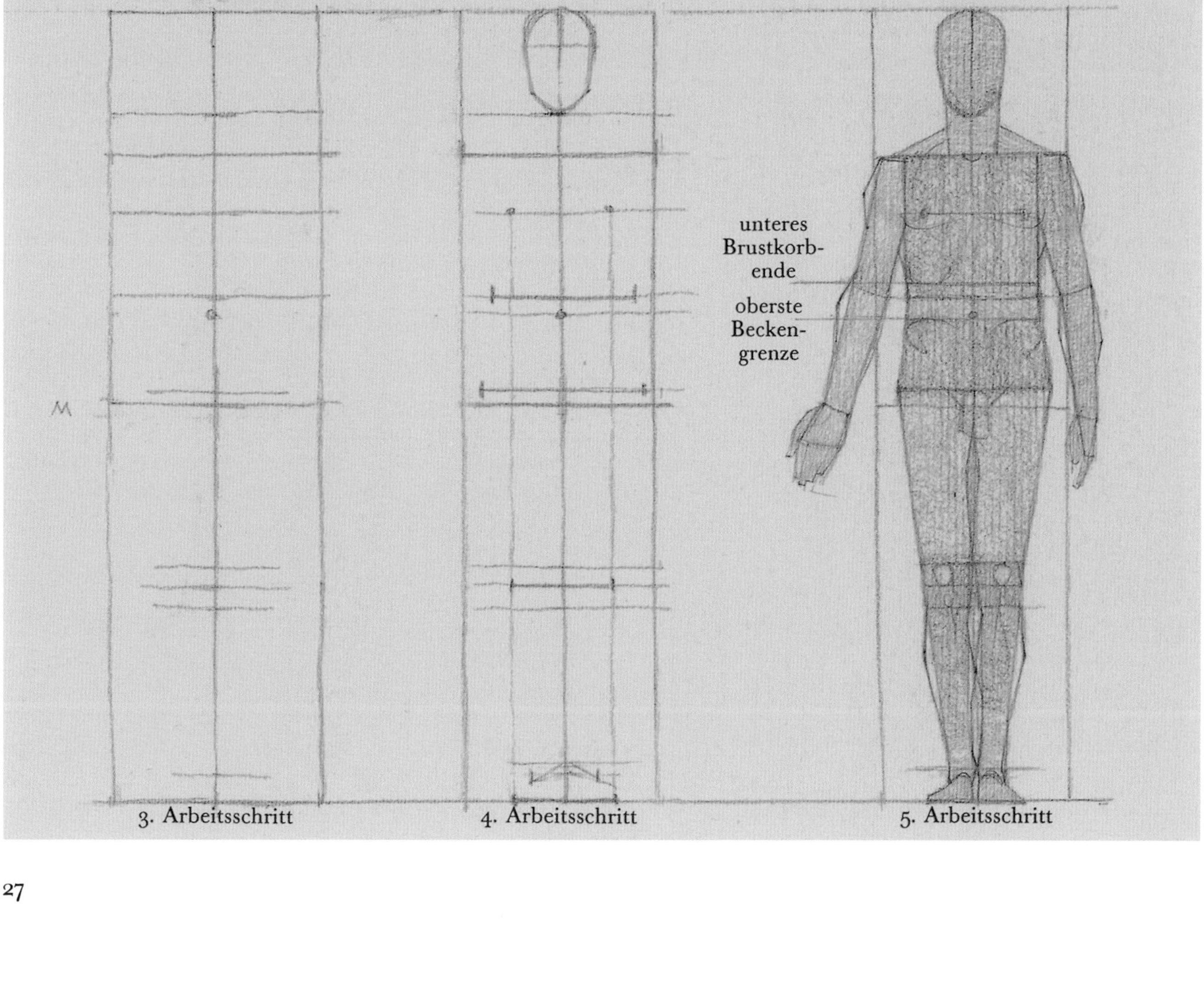

3. Arbeitsschritt 4. Arbeitsschritt 5. Arbeitsschritt

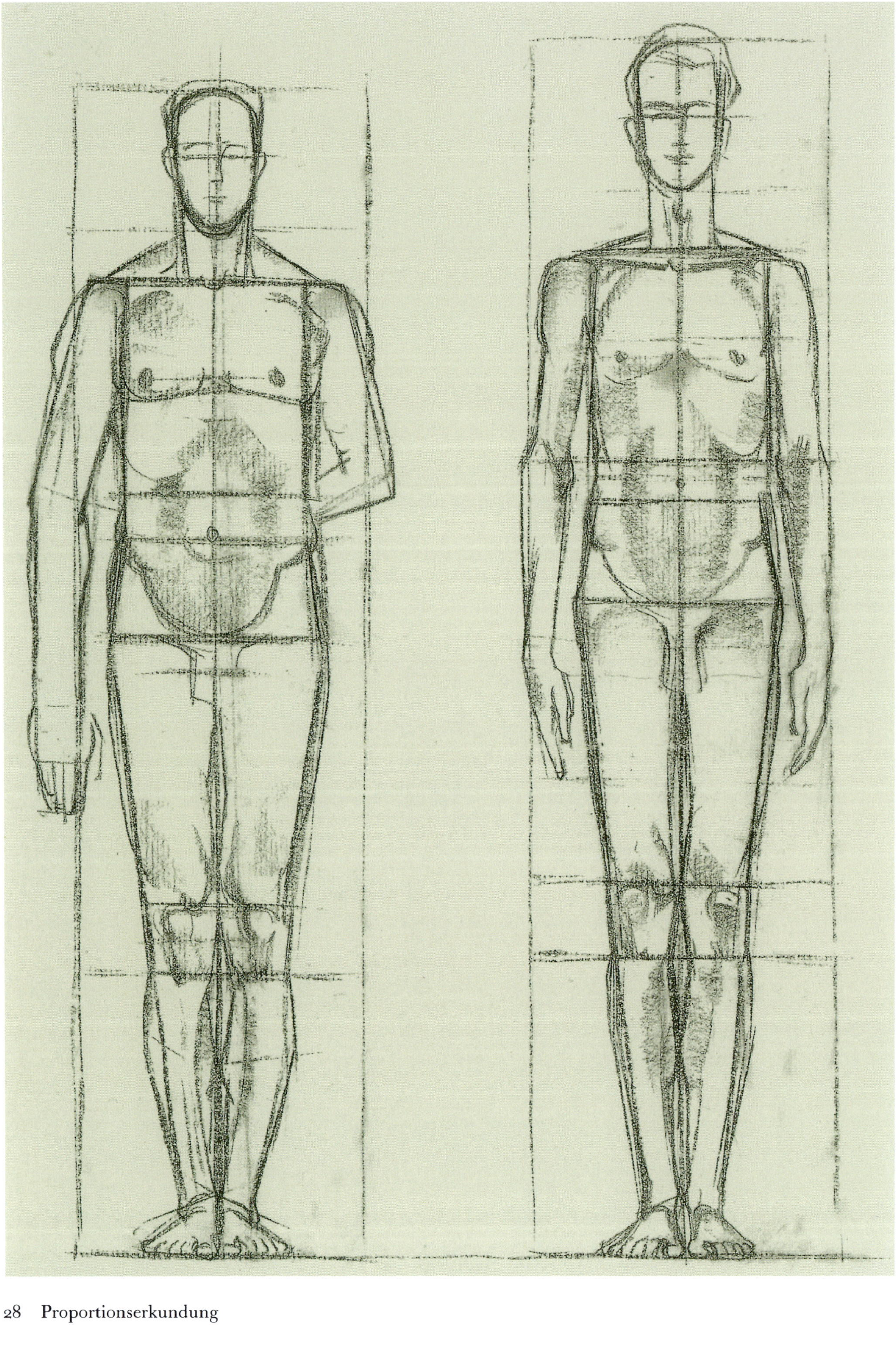

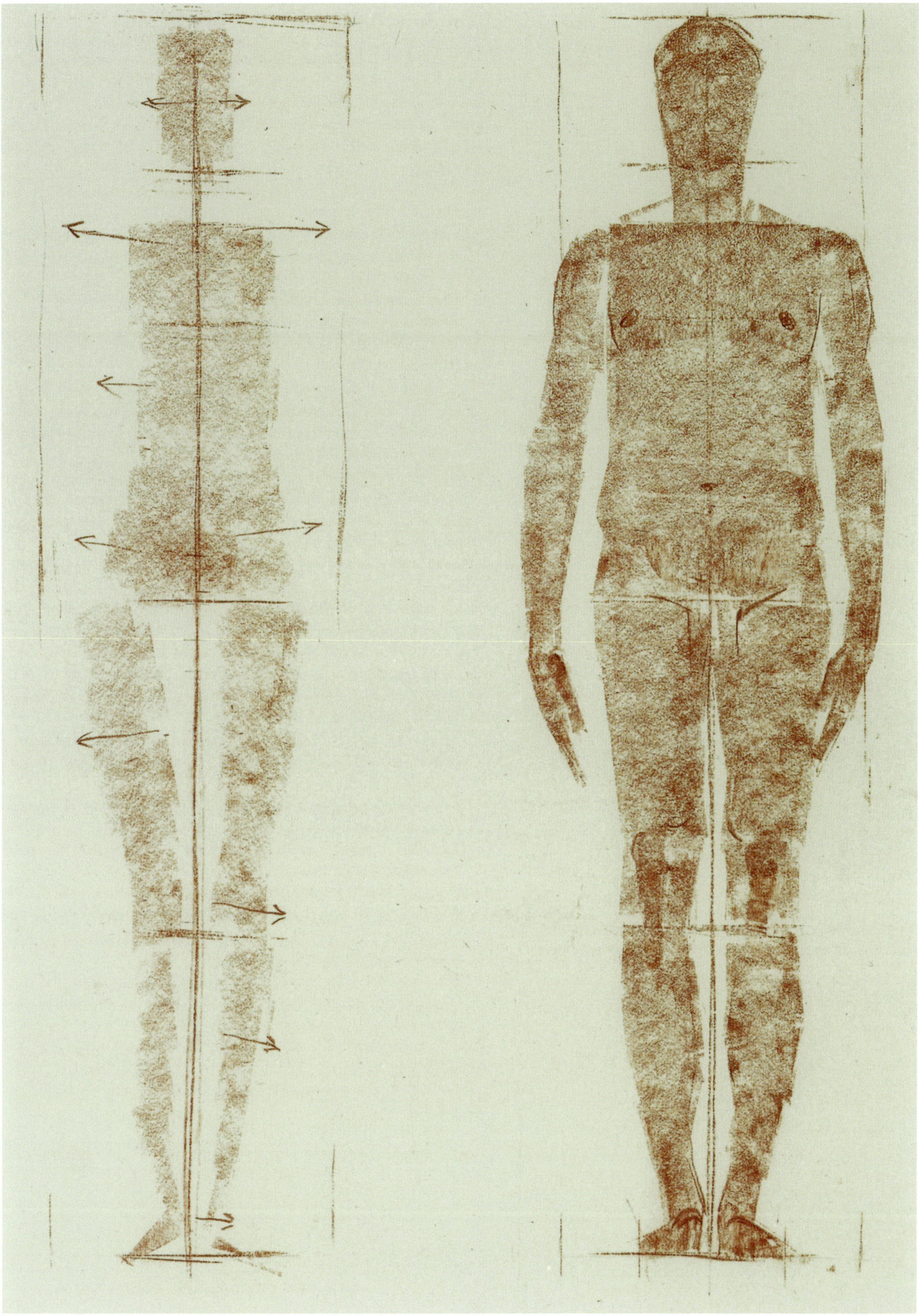

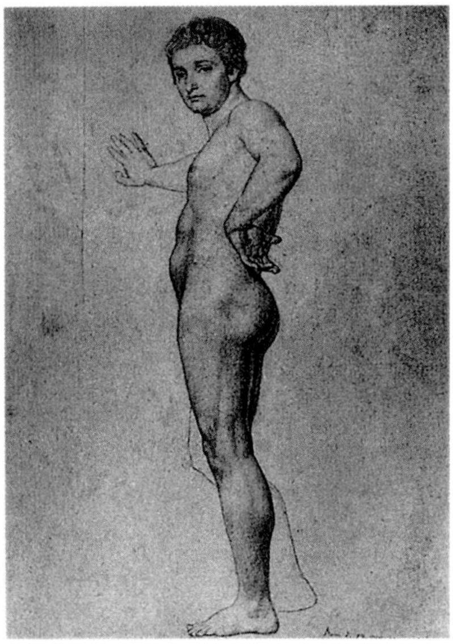

Gustav Adolf Hennig (1797–1869): Stehender Jüngling im Linksprofil, 1822

J. Schnorr v. Carolsfeld (1794–1872): Knabenakt, 1822

Auguste Rodin (1840–1917): Demonstrationsskizze zur klassischen und nachklassischen Statuarik, um 1902

Die männliche Gestalt im Profil

Die auf Tafel Seite 21 rechts angerissenen Probleme (Lastverteilung im Profil, geknickte Richtungen der plastischen Kerne Becken und Brustkorb, Rhythmisierung des Körpers) werden hier wieder aufgenommen und durch flächig vereinfachte Skelettformen begründet (Tafel Seite 31 oben Mitte):

- Die bilaterale Symmetrie der Vorderansicht kehrt im Profil nicht wieder.
- Das Gleichgewicht wird durch das wechselnde Ausladen der Körpermassen *vor* und *hinter* dem Schwerelot aufrechterhalten.
- Die sich ausgleichenden Massen sind versetzt und bilden eine *»versteckte Symmetrie«*.
- Verbindet man die tiefsten »Einkerbungen« der Umrißform untereinander, ergibt sich aus einer Kette von innerlich und untereinander zusammenhängenden Punkten der *Formzusammenhang*. (Man fälle beispielsweise das Lot vom Nacken bis zur Ferse: alle Tiefpunkte bilden eine zusammenhängende Linie.)

Solche Feststellungen gelten auch für die Zusammenhänge von schwingenden Bewegungen (Beispiel Auguste Rodin, links unten) und für plastisch durchgebildete Zeichnungen (Beispiel G. A. Hennig, links oben).

Übungsempfehlungen zur Profilansicht (untere Hälfte der Tafel Seite 31):

Man muß bei Profildarstellungen immer beachten, daß hier die ponderierenden Massen nicht einfach vertikal wie Bauklötzchen übereinandergesetzt sind. Darum ist für die elementare Eigeninstruktion folgende Vorübung wichtig:

- Ziehe eine Lotlinie für Angaben zur proportionalen Grobgliederung!
- Benutze wieder Papierstreifen wie bei Tafel Seite 22!
- Schneide sie längengerecht: Bein, Hüftregion, Brustkorb, Kopf!
- Setze das quasi quadratische Kopfviereck als Krönung über die Vertikalsäule des Beines!
- Beachte den geknickten Verlauf bei Brustkorb- und Beckenrechteck (linke Figur)!
- Ergänze diese Elementarformen und -richtungen durch das Einfügen von Lende und Hals!
- Baue den Fuß in Dreieckform als Standfläche und Gegenpol zum Scheitel ein (mittlere Figur)!
- Umbaue die Elementarformen und -richtungen mit den Umrißformen der lebenden Erscheinung (rechte Figur)!

Zur Verstärkung der sinnfälligen Übersicht und zur Arbeitserleichterung ist die geometrische Körpermitte stark ausgewogen, die Körperviertel stehen versetzt als Randleiste rechts.

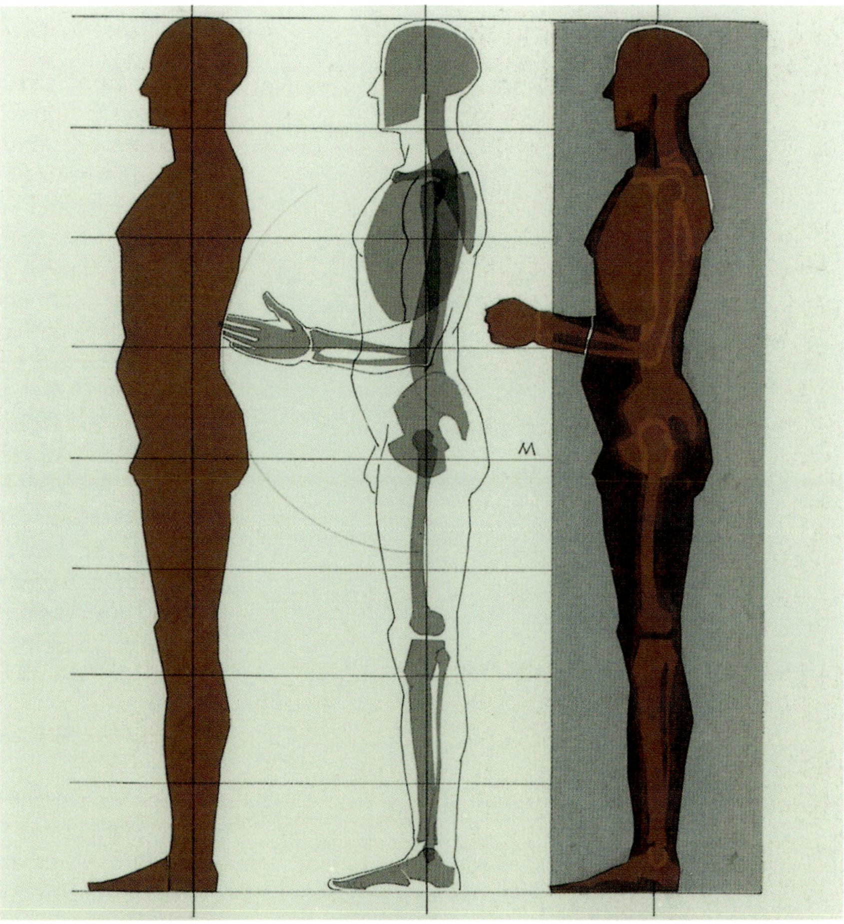
M

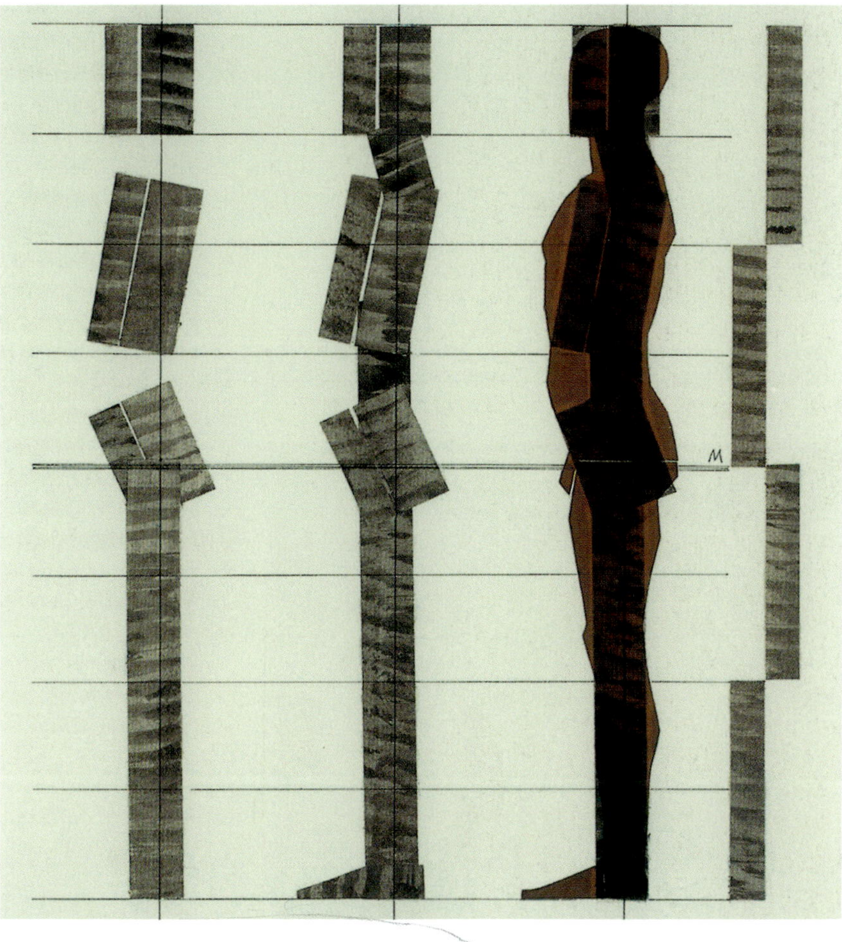
M

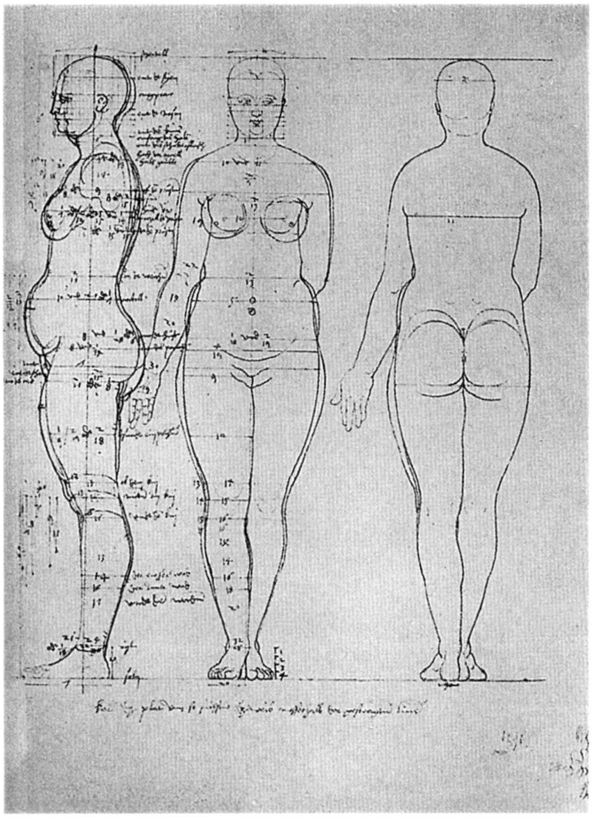

Albrecht Dürer (1471–1528): Kräftige Frau von 8 KL, konstruiert, um 1513

Samuel Hoogstraeten (1627–1678): Weibliche Proportionsfiguren von 7½ KL mit dem Grundmaß einer halben KL, aus »Hohe Schule der Malerkunst«, 1678

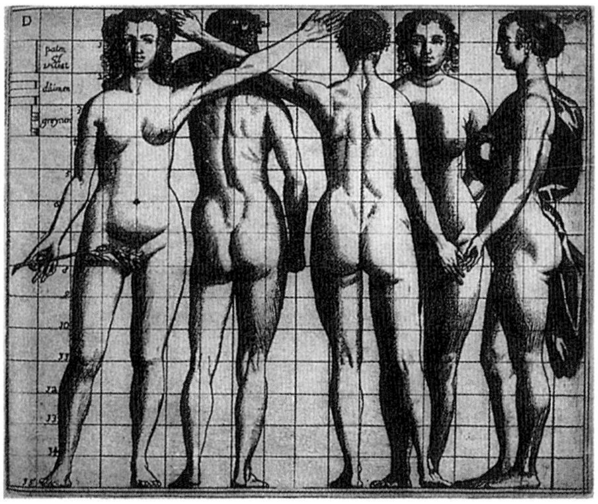

Die weibliche Gestalt

Das Verfahren der Proportionserkundung kann erst dann als elastisch angesehen werden, wenn es für jede Gestalt anwendbar ist. Also muß auch hier am weiblichen Körper das auf der Tafel Seite 13 dargelegte *Analogie- und Simultanverfahren* praktikabel sein. Wir können uns daher auf folgende Einsichten beschränken (Mittelfigur):

- Die *Klafterweite der Arme* von Mittelfingerspitze zu Mittelfingerspitze entspricht mit großer Regelmäßigkeit der Totalhöhe, daher Einschreibung in ein Quadrat.
- Das *Schambein* bezeichnet die genaue *Körpermitte.*
- Bei seitlich erhobenen Armen, verbunden mit dem Anheben der Brüste, ist die *Brustwarzenachse* deckungsgleich mit dem oberen Körperviertel.
- Durch den Strang der *Oberbrust*, nach seitlich außen angehoben, bildet sich die Achselhöhle, von vorn verstärkt durch den großen Brustmuskel, von hinten durch den breitesten Rückenmuskel (Überschneidungen!).
- Die *Taille* liegt knapp über 3. KL, der Nabel knapp darunter.
- *Schenkelbeuge und Schamhügel* liegen unter der Körpermitte.
- Der *untere Kniescheibenrand* bezeichnet die Mitte des Beines.
- Die dominierende Körperbreite ist die *Hüftbreite.*
- Das *Handgelenk* liegt in Rollhügelhöhe, die Fingerspitzen reichen knapp bis zur Oberschenkelmitte.
- Unterhalb der Kniescheibe befindet sich eine besondere *Fettablagerung (Kapselfett).*

Die linke Figur motiviert die äußeren Umrißformen durch die Skelettgrundlage:

- *Schädel- und Schlüsselbeine*, deren Breite in Abhängigkeit vom schmalen Brustkorb,
- die Flanken des Oberkörpers durch den *Brustkorb*,
- die *Hüftregion* durch die Breite der *Darmbeinschaufeln* und der beiden *großen Rollhügel;*
- die *Kniebreite* durch die Breite des Knieskelettes, die Schwingung des Unterschenkels durch die Schwingung der *Schienbeinkante;*
- Fußrücken und Knöchel durch das *Fußgewölbe* und die unterschiedlich hohen *Schien- und Wadenbeinknöchel.*

Die rechte Figur geht auf Weichformen ein:

- auf die beiden Lendengrübchen und Kreuzbeinspitze (= gleichseitiges Dreieck);
- auf das *Hüftfett;*
- auf die vertikale *Gesäßspalte* und die horizontale *Gesäßfalte*, manchmal von einer zweiten begleitet;
- auf die stets von innen nach außen ansteigenden *Kniekehlenfalte*, innenseitig von einem tiefen, außen von einem flachen *Kniekehlengrübchen* begrenzt;
- auf das *Schulterblattgrübchen* am inneren Beginn der Schultergräte und auf das *Ellengrübchen* seitlich des rückwärtigen Ellenbogens.

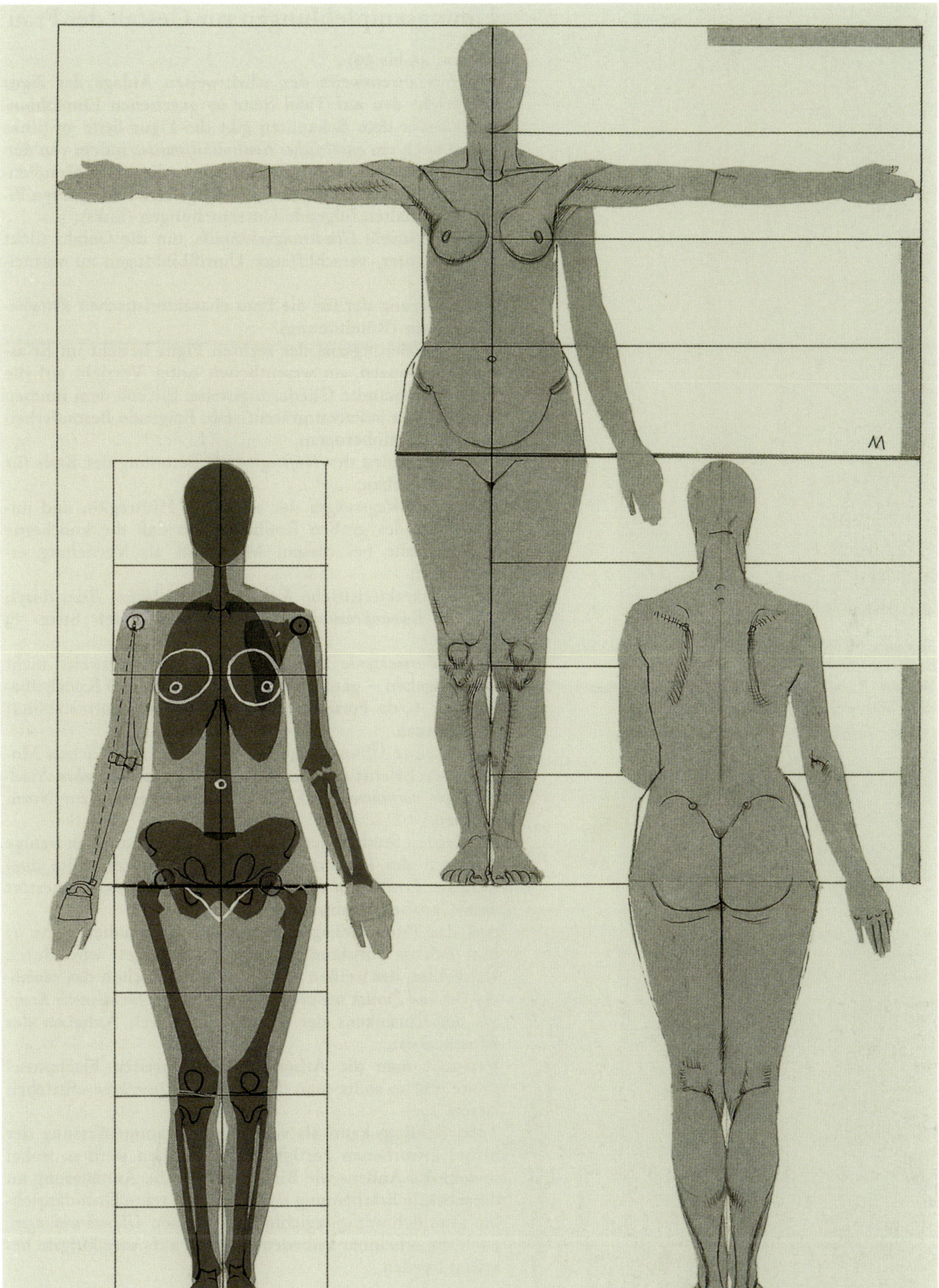
M

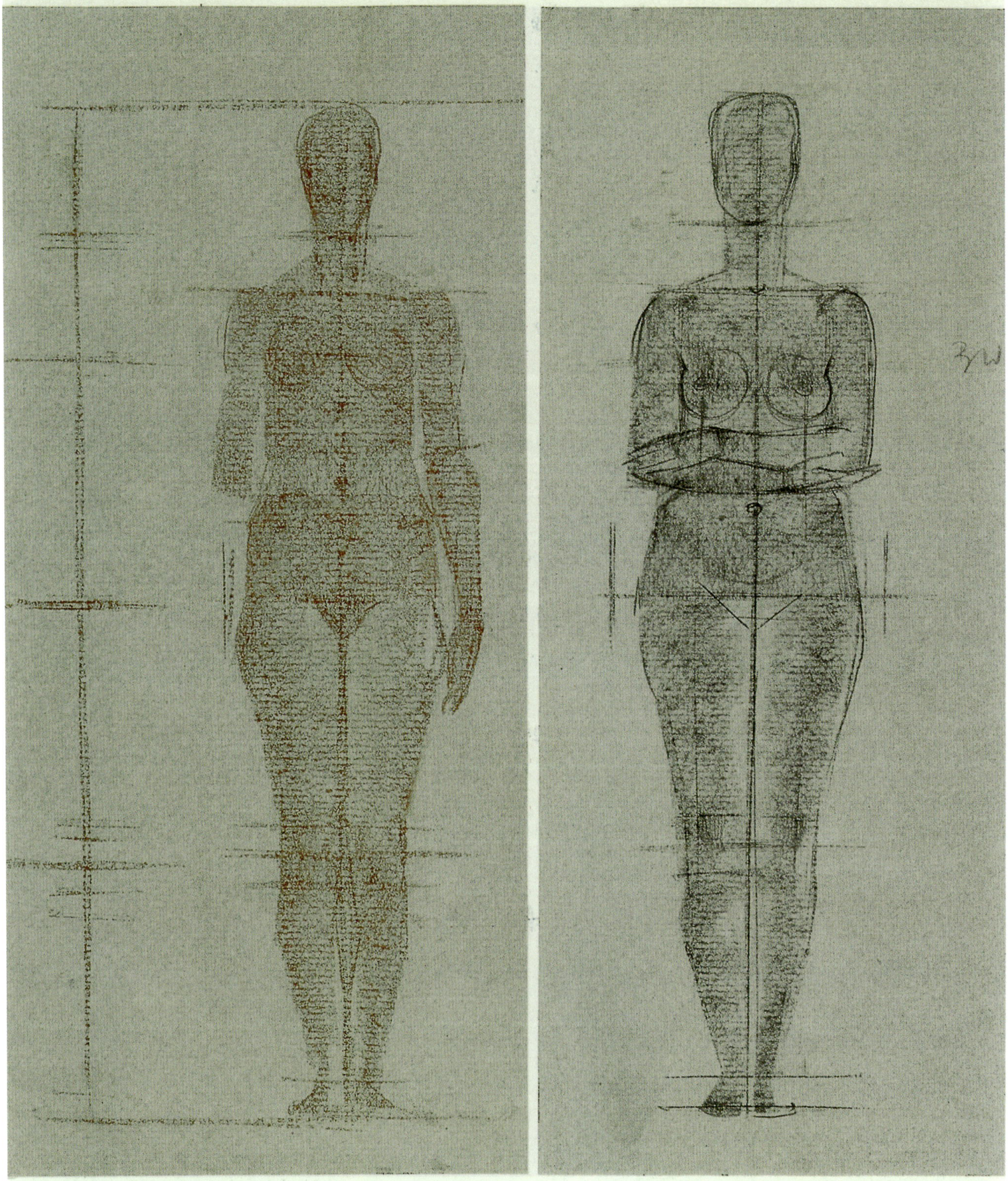

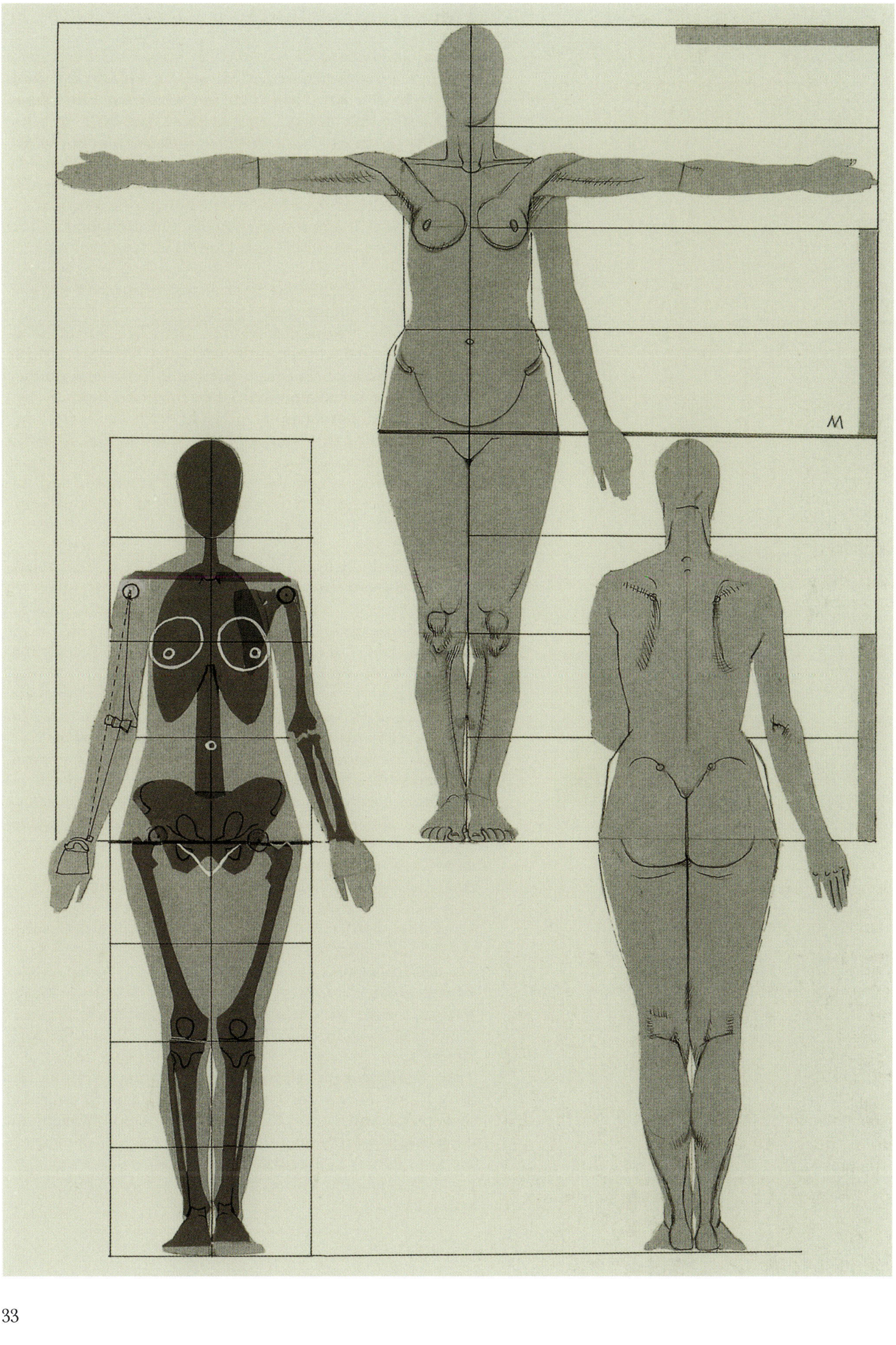
M

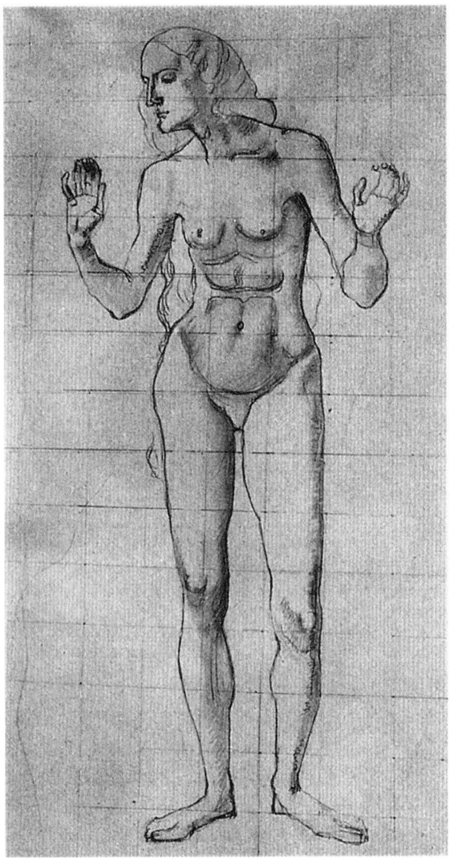

Ferdinand Hodler (1853–1918): Studie zu Weib am Bach, um 1803
Wilhelm Rudolph (1889–1982): Frontal stehender Akt einer kräftigen Frau, o.J.

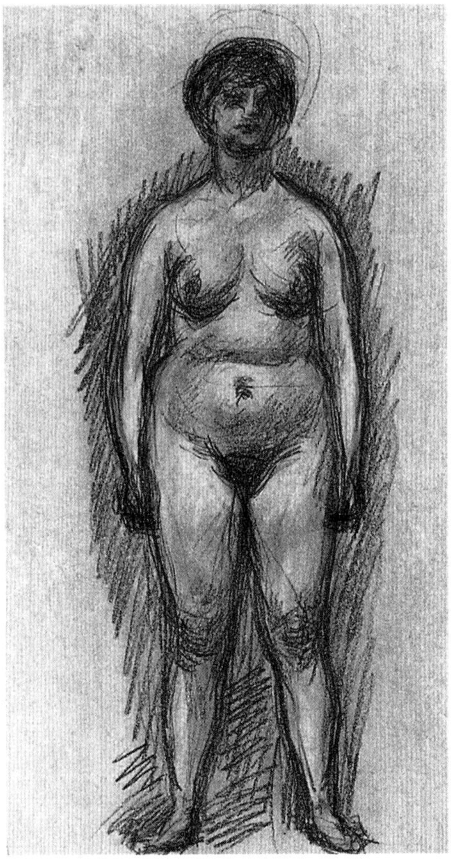

Übungsempfehlungen zur Gestalt der Frau

(Seiten 35 bis 39)
Die Verfahrensweise der schrittweisen Anlage der Figur entspricht den auf Tafel Seite 27 gegebenen Empfehlungen. Außer dem Bekannten gibt die Figur Seite 35 (links oben) noch ein *zusätzliches Kontrollhilfsmittel*, indem von den Brustwarzen aus *Lote* gefällt werden, die die Knieaußenseite und den äußeren Fußrand tangieren. Die unteren Figuren enthalten folgende Untersuchungen (links):

- *Geometrisierte Gliederungsabschnitte*, um die Gefahr nicht prägnanter, verschliffener Umrißbildungen zu vermeiden;
- Eintragung der für die Frau charakteristischen *Fettablagerungen* (Röteltönung).

Das Realisierungsziel der rechten Figur besteht im Erfassen des Ganzen, im wesentlichen unter Verzicht auf die bisher angewandte Gliederungsweise. Sie soll dem inneren Auge jedoch jederzeit präsent sein. Folgende Besonderheiten werden einbezogen:

- das Ausladen der *Hüftregion* als Betonung der Basis für den Oberbau;
- die *Fettablagerungen* der seitlichen Hüftregion und unterhalb des großen Rollhügels, so daß die knöcherne Hüftbreite bei diesem Modellfall als Vertiefung erscheint;
- die charakteristische *Knickung des weiblichen Beins* durch den *Beinaußenwinkel* (siehe hierzu Tafel Seite 33 links);
- die *Formakzente* trotz der breiten Vortragsweise nicht preisgeben – ganz besonders im Fessel- und Knöchelbereich –, da Formakzente bedeutend zur Formstabilität beitragen.

Die gesamte Übungsfolge mit sehr unterschiedlichen Modelltypen belehrt darüber, daß wir *keine schematischen Nivellierungen vornehmen* und keine Kanonfestlegung zur Norm machen.
Die beiden Studien der Seite 36 enthalten nur noch wenige Angaben des Proportionsgerüstes. Vor allem sollte man nun die *Fertigkeiten des Schätzens* üben, um sich ungestört dem Ganzheitseindruck widmen zu können.
Auf das Proportionsgerüst wird in den Studien Seite 37 nun nahezu vollständig verzichtet. Dagegen wird durch Verdichten des weißen Kreidetones links schon das *räumliche Vor und Zurück* ausgedrückt, rechts das *funktionelle Ereignis* des Einsinkens der Bauchdecke durch Anheben des Brustkorbes.
Versucht man die Arbeit mit dem breiten Flachpinsel (Seite 38), so sollte man die *Figur aus Querzügen* entstehen lassen.
Tafel Seite 39 kann als vorläufige Zusammenfassung der bisher erworbenen Fertigkeiten angesehen werden, wobei sowohl die Außen- wie Binnenformen die Annäherung an die lebende Erscheinung anstreben. Da reine Grundansichten räumlich wenig ergiebig sind, müssen *Überschneidungen*, auch die scheinbar unbedeutendsten, aufs sorgfältigste beachtet werden.

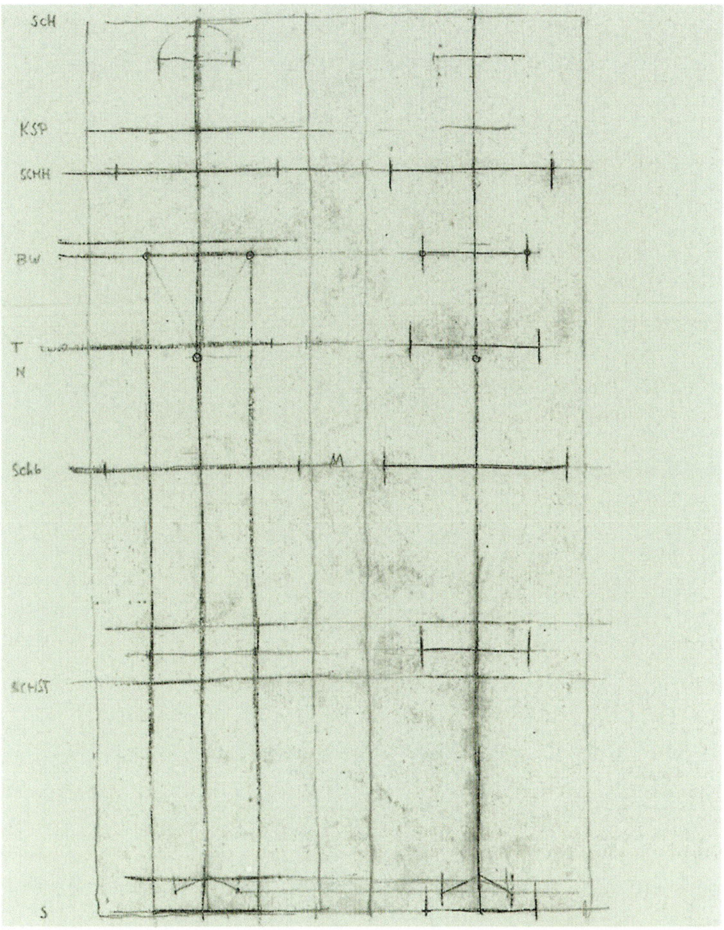
ScH
KSP
SCHH
BW
T
N
Schb
M
SCHST
S

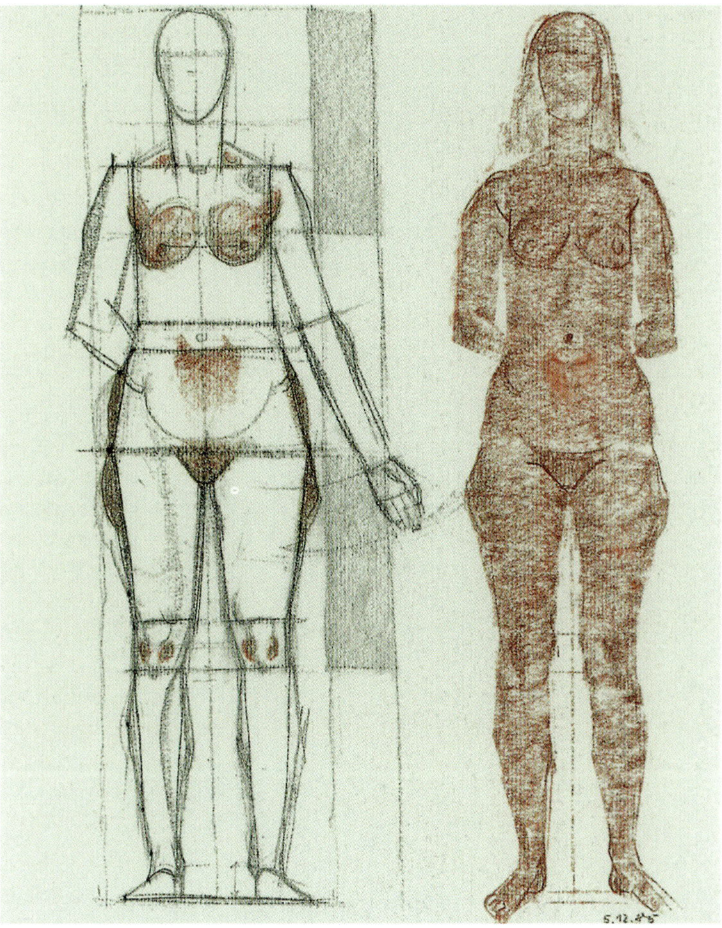

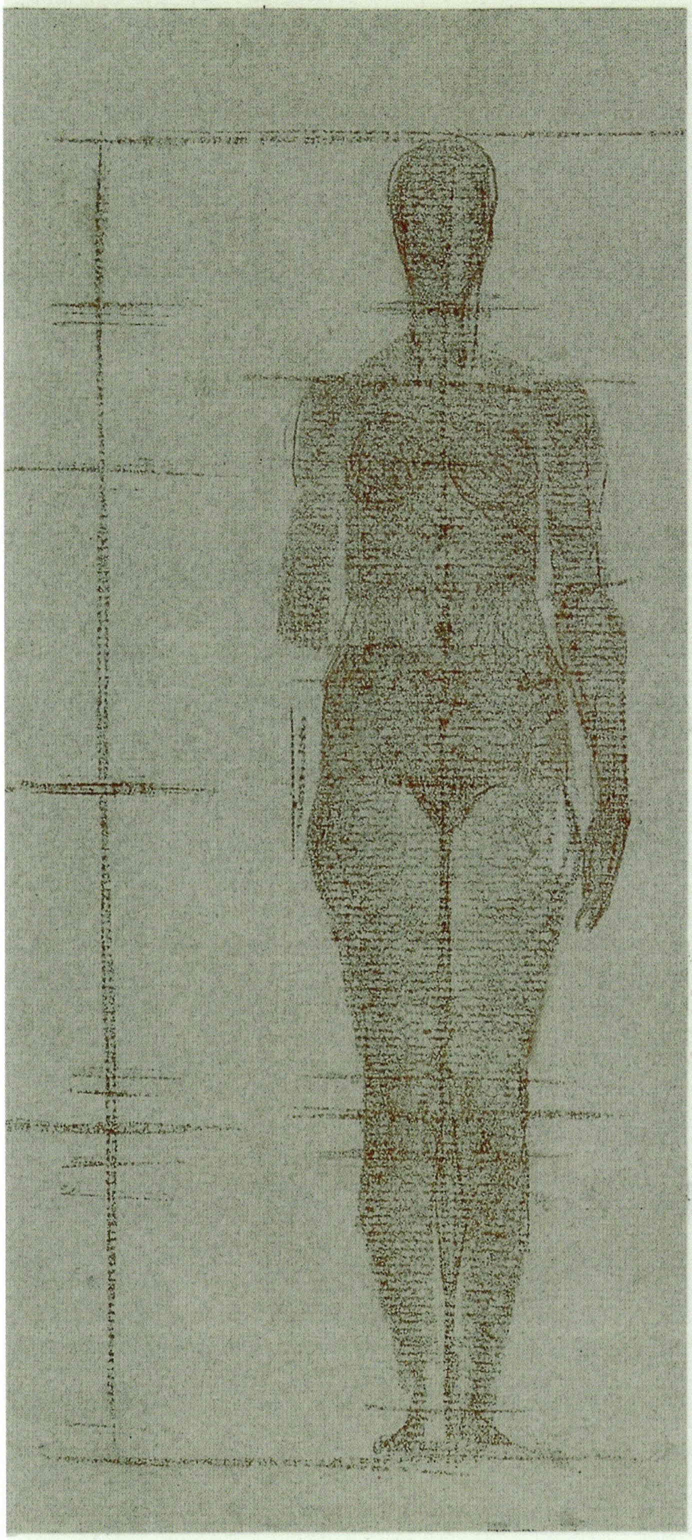

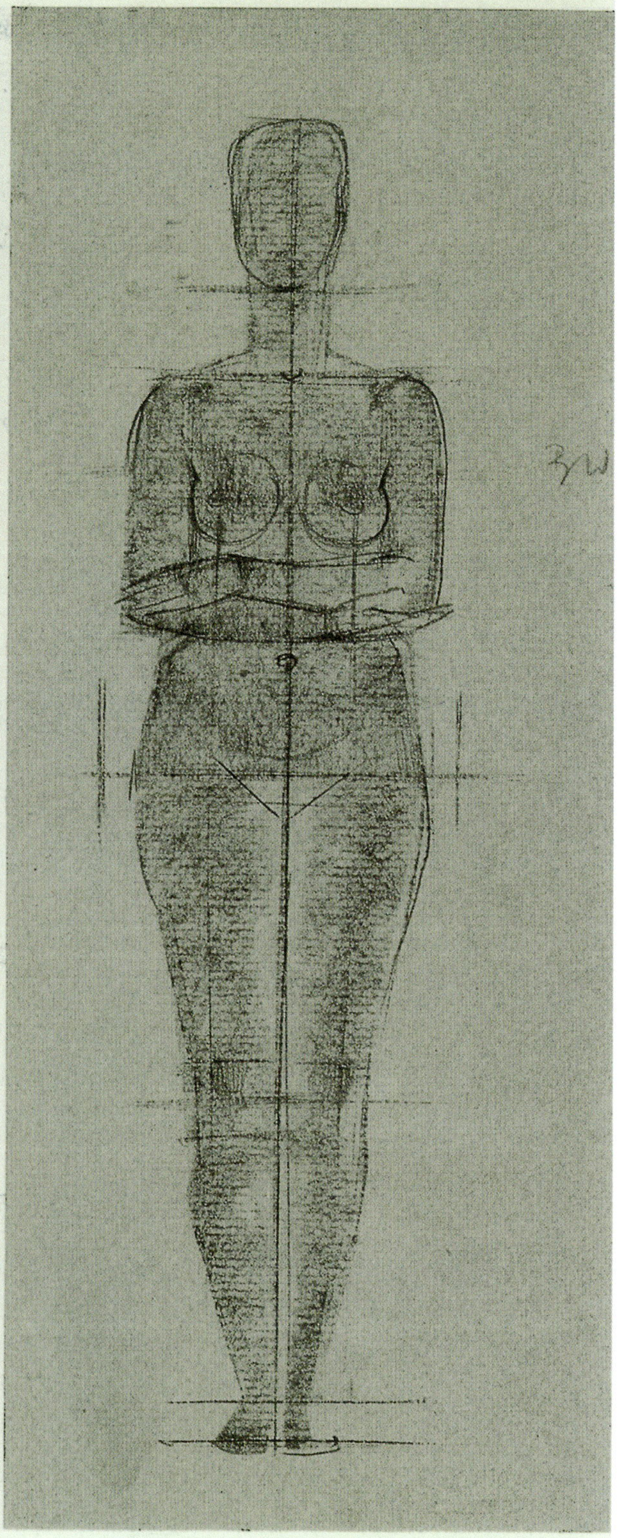

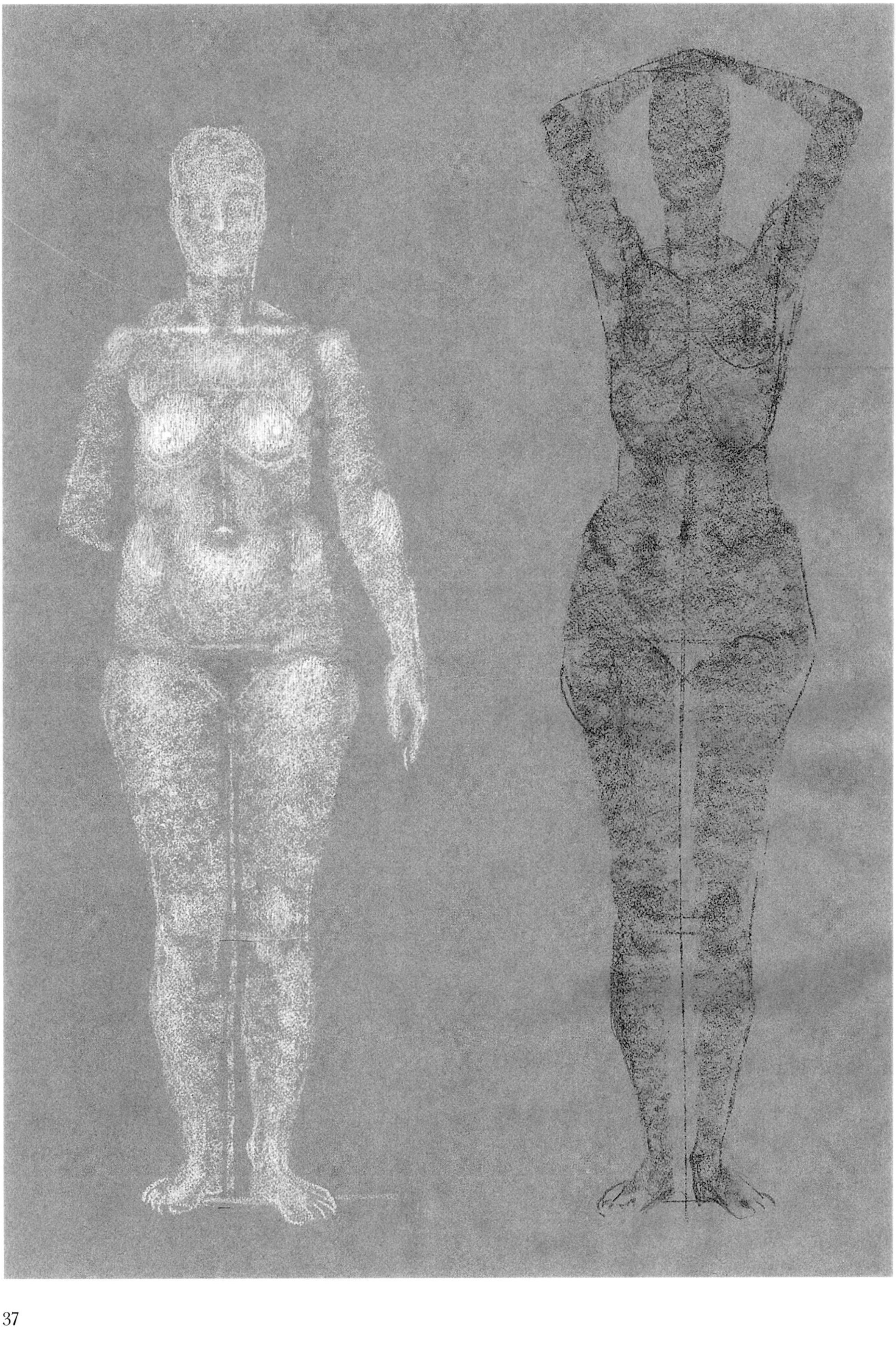

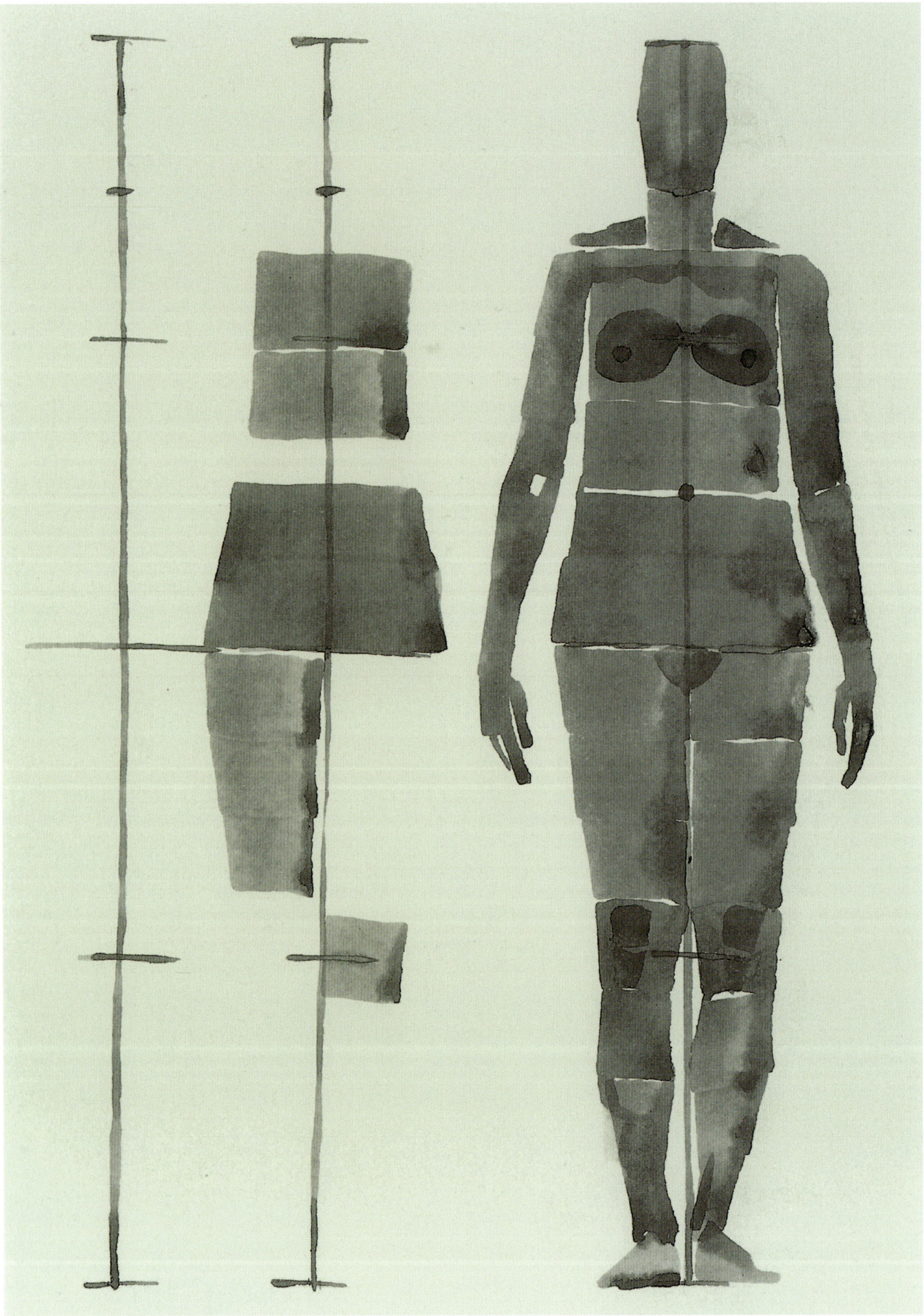

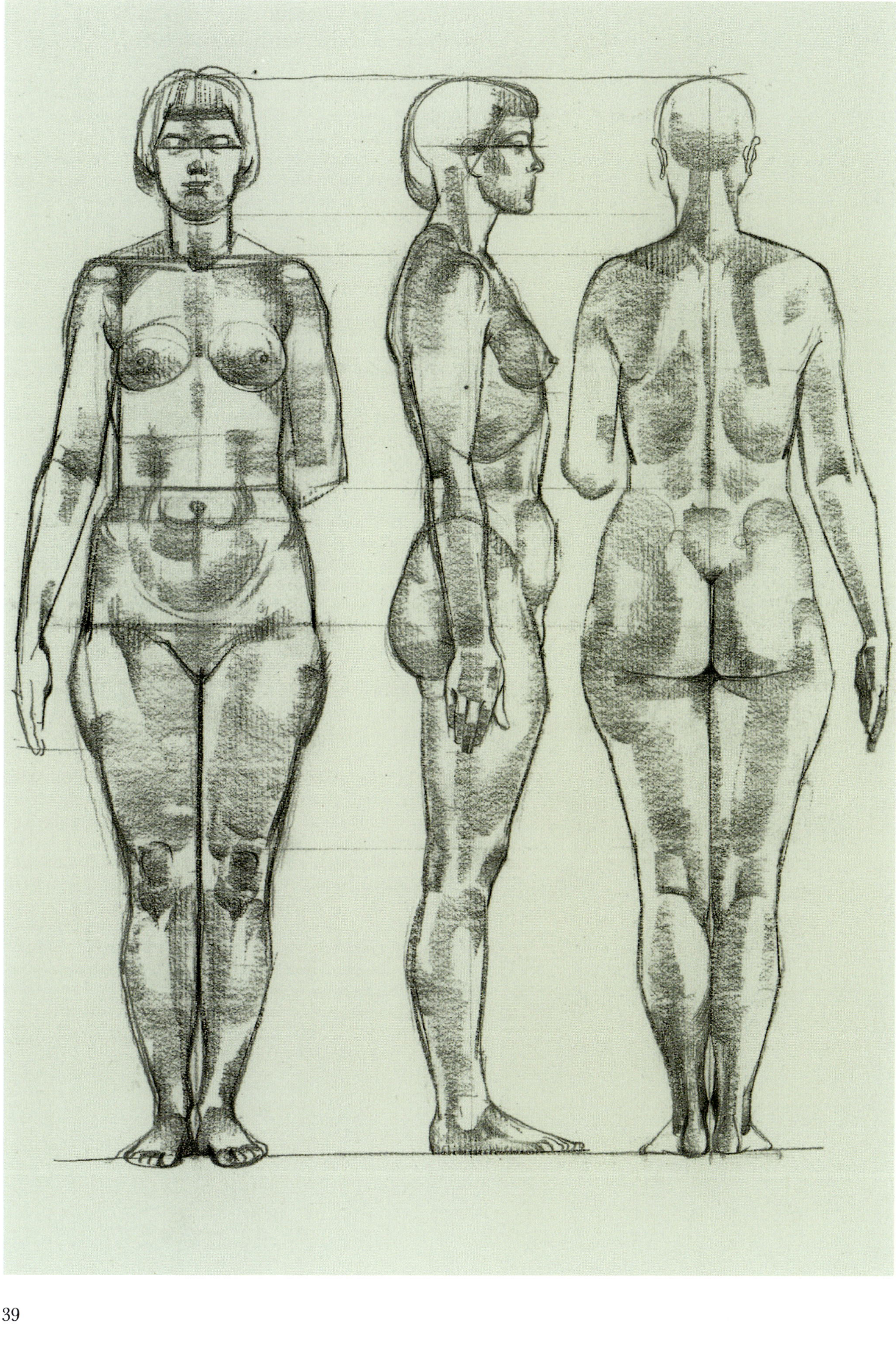

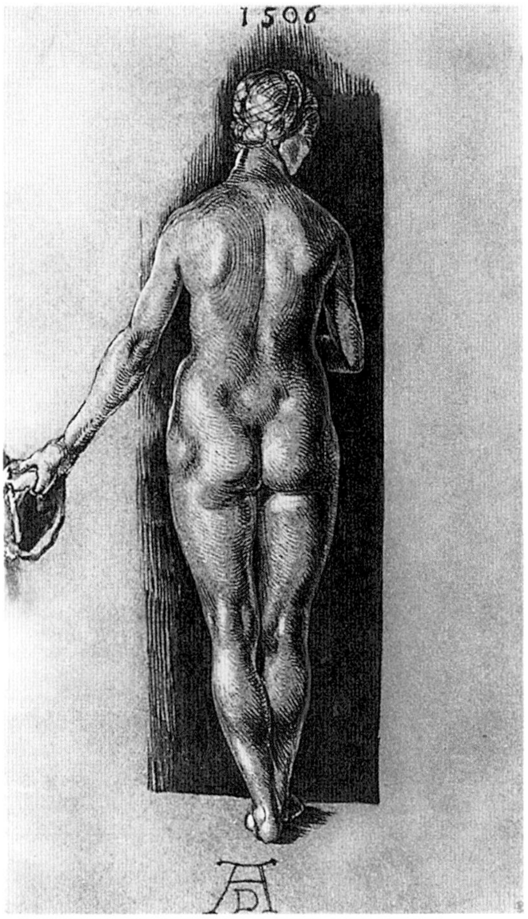

Albrecht Dürer (1471–1528): Rückenakt, 1506
Edgar Degas (1834–1917): Stehender Mädchenakt im Rechtsprofil, o.J.

Studien zur Gestalt der Frau mit weiteren Übungsempfehlungen

(Seiten 41 bis 45)
Die in drei Arbeitsschritte aufgelöste Übung (S.41) zur Profilansicht basiert auf Andeutungen der Tafel Seite 21. Anzuraten ist diese Arbeitsfolge:

- Erfassen der vertikalen Figurenhöhe mit Groborientierung der Proportionen und Schrägachsen von Brustkorb und Becken (links)
- Einsetzen der *plastischen Kerne* (Mitte)
- Verbinden der plastischen Zentren, Herausarbeiten der wechselweise ausladenden Hauptmassen von Gesäß und Bein (Rhythmus!)

Ein reizvoller Realisierungswechsel kann sein, mit in Graphitstaub eingetauchten unterschiedlichen Fingern zu zeichnen (Seite 42), wobei die sich gegenseitig absetzenden, vorspringenden Volumina in ihren Richtungen mit dem bestäubten Finger hingesetzt werden. *Nicht* vorzeichnen!
Ähnlich das Vorgehen mit dem gefüllten Rundpinsel (Seite 43 oben und unten): Mit einem einzigen »Drucker« eine fertige Form setzen und so Form an Form bauen. Keine Scherenschnittwirkungen anstreben! Man kann auch auf aufgetrocknete Grundformen Nebenformen wie Brüste oder Bauch nachträglich aufsetzen (Seite 43 unten)! Sind Fertigkeiten der einen Realisierungsweise im Erfassen großer Massen erworben, sollte man zu Material überwechseln, das Bereicherungen durch Feinheiten und Modellieren gestattet, wie z.B. Bleistift in Kombination mit breit gesetztem Graphit (Seite 44).
Oder man spiele mit Linie und Fleck (Seite 45 oben), sei es, daß man vergnügt Flecken setzt und diese mit einigen Linien bändigt (Seite 45 oben), sei es, man gibt zuvor ein paar schwingende Linien und setzt einige lavierende Pinselflecken zur Erhöhung der Körperhaftigkeit ein, oder beide ergänzen sich in fortwährendem gegenseitigem Wechsel (Seite 45 links unten) – aber *nicht ausmalen*! Wieder völlig anders geartet ist ein körperhaft räumlicher Vortrag, bei dem man mit der Feder unbefangen über das Papier parallele Strichlagen hinstreicht und da und dort Tiefen des Raumes setzt, mit ihnen kräftig und entschieden die Richtungen betont, um schließlich noch ein paar Konturen zur Formpräzisierung einzufügen (Seite 45 rechts unten). Hat man mit den Strichlagen da und dort des Guten ein wenig zu viel getan, ist das nicht schlimm. Man kann es ohne große Schwierigkeiten wieder eindämmen (Seite 45 unten rechts).
Wichtig bei einem solchen Herangehen ist ein nicht zu kleines Format, um sich bei der Strichführung *motorisch* genußreich und einfühlsam zugleich auszutun.

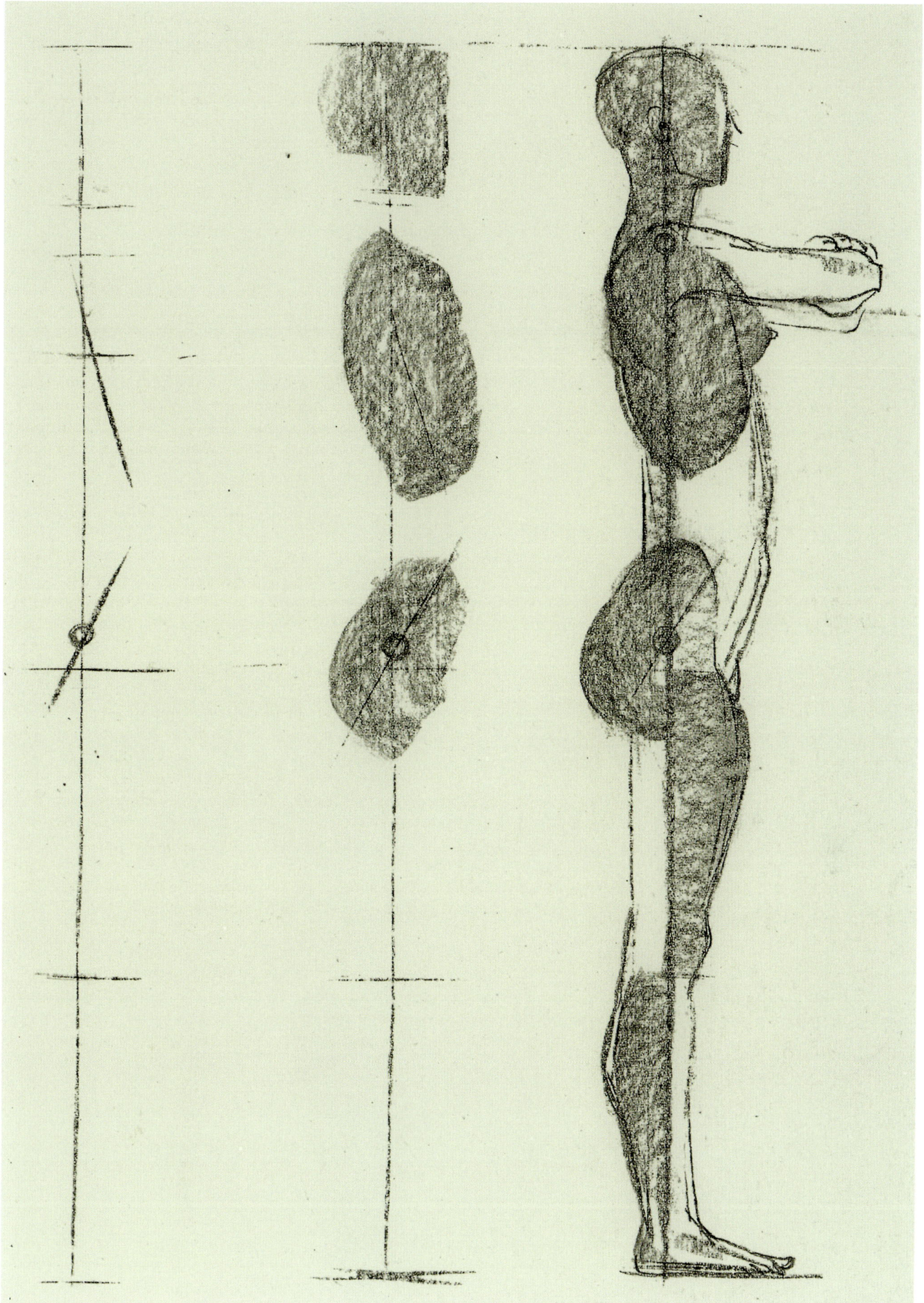

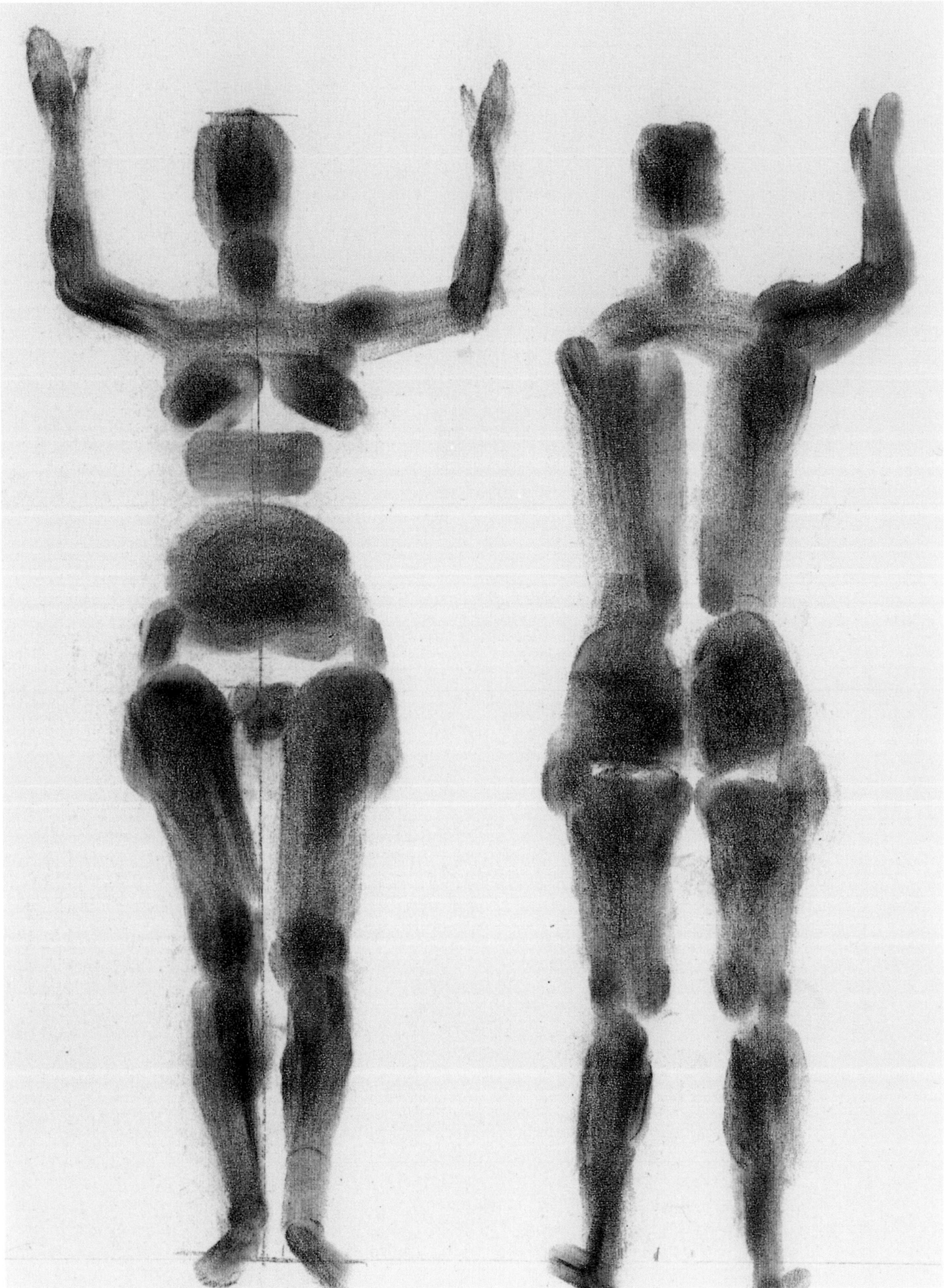

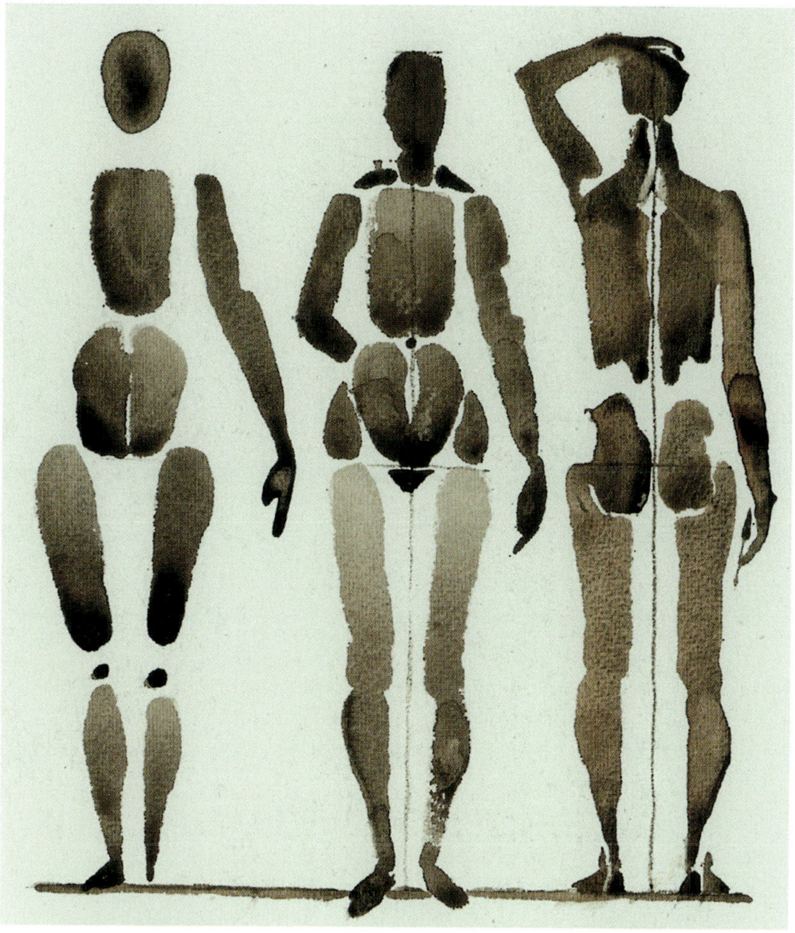

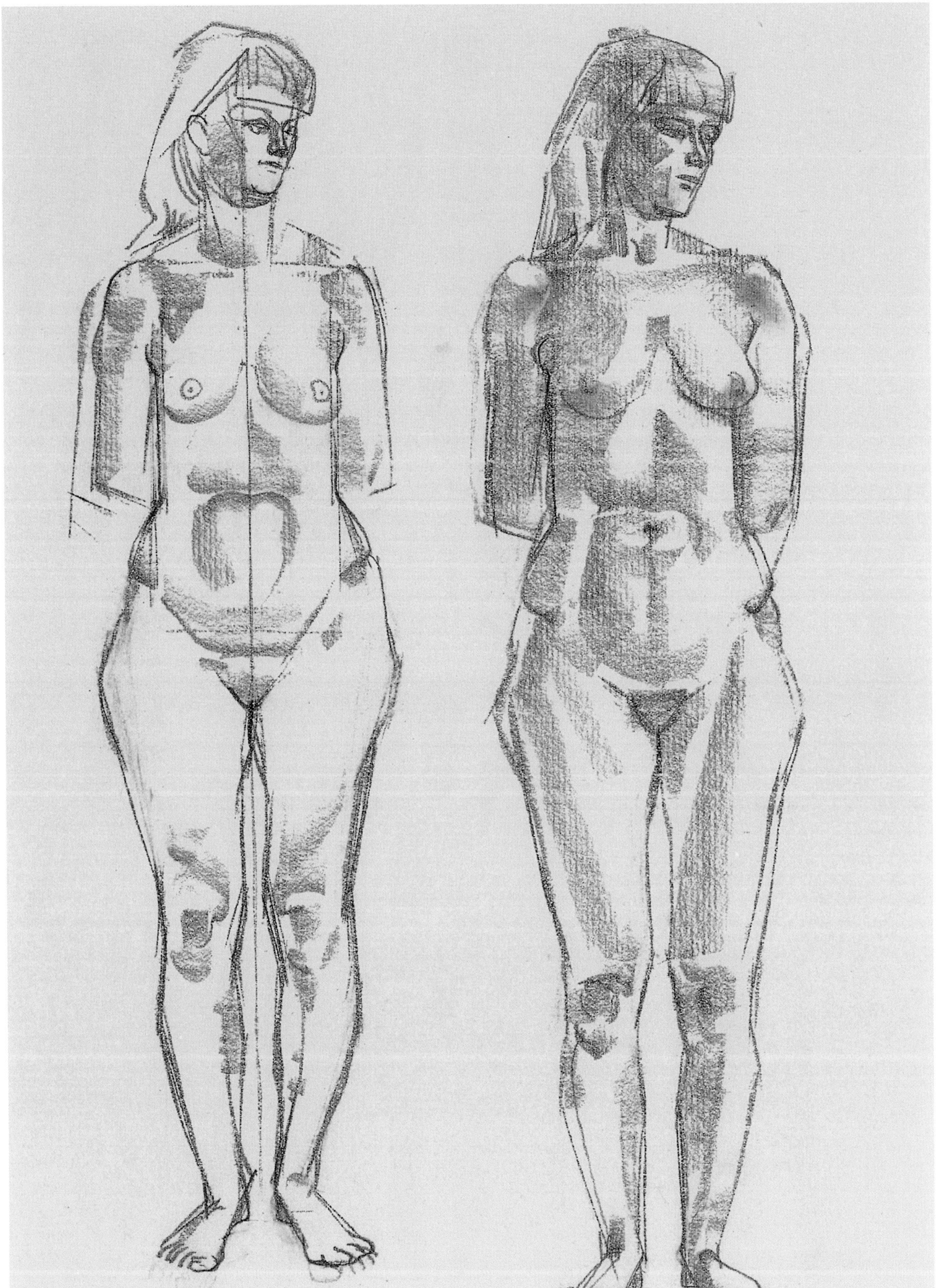

 Proportionserkundung

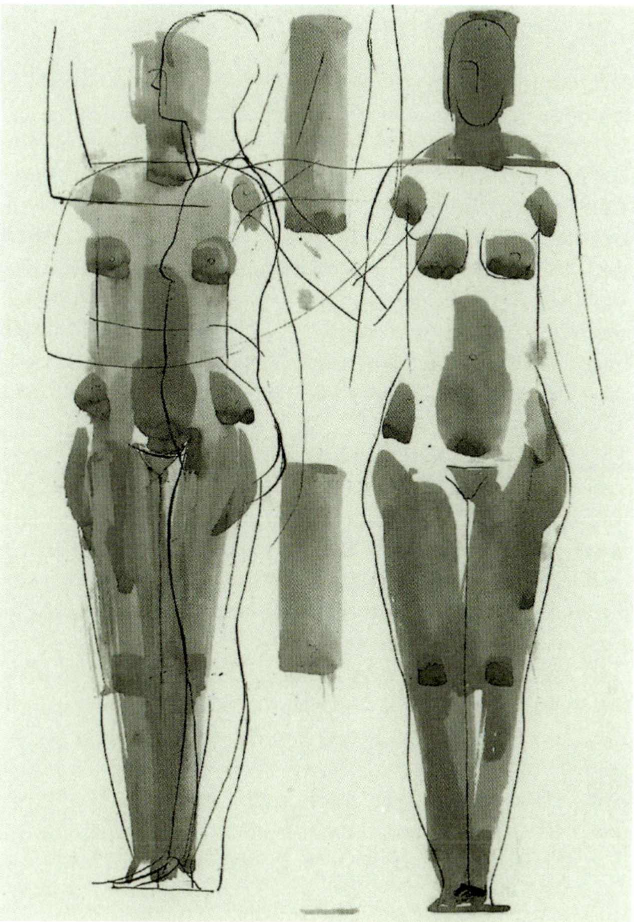

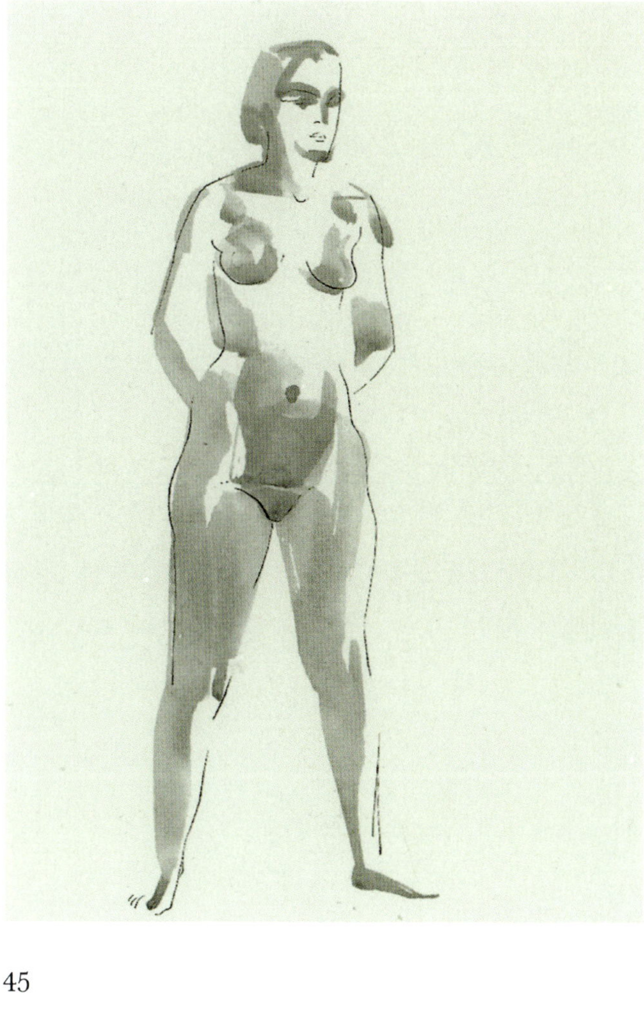

Die jugendliche weibliche Gestalt

Die Proportionsfiguren der Seiten 47 bis 49 sind Ergebnisse exakter anthropometrischer Messungen zu Angaben zum Lebensalter, zur Totalhöhe und zu den Breiten der Gestalt in cm, des Kanons und wichtiger Meßpunkte für den künstlerischen Bedarf. Außerdem werden genaue Feststellungen getroffen zum Verhältnis von Ober- und Unterlänge. Mit Ausnahme der Vermessungsnummer 41 läßt sich an allen Proportionsfiguren das Erreichen der 2. puberalen Phase mit deutlicher Ausbildung der sekundären Geschlechtsmerkmale und der Übergang in die Reifungsphase ablesen.

Seite 47 links: Die Höhengliederung, von der Sohle aufwärts, wird an den bereits bekannten Meßpunkten ablesbar in cm. Dieselbe Figur rechts mit Eintragung des Kopflängenanteils (8-Kopfkanon). Vertikalstreifen (grau) geben das Verhältnis an von Ober- und Unterlänge, die Horizontalstreifen die Verhältnisse der wichtigsten Breiten untereinander.

Seite 48 oben: Zwei verschiedene Entwicklungsstadien bei nahezu gleichem Lebensalter. Die Vermessungsnummer 41, verglichen mit der Nr. 39, hat die 2. puberale Phase mit Ausbildung der charakteristischen weiblichen Fettpolster noch nicht erreicht. Die Körperbreiten retardieren noch, wodurch die Körperphysiognomie die Tendenz zur Feingliedrigkeit hat. Die rechte Figur wirkt dagegen kompakt (vergleiche hierzu die Horizontalstreifen rechts oben).

Seite 48 unten: Beide Figuren von Seite 48 oben werden wiederholt angeführt, versehen mit der Angabe des Kanons: Beide Gestalten zeichnen sich durch einen kleinen Kopf aus (links 8,35 KL, rechts 8,4 KL der Totalhöhe). Das Kontrollrechteck, das seine Breite aus 2 KL bezieht, macht deutlich, daß die linke Figur in der Hüftbreite, der deutlichsten Breite des weiblichen Körpers, sichtbar noch weit entfernt ist von einer möglichen 2 KL-Hüftbreite, während die rechte eine beträchtliche Annäherung an diesen Wert aufweist.

Seite 49 oben: Der Vergleich mit den vorangehenden Proportionsfiguren macht die besonders klar ausgeprägte Tailleneinbeziehung kenntlich und damit auch die Tendenz des weiblichen Körpers zur Spindelform. Die Vermessungsnummer 43 überrascht durch die kräftige Schulterbreite, wodurch die Schulterregion Tendenzen zu maskulinen Formen hat, während die Unterschiede zwischen Hüft- und Schulterbreite minimal sind. Noch offensichtlicher werden die Sachverhalte, wo die gleichen Vermessungsfiguren (Seite 49 unten) dunkel auf hellem Grund stehen.

Auch die hier demonstrierten anthropometrischen Angaben, angepaßt an die künstlerischen Belange, bestätigen – trotz sehr unterschiedlicher Proportionsmerkmale der Probanden – die Praktikabilität des Verfahrens. Während wir uns sonst über die Verhältnisse durch messendes Anvisieren informiert haben, wird hier die Präzisierung durch das Metermaß erreicht.

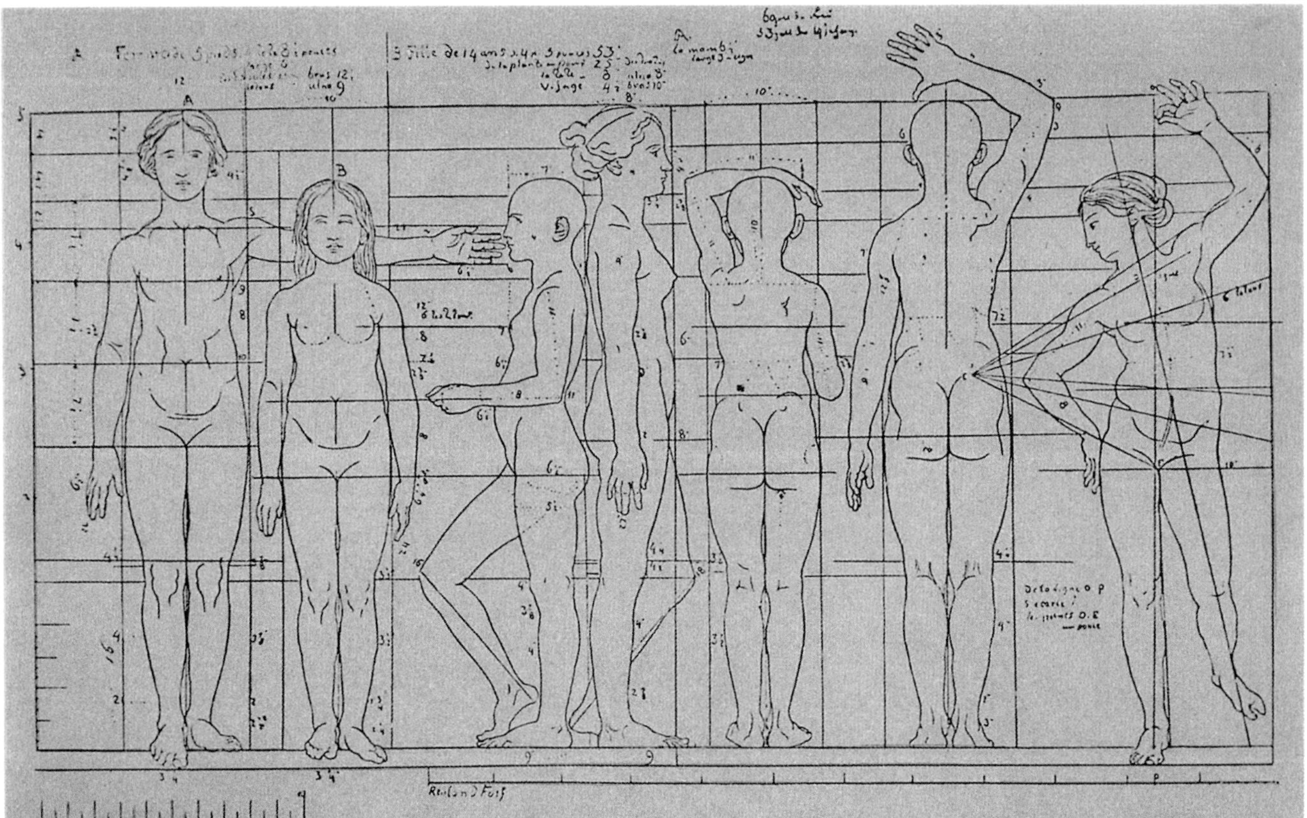

Gottfried Schadow (1764–1850): Proportionsfiguren jugendlicher Mädchen. Angabe der Naturgröße nach dem rheinischen Zollstock, aus seinem Proportionswerk Polyklet, 1834

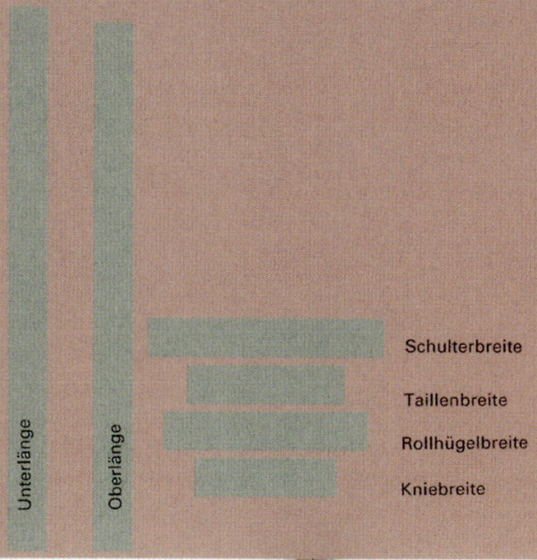

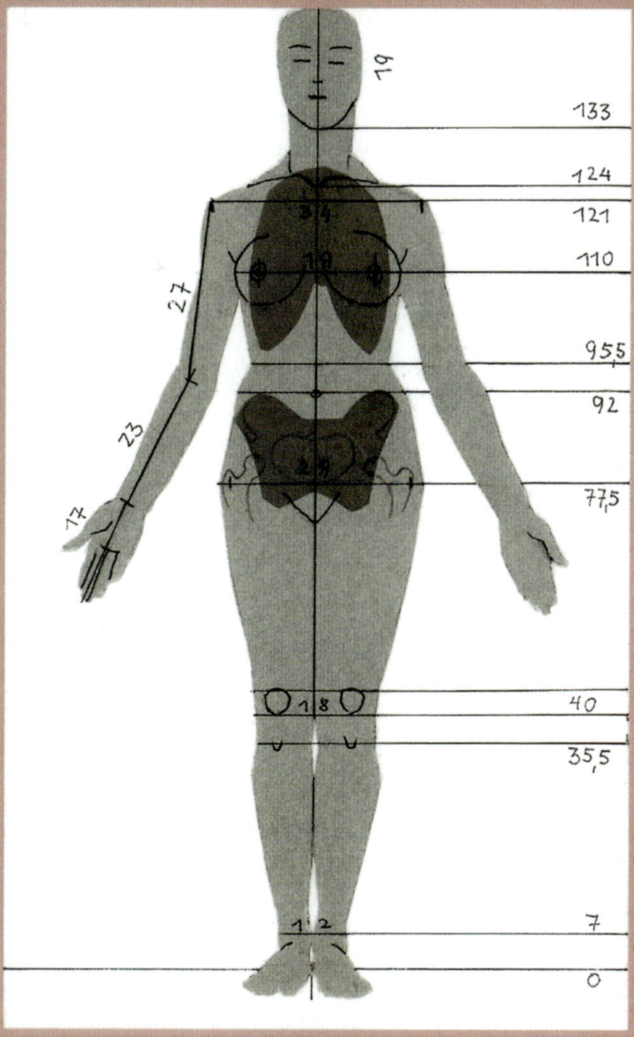

Vermessungsnummer 48
Alter: 16,5 Jahre
O:U = 74:77,5 cm

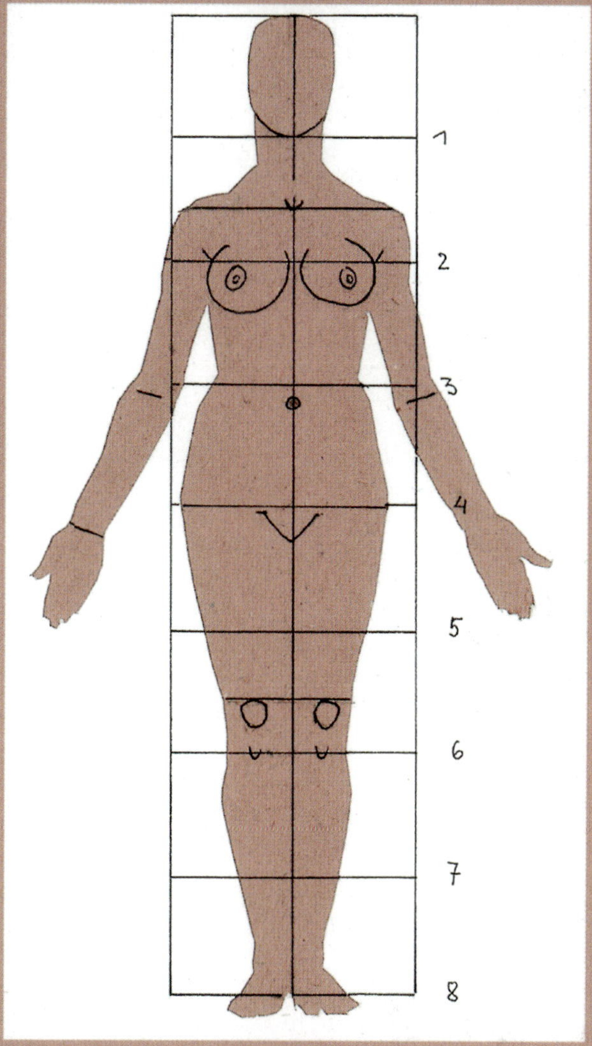

Kanon 8 KL

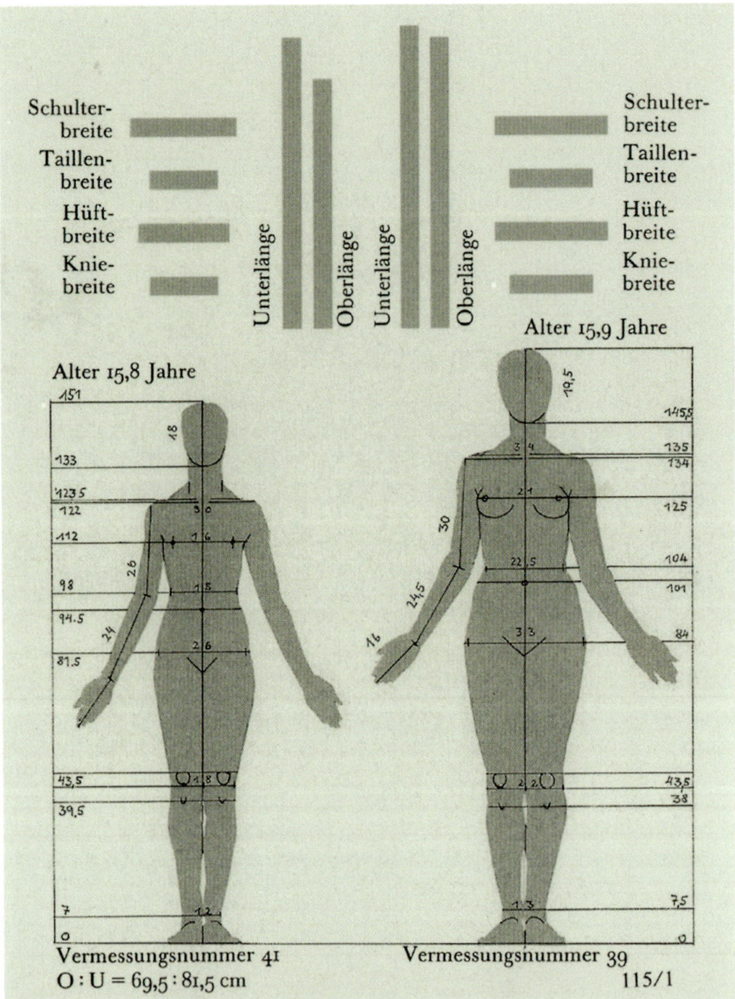
Schulter-
breite
Taillen-
breite
Hüft-
breite
Knie-
breite
Unterlänge
Oberlänge
Unterlänge
Oberlänge
Schulter-
breite
Taillen-
breite
Hüft-
breite
Knie-
breite
Alter 15,8 Jahre
Alter 15,9 Jahre
Vermessungsnummer 41
O : U = 69,5 : 81,5 cm
Vermessungsnummer 39

115/1

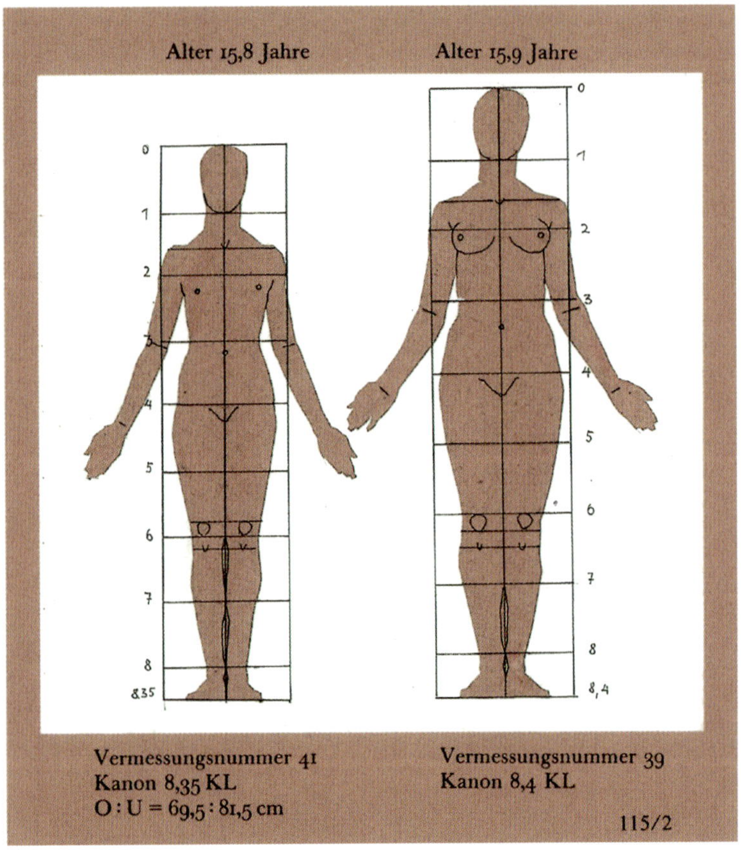
Alter 15,8 Jahre
Alter 15,9 Jahre
Vermessungsnummer 41
Kanon 8,35 KL
O : U = 69,5 : 81,5 cm
Vermessungsnummer 39
Kanon 8,4 KL

115/2

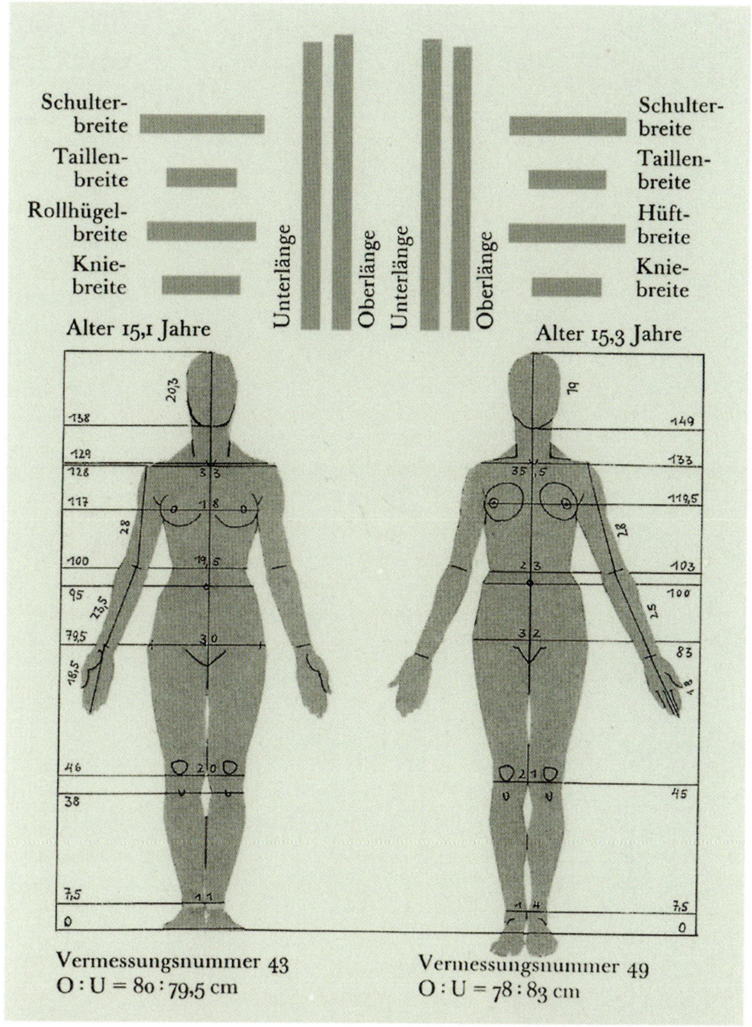
Schulter-
breite
Taillen-
breite
Rollhügel-
breite
Knie-
breite
Unterlänge
Oberlänge
Unterlänge
Oberlänge
Schulter-
breite
Taillen-
breite
Hüft-
breite
Knie-
breite
Alter 15,1 Jahre
Alter 15,3 Jahre
Vermessungsnummer 43
O : U = 80 : 79,5 cm
Vermessungsnummer 49
O : U = 78 : 83 cm

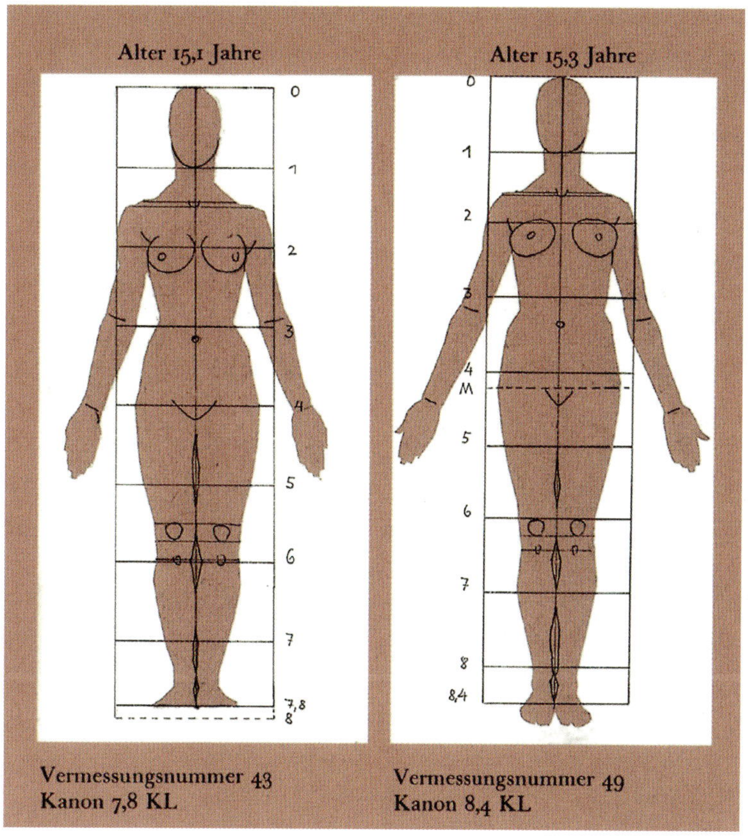
Alter 15,1 Jahre
Alter 15,3 Jahre
Vermessungsnummer 43
Kanon 7,8 KL
Vermessungsnummer 49
Kanon 8,4 KL

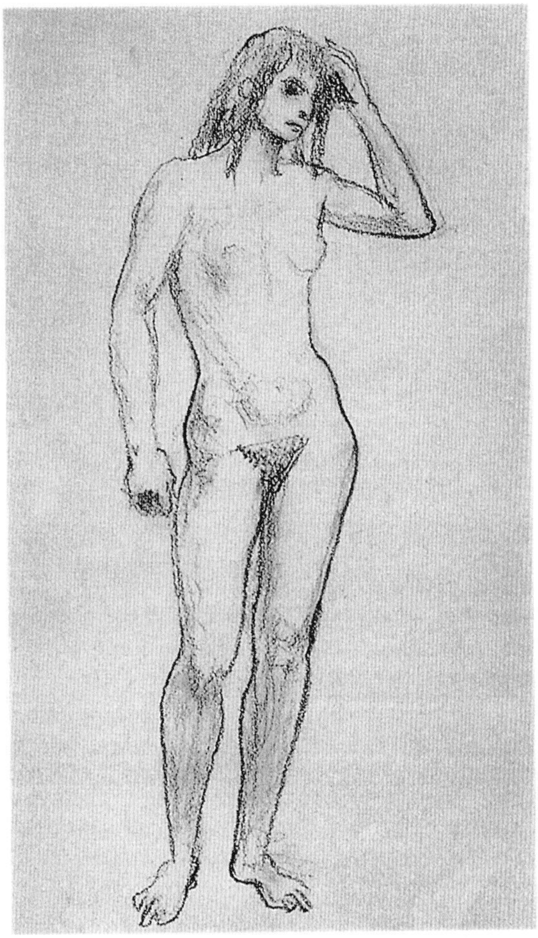

Richard Scheibe (1879–1964): Stehender Mädchenakt, den Kopf auf die linke Schulter geneigt, 1930
Karl Hofer (1878–1955): Weiblicher Akt, aus dem Wasser steigend, 1907

Studien von der weiblichen Jugendgestalt mit Übungsempfehlungen

(Seiten 51 bis 53)
Nachdem zu vielfach wiederholten Malen die Schwerpunkte und das Prinzip der Proportionserkundung dargelegt wurden, wollen wir in immer freierer Weise die erarbeiteten Orientierungsmittel handhaben, vor allem, um uns nun ganz dem Erlebnis der proportional bedingten Eindruckswerte hinzugeben. Angaben von Arbeitsmitteln werden dabei helfen (Seite 51):

- Angabe der Totalhöhe der Figur (links)
- Markierung des Richtungsverlaufs der *Mittelachse*
- Markierung der *Körpermitte*
- Kennzeichnung der *Schulterachse* und des Rumpfumrisses
- Richtungsangaben der *Gliedmaßen.*

Seite 51, Mitte:

- Baue das zuvor geschaffene *Grundgerüst weiter aus!*
- Nimm weiter verfeinerte Abstufungen der Richtungen und Richtungsveränderungen vor, ohne jedoch die Formen an ihren Kulminationspunkten (Akzenten) durch Rundungen zu verschleifen und dadurch »flau« zu machen!
- Steuere die Realisierung der Körperhaftigkeit durch Beachten von *Überschneidungen* an!

Seite 51, rechts:

- Wechsle die Ansicht und arbeite die Andersartigkeit der rückenseitigen Rumpfform heraus! Zeichne weiterhin straff, wenn die besonderen *Oberflächenbildungen* der Haut eingegliedert werden!

Seite 52, links:

- Betreibe die für die Profilansicht unbedingt notwendigen Selbstverständigungen zu den Körperschwingungen und zum Körperrhythmus; erst dann weiter ausbauen!
- Beim Kopf nicht in Einzelheiten verlieren, die *ganze* Körperphysiognomie und die dargestellte Person ausdrücken!

Seite 53:
Erst nach dem Erwerb sicherer Fertigkeiten im Herunterzeichnen der Proportionen sollte man sich an die *Körperhaftigkeit* wagen (links):

- Günstig ist der Einsatz breiten Materials (hier Graphitstück), um Flächen zu Formen zusammenzuziehen. Man entgeht stärker der Gefahr der Kleinteiligkeit durch die Arbeit mit der Bleistiftspitze.
- Bei körperlichen Angaben, besonders der Rückansicht, ist auf die grundlegenden Tatsachen des Vor- und Zurückspringens des Körpers einzugehen. Einfache Studien hierzu dienen der Selbstverständigung zum Grundsätzlichen (Mitte oben).

Zur Erholung und Auffrischung des Sehens sollte man auch die Modellpause für lockeres Herunterschreiben nutzen (rechts).

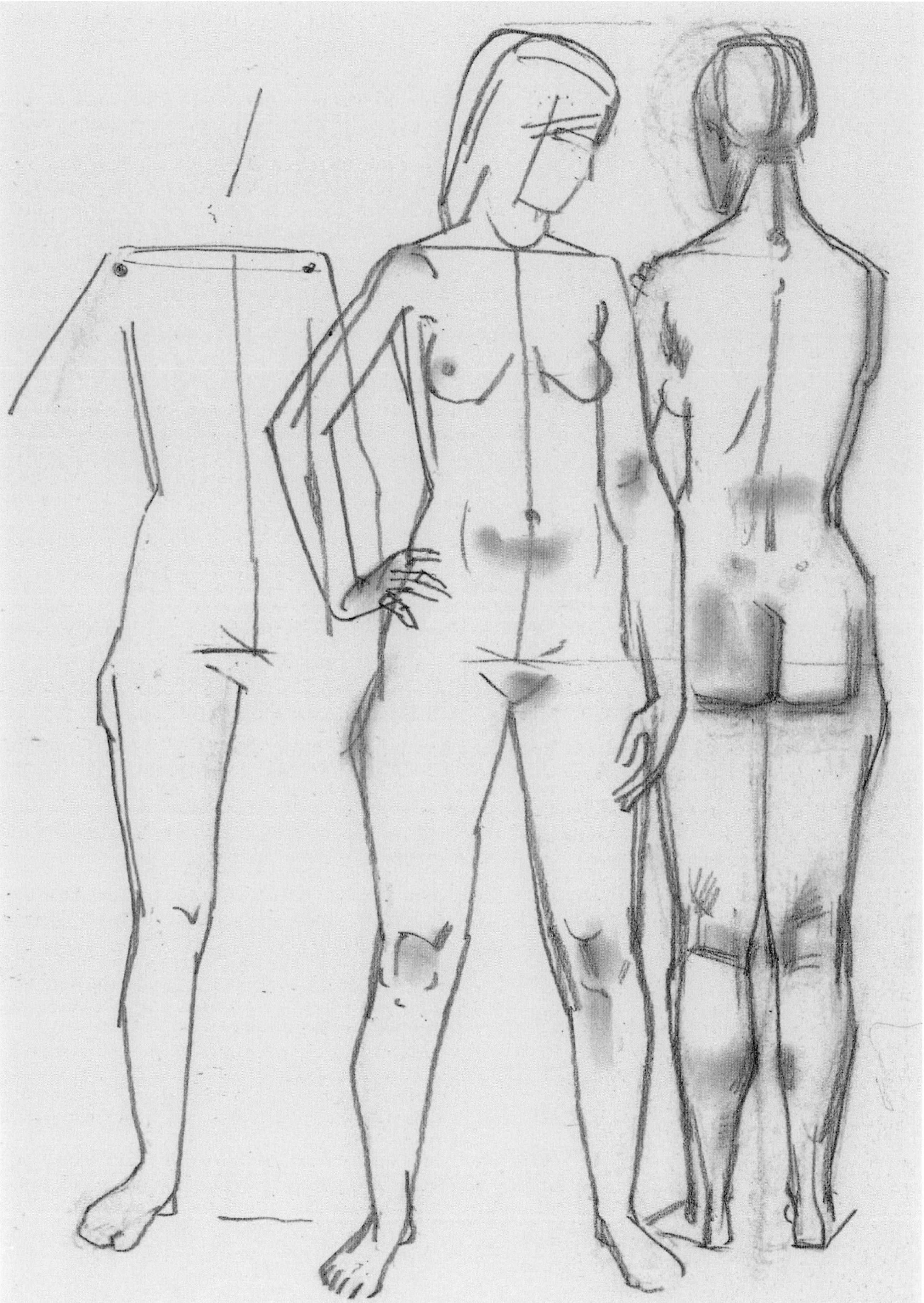

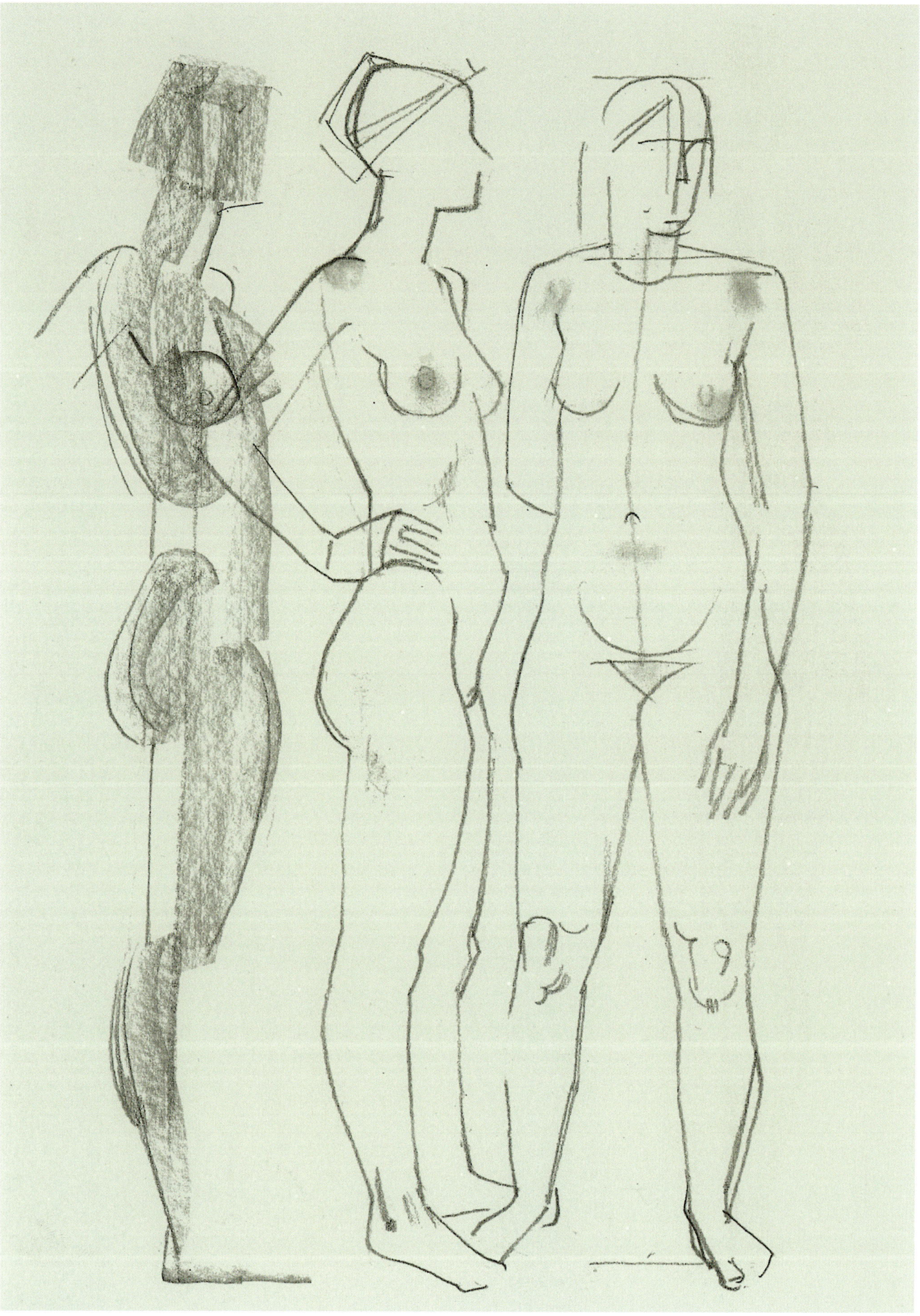

52 Proportionserkundung

Gustav Klimt (1862–1918): Weibliche Aktstudie, um 1900
Wilhelm Rudolph (1889–1982): Zwei Stehende, in sich verdrehte weibliche Akte, o. J.

Skizzenbucharbeit

(Seiten 55 bis 57)
Die Arbeit mit dem Skizzenbuch – das ständiger Begleiter sein sollte – ist ein Sammeln von Eindruckserlebnissen, die beitragen, unser Formenrepertoire zu speichern und Gesehenes dem Vergessen zu entreißen. Geschehnisse aller Art, Dinge, Landschaften und Gestalten finden hier ihren raschen Niederschlag und bilden allmählich einen unersetzbaren Schatz der persönlichen, visuellen Anteilnahme. Ihr geschwindes Bannen erlaubt aber keine Flüchtigkeit im Sinn eines unverbindlichen Ungefähren. Erfolgreiche Skizzenbucharbeit im Erfassen figürlicher Motive muß, da meist Eile geboten, ein ganz klares Bewußtsein davon haben, *was* wir aus den vielen möglichen Eindrucksmöglichkeiten zielgerichtet erfassen wollen. Angewendet auf das Zeichnen von Menschen bedeutet das:

- Gehe vorläufig auf nichts anderes ein als auf den *Eindruck der Gestalt* in ihren großen überraschenden Zügen! *Diesen* folge primär!
- »Zügig« muß man den Spuren der Gestaltzüge folgen! Setze an und ziehe los, eventuell ein zweites und drittes Mal.
- Wichtig bleibt, das Wenige, das man faßt, als einen der *Wesensbestandteile* des Erscheinenden sichtbar zu machen!
- Ein Stehen beispielsweise muß sofort als ein *besonderes Stehen* (sicher, lässig, gelöst, frierend etc.) im Zusammenhang mit dem Wuchs (Seite 55 oben) gesehen werden!
- Manchmal müssen aus Gründen der Eile und des Wesentlichen *Kürzel* (z. B. Fußstellungen, Seite 55 unten) gefunden werden.
- Der Ablauf einer Bewegung, einer Tätigkeit muß in durchgängigen Zügen erfaßt werden. Meist bedarf es nur noch geringster Attribute, um ein Ganzes in seiner Aussage zu bestimmen.
- Die Bewegung der Glieder ist wieder in aller Entschiedenheit in ihren Richtungen zu erfassen (Seite 55 unten). Gebeugte Gelenke in ihrer Eckigkeit fixieren, anderenfalls werden sie zu Gummiwürsten!
- Bei der Andeutung von leichter Badebekleidung sollte man sich nicht die Chance entgehen lassen zu zeigen, wie Bänder, Bünde, Hosen sich dem Körper anpassen (Seiten 55 bis 56). *Körperliche Rundungen* sind so durch ein Minimum an Aufwand präsent!
- Bei Haltungen, die ein längeres Innehalten erwarten lassen, kann man zusätzlich zu dem Empfohlenen auch noch *räumliche Tiefen* in die Körperoberfläche hineinspielen (Seite 56 unten).
- Wo durch das Verweilen der Modellpose keine Gefahr der Veränderung besteht, sollte man sich neben der geruhsamen Ausführung selbst einmal zur Eile antreiben und ganz linear kurz fassen (Seite 57).

Die Erfolgsaussicht steigt mit zuvor erprobter Durchbildung.

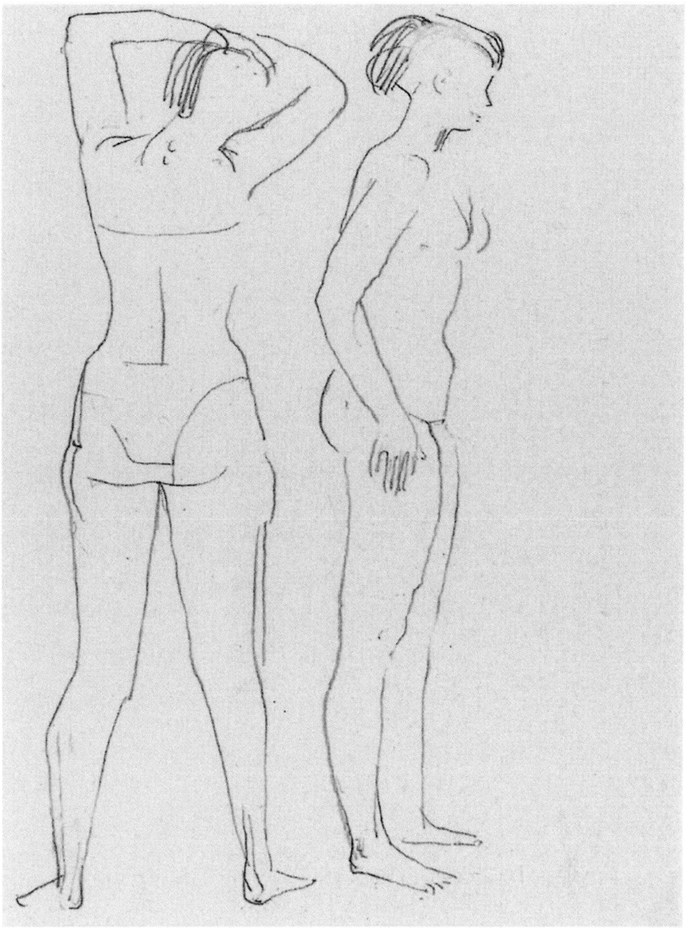

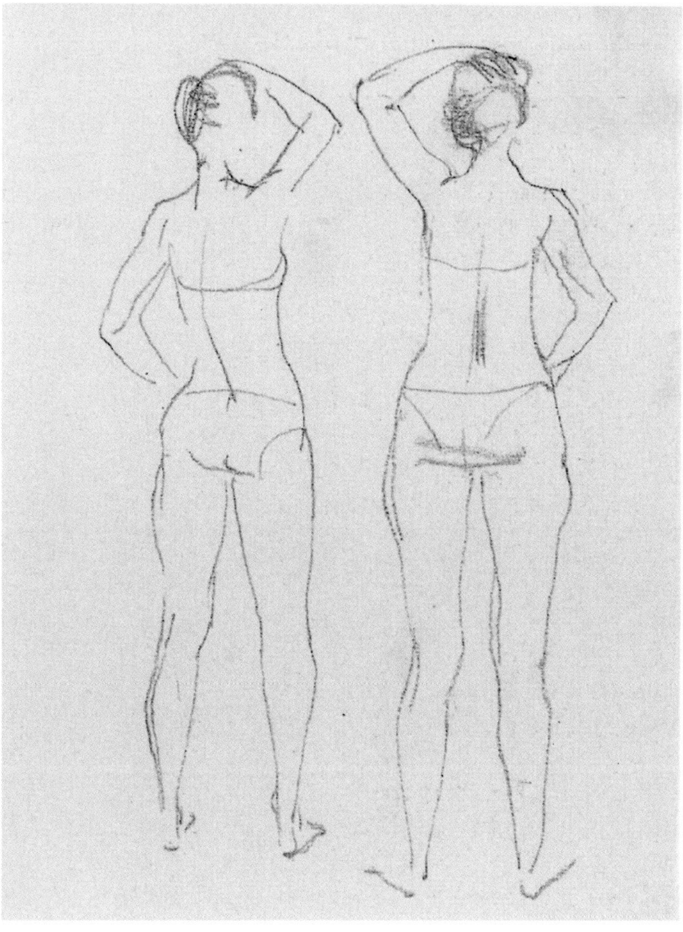

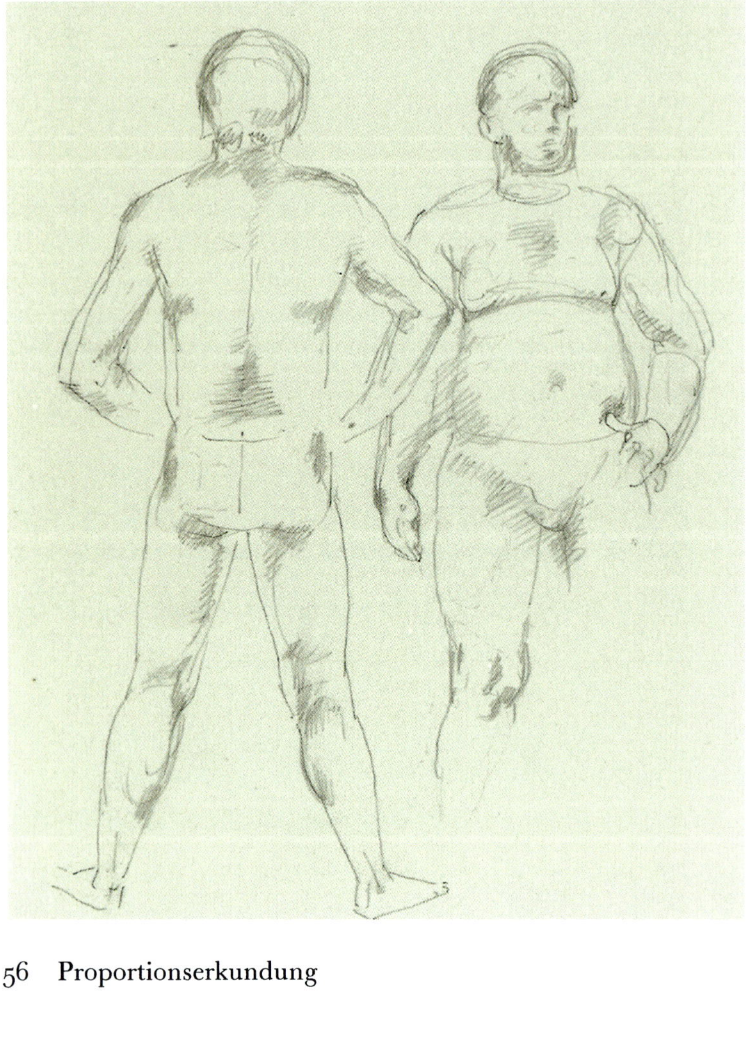

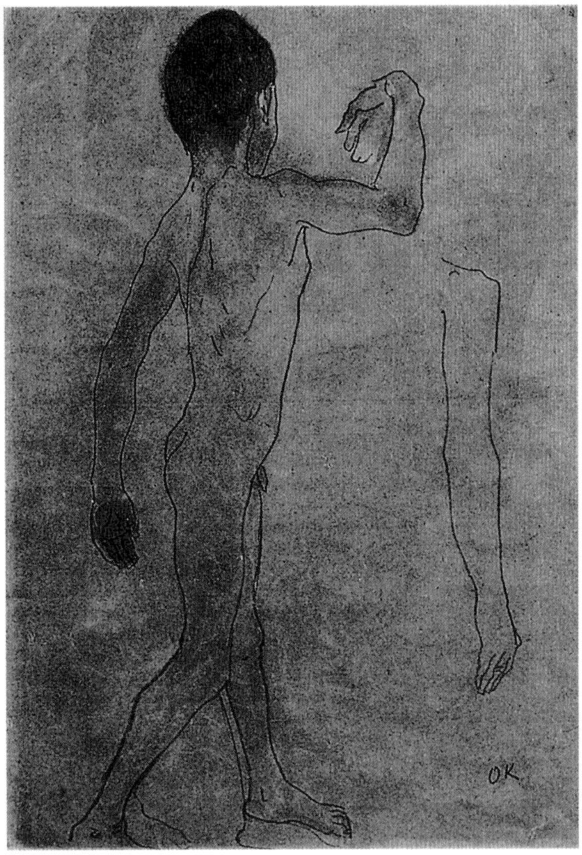

Oskar Kokoschka (1886–1980): Stehender Knabenakt, um 1906

Hans von Marées (1837–1887): Figurenkomposition, o.J.

Die Jünglingsgestalt

Mit der Tafel Seite 29 werden wir – bei gleichbleibendem Verfahren – bekannt gemacht mit charakteristischen Proportionskennzeichen der Jugendform des werdenden Mannes. Grundlagen der Figur sind wieder exakte anthropometrische Daten wie auf den Tafeln der Seiten 47 bis 49.

Was für den Jünglingskörper herauszustellen ist, bezieht sich auf folgende Hauptkriterien:

- In der Zeitspanne vom 17. bis etwa 19./20. Lebensjahr erfolgt der Eintritt in die *Reifephase.* In der 2. puberalen Phase holt der, verglichen mit den fortgeschrittenen Reifungsjahren des gleichaltrigen Mädchens, noch zurückgebliebene Jünglingskörper vor allem im Längenwachstum das Mädchen ein.
- Etwa um das 16./17. Lebensjahr ist eine *Vergröberung der Gliedmaßen* auffällig, besonders bei Händen und Füßen. Charakteristisch ist das Hervorspringen aller Gliedmaßengelenke.
- Die lang aufgeschossenen Formen lassen den *Skelettbau* besonders auffällig hervortreten.
- Der *Muskelbesatz* am ganzen Körper hat noch nicht seine volle Fülle erreicht (Eindruck der Magerkeit).
- Die Proportionen von *Ober- und Unterlänge* haben sich zugunsten einer deutlich verlängerten Unterlänge verschoben (siehe die neben den Figuren angebrachten Vertikalstreifen).
- Die *Armlänge* überschreitet die Oberschenkelmitte nach unten.
- Die *Breiten des Rumpfes* (Schultergürtel- und Beckenbreite) sind in ihre typischen Unterschiede hineingewachsen: Die knöcherne Schulterbreite nähert sich (Figur oben links) oder erreicht 2 KL (Figur unten links).

Die Auswahl der Proportionsfiguren ist bestimmt von der Veranschaulichung zweier sehr verschiedener Wuchsqualitäten: Die Vermessungsnummer 101 repräsentiert einen Kanon von 7,3 KL und wirkt daher gedrungener, die Vermessungsnummer 96 mit ihrem kleinen Kopf hat einen Kanon von 8,5 KL. Der Gesamteindruck bewirkt daher die langgestreckte Erscheinungsweise. Darum hier eine wichtige Regel: *Je kleiner der Kopf, desto riesenhafter die Gesamterscheinung, je größer der Kopf, desto gedrungener, ja »kindnäher« die körperphysiognomische Wirkung.*

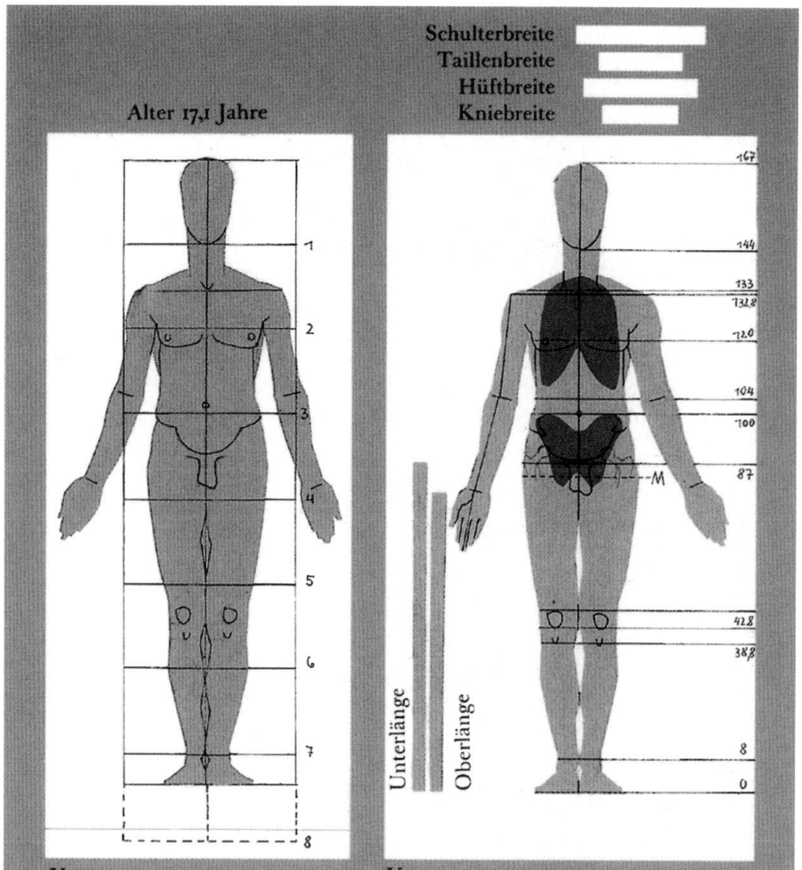

Vermessungsnummer 101
Kanon 7,3 KL

Vermessungsnummer 101
O : U = 80 : 87 cm

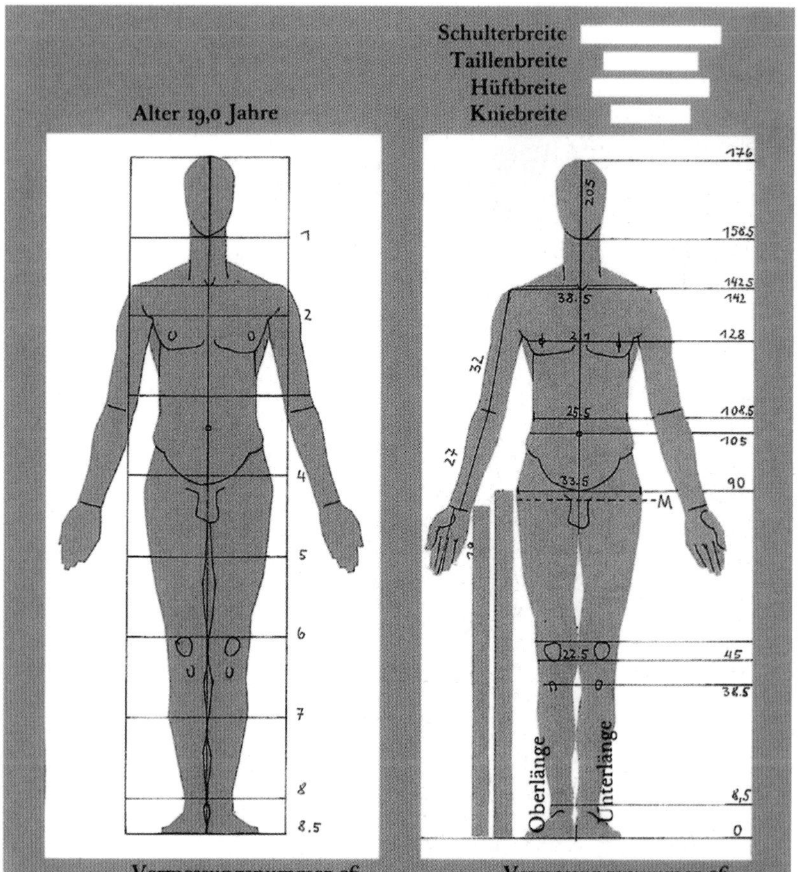

Vermessungsnummer 96
Kanon 8,5 KL

Vermessungsnummer 96

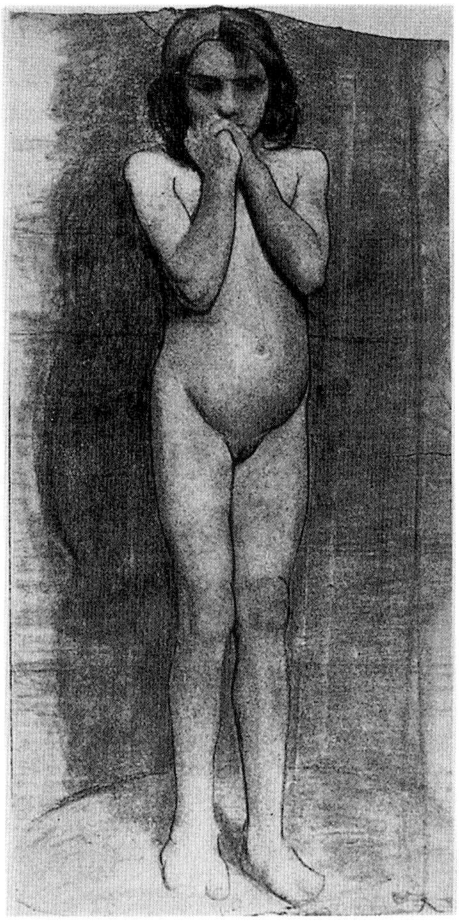

Paula Modersohn-Becker (1876–1907): Stehendes Mädchen, um 1906
Ludwig von Hofmann (1861–1945): Knabenakt, o.J.

Die Gestalt einer Jungmädchenform

(Seite 61 oben)
Im Bereich der Jugendgestalten einschließlich ihrer kindhaften Formen gibt es nicht die Form des Kindes schlechthin, sondern *es sind stets typische Gestaltausbildungen eines bestimmten Entwicklungsabschnittes*, in unserem Beispiel das *Jugendstadium eines Mädchens in der 1. puberalen Phase* ($10\frac{1}{2}$–$13\frac{1}{2}$ Jahre). Welche Merkmale bestimmen die Formen?

- Ober- und Unterlänge von gleicher Länge (Schambein = Körpermitte, siehe die angebrachten Analogien)
- Beginnende *Verbreiterung des Beckens*
- Einsetzende *weibliche Fettablagerungen*: Aufrundung von Gesäß und Hüfte, Füllung der Schenkelinnenseite
- Beginnendes Wachstum der *Brüste*, Einsetzen der *Scham- und Achselbehaarung*, beschleunigte Zunahme des Längenwachstums
- Kanon bei 7 KL, *Gesichtsform* in deutlicher Streckung begriffen.

Außer den visuell leicht vergleichbaren analogen Längen von Bein zum Oberkörper mißt die Brustbreite 1 KL.
Übungsempfehlungen zur Gestalt einer Knabenform (Seite 61 unten):
Das zeichnerische Erfassen geht im Beispiel auf einen 12jährigen Jungen in vorpuberaler Phase zurück. Folgendes sollte bei Studien einer solchen Altersgruppe realisiert werden:

- Genaue *Kanonbestimmung* als Kriterium für den kindhaften Ausdruck, hier 7 KL
- Festlegen der *Körpermitte* = Schambeinhöhe, also Gleichheit von Ober- und Unterlänge
- Überprüfen der Höhe des Handgelenks im Verhältnis zum großen Rollhügel (im Beispiel beträchtlich darunter)
- Bestimmen der *Schulter- und Hüftbreiten*, die nahezu Gleichheit aufweisen
- Herausarbeiten der Gesamterscheinung in Frontalansicht in ihrer *Parallelkonturigkeit*
- Betonen der *Kantigkeit der Formen*, erfaßbar durch schwache Muskel- und Hautpolsterungen; fehlende Achsel- und Schambehaarung
- Hervorheben der Formendurchbrüche zwischen Ober- und Unterschenkel, wodurch die Knochigkeit der Kniezwischenform noch zusätzlich verstärkt wird
- Erfassen der noch kindhaft ovalen Form mit Hilfe des Gesichtsschnittes
- Das Kopfensemble hat seine kindhaft weichen Formen noch nicht verlassen. Feststellen der *Augenachse* und anmerken, daß die untere Gesichtshälfte noch ein wenig kürzer als die obere ist. Der *Stirnverlauf* ist noch steil.

Alle Merkmale zusammengesehen ergeben ein Bild, in welchem der Knabenkörper in seinen Proportionen und in den sanft ausgeprägten Details der mädchenhaften Erscheinung nahesteht.

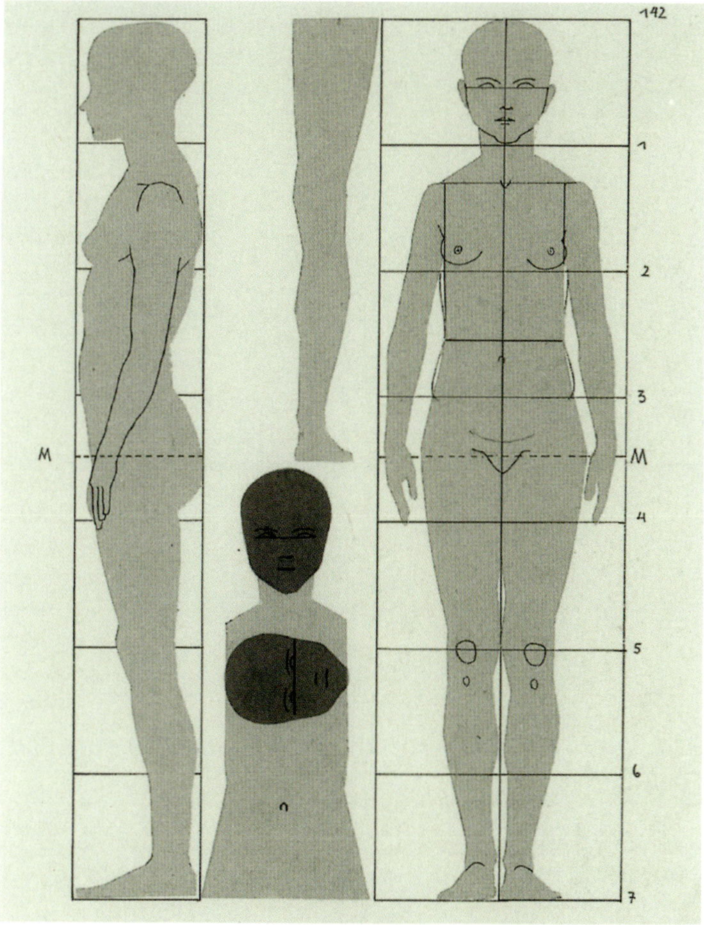

Proportionen eines 12jährigen Mädchens, Körpergröße etwa 142 cm, Kanon 7 KL (Jungmädchenform der ersten puberalen Phase) Beachte die Analogien von Bein- und Rumpflänge!

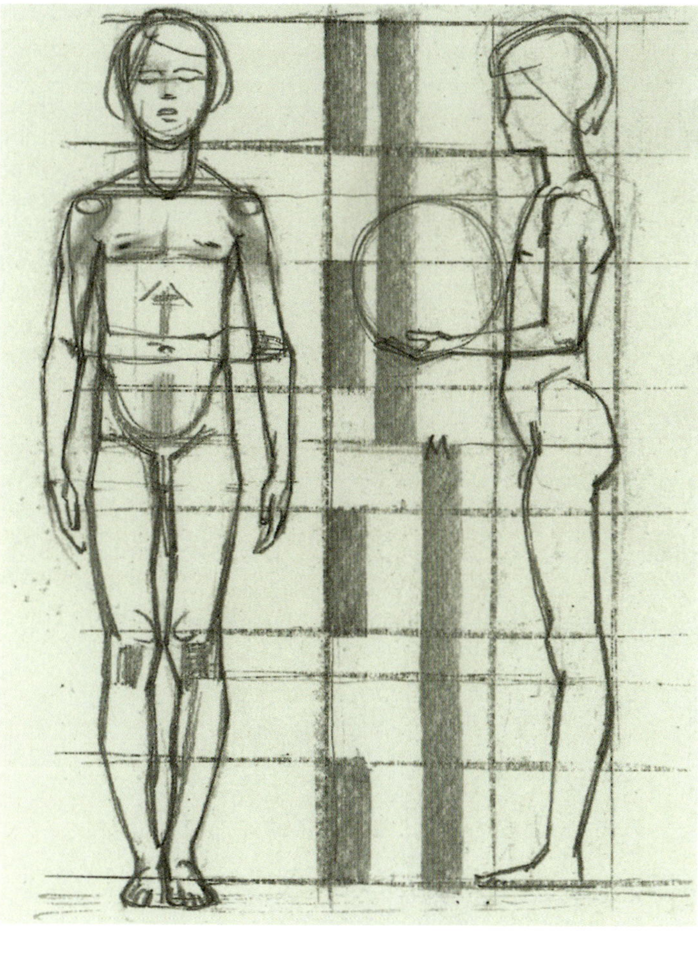

Proportionen eines 12jährigen Knaben, mit einem Kanon von 7 KL

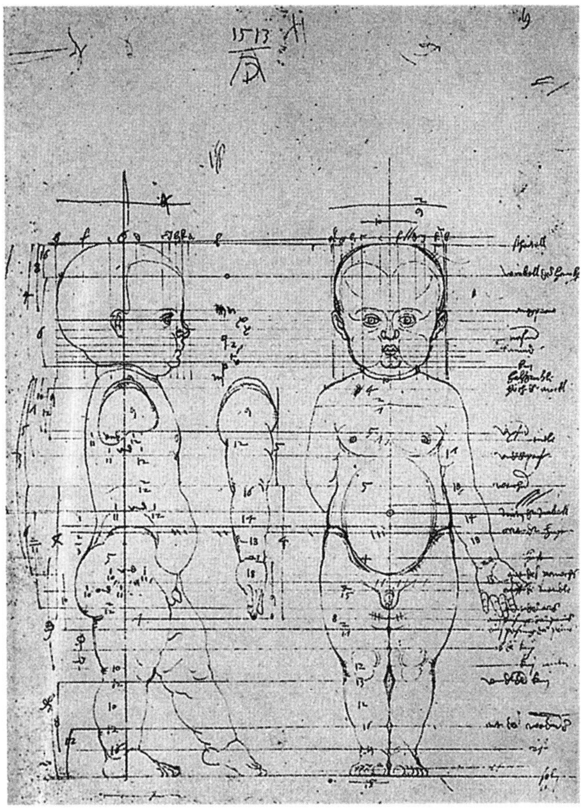

Albrecht Dürer (1471–1528): Konstruierter Körper eines Kleinkindes, 1513
Anselm Feuerbach (1829–1880): Kinderstudie, bekränzter Knabe, lauschend, o.J.

Die Gestalt des Kleinkindes (2 bis 5 Jahre) und der vorpuberalen Phase (7 bis 10½ Jahre)

Der Formenreiz des Kleinkindes findet schon in den Untersuchungen von Künstlern der Renaissance (Dürer) seinen Niederschlag und seinen Höhepunkt in denen des Barock (Rubens, Hoogstraeten). Welches sind die Eindruckswerte?

Linke Figur:

- Im Gesamteindruck der *Kanon* von ca. 5½ KL bei einem Alter von 4 Jahren
- Die durch den fülligen *Rumpf* (Bauch!) seitlich ausladenden Formen mit der Tendenz auch zur seitlichen Ausrundung (siehe Horizontalstreifen in Breitenvergleichen)
- Die weichen Formen des *Gesichtes* mit einem hohen Hirn- und noch nicht voll entwickelten Gesichtsschädel (*Augenachse* noch *unter* der Kopfmitte; überhängende, hohe Stirn)
- Überwiegen der Rumpfmasse und Länge gegenüber den *kurzen Beinen und Armen* (Schambein *unter* der Körpermitte, siehe Vertikalstreifen im Längenvergleich)
- Vorhandensein von reichlichen *Fettpolsterungen* mit Ausbildung vieler Grübchen und tiefer Falten, tonnenförmiges Bäuchlein.

Rechte Figur (etwa 10jährig, Schulkindform, vorpuberal):

- Streckung der Proportionen mit Erreichen der Gleichheit von *Ober- und Unterlänge* (Abschluß des ersten Gestaltwandels um das 7. Lebensjahr voll erreicht, Schlankheit, Weiterbau in den Körperdimensionen ohne qualitative Neuerungen)
- Beginnende Andeutung der Einziehung der *Taillenform*
- Erreichter *Kanon* bei 6½ KL, die Schambeinhöhe daher bei 3½ KL
- *Brustbreite* bei 1 KL, *Hüftbreite* etwas darüber
- Strecke Augenachse – Kinnspitze noch immer kürzer als die bis zum Scheitel
- *Gesichtsschnitt* insgesamt schlanker als beim Kleinkind.

Während man aus der Umrißform der gesamten Körpergestalt von Kleinkindformen die Unterschiede von Jungen und Mädchen noch nicht ablesen kann (neutrales Alter), sind die Schulkindformen nach dem ersten Gestaltwandel bereits klar auszumachen als Jungen- und Mädchenform (bisexuelles Alter).

Proportionen eines 4jährigen und etwa 10jährigen Mädchens

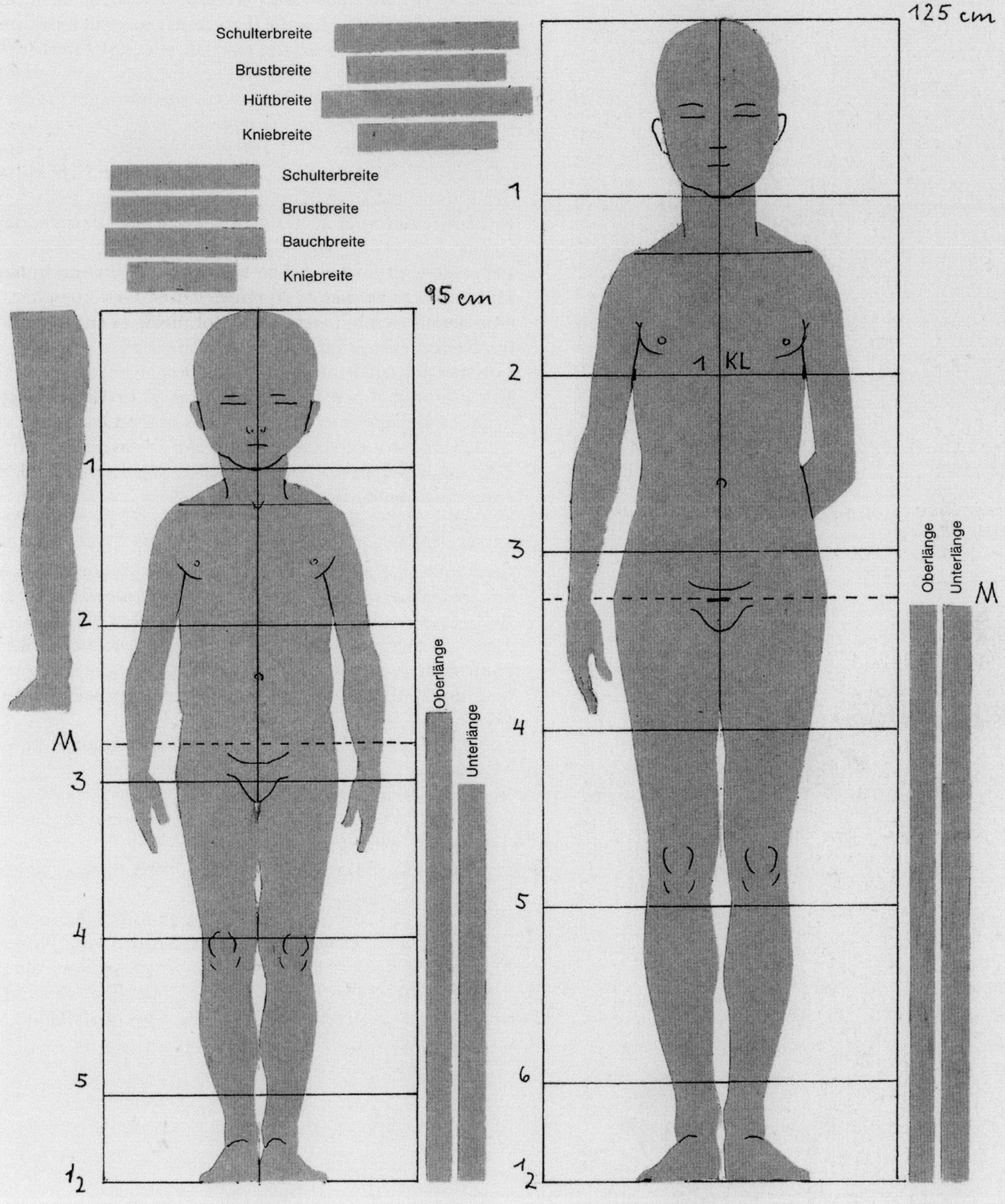

4 Jahre
(Kleinkindform)

etwa 10 Jahre
(Schulkindform der vorpuberalen Phase)

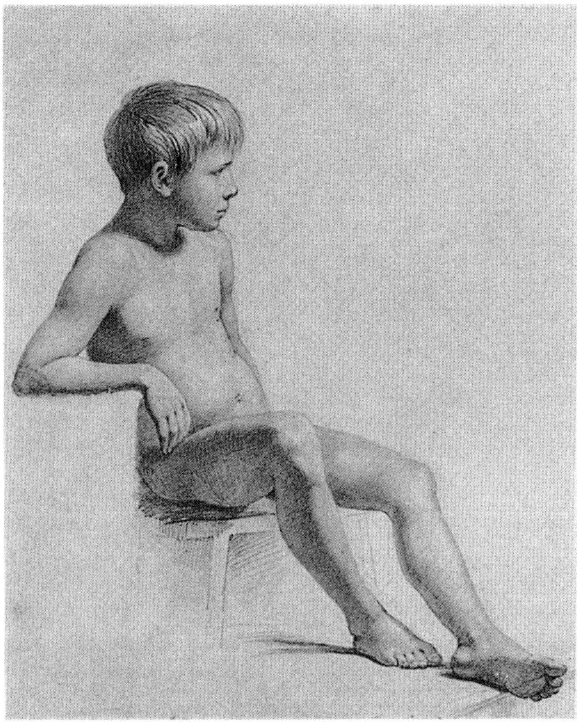

Eduard Meyerheim (1808–1875): Sitzender Knabe nach rechts, o.J.

Jugendgestalten in der Skizzenbucharbeit

(Seiten 65 bis 67)

Im allgemeinen sind uns beim Skizzieren die Erwachsenengestalten geläufiger als die von spezifischen Altersformen, von Kindern und Jugendlichen. Wie schon weiter vorn erwähnt, gibt es *»das«* Kind oder *die* »Kindform« schlechthin nicht, sondern immer nur die Typusformen ganz bestimmter Lebensalter. An Gebärde und Bewegung, Stand und Sitzen lassen sich zwar auch Altersgruppierungen erkennen, aber die eindrucksvollsten Kennzeichnungen ergeben sich aus den Körperverhältnissen.

– Unbedingt ist primär die *körperliche Ganzheit* fast imaginabel zu überschauen und von hier aus die Bedeutung der Kopfgröße und Beinlänge zu beurteilen.
– Zum Anvisieren und visuellen Messen mit dem Bleistift ist in Anbetracht der ständigen Bewegung meist gar keine Zeit, deshalb muß sorgfältig *geschätzt* werden (Alter und Verhältnisse in Wechselwirkung).
– Vor dem Zeichnen muß man sich noch einmal – auch im Geiste oder praktisch – über die gesetzmäßig ausgebildeten Jugendformen informieren.
– Die einfache Regel ist zu beachten: *Je größer der Kopf, desto stärker nähern wir uns der Kleinkindform, je kleiner, desto ausgeprägter die Annäherung an die Erwachsenenform.*
– Gliedmaßenlängen, -stärken und Muskulatur (glatt, zart, weich, voll, akzentuiert) sind zu beurteilen und altersgemäß zu behandeln.
– Im Hinblick auf Haltung und Gebärde von Kleinkindern gibt es ein auffällig typisches Merkmal: Im Stand ist noch *keine vollendete Kniestreckung* möglich (siehe Seite 67 oben), die Lendenkurvatur noch flach.
– Jugendliche im Übergang zum Jünglings- und Jungmädchenstadium soll man möglichst nicht posieren lassen, weil sie dadurch meist die natürliche Ungezwungenheit und Grazie ihrer Haltung einbüßen.

E. A. Tirsa: Raufende Knaben, o.J.

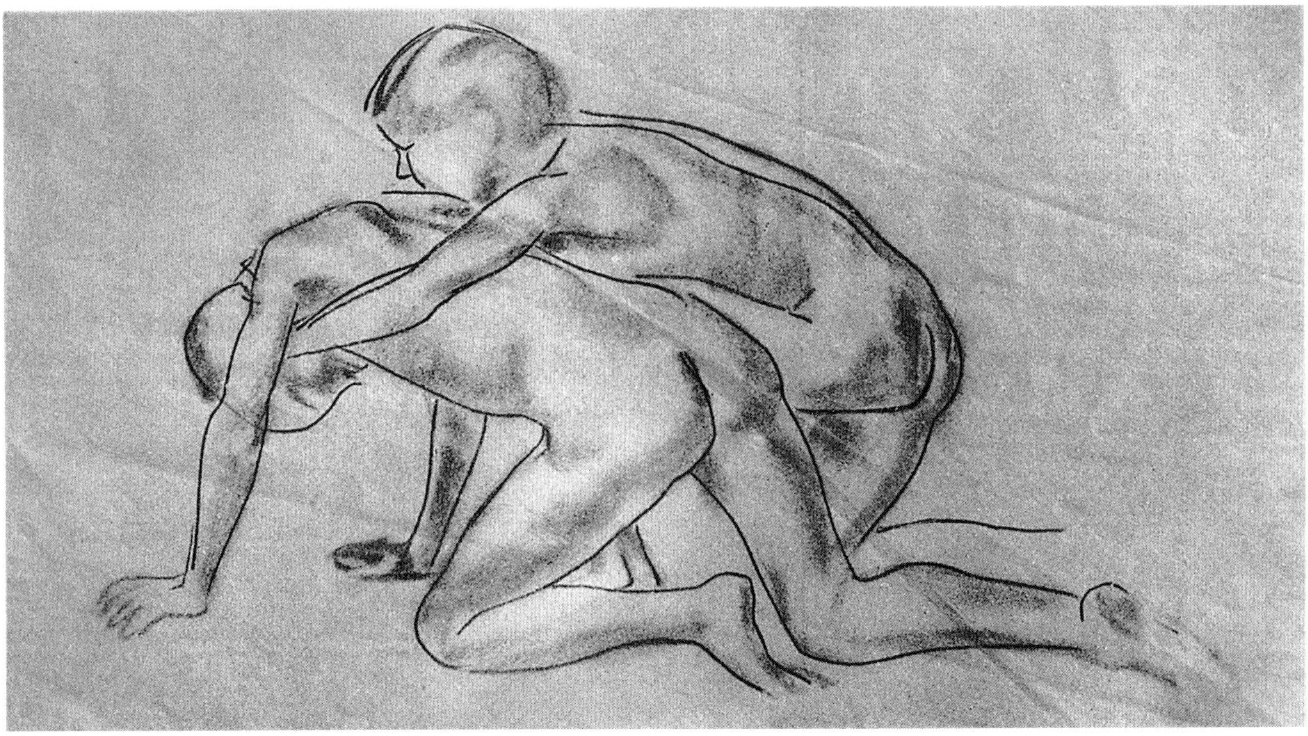

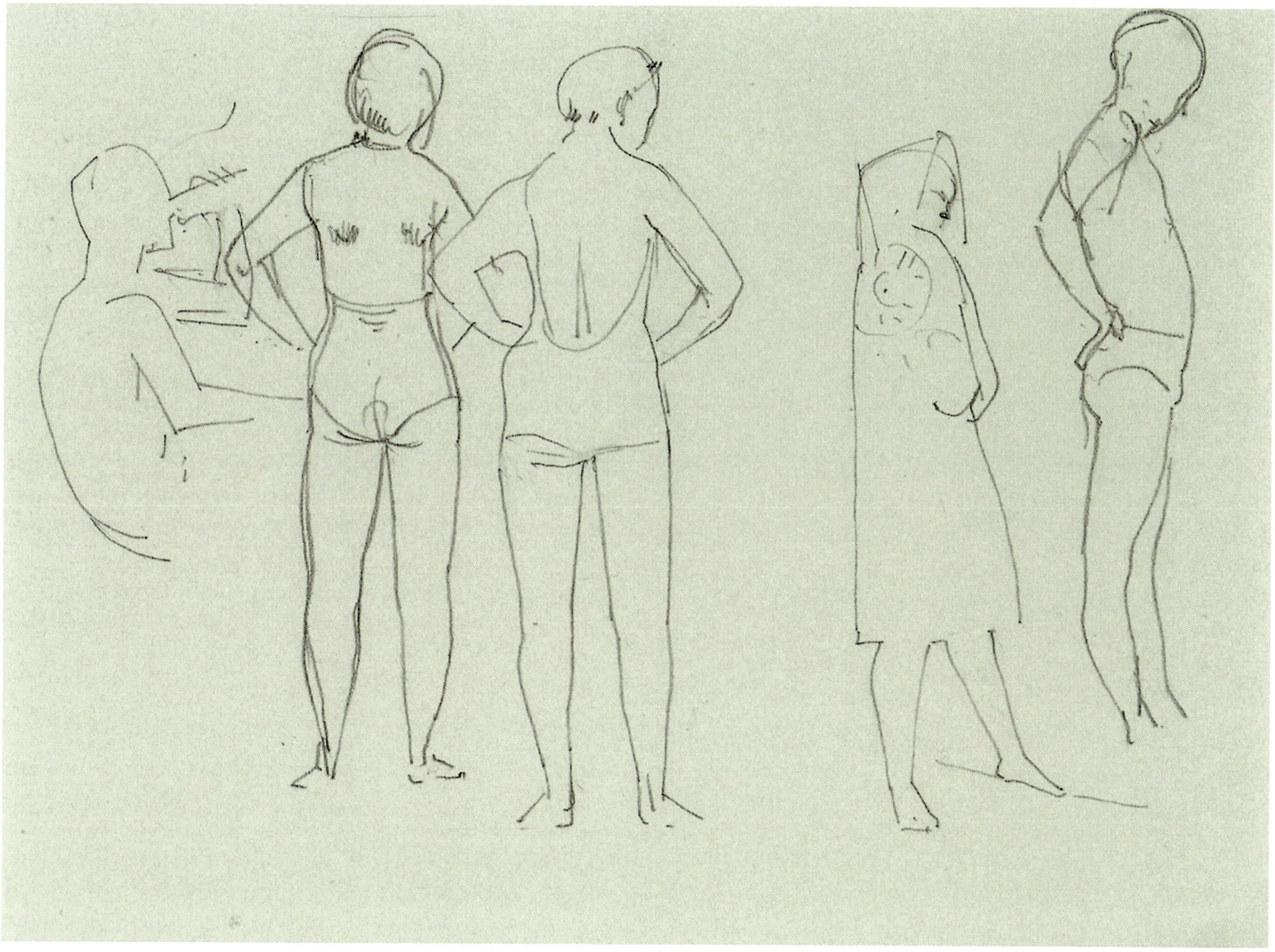

Ruhehaltung und Bewegung

Pinselschriftstudien

(Seite 70)
Wir vertiefen weiter unsere Fertigkeiten bei Proportionserkundungen und gehen dazu über, diese unter statisch und dynamisch funktionellen Vorgängen weiter anzuwenden.
Die *Tafel Seite 69* geht zunächst von Seh- und kinästhetischen Erfahrungen aus, die untrüglich Auskunft geben über gesicherte oder gestörte Gleichgewichtserhaltung. Hierzu geben wir einige Elementardemonstrationen, die die diesbezüglichen visuellen und Körpererfahrungen vergegenwärtigen:

- Alle mit Rottönen versehenen Figuren, ob in C-förmiger, vertikaler, liegender, sitzender Haltung, sind infolge der Fähigkeit, ihren *Schwerpunkt* zu unterstützen, zum Aufrechterhalten des *Gleichgewichtes* (Ruhelage) fähig.
- Die unterste Reihe in Gelbtönung veranschaulicht die zwangsweise Preisgabe der Gleichgewichtslage (Umfallen, Vorkippen, sportliche Betätigungen).

Übungen in Pinselschriftstudien (Seite 70):
Hier greifen wir *Haltungs- und Bewegungsausdruck* auf, der in zügigen Niederschriften sekundenschnell aus dem Pinsel fließen soll. Ohne die Absicht *körperhaften* Ausdrucks haben die Figuren lediglich den rhythmisch betonten Ablauf von Ruhehaltungen und Bewegungen zum Gegenstand. Der Leser wird unschwer viele der auf Tafel Seite 69 elementarisierten Sachverhalte auf der Tafel Seite 70 in ihrer Übersetzung in die Pinselschrift wiederentdecken.
Der bewegliche Proportionsstempeldruck im Dienst von Ruhe- und Bewegungsdarstellungen
Wer sich die vorgenannte Übung nicht zutraut, sollte auf der Grundlage der Proportionsfiguren die Einzelkörperabschnitte in abdruckfähigem Material, mit Überlappungen und durchgebohrten Drehpunkten, ausschneiden und abdrucken (links oben: Einzelformen auseinandergezogen; rechts daneben: Figur zusammengesetzt).

W. W. Lebedew (1891–1967): Aktstudie, 1926

Augustus John (1878–1961): Kontrapostisch stehender Akt, um 1906

Georg Kolbe (1877–1947): Weiblicher Akt, hockend, o. J.

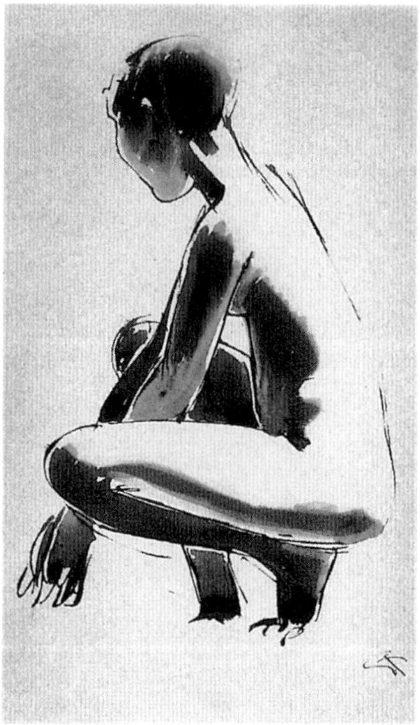

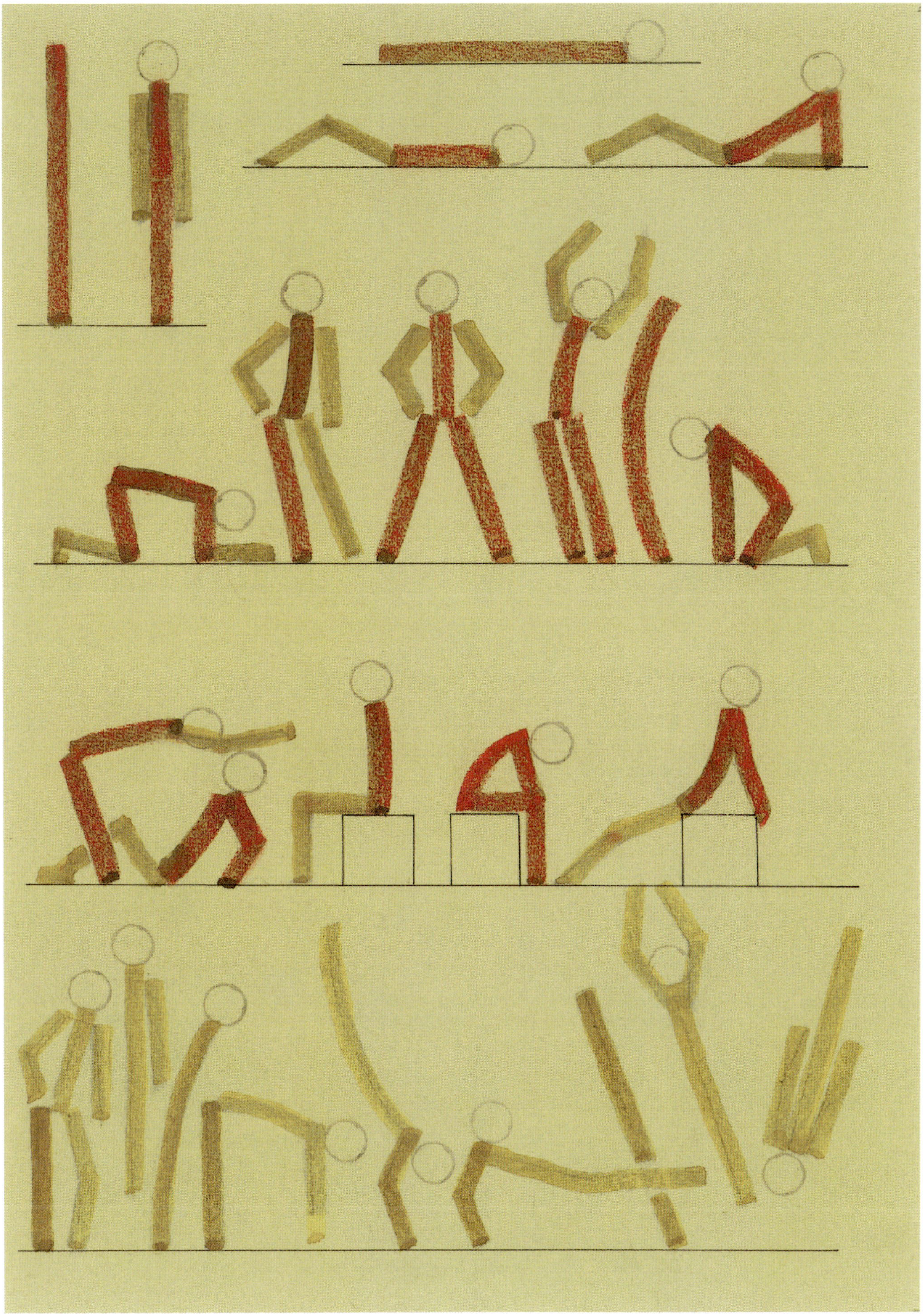

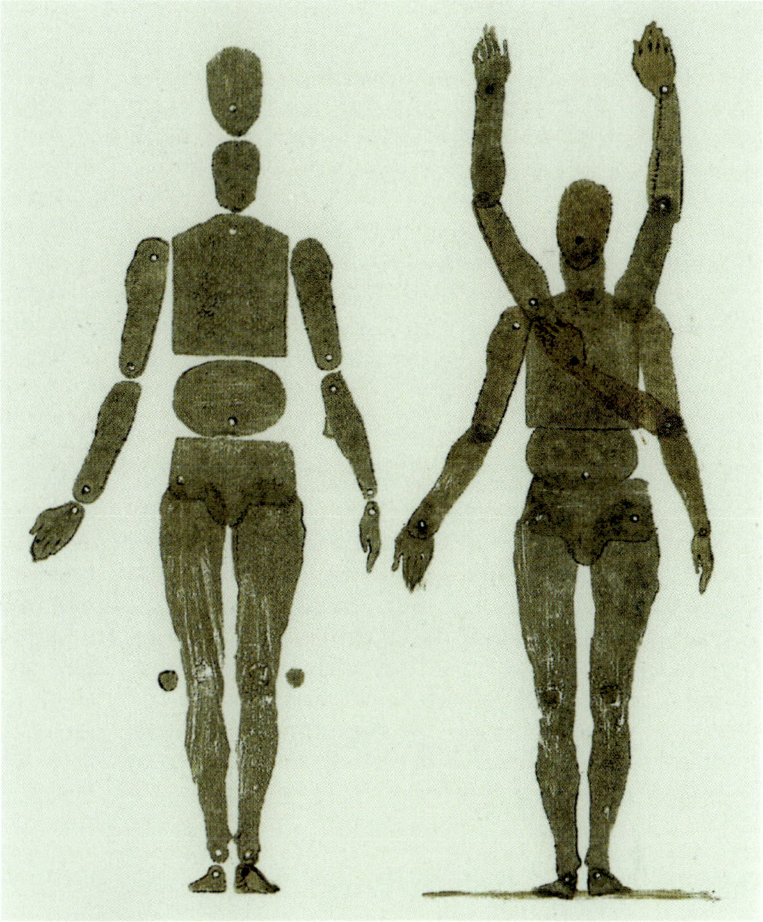

Der Kontrapost

Der Kontrapost (Spielbein-Standbein-Stellung) geht hervor aus dem Entlastungsbedürfnis des Beines einer Seite und der Belastung der Gegenseite. Dieses funktionelle Ereignis breitet sich folgenreich über den ganzen Körper aus.

Linke Figur (tragende Formen rotbraun):

- Stand auf beiden gleichmäßig belasteten Sohlen, Schwerpunkt S 1 über der Mitte der doppelsohligen Standfläche
- Symmetrieachse steht vertikal (Wirbelsäule), die anderen Achsen (Becken, Schulter) verlaufen horizontal.

Mittelfigur:

- Entlastetes Spielbein (grau) entfällt für die Unterstützung, daher *Verschiebung des Schwerpunktes* durch Beckenverlagerung von S 1 nach S 2 über die Mitte der verbliebenen Reststandfläche (= eine halbe Sohlenbreite).
- Stark *schräges Standbein* durch Beckenverschiebung, *Absinken des Beckens* auf der nicht unterstützten Seite, *mit Ausgleichshaltung des Spielbeines.*
- Lineare Darstellung des Oberkörperverlaufs, wenn dieser keine gewichtsausgleichende Haltungsveränderung einnehmen würde.

Rechte Figur:

- Gewichtsausgleich ist durchgehend vollzogen, indem die *Wirbelsäule* sich oberhalb des Lendenstieles zurückbiegt und den Oberkörper dadurch ins Gleichgewicht bringt.
- Daher entsteht ein C-förmiger Krümmungsverlauf der Wirbelsäule, die Hohlseite der Krümmung weist nach der Standbeinseite.
- Schultergürtel in seiner muskulären Bindung an die Wirbelsäule folgt ihrer Neigung (Absinken der Achse nach der Standbeinseite).

In der Regel *kann* die *Halsgrube* von der Schwerelinie geschnitten werden. *Das entscheidende Kriterium aber für einen ausgeglichenen (ponderierten) Kontrapost bleibt stets die Beziehung der Schwerpunktlage innerhalb des Beckens über der Restunterstützung,* andernfalls fällt die Figur um. Das wechselreiche Spiel von tragenden und getragenen Kräften, von gestauten Massen (Standbeinseite) und gedehnten, fließenden Formen (Spielbeinseite) ergibt als Motiv, seit Polyklet (5. Jh. v. u. Z.) bis heute, einen spannungsvollen, sich in der Einheit der Gegensätze vollziehenden Figurenaufbau (siehe hierzu Seite 68 Mitte sowie die untere Abbildungsreihe dieser Seite).

Helmut Heinze (1932): Kontrapostisch stehender weiblicher Akt, von vorn, o.J.

Augustus John (1878–1961): Mädchenakt mit emporgesetztem Fuß

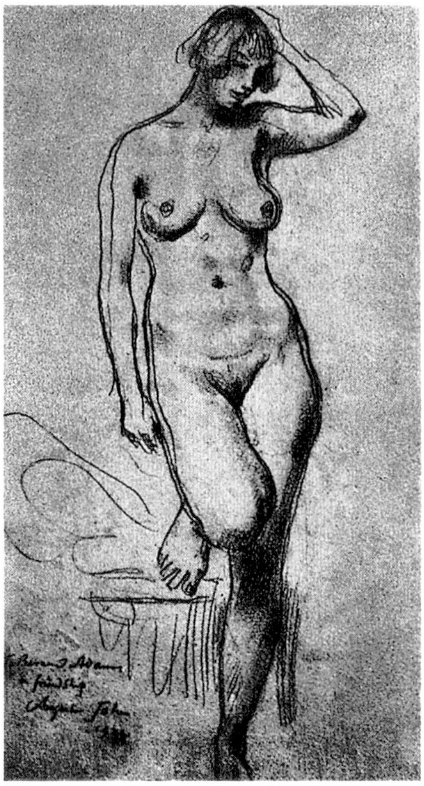

Alfred Rethel (1816–1859): Aktstudie zur »Königin der Langobarden«, o.J.

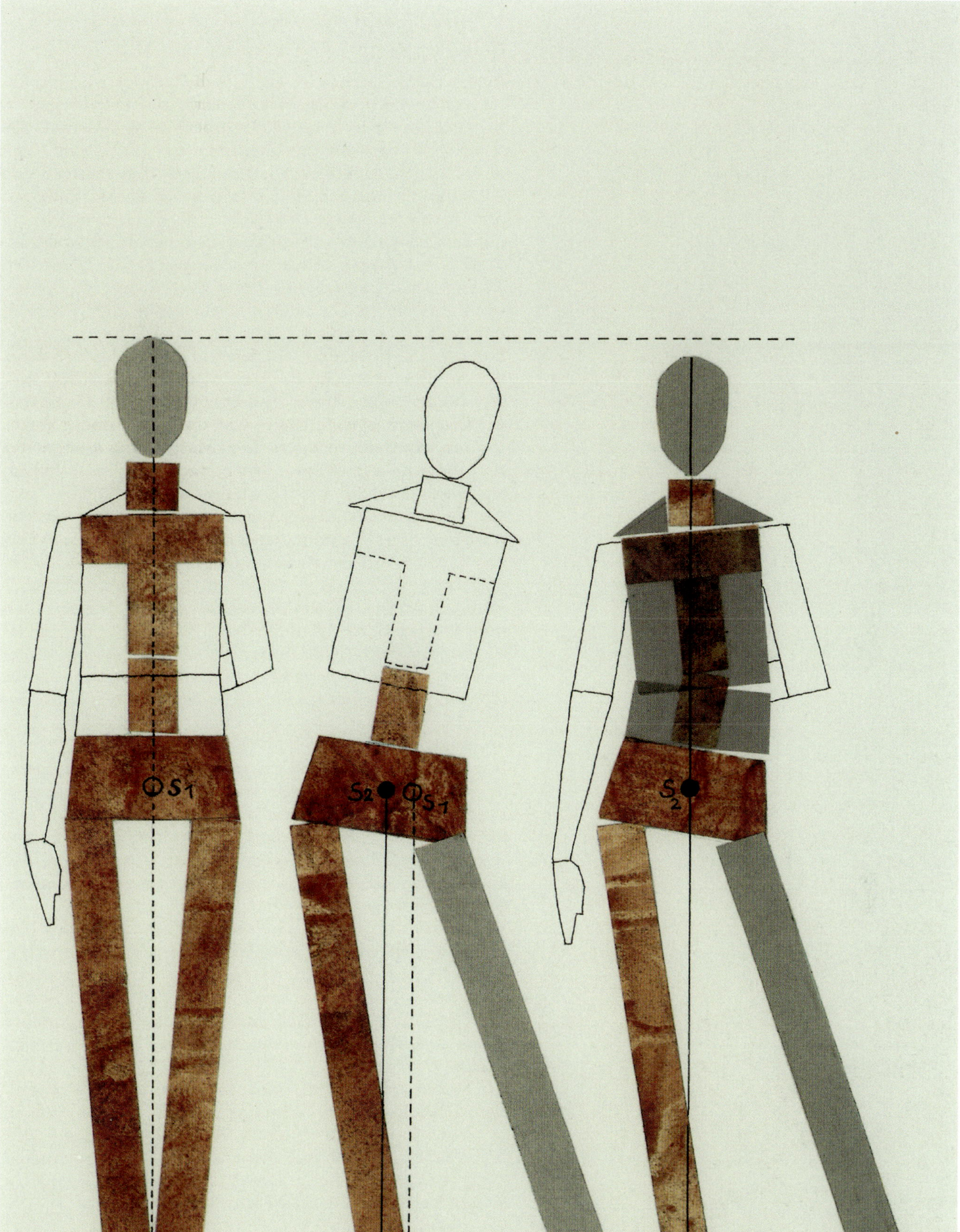
S1
S2
S1
S2

Ron Steenberg (Schottland): Sitzende, 20-Minuten-Skizze

Theophile-Alexandre Steinlen (1859–1923): Sitzender Akt, 1898

Übungsempfehlungen und Skizzenbucharbeit

(Seiten 75 bis 83)
Die zeichnerische Anlage zum Kontrapost geht aus den Arbeitsschritten der Seite 75 oben hervor; ein Gerüst, das nicht als fertiges Schema übernommen werden darf, sondern aus den ständigen gesetzmäßigen Beziehungen von Schwerpunkt und Standfläche abgeleitet werden muß:
Seite 75, untere Reihe: Der Aufbau der Kontraposthaltung mit dem beweglichen Proportionsstempel entspricht grundsätzlich den Arbeitsschritten der oberen Reihe. Didaktisch wichtig ist die Entwicklung des statisch bedingten Ablaufs von der Mitte der Restsohle und die notwendige Verschiebung des Gesamtbeckens (linear).
Seite 76 oben: Die Figur wird wie auf Tafel Seite 29 behandelt als Proportionsstudie, jedoch mit den zusätzlich statisch funktionellen Veränderungen, die bei Herausarbeiten der *Gesamtschwingung* Seite 76 unten gezeigt werden. Versuche mit dem halbtrockenen Borstenpinsel auf stark motorisch bestimmtem Wege – ohne Vorzeichnung! – herunterzuzeichnen (erste Etappe wie links anlegen).
Alle Skizzenbuchstudien (Seiten 77 bis 79) gehen auf die verschiedensten Formen der Ruhehaltung im Stand und Sitzen ein, wobei der Bewegungsablauf auf plastische Modellierung weitestgehend verzichtet, stattdessen aber in linearer Beschränkung das *wesentliche, statische Motiv* zur Geltung bringen sollte (grundlegende Hinweise zum Skizzieren wurden bereits auf Seiten 54 und 64 gegeben). *Ganz allgemein aber soll man (gleich bei welcher Haltung) sein Gefühl befragen, ob der gezeichnete Stand oder die Sitzhaltung in uns eine Beunruhigung hervorrufen*, weil es am überzeugenden Ausdruck der Ruhehaltung fehlt (Tendenzen des Umkippens). Ist das der Fall, gibt es keine andere Lösung, als die Beziehung der Schwerpunktlage im Verhältnis zur Unterstützungsfläche sachgerecht zu überprüfen. Wer glaubt, sich mit anderen Medien als dem Stift rascher, reizvoller, wesentlicher und überzeugender ausdrücken zu müssen, soll das tun und dabei sein Abstraktionsvermögen in knappesten Formulierungen beweisen (Seite 79 unten).
Verwendet man nach den Pinselschriftübungen auch Tusche, die man mit dem speichelbefeuchteten Finger etwas verreibt (Seite 80 oben), so entstehen leicht körperhafte Ausdrucksweisen, die reizvoll durch ihre Improvisation sind. Mit dem spielerisch gehandhabten Kugelschreiber lassen sich ähnliche Wirkungen erzielen (Seite 80 rechts unten).
Bei Studien vom Freiluftleben wollen wir auch die räumlichen Staffelungen von Menschen und Menschengruppen in einem Freiraum versuchen (Seite 82). Wo Menschen sich zu Gruppen zusammenballen, verliert der einzelne seine visuelle Bedeutung. Dann sollten wir die Gruppe zu Komplexen zusammenschließen (Seite 83 unten).

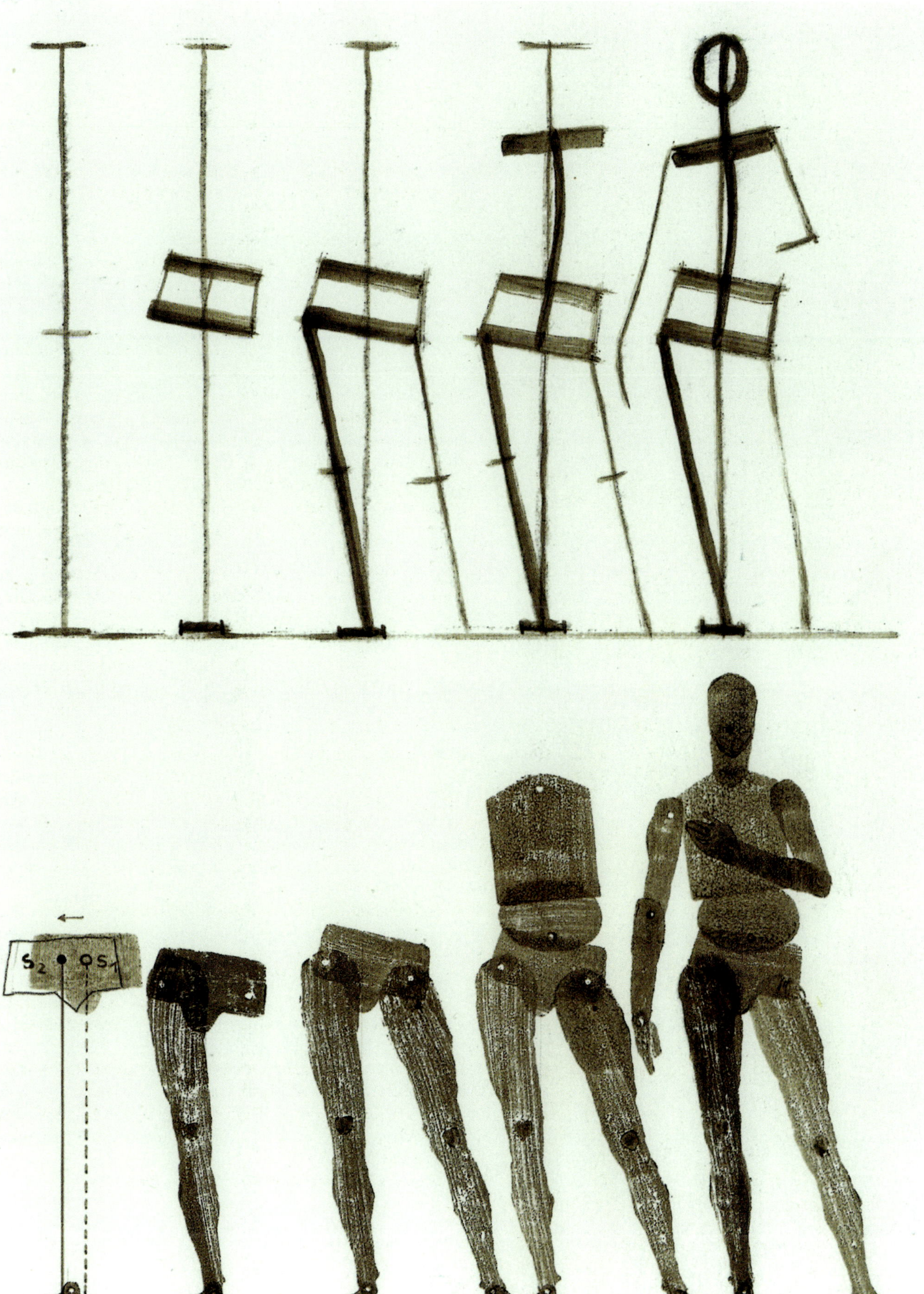
S2
S1

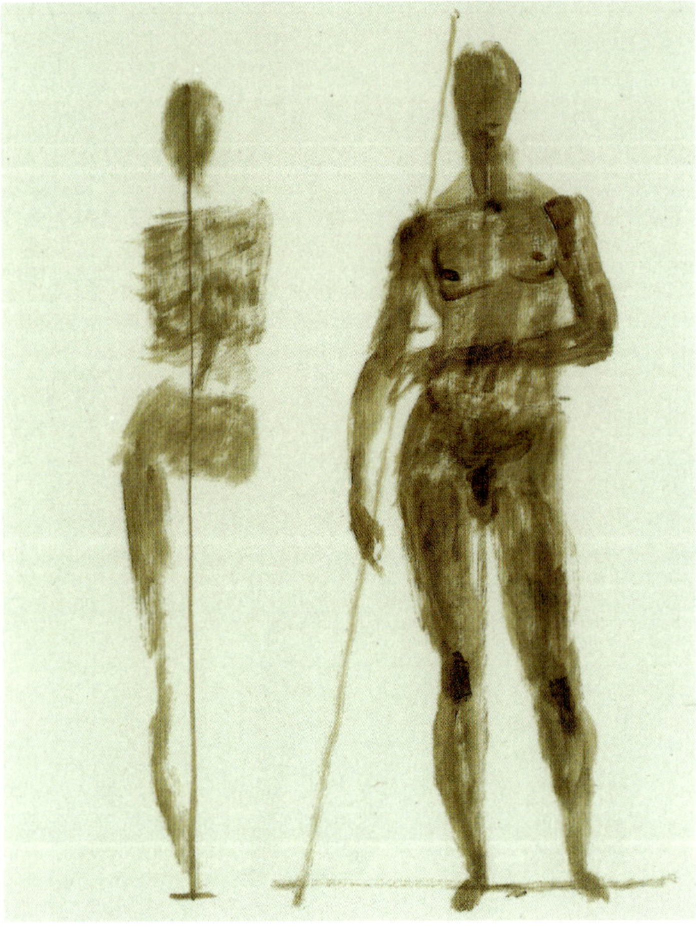

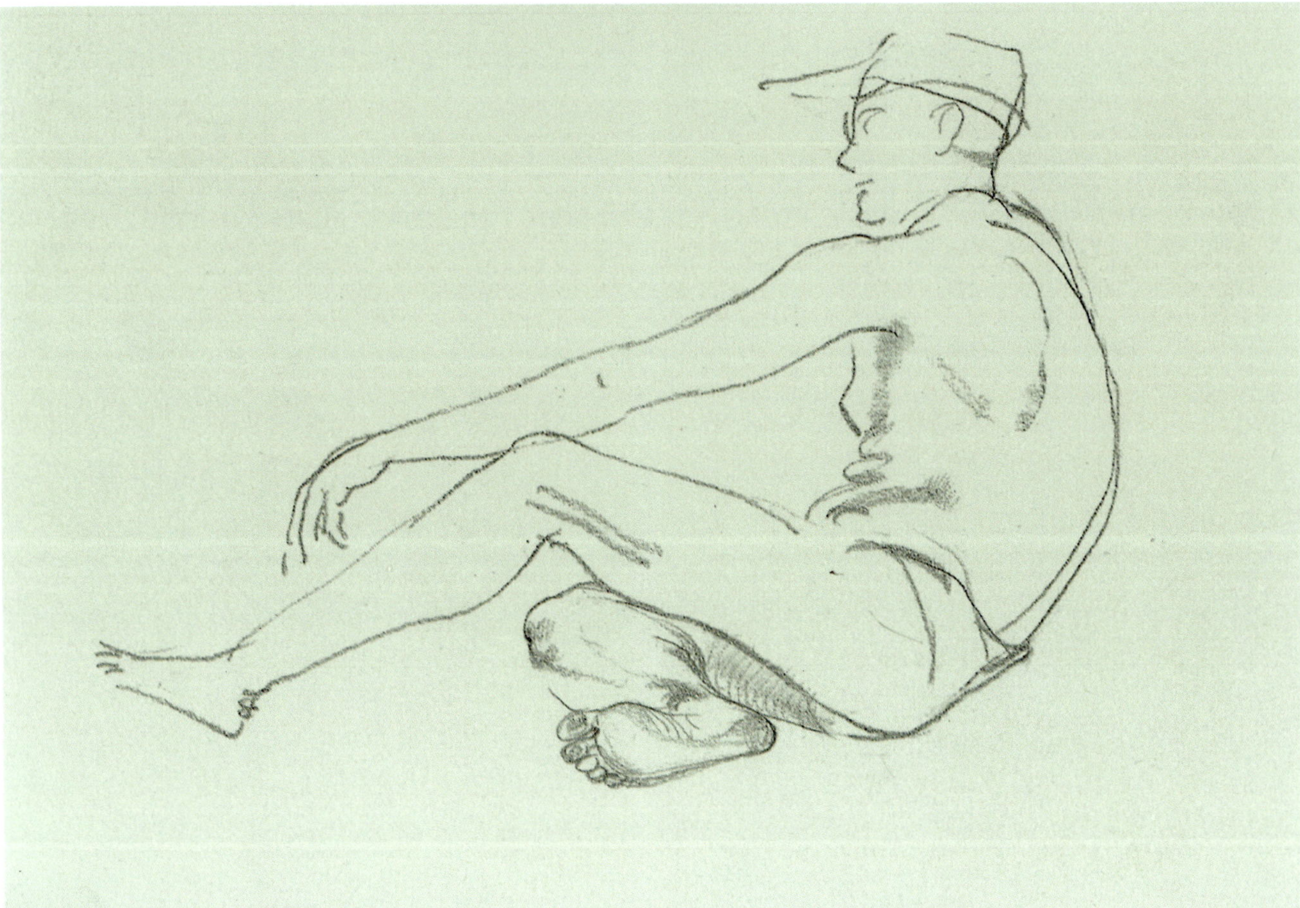

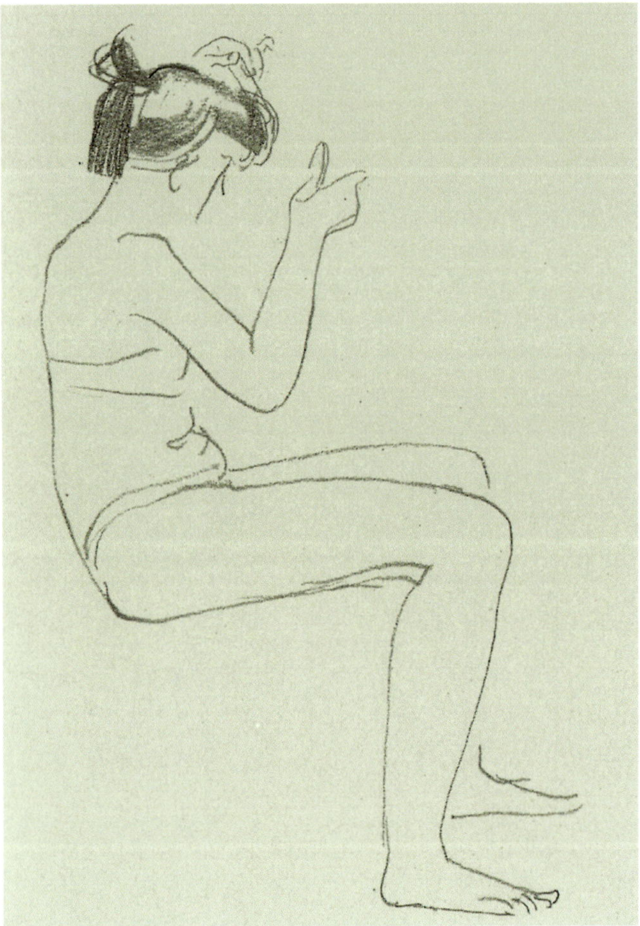

G. Bammes

81

1964

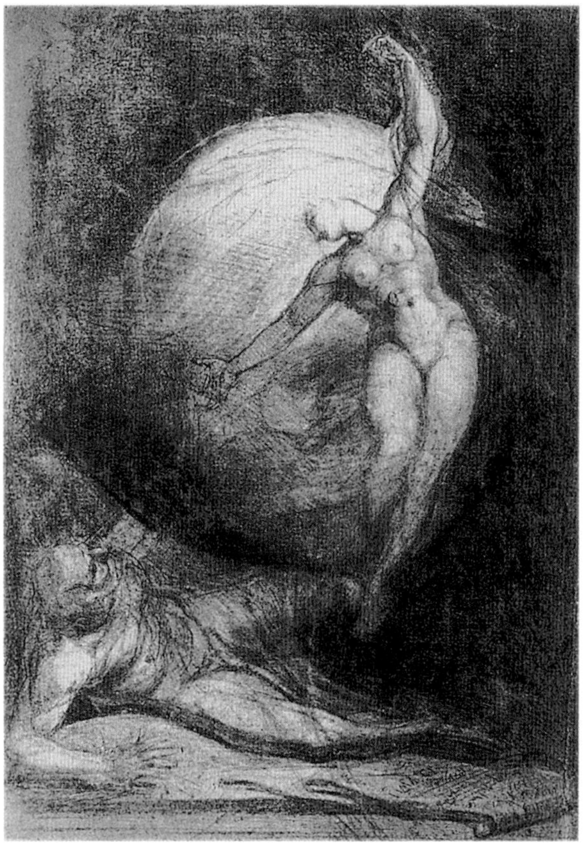

Heinrich Füßli (1741–1825): Schwebende Frau vor liegendem Mann (»Traum des Sokrates«)

Georg Kolbe (1877–1947): Schreitender weiblicher Akt

Übungsempfehlungen zu Orts-, Sport- und Arbeitsbewegungen

(Seiten 85 bis 93)

Bedingungen der Ortsbewegungen (Schritt-Lauf-Sprung) sind Verlagerungen des Schwerpunktes über die Standfläche hinaus, wodurch der Körper ohne rechtzeitiges Abfangen fallen müßte.

Seite 85, obere Reihe:

- Ausgangshaltung im aufrechten Stand (Figur rechts) mit Schwerelot über der Sohle
- Vorverlagerung des Schwerpunktes in Richtung Zehen
- Vorziehen des Schwerpunktes mit Vorneigen des Oberkörpers, Falltendenz mit Vorschwingen des Schwungbeines
- Vorsetzen der Schwungbeine zur Landung, Schwerpunkt über *beiden* stützenden Beinen.

Seite 85, untere Reihe:

- Laufbewegung mit Schwebephase (linear)
- Eilender Schritt mit starker Körpervorneigung
- Scheinbewegung in der Nebendarstellung ohne erkennbare Falltendenz.

Sport ist Ausbildung der Bewegungsfähigkeit, der Gewandtheit, des Kraft- und Ausdauerzuwachses. Die bei den dargestellten Sportbewegungen entstehenden Bewegungsformen sind durchaus nicht alle zwangsweise mit Lokomotionen verbunden (Seiten 87, 89, 91 oben, 92).

Die Entscheidung darüber, ob tatsächlich eine Fortbewegung im Sinne der Ortsbewegung stattfindet oder ob es sich um eine »Scheinbewegung« handelt (mit der Möglichkeit der Erhaltung des Gleichgewichtes auch im Stand), kann nur beantwortet werden aus der Beziehung des Schwerpunktes zur stützenden Sohle.

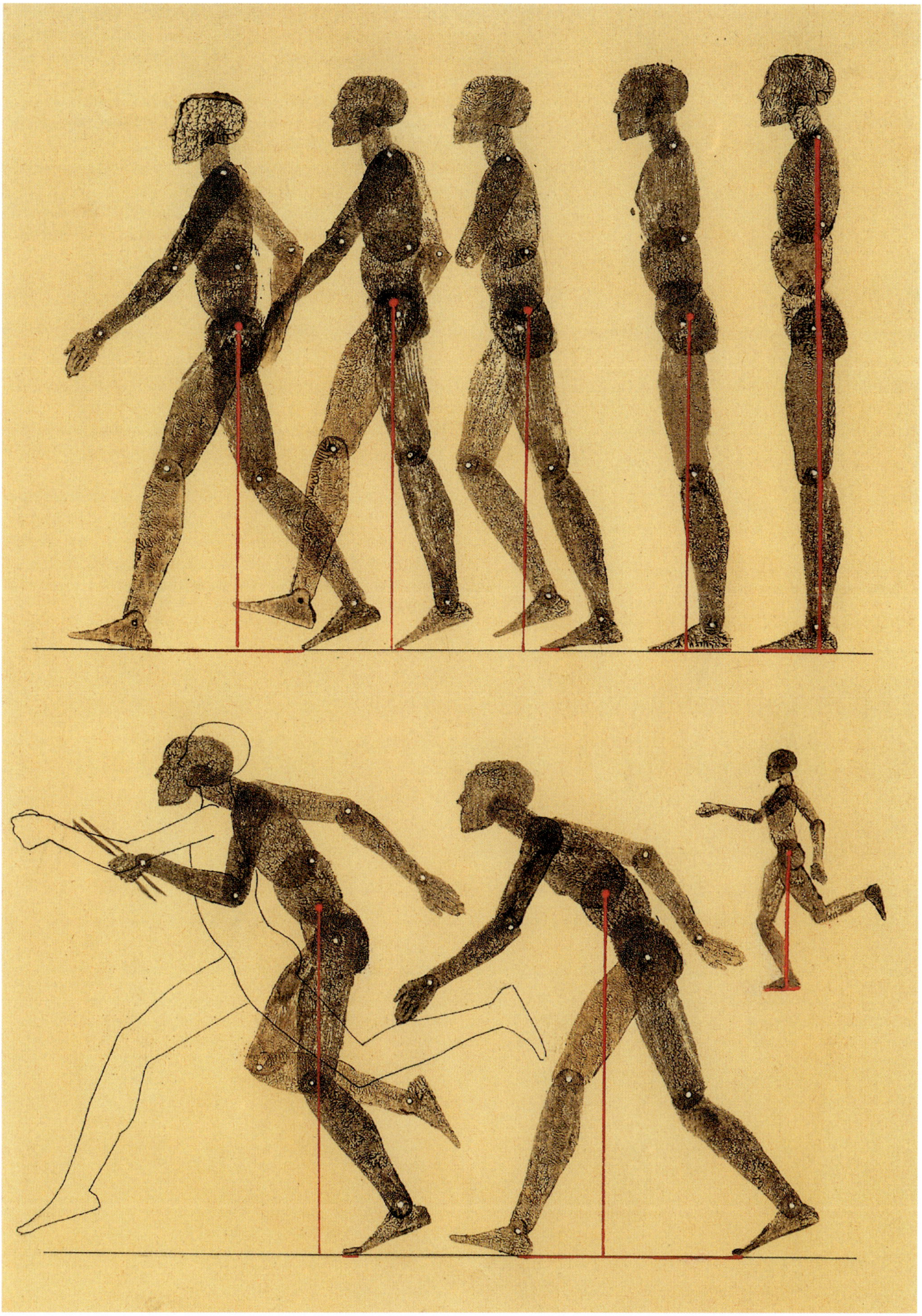

Ferdinand Hodler (1853–1918): Ausschnitt aus vier nach links schreitenden Akten des Themenkreises »Blick ins Unendliche«, 1910/14

Kusma Petrow-Wodkin (1878–1939): Ein Seil ziehende nackte Gestalt, 1914

Die empfohlenen, technisch verschiedenen Vortragsmittel entspringen nicht dem beliebigen Wechsel der Techniken, sondern gezielter Auswahl zur erfolgreichsten, aufgabengemäßen Lösung:

- Federnde Boxbewegungen mit breitem Graphit, um vor allem den Ausdruck von Angriff und Verteidigung aufwandarm hinzuschreiben (Seite 87).
- Schnelle und fliegende Bewegungen am Stufenbarren in Pinselschrift (Seite 88 oben)
- Salto in seinen Phasen hoher ästhetischer Körperbeherrschung in eckig-kantiger Rötelzeichnung (Seite 88 unten)
- Winkelreiche Kampfgebärden des Fechtens in einfachen geometrisierenden Formen der ziehend und drehend gehandhabten schwarzen Kreide, was viel Übung braucht (Seite 89).
- Sprung, Diskuswerfen und Kugelstoßen, Gewichtheben, Lauf und Hürdenlauf wieder in flüssiger Pinselschrift (Seiten 90, 91)
- Graziöse Bewegungen des klassischen Tanzes in der Federtechnik mit hellem Strich auf dunkelbraunem Grund (Seite 92)
- Expressivität von Vor- und Rückwärtsziehenden, Schiebenden, Stoßenden, Hebenden in der perlenden und etwas spröden Wachsbatiktechnik (Seite 93) oder in der lavierten, andeutenden Federzeichnung (Seite 86).

Das alles sind Vorschläge. Wer Besseres, dem Anliegen Gemäßes kennt, greife zu diesem.

Turnen am Stufenbarren
Salto

Fechten

Sixt zum Stoß

Ausfall

Weitsprung
Diskuswerfen
Kugelstoßen

Gewichtheben
Lauf
Hürdenlauf

Bein und Fuß

Jacopo da Pontormo (1494–1557): Drei männliche Akte, o.J.
Unbekannter Barockmeister: Nach links schreitender männlicher Akt, von halb hinten, o.J.

Gesamtkonstruktion und Übungsempfehlungen

Aus ihrer Aufgabe erklärt sich die Gesamtkonstruktion des Beines in Frontal- und Profilansicht:
Frontalfigur:
- Gliederung in eine stabile Basis (Becken) und in ein frei schwingendes Beinpendel
- *Lastübertragung* des Oberkörpers über den Beckenring auf die Hüftgelenkköpfe und damit auf das Bein
- Drei *Hauptgelenke* (Hüft-, Knie- und oberes Sprunggelenk) für die bewegliche Gliederung; Anordnung auf einer gemeinsamen tragenden Linie (*Tragelinie* gestrichelt) mit konvergierender Richtung zum Fußgewölbe
- Abweichende Richtung des Oberschenkelschaftes von der Tragelinie, dadurch Bildung des *Beinaußenwinkels*
- Hintereinanderschaltung von *Gelenken* mit abnehmenden Freiheitsgraden: Dreiachsengelenk im Hüftgelenk mit Vor-Rückschwingungen (Querachse), An-Abziehen (Tiefenachse) und Innen-Außenrotation (Längsachse), *Kniegelenk* mit Querwalze für Beugung und Streckung und zusätzlicher Rotationsfähigkeit im gebeugten Zustand und oberes *Sprunggelenk* mit Querachse für Heben-Senken der Fußspitze.

Stehende Profilfigur:
Die in der Fortbewegung und Beugung-Streckung dienenden Querachsen liegen alle auf der Lotlinie (rot gestrichelt).
Sitzende Mittelfigur:
Das *Kniegelenk* öffnet seine Gelenkhöhle während der Beugung. Der Körperschwerpunkt verlagert sich jetzt nach oben, als unterstützende *Sitzfläche* dienen die beiden Sitzbeinhöcker des Beckens.
Zeichnerische Studienempfehlungen für Becken und Hüfte (Seiten 98, 99):
- Das Becken zunächst elementar auffassen als eine den Rumpf nach unten hin abschließende Halbkugel (Seite 96).
- Diese Elementarform schrittweise von blockhafter Geschlossenheit bis zum Hohlkörper differenzieren (Seite 96 rechte Vertikalreihe).
- Bei der Realisierung der konstruktiven Beckenform sind primär räumliche Achsenverläufe zu klären (Seite 97).
- Die entscheidenden Gefällerichtungen der Trichterform und die plastischen Punkte (rot) sind herauszuarbeiten.

Das Becken ist der untere plastische Kern des Rumpfes und das in seiner Mitte ringartig geschlossene Bewegungszentrum (siehe auch Seite 103 rechts). Versuche daher zeichnerische Analysen nach dem Aktmodell, um das Becken in Stellung und Richtung als Grundlage der Hüftregion zu verstehen (Seite 98).

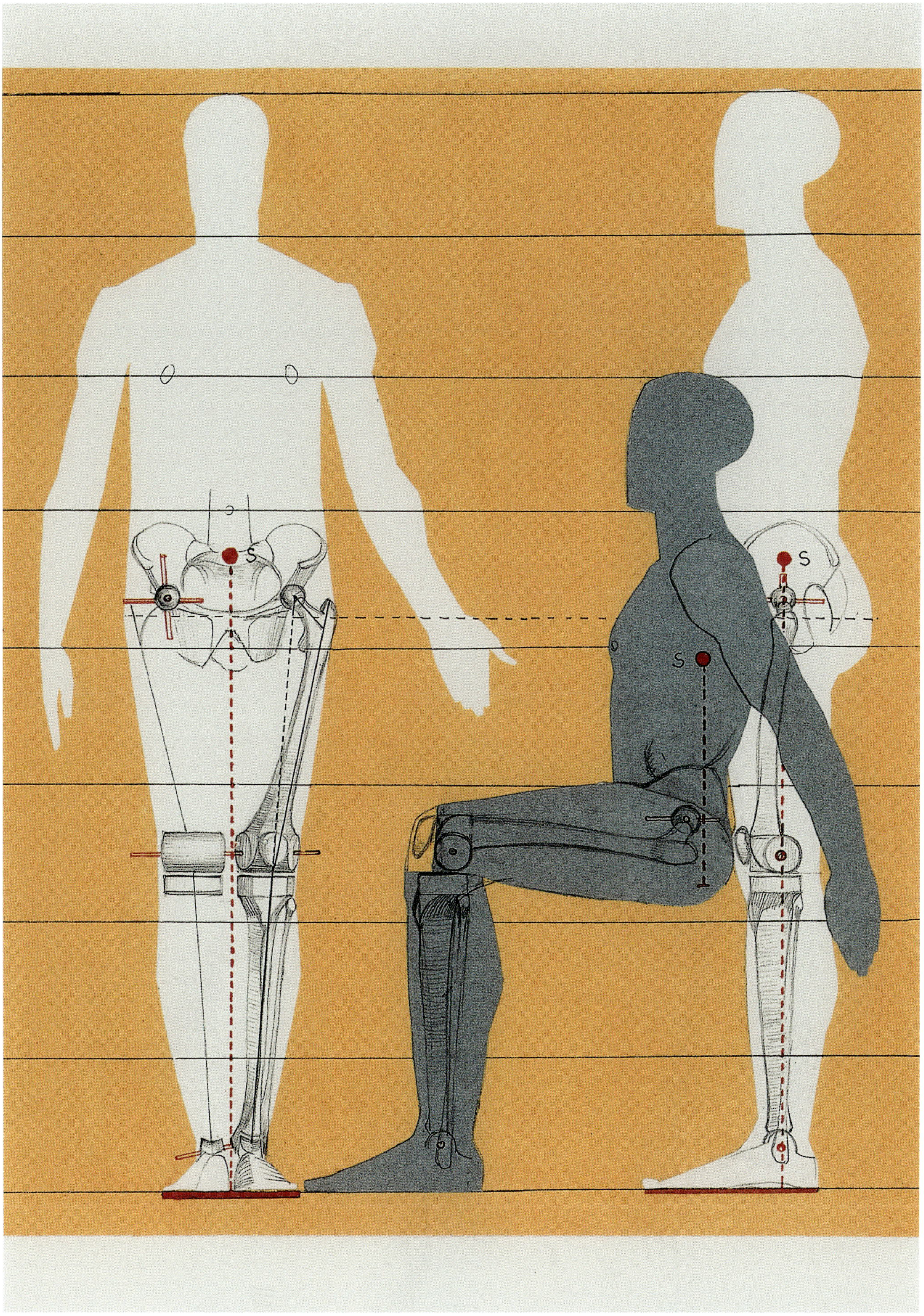
S
S
S

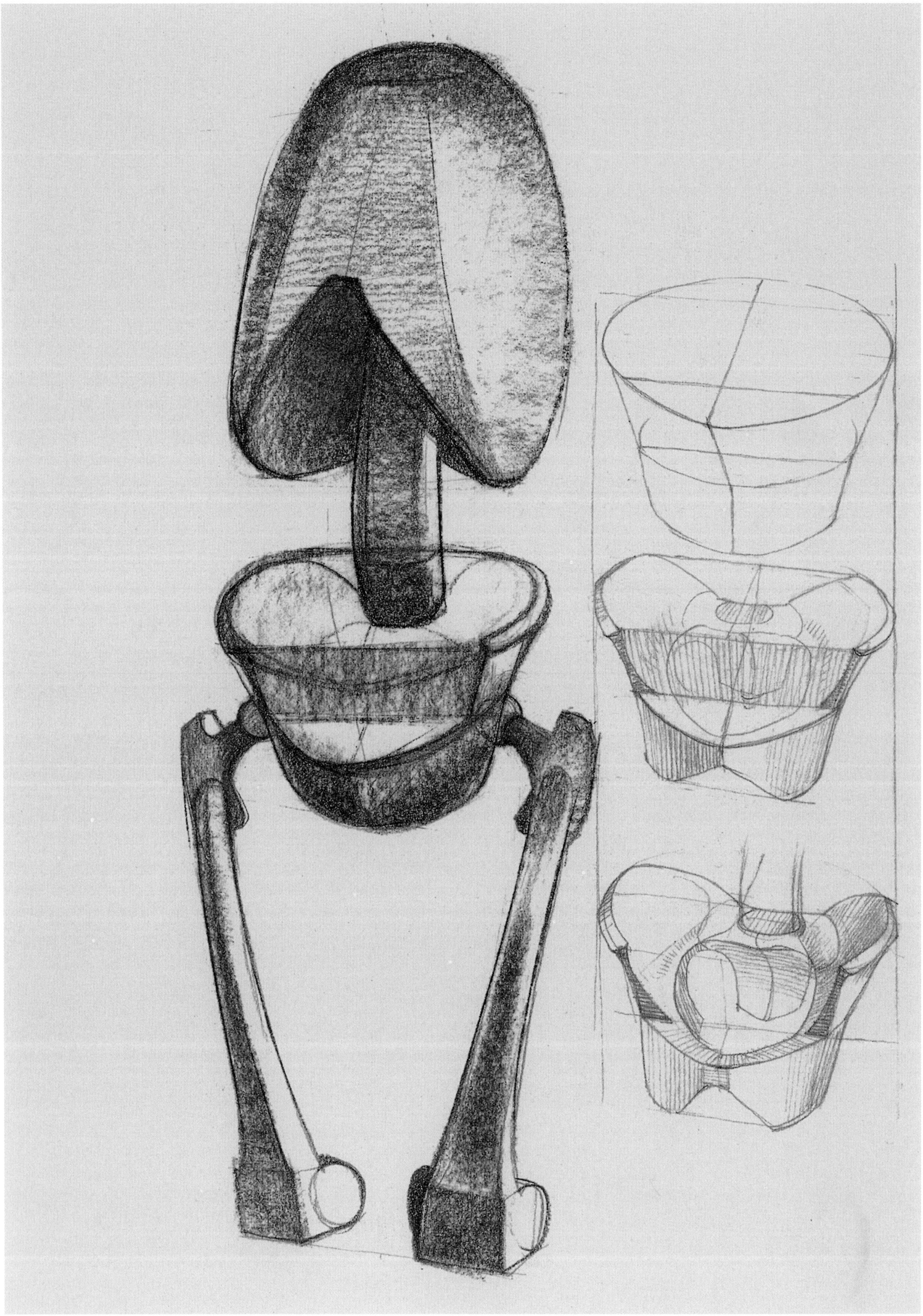

96 Bein und Fuß

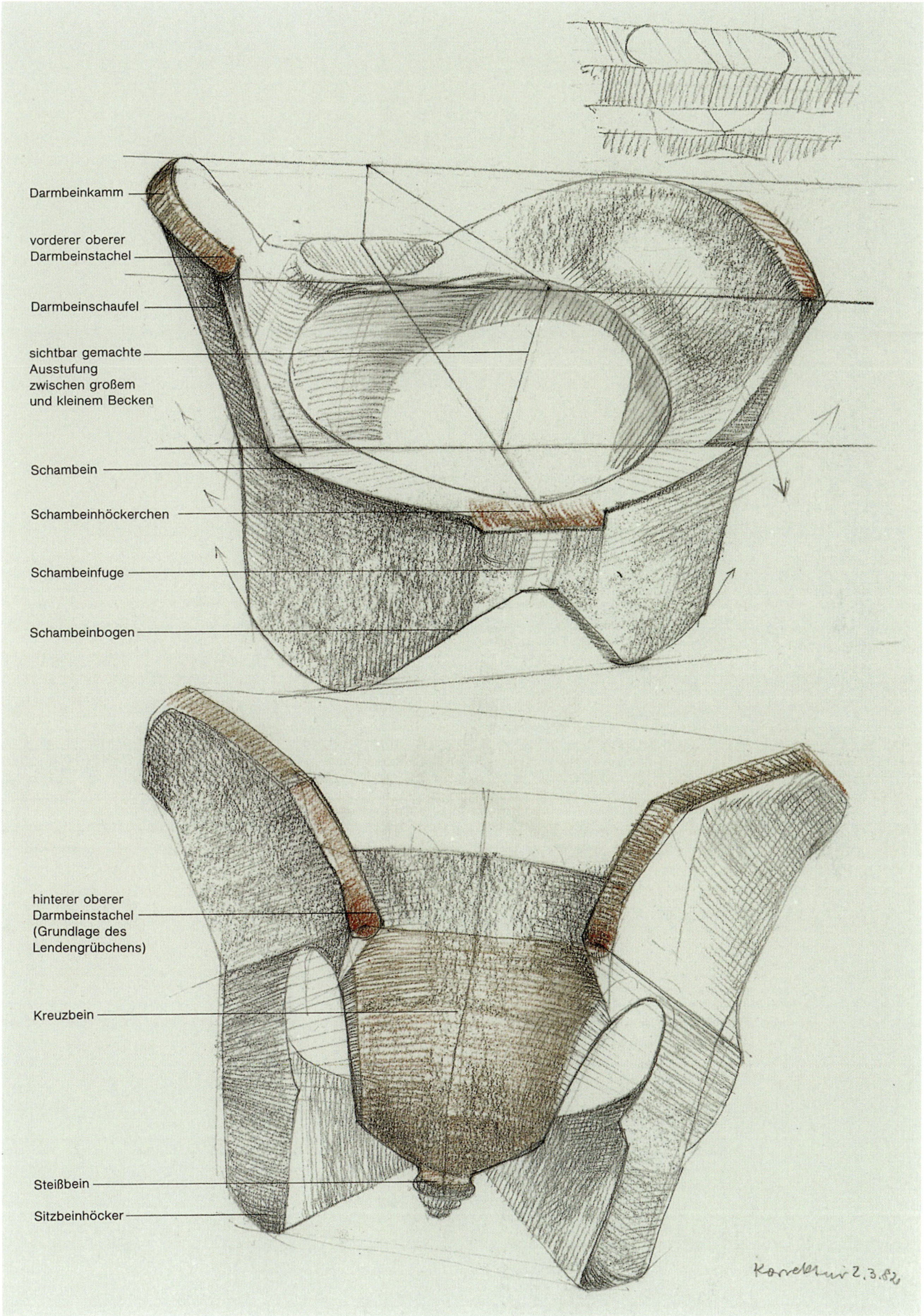
Darmbeinkamm
vorderer oberer Darmbeinstachel
Darmbeinschaufel
sichtbar gemachte Ausstufung zwischen großem und kleinem Becken
Schambein
Schambeinhöckerchen
Schambeinfuge
Schambeinbogen
hinterer oberer Darmbeinstachel (Grundlage des Lendengrübchens)
Kreuzbein
Steißbein
Sitzbeinhöcker
Korrektur 2.3.82

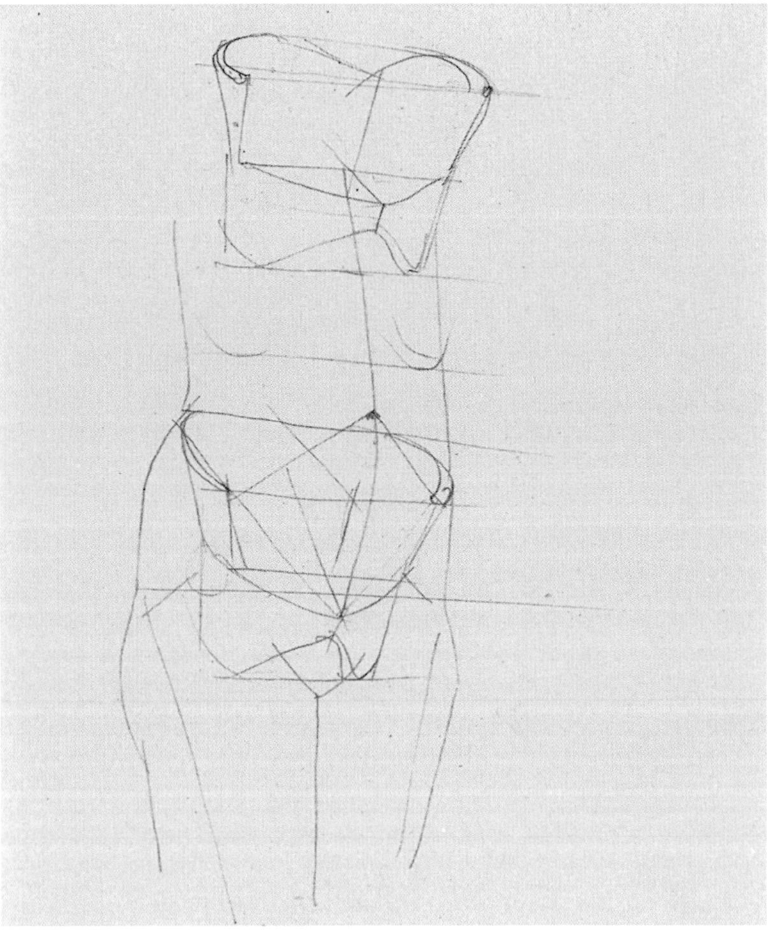

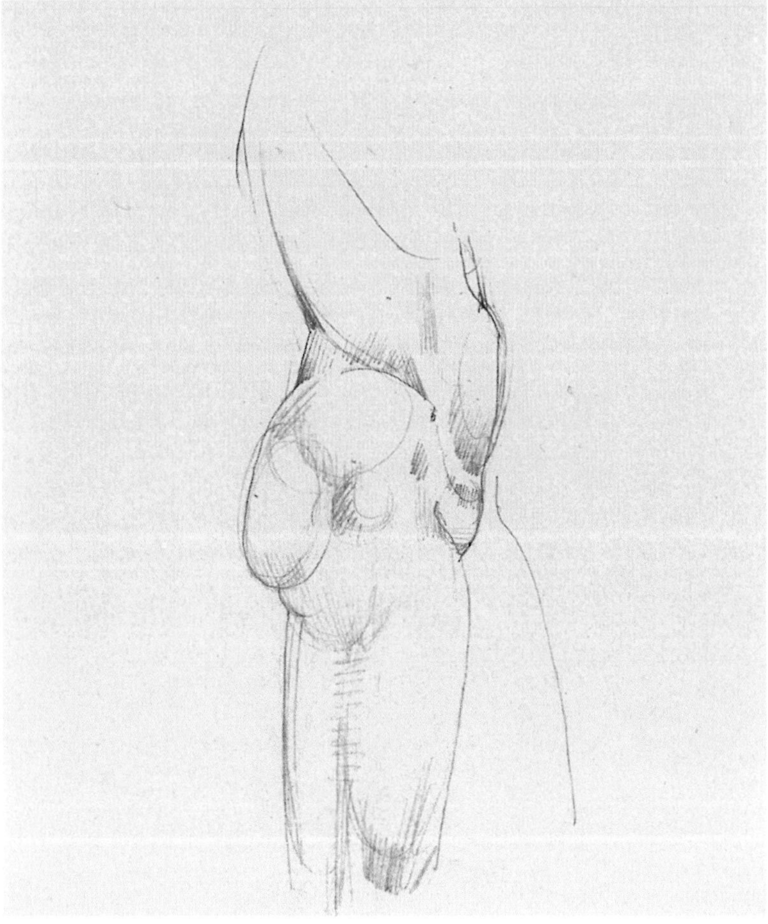

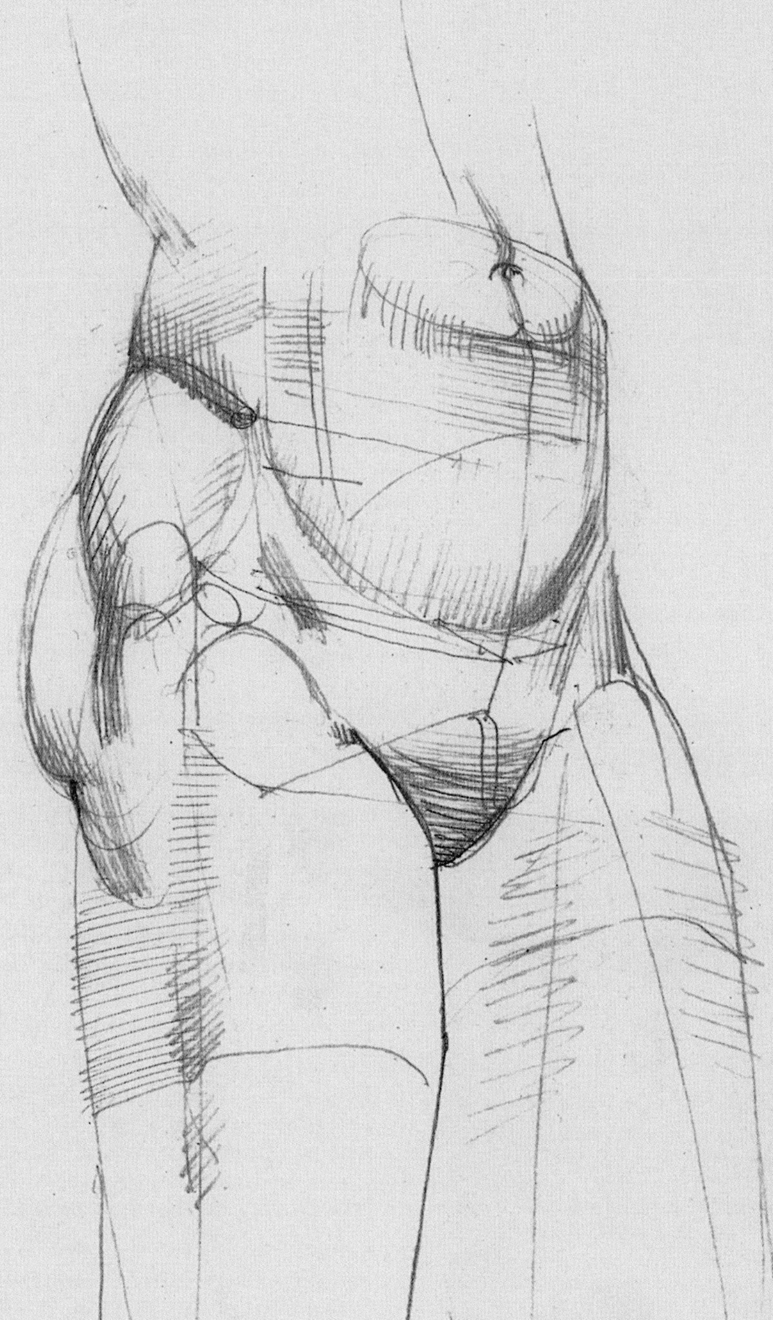

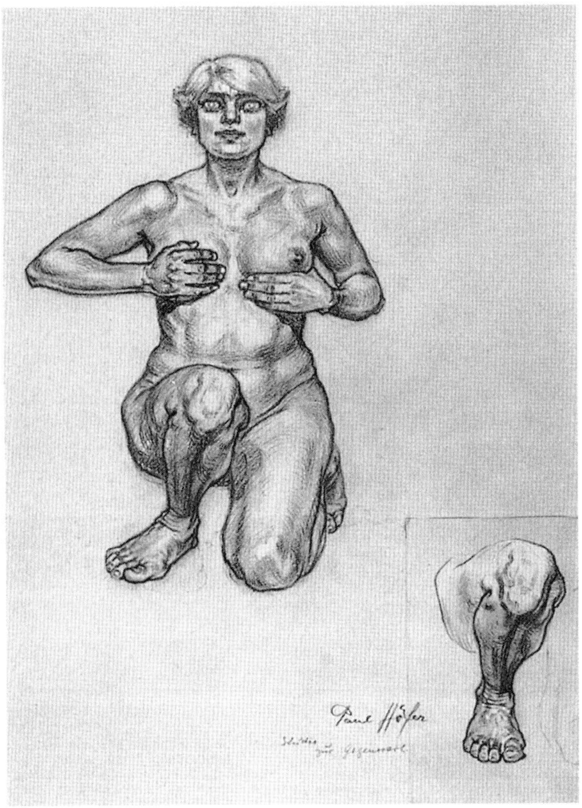

Paul Höfer: Studie zur »Gegenwart«, o.J.

Rembrandt Harmensz van Rijn (1606–1669): Sitzender Jüngling mit aufgelehntem Kopf

Bau und Mechanik des Kniegelenkes

(Seiten 101 bis 103)
Die überaus vielseitig variablen plastischen Erscheinungsweisen (siehe z. B. die nebenstehenden Abbildungen) werden in ihrem Wesentlichen nur mit Hilfe einiger anatomischer Vorkenntnisse verständlich:

- Der Aufbau des Gelenkes besteht aus einer Walze (Gelenkrolle) und deren Widerlager als Ablauffläche (Scheinbeinkapitel).
- Diese beiden Gelenkkörper sind fest verschmolzen mit den Hebeln des Oberschenkels- und Schienbeins.
- Die nicht volle Abstimmung der Gelenkkörperformen aufeinander (Inkongruenz) läßt natürlicherweise einen nicht voll geschlossenen Gelenkraum entstehen, der sich bei der Beugung stark öffnet (Seite 96 rechts unten).
- Für den Verkehr und die Führung der *Kniescheibe* vor der *Gelenkrolle* steht noch eine besondere, mit den Gelenkrollen verbundene Zusatzform (»Vorbau«) zur Verfügung (Seite 101 oben, in Grautönung).

Um die komplizierten funktionellen und räumlichen Vorgänge zeichnerisch leichter zu meistern, sollte man zuerst das Oberschenkelende kuboid behandeln, dabei stets die Ansichtsflächen dieses Kuboids betonen und erst dann abrunden.

Seite 102:
Die verschiedenen Beinstellungen (mit dem Proportionsstempel gedruckt) sind mit eingezeichneten Skelettformen versehen, die die Vorgänge der Mechanik während der Bewegung ablesbar machen:

- Öffnen des Gelenkspaltes beim Anbeugen (oben)
- Starkes *Abrollen* der Gelenkrollen bei starken Beugungen unter weiterem Öffnen der Gelenkhöhle.

Beachte: Die *Kniescheibe* legt sich zwar der Oberschenkelrolle immer an, kann aber mittels ihrer Verankerung durch das gerade Kniescheibenband nicht nach oben weggleiten.

Das Prinzip der Muskelanordnung an Knie- und Hüftgelenk (Seite 103): Der weitaus größte Anteil an der Knieplastik entfällt auf das Skelett. Ein beträchtliches Volumen des Oberschenkels wird von den Muskeln des Knies bestritten:

- *Vor* der Querachse des Kniegelenks liegt die Gruppe der *Strecker* (vierköpfiger Strecker des Kniegelenkes), *hinter* der Querachse die der Beuger.

Rechte schematisierte Figur:

- Darstellung des Beckens (dunkle Grautönung) als Bewegungszentrum, von dem aus Muskelzüge nach oben zum Rumpfskelett und nach unten zum Schienbein abgehen (Muskeln mit streckender Wirkung in Blautönung, mit beugender in Rottönung)
- Kniemuskeln in ihrer Lagebeziehung zum Hüftgelenk (zweigelenkige Muskeln), wodurch Kniemuskeln in »nebenamtlicher« Funktion auch das Hüftgelenk betätigen können (Vor- und Rückschwingen).

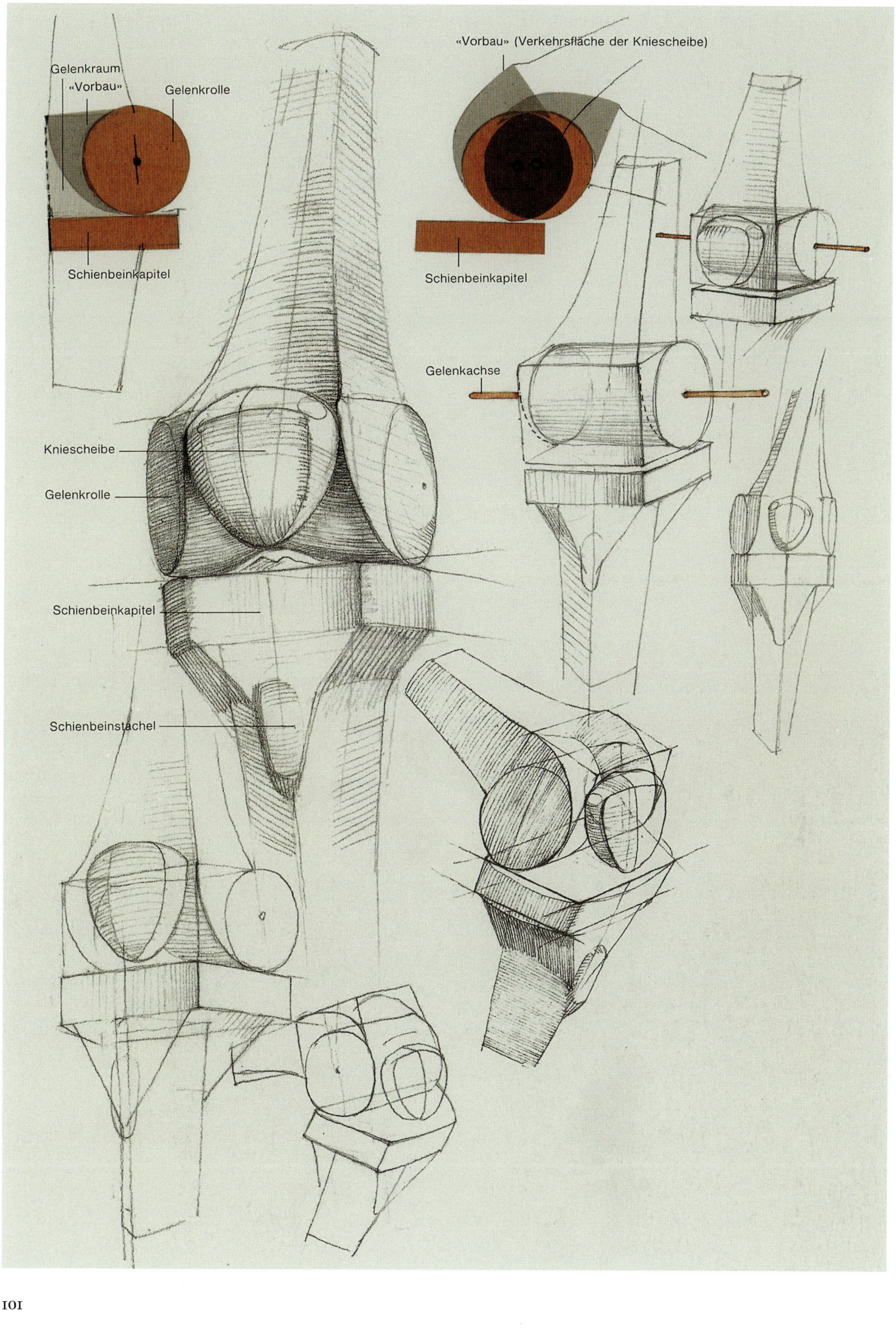
Gelenkraum
«Vorbau»
Gelenkrolle
Schienbeinkapitel
«Vorbau» (Verkehrsfläche der Kniescheibe)
Schienbeinkapitel
Gelenkachse
Kniescheibe
Gelenkrolle
Schienbeinkapitel
Schienbeinstachel

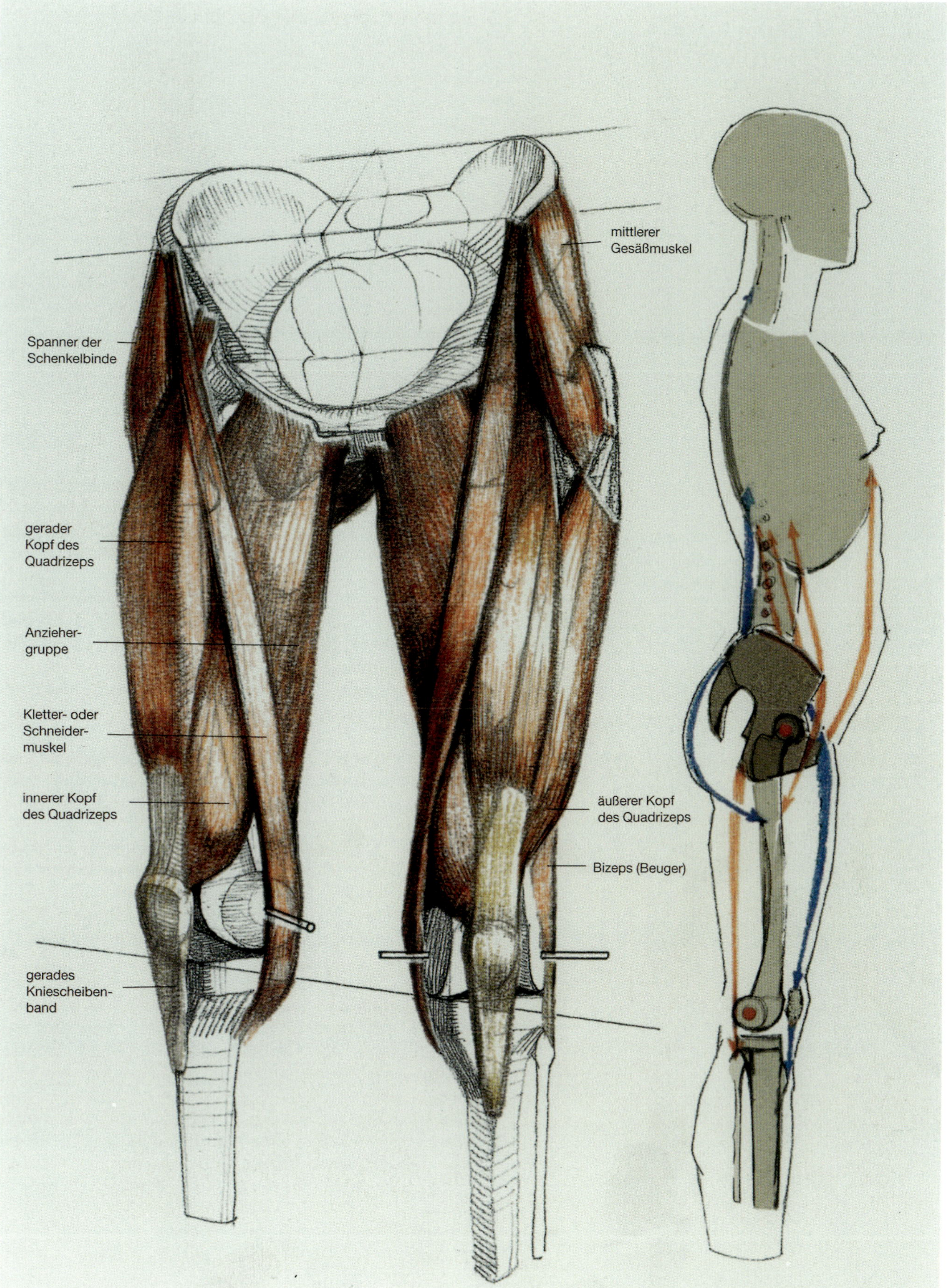

Die Muskeln an Oberschenkel und Hüfte

W. W. Lebedew (1891–1967): Weibliche Aktstudie im Rechtsprofil und leicht von hinten, 1915
Michelangelo Bounarroti (1475–1564): Studie von einem linken männlichen Bein, das rechte angedeutet und untergeschlagen, etwa in den 30er Jahren

Übungsempfehlungen zu Oberschenkel und Knie

(Seiten 105 bis 107)
Für alle Studienempfehlungen soll grundsätzlich gelten:
- Klare Beurteilungen über das Ansichtsverhältnis treffen, d. h. Bestimmung der Horizonthöhe des Zeichners und seines Ansichtswinkels (Aufsicht, halbe Vorderansicht etc.), räumliche Achsen angeben!
- Von dem Gegenstand eindeutige Ansichtsflächen schaffen (Innen-, Aufsichts-, Vorderansichtsflächen – siehe Seite 106 oben links, unten links)!
- Reine Grundansichten wie Vorder-, Seiten- und Rückansicht vermeiden, da solche Ansichten zu wenige körperhaft-räumliche Merkmale anbieten!
- Zur Unterstützung der körperhaften Darstellung gedachte *Querschnitte* heranziehen, um damit die Gefälle der *Körperflächen im Raum* deutlich zu bestimmen (siehe dazu alle Übungsbeispiele)!
- Nicht Einzelmuskeln darstellen, sondern auf die *Gruppen* von Massen achten!
- Bei dem Bedürfnis, die *Körperhaftigkeit* durch Schraffuren zu betonen, vor allem dem Verlauf der gedachten Querschnitte als Ordnungsfaktor folgen (aber nicht die Form »einstricken«, sondern auch Gegenbewegungen einarbeiten)!
- Bei schwierigen *Verkürzungen* sich der Formelementarisierung bedienen (Seite 106 unten links), also Ober- und Unterschenkel als Walzen behandeln, die mehr oder minder geknickte Stellung zueinander einnehmen!
- Die »Knickstelle« besser »knackig« behandeln (Seite 106 links unten) und keine ausdruckslosen »Würste« biegen!
- Das Verhalten der *Kniescheibe* sich vergegenwärtigen und in elementarisierter kuboider Form als Abschluß- oder Vorbauform vor die elementarisierte Oberschenkelwalze setzen!
- Nicht die Kniescheibe und ihr gerades Kniescheibenband mit isolierenden, herausschneidenden Linien einpferchen, sondern als *Volumen* behandeln!
- Die Verbindung von Kniescheibe und geradem Kniescheibenband als eine zusammenhängende Form sehen!
- Deutlich machen, wie die durch den Kletter- oder Schneidermuskel verursachte *Diagonalfurche des Oberschenkels* das innere Schienbein erreicht. Von hier aus die Furchung des Unterschenkels durch die bloßliegende *innere Schienbeinfläche* bis zum inneren Knöchel fortsetzen!
- Sich stets die mechanischen Vorgänge im Knie vergegenwärtigen (Stärke der Abrollbewegung der Oberschenkelrolle, vermutbarer Öffnungsgrad der Gelenkhöhle), um nicht unverstandene Formen abzuzeichnen!

Kniestudien bedürfen großen Wissens für wesentlichen Ausdruck.

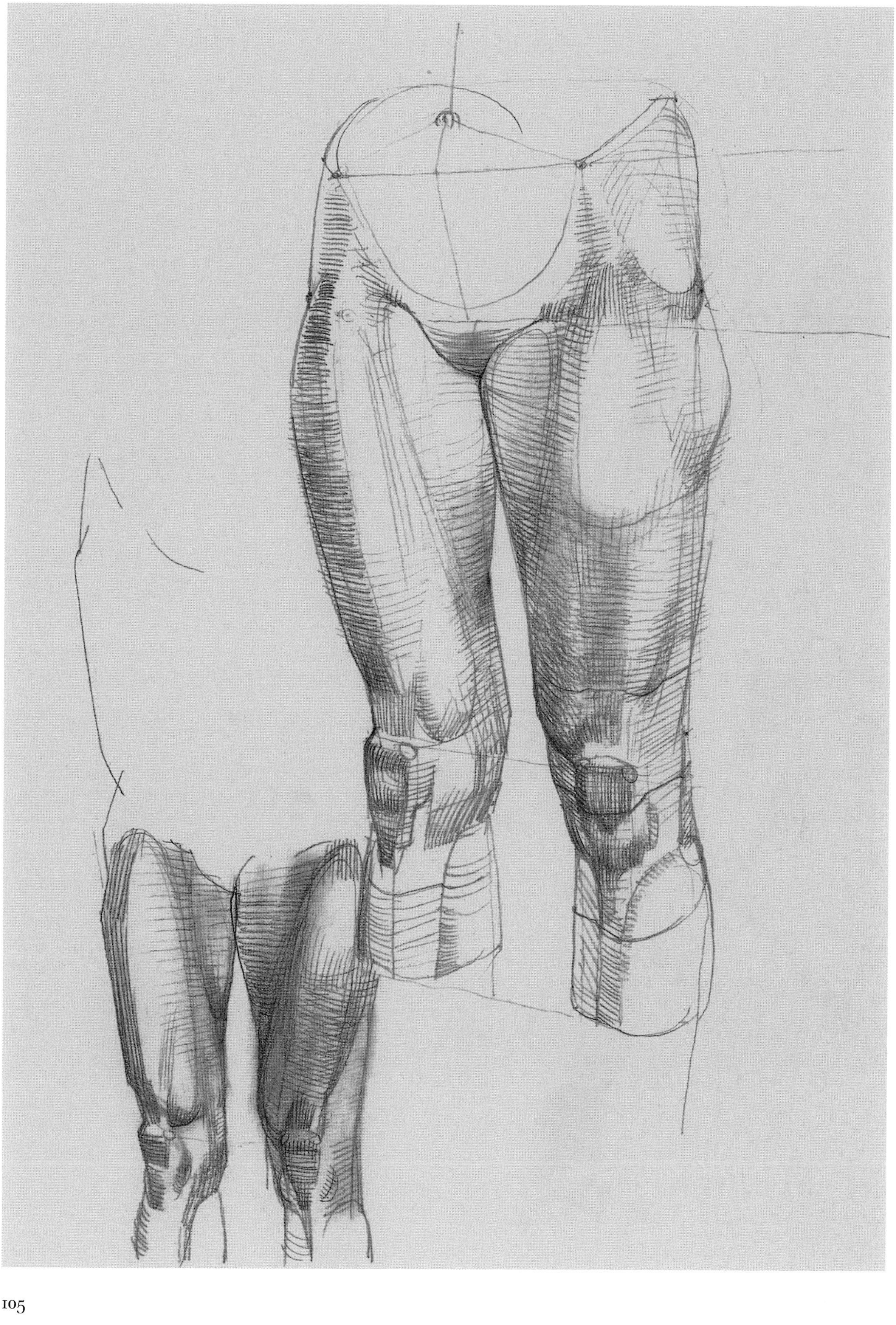

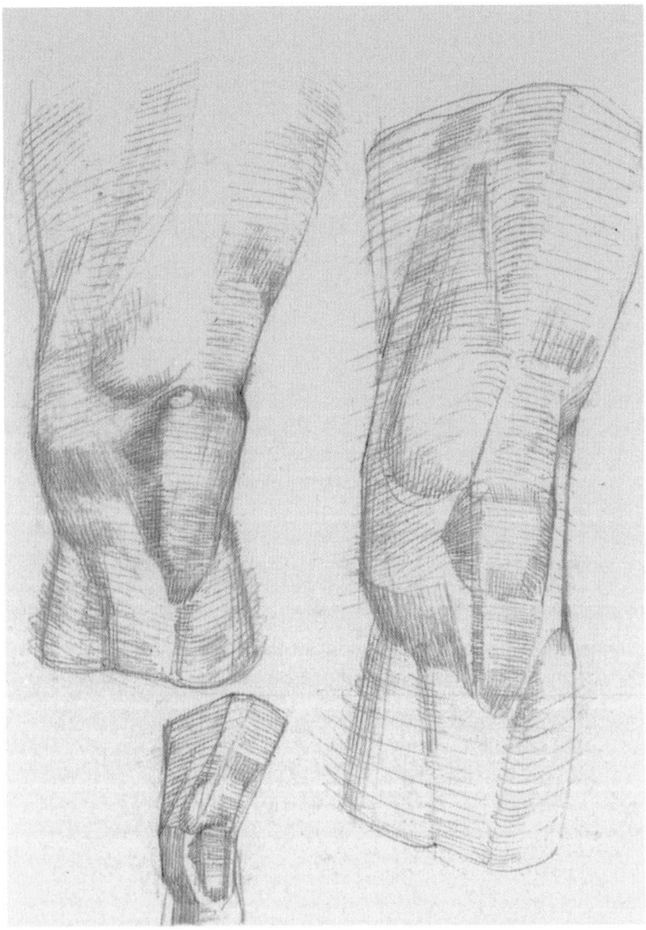
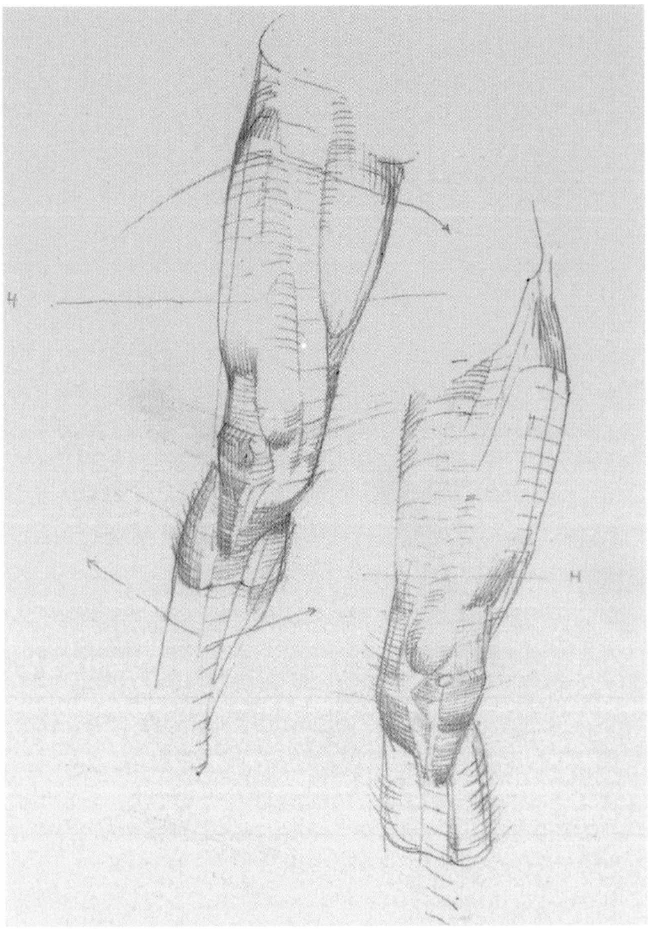
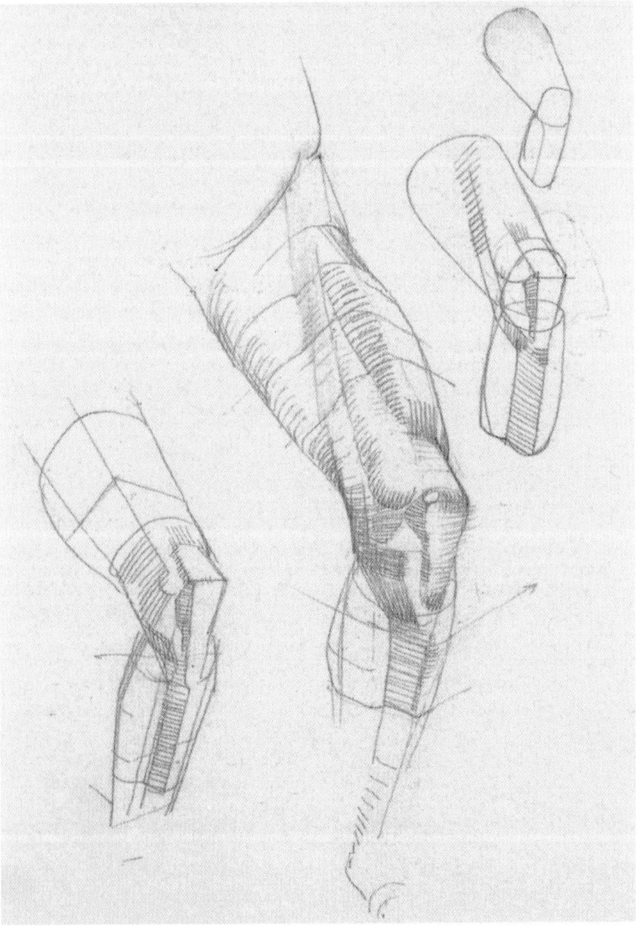
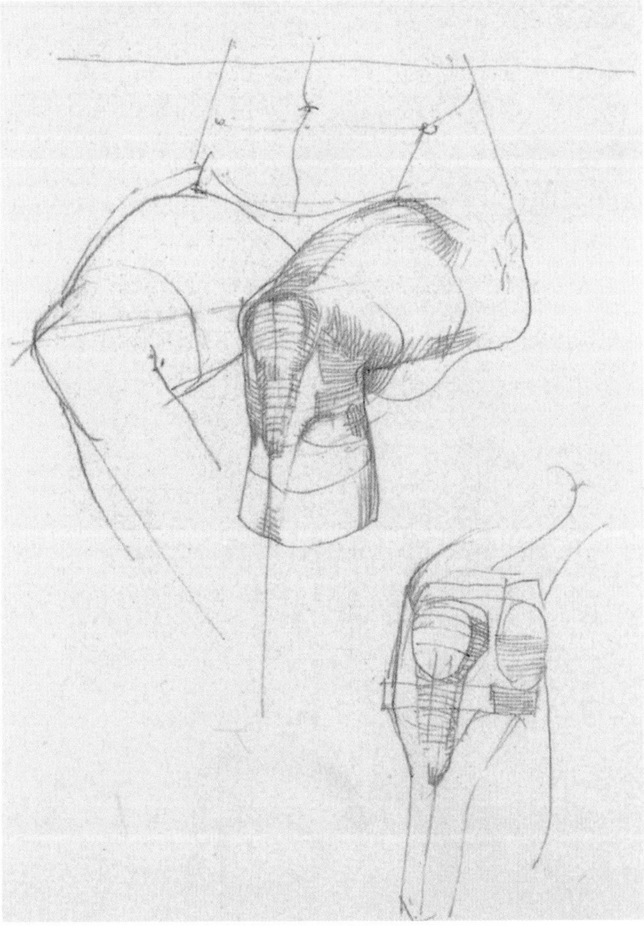

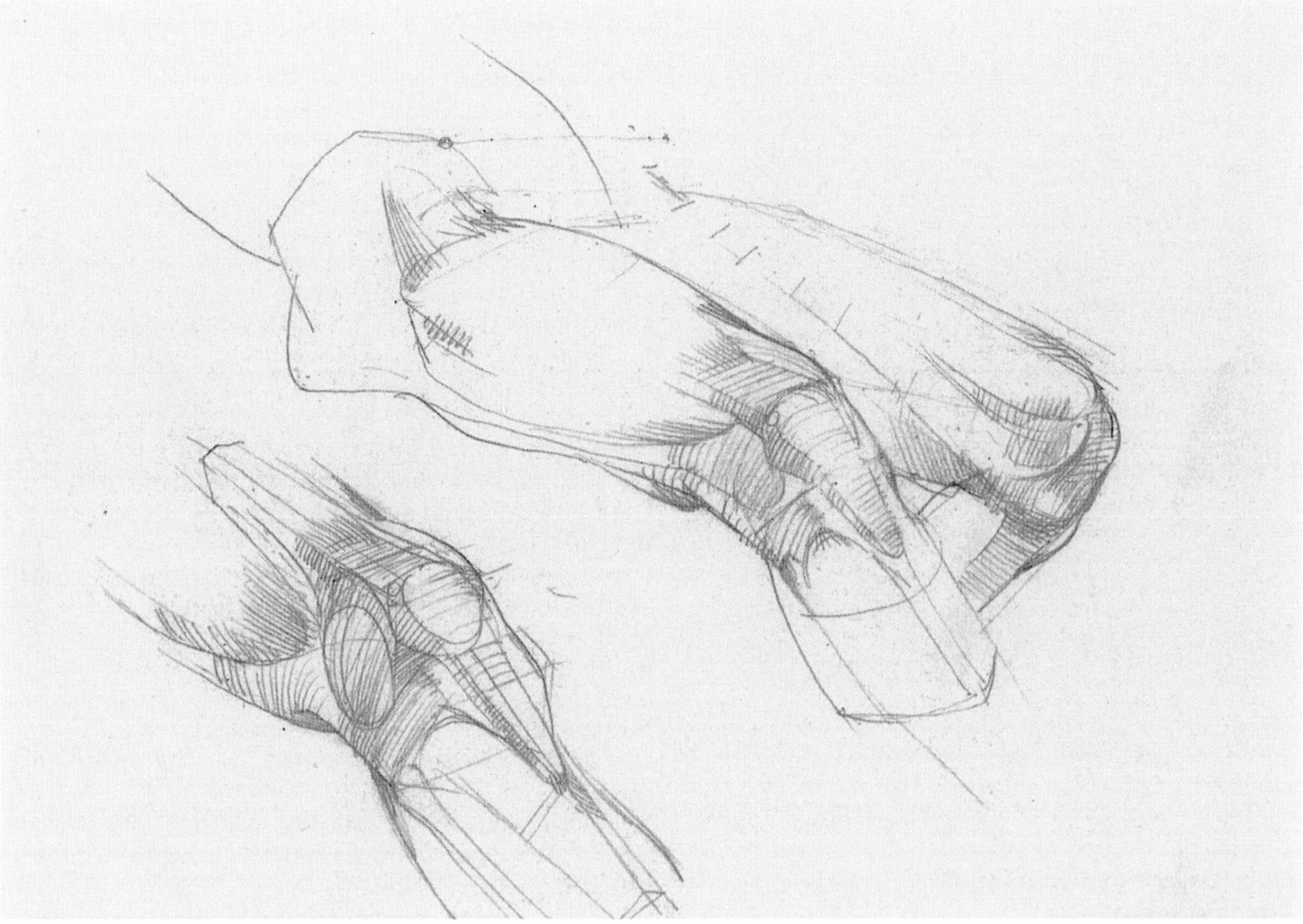

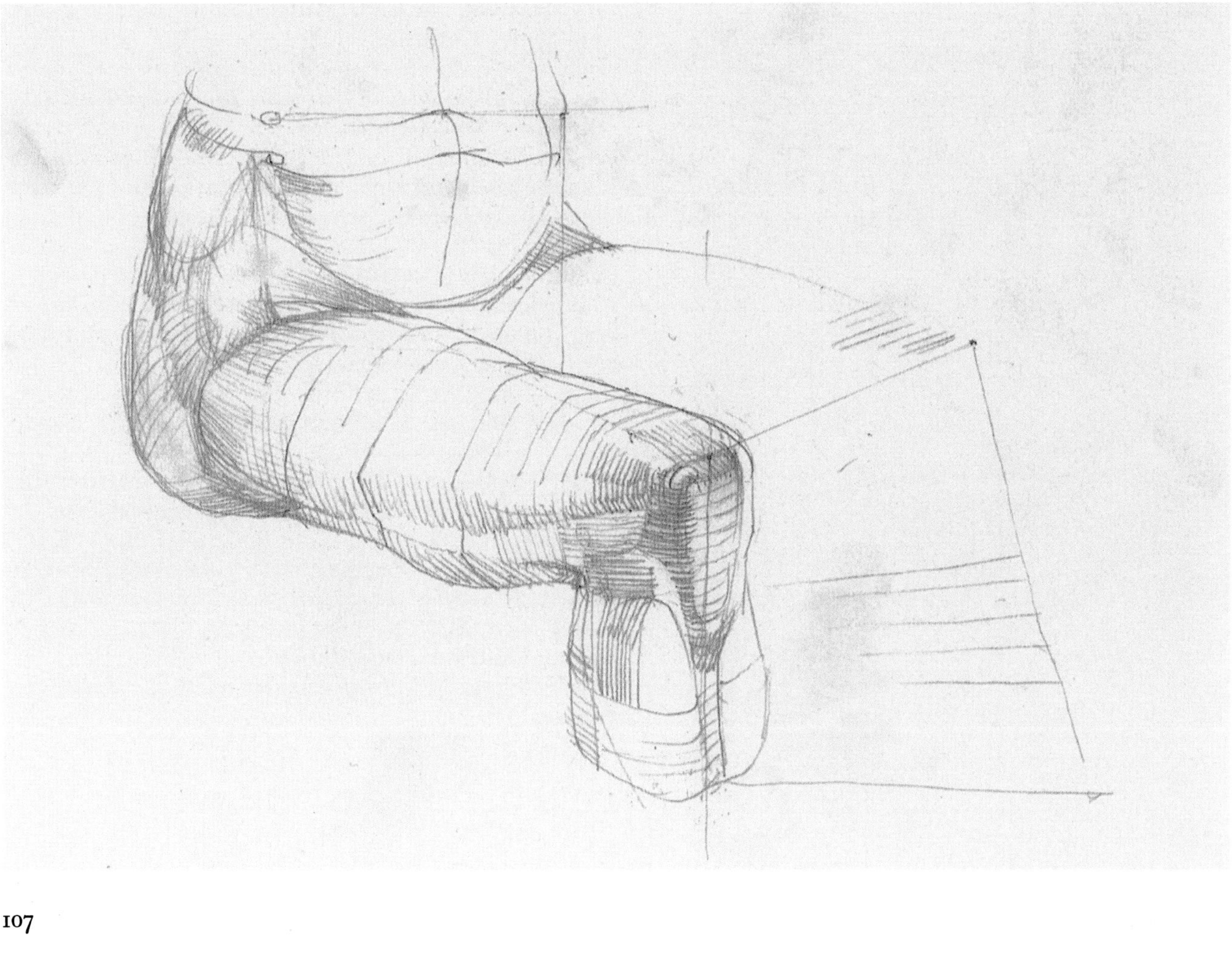

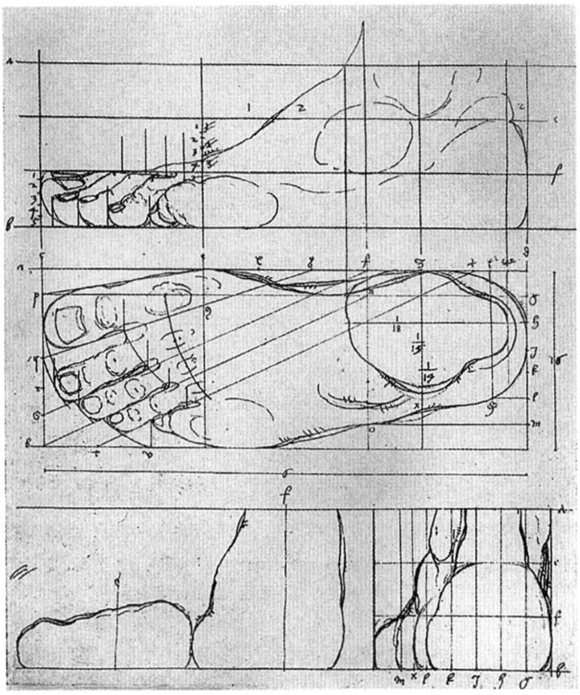

Albrecht Dürer (1471–1528): Linker Fuß, konstruiert, in Grundansichten, mit Proportionsvermerken, 1513 oder kurz später

Albert Besnard (1849–1934): Liegender Frauenakt, verdreht und verkürzt, 1905

Die konstruktive Form des Fußskelettes

(Seiten 109 bis 111)
Der formprägende Faktor für den lebenden Fuß ist sein Skelett. Dieses zeichnerisch wie ein »Knochenstilleben« zu behandeln, ist absolut sinnlos. Wir erfassen das Wesen der Form durch das Wesentliche ihrer Konstruktion:

- Das Fußskelett ist als *Nischengewölbe* (siehe auch Seite 110) aufzufassen mit Dreipunktauflage auf Ferse, Groß- und Kleinzehenballen.
- Über diesem Grundriß wird die starke *Längswölbung* des frei tragenden inneren und die flache Wölbung des äußeren Fußrandes verfolgt.
- Der *innere Fußrand* mit dem halbwalzenförmigen Sprungbein liegt auf dem Fersenbein auf, das den Verlauf des *äußeren Fußrandes* fortsetzt. Das bedeutet:
- Der innere Fußrand *kreuzt* die Richtung des äußeren im spitzen Winkel.
- Diese beiden in Richtung Ferse konvergierenden, nach dem Mittelfußende divergierenden Ränder sind am lebenden Fuß gut erkennbar.
- In die *Querwölbung* des Fußes – dessen Gewölbescheitel mehr nach der Fußinnenseite liegt – passen sich die Mittelfußköpfe mit radiärer Stellung ein.
- Die *Sprungbeinrolle*, am höchsten aus dem Fußgewölbe emporragend, wird umfaßt vom inneren Knöchel des Schienbeins und vom äußeren Knöchel des Wadenbeins (Sicherheit der Bewegungsführung beim Heben und Senken der Fußspitze).
- Die starke Quergewölbekrümmung nimmt im »Spann« zum flacheren vorderen Mittelfußende ab. Die Zehen sind ohne konstruktive Bedeutung für das Fußgewölbe.
- Der *innere Fußknöchel ist stets höher* und weiter vorn gelegen als der *Wadenbeinknöchel.*

Neben der Möglichkeit des zeichnerischen Fußgewölbeaufbaus aus den beiden Längs- und den Querwölbungen empfiehlt sich folgendes elementarisierendes Verfahren (Seite 111):

- Fußformen als prismatische Gebilde auffassen (oben)
- Keilrückenhöhe am Fersenbein abflachen (2. Darstellung von oben) und vorderes Mittelfußende in Richtung der Kleinzehenseite abrunden
- Diese kantige Ausgangsform mit den Längswölbungen versehen und die Halbrolle des Sprungbeines emporwölben (3. Phase von oben)
- In der geschaffenen Form den scharfen Scheitelpunkt der Querwölbung nahe dem Sprungbein markieren
- Die unterschiedlichen Gefälle des Fußes durch Querschnitte andeuten: Vertikalität an der Fersenbeinaußenseite, steile Schräge am Sprungbein, zunehmend flacher Abfall zum äußeren Fußrand usf. bis zum Mittelfußende (unterste Darstellung).

Alle aufgeführten Faktoren prägen auch die Lebenderscheinung.

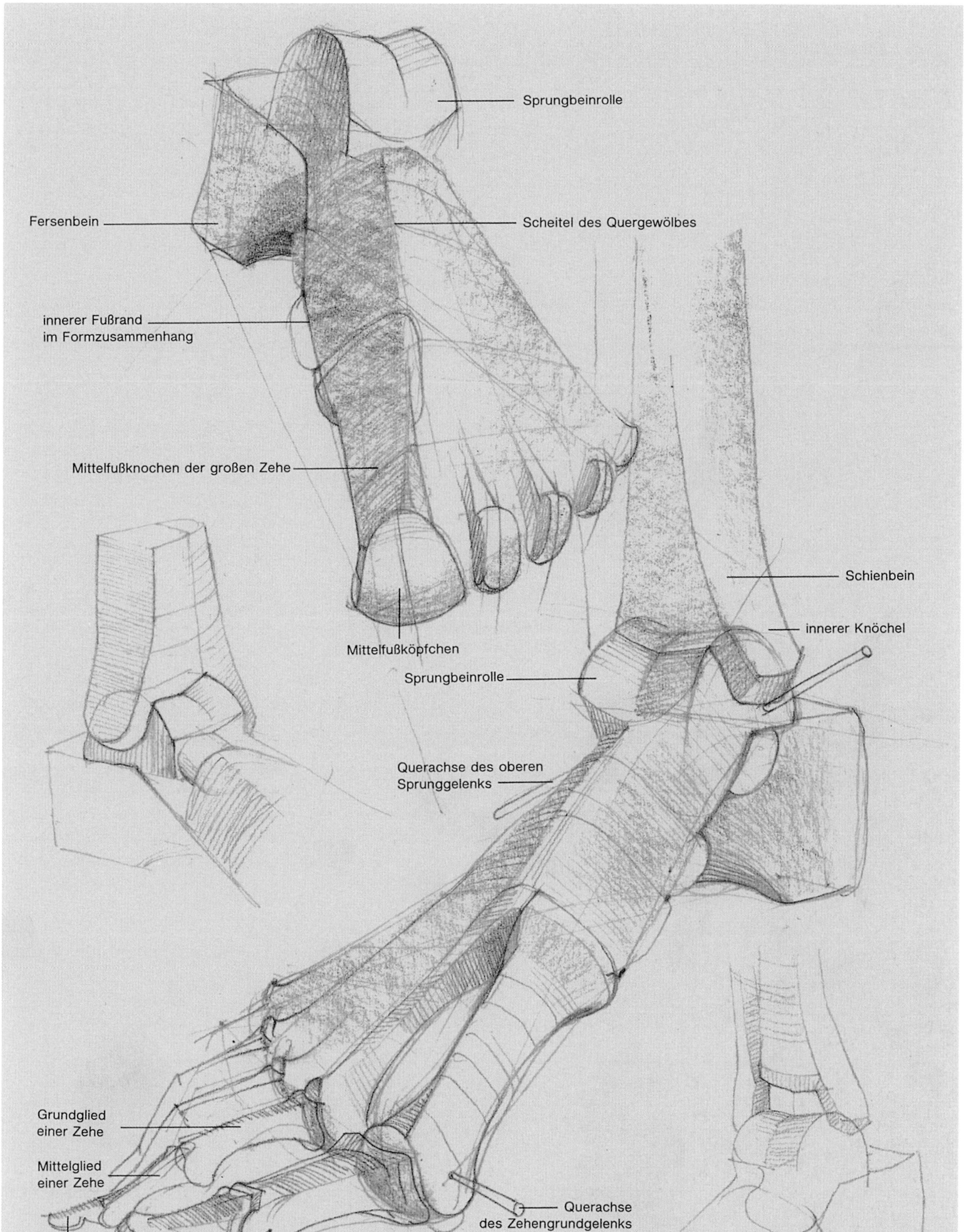
Sprungbeinrolle
Fersenbein
Scheitel des Quergewölbes
innerer Fußrand
im Formzusammenhang
Mittelfußknochen der großen Zehe
Schienbein
innerer Knöchel
Mittelfußköpfchen
Sprungbeinrolle
Querachse des oberen
Sprunggelenks
Grundglied
einer Zehe
Mittelglied
einer Zehe
Querachse
des Zehengrundgelenks
Nagelglied einer Zehe
Querachse des Endgelenks der großen Zehe

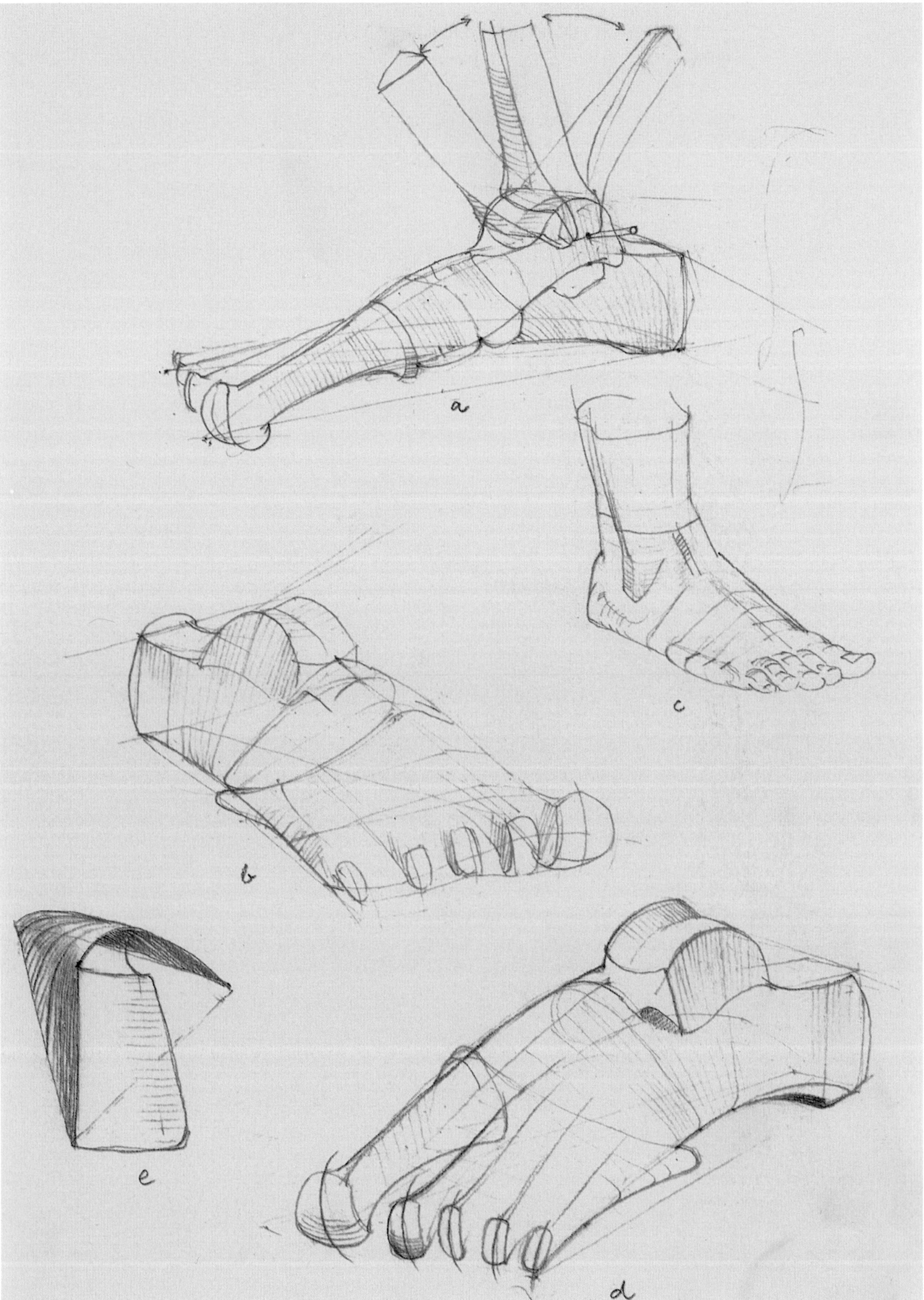
a
b
c
d
e

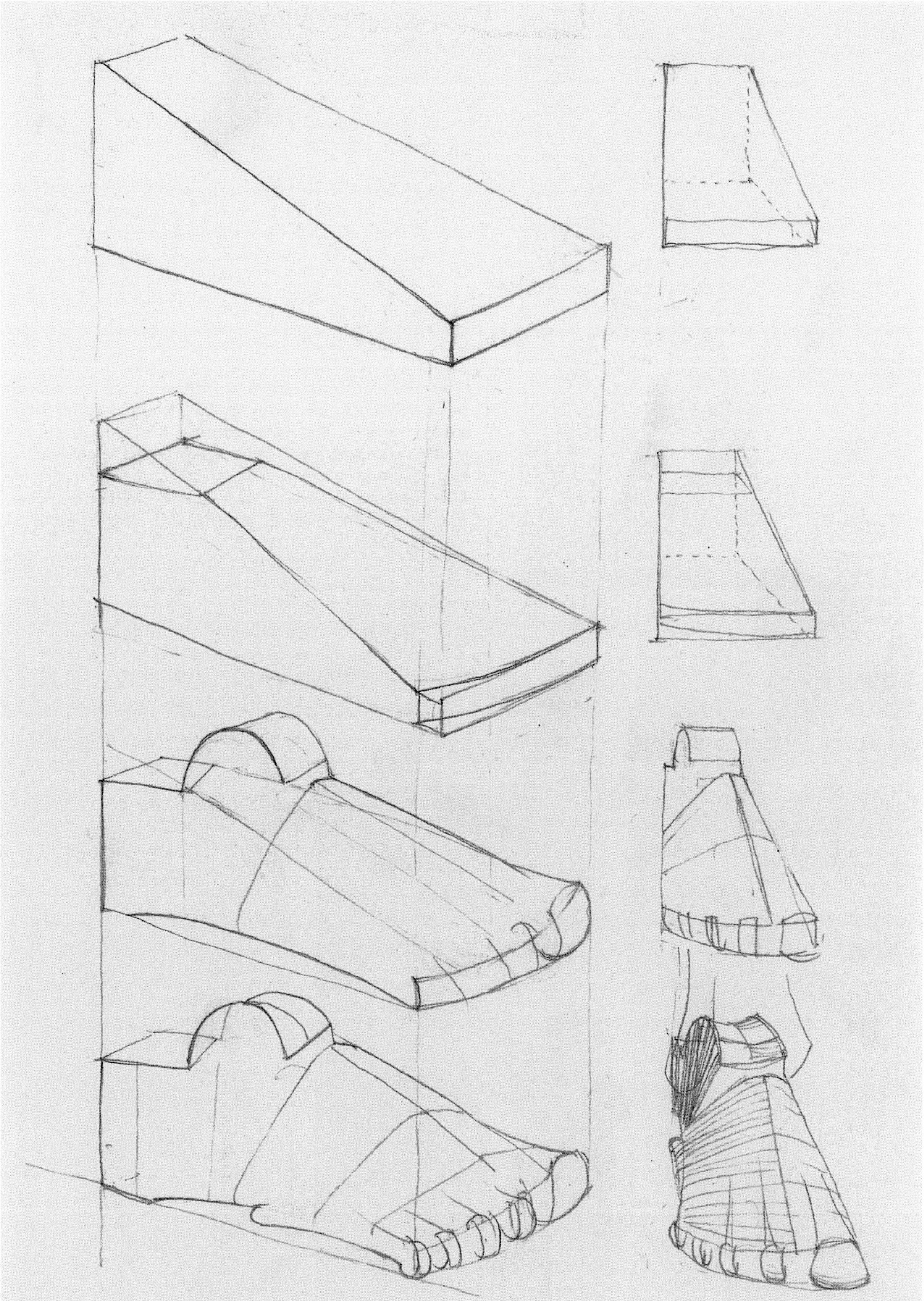

Raffael (1483–1520): Musizierender, o. J.

Übungsempfehlungen für das Zeichnen des Fußes

(Seiten 113 bis 115)
Seite 113:
Der Informationstext der Seite 108 zu den Tafeln Seiten 109 bis 111 geht die zeichnerischen Kriterien an.
Seite 114:
Die Nebeneinanderstellung von der ersten Arbeitsphase als Vorbereitung für das Zeichnen des lebenden Fußes erleichtert das Verständnis für die Arbeitsschritte:

- a bezeichnet die räumliche *Grundrißfläche* der Dreipunktauflage; b, c das Nischengewölbe in seiner *Prinzipdarstellung*, die aus allen weiteren Fußstudien herauslesbar sein muß.
- Von den Klärungen in c ist fortzuschreiten zum Bau und der *konstruktiven Form des Skelettfußes.*
- Von den in c festgehaltenen Prinzipien aus kann auch unmittelbar die Erscheinung des lebenden Fußes angegangen werden. Die Zwischenstufe des Skelettzeichnens schafft jedoch engere Schlüssigkeit zur Lebendform.
- Mit e, f werden die *Knöchelakzente* verdeutlicht, die die Gewölbehöhe flankieren. Der innere Fußrand muß unbedingt im Zusammenhang mit dem inneren Knöchel und der inneren Schienbeinfläche erfaßt werden.
- Die Höhe des »Spanns« (e) bildet zum äußeren Fußrand eine Überschneidung.
- Die unterschiedliche Steilheit von innerem und äußerem *Abfall* des Fußgewölbes ist auszudrücken.
- Zehen müssen als *gegliederte*, aufgefächerte Fortsetzung des Mittelfußendes verstanden werden.

N. I. Altmann: Sitzender weiblicher Akt, 1927

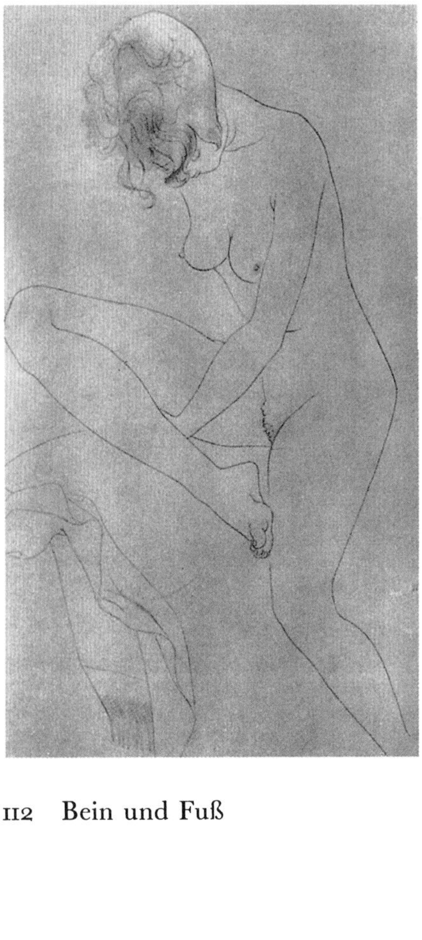

Gottfried Schadow (1764–1850): Aktstudie, an einer Säule lehnend, o. J.

W. W. Lebedew (1891–1967): Weiblicher Rückenakt, 1915

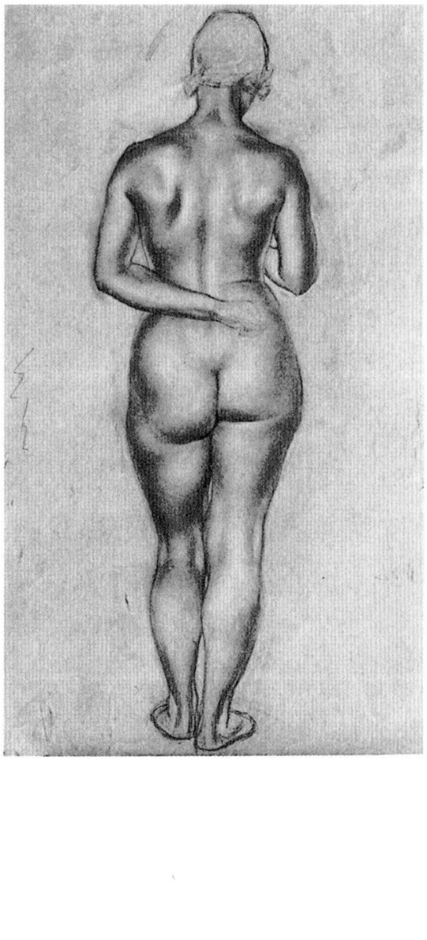

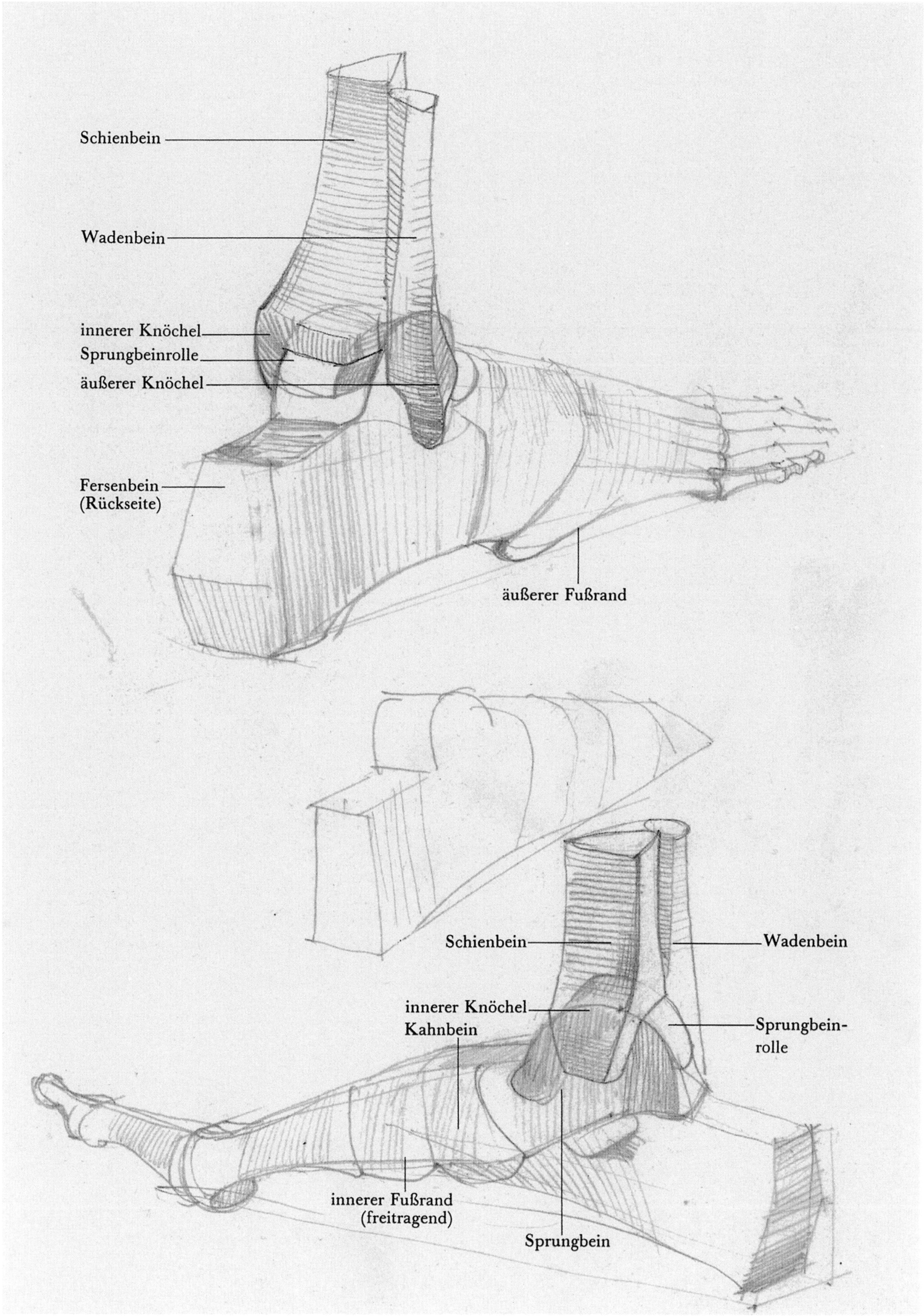
Schienbein
Wadenbein
innerer Knöchel
Sprungbeinrolle
äußerer Knöchel
Fersenbein
(Rückseite)
äußerer Fußrand
Schienbein
Wadenbein
innerer Knöchel
Kahnbein
Sprungbein-
rolle
innerer Fußrand
(freitragend)
Sprungbein

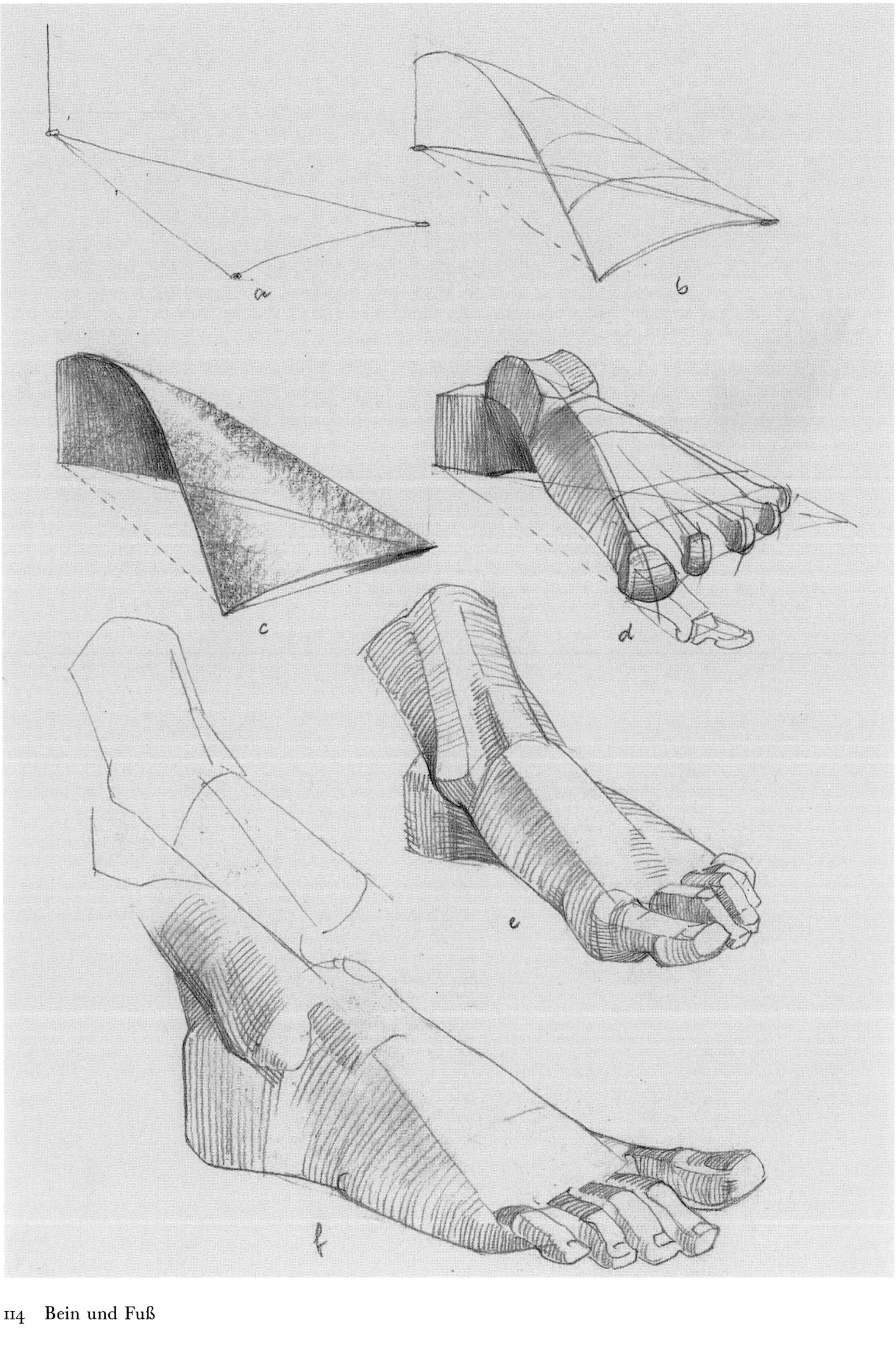
a
b
c
d
e
f

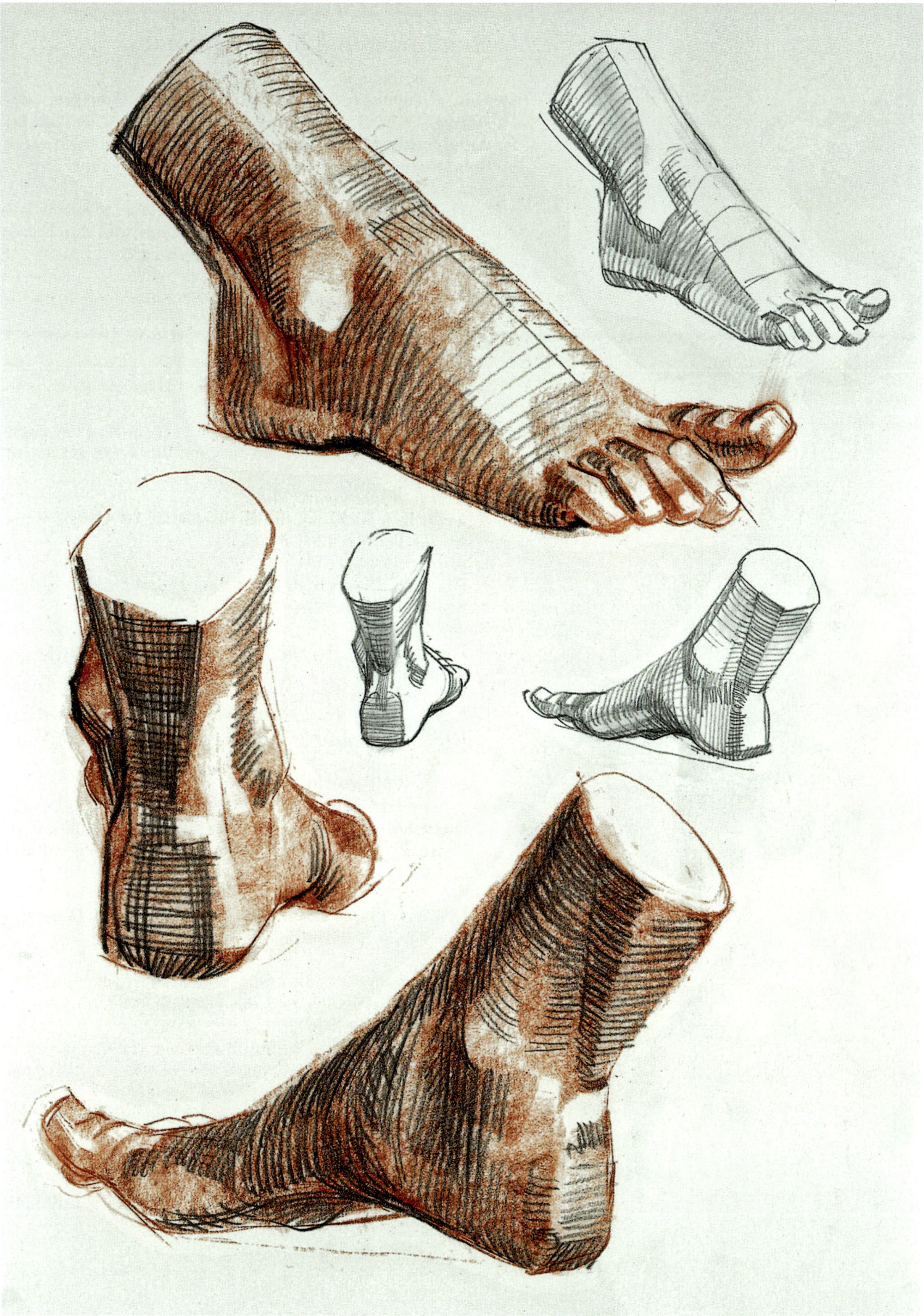

Daniel Chodowiecki (1726–1801): Stehender männlicher Akt, o.J.

Georg Kolbe (1877–1947): Kniender weiblicher Akt, o.J.

Franz Marc (1880–1916): Holzträger, o.J.

Das Bein als Ganzes in seiner Muskelanordnung und in den Volumina

(Seiten 117 bis 119)

Um genauere Informationen über Muskelanlagen, -ursprünge, -ansätze und Funktionen zu erhalten, müßte das Abbildungsgut um vieles verstärkt werden. Die wichtigsten didaktischen Funktionen dieser Abbildungen sind:

Seite 117, Vorderansicht rechts:

- Die in Fadenverlaufdarstellung gezeigten Muskeln lassen durch ihre *Lage zu den Gelenkachsen* und durch ihre Zugrichtung (Pfeile) die *Muskelfunktion* erschließen.

Mitte:

- Die Oberflächenmuskeln in ihrer individuellen plastischen Form

Links:

- Zusammenfassung der Einzelmuskeln zu *Gruppen,* die der architektonisch verstandenen Formauffassung am Lebenden etwa entsprechen
- Einzeichnungen von *Querschnitten* geben die Flächengefälle des Körpers an und machen die *Formbegegnungen* deutlich.

Seite 118: Rückansicht, Mitte:

- Form und Richtung des Beinskelettes als Orientierung für die bedeckenden Formen

Links:

- Das aus plastisch dargestellten Einzelmuskeln aufgebaute Bein (Rückansicht)

Rechts:

- Die lebende Erscheinung (mit eingezeichneten Querschnitten)

Rechte Nebenzeichnung:

- Betonung der körperarchitektonisch aufgefaßten Beinform, der Dimensionierung und Richtung der Volumina

Seite 119, Profilansicht, Mitte:

- Muskeldarstellung im Fadenverlauf mit Angabe der Zugrichtung (Pfeile), wodurch die Muskelfunktion in ihrem Bezug zu den Gelenkachsen erschlossen werden kann.

Links:

- Das aus plastisch dargestellten Einzelmuskeln aufgebaute Bein (Rückansicht)

Rechts:

- Die lebende Erscheinung, unter Hervorhebung der Muskelgruppierung und der körperarchitektonisch verstandenen Erscheinung
- Eingezeichnete Querschnitte machen verständlich, wie sich die Formen auch plastisch voneinander absetzen und dadurch Formbegegnungen entstehen.

Auch hier ist die Profilansicht wieder besonders eindrucksvoll durch ihre funktionell bedingt angeordneten Massen, wodurch die rhythmisch dynamische Form entsteht, im Gegensatz zum statisch bedingten Formcharakter der Vorder- und Rückansicht, die das Bein als konisch verjüngte Säule charakterisieren.

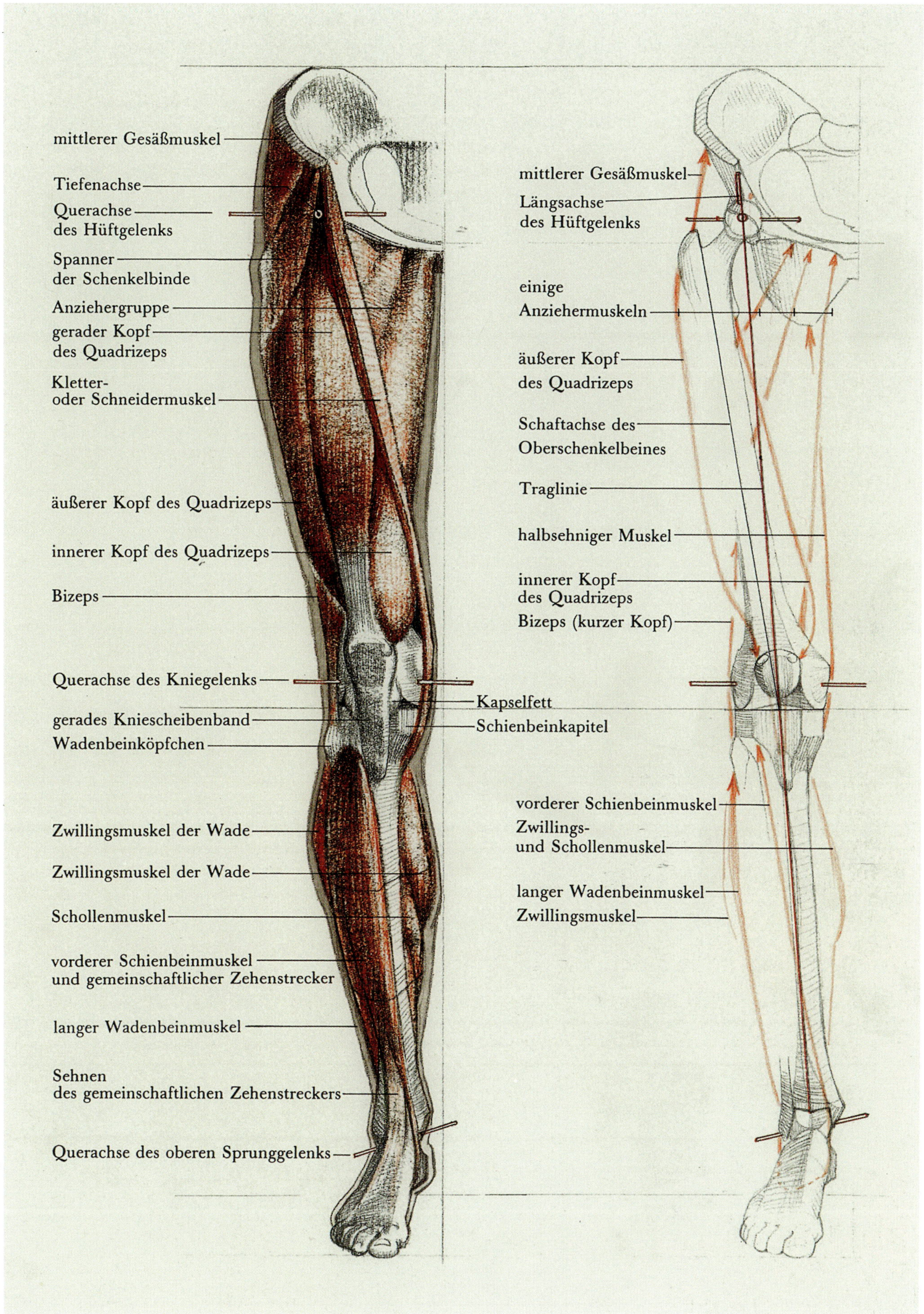
mittlerer Gesäßmuskel
Tiefenachse
Querachse
des Hüftgelenks
Spanner
der Schenkelbinde
Anziehergruppe
gerader Kopf
des Quadrizeps
Kletter-
oder Schneidermuskel
äußerer Kopf des Quadrizeps
innerer Kopf des Quadrizeps
Bizeps
Querachse des Kniegelenks
Kapselfett
gerades Kniescheibenband
Schienbeinkapitel
Wadenbeinköpfchen
Zwillingsmuskel der Wade
Zwillingsmuskel der Wade
Schollenmuskel
vorderer Schienbeinmuskel
und gemeinschaftlicher Zehenstrecker
langer Wadenbeinmuskel
Sehnen
des gemeinschaftlichen Zehenstreckers
Querachse des oberen Sprunggelenks
mittlerer Gesäßmuskel
Längsachse
des Hüftgelenks
einige
Anziehermuskeln
äußerer Kopf
des Quadrizeps
Schaftachse des
Oberschenkelbeines
Traglinie
halbsehniger Muskel
innerer Kopf
des Quadrizeps
Bizeps (kurzer Kopf)
vorderer Schienbeinmuskel
Zwillings-
und Schollenmuskel
langer Wadenbeinmuskel
Zwillingsmuskel

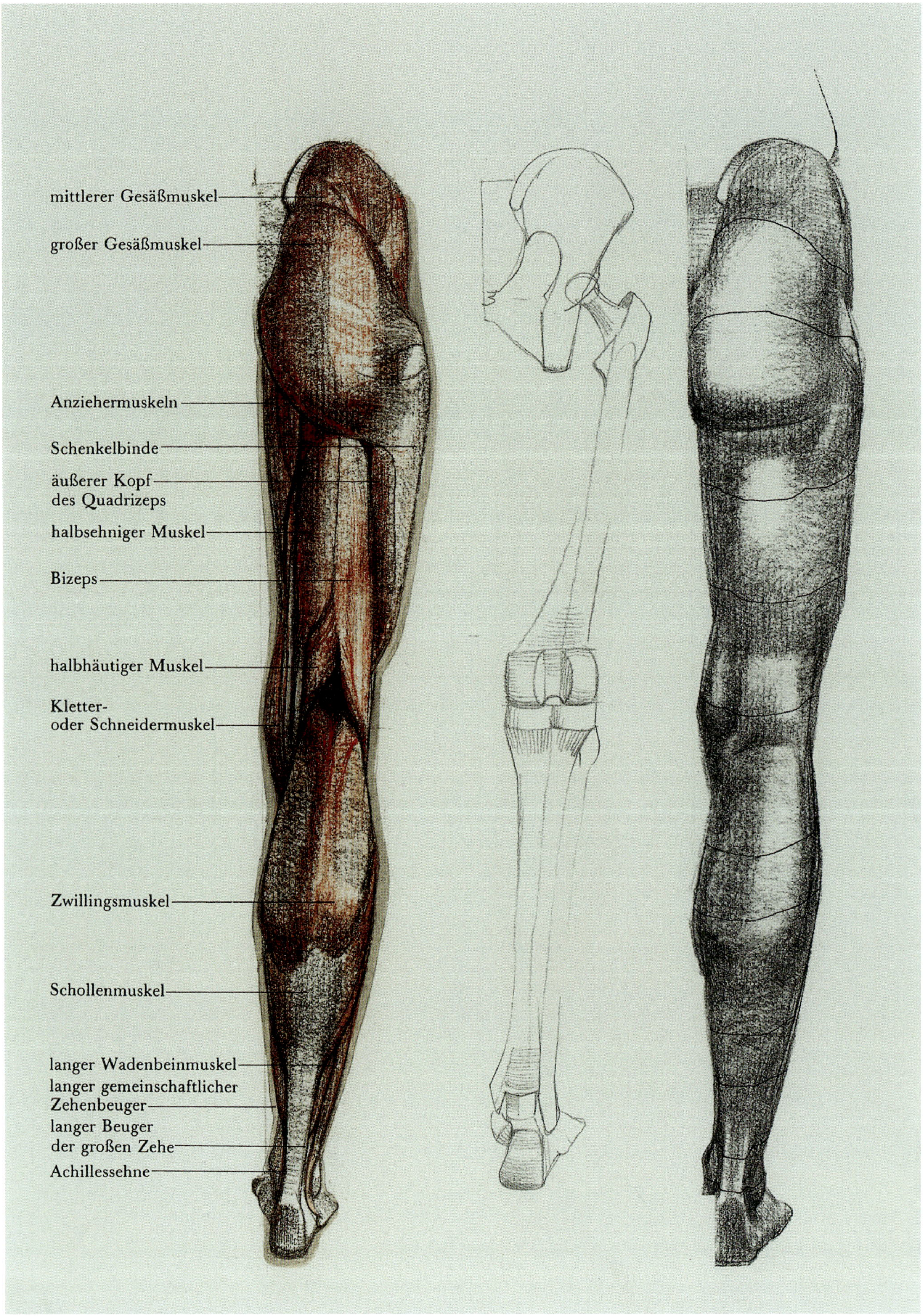
mittlerer Gesäßmuskel
großer Gesäßmuskel
Anziehermuskeln
Schenkelbinde
äußerer Kopf
des Quadrizeps
halbsehniger Muskel
Bizeps
halbhäutiger Muskel
Kletter-
oder Schneidermuskel
Zwillingsmuskel
Schollenmuskel
langer Wadenbeinmuskel
langer gemeinschaftlicher
Zehenbeuger
langer Beuger
der großen Zehe
Achillessehne

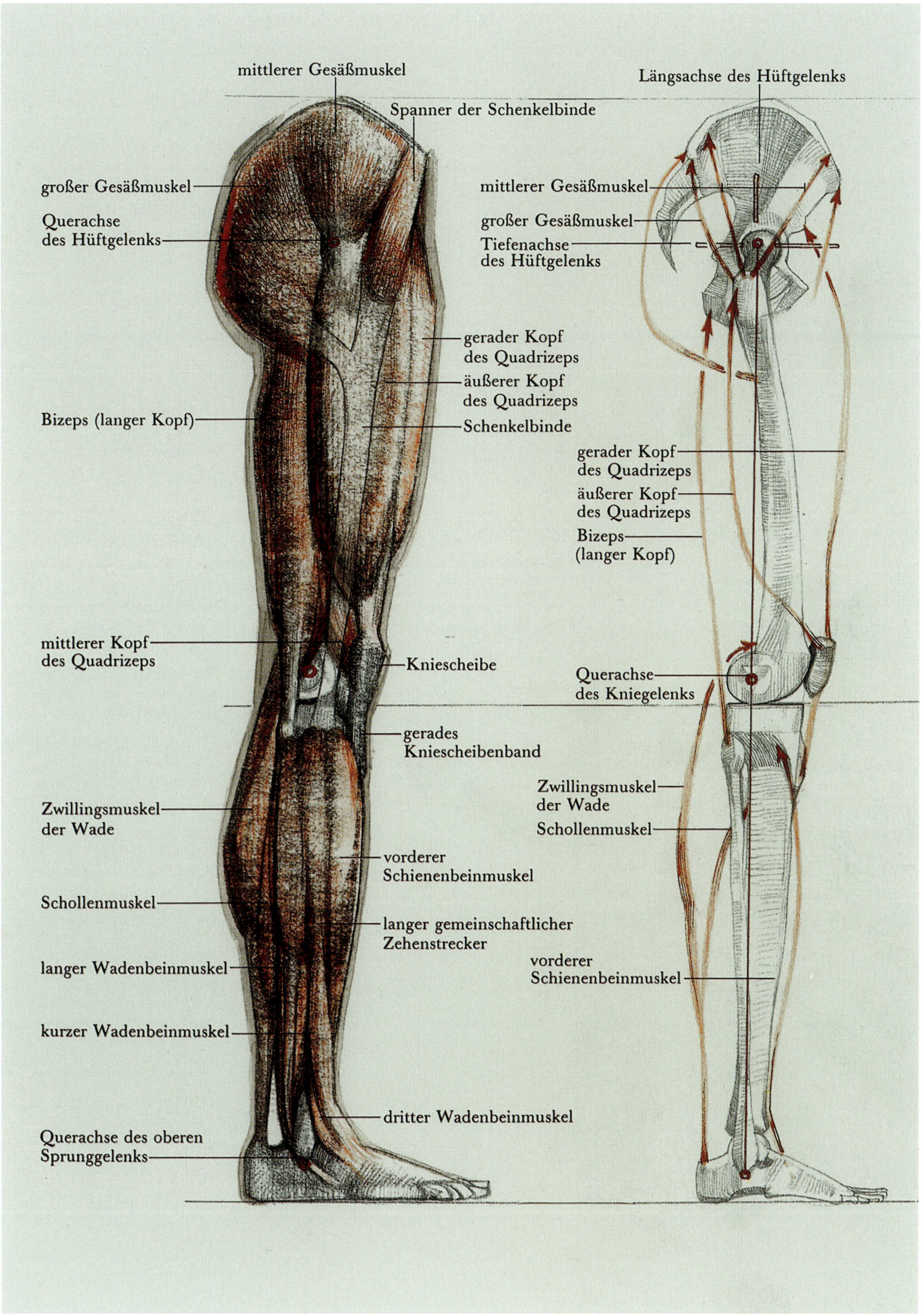
mittlerer Gesäßmuskel
Spanner der Schenkelbinde
großer Gesäßmuskel
Querachse
des Hüftgelenks
gerader Kopf
des Quadrizeps
äußerer Kopf
des Quadrizeps
Bizeps (langer Kopf)
Schenkelbinde
mittlerer Kopf
des Quadrizeps
Kniescheibe
gerades
Kniescheibenband
Zwillingsmuskel
der Wade
vorderer
Schienenbeinmuskel
Schollenmuskel
langer gemeinschaftlicher
Zehenstrecker
langer Wadenbeinmuskel
kurzer Wadenbeinmuskel
dritter Wadenbeinmuskel
Querachse des oberen
Sprunggelenks
Längsachse des Hüftgelenks
mittlerer Gesäßmuskel
großer Gesäßmuskel
Tiefenachse
des Hüftgelenks
gerader Kopf
des Quadrizeps
äußerer Kopf
des Quadrizeps
Bizeps
(langer Kopf)
Querachse
des Kniegelenks
Zwillingsmuskel
der Wade
Schollenmuskel
vorderer
Schienenbeinmuskel

Adolphe William Bourguereau (1825–1905): Kontrapostisch stehender weiblicher Akt, mit der Rechten gestützt

Raffael (1483–1520): Männliche Aktstudie zu den Faresinafresken
Saxton: Rücklings Sitzende, die Beine gespreizt, 1971

Übungsempfehlungen zu Beinstudien

(Seiten 121 bis 127)
Seite 121:
- Mache den *Rhythmus* des bewegten Beines spürbar in Pinselschrift und präzisierender Feder!
- Besuche ein Tanztraining und schreibe die Figur nach den Modellen und aus dem visuellen Gedächtnis!

Seiten 122, 123:
- Gib dem Bein klare *Ansichten*, elementarisierte Abschnitte, klare Richtungen (oben), erst dann wage dich an weitere Differenzierungen (unten)!

Seiten 124, 125:
- Übe dich unermüdlich im Entwurf einfachster Formen: Das gestreckte Bein ist eine Säule, das gebeugte eine gebrochene Säule! Welche Walzenformen entstehen?
- Prüfe immer wieder, welche Ansichten und Verkürzungsgrade die Beinwalzen bieten!
- Übersieh keine Überschneidung als raumbildenden Faktor!

Seiten 125, 126:
- Versuche immer wieder auszudrücken, ob das Bein Last trägt und was es dabei »erleidet«! Probiere an dir selbst aus, was das Modell körperlich »ertragen« (wörtlich!) muß. Empfinde mit, was das lastfreie Bein empfindet!

Bei der Darstellung beider Beine nie ihre gegenseitige räumliche Beziehung außer acht lassen! Kontrolliere dabei die gemeinsame Standfläche, die von *beiden* Sohlen gebildet wird!

Seite 127, oben:
- Treibe unermüdlich Selbstverständigungen bei besonders komplizierten räumlichen Sachverhalten (Verkürzungen)!
- Suche immer wieder ein *bauendes*, nicht abbildendes Zeichnen zu treiben!

Das lockere, mühelos scheinende Arbeiten stellt sich von selbst ein (Seite 127 unten).

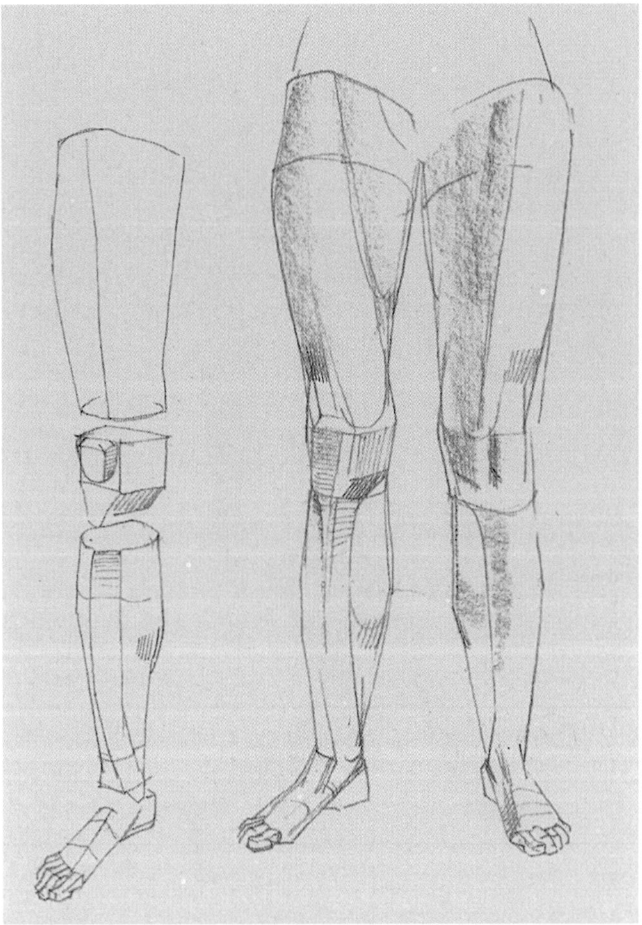

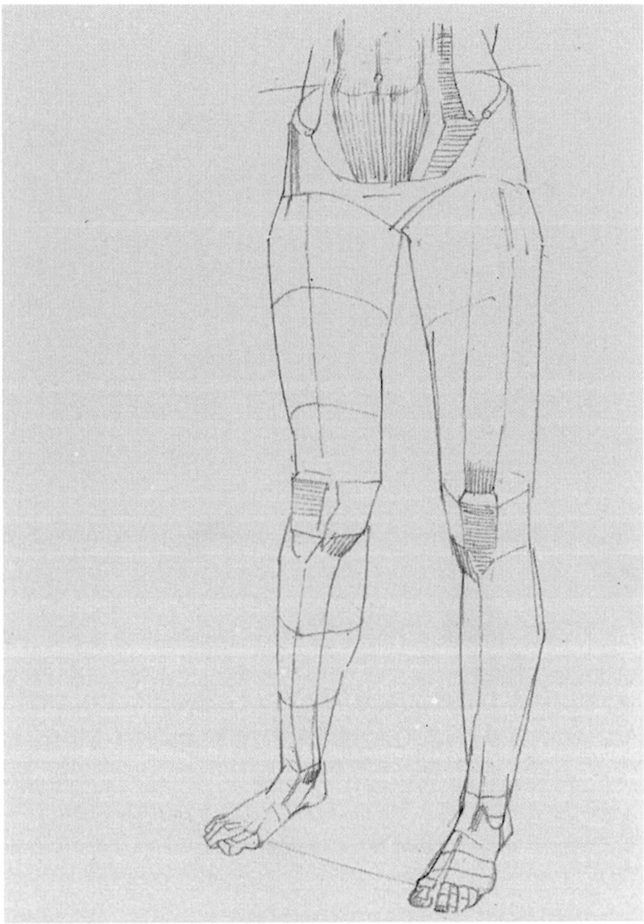

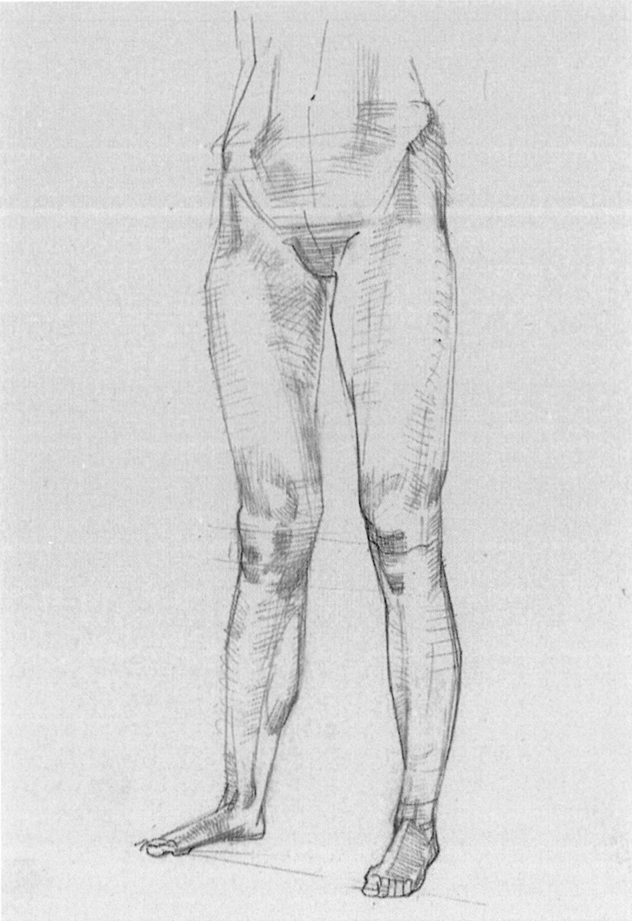

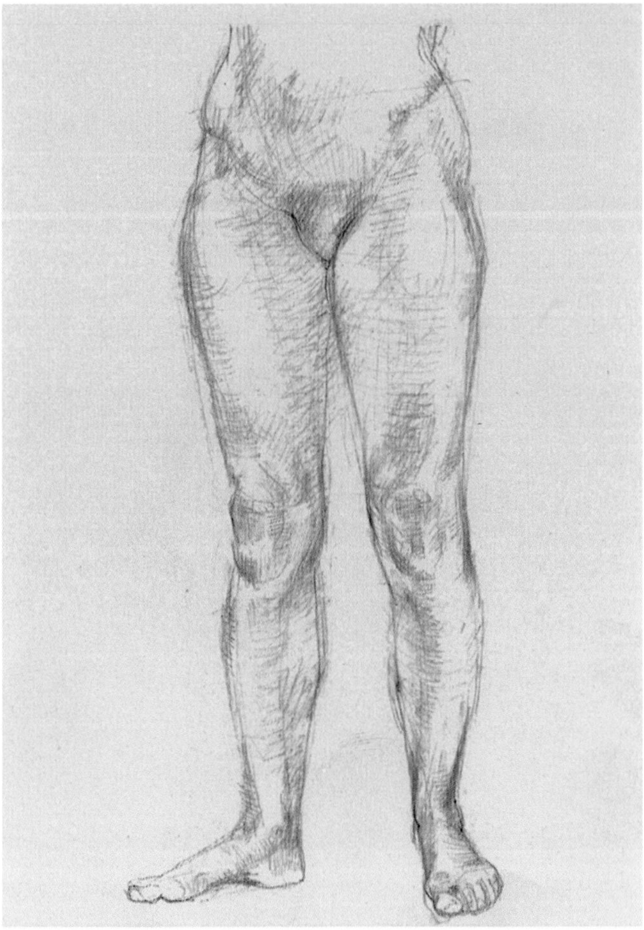

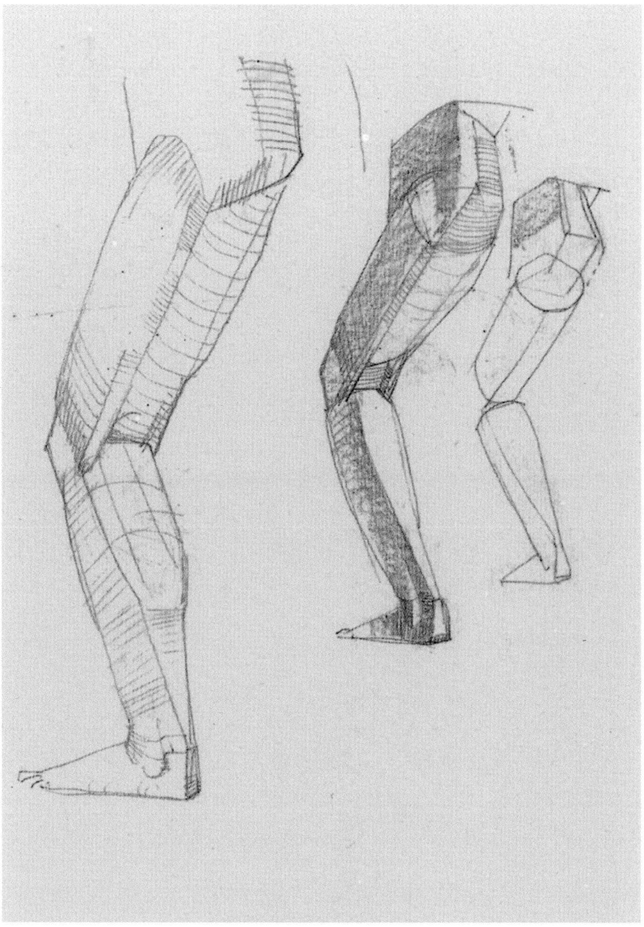

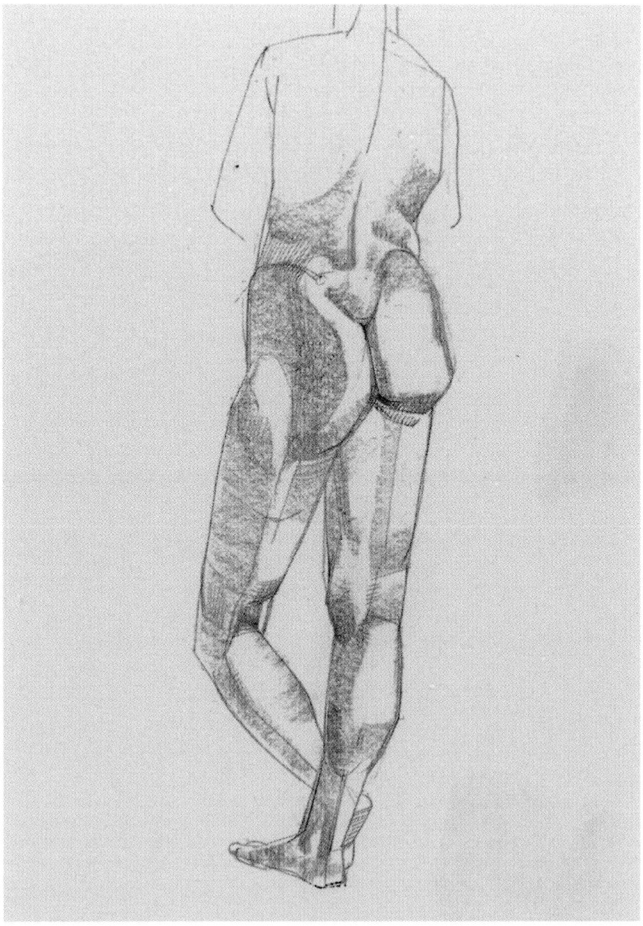

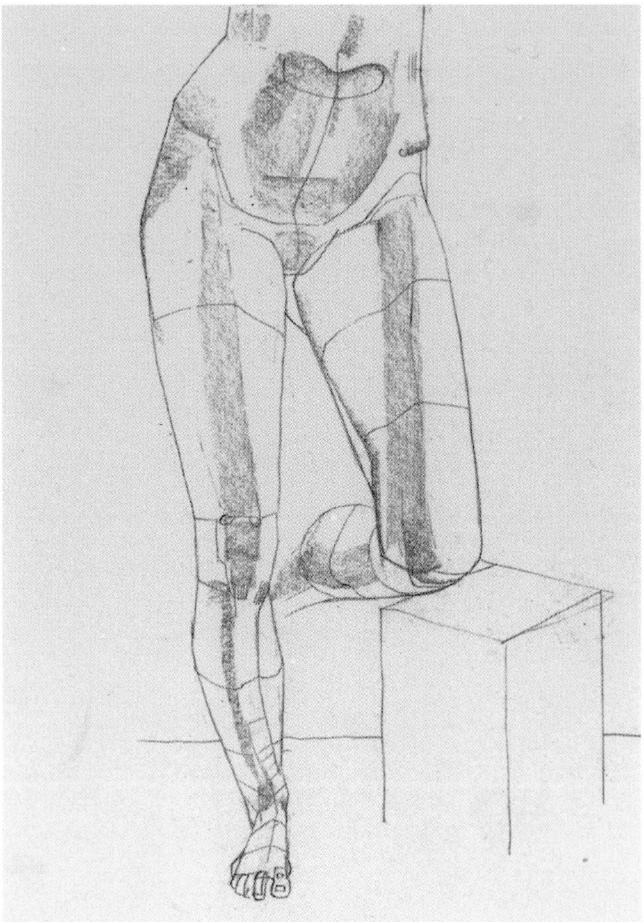

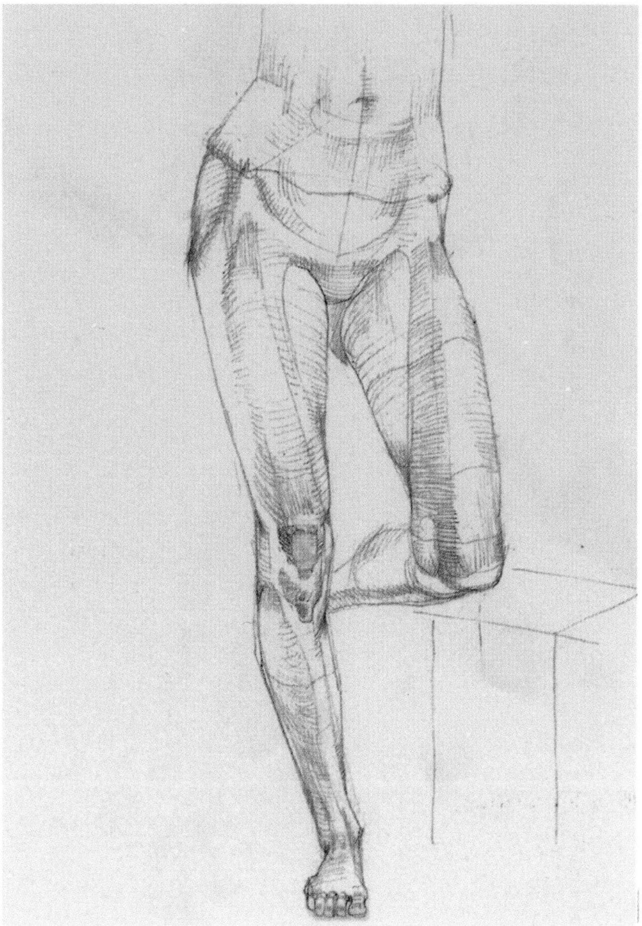

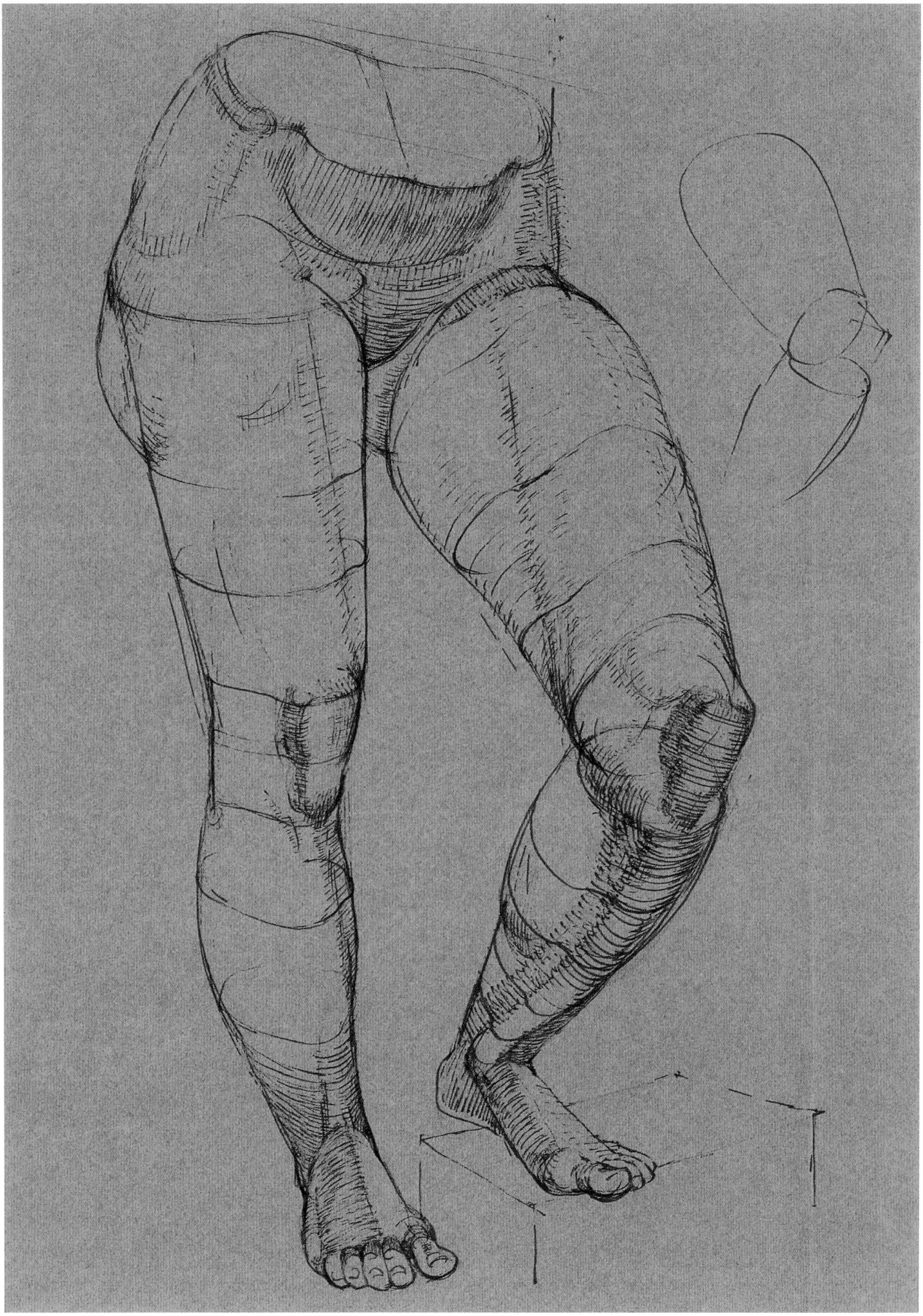

124 Bein und Fuß

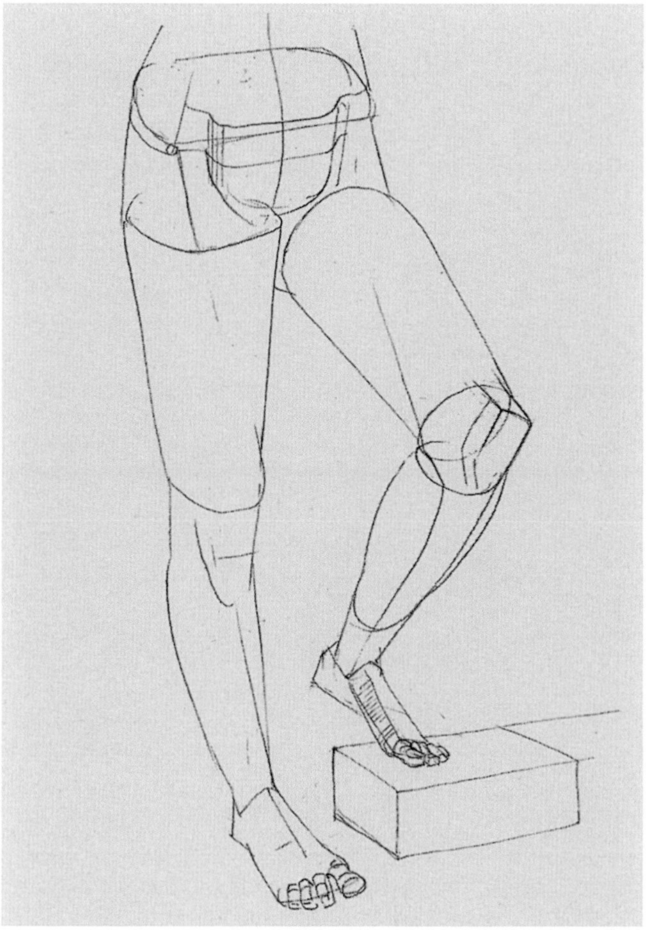
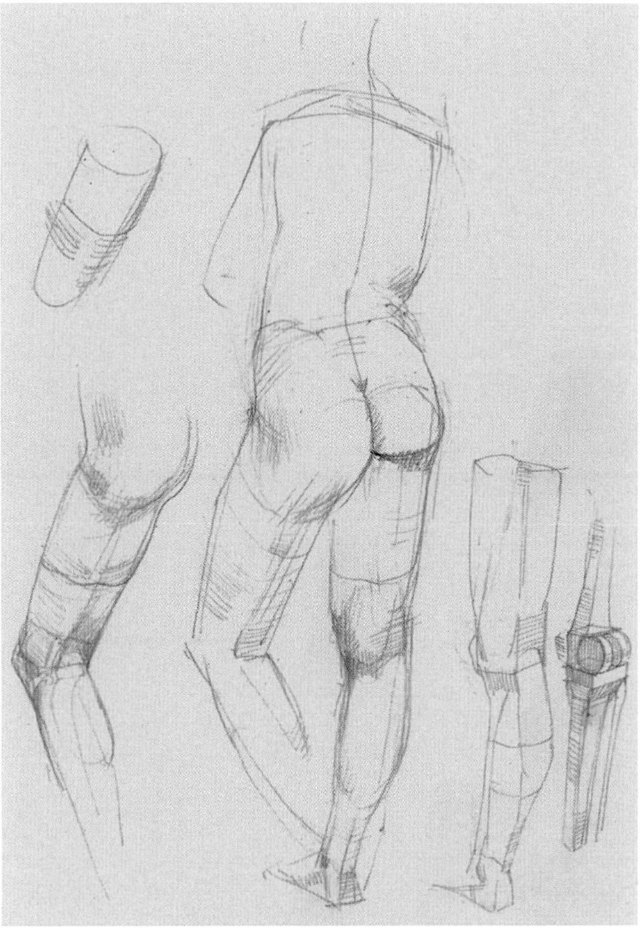
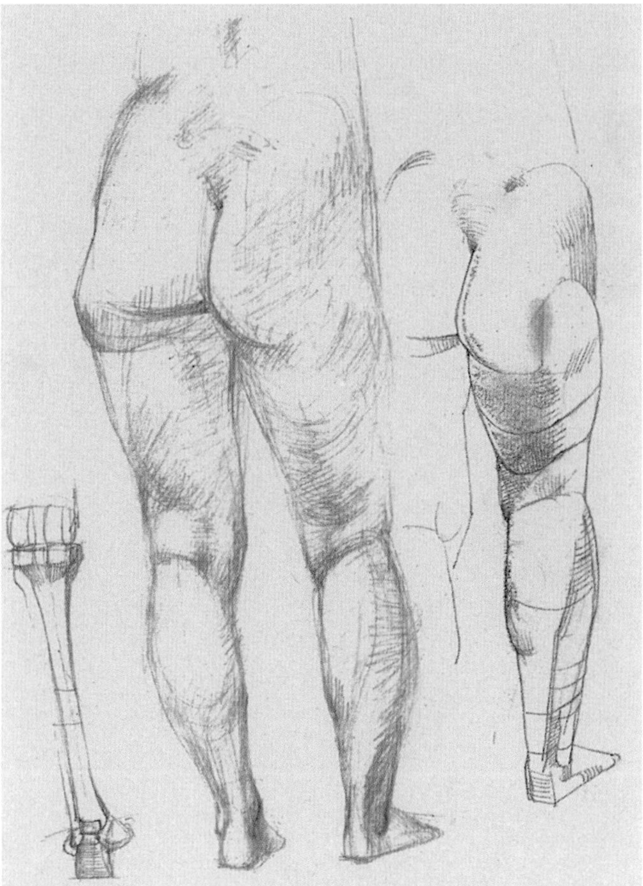
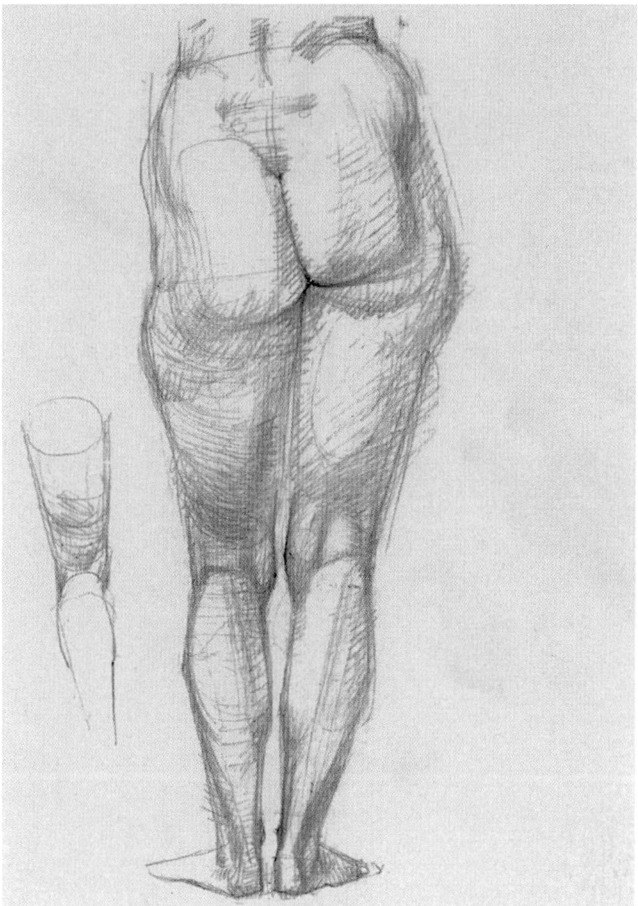

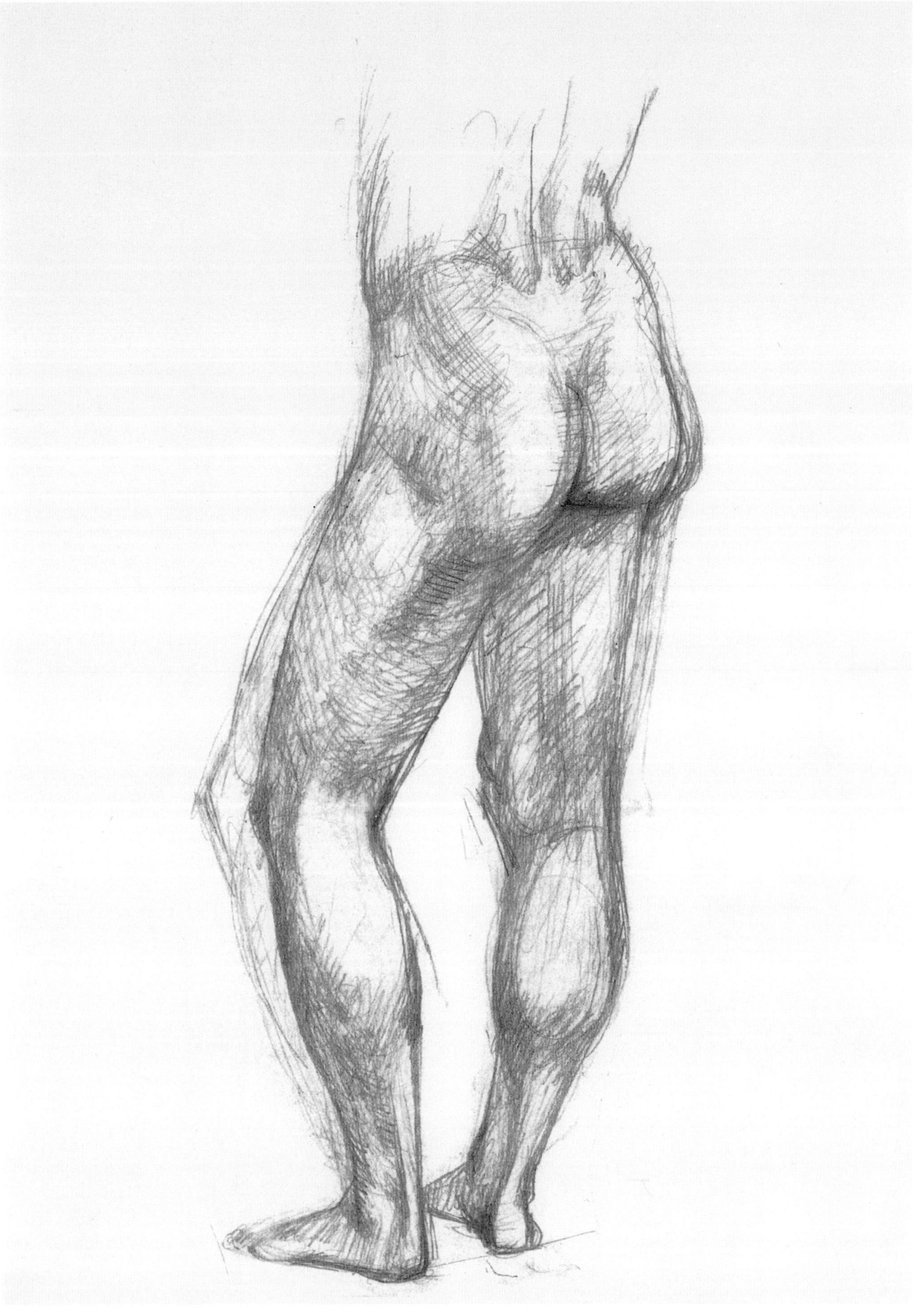

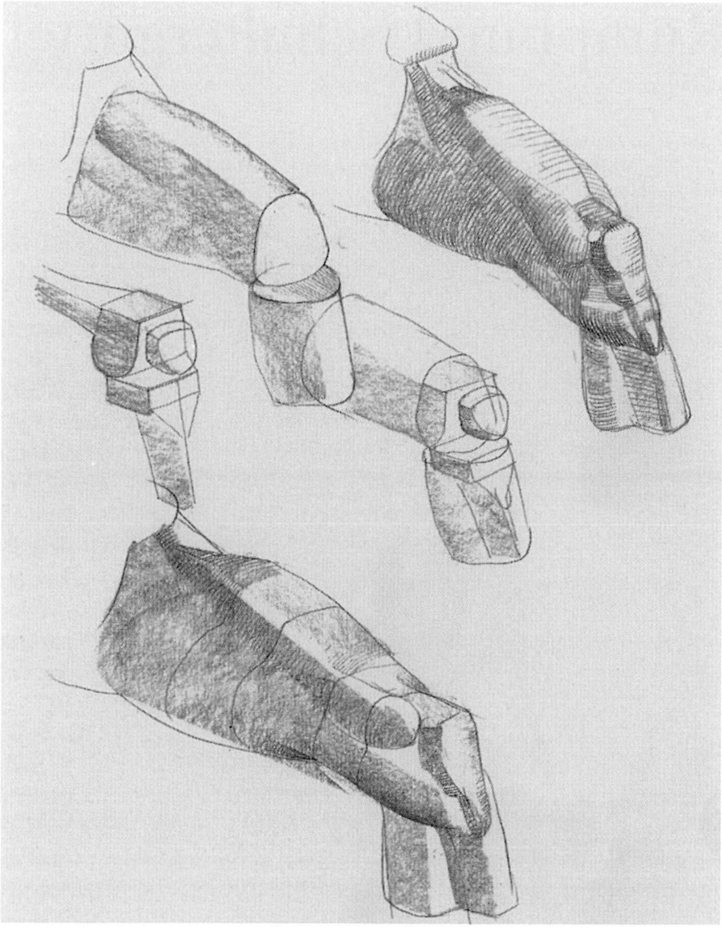

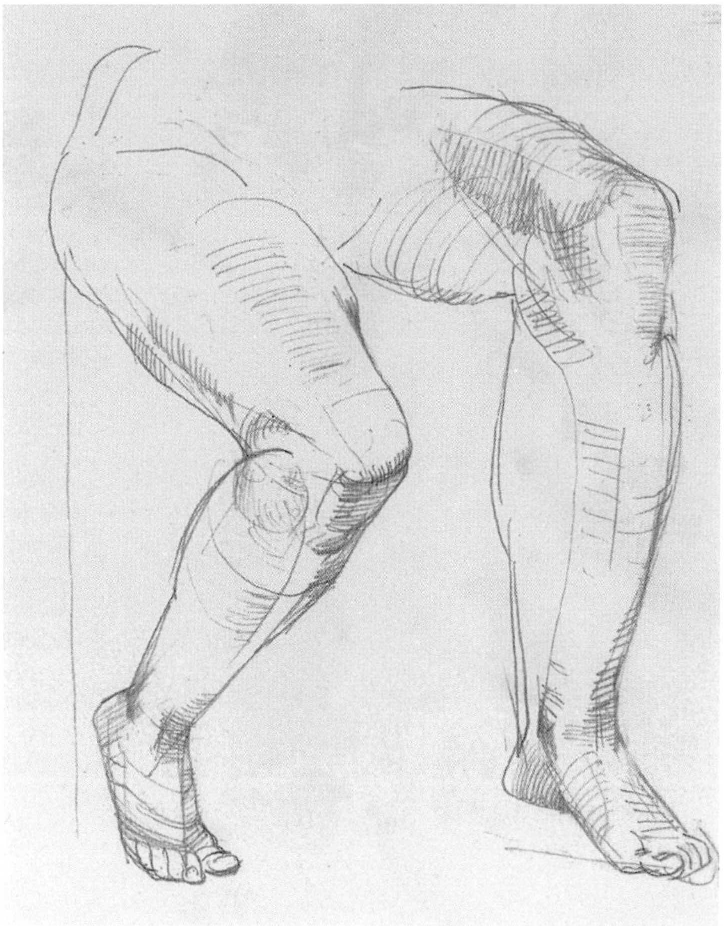

Rumpf und Schultergürtel

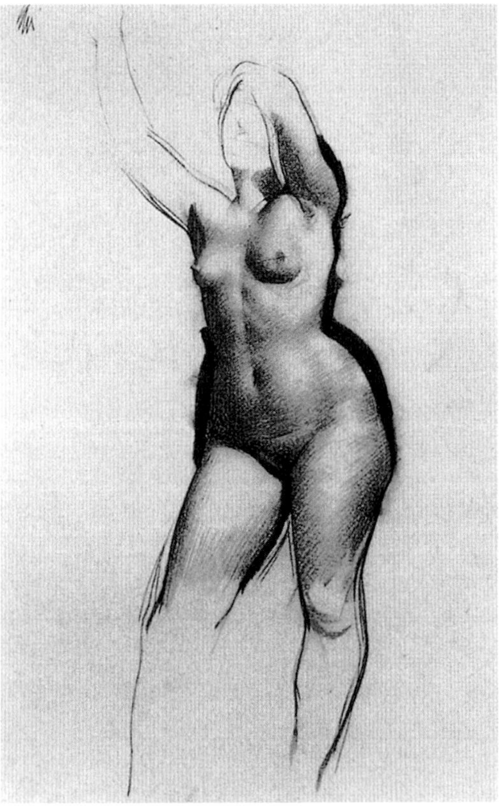

Karl Stauffer-Bern (1857–1891): Torso eines stehenden weiblichen Aktes, o. J.
Egon Schiele (1890–1918): Sitzender männlicher Akt, 1910

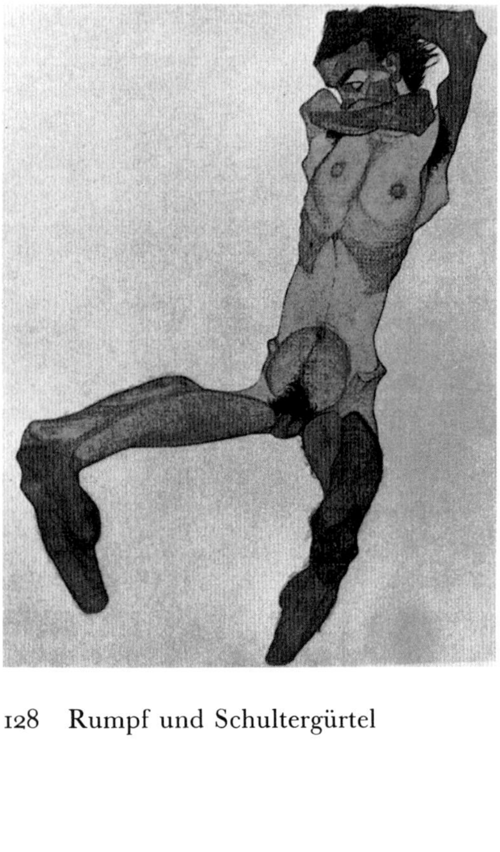

Von der elementarisierten Skelettform zu ihrer Differenzierung

(Seiten 129 bis 131)
Der Schultergürtel kann dem Arm als dessen bewegliche Basis zugerechnet werden.
Seite 130:
Die didaktisch bestimmte Formelementarisierung geht von grundlegenden Tatsachen aus:
- Brustkorb und Becken sind ovoide plastische Kerne, die den Rumpf nach oben und unten abschließen.
- Beide Kuppelformen stehen untereinander durch die Wirbelsäule in beweglicher Verbindung und nehmen zueinander eine Knickstellung ein, die von großer Bedeutung für das Verstehen der lebenden Erscheinung ist.

Obere Reihe:
- Schrittweise zunehmende Differenzierung von der vereinfachten Grundform (Frontalansicht) über die blockhaft geschlossene Form zum Hohlgefäß von Brustkorb und Becken

Untere Reihe:
- Anwenden derselben entwickelnden Methode bei der Rückansicht.
- In der Mitte als Nebenzeichnung der Brustkorb in Aufsicht.

Die roten Pfeile weisen hin auf die Formakzente und auf plastisch wichtige Punkte.
Seite 131, obere Reihe:
- Schrittweise Differenzierung der Grundform der Profilansicht, dazu eine räumliche Ansicht von halb vorn

untere Reihe:
An den räumlichen Ansichten lassen sich wichtige Formmerkmale der Körper deutlicher als in reinen Grundansichten zeigen:
- Darstellung der vorderen Brustkorbabplattung als komplexe Zusammenfassung von *Brustbein* und *Rippenknorpel*, begrenzt durch eine bogige, nach unten seitlich ausschwenkende Facette; von hier aus Beginn der Wölbung des Brustkorbs in die Tiefendimension
- Räumliche Ausstufung des vorderen Beckenteiles, die Geschlossenheit des Beckenringes vorn durch das frei liegende *Schambein* betont
- Rückseite des Brustkorbs mit einer flachen Furchung zu beiden Seiten der Wirbelsäule.

Die roten Pfeile geben Hinweise auf wichtige Formakzente.
Für das Verständnis aller funktionellen Vorgänge am Akt müssen wir die plastischen Kerne als Formzentren sehen.

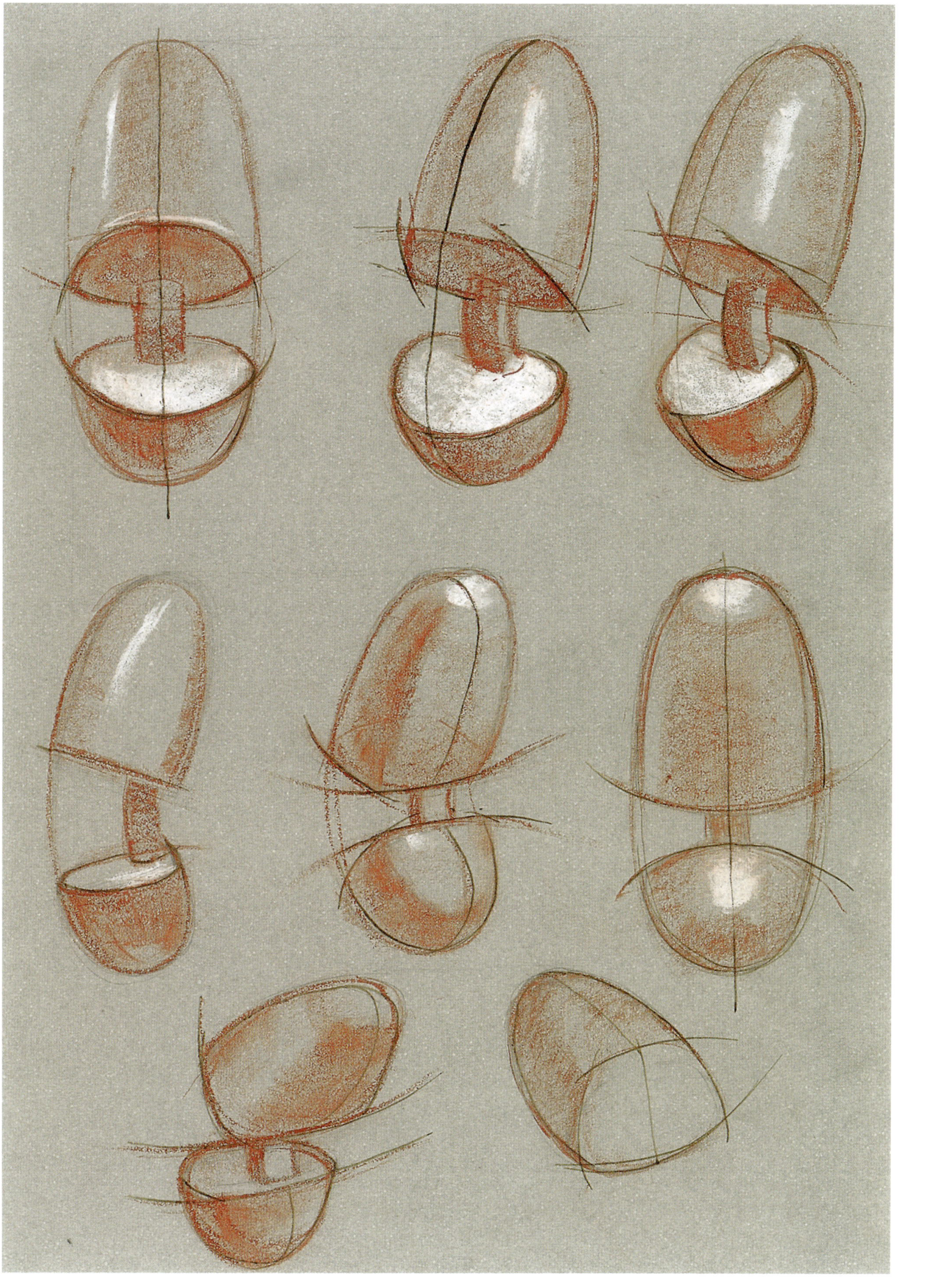

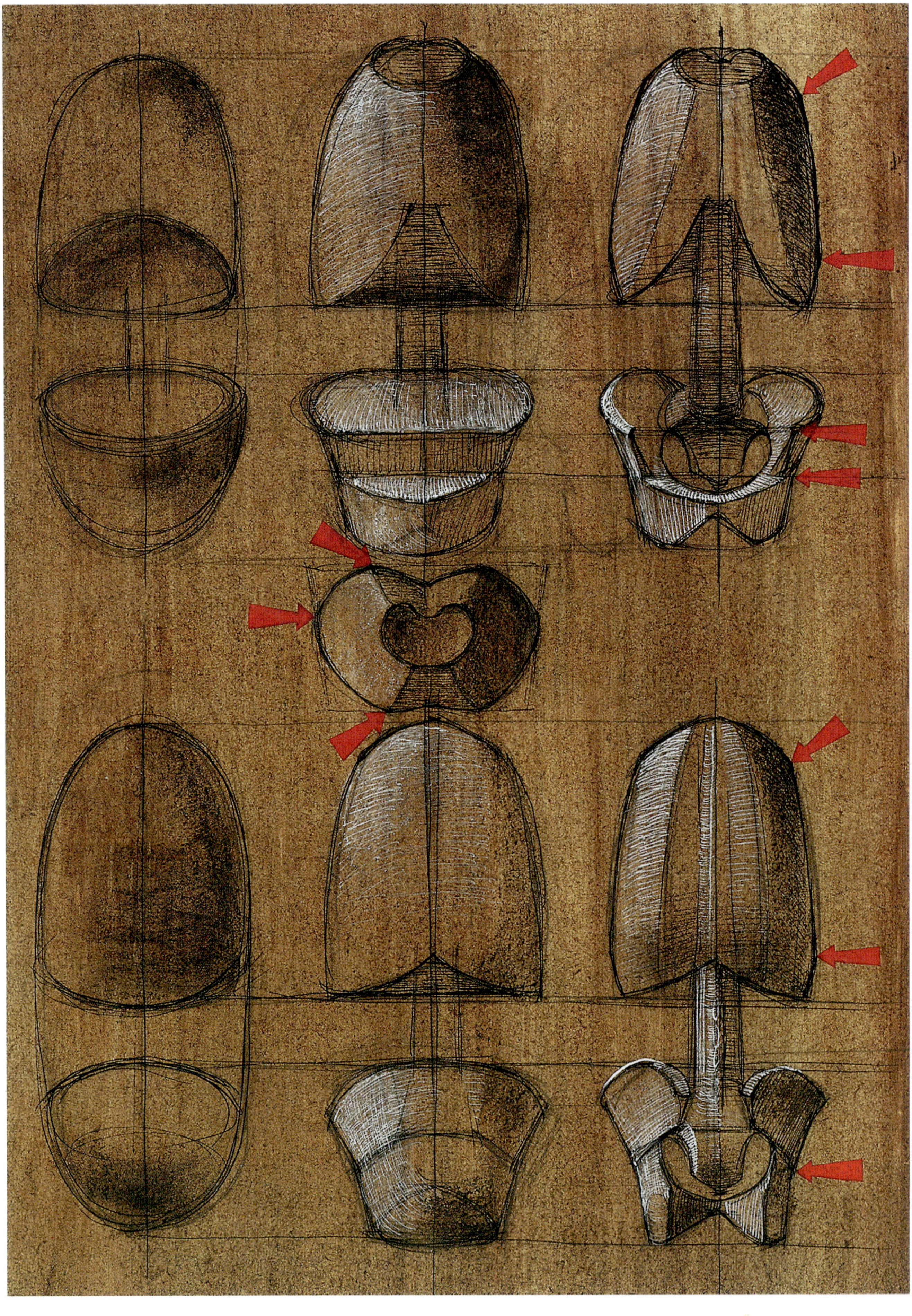

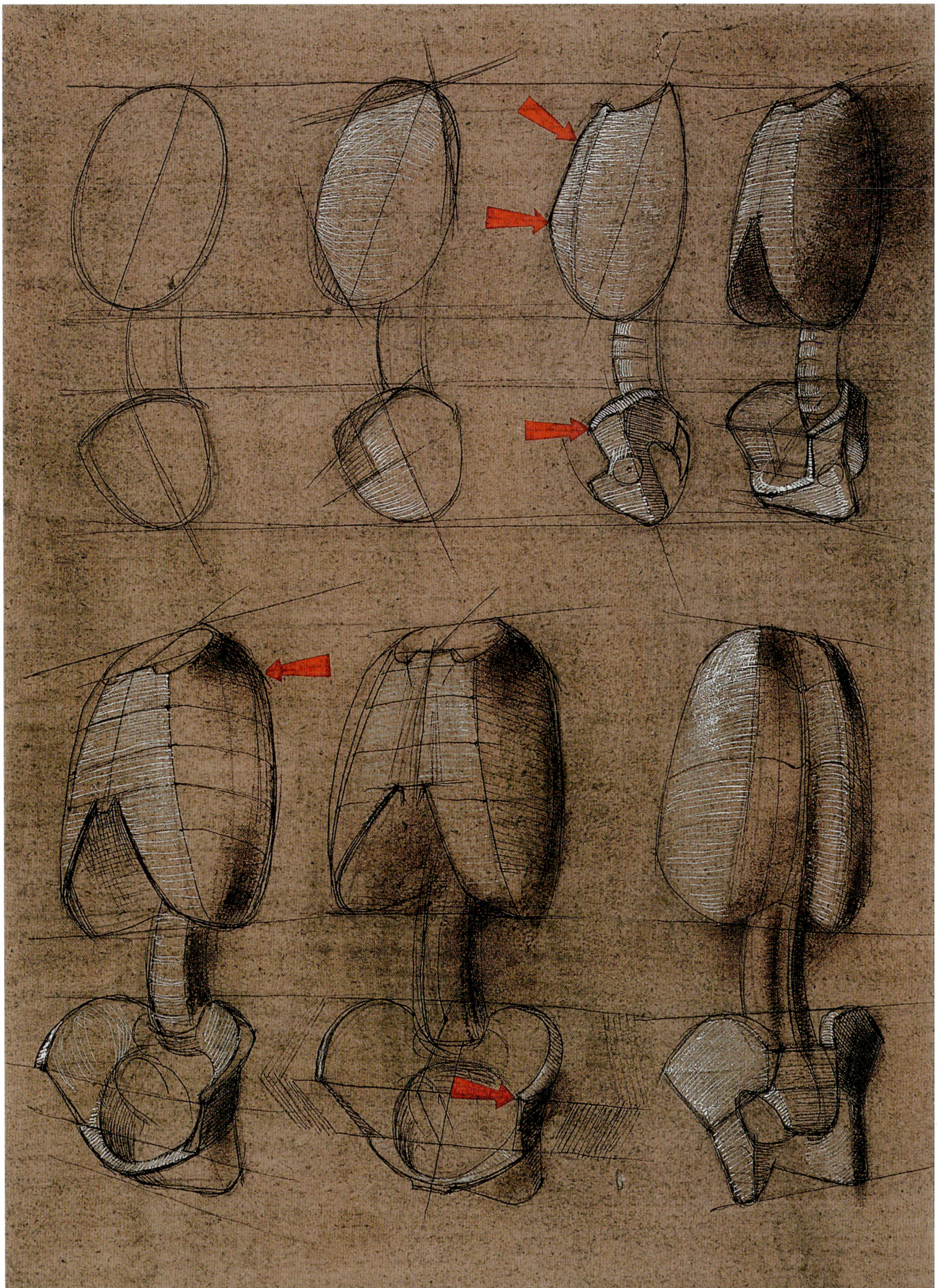

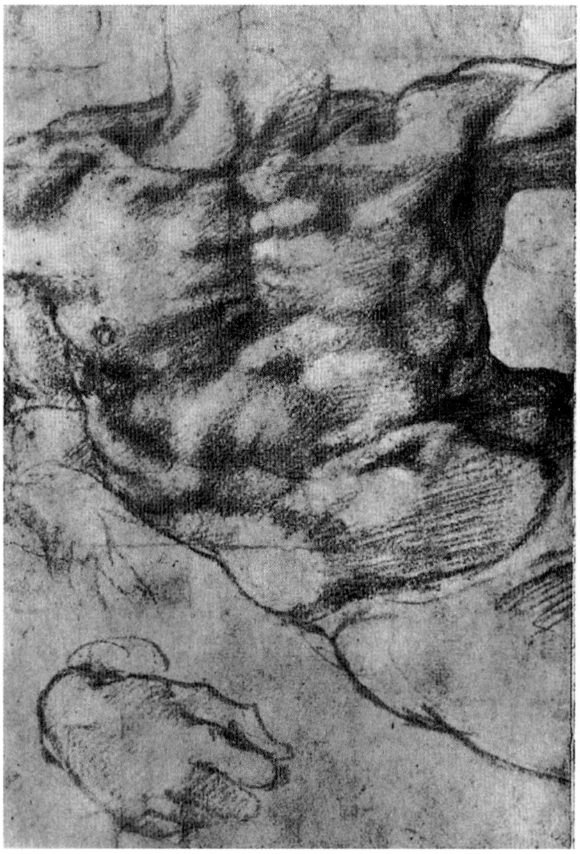

Michelangelo Buonarroti (1475–1564): Detailstudie zum Brustkorb des Adam, Ausschnitt aus dem Deckengemälde in der Sixtinischen Kapelle, 1508 bis 1512

Helmut Heinze (geb. 1932): Torso von einer Jünglingsgestalt, o.J.

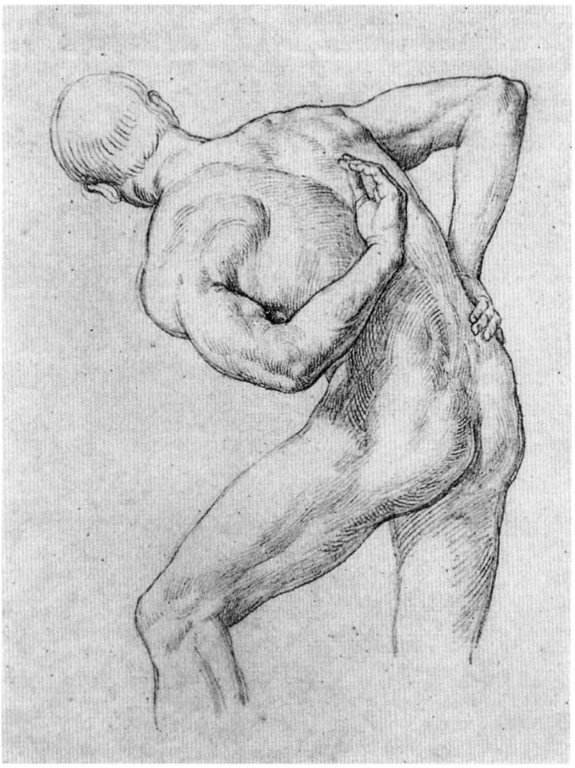

Übungsempfehlungen zum Rumpfskelett

(Seiten 133 bis 135)

Um tatsächlich auch die Vorstellungsbildung für das Hineinprojizieren der Skelettformen in den Rumpf der lebenden Erscheinung zum Erfolg zu führen, werden diese Empfehlungen gegeben:

– Modelliere analog den Tafeln Seiten 129 bis 131 einen Brustkorb!

Seite 133:

– Zeichne diesen in verschiedenen Ansichten und Verkürzungen!
– Kläre das Ansichtsverhältnis, das die räumlichen Achsen bestimmt! Zeichne diese zuerst!
– Kläre die räumliche Grundsituation (Lage des Körpers im Raum) dadurch, daß der Brustkorb vorerst auf einen geometrischen Körper reduziert wird, da sich auf diese Weise die Ansichtsflächen mit größerer Bestimmtheit fassen lassen!

Seite 134:

– Wage den Versuch, aus den Vorstellungen von Becken (siehe Seite 96, 97) und Brustkorb vorstellungsgebundene Ansichten vom Rumpfskelett in verschiedenen Ansichten und Verkürzungen zu entwerfen!
– Sei nicht zu ängstlich im Hinblick auf die Präzision der anatomischen Gegebenheiten! Hier kommt es in erster Linie auf die Realisierung *räumlicher* und *funktioneller* Ereignisse an!
– Sei auch hierbei auf das ganz Grundsätzliche der Formen bedacht!

Seite 135:

Wenn irgend möglich, sollte man Studien nach einem vorhandenen Skelett und Modell treiben:

– Konzentriere dich am Skelett – günstigerweise mit breitem Material – auf die plastische Form durch Betonen der *Flächengefälle* und damit der Ansichten!
– Gib besonders am Becken die räumlichen Entsprechungspunkte der einen Seite zur anderen an, wobei man sie am besten durch *Achsen* verbindet!
– Gib ebenfalls am Becken, einer Trichterform, die Verläufe der plastisch so wichtigen *Darmbeinschaufeln* an!
– Stelle die Ausstufung aus der Beckenvorderseite räumlich mit äußerster Prägnanz dar, da von dieser Stelle die räumliche Vor- und Zurückbewegung des Bauches und seine fixen Angelpunkte bestimmt werden!
– Mache den Versuch, in die Studie vom lebenden Modell die einfachen Skelettformen einzuzeichnen und dadurch das räumliche Verhalten der *Bauchdecke* zu motivieren!
– Behandle hierbei unbedingt diese wie auch die Brustmuskulatur als aufgeschichtete Nebenformen!

Bauendes Zeichnen von innen heraus steigert das Verstehen.

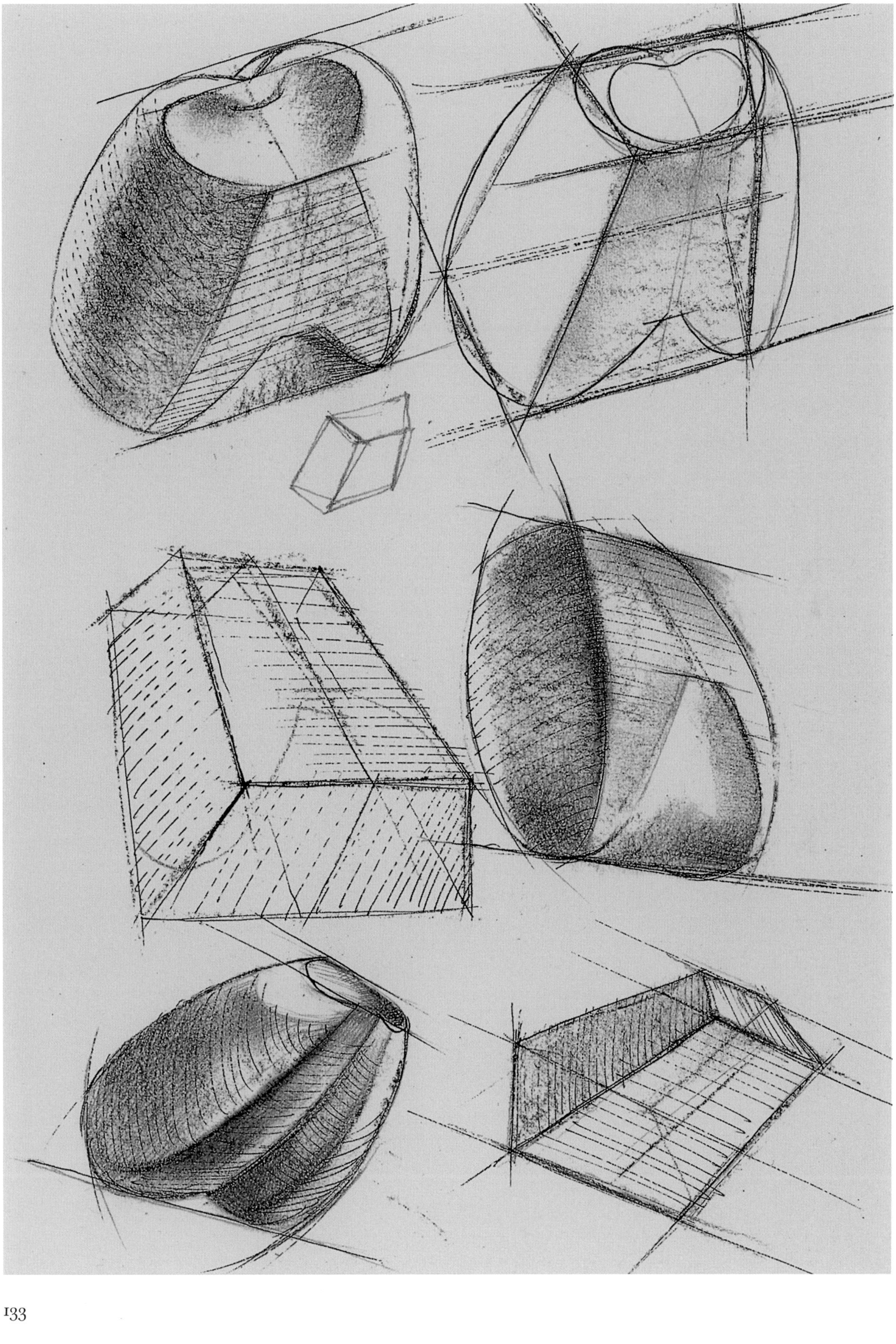

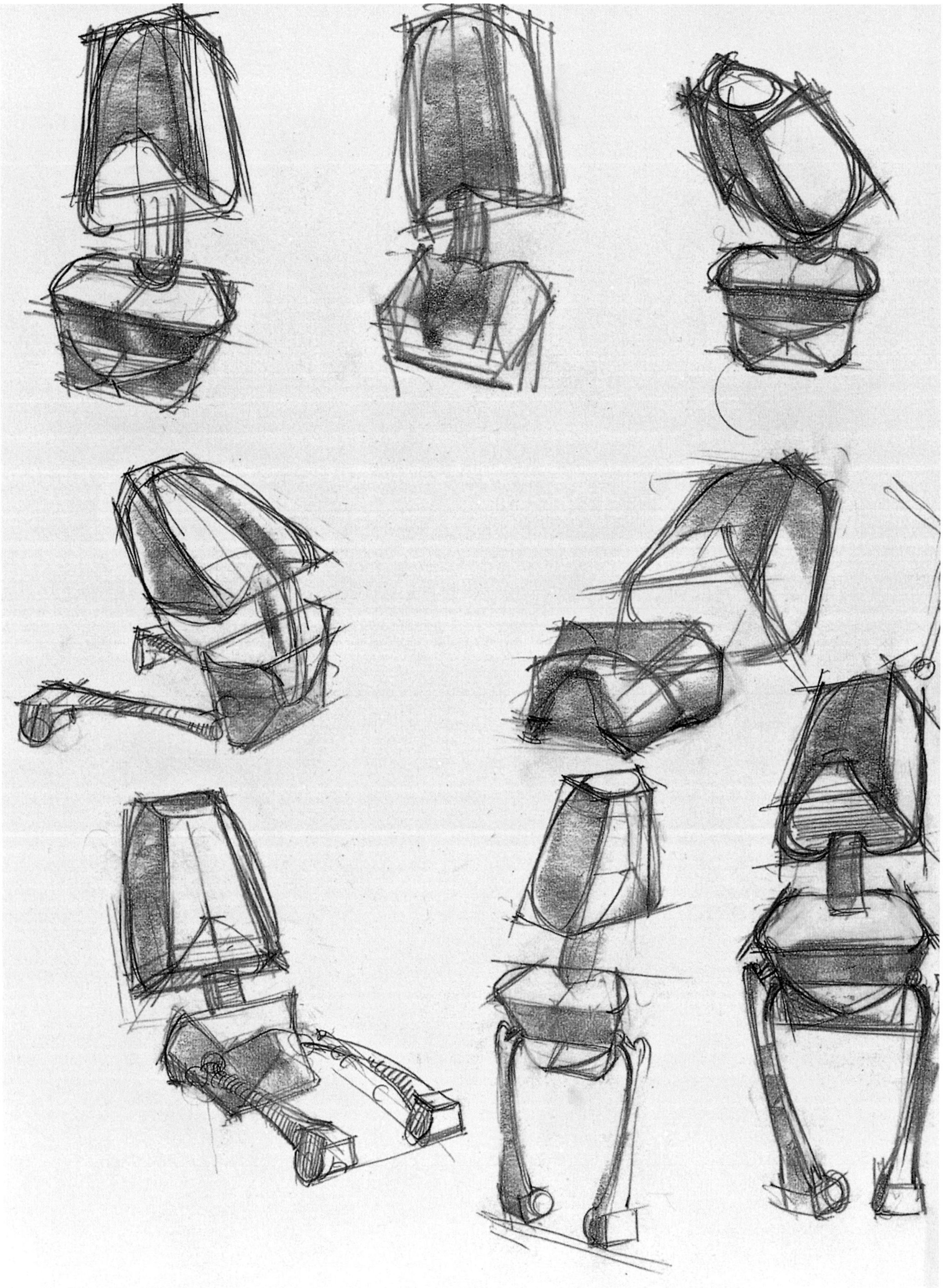

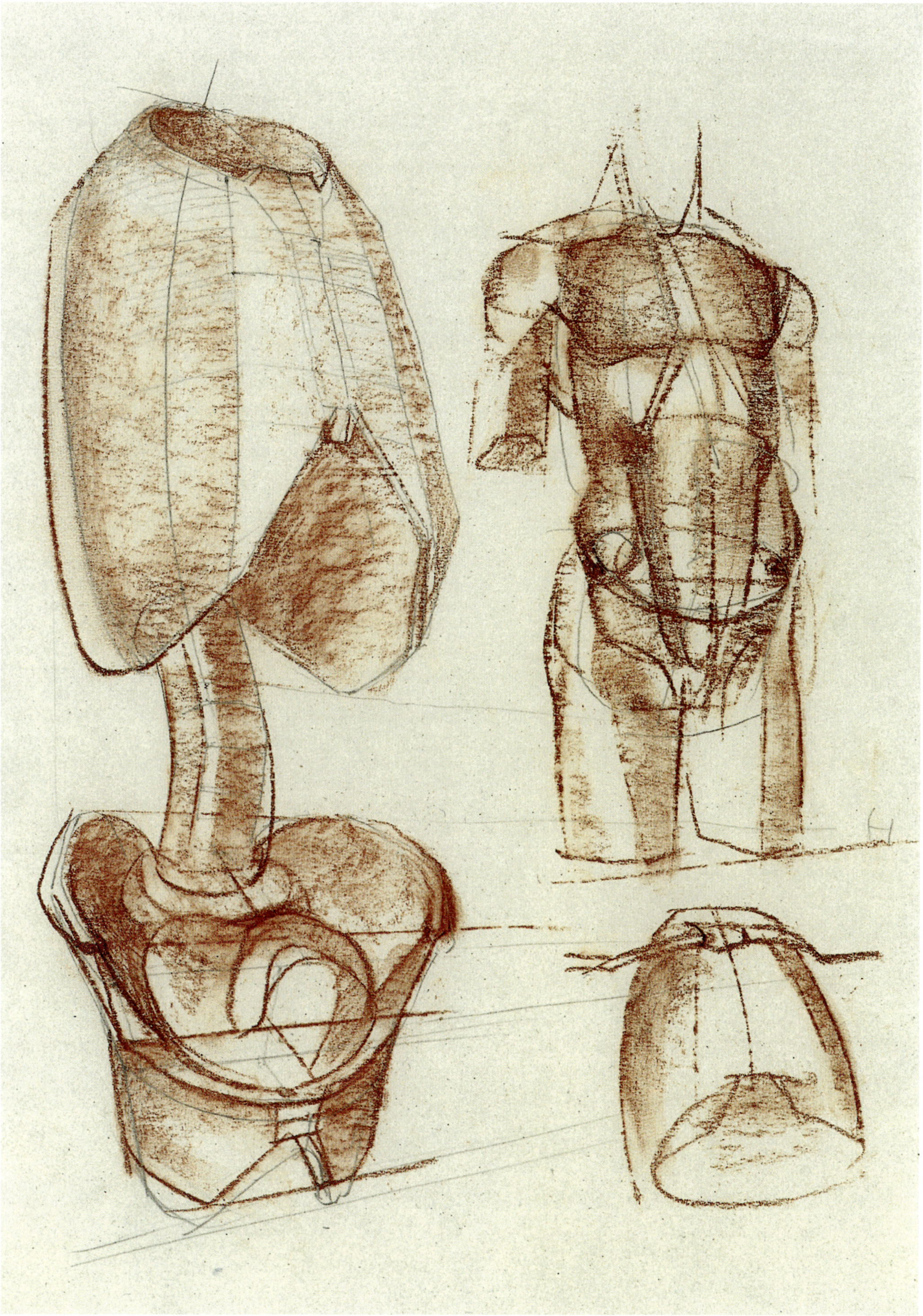

Johann Friedrich Matthaey (1777–1845): Männlicher Halbakt, o. J.

Wilhelm Volz: Aktstudie von einem Mädchen (Oberkörper), o. J.

Franz Stuck (1863–1928): Sitzender männlicher Akt mit stark vorgeneigtem Oberkörper, o. J.

Schultergürtel und Brustkorb

(Seiten 137 bis 139)
Der Schultergürtel besteht aus *Schulterblatt* und *Schlüsselbein*, die über dem Schultergelenk sich berühren und hier das *Schulterdach* bilden. Die einzige knöcherne Verbindung zum Brustkorb besteht in der gelenkigen Anlagerung *(inneres Schlüsselbeingelenk)* des Schlüsselbeins an den Brustbeingriff. Der Schultergürtel als Ganzes ist eine rückenseitig offene, verschiebbare Basis für das frei schwingende Armpendel. Welche Informationen geben die Tafeln?

Seite 137:

- Ruhelage des Schulterblattes auf dem Brustkorb und seine Verbindung zum Schlüsselbein in Gestalt des Schulterdaches (a)
- Schwenkbewegung des linken Schulterblattes (b), wodurch die Schulterpfanne nach oben weist
- Horizontal auseinander gezogene Schulterblätter (c)
- Horizontal nach hinten zusammengezogene Schulterblätter (d).

Die schwarz verstärkten Konturen entsprechen den am Modell stets sich abzeichnenden plastischen Verläufen.

Seite 138:

- Die leichte Unteransicht von halb vorn (a) gibt die S-förmige Schwingung des Schlüsselbeins, seine Verbindung zur Schultergräte (Schulterdach) und zum Brustbein zu erkennen (siehe auch b) sowie die Abflachung der Frontfläche des Brustkorbs im Komplex von Brustbein plus Rippenknorpel.
- Eingezeichnete Querschnittverläufe des Brustkorbs kennzeichnen seine räumlichen Flächengefälle.
- In c ist das Hochziehen des Schultergürtels aus der Ruhelage zu erkennen, was zum Anstieg des Schlüsselbeins im Schulterdachbereich führt; in d wird die Prinzipdarstellung dieses Vorgangs mit Drehpunkt im inneren Schlüsselbeingelenk gegeben.

Der Schultergürtel kann in seiner Form wie eine barocke Fassadenarchitektur über dem Baukörper des Brustkorbs verstanden werden (schwarz verstärkte Linienführung in e, bei einer Aufsicht von hinten oben).

Seite 139:

- Darstellung des Rumpfskeletts einschließlich Schultergürtel in verschiedenen Ansichten und Funktionen
- Beachten von Ansichtsverhältnissen, die durch die eingezeichneten räumlichen Achsen hervorgehoben werden
- Beziehungen der plastischen Kerne zueinander.

Räumliche Achsenverläufe und die sicheren Vorstellungen von der Beschaffenheit der Skelettabschnitte erleichtern das Verständnis für das plastische Verhalten von Muskulatur und Haut.

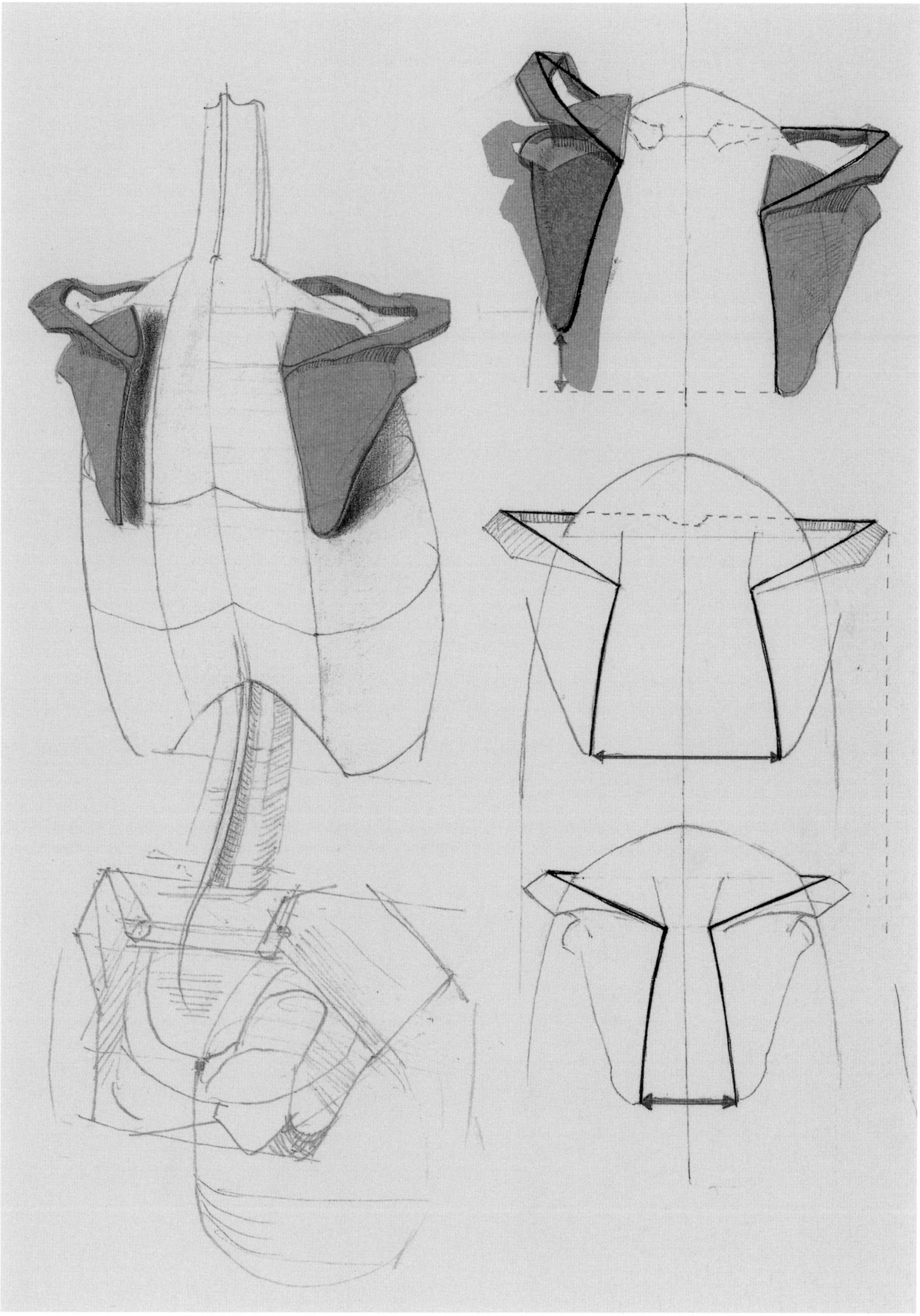

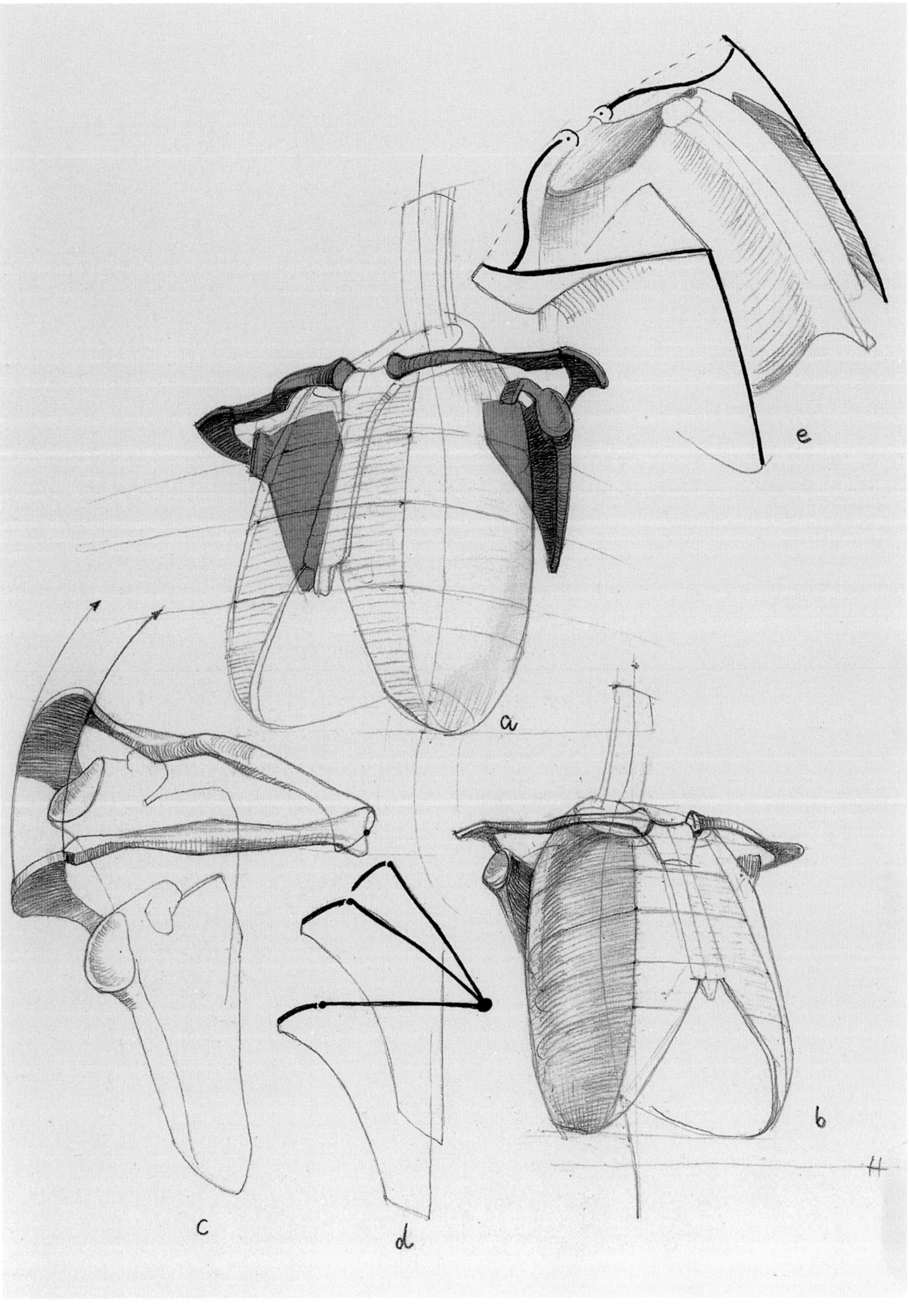
a
b
c
d
e

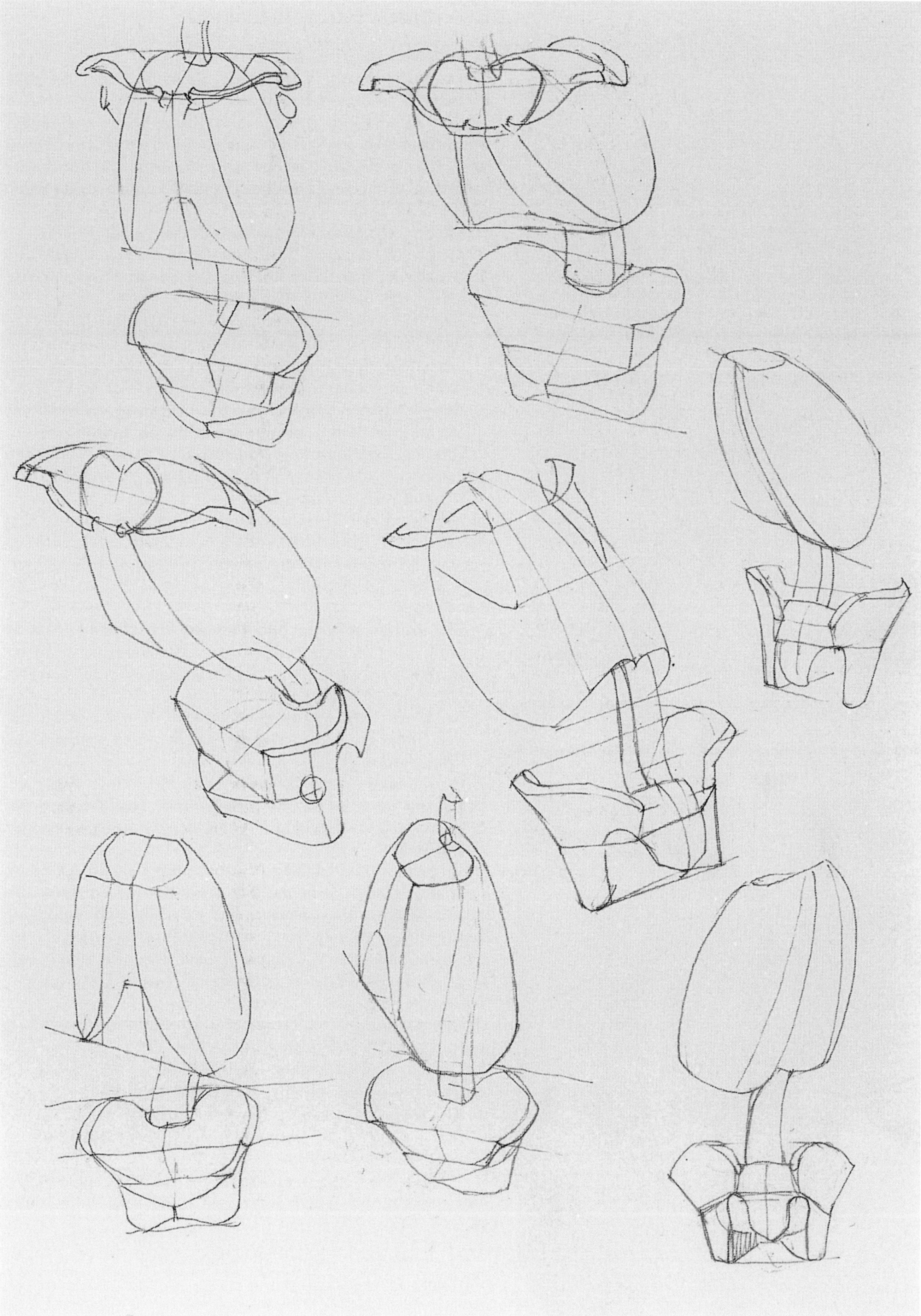

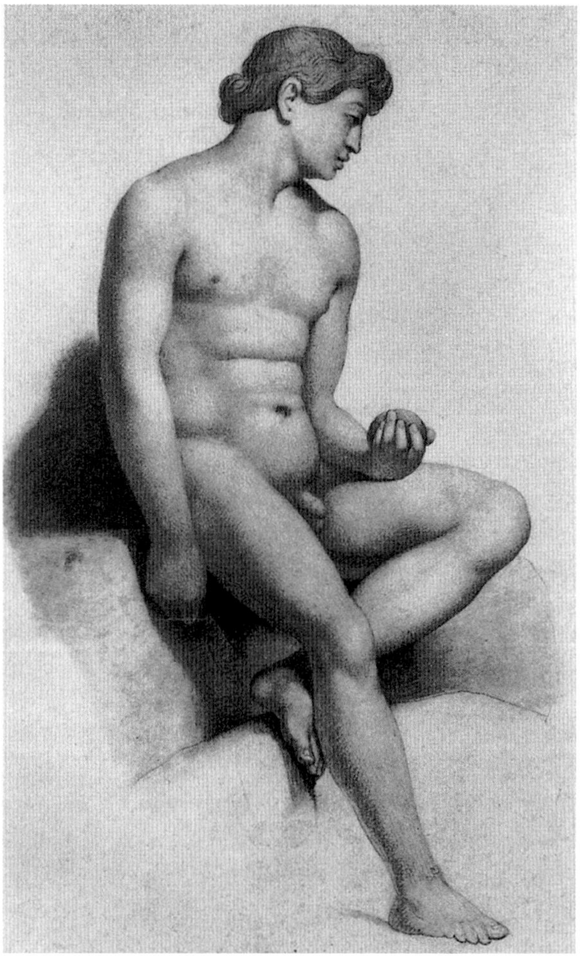

Ferdinand Jagemann (1780–1820): Sitzender Jüngling, o.J.

Ron Stenberg: Stehender weiblicher Akt mit Nebenstudie, o.J.

Die reinen Rumpfmuskeln

(Tafeln Seiten 141 bis 143)
Reine Rumpfmuskeln sind jene Muskeln, deren Aufgabe es ist, die zwischen Brustkorb und Becken bestehenden Lücken zu schließen und die Einstellung beider zueinander durch Bewegen der Wirbelsäule vorzunehmen. Ihrer Natur nach sind es flächig ausgebreitete Muskeln, die durch ihre Funktion größten plastischen Veränderungen unterliegen (Tafel Seite 145).
Die drei wichtigsten reinen Rumpfmuskeln sind:

- *Gerader Bauchmuskel* (mit Ursprung am Schambein und Ansatz am Brustkorb in Höhe der Brustbeinspitze): Anheben des Beckens, Bauchpresse
- *Gemeinschaftlicher Rückenstrecker* als Gegenspieler des vorigen (mit Ursprung an der Beckenrückseite und mit Ansätzen an den Rippenrückseiten und an der Wirbelsäule): Aufrichten des Oberkörpers
- *Äußerer schräger Bauchmuskel* (mit Ursprung am Rand der Darmbeinschaufel und an der sehnigen Einhüllung des geraden Bauchmuskels und mit gezackten Ansätzen an den Seiten der untersten acht Rippen): Seitbiegung und Drehung des Oberkörpers.

Die Wirkung der Muskeln hängt ab von ihrer Lage zu den Achsen der Wirbelsäule (siehe hierzu auch Tafel Seite 103 mit der Prinzipdarstellung dieser Muskeln und den Querachsen der Wirbelsäule).
Zur Plastik:

- Der äußere schräge Bauchmuskel hängt beim Manne faltig über den Darmbeinrand (Weichenwulst), bildet an der vordersten Beckenbefestigungsstelle, dem vorderen oberen Darmbeinstachel, eine *Muskelecke.*
- In seiner Verbindung zum geraden Bauchmuskel, der sich weiter nach vorn wölbt, entsteht eine Vertikalfurche *(Seitenfurche).*
- Insbesondere die sehnig vertiefte Mittellinie *(weiße Linie)* des geraden Bauchmuskels dient dem Zeichner als Orientierung über den Verlauf der Symmetrielinie des Körpers.

Stellt man zusätzlich, die Vorderansicht komplettierend, auch den großen Brustmuskel noch dar (er ist einer der beiden Rumpf-Oberarmmuskeln), so ergibt sich daraus die Begründung, weshalb wir den Oberkörper zu einem Rechteck zusammenziehen können (visuell verstärkt durch entsprechende, die Flanken zusammenziehende Tönung).
Tafel Seite 142:
Die Darstellung der reinen Rumpfmuskeln in räumlicher, halbseitlicher Vorderansicht orientiert auf

- Ursprünge und Ansätze der Muskeln
- Einhüllfunktion für den Eingeweidezylinder
- Räumliche Abstufung von der vorderen zur seitlichen Bauchwand (siehe dazu auch die Prinzipdarstellung in der Nebenzeichnung).

Die Tafel Seite 143 verstärkt diese räumlich plastischen Sachverhalte der Bauchdecke und spitzt jene noch weiter zu.

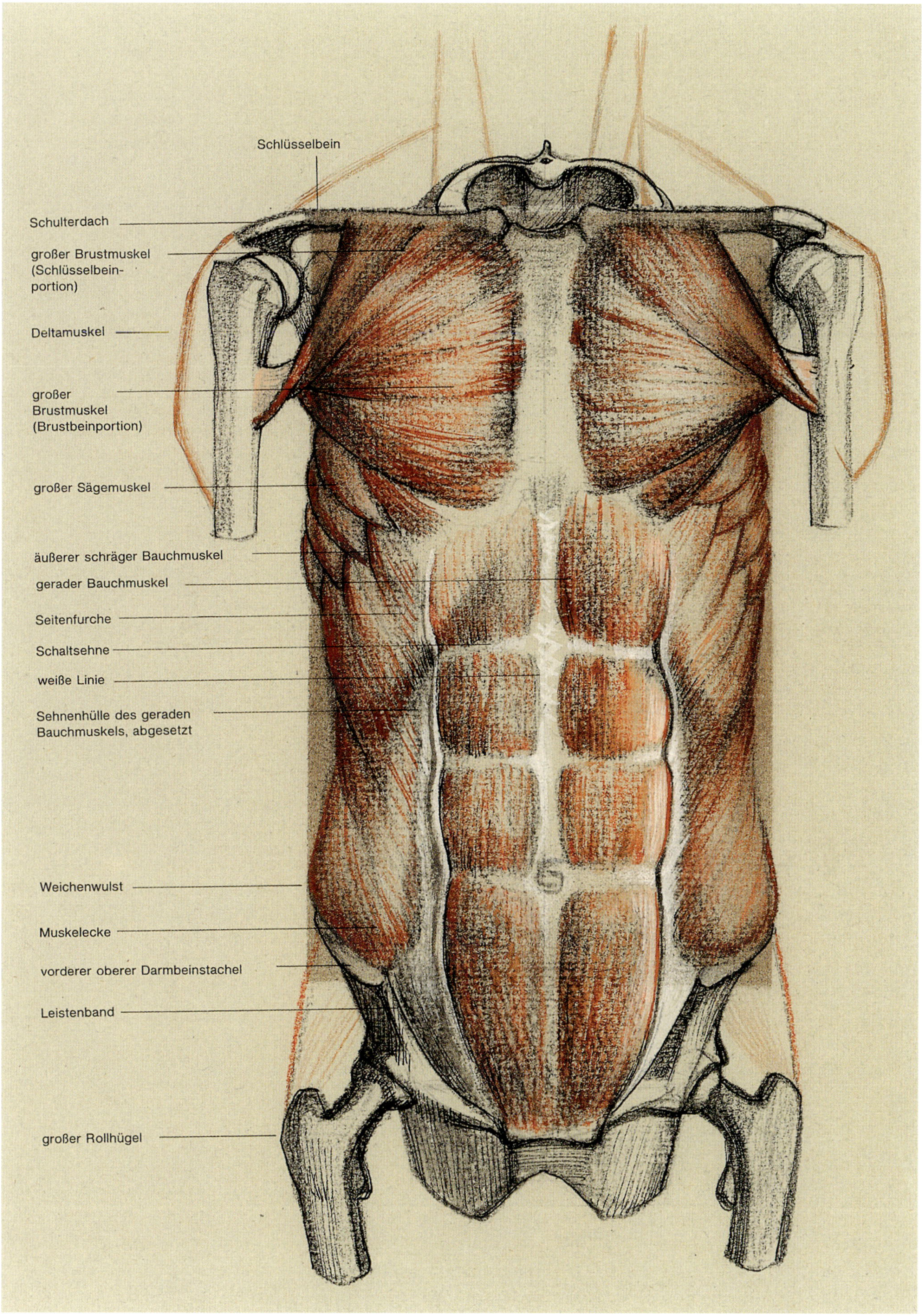
Schlüsselbein
Schulterdach
großer Brustmuskel (Schlüsselbein-portion)
Deltamuskel
großer Brustmuskel (Brustbeinportion)
großer Sägemuskel
äußerer schräger Bauchmuskel
gerader Bauchmuskel
Seitenfurche
Schaltsehne
weiße Linie
Sehnenhülle des geraden Bauchmuskels, abgesetzt
Weichenwulst
Muskelecke
vorderer oberer Darmbeinstachel
Leistenband
großer Rollhügel

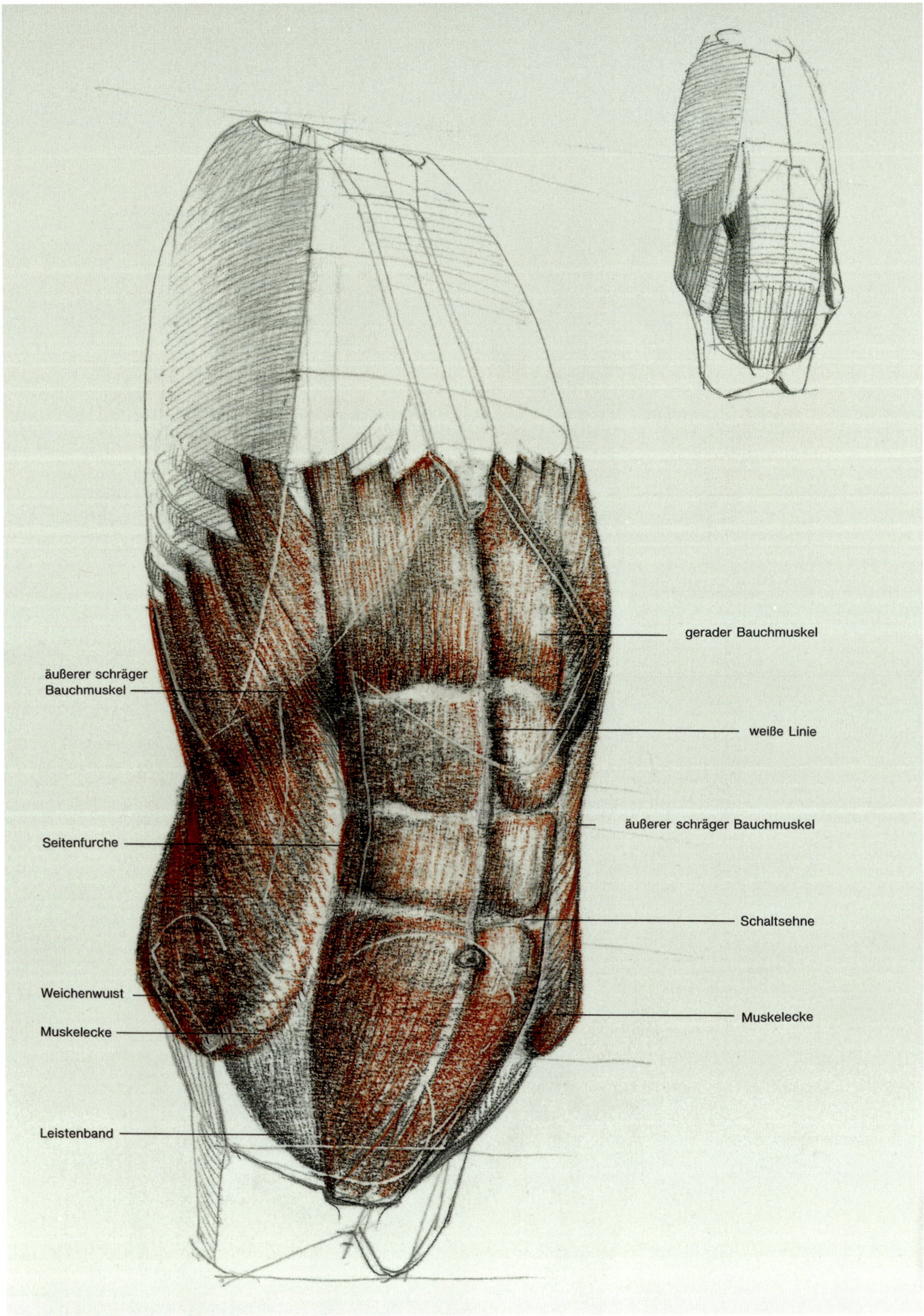
gerader Bauchmuskel
äußerer schräger
Bauchmuskel
weiße Linie
äußerer schräger Bauchmuskel
Seitenfurche
Schaltsehne
Weichenwulst
Muskelecke
Muskelecke
Leistenband

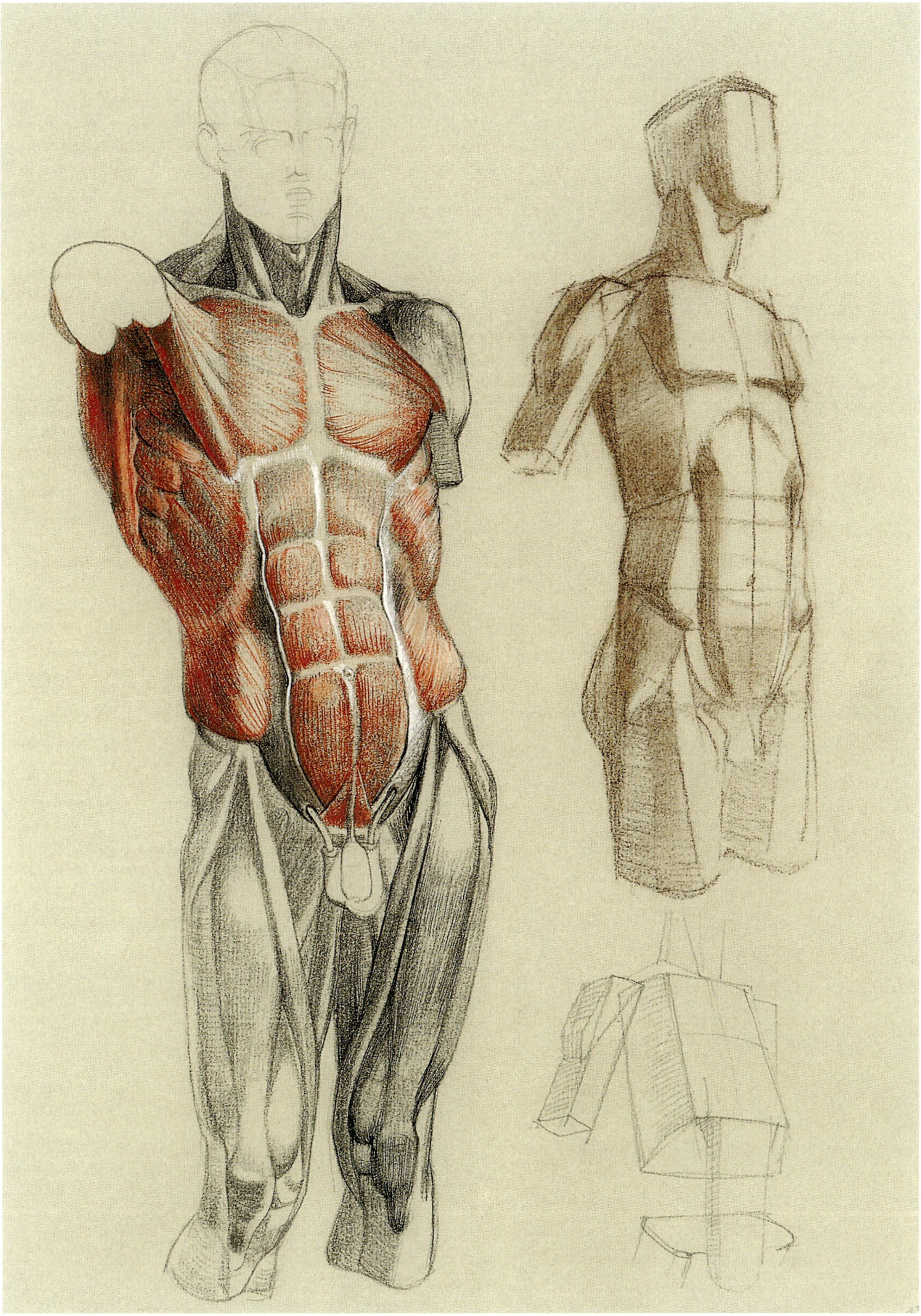

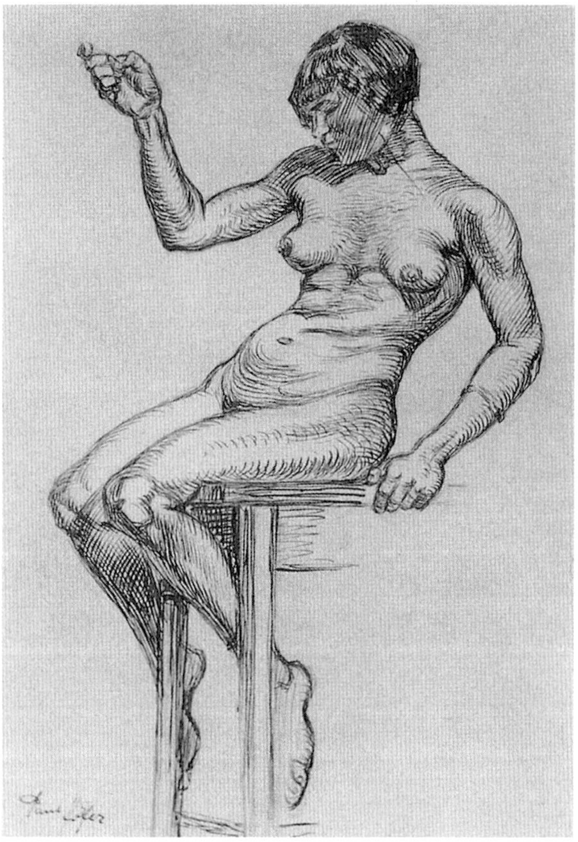

Paul Höfer: Sitzende im Linksprofil mit erhobenem rechten Arm, o.J.
Adolphe la Lyre: Studien von einer sich emporreckenden Frau, o.J.

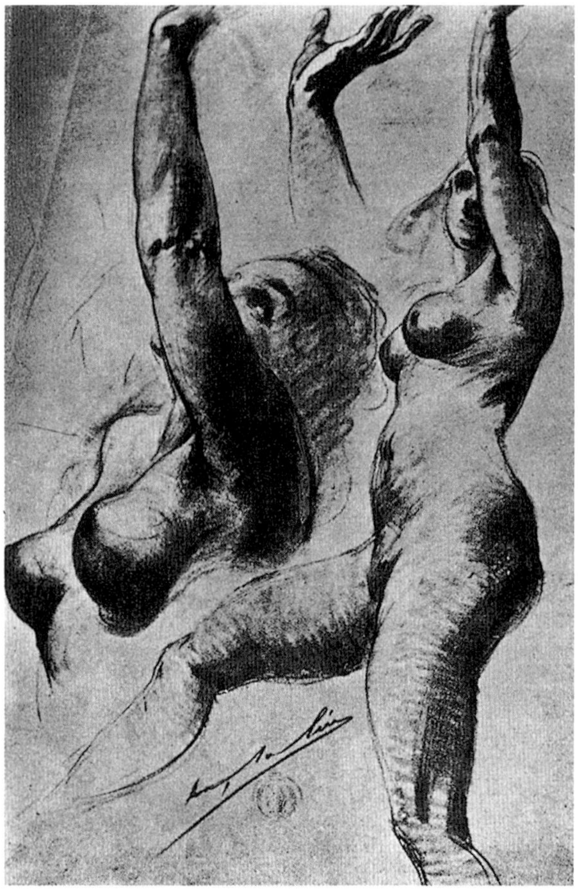

Funktion und plastisches Verhalten der Bauchdecke

Tafel Seite 145

Die Überbrückung der Lücken zwischen Becken und Brustkorb ist für die flächigen Muskeln der vorderen, seitlichen und hinteren Bauchwand mit tiefgreifenden plastischen Veränderungen während der Bewegung verbunden:

- Die *Drehung* (Torsion) des Brustkorbs über dem Becken hat *schraubig-diagonale Zugrichtungen* zur Folge (a, b, siehe auch Seite 152 a).
- Die hinter deren Querachsen liegenden Muskeln (gemeinschaftlicher Rückenstrecker und der hintere Teil des äußeren schrägen Bauchmuskels) veranlassen die *Rumpfrückbeuge*, wodurch die vordere Bauchdecke in Dehnspannung gerät (c, siehe auch Seite 150 c und 151).
- Die *bauchseitige Annäherung* zwischen Becken und Brustkorb (vorgeneigtes Sitzen) ruft *Faltungen*, Stauungen der vorderen Bauchwand hervor, während der Rückenstrekker gedehnt wird (d, siehe auch Seite 150 d und 152).
- Eine *Rumpfseitbeuge* (e) wird ausgelöst von Muskeln mit seitlicher Lage zu den Tiefenachsen der Wirbelsäule (*Stauung* des äußeren schrägen Bauchmuskels und Kontraktion der entsprechenden Seite des gemeinschaftlichen Rückenstreckers).

Sich begegnende Pfeilrichtungen symbolisieren zusätzlich zum Muskelverhalten die Muskelstauung, auseinanderstrebende Pfeile die Dehnung; Kontraktionen (Muskelzusammenziehungen) erscheinen in verstärktem Rot, Dehnungen in blassem Rot.

Die Tafel Seite 145 veranschaulicht nur die Grundbewegungen von Rumpfvorbeuge und -rückbeuge, Seitbeuge und Drehung in Grundansichten:

- *Stauungen*, die durch Weichformenüberschuß entstehen, äußern sich als Volumenvergrößerung oder als Faltung quer zur Bewegungsrichtung.
- *Gedehnte Formen* verlieren an Volumen und lassen dadurch die Skelettformen besonders scharf hervortreten.

Friedrich Preller d.Ä. (1804–1874): Aktstudie zu den Sirenen, o.J.

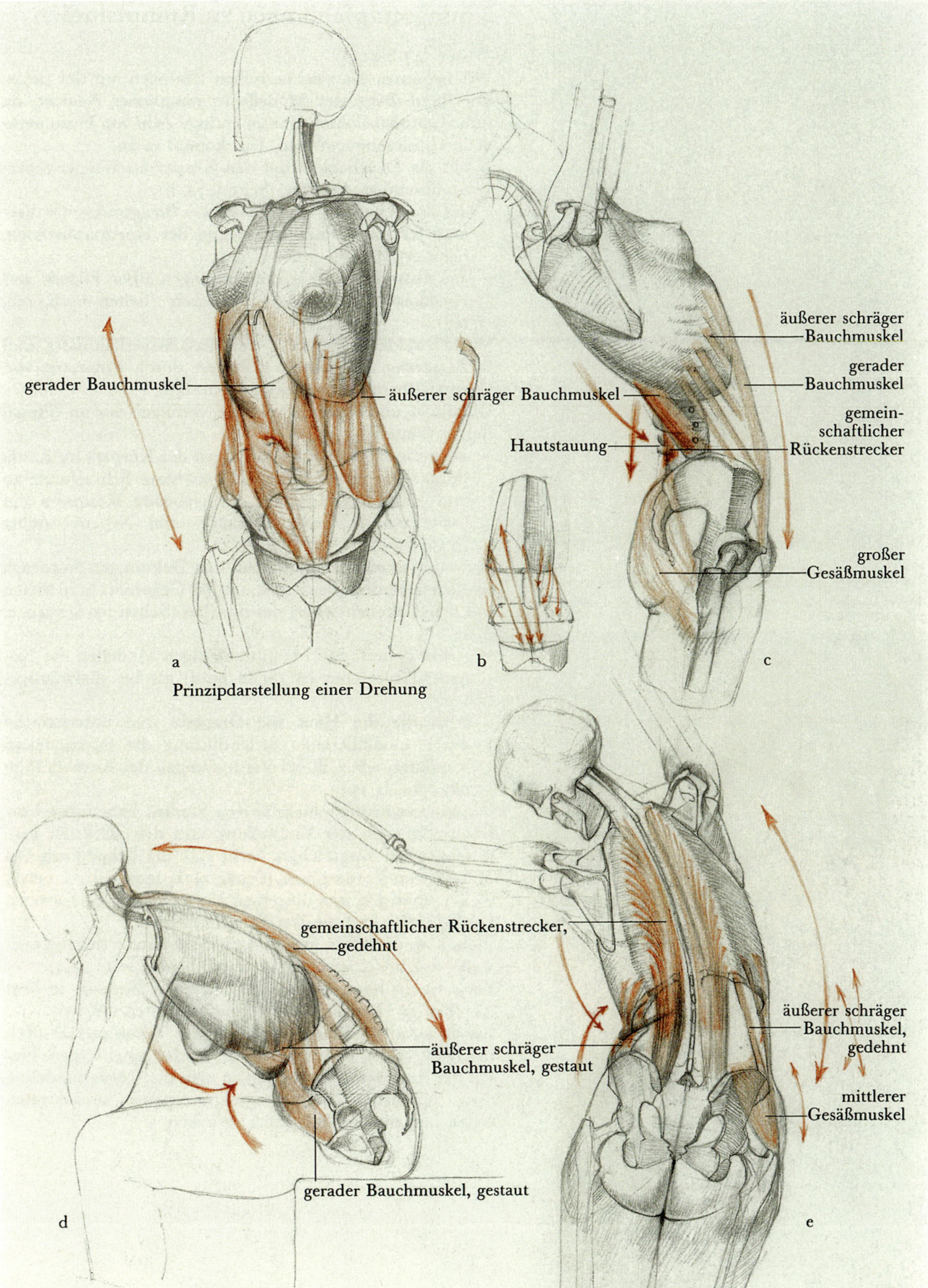
gerader Bauchmuskel
äußerer schräger Bauchmuskel
a
b
Prinzipdarstellung einer Drehung
äußerer schräger Bauchmuskel
gerader Bauchmuskel
gemein-
schaftlicher
Rückenstrecker
Hautstauung
äußerer schräger Bauchmuskel
großer Gesäßmuskel
c
gemeinschaftlicher Rückenstrecker, gedehnt
äußerer schräger Bauchmuskel, gestaut
gerader Bauchmuskel, gestaut
d
äußerer schräger Bauchmuskel, gedehnt
mittlerer Gesäßmuskel
e

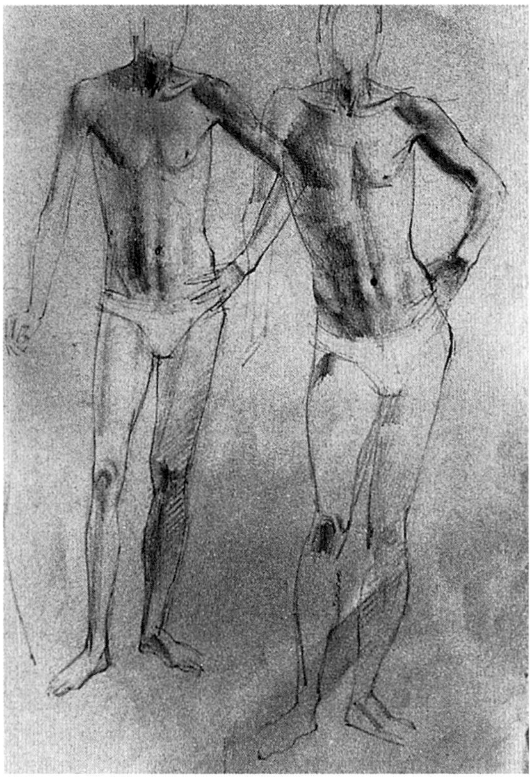

Ron Stenberg: Studien von einem Stehenden, o. J.
André Derain (1880–1954): Sitzendes Mädchen, o. J.

Übungsempfehlungen zu Rumpfstudien

(Seiten 147 bis 153)
Wir beginnen die zeichnerischen Übungen mit der *stehenden Ruhehaltung* des Modells in räumlicher Ansicht, da reine Grundansichten eine zu geringe Zahl von Formmerkmalen preisgeben würden. Uns kommt es an

- auf die Deutlichkeit der den Körper als Körper repräsentierenden *Ansichten* (Seite 147a, b),
- auf die Schaffung eines *räumlichen Bezugssystems* (= Verlauf der Körpermittelachse und der Horizontalachsen, Seite 137),
- auf abstrahierende Untersuchungen über Plastik und *räumlichen Rhythmus der Bauchdecke* (Seiten 147b, 148, 149),
- auf exakte Beurteilung des Ansichtsverhältnisses und *Begegnung der Formen*, gefördert durch Einsetzen von vorstellbaren *Querschnitten* (Seite 149).

Dieselben und weitere Probleme verfolgen wir an *Sitzhaltungen* (Seite 150):

- Lege die räumlichen Richtungen des Körpers im Raum primär durch entsprechend gerichtete Schraffuren an und setze *danach* einige formgebende Konturen ein (Seite 150a)! Baue die Haupt- und Nebenvolumina (Seite 150c)!

Bei emporreckender Haltung muß den Dehnungen Ausdruck verliehen werden (Seite 150c, 151) im Gegensatz zum Sitzen mit dem Falteneinschlag des Bauches (Seiten 150d, 152b, c, d).

- Achte darauf, daß bei dünnhäutigen Modellen der Faltenschlag reicher ist (Seite 152d) als bei dickhäutigeren!
- Behandle die Haut wie Draperie und unterstreiche durch modellierende Strichführung die funktionellen Vorgänge, wie z. B. bei Verdrehungen des Körpers (Seiten 152a, b, 153)!

Die unterschiedlich ausgeführten Studien haben ihre Vortragsweise nach der Zielstellung und den stärksten Eindruckswerten ausgerichtet. Steht z. B. die Behandlung des *Volumens* im Vordergrund (Seiten 147b, 149, 150b, d, 152d), so bemühen wir uns um einen Vortrag, der der Form im Großen folgt und die Details unterordnet.
Ziehen wir die Betonung der *Ansichtsflächen* vor, so kann man ihnen mit breitflächigem Material folgen (Seite 147a).
Beeindruckt besonders der Ablauf einer *Haltung*, so liegt das flüssige Herunterschreiben nahe (Seiten 148, 157).
Erlebt man die Eindrücklichkeit der *Körperstruktur* (Seiten 150d, 152d), wird man deren Wechselspiel folgen. Fesselt der *funktionelle Vorgang*, kann man die Körpermodellierung zugunsten der Bewegungsereignisse zurücktreten lassen und diesen Nachdruck verleihen.

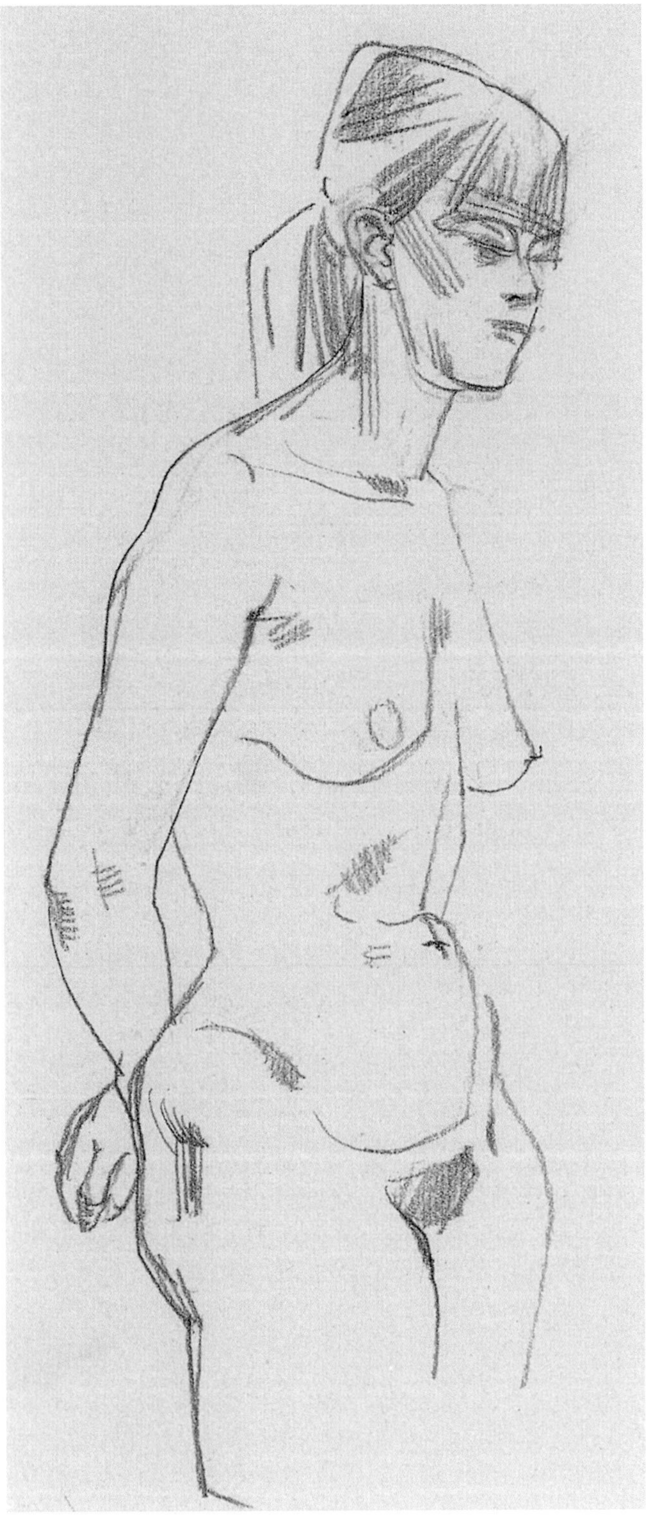

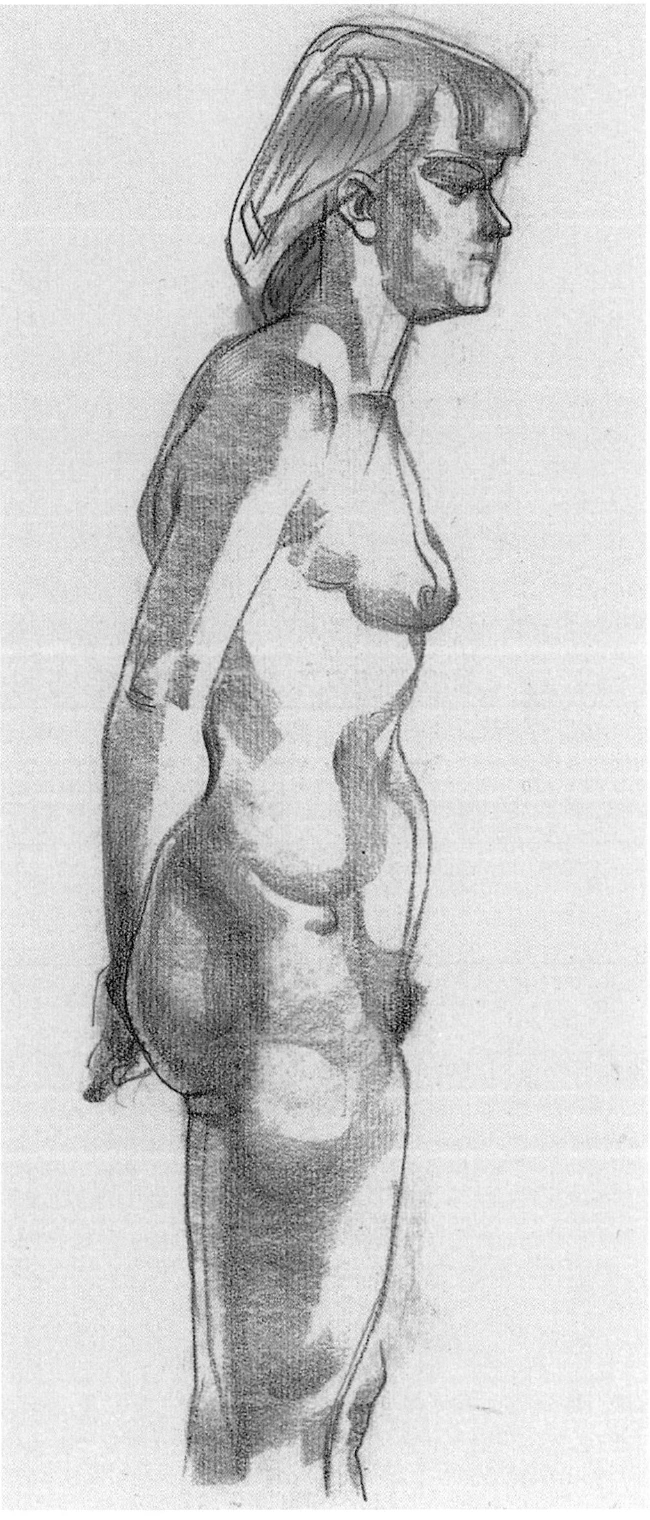

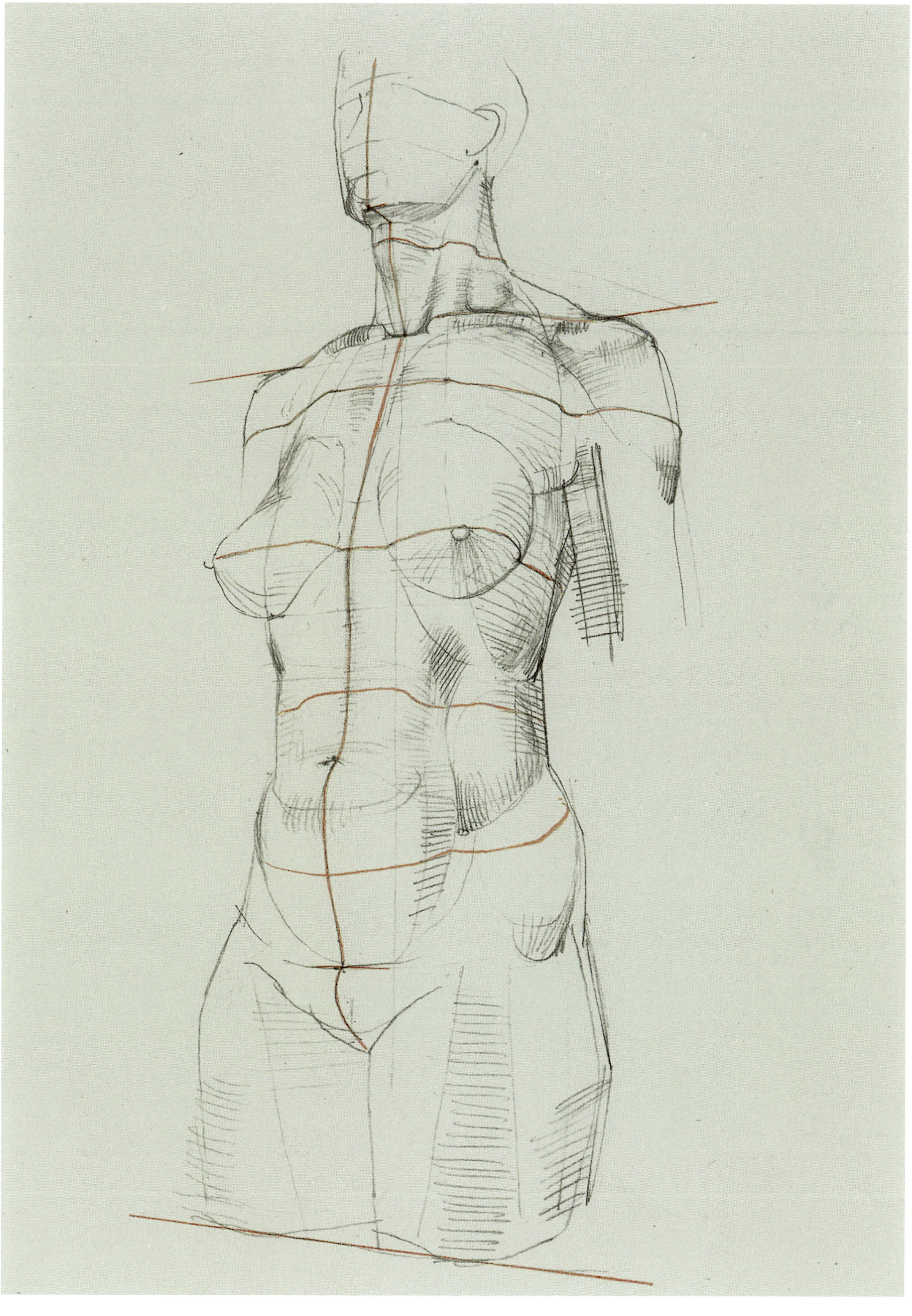

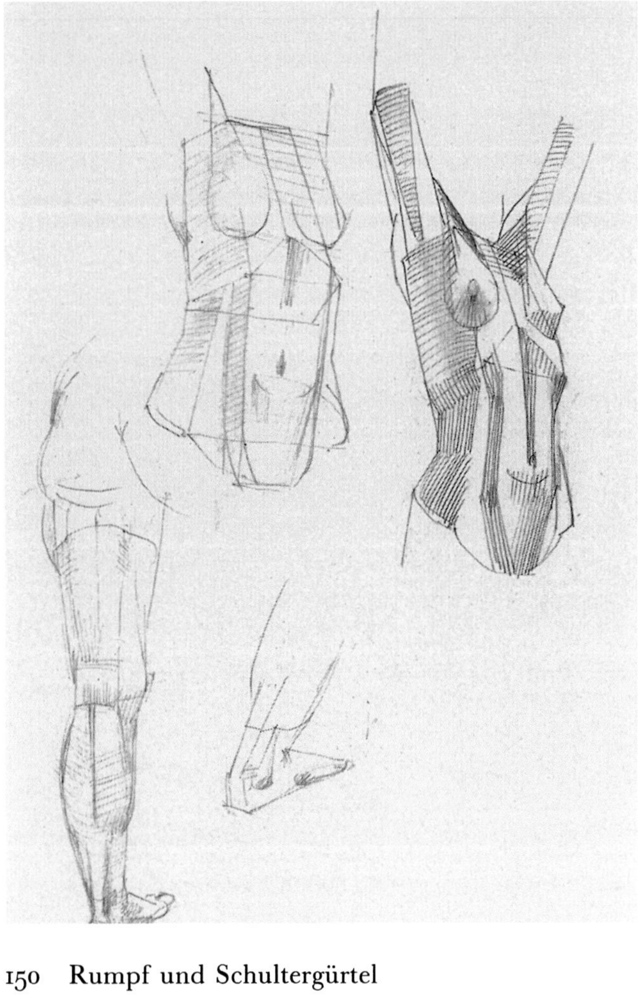

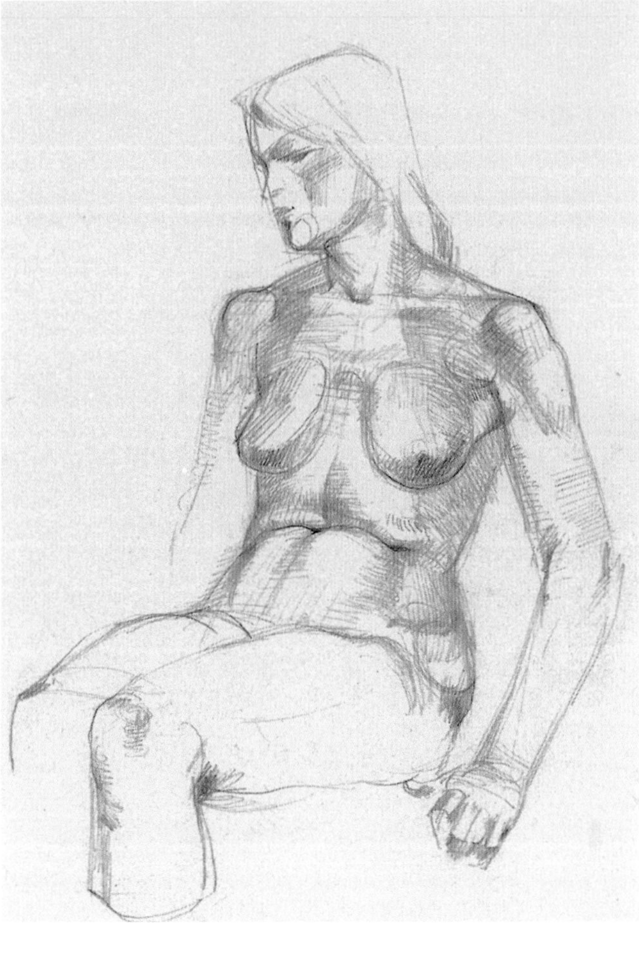

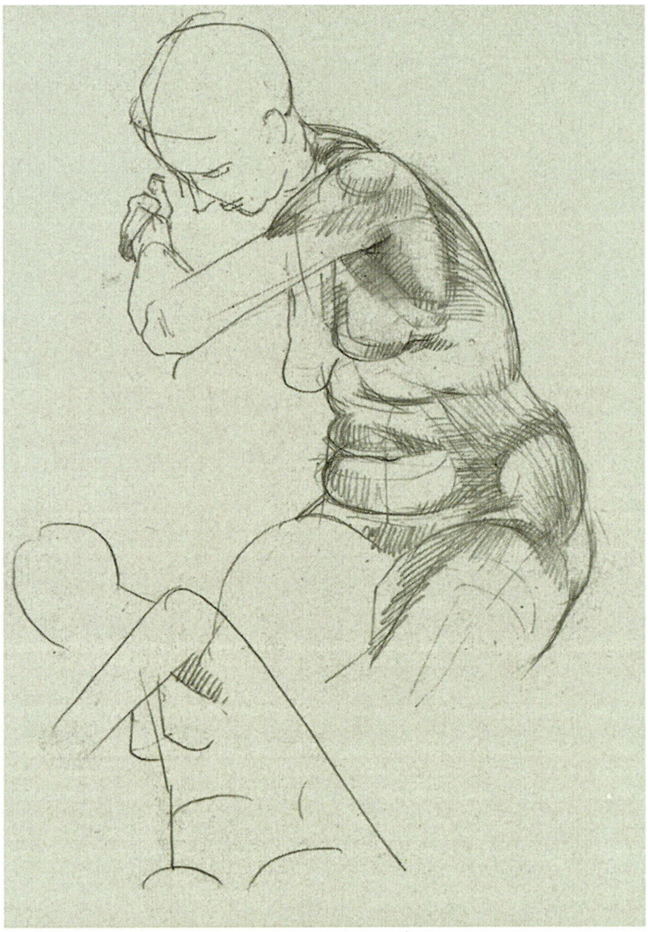

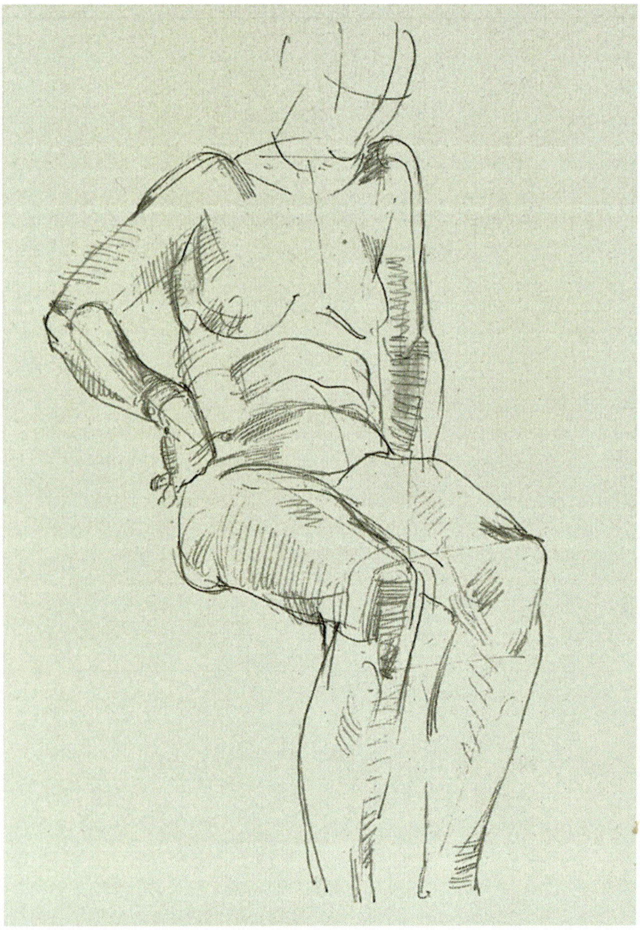

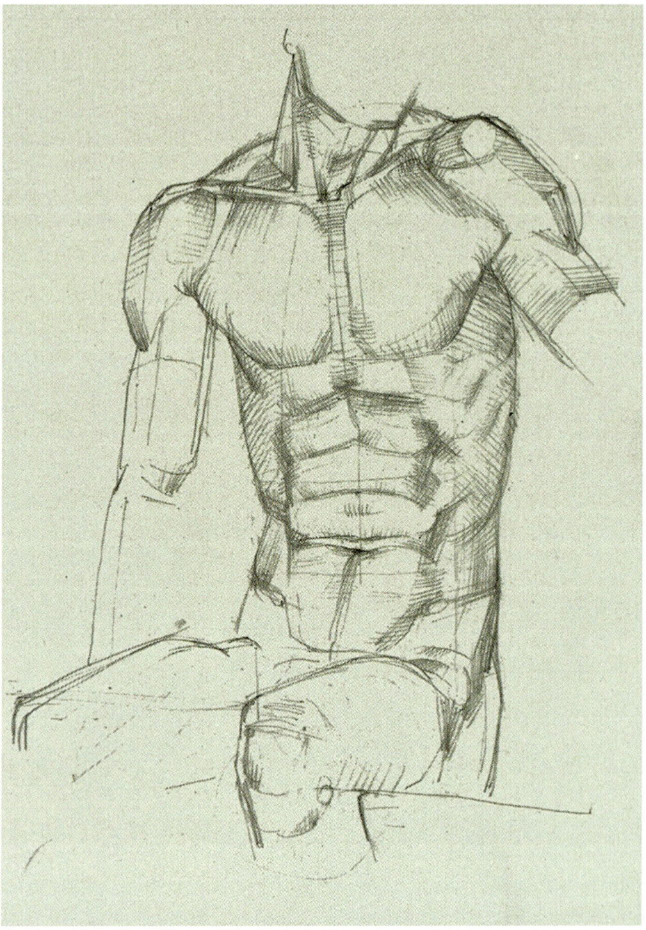

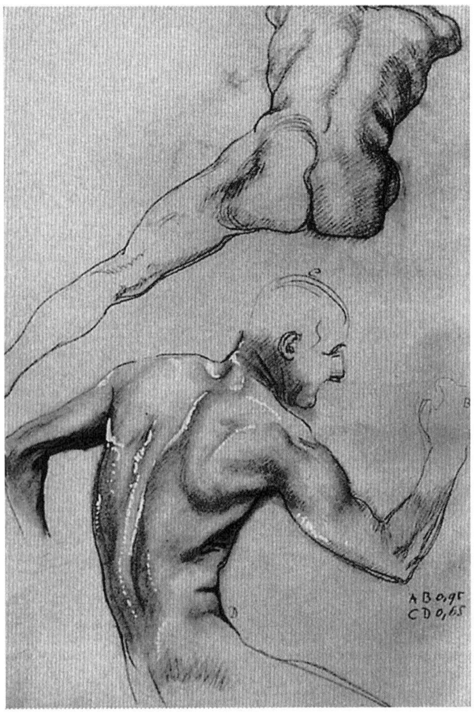

Max Klinger (1857–1920): Zwei männliche Aktstudien in verschiedener Ansicht, o. J.
Wilhelm Rudolph (1889–1982): Weiblicher Rückenakt in leichtem Kontrapost, o. J.

Das Rumpfskelett und seine Muskulatur in Rückansicht

Die nebenstehende Tafel umfaßt in der Oberlänge auch den Schädel, wodurch der Rumpf zum sogenannten *Stamm* erweitert wird. Die Einbeziehung auch des Kniegelenks ist erforderlich, um die Muskulatur des Stammes mit Übergängen in die Hüft- und Beinzone zu zeigen. Aus der Gegenüberstellung von Skelett und Muskulatur werden die Struktur der Körper, der Tiefen- und Oberflächenformen ablesbar:

- Der *Kapuzenmuskel*, einer der Rumpf-Schultergürtelmuskeln, erfaßt vom Hinterhaupt und von den Dornfortsätzen der Hals- und Brustwirbelsäule aus den oberen Rand der Schultergräte, mit einer nach vorn gewendeten Portion auch das äußere Schlüsselbein: Heben, Senken und Zurückziehen der Schulterblätter.
- Der großflächige *breiteste Rückenmuskel* erfaßt vom Bekken, den Dornfortsätzen (7.–12. Brustwirbel) und von der Lendenfaszie aus die Oberarminnenseite und zieht wie sein Mitspieler, der große Brustmuskel, u. a. den Arm an (Gruppe der Rumpf-Oberarmmuskeln), reißt ihn von oben nach unten hinten, sonst ein Klimmzugmuskel. Zusammen mit dem großen Brustmuskel bildet er die Achselhöhle, dieser von hinten, der große Brustmuskel von vorn.
- Seine Dünnheit läßt die beiden Stränge des *gemeinschaftlichen Rückenstreckers* zu beiden Seiten der Wirbelsäule, besonders im Lendenbereich, als Relief durchmodellieren. Hier im Lendenbereich, wo er die aufrechte Körperhaltung gewährleistet, ist er so voluminös, daß er die Wirbelsäule in eine tiefe Längsfurche bettet.
- Der *äußere schräge Bauchmuskel* gibt auch in Rückansicht die Weichenwulst über dem Darmbeinkamm zu erkennen.
- Nicht zu den Rumpfmuskeln gehörig ist der *Deltamuskel*, der vom unteren Schultergrätenrand aus die Oberarmaußenseite erreicht (also ein Schulter-Oberarmmuskel):
  Durch ihn wird der Arm bis in die Horizontale gehoben, wobei er sich im Bereich des Schulterdaches *staut* und eine stets charakteristische Falte bildet. Das Schulterdach liegt daher zwischen dem Ansatz des Kapuzenmuskels und dem Ursprung des Deltamuskels beim Armerheben vertieft (eine *gesetzmäßig* auftretende Erscheinung).
- Auch die das Schulterblatt *bedeckenden Muskeln* betätigen von hier aus das Schultergelenk und sind wie der Deltamuskel ein Schulter-Oberarmmuskel.
- Das Kreuzbein, die vertiefte Lendenwirbelsäule, der innere Schulterblattrand und die Schultergräte erreichen die Körperoberfläche ohne Verdeckung.

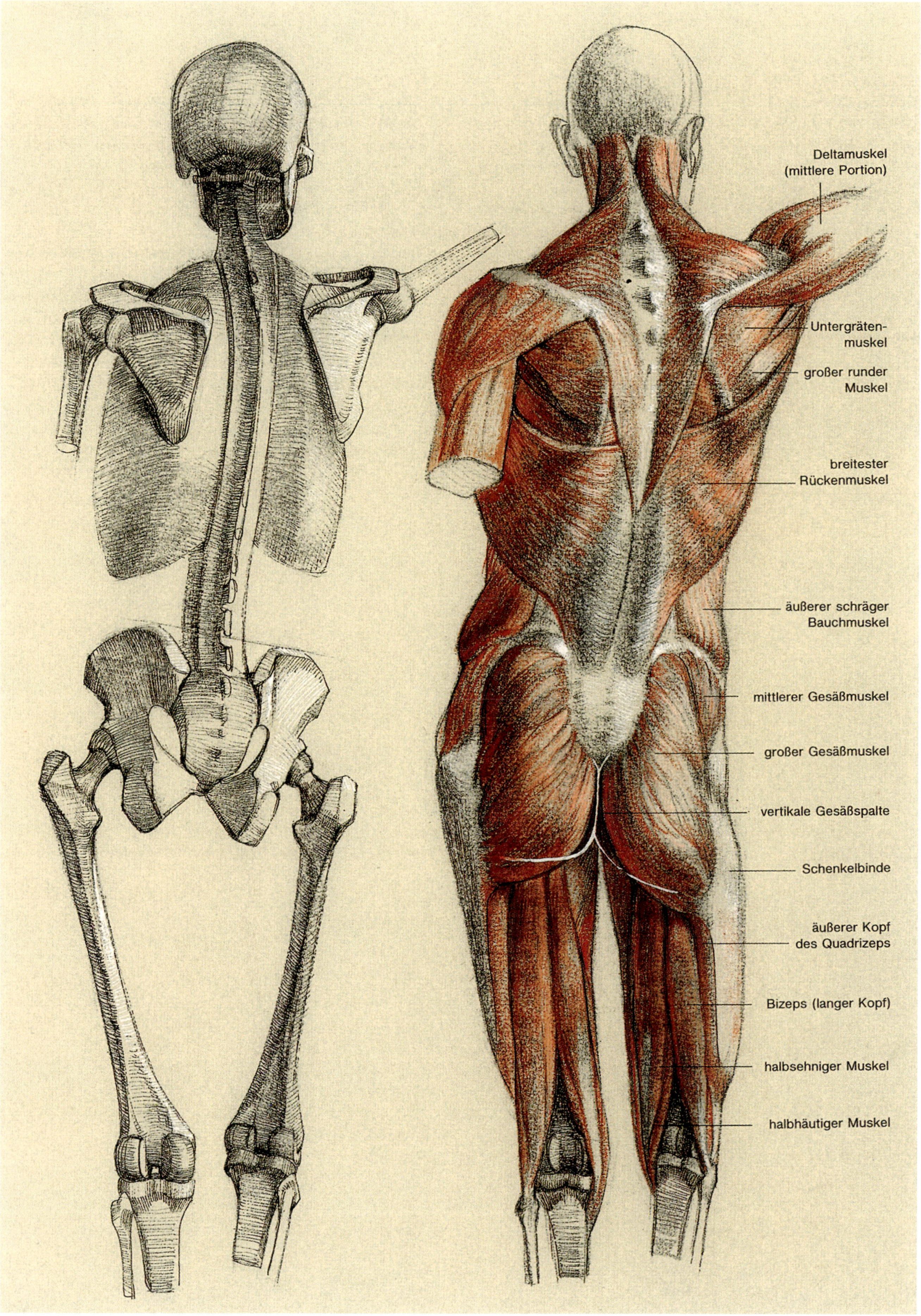
Deltamuskel
(mittlere Portion)
Untergräten-
muskel
großer runder
Muskel
breitester
Rückenmuskel
äußerer schräger
Bauchmuskel
mittlerer Gesäßmuskel
großer Gesäßmuskel
vertikale Gesäßspalte
Schenkelbinde
äußerer Kopf
des Quadrizeps
Bizeps (langer Kopf)
halbsehniger Muskel
halbhäutiger Muskel

Übungsempfehlungen

Wir verlassen die reine Rückansicht des Rumpfes, auf die wir uns während der Proportionserkundung und ihren zugehörigen Übungsempfehlungen absichtsvoll beschränkten. Die Informationen der Tafel Seite 155 zum Relief des Rückens sollen latent mitsprechen, jedoch ohne die Absicht der Wiederholung eines anatomischen Muskelbildes am Modell. Wir nützen sie lediglich auch hier, um uns – bei relativ geringem Aufwand – der knappen, aber *treffsicheren Andeutung* der Körperstruktur zu befleißigen. Die Phasen des Messens während der Proportionserkundungen können wir nun hinter uns lassen. Wir setzen die gewonnene zeichnerische Bewegungsfreiheit ein für gelöstes Hinschreiben. Neben der Nutzung der Künstleranatomie für die gezielte *Beschränkung auf Wichtiges* machen wir sie hier dem räumlichen Erkennen dienstbar, der Feststellung des Ortes von *Überschneidungen*, wo, wer, wen und warum überschneidet.
Folgende Schwerpunkte sind zu beachten:

- Beachte vor allem den *Ausdruck* der Haltung (lässig, abwartend, verharrend, gespannt, gestrafft, gelokkert, gelöst), ablesbar an der *Haltung des Kopfes*, dem Verlauf der Wirbelsäule, der Geste der Arme!
- Folge primär dem *Verlauf der Wirbelsäule*, zumindest streckenweise, besonders in der Lende!
- Spiele die kantigen Körperstellen (z. B. Gesichtsschnitt, Schulter, Ellenbogen) gegen die runden, fülligen oder gestreckten aus!
- Decke die Lage des *inneren Schulterblattrandes* und der *Schulterblattspitze* auf!
- Lege Überschneidungsfolgen an wie z. B. des Halses zum Kinn, des Nackens (Kapuzenmuskel) zum seitlichen Hals (Kopfwender), der Darmbeinschaufel zum äußeren schrägen Bauchmuskel, der Lende (gemeinschaftlicher Rückenstrecker) zur Hüfte usw.

Die Lösung der Aufgabe bei weitgehend linearem Vortrag fordert Sehdisziplin, Abstraktionsvermögen und Bestimmtheit des Gemeinten.

Unbekannter Meister: Sitzender männlicher Rückenakt, o. J.

W. W. Lebedew (1891–1967): Kniender weiblicher Akt von hinten, 1916

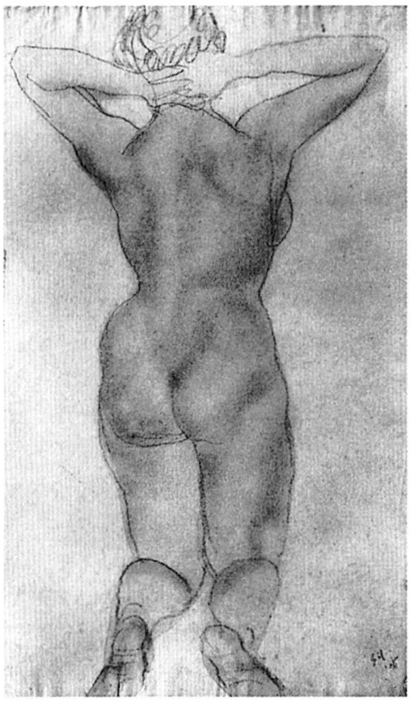

Alfred Stevens (1818–1875): Studien von einer etwas vorgeneigt knienden Frau, o. J.

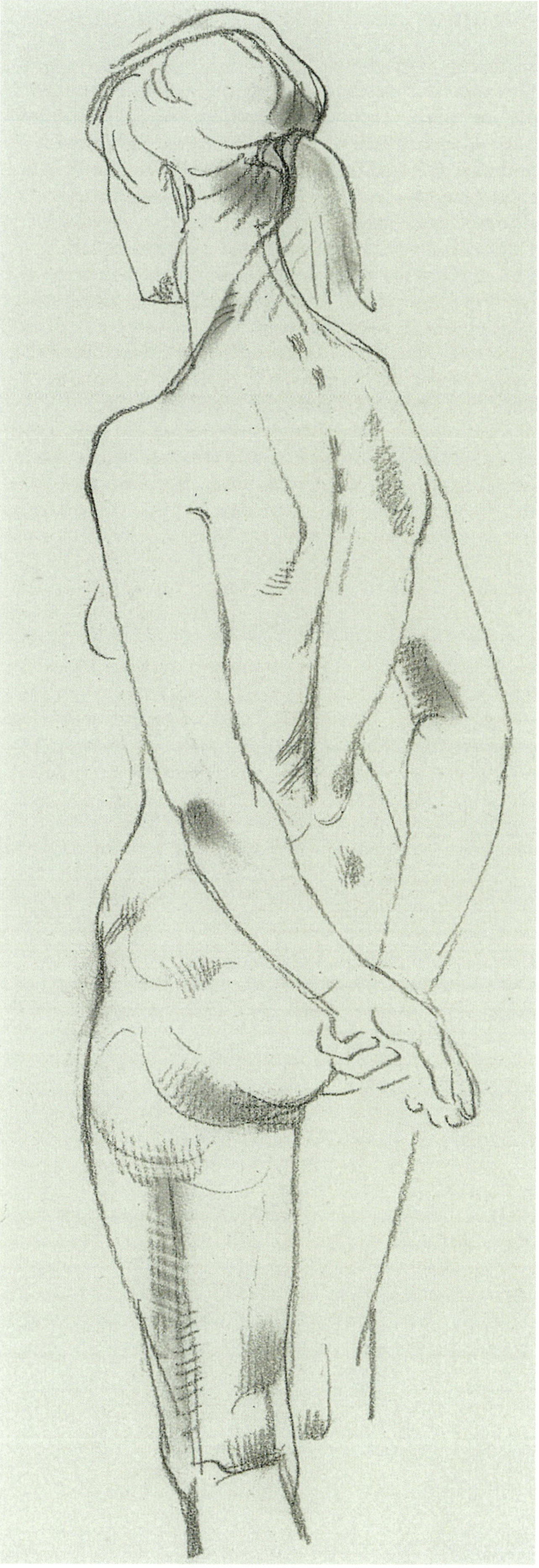

Helmut Heinze (1932): Studie von den Körpervolumina des Mannes in Rückansicht, 1964
Saxton: Studie vom Oberkörper eines Mannes, 1961

Ergänzungen und Übungsempfehlungen

(Seiten 160 bis 165)
Aus Gründen der Abrundung des Bildes vom Rumpf sollen hier vor allem noch der *Deltamuskel* und einige seiner Mit- und Gegenspieler angeführt werden. Er ordnet sich als kompakte Form rings um das Schulterdach an und betätigt *das Schultergelenk (Schulter-Oberarmmuskel)* durch Ansatz an der Oberarmaußenseite.
Die Tafel enthält folgende wichtigste Informationen:
Links oben: Gezeigt wird im Ruhestand eine innere und mittlere Portion, innen- und außenseitig von der Tiefenachse (weiß umrandeter schwarzer Punkt) gelegen, mit der Funktion des Anziehens oder seitlichen Horizontalerhebens des Armes; als Gegenspieler (Heranführen des Armes) ist der *breiteste Rückenmuskel* angedeutet
Rechts: Ein weiterer Anzieher des Armes ist der *große runde Muskel* mit Ursprung an der Schulterblattspitze, der ebenfalls innseitig von der Tiefenachse liegt. Vertikale und horizontale Armerhebung versetzen das Volumen des Deltamuskels in Schwellung ab unterem Rand der Schultergräte und um das Schulterdach herum:
Gesetzmäßige Doppelfaltenbildung (siehe auch Seiten 149, 150a, e)
Links unten: Das Vertikalerheben des Armes versetzt den großen Brustmuskel in Dehnspannung und verdeckt den Deltamuskel größtenteils durch Überschneidung. In gleichem Dehnzustand befindet sich der angedeutete *breiteste Rückenmuskel* (Abschluß der Achselhöhle von hinten). Der obere Oberarm wird also vorder- und rückseitig umschlossen (wichtige Überschneidung!).
Übungsempfehlungen mit folgenden Schwerpunkten:
- Gehe von funktionellem Denken und Deuten aus, um Muskeldehnungen und -ballungen auszudrücken, und verstehe die spannungsvollen Ereignisse in ihren kontrastierenden Bildungen (Seite 148)!
- Arbeite *Räume* heraus, beachte dabei besonders den Variationsreichtum der *Achselhöhle* (Seite 160)!
- Betone beim Emporrecken der Arme und des Oberkörpers das Einsinken der Weichformen (Taille) durch ihre Dehnung und das Sichtbarmachen der *plastischen Kerne* (Seite 162)!
- Mache die entgegengesetzte Tätigkeit, das Hängen des Körpers zwischen den Armstützen bei rückwärtiger Sitzlage, zum entscheidenden und primären Ausdruck (Seiten 163a, 165a)!
- Beachte, daß erst nach diesen Sicherungen ein weiterer differenzierbarer Ausbau der Anlage erfolgen kann (Seiten 163b, 164)!

Die Elementartatsachen wie die Krümmung und das Durchhängen des Rückens sollten strikt ausgedrückt werden in räumlichen Gefällerichtungen (Seite 165).

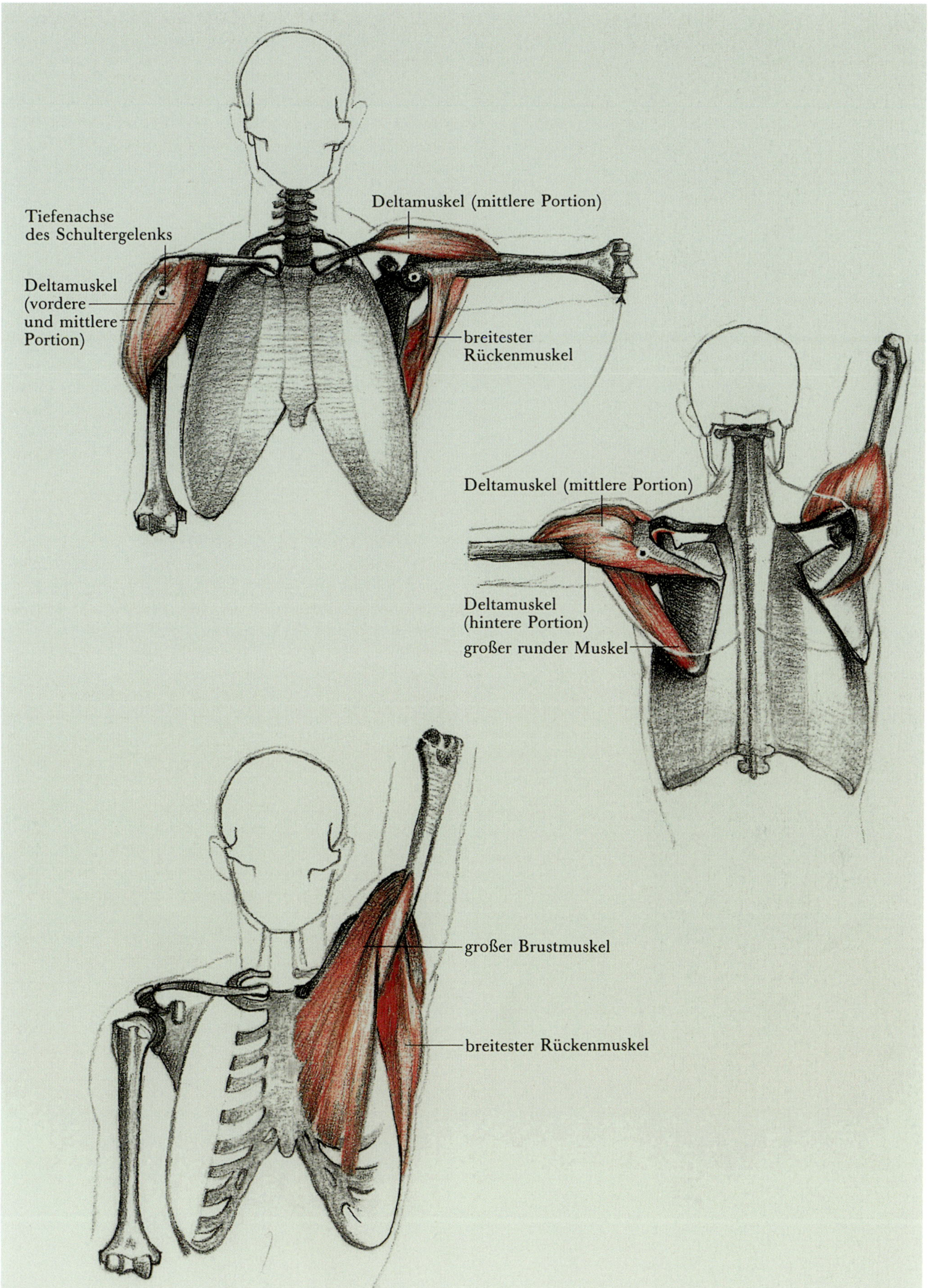
Tiefenachse
des Schultergelenks
Deltamuskel (mittlere Portion)
Deltamuskel
(vordere
und mittlere
Portion)
breitester
Rückenmuskel
Deltamuskel (mittlere Portion)
Deltamuskel
(hintere Portion)
großer runder Muskel
großer Brustmuskel
breitester Rückenmuskel

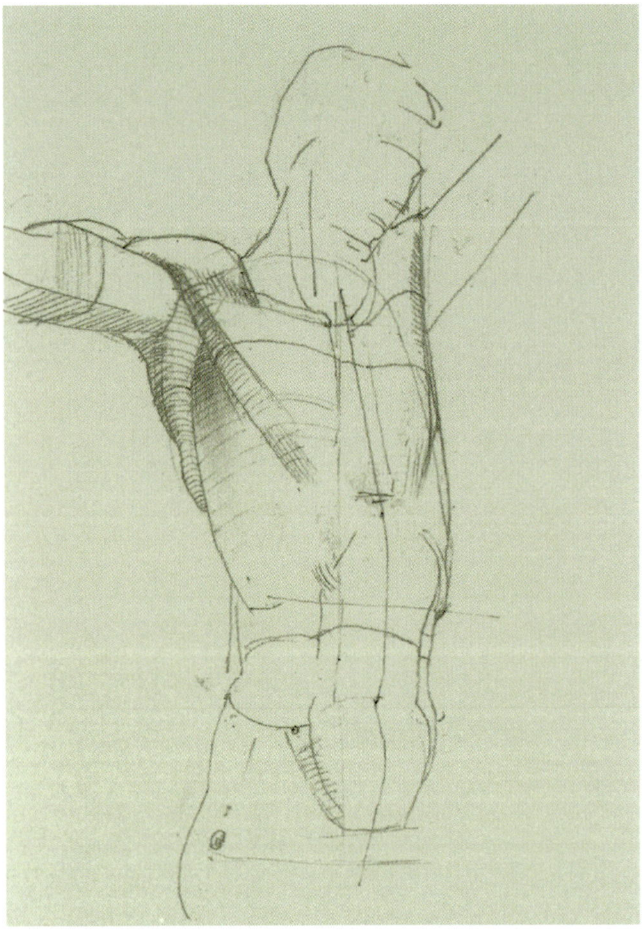
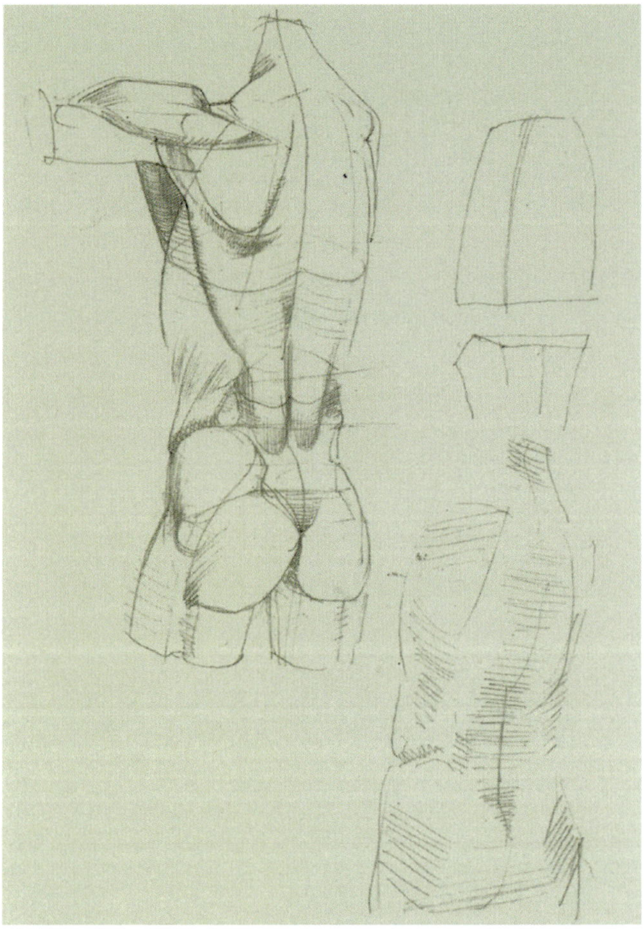
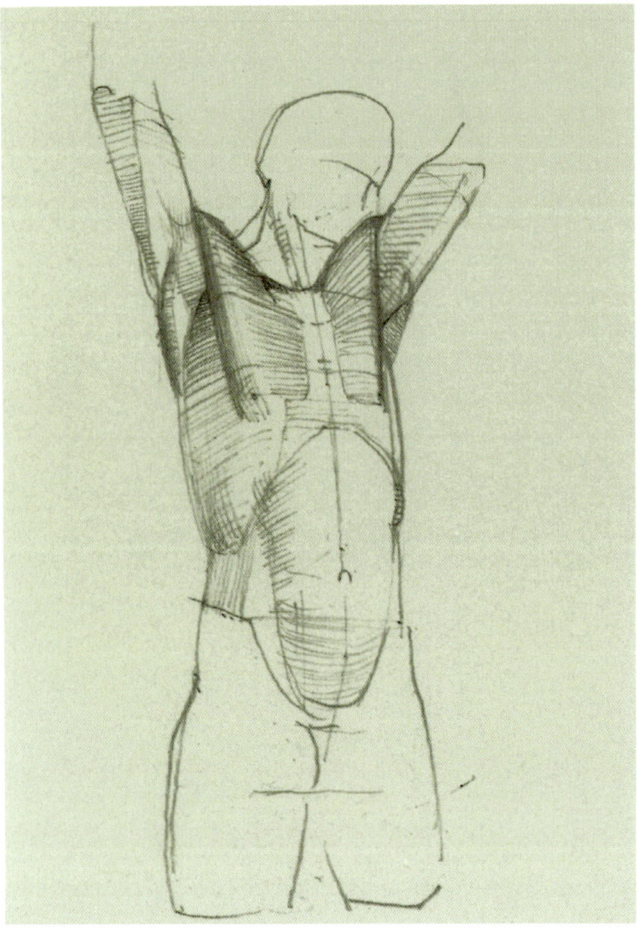
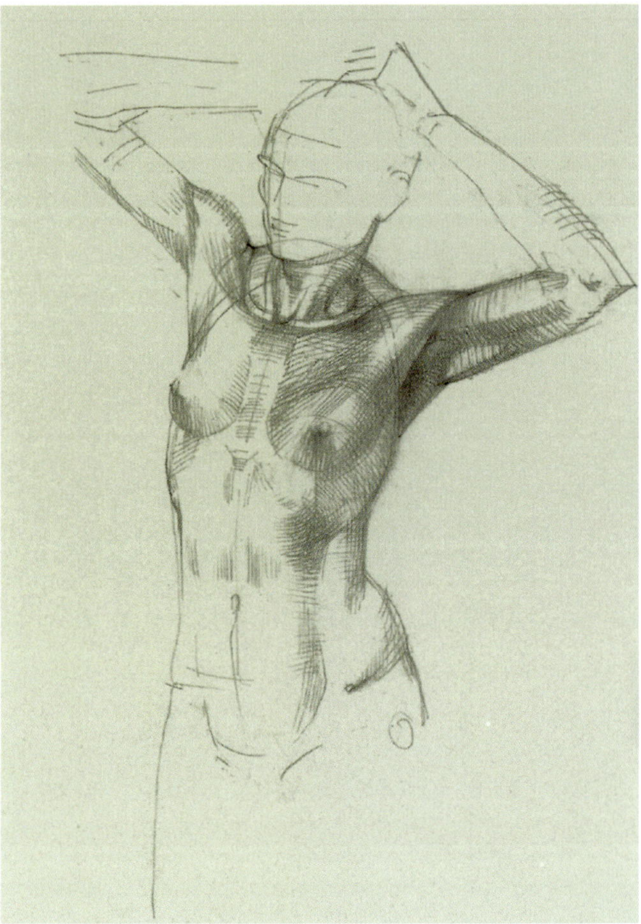

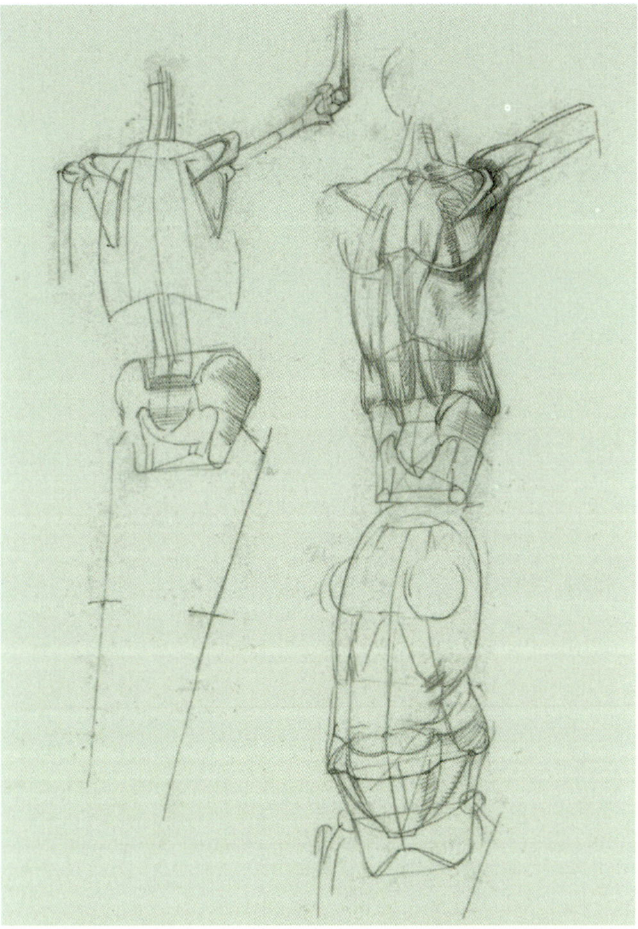
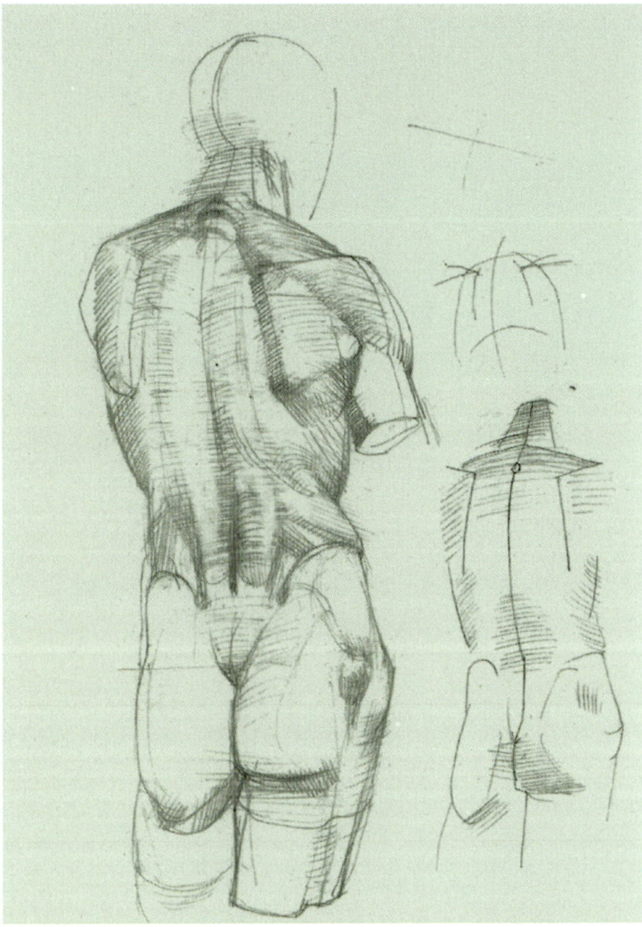
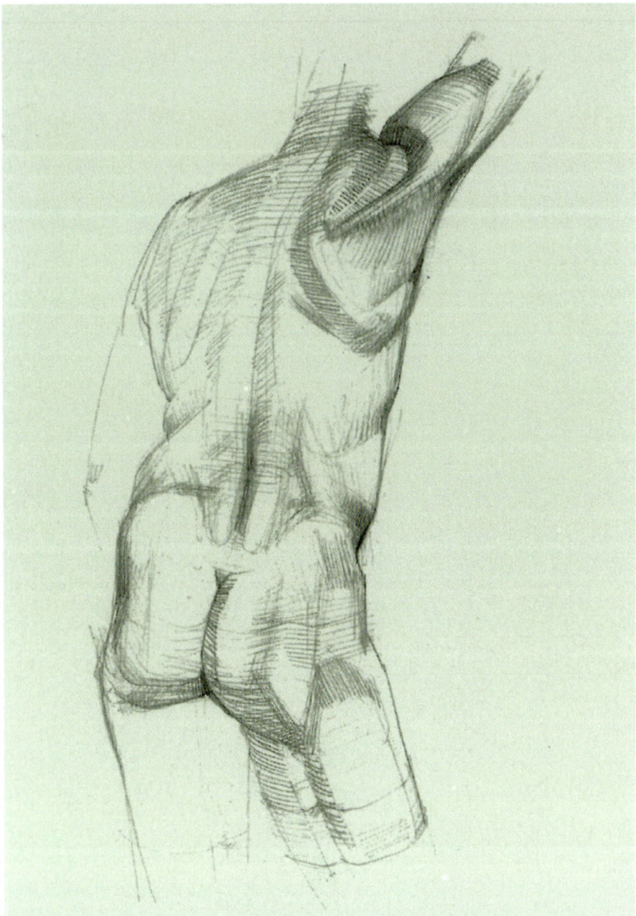
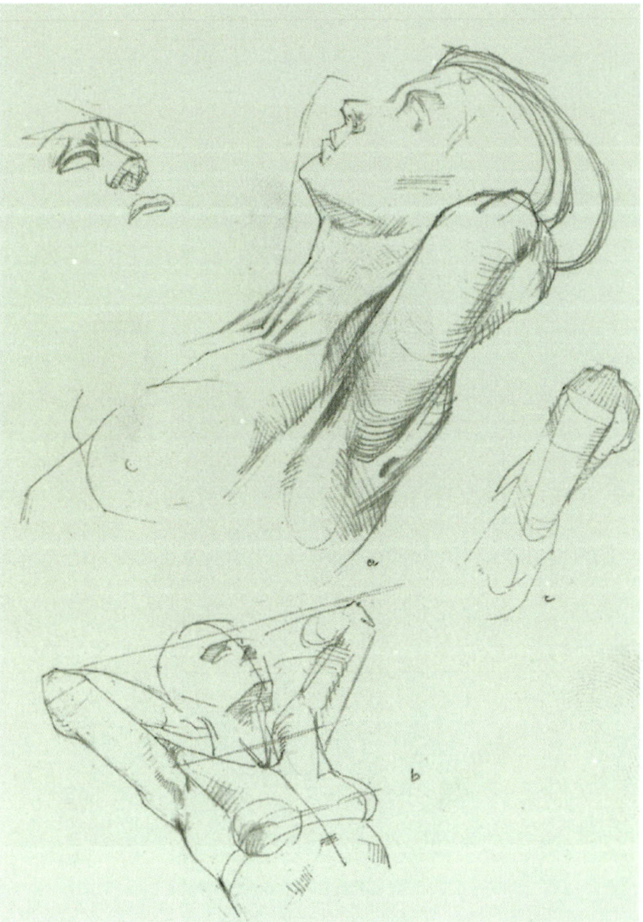
a
c
b

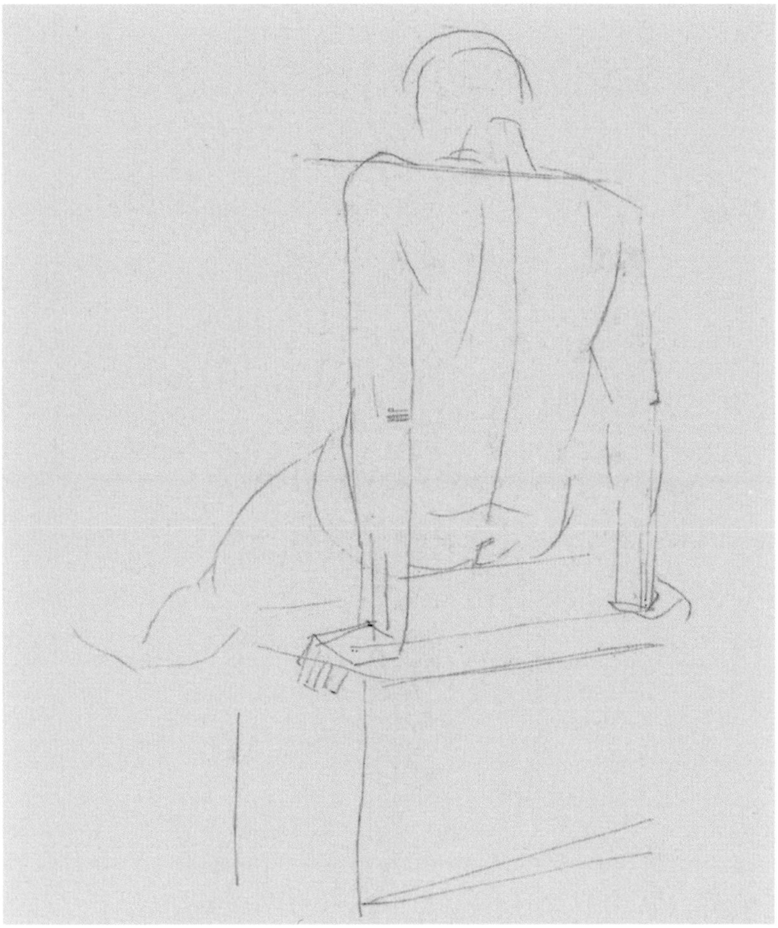

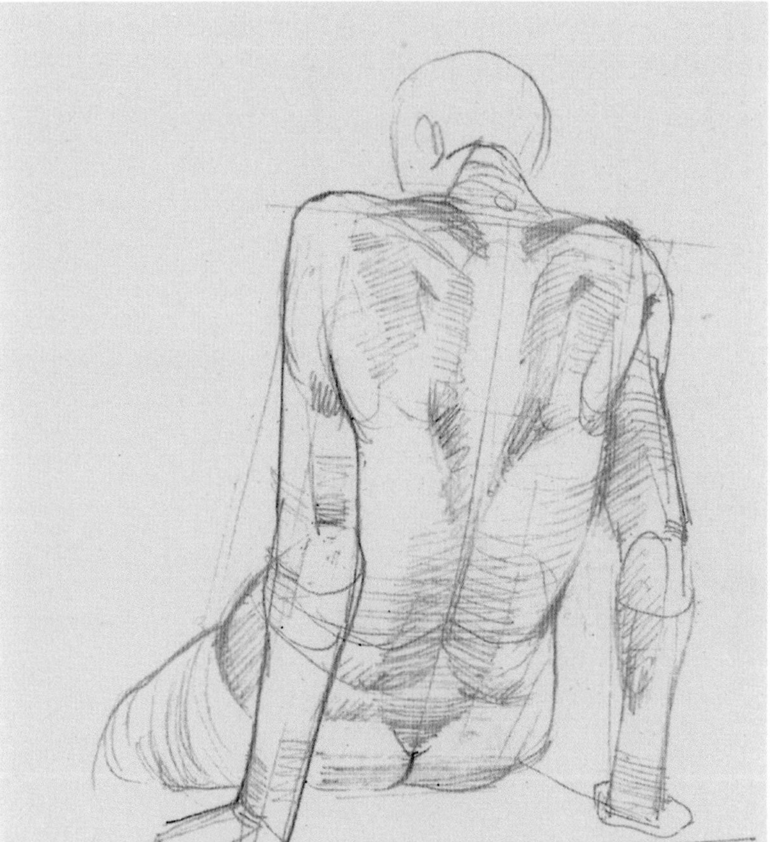

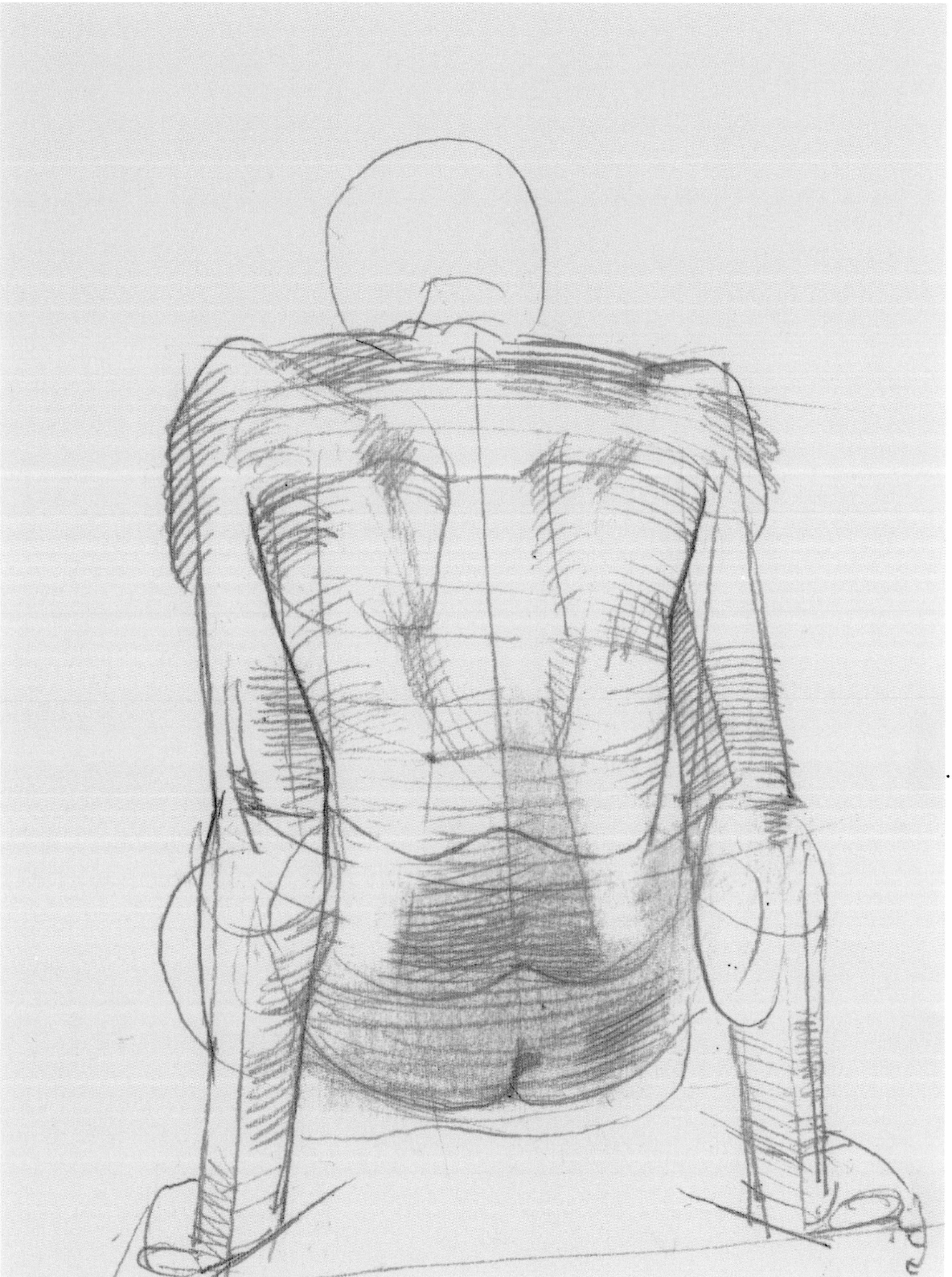

Arm und Hand

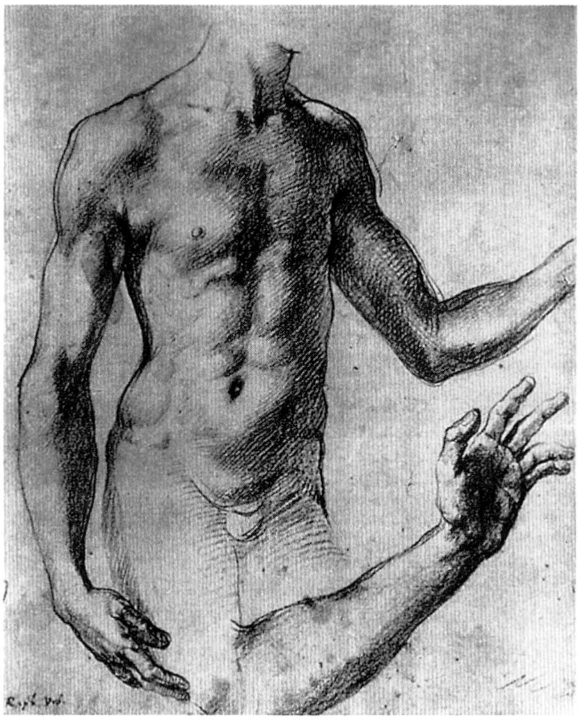

Raffael (1483–1520): Studie vom Torso eines Jünglings, o. J.
William Cadenhead: Sitzende von hinten, mit rechtem Arm aufgestützt, o. J.

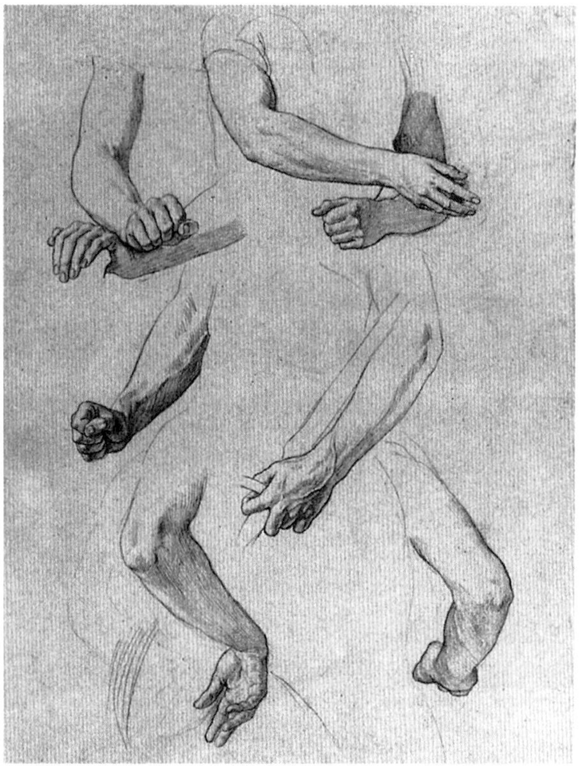

Proportionen und Gesamtkonstruktion des Armes

Der Arm und seine Konstruktion sind die Voraussetzung für den Einsatz der Hand.
Links: Das Armpendel im Verhältnis zum Rumpf
- Es beginnt unmittelbar unter dem Schulterdach.
- Der herabhängende Oberarm verläuft vertikal in Parallelität zur Flanke des Rumpfes.
- Fast genau in Taillenhöhe (= 3. KL ab Scheitel) erfolgt die Abwinklung der Elle gegen den Oberarm nach außen *(Armaußenwinkel)*, gekennzeichnet durch rot gestrichelten Kreisbogen).
- Der Aktionsumfang des Armes wird erweitert durch die Verschiebbarkeit des *Schultergürtels.*
- Die *Oberarmlänge* ist stets länger als der Unterarm.

Rechts: Die Gesamtkonstruktion des Armes einschließlich Schultergürtel
Die Steuerung der Hand erfolgt über doppelt so viele Gelenke wie der Fuß des Beines:
- *Inneres Schlüsselbeingelenk* (Verbindung Brustbeingriff–Schlüsselbein) von kugelgelenkähnlicher Funktionsfähigkeit – *äußeres Schlüsselbeingelenk* (Verbindung von Schlüsselbein und Schultergräte) – Schultergelenk als Kugelgelenk mit 3 Achsen (Verbindung von Schulterpfanne und Oberarmkopf – *Oberarm-Ellengelenk*, ein reines Scharniergelenk (Verbindung der Querwalze des Oberarms mit der Elle) – rumpfnahes und rumpffernes *Ellen-Speichengelenk* als Vorrichtung für die Wendefähigkeit der Hand – das *Handgelenk* (Verbindung vornehmlich der Speiche zur Handwurzel).
- Eine gedachte *gemeinsame Längsachse* (rot ausgezogen) durchläuft den Gesamtarm von der Mitte des Kugelkopfes des Oberarmes zum Zwecke der Innen-Außenrotation des Oberarmes und der Wendung (Supination–Pronation) der Hand. Sie führt über das *Oberarm-Speichengelenk* (Verbindung des Oberarmköpfchens zur Walze der Speiche) zum Walzenkörper der Elle.
- Alle auf der gemeinsamen Längsachse angeordneten Drehgelenke werden gleichzeitig miteinander kombiniert, so kann die Hand eine Wendung von fast 360° ausführen.

Rechts unten: Das *Schultergelenk* unter seinem schützenden Dach mit Einzeichnung seiner Querachse, die das Vor- und Rückschwingen des Oberarmes ermöglicht.
Der *Armaußenwinkel* ist *stets* vorhanden (am deutlichsten bei der Frau und bei Ansicht der Hohlhandseite).

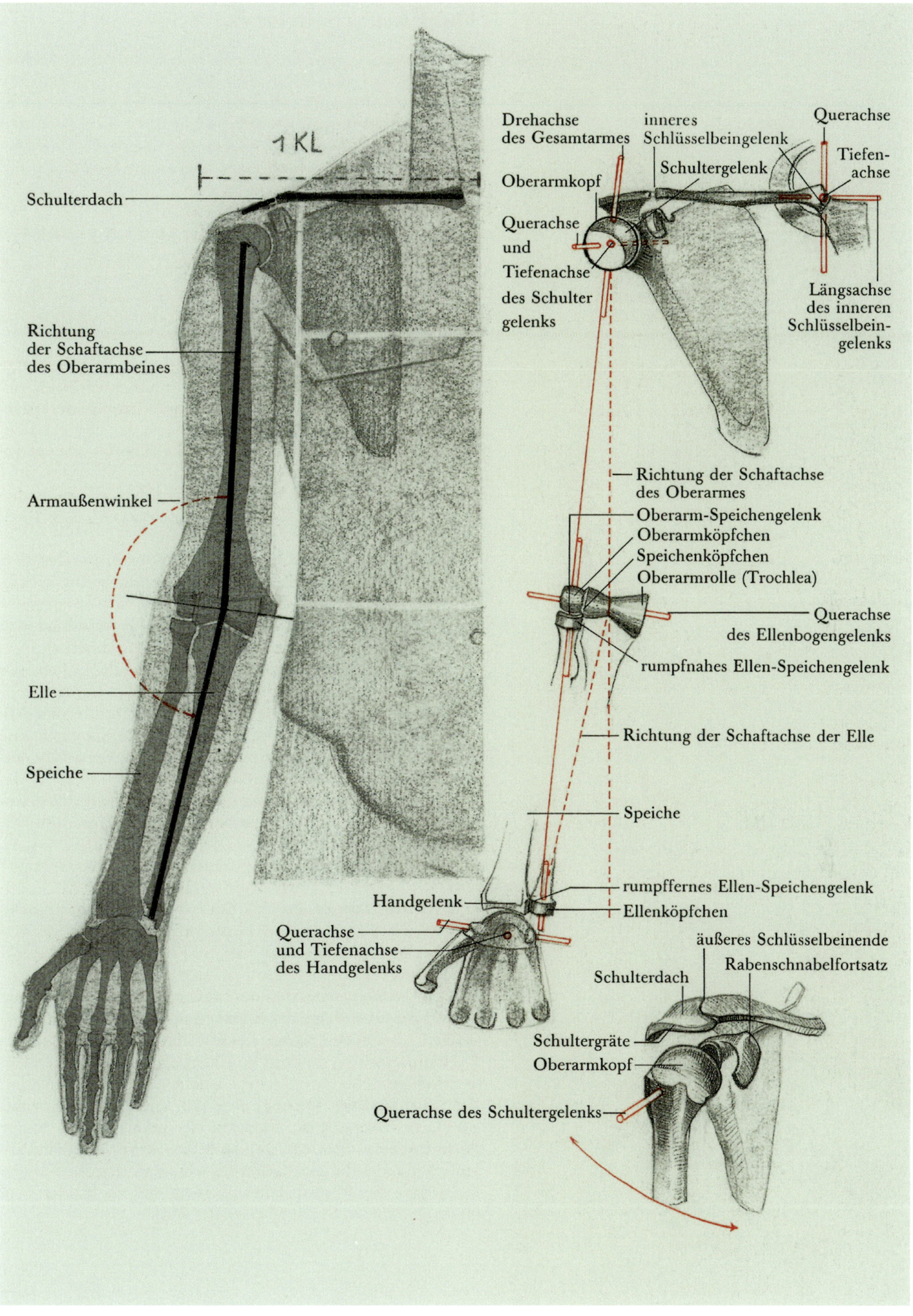
1 KL
Schulterdach
Richtung der Schaftachse des Oberarmbeines
Armaußenwinkel
Elle
Speiche
Drehachse des Gesamtarmes
inneres Schlüsselbeingelenk
Querachse
Tiefen-achse
Schultergelenk
Oberarmkopf
Querachse und Tiefenachse des Schulter gelenks
Längsachse des inneren Schlüsselbein-gelenks
Richtung der Schaftachse des Oberarmes
Oberarm-Speichengelenk
Oberarmköpfchen
Speichenköpfchen
Oberarmrolle (Trochlea)
Querachse des Ellenbogengelenks
rumpfnahes Ellen-Speichengelenk
Richtung der Schaftachse der Elle
Speiche
rumpffernes Ellen-Speichengelenk
Handgelenk
Ellenköpfchen
Querachse und Tiefenachse des Handgelenks
äußeres Schlüsselbeinende
Rabenschnabelfortsatz
Schulterdach
Schultergräte
Oberarmkopf
Querachse des Schultergelenks

D. N. Kardowski: Auf einem Knie und Arm gestützter vorgeneigter weiblicher Akt, 1901–1902
Ludwig von Hofmann (1861–1945): Sitzender weiblicher Rückenakt

Das Ellenbogengelenk (rechts)

Im Gegensatz zum Kniegelenk ist das Ellenbogengelenk ein *kongruentes Gelenk*, bei dem die Formen der Gelenkkörper genau aufeinander abgestimmt sind. Als ein *kombiniertes Gelenk* sind in seiner Gelenkkapsel mehrere Gelenke untergebracht: das *Oberarm-Ellengelenk, das rumpfnahe Ellen-Speichengelenk* und das *Oberarm-Speichengelenk.* Die Tafel informiert über diese Sachverhalte:

a Rückansicht des Gelenks in Streckung
Der *Ellenbogen* steht oberhalb der Querachse und bildet mit dem Beuge- und Streckknorren ein flaches Dreieck.

b Die isoliert dargestellte *Querrolle* (Trochlea) des Oberarms mit ihrer Führungsnut, seitlich das *Oberarmköpfchen* als Widerlager des *Speichenköpfchens*

c Rückansicht des rechtwinklig gebeugten Ellenbogengelenks
Der Ellenbogen ist aus der hinteren *Ellengrube* herausgetreten, so daß jetzt, im Gegensatz zu a, das Dreieck Beugeknorren–Streckknorren–Ellenbogen auf einer ausgeprägten Spitze steht.

d Rückansicht des spitzwinklig gebeugten Gelenks, wobei sich der Ellenbogen selbst in dieser Ansicht dem Blick fast entzieht
Die außenseitige Abfacettierung des Oberarmendes (a, c, d) ist stets frei von Muskelbesatz (Grundlage des *Ellenbogengrübchens*).

e Die *Mechanik des Oberarm-Ellengelenks* in verschiedenen Stellungen des Unterarmskelettes in Profilansicht
Die Beugungs-Streckung erfolgt um die Querrolle (braun, wie b). Die graue Tönung macht die verschiedenen Stellungen des Ellenbogens kenntlich, die den Abbildungen a, c, d entsprechen. Das breite Speichenende nimmt die erste Handwurzelreihe in einer Vertiefung auf (die Elle ist ein wenig kürzer).

f Konstruktive Darstellung des Ellenbogengelenks in räumlicher Ansicht von vorn außen bei annähernd rechtwinkliger Beugung.

Welche plastischen Punkte erzeugt das Ellenbogengelenk?

- Den *Beugeknorren*, der das Ende der Oberarminnenseite und die Knickung der Unterarmrichtung gegen den Oberarm markiert und stets tiefer steht als der Streckknorren
- Den *Streckknorren*, der das außenseitige Oberarmende und die Grundlage des Ellenbogengrübchens darstellt
- Den Ellenbogen, wobei das erwähnte, während der Mechanik sich verändernde Ellenbogendreieck asymmetrisch ist.

Am markantesten zeichnet sich der Ellenbogen in rechtwinkliger Beugung ab, während der er als kantig eckige Form erscheint. Ein Mangel der vielen unverstandenen Ellenbogendarstellungen besteht darin, daß der Ellenbogen in Seiten- wie Rückansicht zu einem spitzen Zapfen von gleichbleibender Stellung gemacht wird.

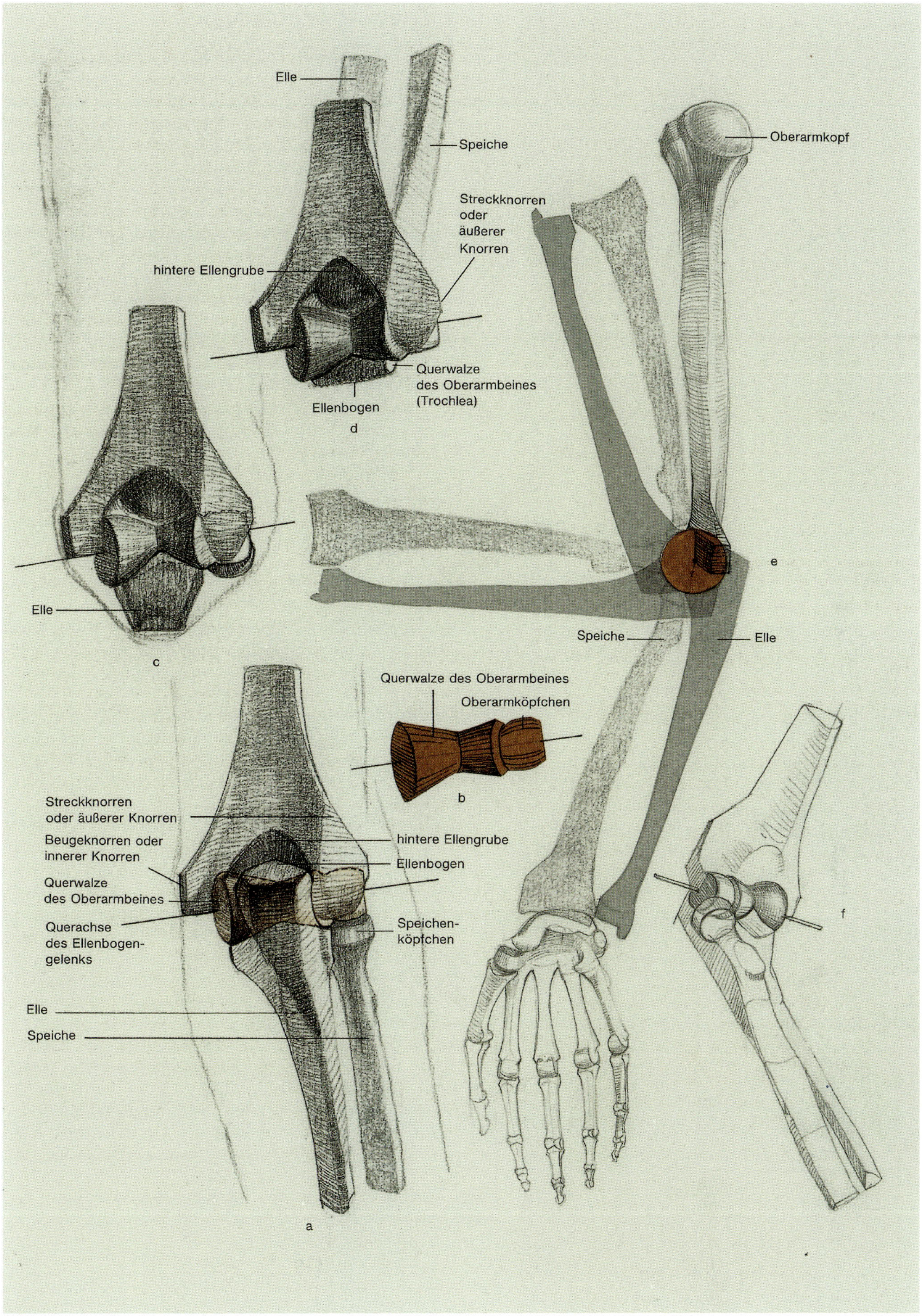
Elle
Speiche
Streckknorren oder äußerer Knorren
hintere Ellengrube
Querwalze des Oberarmbeines (Trochlea)
Ellenbogen
d
Oberarmkopf
Elle
c
e
Speiche
Elle
Querwalze des Oberarmbeines
Oberarmköpfchen
b
Streckknorren oder äußerer Knorren
Beugeknorren oder innerer Knorren
Querwalze des Oberarmbeines
Querachse des Ellenbogengelenks
hintere Ellengrube
Ellenbogen
Speichenköpfchen
Elle
Speiche
a
f

Theodor Grosse (1829–1881): Studie von einem sitzenden weiblichen Akt und von seinem linken Arm, o. J.

Jacopo da Pontormo (1494–1557): Drei Grazien, Studie für eine Komposition, 1535–1536

Der Skelettarm (rechts)

Die Tafel übernimmt die Erfüllung wichtiger Aufgaben: Sie will dem häufigen Anschauungsmangel eines real existierenden Armskelettes abhelfen, zugleich durch die Art der Darstellung geklärte Vorstellungen von den Wechselbeziehungen innerhalb der Form-Funktionseinheit vermitteln und die Folge von komplizierten Formgliedern in ihrer Ordnung und ihren Zusammenhängen nahebringen.

Links: Streckhaltung des Armes in Vorderansicht

- Die Führungsleiste *(Kronenfortsatz)* der Elle ist in die Nut der Querwalze des Oberarms eingepaßt.
- Das *Speichenköpfchen* ist in das Lager der Elle eingepaßt und an das Oberarmköpfchen angepaßt.
- Die Speiche ist nach außen geschlagen, so daß die Hohlhandseite nach vorn weist *(Supination).*
- Der Skeletthandteller ist als Hohlseite eines Gewölbes betont.
- Die *erste und zweite Handwurzelreihe* ist als Komplex zusammengefaßt und in diesem Sinne auch mit der *Basis der Mittelhand* verbunden.
- Durch helle Andeutung des Lebendumrisses werden jene Skelettpartien ablesbar, die die Plastik mitbestimmen.

Mitte: Natürliche Streckhaltung des Armes in Profilansicht

- Elle und Speiche erscheinen in leichter Überkreuzung.
- Die Verbindung des Unterarms zur Hand erfolgt über die breite Form der Speiche, deren daumenseitig gelegener *Griffelfortsatz* eine überaus wichtige plastische Stelle des lebenden Handgelenks bildet.
- Die Speichenrichtung und -facette wird über die Querwölbung der Handwurzel und Mittelhand in dem *Zeigefinger* fortgesetzt. Mit der Feststellung dieser Tatsache wird dem *Daumen* die Rolle einer Nebenform zugewiesen.
- Durch die Stellung der Speiche befindet sich die Hand in einer Mittelstellung zwischen Supination und Pronation.

Rechts: Dieselbe Armansicht, jedoch mit stärkster Überkreuzung von Elle und Speiche:

- Der Handrücken ist in der Pendelrichtung des Armes nach vorn gekehrt (Pronation).
- Die Wendung der Speiche um die Elle nach einwärts läßt das Handgelenk auf der Kleinfingerseite schmal erscheinen.
- Die Unterarmmuskeln, die der Wendung der Speiche folgen müssen, nehmen spiralig verwrungene Form an.
- Der zapfenartige Fortsatz der Elle *(Griffelfortsatz)* erweist sich in allen drei Darstellungen als bedeutender knöchern plastischer Gegenpunkt zum *Griffelfortsatz der Speiche.*

Die wichtige funktionelle Tatsache der Wendung der Hand bedarf noch der elementarisierten Darstellung.

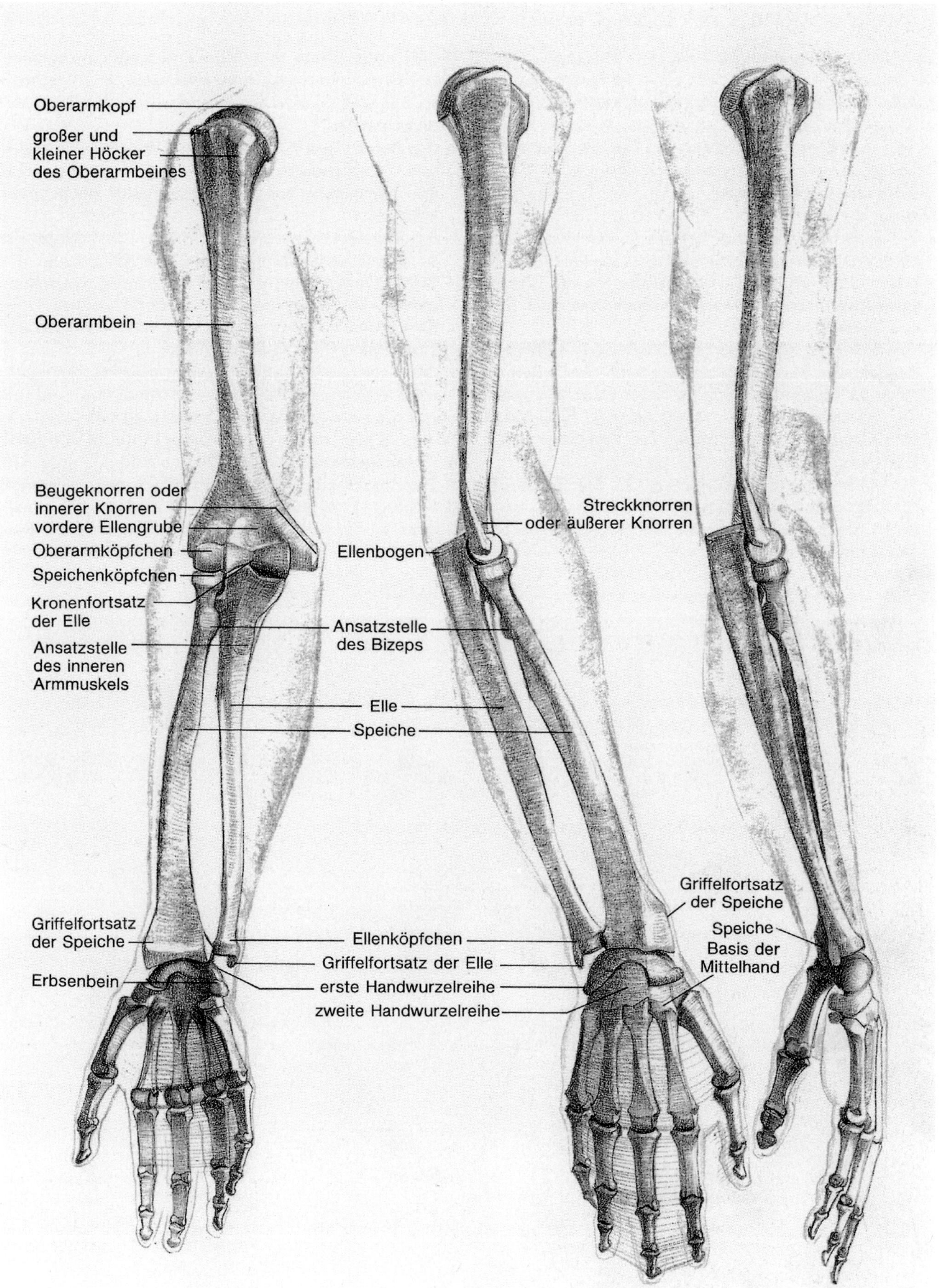
Oberarmkopf
großer und kleiner Höcker des Oberarmbeines
Oberarmbein
Beugeknorren oder innerer Knorren
vordere Ellengrube
Oberarmköpfchen
Speichenköpfchen
Kronenfortsatz der Elle
Ansatzstelle des inneren Armmuskels
Griffelfortsatz der Speiche
Erbsenbein
Streckknorren oder äußerer Knorren
Ellenbogen
Ansatzstelle des Bizeps
Elle
Speiche
Griffelfortsatz der Speiche
Speiche
Basis der Mittelhand
Ellenköpfchen
Griffelfortsatz der Elle
erste Handwurzelreihe
zweite Handwurzelreihe

Elementarisierung des Unterarmskelettes, dessen und des Handgelenks Mechanik

Eine strenge Formvereinfachung des Unterarmskelettes durch Zusammenziehung von Elle und Speiche ist aus folgenden didaktischen Gründen zweckmäßig (a–d):

– Durch das optisch komplexe Zusammenziehen von Elle und Speiche ergibt sich das Bild einer verwringungsfähigen Vierkantform, die die zeichnerische Orientierung erleichtert.

Gezeigt werden:

a die natürliche Elle und Speiche in räumlicher Ansicht von vorn mit Abschluß gegen das Handgelenk (rote Achse: Drehachse der Speiche um die Elle im rumpfnahen und -fernen Ellen-Speichengelenk (linker Unterarm);

b eine komplex abstrahierte Darstellung der gleichen Ansicht und Haltung, wobei die nach oben gekehrte leichte Hohlform auf Supinationsstellung hindeutet;

c die propellerartige Verwringung des Komplexes durch mittelstarke Wendung der Speiche um die Elle (linker Unterarm);

d die vollkommene Überkreuzung der Elle durch die Speiche, dabei ist in Handgelenknähe der Komplex leicht konvex nach der Handrückenseite gewölbt (Pronation, linker Unterarm).

Dieser Vorgang der Wendebewegung um eine gemeinsame Drehachse entspricht etwa dem Türangelprinzip.

Gezeigt werden:

e die Phasen von Supination und Pronation des linken Unterarmskelettes ineinandergezeichnet, einmal der Speichenrücken nach oben, dann nach unten gekehrt;

f das konstruktiv gezeichnete rechte Unterarmskelett in Pronationsstellung, wobei die Querachse des Handgelenks Beugung und Streckung vorstellbar macht, die Achse vom Rücken der Handwurzel zu ihrer Hohlhandseite und das seitliche Abziehen der Hand ellen- und speichenwärts;

g das vereinfachte linke Unterarmskelett mit nach oben gekehrter Hohlhandseite (Supination) und mit in f dargestellten Achsen des Handgelenks.

In der Kombination von beiden Grundbewegungen des Handgelenks, Beugen-Strecken und Ab- und Anziehen, beschreiben die Fingerspitzen eine ellipsoide Bewegung. Tritt damit kombiniert noch die Wendefähigkeit der Speiche um die Elle hinzu, können die Fingerspitzen eine reine Kreisbewegung ausführen.

Albrecht Dürer (1471–1528): Armstudien, 1504

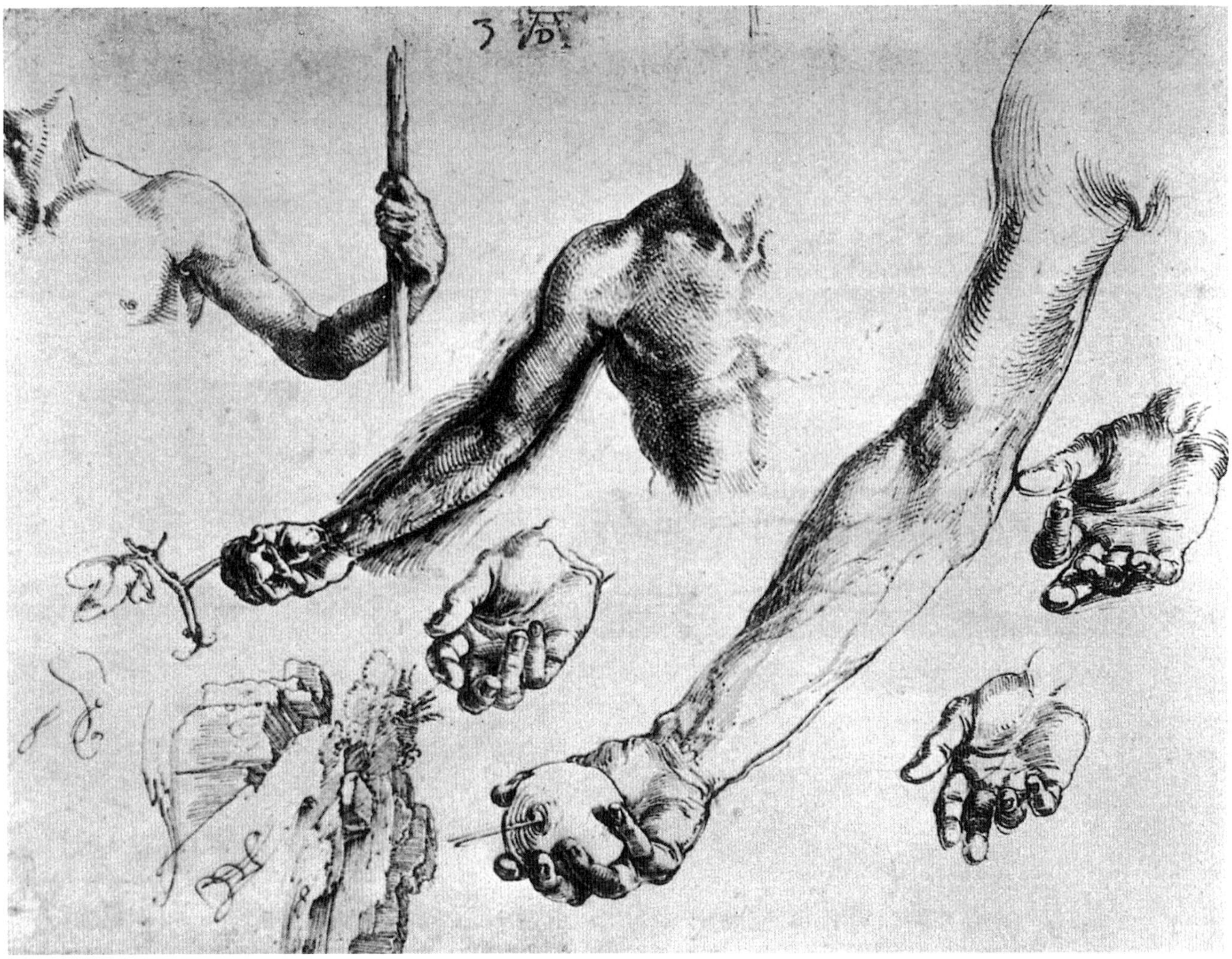

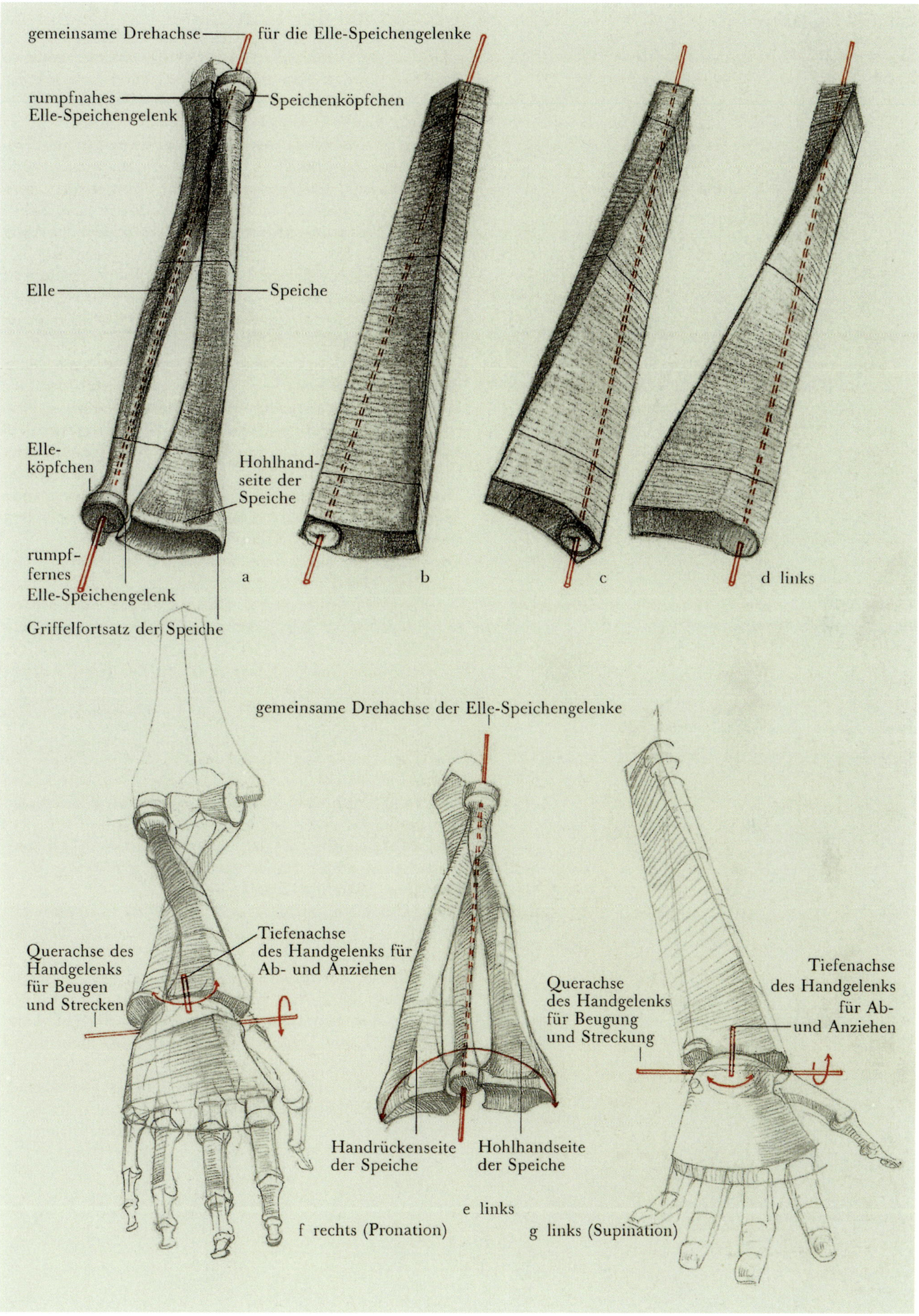
gemeinsame Drehachse für die Elle-Speichengelenke
rumpfnahes Elle-Speichengelenk
Speichenköpfchen
Elle
Speiche
Elle-köpfchen
Hohlhand-seite der Speiche
rumpf-fernes Elle-Speichengelenk
Griffelfortsatz der Speiche
a
b
c
d links
gemeinsame Drehachse der Elle-Speichengelenke
Querachse des Handgelenks für Beugen und Strecken
Tiefenachse des Handgelenks für Ab- und Anziehen
Querachse des Handgelenks für Beugung und Streckung
Tiefenachse des Handgelenks für Ab- und Anziehen
Handrückenseite der Speiche
Hohlhandseite der Speiche
e links
f rechts (Pronation)
g links (Supination)

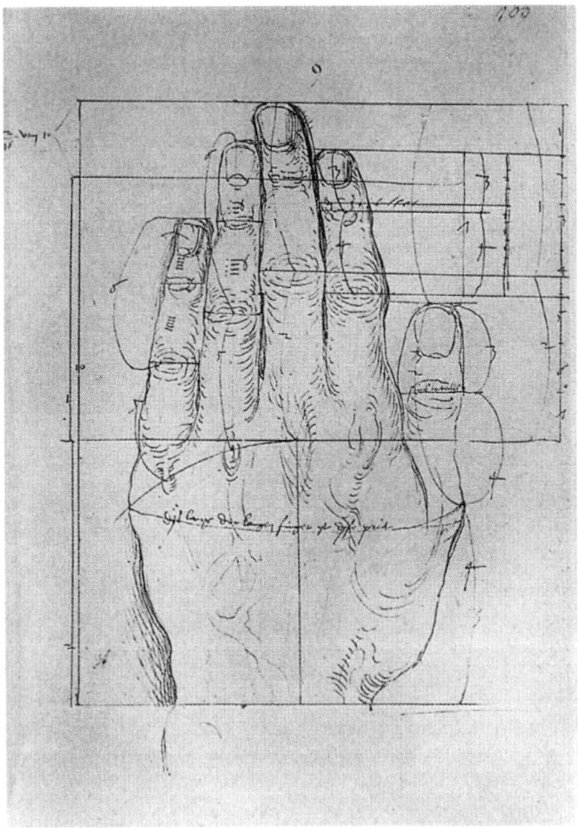

Albrecht Dürer (1471–1528): Proportionsstudien von der linken Hand des Künstlers, um 1513

Nicolas Tassaert (1727–1788): Handstudien, o. J.

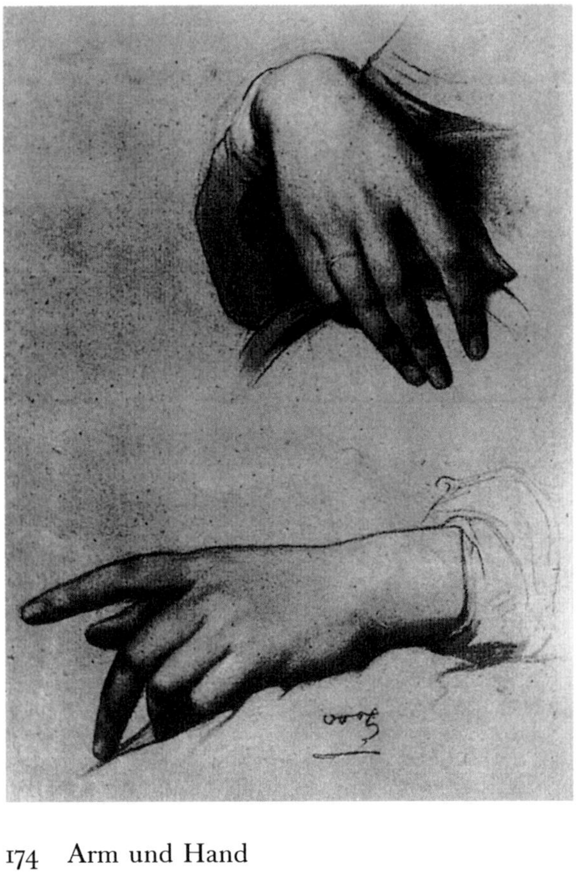

Proportionen der Hand

Das Verfahren, Verhältnisse durch Vergleich von verwandt großen Strecken zu erkunden, bewährt sich auch bei der Hand. Diesen Feststellungen gehen andere wichtigen Erörterungen, z. B. des konstruktiven Aufbaus, voraus.
Die Tafel gibt folgende wichtige Informationen zur Proportionierung der Hand:

- Die Gesamtlänge Handwurzel–Mittelfingerspitze teilt sich in zwei große Abschnitte, deren Mitte vom Köpfchen des Mittelhandknochens des Zeigefingers markiert wird.
- Der längste Mittelhandknochen ist der des Zeigefingers, *nicht* des Mittelfingers.
- *Diese Länge entspricht ziemlich genau der Breite des trapezoiden Mittelhandtellers* ab Mittelhandköpfchen des Zeigefingers bis zu dem des kleinen Fingers (diese gleichlangen Strecken in Rot).
- *Die Breite an der Basis der Mittelhand* (Verbindungslinie zur Handwurzel) *entspricht in der Regel der Länge des Mittelhandknochens* des kleinen Fingers (diese gleichlangen Strecken in Blau).
- Die nach den Fingern sich flächenartig verbreiternde Mittelhand bildet mit ihrem Abschluß einen flachen Bogen, der nach der Kleinfingerseite abfällt.
- Die Finger der Skeletthand erscheinen länger als die der lebenden Hand, da sich zwischen den Grundgelenken der Finger Haut ausspannt. Das bogige Ende der Mittelhand wird erst bei gebeugten Fingergrundgelenken sichtbar.

Über die Gliederung und Konstruktion der Hand werden diese Aussagen gemacht:

- Das *Handquergewölbe* wird bereits in der doppelreihigen *Handwurzel* eingeleitet.
- Die Fortsetzung des Handquergewölbes erfolgt in der *Mittelhand*, wobei der Gewölbescheitel zwischen 2. und 3. Mittelhandknochen, auch an der lebenden Hand, unbedingt zu beachten ist.
- Der *Mittelhandknochen* ist entsprechend dem Quergewölbe angeordnet, daher die radiäre Einfügung jedes einzelnen Mittelhandknochens.
- Demzufolge nimmt auch *jeder Finger* als Fortsetzer der Mittelhand *eine eigene individuelle räumliche Stellung* im Handganzen ein.
- Der *Daumen* mit seinem Sattelgelenk an der Handwurzel nimmt schon von hier an eine fast rechtwinklige Stellung zum Handteller ein, weshalb er die Hand bestreichen kann und sie zu einem *Greifinstrument* macht.
- Außer in den kugelgelenkähnlichen Fingergrundgelenken sind alle übrigen Gelenke reine Scharniergelenke.

Verstehendes Handzeichnen setzt Skelettstudien voraus.

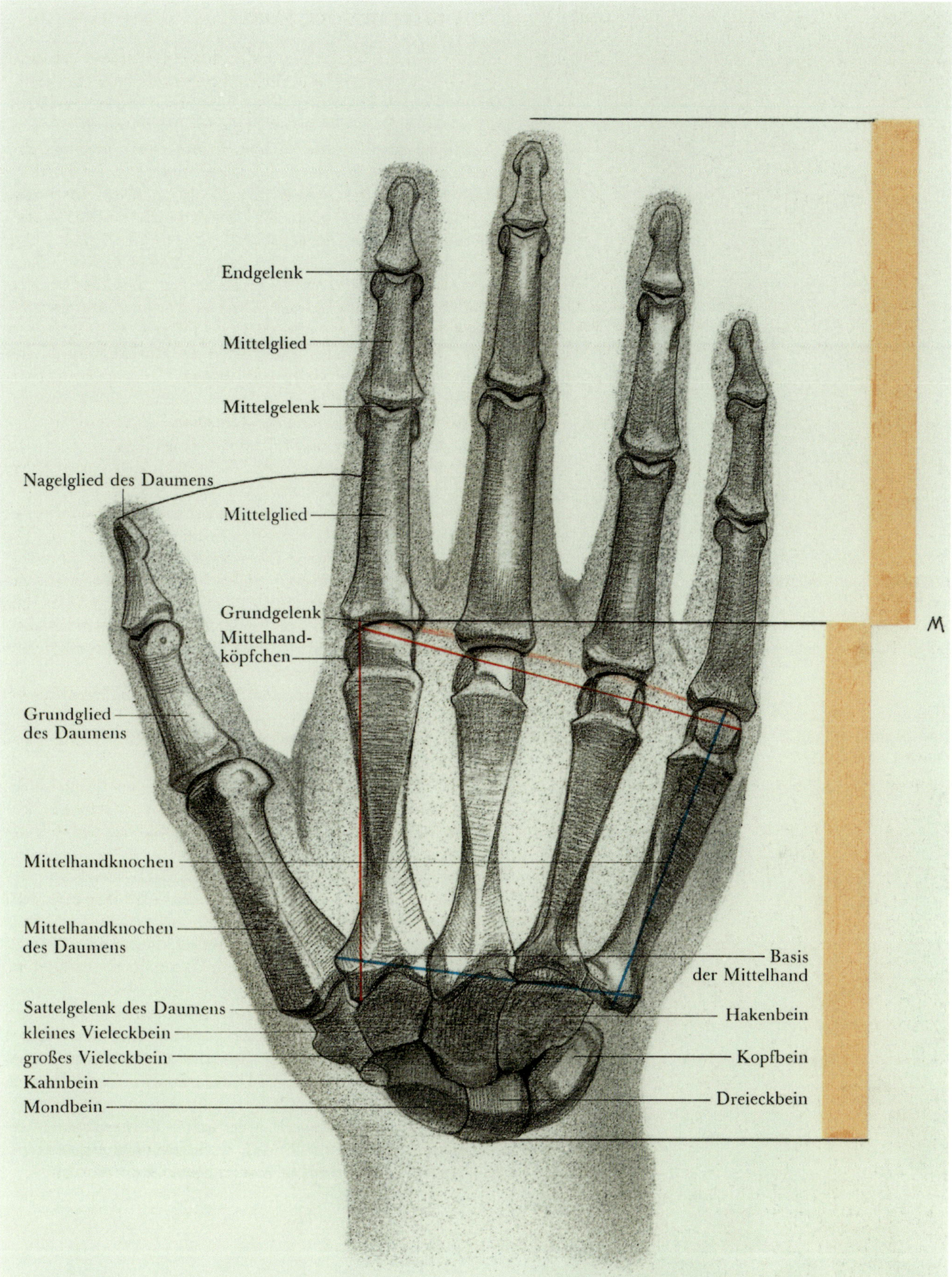
Endgelenk
Mittelglied
Mittelgelenk
Nagelglied des Daumens
Mittelglied
Grundgelenk
Mittelhand-
köpfchen
Grundglied
des Daumens
Mittelhandknochen
Mittelhandknochen
des Daumens
Sattelgelenk des Daumens
kleines Vieleckbein
großes Vieleckbein
Kahnbein
Mondbein
Basis
der Mittelhand
Hakenbein
Kopfbein
Dreieckbein
M

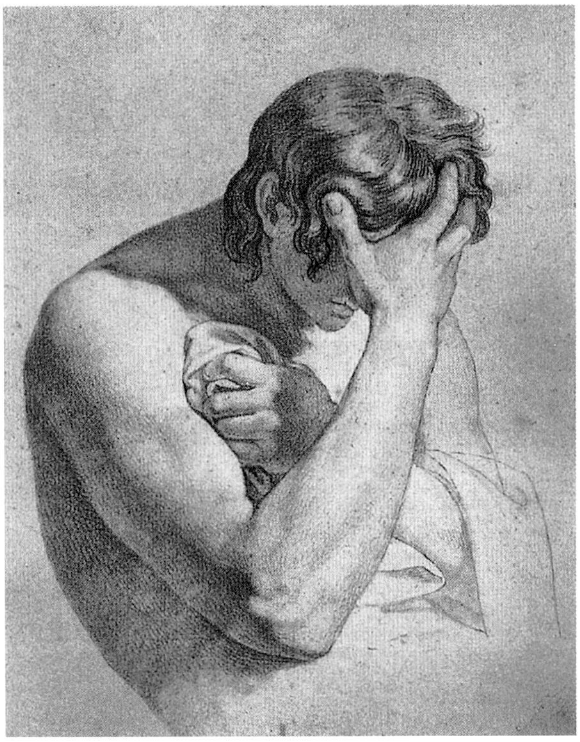

Johann Friedrich Matthaey (1777–1845): Männlicher Oberkörper, die rechte Hand den Kopf stützend, um 1820

Michelangelo Buonarroti (1475–1564): Studien vom Rumpf und rechten Arm eines Mannes zum Jüngsten Gericht, 30er Jahre

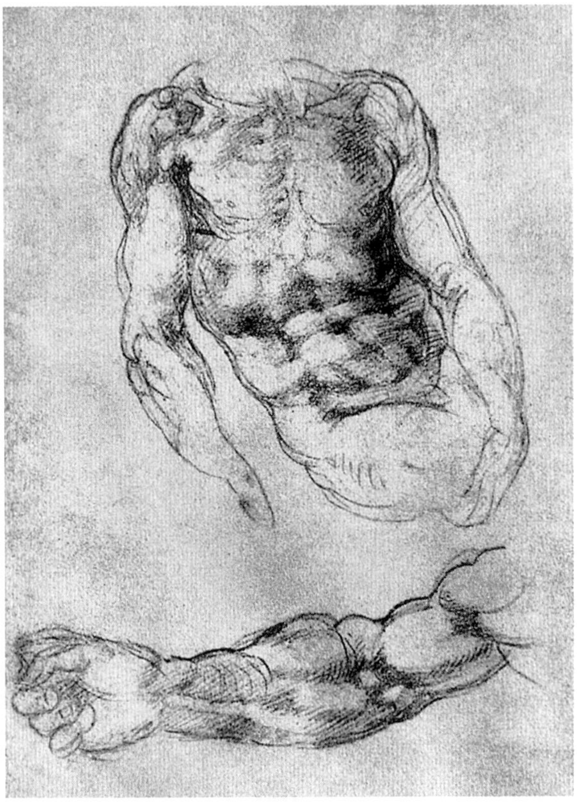

Prinzipdarstellung zur Muskelanordnung an Ober- und Unterarm (rechts)

Für das Verständnis der Volumina an Ober- und Unterarm und deren charakteristische Dimension wirkt orientierend – in Anbetracht einer Vielzahl von Muskeln – ihre Zuordnung zu den *Gelenkachsen* ab Schulter- bis Handgelenk. Hierbei sollen vorerst die *Funktionsgruppen* im Vordergrund stehen, am Oberarm die *Beuger- und Streckergruppe* für das Ellenbogengelenk, am Unterarm die Kräfte für die Betätigung des Handgelenks:

- *vor* der Querachse des Ellenbogengelenks die zwei *Beuger* (Fadenverlaufdarstellung in Rot);
- *hinter* der Querachse die *Strecker* (Fadenverlaufdarstellung in Blau);
- *vor* der Achse des Handgelenks handrückseitig die Strecker (Handdarstellung in Blau);
- *hinter* der Querachse des Handgelenks hohlhandseitig die Beuger (Banddarstellung in Rot).

Zu den Muskeln am Oberarm (linke Darstellung):

- Die beiden Muskelgruppen – Beuger und Strecker – sind durch ihre Lage zur Querachse des *Ellen*bogengelenks *hintereinander* gestaffelt, daher mit großer Tiefendimension und geringer Breitenausdehnung.
- Ihre *Ursprünge* liegen am Schulterblatt (der in zwei Köpfe gespaltene *Bizeps*) und an der Oberarmbeinvorderseite *(innerer Armmuskel).*
- Ihre Ansätze finden sich nahe dem Drehpunkt an der Speiche (Bizeps) und der Elle (innerer Armmuskel).

Zu den Muskeln des Unterarms:

- Der *Ursprung der Handgelenkstrecker* liegt am Streckknorren (außenseitiges Oberarmende), deren *Ansatz* an der Basis des rückenseitigen Handtellers, ellen- und speichenseitig.
- Der *Ursprung der Handgelenkbeuger* liegt am Beugeknorren (innenseitiges Oberarmende), dieser setzt an der hohlhandseitigen Basis der Mittelhand an, ellen- und speichenseitig.

Die Lagebeziehung von Handbeugern und -streckern zur Tiefenachse ermöglicht ihnen außerdem das *Abziehen* der Hand *ellen-* (siehe Nebenzeichnung) und *speichenwärts.* Bei einer Pronationsdarstellung der Hand (linke Abbildung) sind die Handgelenkstrecker dem Betrachter zugekehrt. Bei einer Supination sind sie abgewendet und die Beuger der Hohlhandseite dem Betrachter zugewendet (rechte Abbildung). Diese Tatsache hat die Verwringung der Unterarmmuskeln auf Grund der Speichenstellung zur Folge (wichtig für das Zeichnen des Unterarmvolumens!). Ferner ist zu beachten, daß ihre getrennten Ursprünge auf der Armaußen- und -innenseite eine große Breitendimension und geringe Tiefenausdehnung erzeugen. *Die Dimensionen von Ober- und Unterarm sind daher gegeneinander versetzt.*

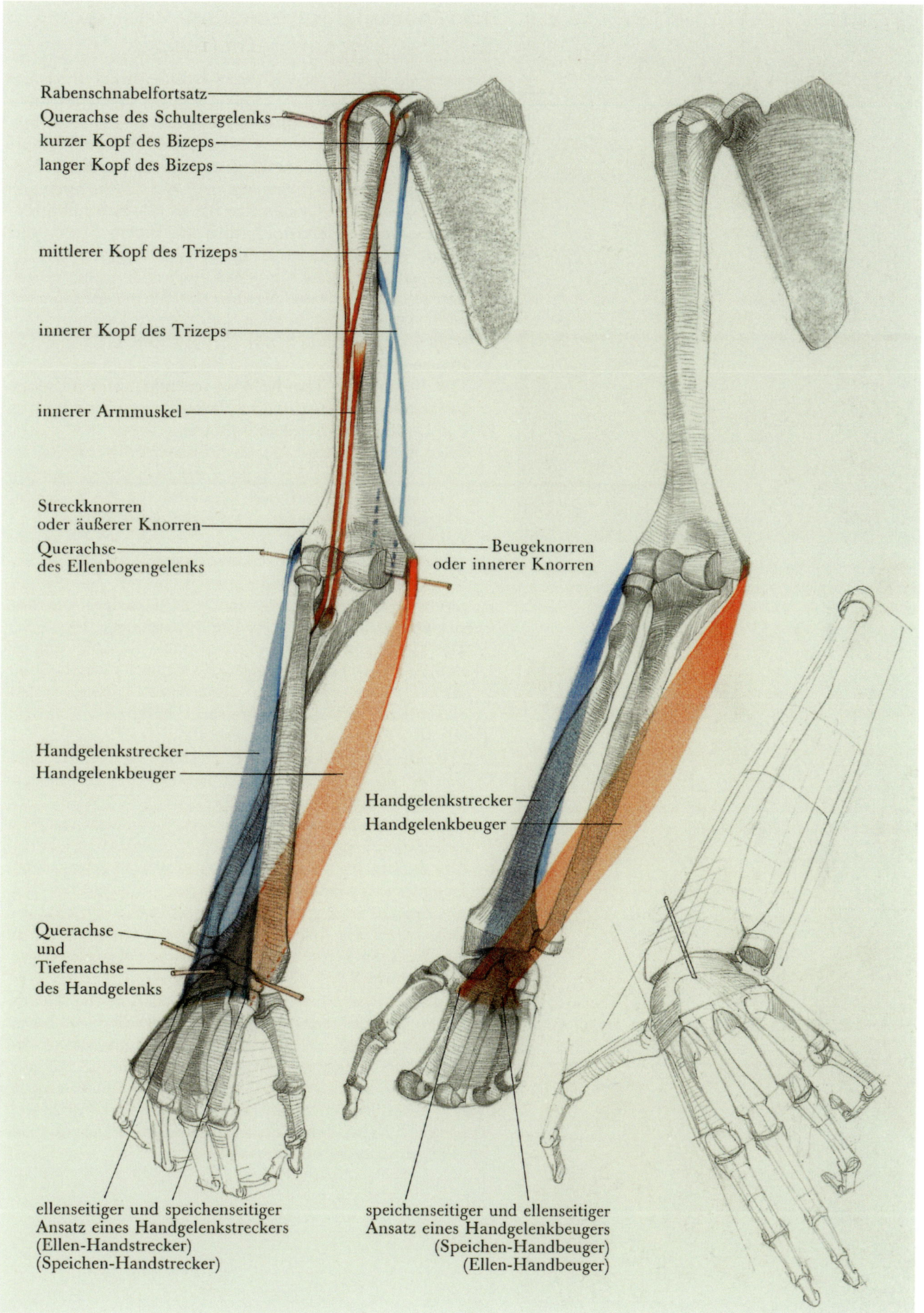
Rabenschnabelfortsatz
Querachse des Schultergelenks
kurzer Kopf des Bizeps
langer Kopf des Bizeps
mittlerer Kopf des Trizeps
innerer Kopf des Trizeps
innerer Armmuskel
Streckknorren
oder äußerer Knorren
Querachse
des Ellenbogengelenks
Beugeknorren
oder innerer Knorren
Handgelenkstrecker
Handgelenkbeuger
Handgelenkstrecker
Handgelenkbeuger
Querachse
und
Tiefenachse
des Handgelenks
ellenseitiger und speichenseitiger
Ansatz eines Handgelenkstreckers
(Ellen-Handstrecker)
(Speichen-Handstrecker)
speichenseitiger und ellenseitiger
Ansatz eines Handgelenkbeugers
(Speichen-Handbeuger)
(Ellen-Handbeuger)

Bartolomeo Bandini Bandinelli (1493–1560): Studien von einem männlichen Halbakt und dessen Händen, o.J.

Julius Schnorr von Carolsfeld (1794–1872): Studien von einem männlichen Oberkörper und vor der Brust zusammengepreßten Fäusten, o.J.

Die Muskulatur des Armes

Das auf Tafel Seite 177 dargestellte Prinzip der Muskelanordnung in Beziehung zu ihren Gelenkachsen wird hier plastisch realisiert:

Links (Vorderseite mit Innenansicht):

- Im Ursprung durch den kompakten *Deltamuskel* verdeckt, treten die beiden Beuger des Ellenbogengelenkes, *Bizeps* und *innerer Armmuskel*, auf der Oberarmvorderseite an die Oberfläche, der Bizeps zuoberst, darunter innen- und außenseitig sichtbar der innere Armmuskel (beide vor ihrer Querachse).
- Dahinter, armrückseitig (siehe auch rechts), findet sich der *dreiköpfige Strecker (Trizeps)* des Ellenbogengelenkes. Man beachte die seitlich zusammengedrückte Form aller Oberarmmuskeln und ihre gemeinsame große Tiefenausdehnung!
- Die Beuger des Handgelenks als massigstes Volumen (mit zentralem Ursprung am Beugeknorren) überqueren das Handgelenk hohlhandseitig, ihr Ansatz liegt an der Basis der Mittelhand (durch das Ringband verdeckt).
- Die plastische Ausfüllung des Zwischenraumes zwischen *Speichen-* und *Ellen-Handbeuger* wird durch die *gemeinschaftlichen oberflächlichen Fingerbeuger* geschaffen.
- Als langer spindelförmiger Muskel legt sich neben die genannten Beuger der *Oberarmspeichenmuskel*, der das Ellenbogengelenk als Beuger gemeinsam mit den obengenannten Beugern bewegt (auch Lastenträger genannt, der *keinen* Einfluß auf das Handgelenk hat).
- Die Tiefenachse des Handgelenks läßt die Ableitung zu, daß der speichenseitig gelegene Beuger zusätzlich zur Abduktion speichenwärts, der ellenseitig gelegene zusätzlich zur Abduktion ellenwärts befähigt ist.

Rechts (Rückseite mit Außenansicht):

- Die Oberarmrückseite wird plastisch bestimmt durch den *Trizeps* (Lage hinter der Querachse des Ellenbogengelenkes, daher dessen Strecker).
- Die Trizepsrückseite ist mit vertieftem, straffem Sehnenspiegel versehen.
- Der Ansatz der *Deltamuskeln* dringt zwischen den beiden Beugern des Ellenbogengelenks ein.
- Im Zwischenraum zwischen dem *Ellen-Handstrecker* und dem *langen und kurzen Speichen-Handstrecker* (Ansätze an der Basis des Mittelhandrückens) liegt der *gemeinschaftliche Fingerstrecker.*
- Unterarminnenseitig wird das Volumen durch den *Ellen-Handbeuger* ergänzt, ein Hinweis auf die funktionelle Unterlegenheit der Handgelenkstrecker gegenüber den Handgelenkbeugern.

Beuger- und Streckergruppe des Unterarms bilden entlang dem Verlauf der Elle eine am lebenden Unterarm stets sichtbare Furche, durch die wir uns über die Lage beider Muskelgruppen informieren können.

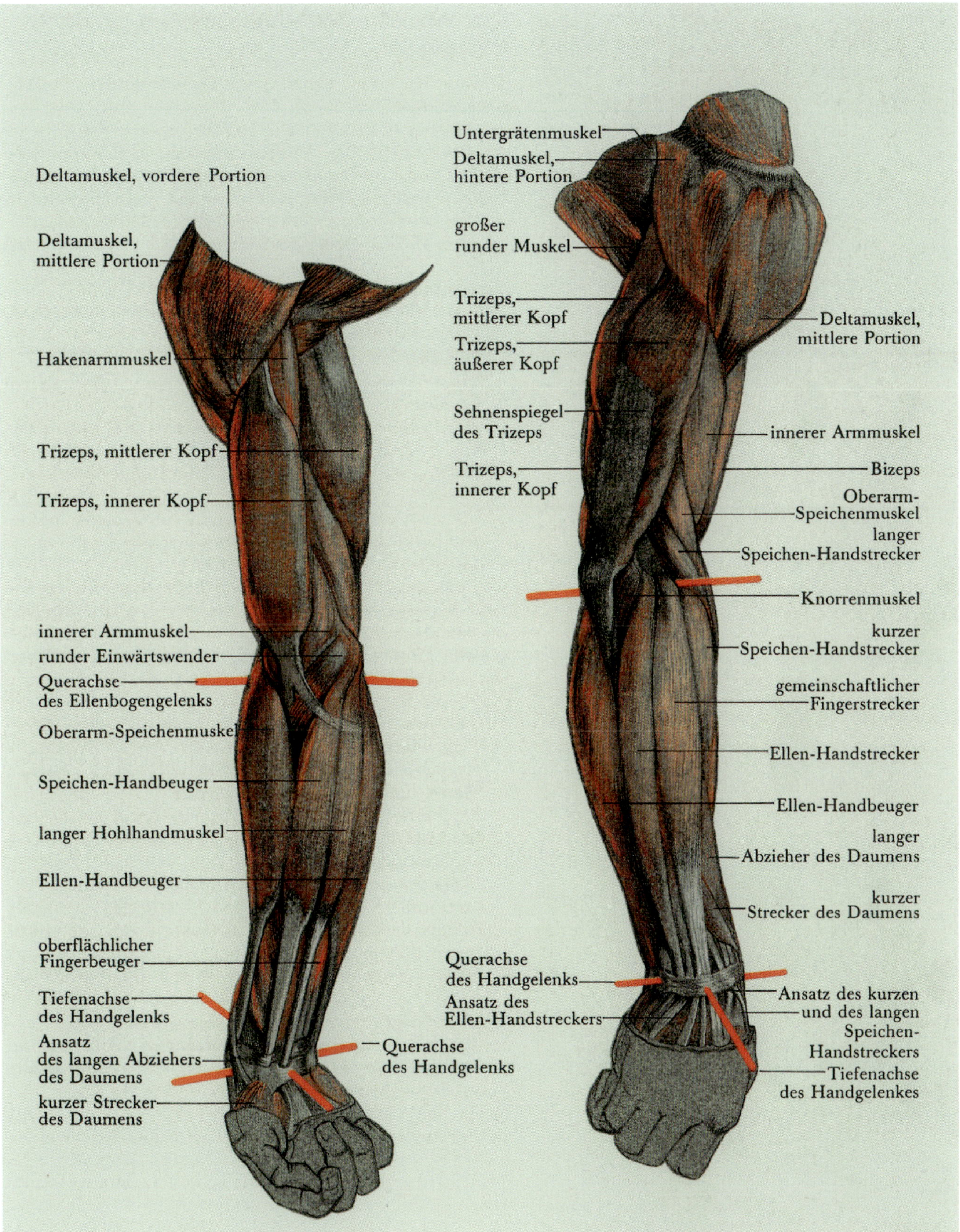

Deltamuskel, vordere Portion
Deltamuskel, mittlere Portion
Hakenarmmuskel
Trizeps, mittlerer Kopf
Trizeps, innerer Kopf
innerer Armmuskel
runder Einwärtswender
Querachse des Ellenbogengelenks
Oberarm-Speichenmuskel
Speichen-Handbeuger
langer Hohlhandmuskel
Ellen-Handbeuger
oberflächlicher Fingerbeuger
Tiefenachse des Handgelenks
Ansatz des langen Abziehers des Daumens
kurzer Strecker des Daumens
Querachse des Handgelenks
Untergrätenmuskel
Deltamuskel, hintere Portion
großer runder Muskel
Trizeps, mittlerer Kopf
Trizeps, äußerer Kopf
Sehnenspiegel des Trizeps
Trizeps, innerer Kopf
Deltamuskel, mittlere Portion
innerer Armmuskel
Bizeps
Oberarm-Speichenmuskel
langer Speichen-Handstrecker
Knorrenmuskel
kurzer Speichen-Handstrecker
gemeinschaftlicher Fingerstrecker
Ellen-Handstrecker
Ellen-Handbeuger
langer Abzieher des Daumens
kurzer Strecker des Daumens
Querachse des Handgelenks
Ansatz des Ellen-Handstreckers
Ansatz des kurzen und des langen Speichen-Handstreckers
Tiefenachse des Handgelenkes

Hermann Prell (1854–1922): Studie zu einer Walküre, 1896

Peter Paul Rubens (1577–1640): Studien von Armen und Händen, o. J.

Die von den Funktionsgruppen gebildete Armplastik

Die auf den Tafeln Seite 177 und 179 vorgeführten Muskelanordnungen und plastischen Formen werden hier dadurch ergänzt, daß die Muskeln, die im einzelnen zu einer Gruppe gemeinsamer Tätigkeit gehören, als Einzelmuskeln im Volumen der Funktionsgruppe untergehen. Der didaktische Zweck der Darstellungsweise will dadurch nochmals das Verständnis für die unterschiedlichen Dimensionierungen der Muskelvolumina an Ober- und Unterarm verstärken:

Tafel Seite 181 a:

Der herabhängende Arm in zwei verschiedenen Ansichten mit folgenden Dimensionswechseln:

- *Querdimension* des Deltamuskels;
- *Tiefendimension* von Beugern (rot) und Streckern am Oberarm (blau);
- *Querdimension* von Handgelenkbeugern (rot) plus -streckern (blau), wobei diese Querdimension besonders verstärkt ist durch den Oberarm-Speichenmuskel (braun);
- Unterschiedlichkeit des Volumens von Beugern (besonders deutlich in der rechten Darstellung), Überlegenheit der Beuger der Hand- und Fingergelenke.

Die Volumina von Streckern und Beugern verstreichen – besonders auf der Unterarmrückenseite – schon oberhalb des Handgelenks. Dadurch übernimmt das vierkantig dargestellte Unterarmskelett die plastische Führung, es dringt jetzt zwischen Beugern und Streckern an die Oberfläche.

Tafel Seite 181 b:

Die Korrekturstudien vom erhobenen Arm konzentrieren sich auf folgende Schwerpunkte:

- Herausarbeitung des *strukturellen Wechselspiels* zwischen Skelett- und Muskelformen (Mitte)
- Beachtung der *funktionellen Vorgänge* des Armerhebens: Stauung des armerhebenden Deltamuskels mit Stauungsform am Schulterdach
- *Dimensionierung* des Oberarmvolumens als schmale Vierkantform
- Herausarbeitung des *Muskelkonus* am Unterarm, besonders in Ellenbogennähe
- *Funktionsgruppen* am Unterarm (links) in farbiger Trennung
- Darstellung desselben Sachverhaltes in halb elementarisierter Darstellungsweise, wodurch das Herausstrecken des Unterarm-Skelettvierkantes aus seiner Umlagerung durch Beuge-Streckgruppen hervorgehoben wird.

Damit sind die Grundzüge angedeutet, unter denen die zeichnerischen Armstudien betrieben werden.

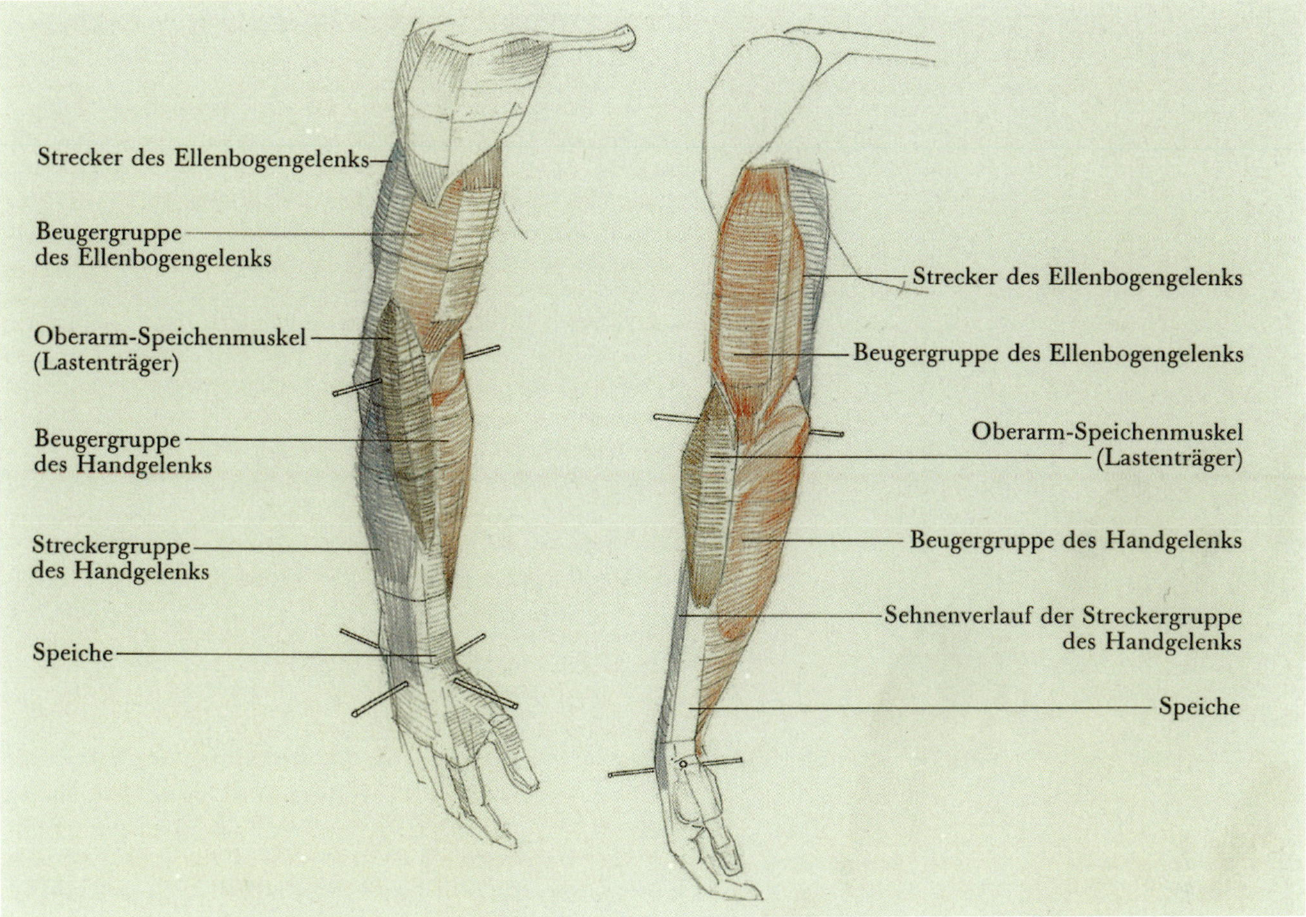
Strecker des Ellenbogengelenks
Beugergruppe des Ellenbogengelenks
Oberarm-Speichenmuskel (Lastenträger)
Beugergruppe des Handgelenks
Streckergruppe des Handgelenks
Speiche
Strecker des Ellenbogengelenks
Beugergruppe des Ellenbogengelenks
Oberarm-Speichenmuskel (Lastenträger)
Beugergruppe des Handgelenks
Sehnenverlauf der Streckergruppe des Handgelenks
Speiche

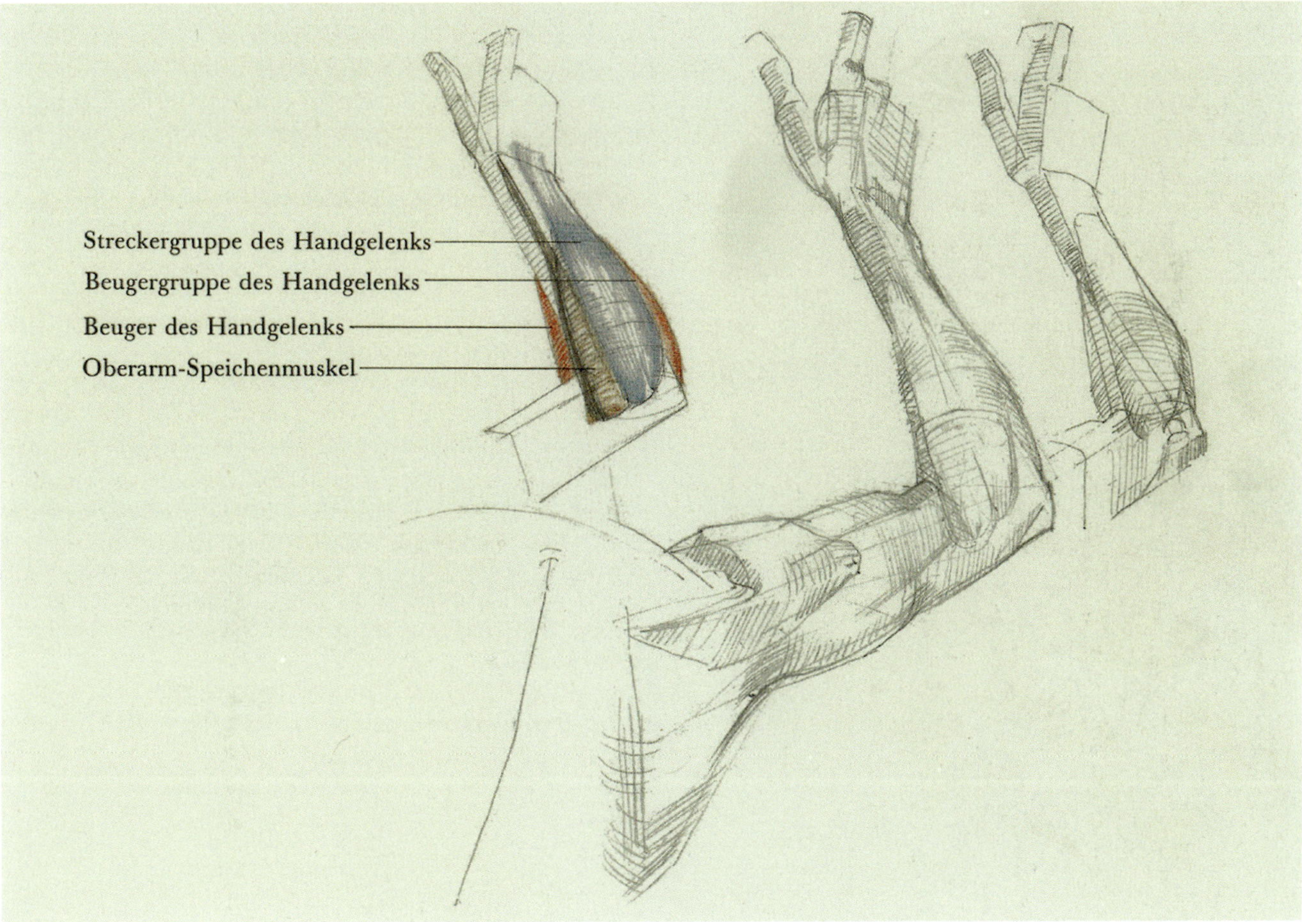
Streckergruppe des Handgelenks
Beugergruppe des Handgelenks
Beuger des Handgelenks
Oberarm-Speichenmuskel

Käthe Kollwitz (1867–1945): Zwei Händestudien, 1924

Josef Hegenbarth (1884–1962): Meine Hände, Anfang der 40er Jahre

Übungsempfehlungen zum Gesamtarm

(Seiten 183 bis 189)
Die didaktische Struktur der vorangegangenen Sachinformationen ist – wie könnte es anders sein – die Grundlage des Erfassens der Armarchitektur und ihres funktionellen Ausdrucks. Es gibt keine Aktion des Armes, auch nicht des ruhig hängenden, in der der Zustand von Aktivität oder Passivität nicht nach der adäquaten Expression verlangte:

- Erfasse in primärer Anlage mit den *Richtungen* die Art der Aktion, der *Lage im Raum* und der Zusammenhänge (Seite 183a, b), danach erst Aufschichtung der Nebenformen!
- Kennzeichne mit dem Erfassen der *Dimensionen der Volumina* auch ihre räumlichen Richtungen (Seite 184a, b, c, d)!
- Erleichtere dir bei schwierigen räumlichen Situationen (Verkürzungen, räumlich verschiedene Lagen der einzelnen Armabschnitte im Raum) die Selbstverständigung durch Elementarisierung (Seite 185a, b, c, d)!
- Habe bei räumlichen Vorstößen von Arm und Hand auf den Betrachter zu den Mut zur *Größenzunahme* in der vordersten Raumzone (Seite 186a, b, d)!
- Probiere an dir selbst die Modellhaltung des Armes mit voller Aufmerksamkeit auf die sich abspielenden *funktionellen Vorgänge* aus: z.B. Was tut der Unterarm, wenn er seitlich eingestemmt wird, wie muß ich die Einwärtsdrehung des Unterarms und die Verwringung seiner Muskeln ausdrücken (Seiten 186c, 187b, c)?
- Versäume nicht, Wissen und Fertigkeiten in vorstellungsgebundenen Entwürfen zu testen (Seite 187a)! Worin habe ich Klarheit, worin noch nicht?
- Erfasse den Arm nicht nur für sich, sondern untersuche ihn auch in seinen Übergängen und *Verbindungen zum Rumpf* (Seiten 187d, 188, 189)!
- Zeichne die Formen, gleich in welchem Abschnitt, besser straff als zu unverbindlich weichlich und verschliffen!
- Betone die Gelenkpunkte in ihrer Kantigkeit (Seite 185a, b und andere), statt aus dem Arm runde »Gummiwürste« zu machen!
- Achte immer darauf: Die Volumina sitzen nie in der Mitte eines Abschnittes, sondern verlagern ihre Masse stets zum rumpfnächsten Drehpunkt (Peripherieentlastung)!
- Setze den Armbeginn am Schulterdach räumlich zurück im Verhältnis zur Lage des Brustbeins!

Nochmals: *In jedem Falle das Verhalten des Armes etwas ganz Bestimmtes ausdrücken lassen:* Er hängt, stemmt, stützt, greift nach oben, hält sich fest, führt einen Gegenstand, berührt, tastet, ruht aus.
Welche Ansichtsflächen bietet er dabei dar?
Auch der gering erscheinenden Ansichtsfläche (z.B. am Ellenbogen) nachgehen!

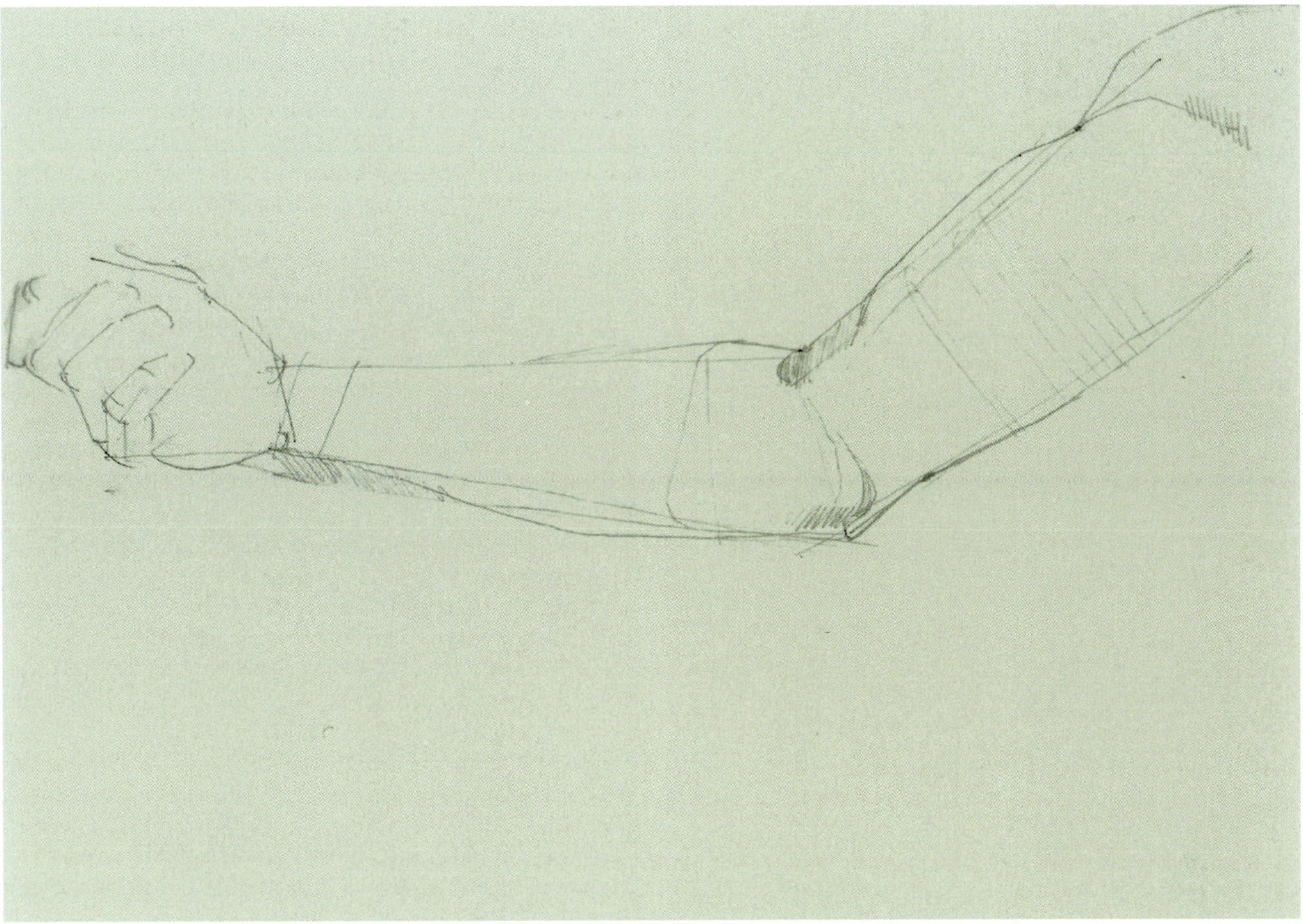

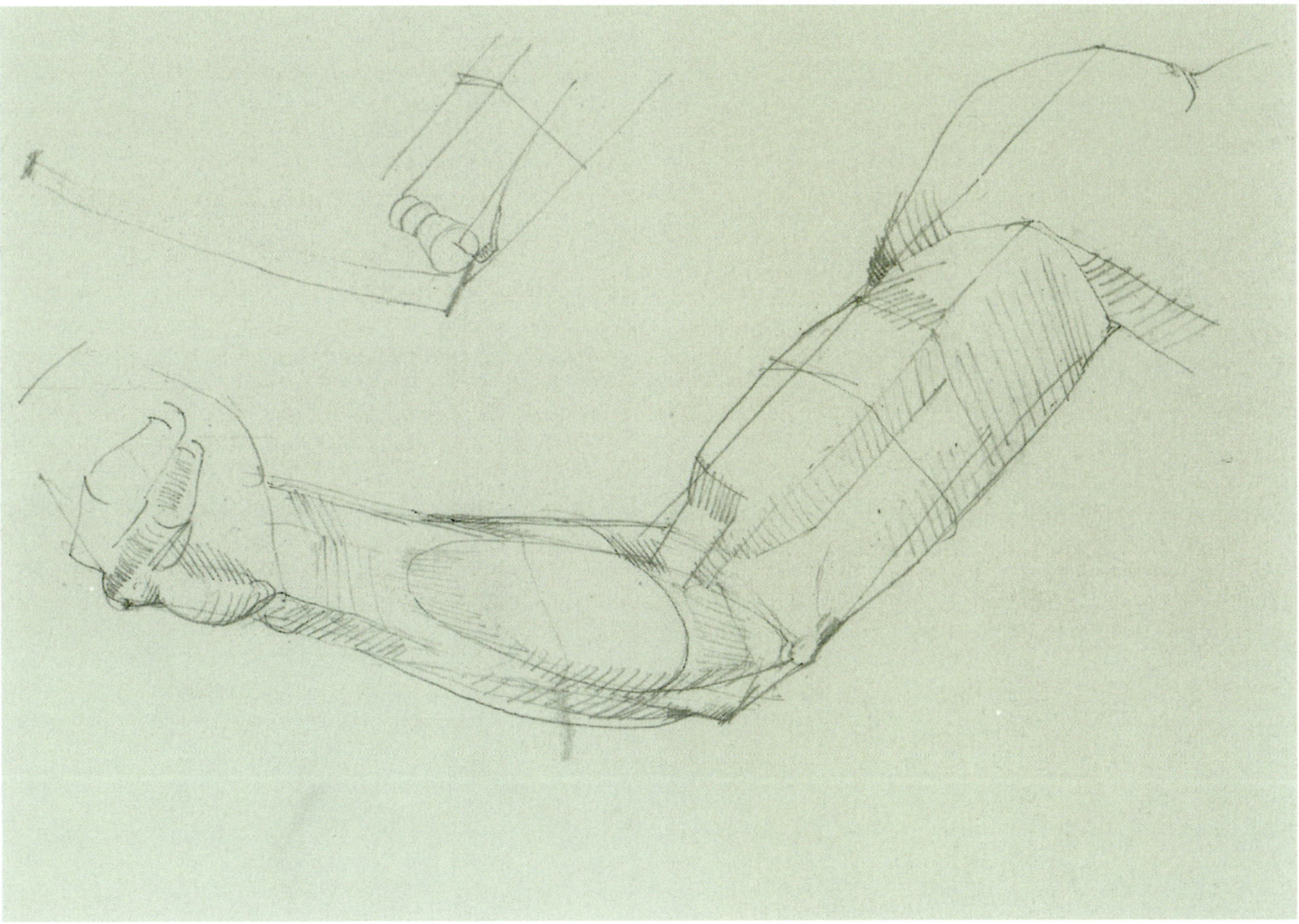

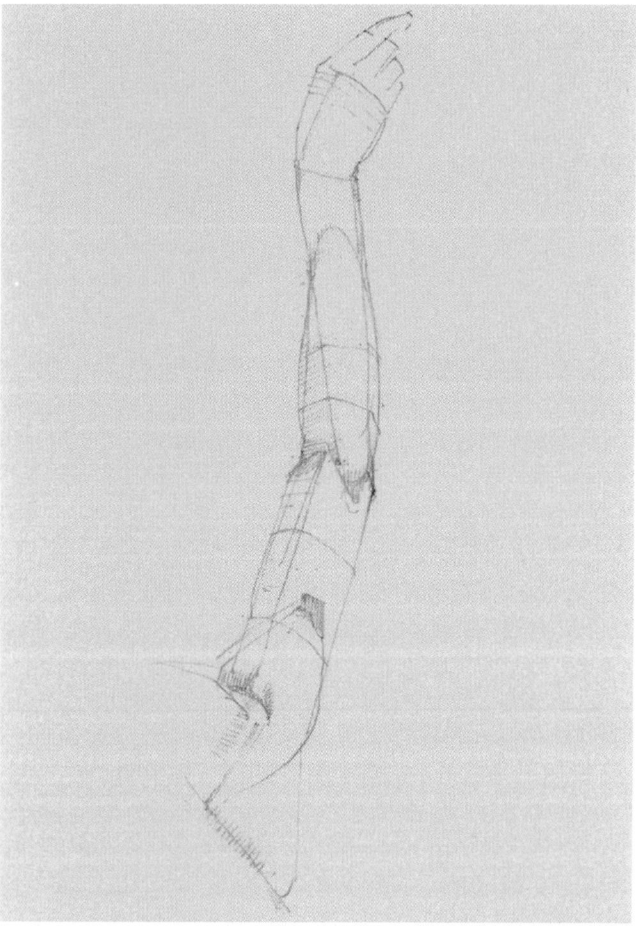

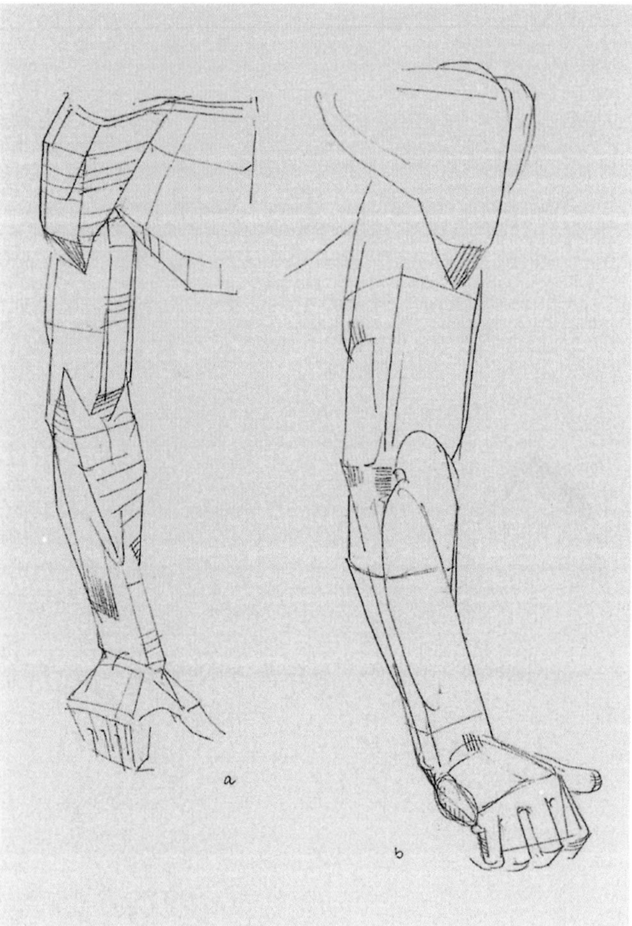
a
b

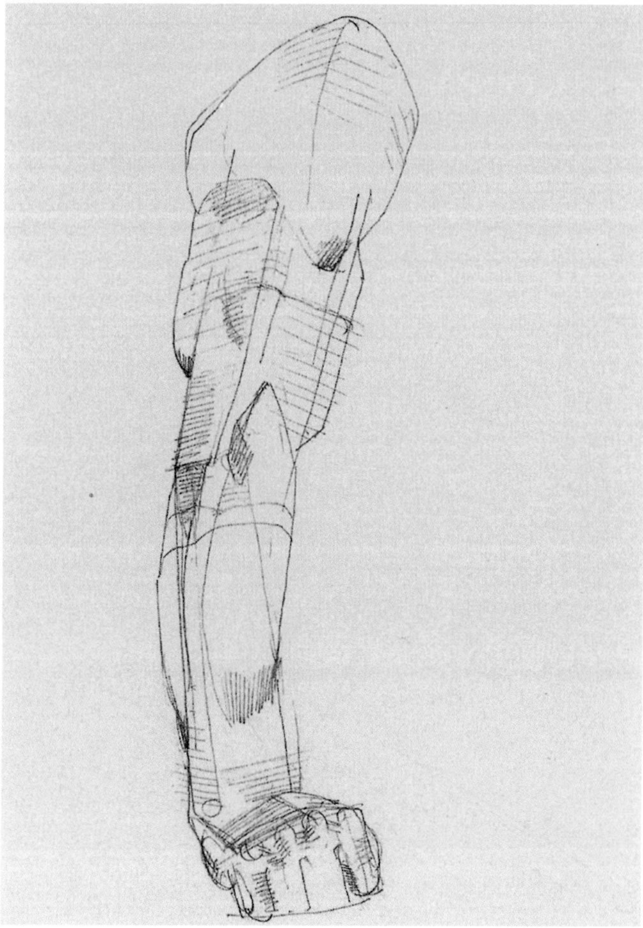

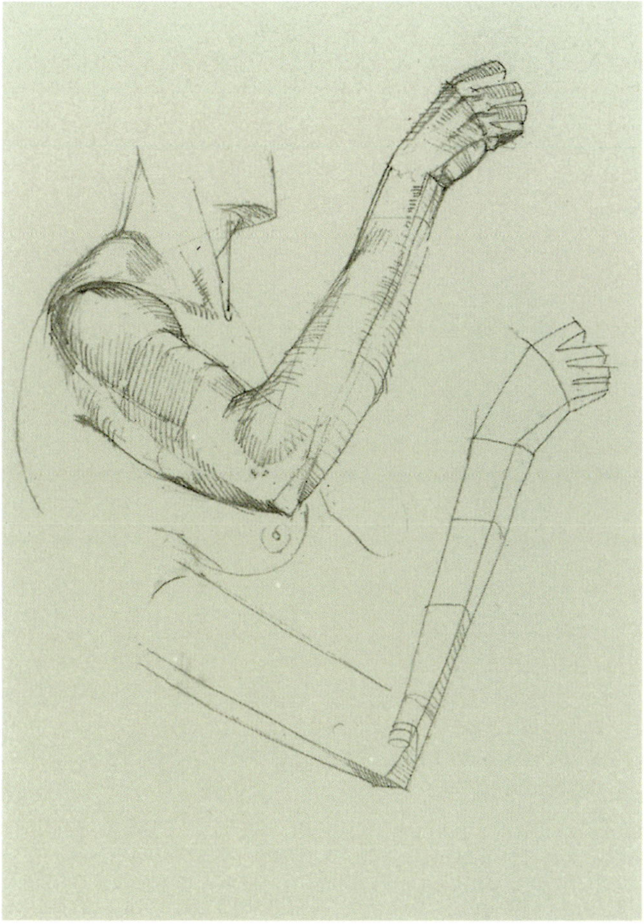

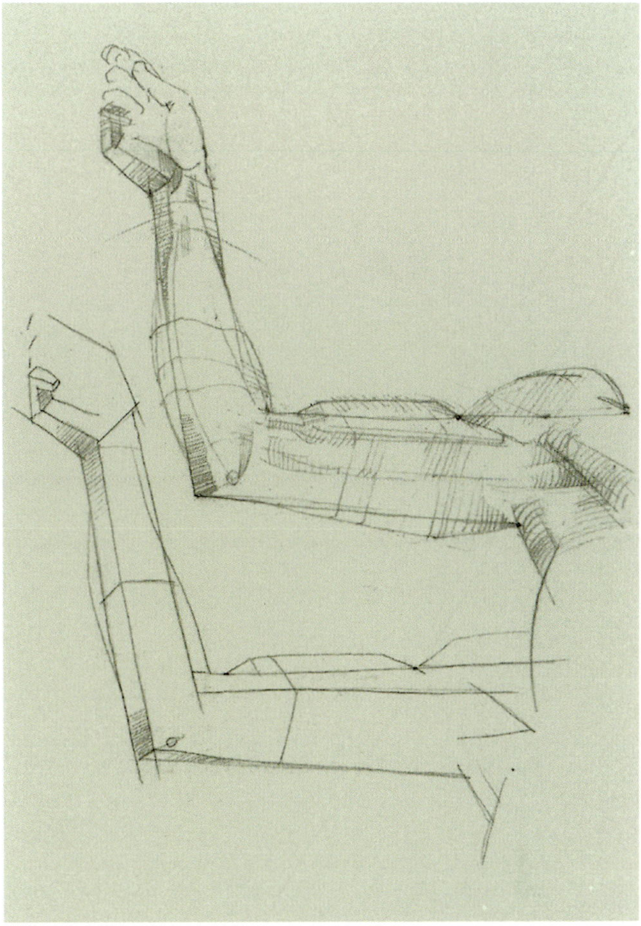

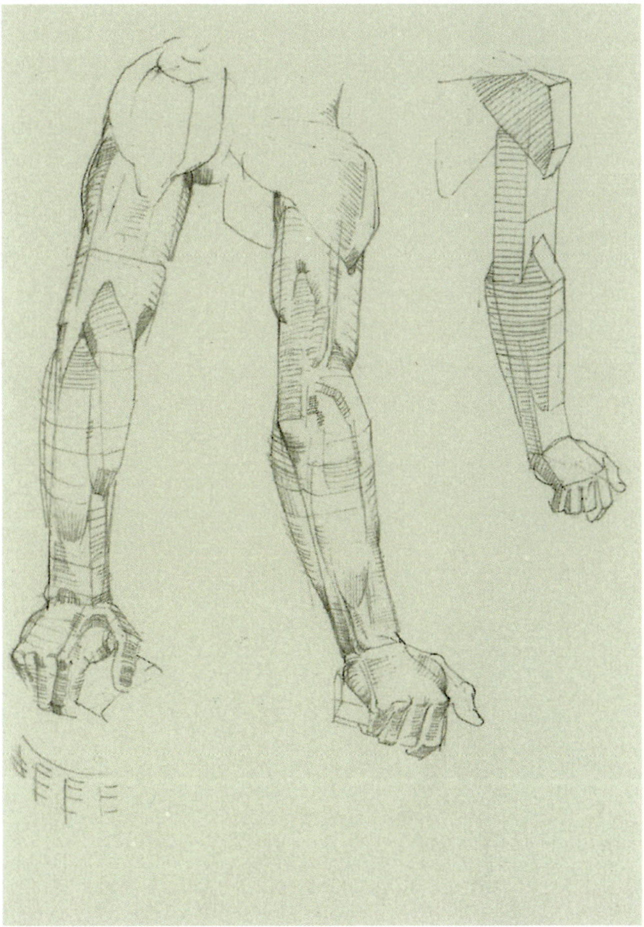

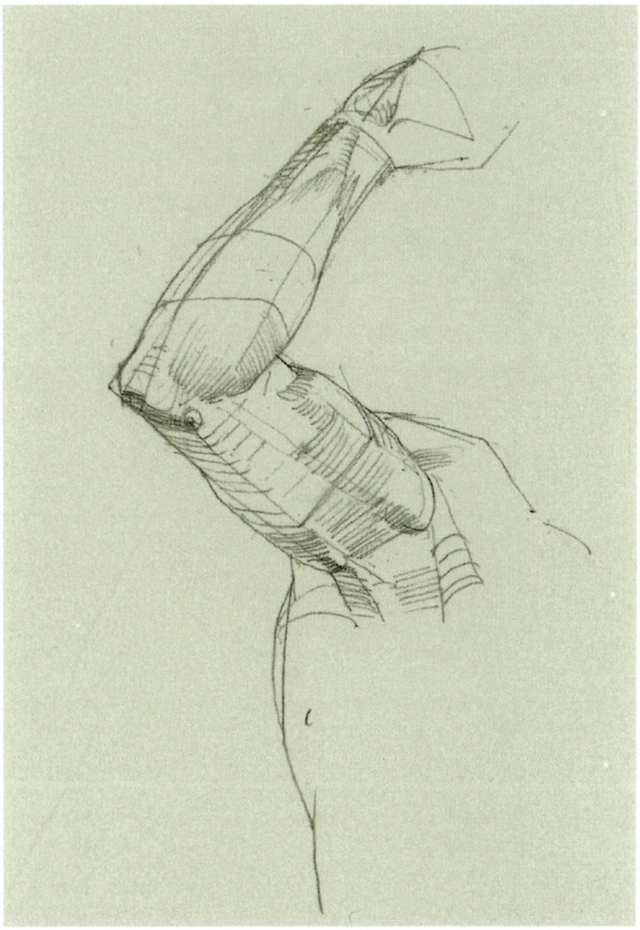

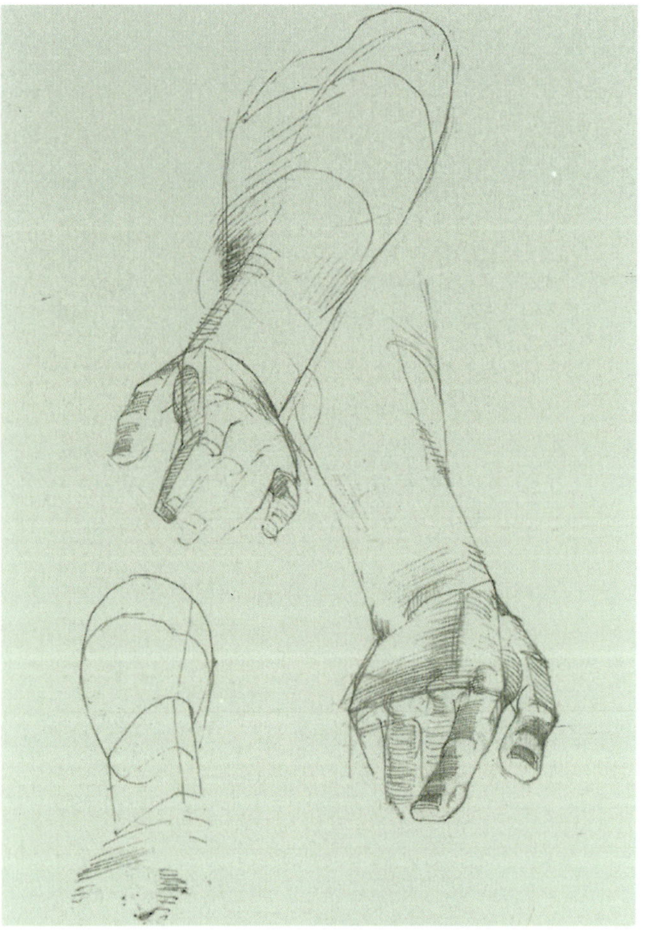

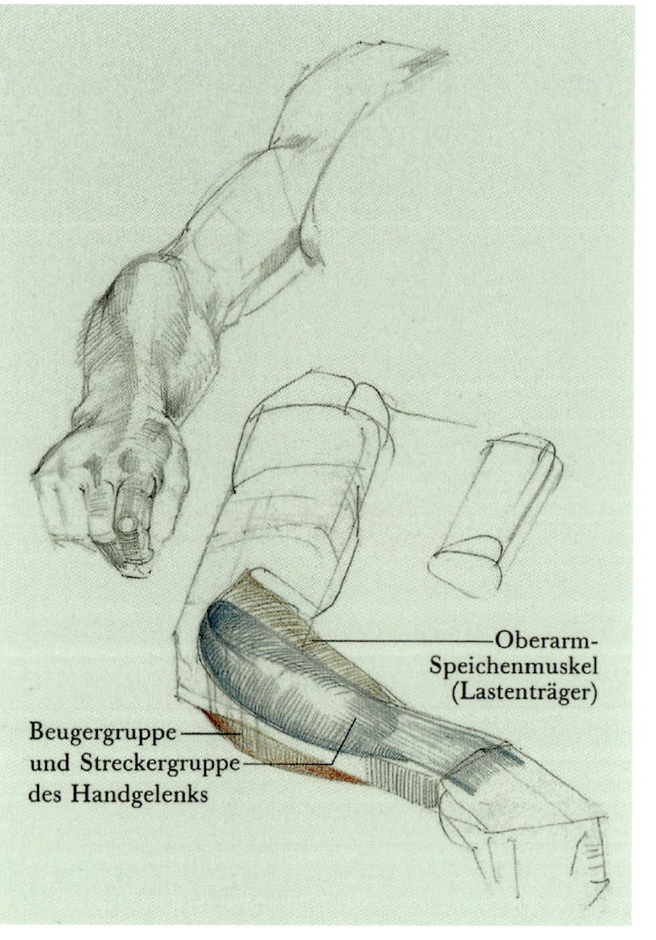

Oberarm-Speichenmuskel (Lastenträger)
Beugergruppe und Streckergruppe des Handgelenks

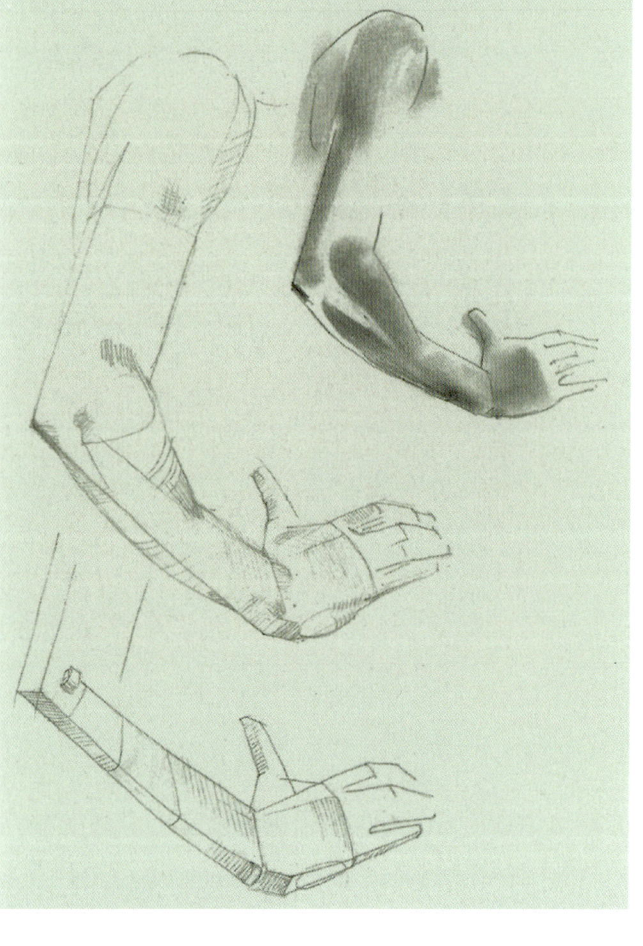

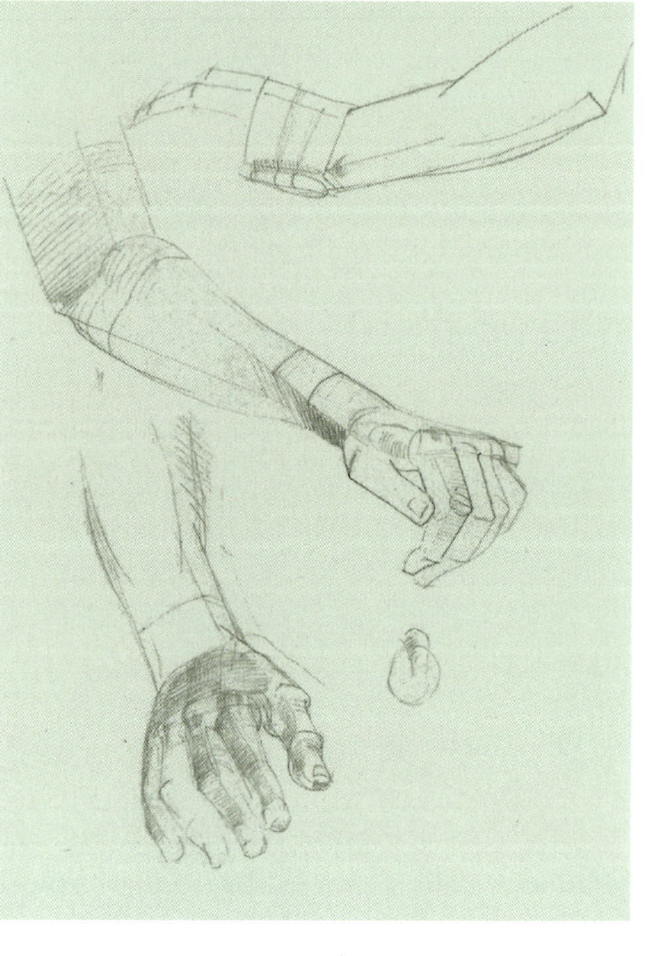

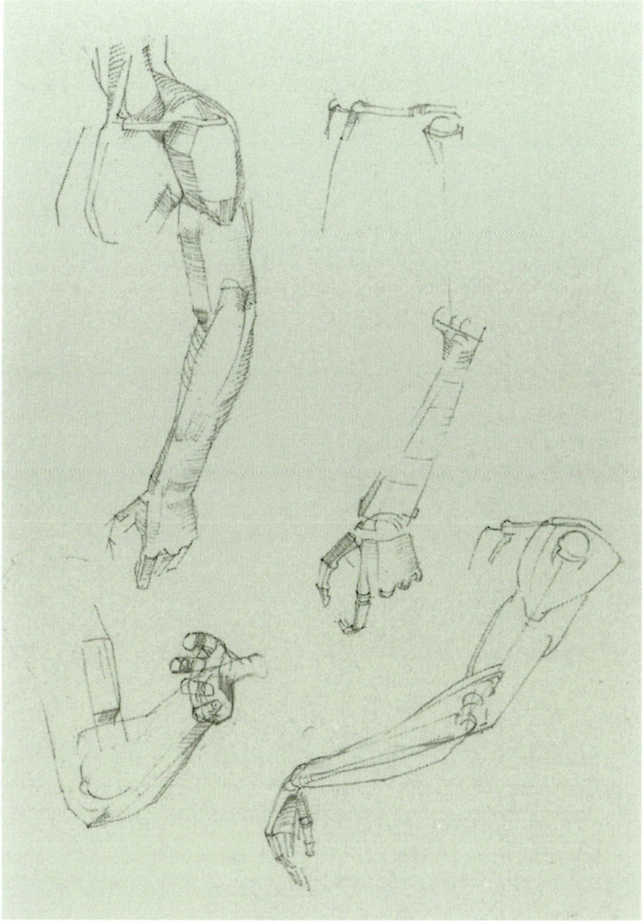
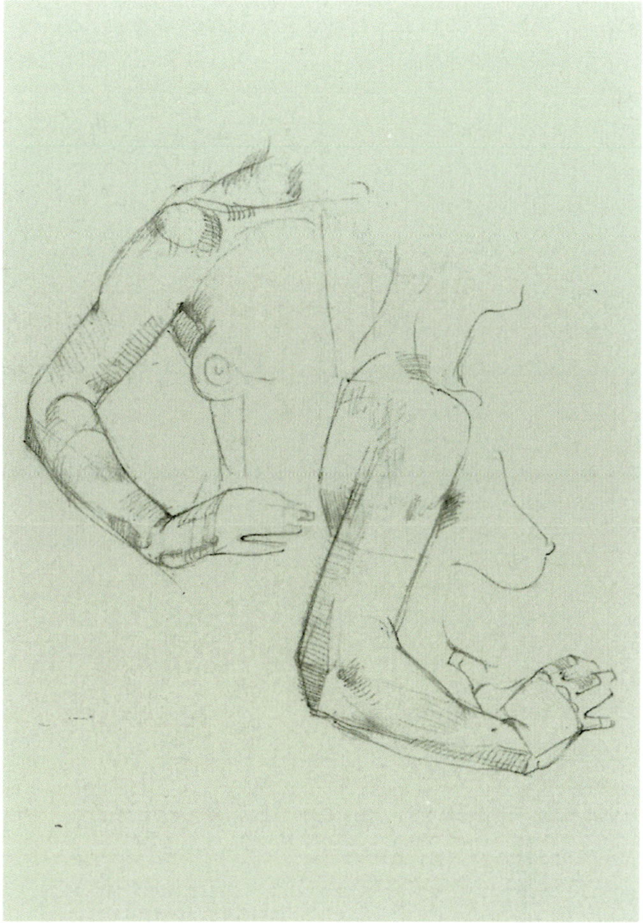
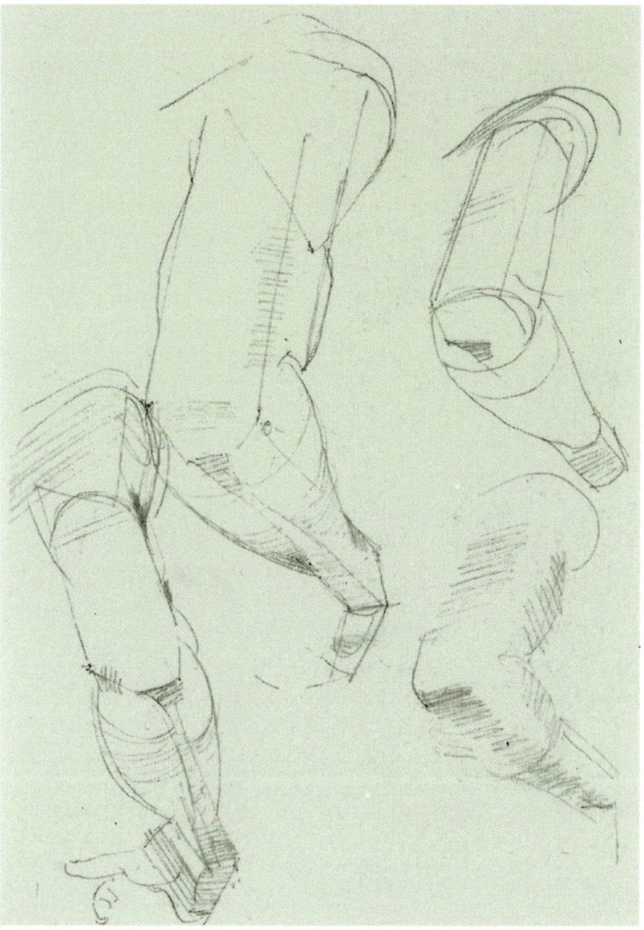
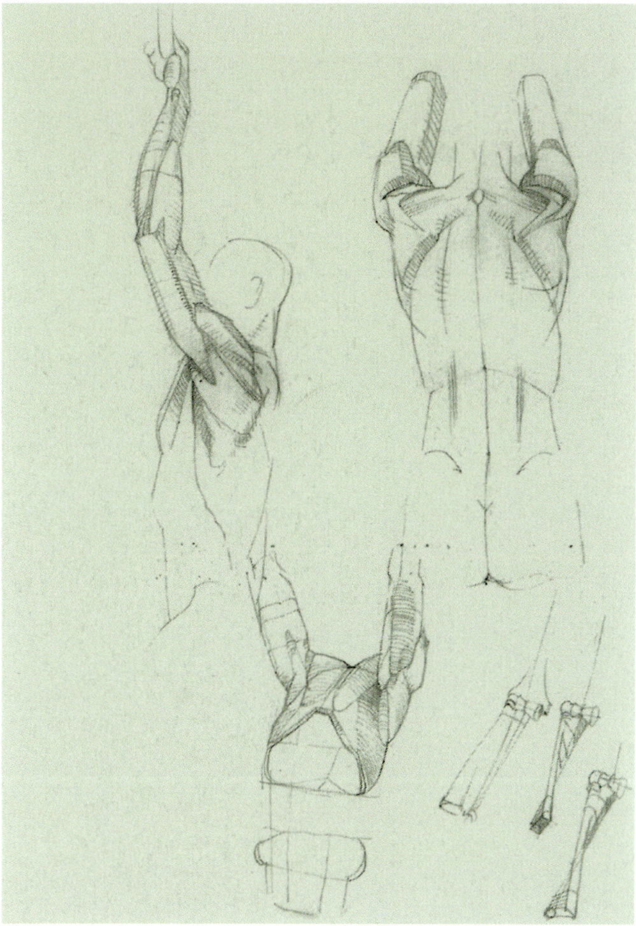

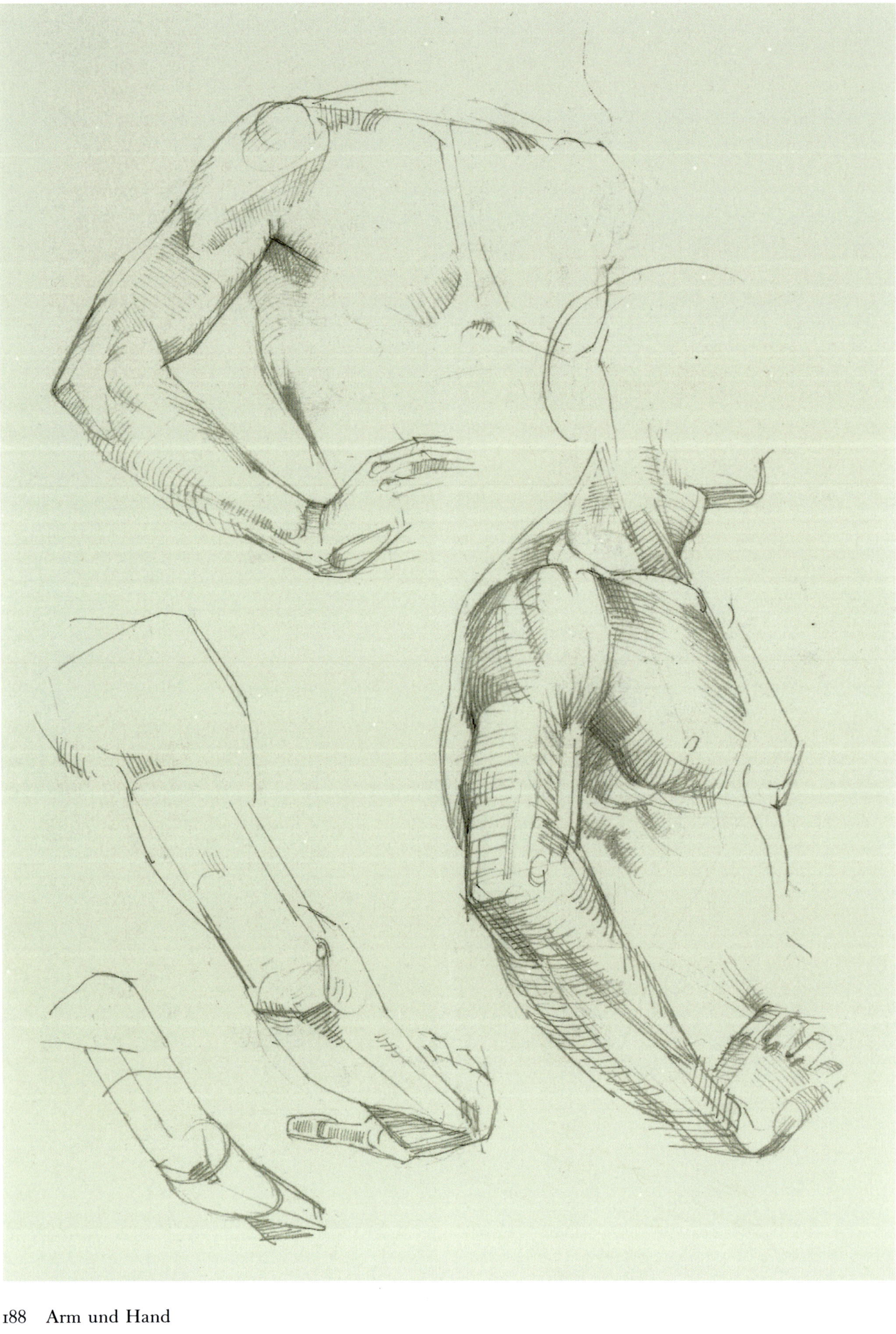

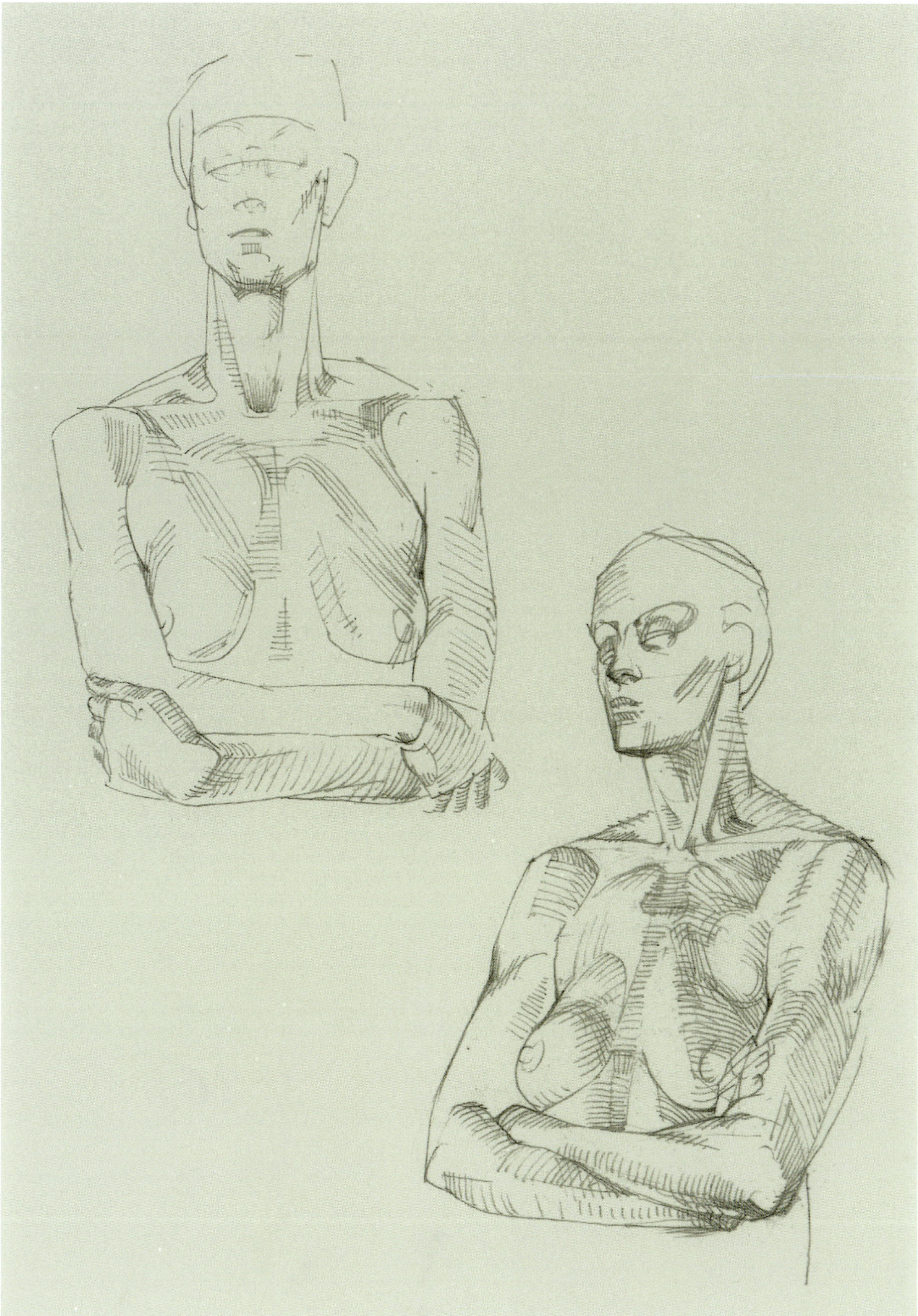

Andrea del Sarto (1486–1530): Studien von Händen, o.J.

Ferdinand Jagemann (1780–1820): Zwei Handstudien, o.J.

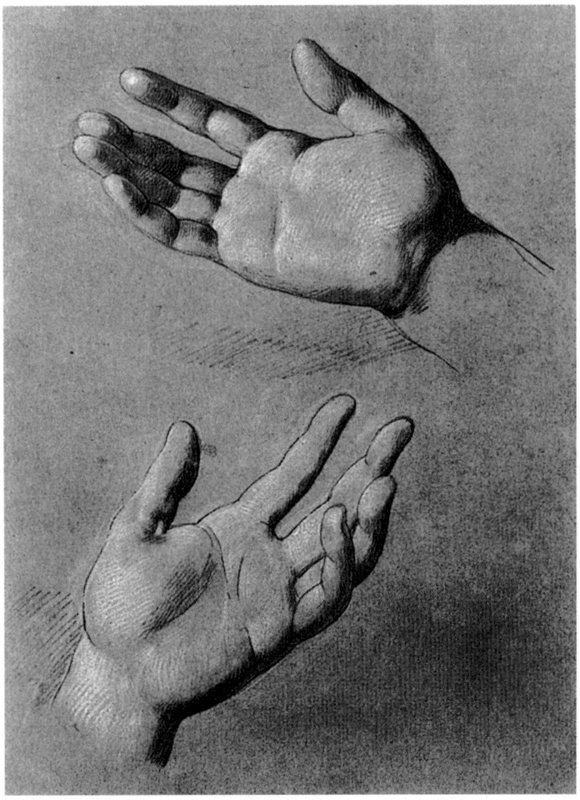

Übungsempfehlungen zu Handstudien

(Seiten 191 bis 199)

Wenn schon für Armstudien die Forderung gilt, sie müßten das Spezifische des Armverhaltens ausdrücken, um wieviel mehr Bedeutung hat die Forderung für die Hand, in der sich dem Gesicht analoge konstitutionelle Qualitäten und neben der zweckvollen Arbeitstätigkeit mitformend auch Gefühle, Gedanken und Gesten, Jugend und Alter, Männliches und Weibliches äußern. In all dem liegen die Kriterien des Zeichnens von Händen:

- Beginne nicht mit Einzelheiten oder einzelnen Fingern, sondern sieh *zuerst Proportionen* und die Art der Fächerbildung der Hand (Seite 191 oben)!
- Lasse erst hiernach die sanften Formen zu Wort kommen, die einer Frauenhand zugehören (Seiten 191 unten, 192), und versuche sie auf verschiedene Weise vorzutragen!
- Manche Tätigkeiten (fester Griff, Aufstützen) bedürfen der Aufmerksamkeit des Verhaltens der Knöchel, ob und wie sie gespannt heraustreten (Seite 193)!
- *Jeder Einzelfinger ist nicht nur eine Formindividualität, er besitzt auch eine jeweils eigene räumliche Stellung als Folge* des Gewölbes des Handtellers (Seite 194). Vor der Einzelbeschreibung steht die Verdeutlichung, daß die Finger aus einem tellerartigen Volumen entspringen, mit dem die räumlichen Ansichten und Flächengefälle der Finger korrespondieren (Seite 182).
- Erst an letzter Stelle steht die *Anreicherung mit Individualmerkmalen,* wenn zuvor die Anlage gesichert worden ist durch eine sinnvolle Folge von Arbeitsschritten (Seite 195).
- Zu den Primärarbeitsschritten gehört auch das Erfassen der *komplexen Form der Umrißgestalt* (Seite 196 oben), in die danach *Funktionen* und räumliche Probleme Eingang finden (Seite 196).
- Schwierige räumliche wie funktionelle Sachverhalte meistert man auch hier wieder mit *Formelementarisierungen,* die auf dem Zusammenziehen der Form zu Komplexen beruhen (Seite 197).
- Die Studien von *Handgesten* und ihrem *Symbolgehalt* sind nicht nur eine Angelegenheit des naturverbundenen Zeichnens, sondern ebenso der *Imaginationskraft,* weshalb man zu Medien greifen sollte, die rasch der Spur der Idee folgen können, wie z. B. die improvisierende »Fingermalerei« mit Graphitstaub (Seite 198), die aus dem Duktus des Pinsels entspringenden Formen (Seite 199b, c) oder die Kombination von Aquarellavierungen mit der Feder (Seite 199a).

Das verstandene und beherrschte Handzeichnen bleibt ein untrügerischer Prüfstein. »Nichts veraltet so schnell wie allzu Neues« (Karl Hofer).

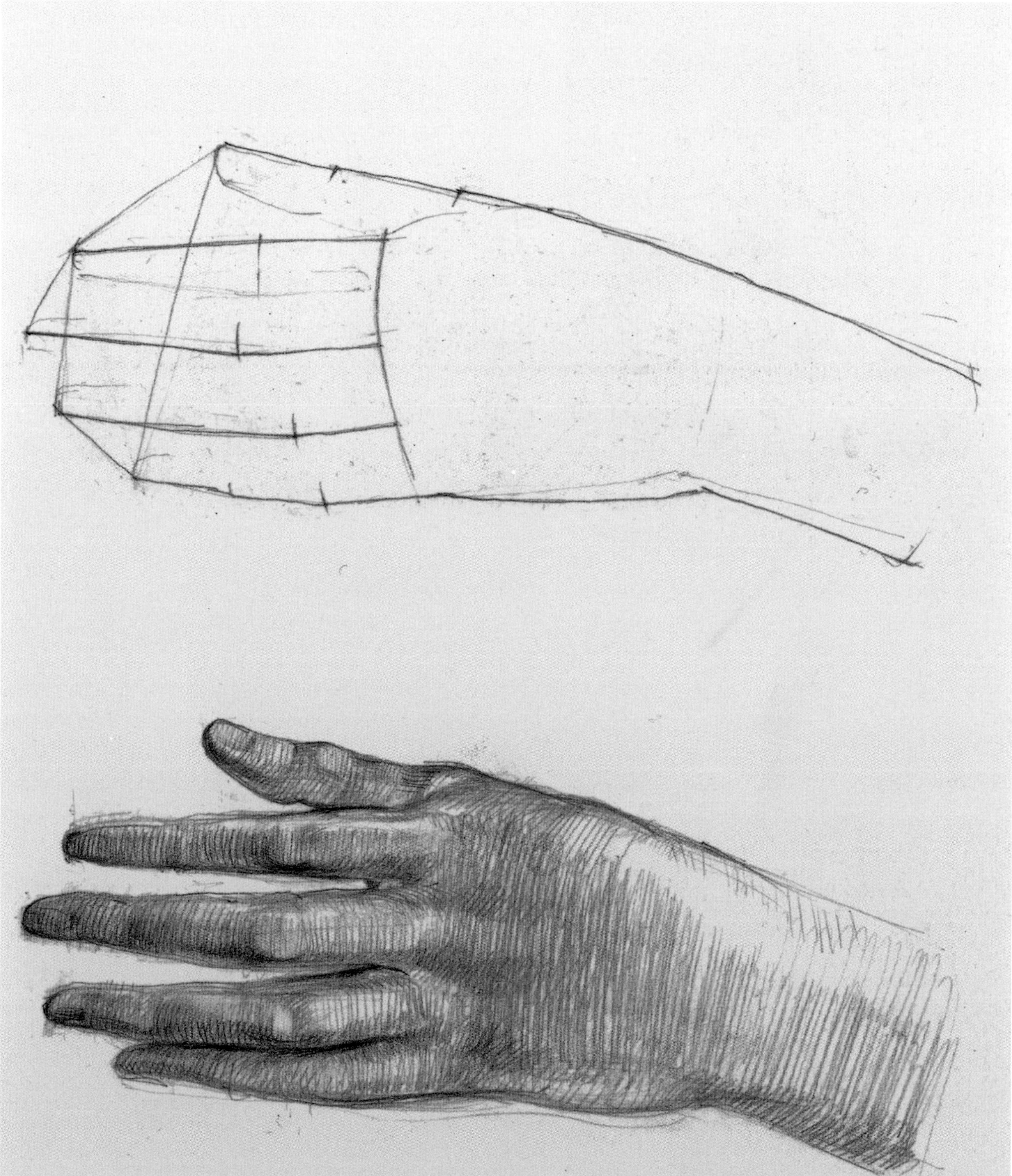

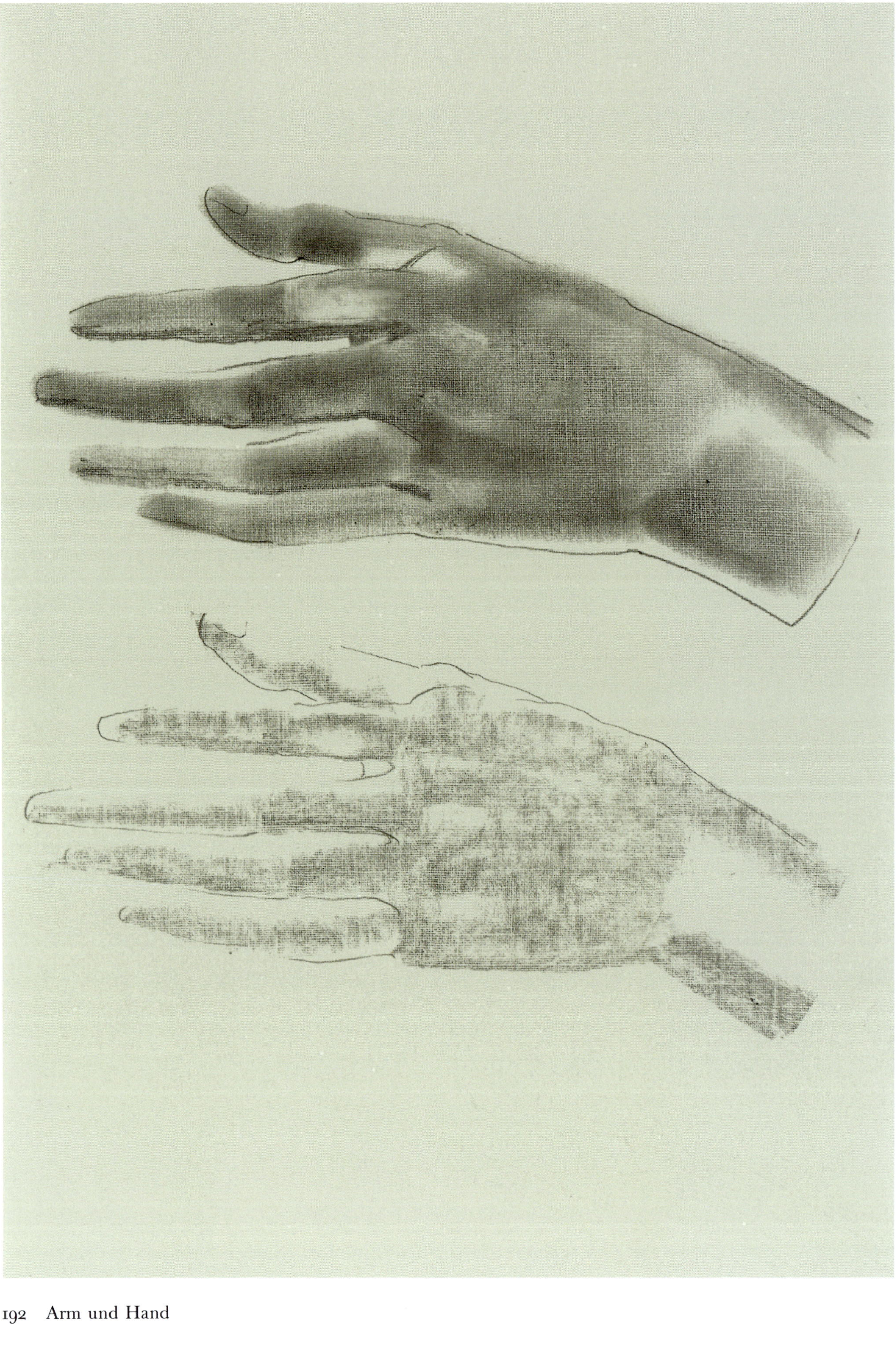

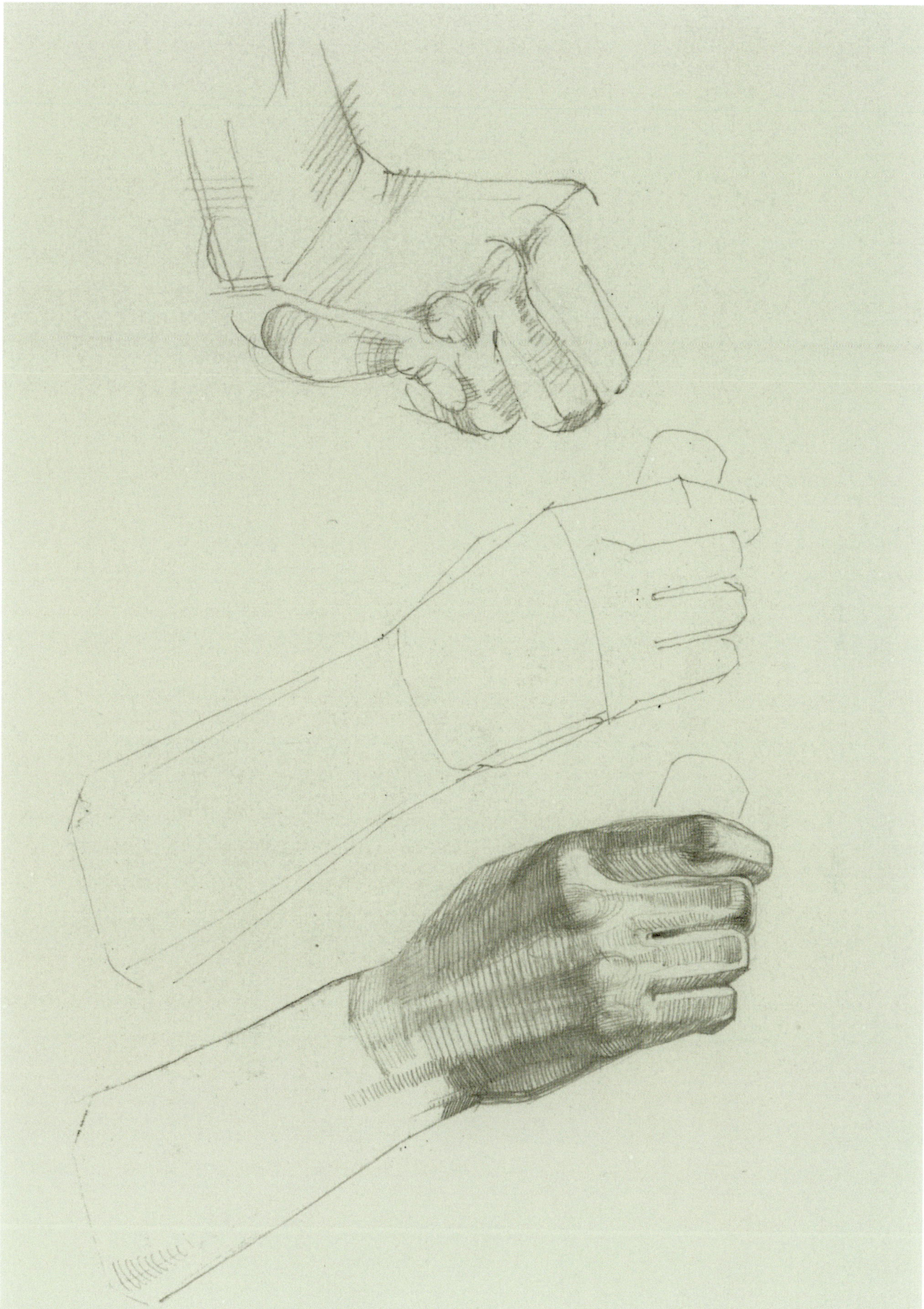

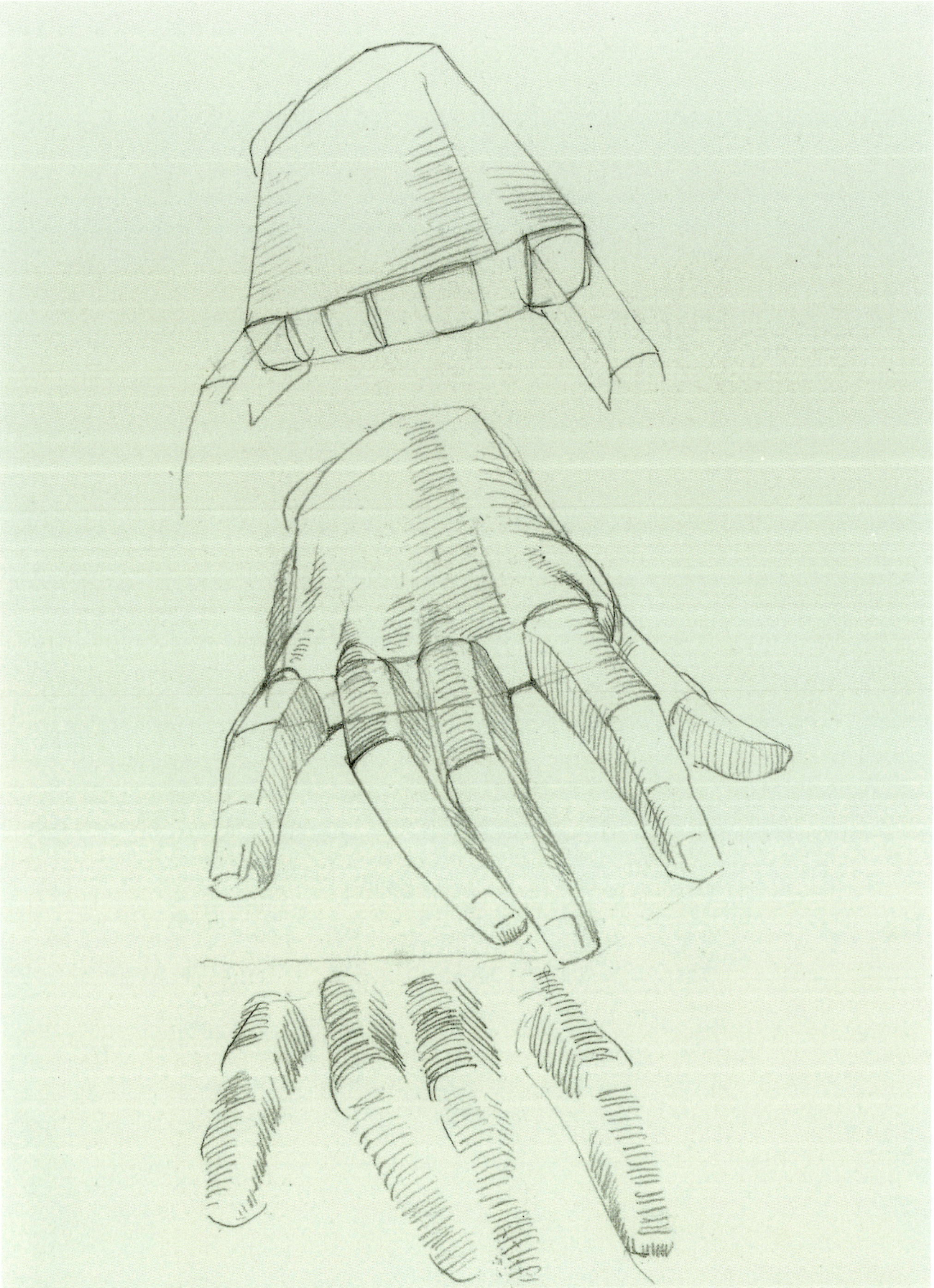

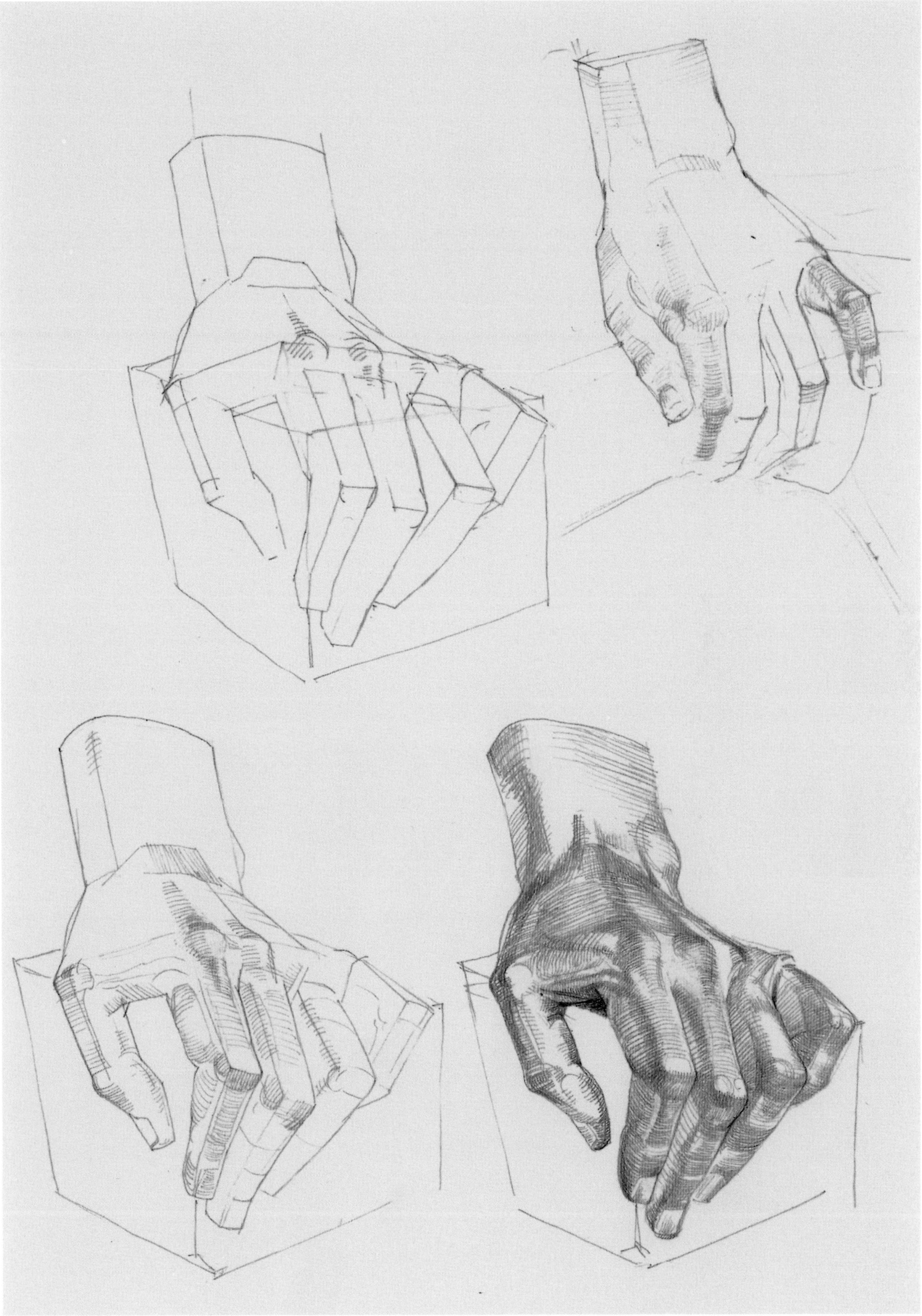

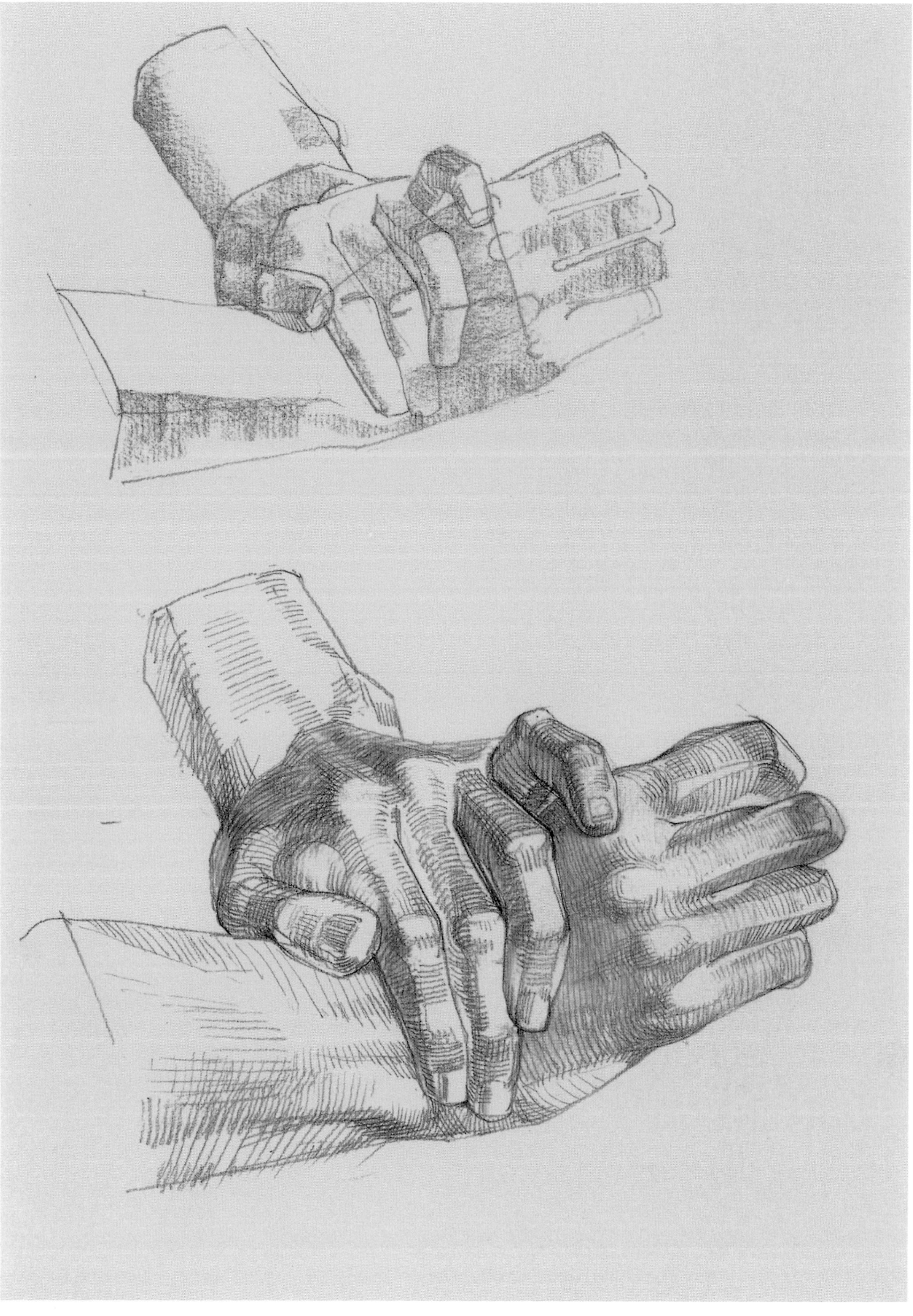

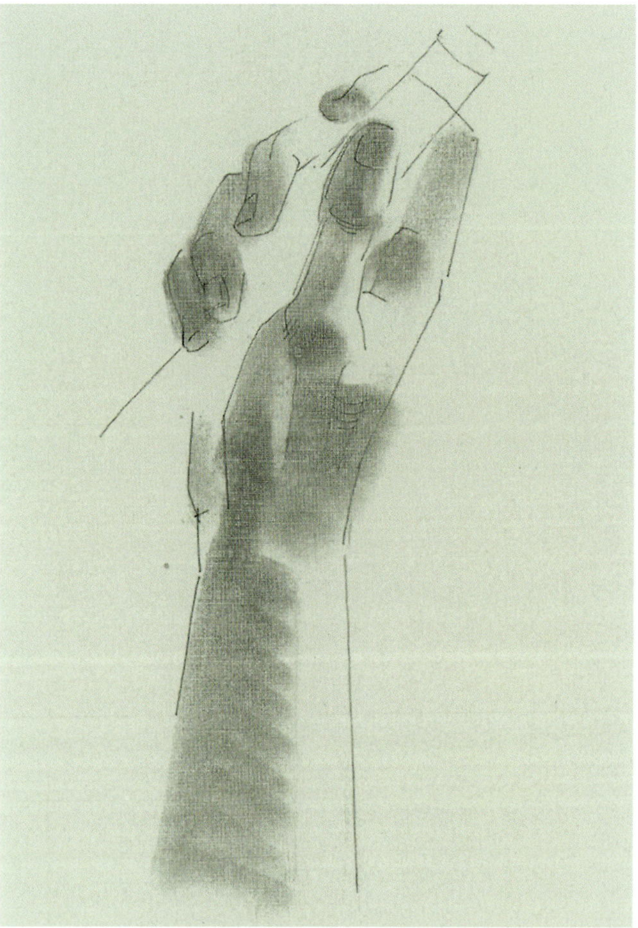
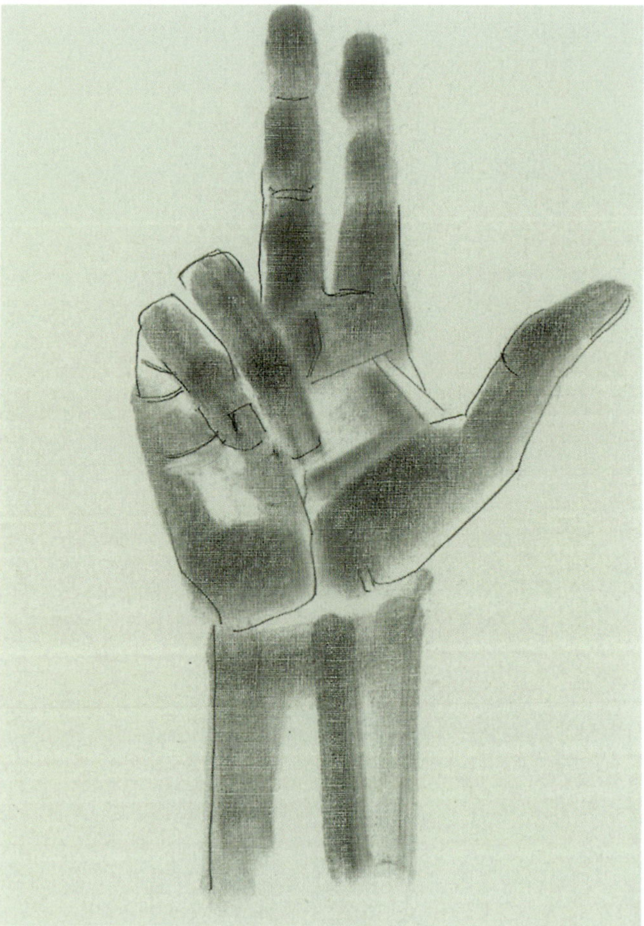
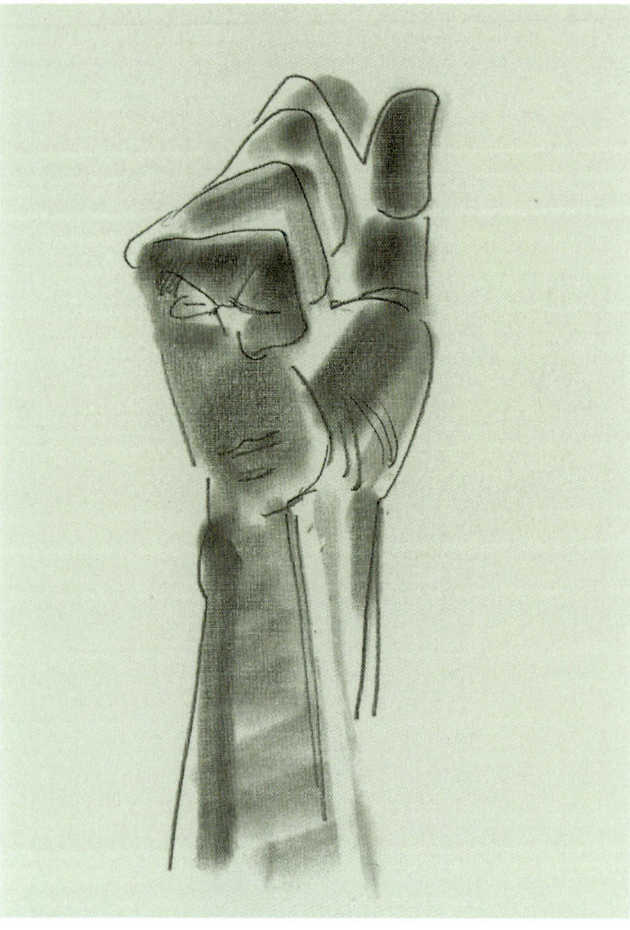
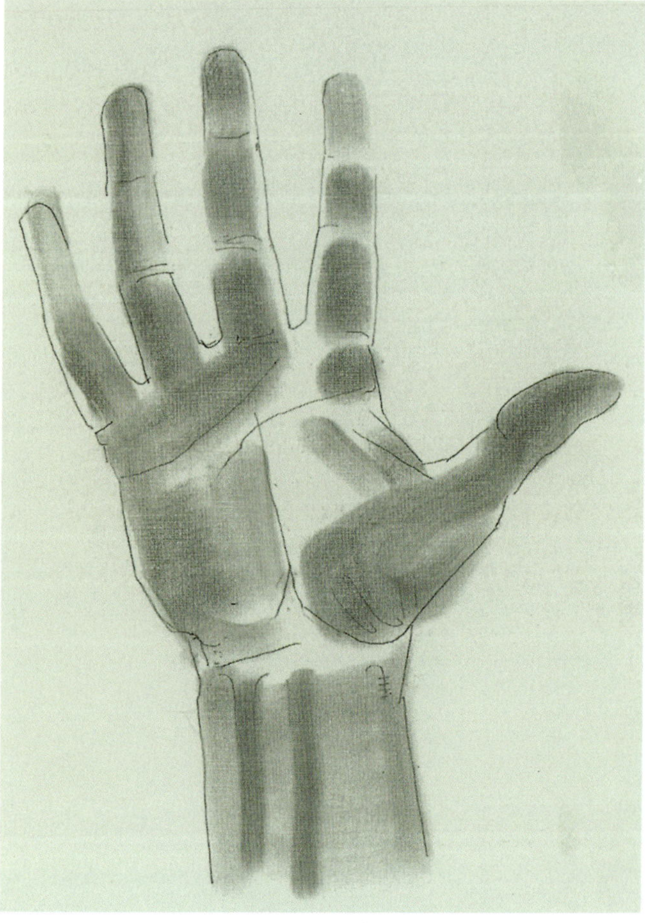

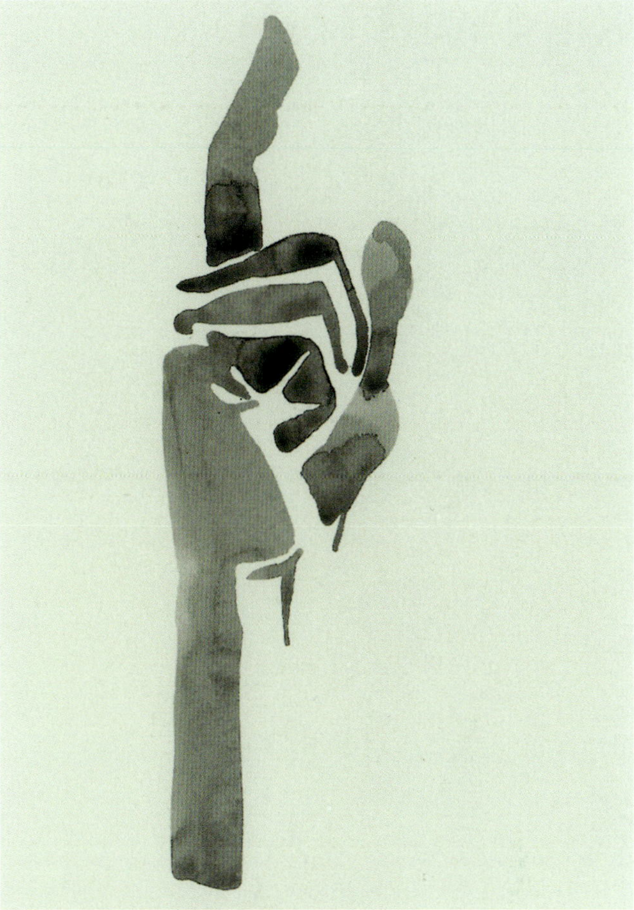

Kopf und Hals

Wilhelm Lehmbruck (1881–1919): Frauenkopf, o. J.

Käthe Kollwitz (1867–1945): Selbstbildnis en face, 1937

Elementare Kopfproportionen in Frontalansicht

Die Typik der Proportionen eines individuellen Kopfes trägt bereits erstaunlich viel zur Ähnlichkeit bei. Die Erkundung verwandter Strecken ergibt:

- In der Mitte der Strecke Scheitel-Kinnspitze liegt die halbierende *Augenachse* (starkes Rot).
- Die Grundmasse des *Hirnschädels* (rote Tönung) entspricht etwa einem Kreis, dessen Mittelpunkt im oberen Drittel der Strecke Scheitel–Kinnspitze liegt. Der Kreis schneidet die Mittelachse also bei 2/3 KL in Höhe des *Nasenstachels* = horizontale Schädelbasis.
- Der größte Anteil der Stützfunktion des *Gesichtsschädels* findet sich im unteren Gesichtsteil, der Mittelpunkt seines Kreises (grünliche Tönung) in der Halbierung der Strecke Augenachse–Kinnspitze (also bei einem Viertel der Kopflänge).
- Hirn- und Gesichtsschädel überschneiden sich somit, was in Frontansicht den natürlichen Tatsachen weitgehend entspricht.
- Die *Weichnase* mit ihrer Spitze liegt etwas *unter* dem Nasenstachel.
- Die Lage des *Mundes ist stets* oberhalb der Streckenmitte Nasenspitze–Kinnspitze.
- Die *Länge des Ohres* ist etwa identisch mit der Länge und Lage der Nase (Nasenspitze–Nasenwurzel).
- Der *Haaransatz* befindet sich etwa in der oberen Hälfte des Gesichtsschädelkreises (also im obersten Sechstel).

Soweit die *Höhengliederung* des Kopfes. Seine Breiten sind diese:

- größte *Kopfbreite* (rote Kreisfläche) = zwei Drittel der Kopflänge;
- Länge eines *Lidspaltes* etwa ein Fünftel der Augenachsenlänge;
- *Augenzwischenraum* (von einem inneren Augenwinkel zum anderen) etwa von der Länge eines Lidspaltes = ein Fünftel der Augenachse;
- Breite beider äußersten Anteile der *Nasenflügel* etwa ein Augenzwischenraum; Breite des *Mundes* größer als ein Augenzwischenraum.

Die linksseitig angebrachten Streifen wiederholen optisch auffällig die gemachten Feststellungen: 2/3 der Kopflänge für Höhe und Breite des Gesichtsschädels, der graue Streifen entspricht einem unteren Kopfviertel als Radiusmittelpunkt für den Gesichtsschädel.

Diese Proportionsangaben sowie das Kopfovoid sind *allgemein* normative Angaben, die durch den Individualfall abgewandelt werden können.

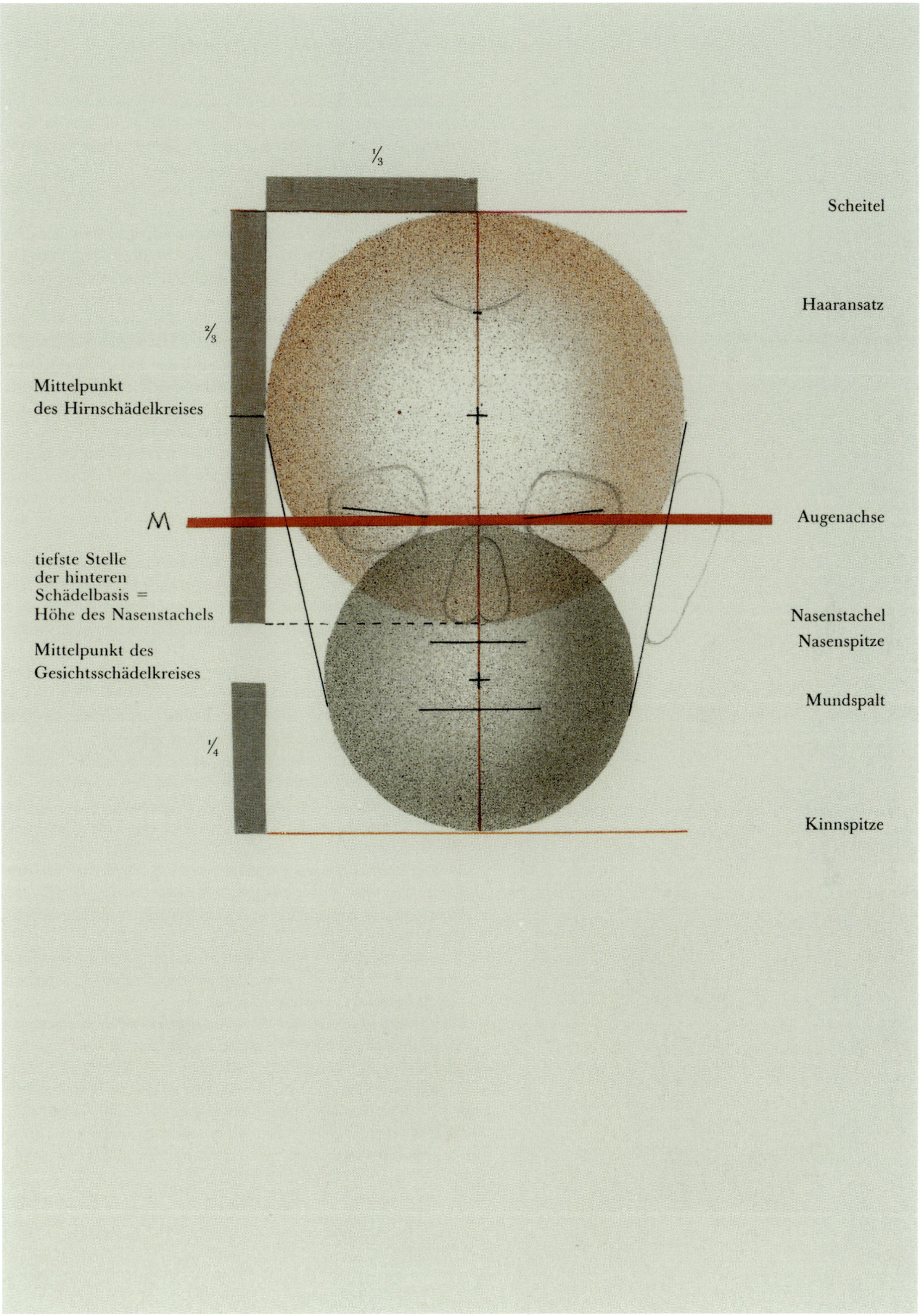

1/3
Scheitel
Haaransatz
2/3
Mittelpunkt
des Hirnschädelkreises
M
Augenachse
tiefste Stelle
der hinteren
Schädelbasis =
Höhe des Nasenstachels
Nasenstachel
Nasenspitze
Mittelpunkt des
Gesichtsschädelkreises
Mundspalt
1/4
Kinnspitze

Hubertus Giebe (geb. 1953): Selbstporträt, 1978

Max Beckmann (1884–1950): Selbstbildnis, 1901

Die Einheit von Kopfproportionen und Schädelkonstruktion, frontal

Die auf Tafel Seite 201 dargestellten Proportionssachverhalte stehen in engem Zusammenhang mit dem konstruktiven Aufbau des Schädels. Seine durch ihn gebildeten knöchernen großen wie kleinen Formen beeinflussen stark die plastische Erscheinung des lebenden Kopfes:

- Der *Hirnschädel* mit seinem Anteil von zwei Dritteln der Gesamthöhe ist eine weitgehend abgeschlossene, von außen schützend umfassende Kapsel, die von der kreisförmigen Grundform in Frontalansicht abweicht und besondere Akzente ausbildet (siehe die zusätzlich graue Tönung).
- Der vertikal unter der Schädelkapsel gelegene kleinere *Gesichtsschädel* ist ein von innen das Gesicht aufbauendes Stützgerüst für die Aufnahme der Fernsinnesorgane Augen und Nase und der Bildner des Kauapparates und der Mundhöhle.
- Der im Gesichtsschädel entstehende Kaudruck wird auf den Hirnschädel über einen mittleren Gesichtspfeiler *(Kinn-Nasenpfeiler)* geleitet, vom Bereich des Gebisses über die Flanken des Nasentunnels im Nasenwurzelbereich auf die Schädelbasis in horizontale Richtung umgelenkt.
- Die Abgrenzung des Gesichtsschädels gegen den Hirnschädel vorn erfolgt in Höhe des *Überaugenbogens.* Die tiefste Stelle der horizontalen Schädelbasis (siehe auch Tafeln Seite 211a, b) ist etwa identisch mit dem *Nasenstachel* und der *Gehörgangöffnung.*
- Der *Kaudruck* wird übertragen durch die die Gesichtsflanken aufbauenden, *aufsteigenden Kieferäste* des Unterkiefers auf die mit ihnen im Form- und funktionellen Zusammenhang stehende Schläfenregion.
- Die aus dem mittleren Gesichtspfeiler in Höhe des Nasenstachels ausladenden *Jochbeine* bilden einerseits die untere Umrahmung der *Augenhöhle*, andererseits das horizontal hervorstehende Widerlager für den Ursprung des Kaumuskels.
- Durch Anschluß eines knöchernen »Henkels« an das Jochbein, des *Jochbeinbogens*, entsteht vom Jochbein aus eine seitlich ausladende Form bis zur Gehörgangöffnung.
- Das knöcherne Ovoid des nach unten gerichteten Gesichtsschädels wird abgekantet durch die Kinnspitze und den seitlichen *Kieferwinkel.*
- Der *innere Augenwinkel* des *Lidausschnittes* liegt auf der Augenachse, der äußere etwas darüber.

Das Schädelzeichnen (Tafel Seite 223 und Seiten 224, 225) muß auf der Grundlage dieser Sachverhalte konstruktiv und architektonisch verstanden angepackt werden. Flächige Kopfstudien kann man aber schon mit Hilfe der Proportionskunde treiben.

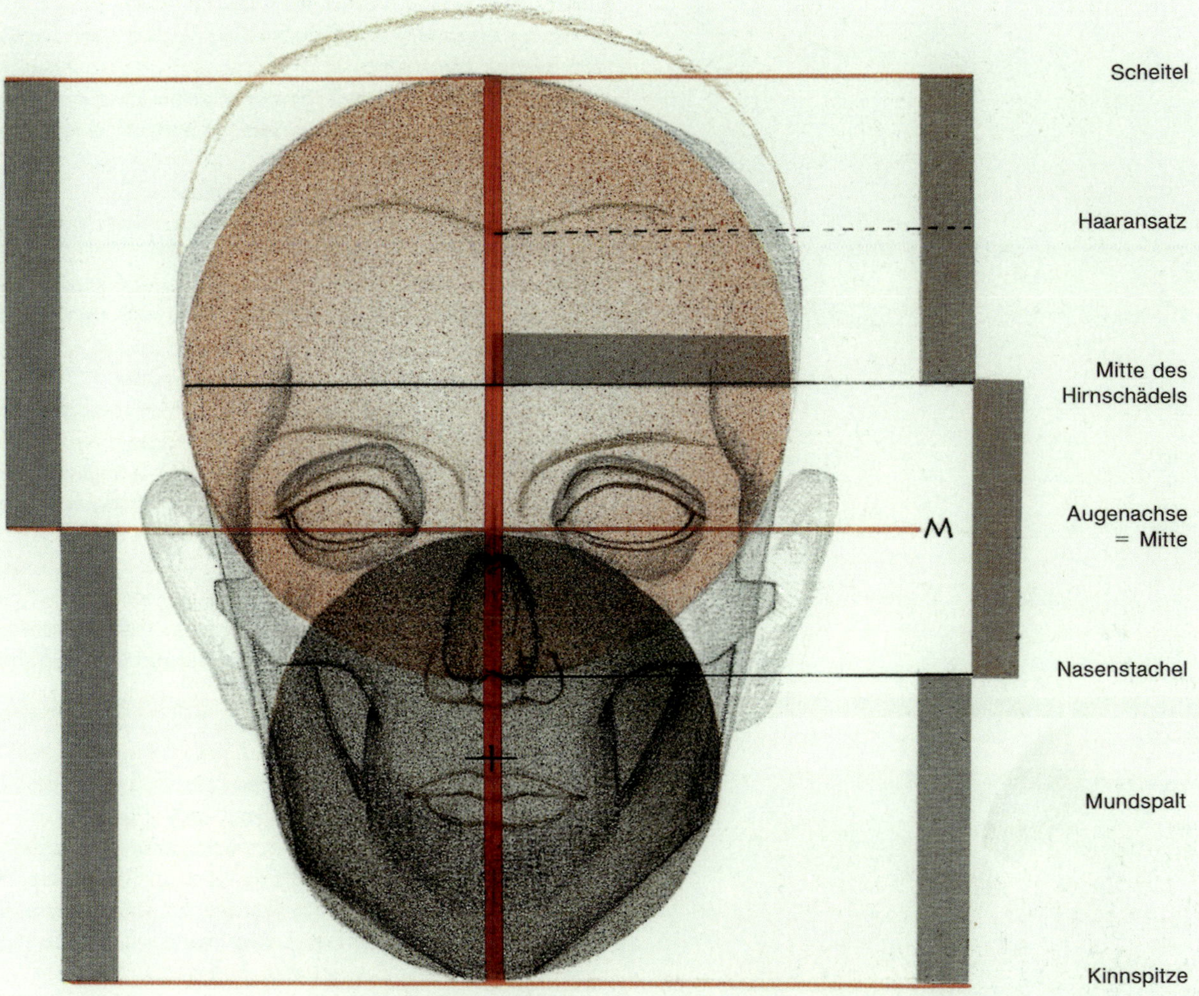
M
Scheitel
Haaransatz
Mitte des
Hirnschädels
Augenachse
= Mitte
Nasenstachel
Mundspalt
Kinnspitze

Giacomo Manzù (geb. 1908): Porträt Inge, 1952

Josef Hegenbarth (1884–1962): Greisin, Anfang der 30er Jahre

Proportionserkundungen am lebenden Kopf en face und Übungsempfehlungen

(Seiten 205 bis 209)

Man muß nicht erst die ganze Anatomie des Schädels, des Kopfes und seiner Teilformen durchlaufen haben, um sich an *flächig* vorgetragene Kopfstudien en face heranzuwagen. Hier einige Hinweise:

- Gehe primär von der *Symmetrielinie des Kopfes* aus und begrenze diese in Höhe des Scheitels und der Kinnspitze (rote Striche)!
- Ermittle die *Augenachse* als Kopfmitte!
- Trage die *Höhe des Haaransatzes* ein, etwa oberes Sechstel der Kopflänge!
- Die so entstandene Gesichtslänge geht häufig auf eine Dreiteilung zurück: oberstes Drittel Haaransatz–Augenbrauen, mittleres Drittel Augenbrauen–Nasenspitze, unteres Drittel Nasenspitze–Kinnspitze.

Das Haar ist eine Zusatzform auf dem Scheitel.

Übungsempfehlungen: Die primäre Anlage eines Proportionsgerüstes mit Höhengliederung und Breitenausdehnungen geht unmittelbar aus obigem hervor (Seite 206a). Ein zweiter Arbeitsschritt:

- Gehe spielerisch und mit Vergnügen daran, das *Gerüst* unbefangen aus den didaktisch geschätzten Vertikal- und Horizontalformen aufzubauen (ohne anatomische Reflexionen), indem du den Finger in Graphitstaub tauchst (Seite 206b)!
- Arbeite mit diesem Minimalfond zur *Kopfgliederung* weiter, indem die vorhandenen Einzelformen durch tonige Verbindungen und Ausdehnungen aufeinander zuwachsen, wobei man schon Höhen und Tiefen mitsprechen lassen kann! (Fortsetzung der »Fingermalerei« Seite 207)
- Erfreue dich am technischen Wechsel (z. B. an Wachsbatik)! Das Vorgehen der Anlage bleibt das gleiche. Natürlich bedarf die Seitneigung des En-face-Kopfes auch der Mitneigung des ganzen Achsengerüstes (Seite 208).
- Wechsle zum Pinsel über und übe dich im *Schätzen* der Strecken! Gib nur Scheitel, Kinnspitze und Augenachse an! Dann setze – ohne jede Vorzeichnung – die einfachsten, *gliedernden Formen des Gesichts* und seiner Haarumrahmung! Verzichte auf jede stoffliche Struktur (Seite 209a)!
- Versuche, dich nun auch von den letzten Proportionsanhaltspunkten freizumachen und nur noch zu schätzen! Das »Fingermalen« mit Graphitstaub zwingt zu einfachsten Formulierungen, die nicht unbedingt einer weiteren Durcharbeitung der Formen bedürfen (Seite 209b).

Es ist erstaunlich, wie allein schon das Wissen um die Tatsache der Kopfmitte in Form der Augenachse zur großen Hilfe im Kopfstudium wird. Aus weiteren genaueren Proportionsfestlegungen läßt sich der individuelle Gesichtsschnitt einer Person fassen.

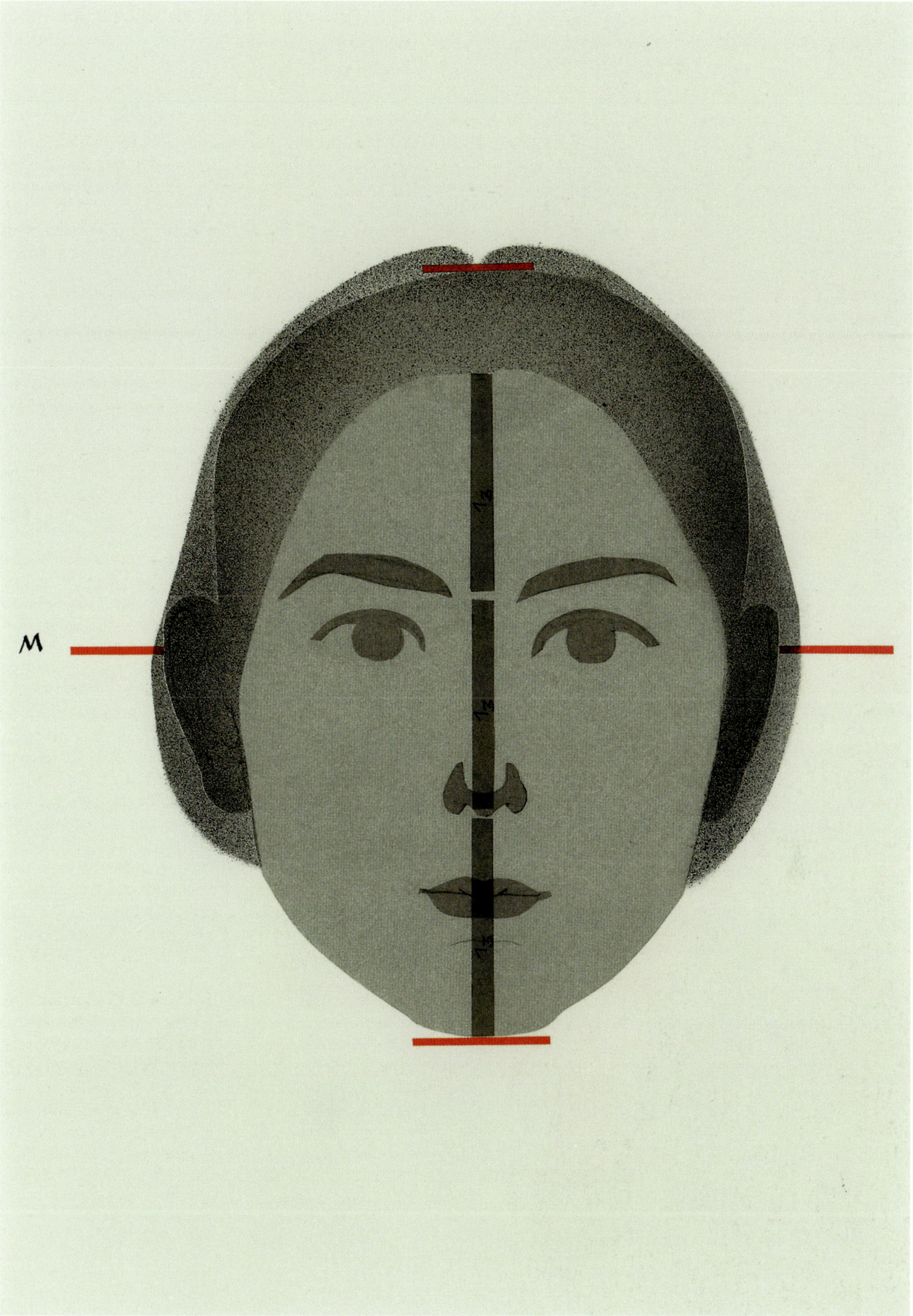
M

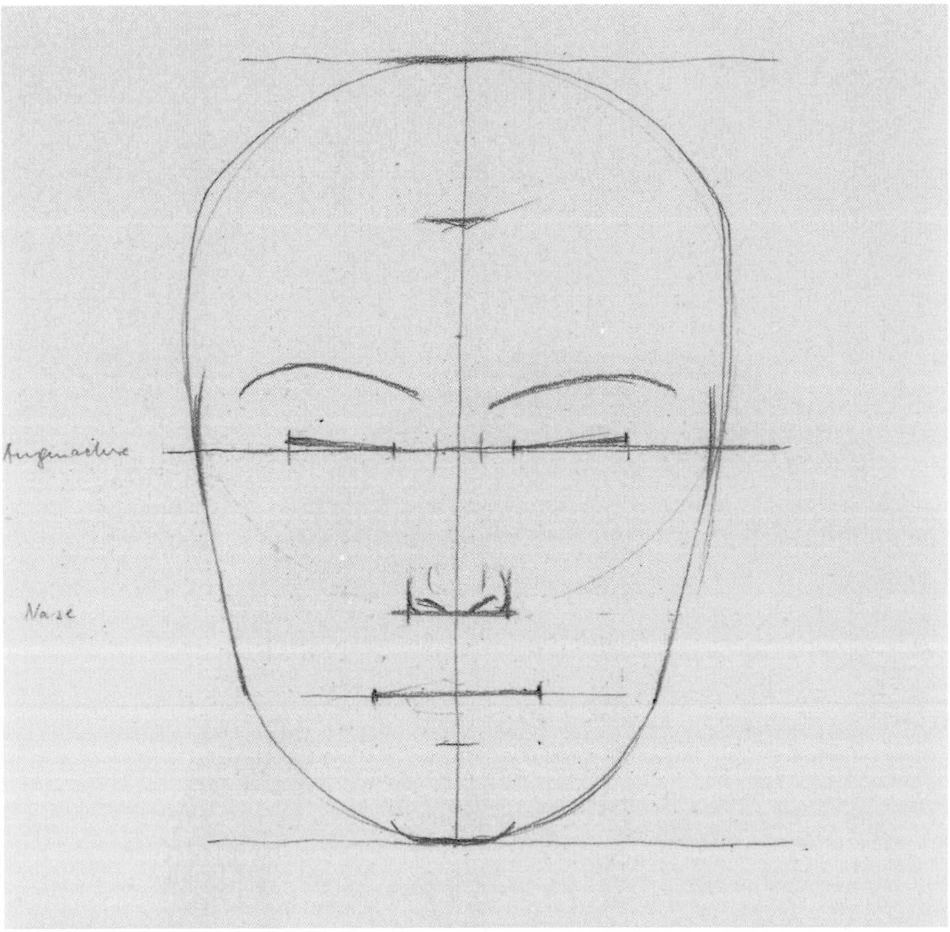
Augenachse
Nase

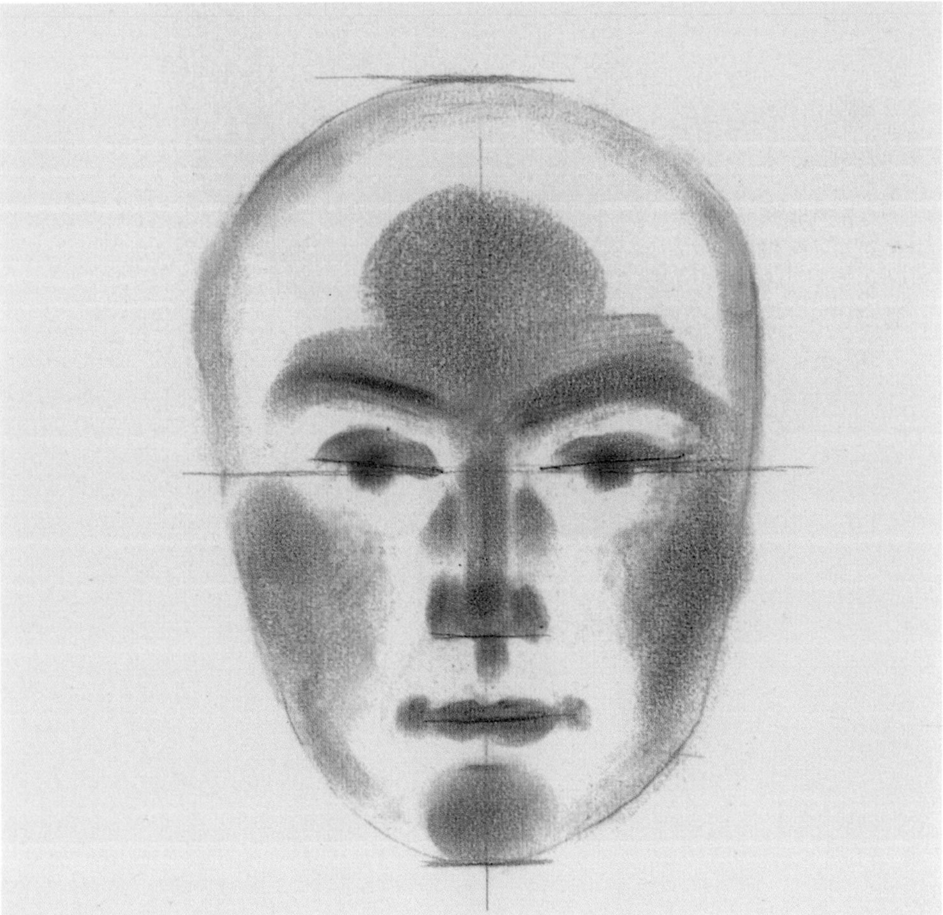

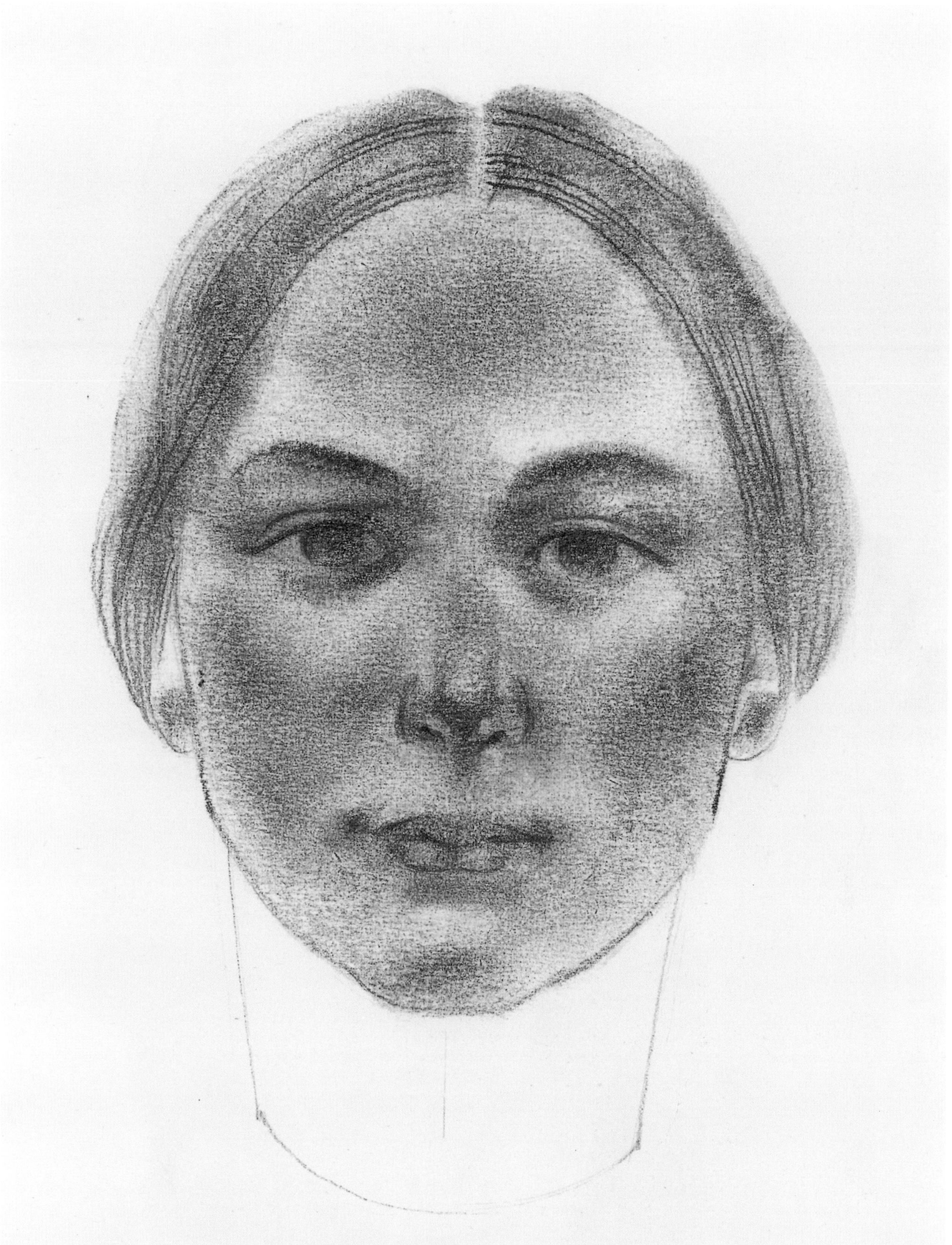

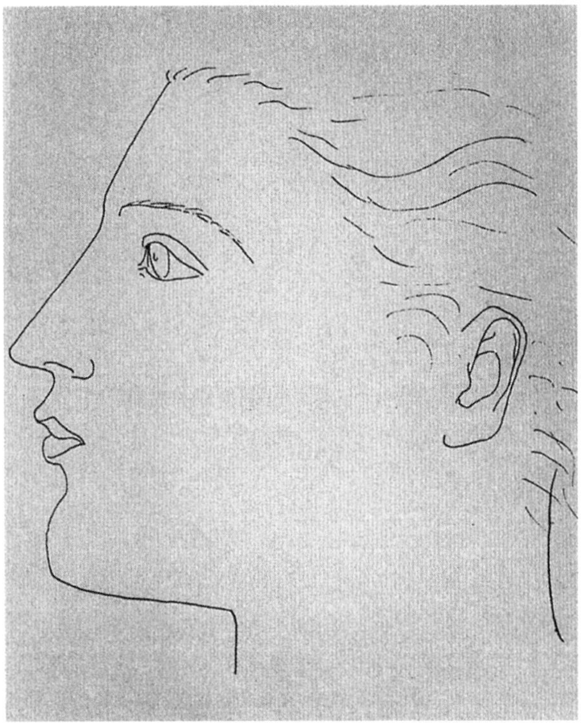

Pablo Picasso (1881–1973): Frauenkopf aus einem Skizzenbuch, 1923

Max Beckmann (1884–1950): Selbstbildnis, 1950

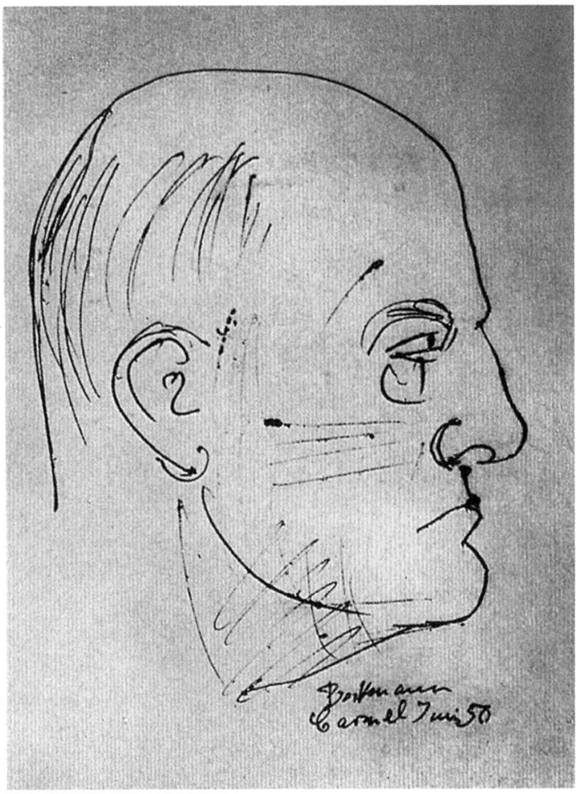

Elementare Kopfproportionen in Einheit mit der Schädelkonstruktion, Profil

Für die beiden Abschnitte des Schädels – Hirn- und Gesichtsschädel (Rot- und Grüntönung) – sind in Anbetracht der asymmetrischen Form des Profils noch einige normative Zusatzangaben zu machen:

- Aufbauend auf der Zweidrittel-Strecke Scheitel–Nasenstachel tragen wir vorerst die gleiche Strecke in Richtung Hinterhaupt ab (= Quadrat in Grau). Da diese Strecke aber für die Tiefe Stirn–Hinterhaupt zu kurz ist, bedarf sie einer Verlängerung.
- Die obere Quadratseite wird nochmals in sich gedrittelt und ein solches Drittel wird noch zusätzlich in Richtung Hinterhaupt aufgetragen (+). Damit ist die gröbste *Grundform des Hirnschädels* als langes Rechteck umschrieben.
- In dieses *Hirnschädelrechteck* wird die ovoide Form des Hirnschädels eingetragen (Tafel Seite 211a).
- Die Langseite des Rechtecks wird halbiert (rote Vertikale, die die *Gehörgangöffnung* schneidet).
- Dicht vor der Gehörgangöffnung werden wir den Drehpunkt des aufsteigenden *Kieferastes* nach schräg unten verfolgen und in stumpfem Winkel (Kieferwinkel) zur Kinnspitze abbiegen.
- Den *vorderen* Teil der *Schädelbasis* lassen wir ab Gehörgangöffnung bis zum Überaugenbogen ansteigen.
- Der *hintere* Teil der *Schädelbasis* ist in quasi horizontalem Verlauf bis zum Hinterhaupt (Tafel Seite 211b) deutlich zu machen.
- Die ovoide Grundform des Hirnschädels wird durch Akzentuierungen (Grautönung) weiter differenziert, so daß das *Hinterhaupt* an Fülle gewinnt und der ganze Hirnschädel (mit seinem stumpferen Pol am Hinterhaupt) nun einem nach hinten geneigten Ei ähnelt (Tafel Seite 211b).
- Der Verlauf der *Profillinie* ist insgesamt von leicht nach außen gebogener Konvexität, im einzelnen mit dahinter zurücktretenden Vertiefungen im Wechsel mit vorspringenden Formen.
- Der henkelartige *Jochbeinbogen* wird eingesetzt, mit seiner Oberkante in gestrecktem, horizontalem Verlauf (in Höhe des untersten Augenhöhlenrandes) bis über die Gehörgangöffnung. Der Jochbeinbogen ist die die *Gesichtsbreite* bestimmende Form.
- Das Auge ist im Profil innerhalb des verkürzten *Augenhöhleneingangs* beim Europäer von dreieckähnlicher Gestalt (Oberliddeckel nicht übersehen!).
- Das *Ohr* liegt in schrägem Ansatz zu der Schädelflanke, etwa in Fortsetzung der Richtung des aufsteigenden Kieferastes.

Der dynamische Ablauf der Gesichtsprofillinie enthält untrügliche Kennzeichen einer individuellen Person auf der Grundlage exakter Maßverhältnisse.

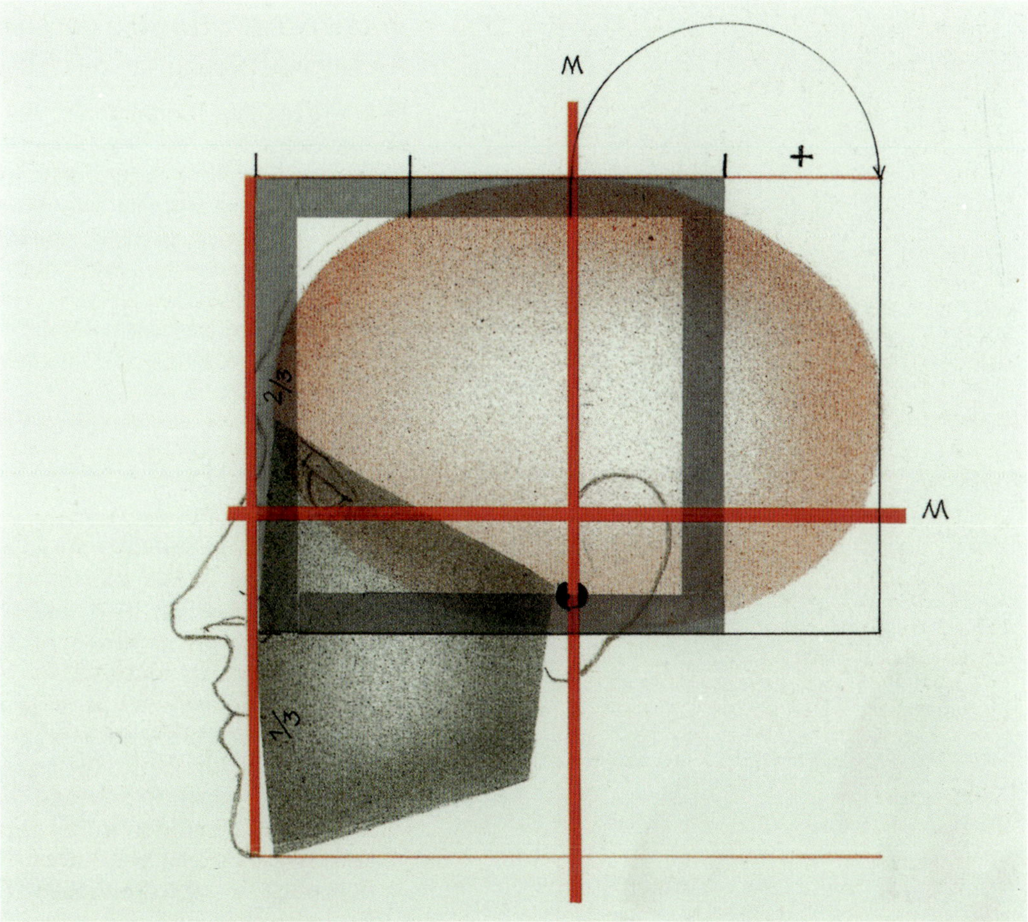
M
+
2/3
M
1/3

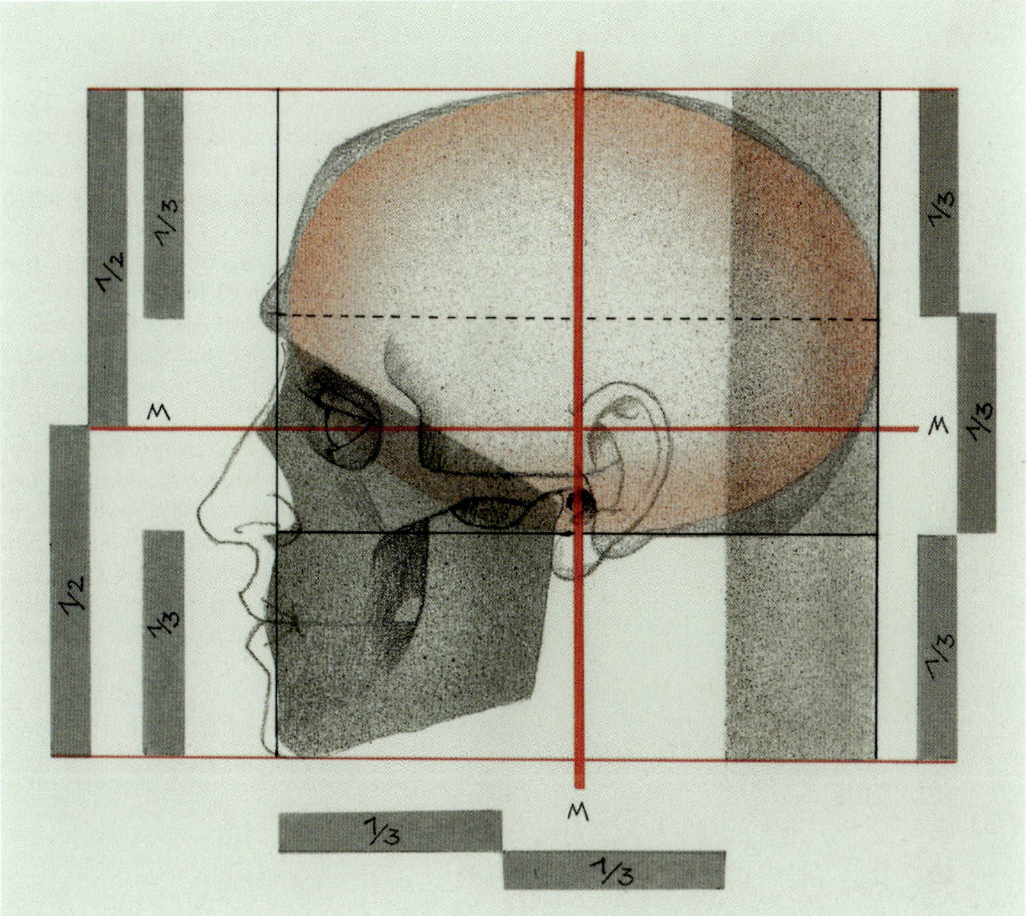
1/2
1/3
1/3
M
M
1/3
1/2
1/3
1/3
M
1/3
1/3

Ottavio Leoni (1536–1628): Kopf- und Handstudien, o.J.

Hans Theo Richter (1902–1969): Junges Mädchen, 1969

Kopfproportionen verschiedener Lebensalter

Wie wir bei den Proportionen des jugendlichen Menschen feststellten, daß es den Jugendlichen oder *das* Kind schlechthin nicht gibt, sondern nur in ihren *altersmäßigen Gestaltformen*, so müssen wir diese Tatsache auch für die Kopfproportionen geltend machen und den oberflächlichen Schluß beseitigen, der kindliche Kopf sei einfach kleiner als der des Erwachsenen. Die gravierendsten Unterschiede sind im Verhältnis von Hirn- und Gesichtsschädel zu suchen. Was haben wir zu beachten?

Obere und mittlere Reihe:

- Die *Augenachse* des *Säuglings* (links) liegt deutlich *unter* der Mitte (gestrichelte Linie) zwischen Scheitel und Kinn.
- Gleiches gilt für die Augenachse des Sechsjährigen, jedoch mit zunehmender Annäherung an die Kopfmitte (Darstellung in der Mitte), da mit dem Zahnwechsel sich die *Zahnfächer* und damit die Längen von Ober- und Unterkiefer strecken und eine Verlängerung des Gesichtsschädels *»nach unten«* eintritt.
- Die *absolute Größe des Säuglingskopfes* ist die Hälfte des Erwachsenenkopfes, sie beträgt beim *Sechsjährigen* Dreiviertel der Höhe (siehe die ausgezogene und durch Strichelung fortgesetzte Scheitellinie).
- Das starke Dominieren des Hirnschädels des Säuglings und Sechsjährigen gegenüber dem Erwachsenen äußert sich auch in der deutlichen *Vorwölbung der Stirn* des Erstgenannten und der steilen Stirn des letzteren. Mädchen behalten auch in der Reife die steile Stirn bei.
- Der *Nasensattel* des Säuglings ist flach, etwas erhabener beim Sechsjährigen.
- Insgesamt ist eine größere *Weichheit der Gesichtszüge* festzustellen, nicht zuletzt bedingt durch das noch schwach ausgebildete *Kinn* (Ober- und Unterkiefer beim Säugling nur spangenförmig durch Aufnahme flüssiger Nahrung).
- Besonders stark ausgeprägt sind die *Fettpolster* (besonders Wangen) beim Kleinst- und Kleinkind.
- Das *Lippenrot* ist schön und voll geschwungen, beim Säugling wie ein Amorbogen, mit einem *Lippenhöckerchen* in der Mitte des oberen Lippenrotes.

Untere Reihe:

Zur visuellen Eindringlichkeit erfolgt nochmals die Gegenüberstellung von Gesamtkopfhöhe und der Strecke Augenachse–Kinnspitze (links Säugling, Mitte Sechsjähriger). Die rechten drei Säulen veranschaulichen wiederum die *absoluten Kopfgrößen* der drei Lebensalter im Verhältnis zueinander. Der Kleinkindkopf zeichnet sich durch seine *hohe* Stirn aus. Gerade sie prägt *menschlichen* Ausdruck.

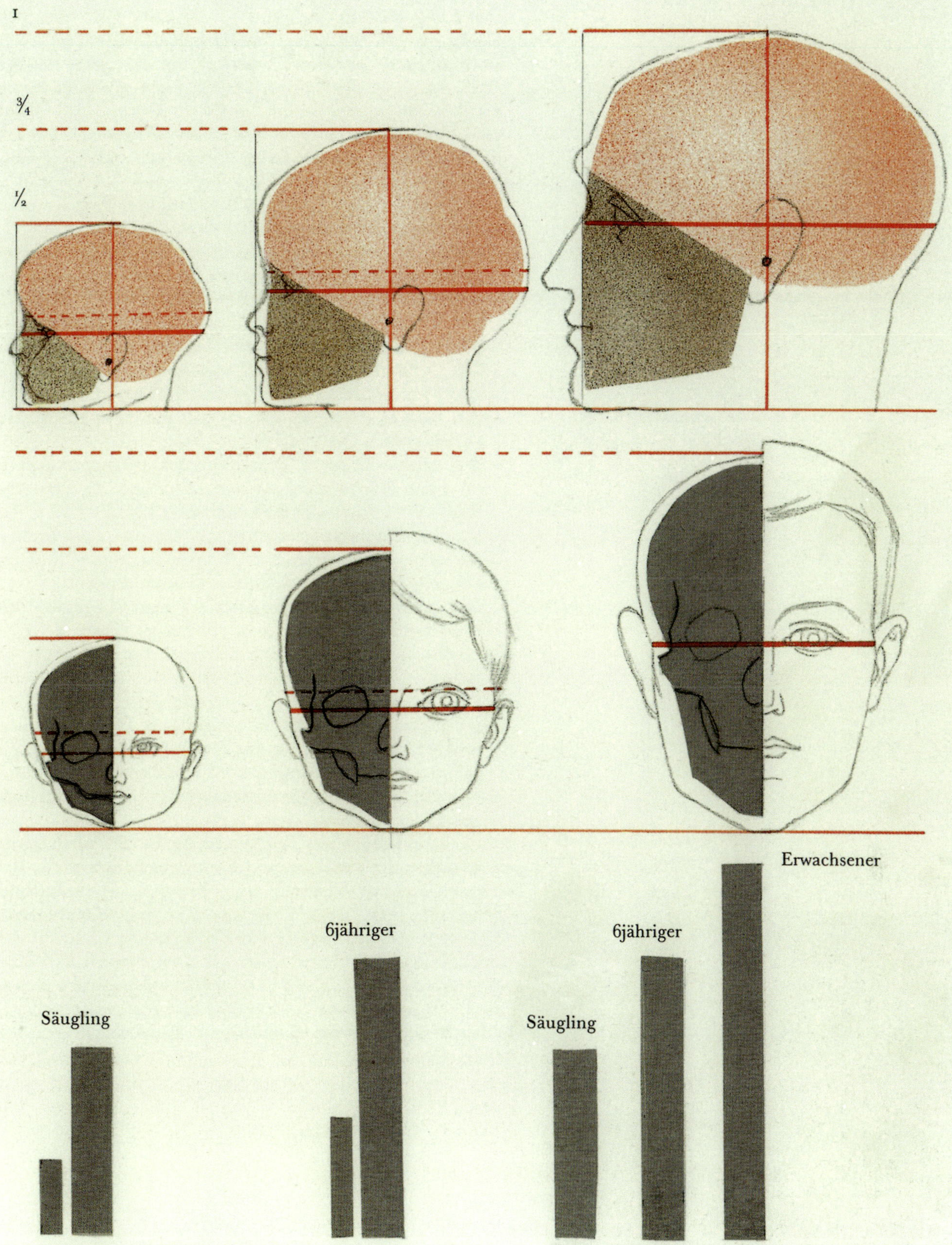

Das Verhältnis Kinn – Augenachse zur Totalhöhe des Kopfes

Die absoluten Größenverhältnisse der Kopfgrößen zueinander

Giovanni Batista Tiepolo (1696–1770): Kopfstudie, o. J.

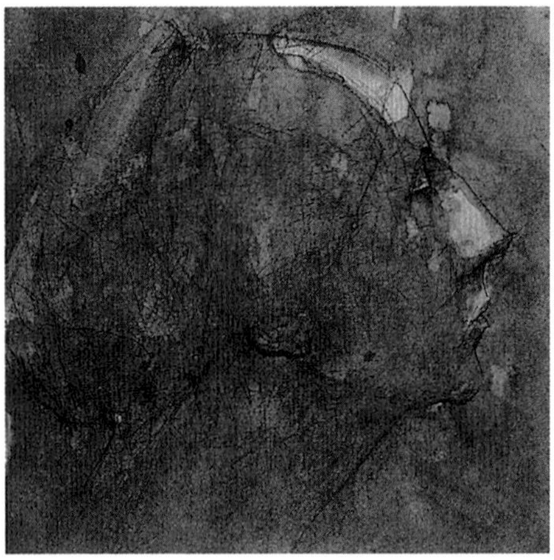

Hans Theo Richter (1902–1969): Bildniskopf H., 1963
Josef Hegenbarth (1884–1962): Kopf einer jungen Frau, 30er Jahre

Übungsempfehlungen zu Proportionsstudien vom Profil

(Seiten 215 bis 219)
Das Kopfprofil mit seinen Vorwärts-Rückwärts-, Auswärts-Einwärtsformen ist ähnlich bewegt wie das ganze Körperprofil. Im Gegensatz zu en face und der Blickbegegnung mit dem Betrachter findet im Profil keine Blickbindung statt. Eine flächige Darstellung (Silhouettenschnitt) macht die Person noch immer identifizierbar, nicht aber die bloße Umrißform en face.
Neben den bereits bekannten Schritten der Proportionserkundung verdienen diese Faktoren Aufmerksamkeit:

- Zuerst ist die *Gesamtverlaufsform* des Profils (hervorspringende und zurücktretende Partien – Seite 215, Nebenzeichnungen) zu erkunden.
- Der Verlauf der einzelnen *Profilabschnitte* (Stirn, Mittelgesicht, Untergesicht) ist durch *Lotung* und Feststellung der Verläufe im Verhältnis zueinander zu prüfen (z. B. Lage des Kinns im Verhältnis zur Stirn).
- Die *Haartracht* ist als Zusatzform auf dem Kopfumriß zu behandeln (Seite 215).
- Die allerwichtigsten Proportionserkundungen sind in die erste Arbeitsphase zu verlegen: Das *Verhältnis von Kopfhöhe zu Kopftiefe* (Seite 216 oben links).
- Durch das Zusammenziehen des Umrisses mit breitem Material ist eine kritische Überprüfung der »Profilähnlichkeit« vorzunehmen (Seite 216 oben rechts).
- Erst nach dieser Stimmigkeit ist dem Kopfprofil ein zum Plastischen tendierendes Relief zu geben (Seite 216 unten), wenn dazu ein ausdrückliches Bedürfnis besteht.
- Die normativen Proportionsangaben der Tafeln Seite 211 a, b sollte man sich nicht zum Dogma machen, sondern sich offenhalten für die *Andersartigkeiten der Verhältnisse* und Beziehungen der Kopfensembleteile untereinander (z. B. des Ohrenansatzes und seiner Stellung und Höhe zur Nase, Seite 217).

Da die Behandlung der Teilformen des Kopfes noch bevorsteht, sollte der Griff zu großflächigem Material für den silhouettierenden Umriß in Kreiden, Graphitstaub (Seite 218), mit dem Pinsel oder deren Kombination (Seite 219) Vorrang haben. Aus Unverständnis zeichnerisch verstümmelte Nasen und Ohren sind eine peinliche Sache.
Mit prüfenden Winkeln und ganz sachlich orientierenden Bezugslinien, also mit rein der Selbstverständigung dienenden Mitteln, ist immer mehr gewonnen als mit dem so schwer ausrottbaren Ähnlichkeitsformalismus.

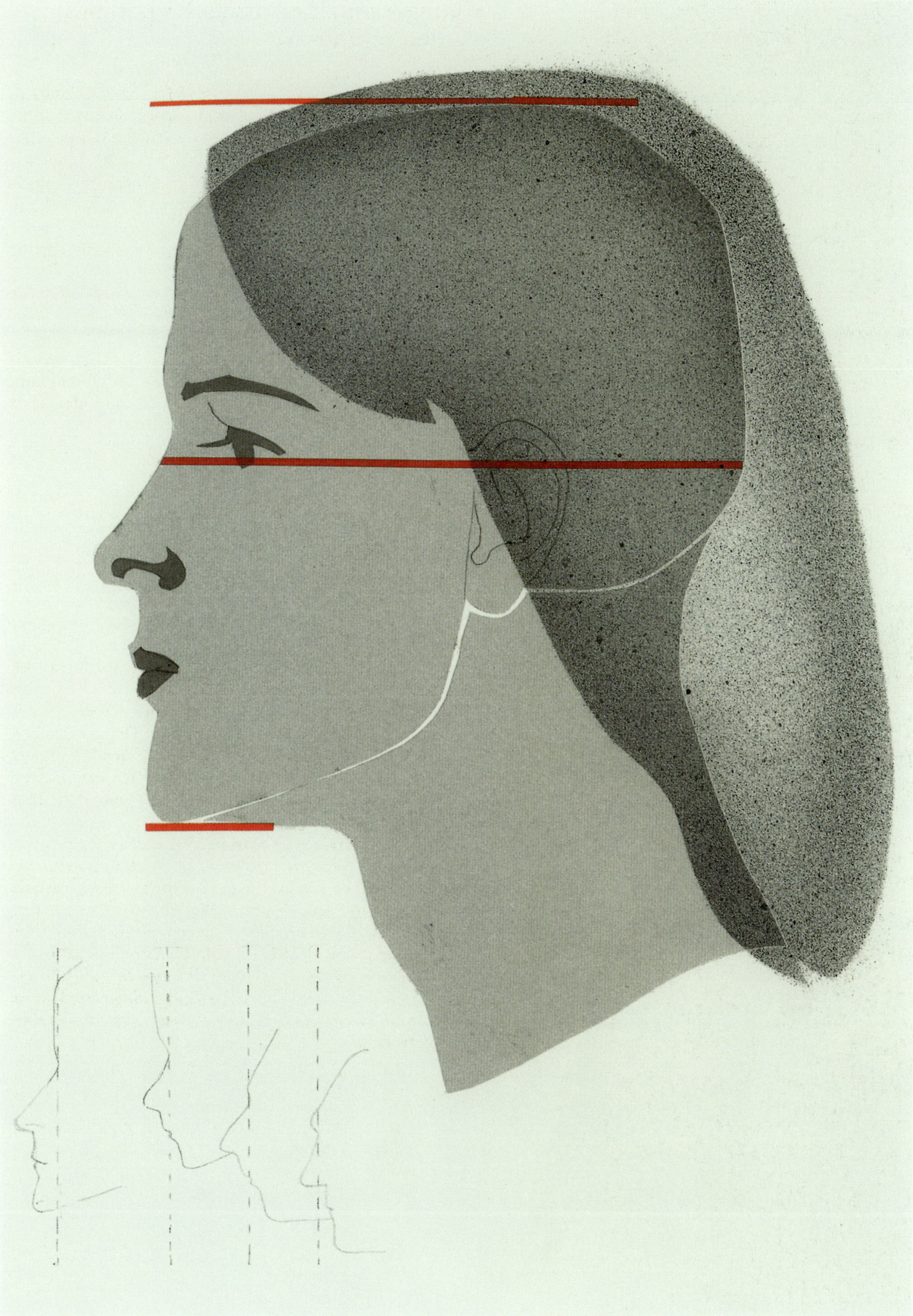

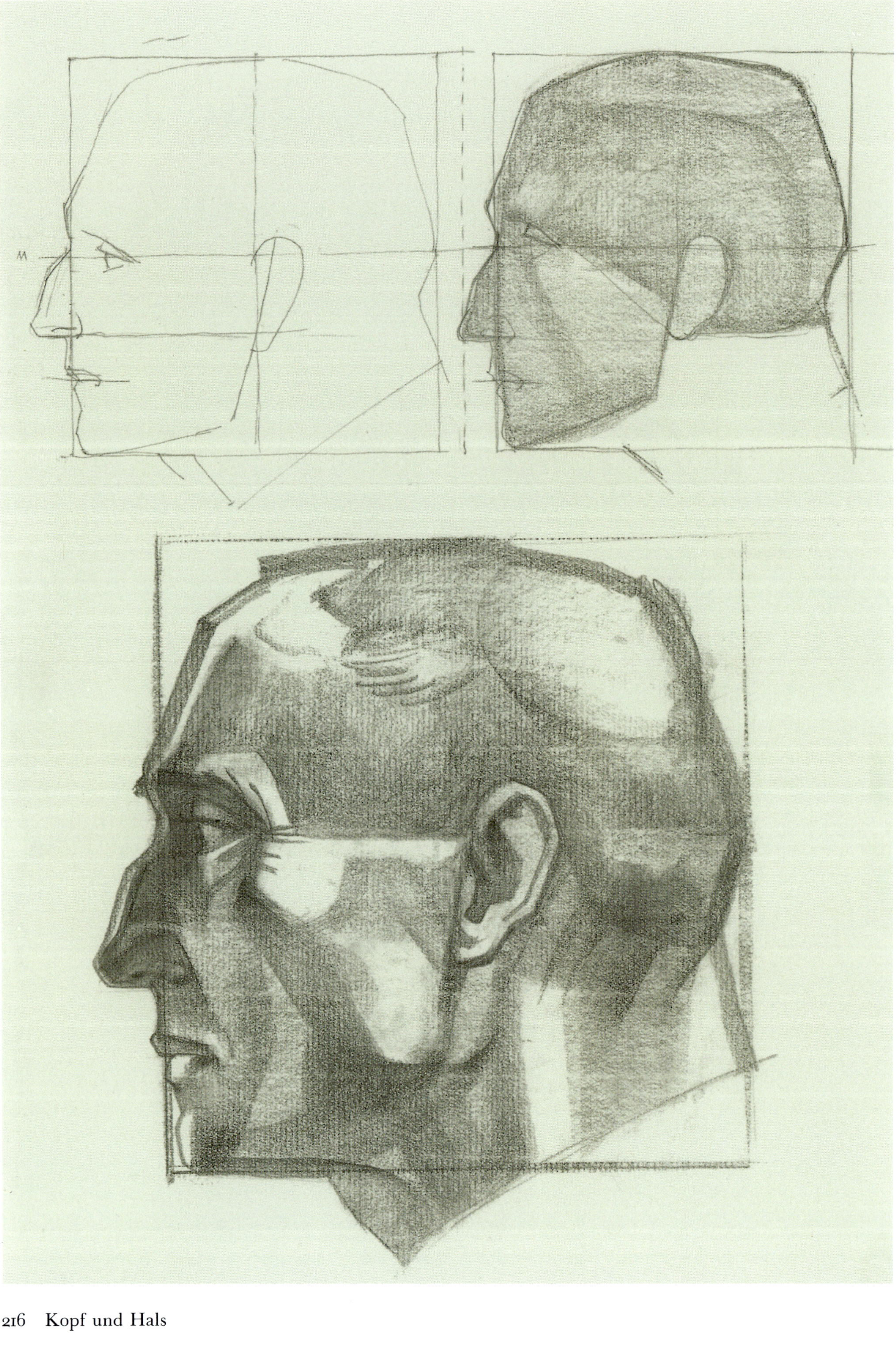
M

Karl Hofer (1878–1955): Selbstporträt, um 1940

Josef Hegenbarth (1884–1962): Kopf eines Waldarbeiters, Ende der 20er Jahre

Elementarisierung der beiden Hauptformen des Kopfes

(Tafeln Seiten 223 bis 225)

Um die *körperhafte* Erscheinung des Kopfes zu unterstützen und ihn in seinen räumlichen Ansichten und Lagen leichter erfassen zu lernen, sollten zuerst, als Grundlage des Schädelzeichnens, die beiden Hauptformen Hirn- und Gesichtsschädel auf die Masse ihrer Volumina reduziert werden. Es kommt darauf an:

Tafel Seite 223

- Die ovoide Form des *Hirnschädels* ist prägnant zu machen, d.h., ihr sind Ansichtsflächen zu geben, die zueinander in Winkeln stehen (Stirn-, Schläfen-, Scheitel-, Hinterhaupt- und Basisfläche).
- Die Ansichtsflächen sind nicht stereometrisch, sondern sphäroidisch, als mehr oder minder konvex gespannt darzustellen.
- Der vorderen, abfallenden Schädelbasis ist nach unten die Bugform des *Gesichtsschädels* anzugliedern.

Die Körpervorstellung würde noch gewinnen durch Modellieren dieser elementarisierten Formen, nach denen man viele Ansichten und Verkürzungen zeichnerisch durchkonstruieren sollte (Seite 225b rechts). Nach diesem Vorstellungsgewinn von großen Formen kann das eigentliche konstruktive Schädelzeichnen einsetzen:

Tafel Seite 224

- Begreife den Schädel in seinen prismatisch zugeschliffenen *Facetten*!
- Bringe den mittleren und die seitlichen Stützpfeiler des Gesichtsschädels (aufsteigende Kieferäste) in funktionellen und *Formzusammenhang mit der Schädelkapsel* (z.B. ist die Innenwand der Augenhöhlenpyramide ein Teil des mittleren Gesichtspfeilers)!
- Baue auf den *Grundformen* die *Nebenformen* wie Jochbein, Jochbeinbogen (wie ein Henkel), knöcherne Nase usw. auf!
- Gib allen Flächen durch Schraffur deutliche und kontrastreiche *räumliche* Gefälle!

Als Voraussetzung zu diesen Arbeitsschritten muß auch hier der primäre *Entwurf eines räumlichen Bezugssystems* (Verlauf der Symmetrieachse und ihre Durchkreuzung mit räumlich verlaufenden Querachsen) vorausgegangen sein, das von Anfang an schon die Probleme der Verkürzungen mit enthält und im Anlagestadium sichert (Seite 225a). Wichtig ist ferner (Seite 225b):

- Alle verdeckten Ecken und Kanten werden mitgezeichnet, um sich auch dort noch die Form zu vergegenwärtigen, wo sie sich dem Blick entzieht (unten rechts).
- Das bedeutet, stets *Bezugspunkte* (auch die verdeckten) von einer Seite zur anderen zu fixieren: Was liegt diesseits und was jenseits der Symmetrieachse?
- Die *Teilformen des Kopfes* werden auf die Schädelzeichnungen gesetzt (Seite 225 unten links).

Wird das Schädelzeichnen nicht in konstruktiver Durchdringung, als ständiges Ordnen von Hauptsächlichem und Nebensächlichem, also nicht als erkennendes Zeichnen betrieben, so gleitet es ab in bloßes geschicktes Abzeichnen ohne Erkenntnis- und Vorstellungsgewinn.

Karl Hofer (1878–1955): Selbstporträt, um 1940

Josef Hegenbarth (1884–1962): Kopf eines Waldarbeiters, Ende der 20er Jahre

Elementarisierung der beiden Hauptformen des Kopfes

(Tafeln Seiten 223 bis 225)

Um die *körperhafte* Erscheinung des Kopfes zu unterstützen und ihn in seinen räumlichen Ansichten und Lagen leichter erfassen zu lernen, sollten zuerst, als Grundlage des Schädelzeichnens, die beiden Hauptformen Hirn- und Gesichtsschädel auf die Masse ihrer Volumina reduziert werden. Es kommt darauf an:

Tafel Seite 223

- Die ovoide Form des *Hirnschädels* ist prägnant zu machen, d.h., ihr sind Ansichtsflächen zu geben, die zueinander in Winkeln stehen (Stirn-, Schläfen-, Scheitel-, Hinterhaupt- und Basisfläche).
- Die Ansichtsflächen sind nicht stereometrisch, sondern sphäroidisch, als mehr oder minder konvex gespannt darzustellen.
- Der vorderen, abfallenden Schädelbasis ist nach unten die Bugform des *Gesichtsschädels* anzugliedern.

Die Körpervorstellung würde noch gewinnen durch Modellieren dieser elementarisierten Formen, nach denen man viele Ansichten und Verkürzungen zeichnerisch durchkonstruieren sollte (Seite 225b rechts). Nach diesem Vorstellungsgewinn von großen Formen kann das eigentliche konstruktive Schädelzeichnen einsetzen:

Tafel Seite 224

- Begreife den Schädel in seinen prismatisch zugeschliffenen *Facetten*!
- Bringe den mittleren und die seitlichen Stützpfeiler des Gesichtsschädels (aufsteigende Kieferäste) in funktionellen und *Formzusammenhang mit der Schädelkapsel* (z.B. ist die Innenwand der Augenhöhlenpyramide ein Teil des mittleren Gesichtspfeilers)!
- Baue auf den *Grundformen* die *Nebenformen* wie Jochbein, Jochbeinbogen (wie ein Henkel), knöcherne Nase usw. auf!
- Gib allen Flächen durch Schraffur deutliche und kontrastreiche *räumliche* Gefälle!

Als Voraussetzung zu diesen Arbeitsschritten muß auch hier der primäre *Entwurf eines räumlichen Bezugssystems* (Verlauf der Symmetrieachse und ihre Durchkreuzung mit räumlich verlaufenden Querachsen) vorausgegangen sein, das von Anfang an schon die Probleme der Verkürzungen mit enthält und im Anlagestadium sichert (Seite 225a).

Wichtig ist ferner (Seite 225b):

- Alle verdeckten Ecken und Kanten werden mitgezeichnet, um sich auch dort noch die Form zu vergegenwärtigen, wo sie sich dem Blick entzieht (unten rechts).
- Das bedeutet, stets *Bezugspunkte* (auch die verdeckten) von einer Seite zur anderen zu fixieren: Was liegt diesseits und was jenseits der Symmetrieachse?
- Die *Teilformen des Kopfes* werden auf die Schädelzeichnungen gesetzt (Seite 225 unten links).

Wird das Schädelzeichnen nicht in konstruktiver Durchdringung, als ständiges Ordnen von Hauptsächlichem und Nebensächlichem, also nicht als erkennendes Zeichnen betrieben, so gleitet es ab in bloßes geschicktes Abzeichnen ohne Erkenntnis- und Vorstellungsgewinn.

Edward Burne-Johnes (1833–1898): Kopf eines Mädchens, 1879

André Derain (1880–1954): Büste einer Frau, o.J.
N. A. Tirsa: Studie von einer seitlich aufgelehnt sitzenden Frau mit Einzelstudie vom Kopf, o.J.

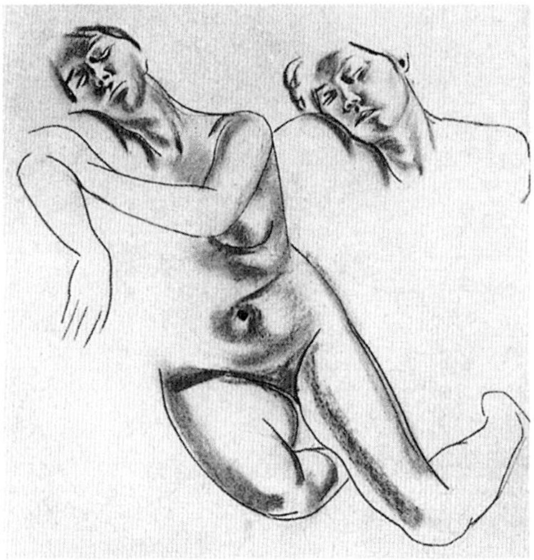

Grundzüge des Halsaufbaues

Vereinfacht stellt sich der Hals dar als Walze, die auf einem »Sockel« ruht. Der gerundetere Frauenhals kommt dem Vergleich mit einer Säule leichter entgegen als die bewegtere Halsoberfläche des Mannes. Was bildet den Halssockel?

- Vorderseitig die geschwungene Horizontale des *Schlüsselbeins* in Verbindung mit dem Schulterdach (oben links);
- seitlich die absteigende Portion des *Kapuzenmuskels*, der selbst ein wichtiger Halsmuskel (Nacken) ist (oben rechts);
- rückseitig der Kapuzenmuskel bis zu seinem Ansatz an der Schultergräte (nicht dargestellt).

Der Halssockel ist also die zusammengezogene Form von knöchernen und muskulären Anteilen. Von den *Schlüsselbeinen* aus steigt der Sockel zum *Nackendreieck* an.

Die Aufgaben des Halses, den Kopf für die Einstellung der Sinnesorgane beweglich zu machen, hängen ab von den angreifenden Muskeln:

- Der *paarige Kopfwender* schlingt sich vom Brustbeingriff und vom inneren Schlüsselbeinanteil nach oben um die tieferen Halsschichten und setzt verwrungen hinter dem Ohr (Warzenfortsatz des Schädels) an. Diese beiden Stränge springen beim Kopfwenden als scharfe Vertikalwulst heraus, neigen den Kopf zur Seite oder ziehen ihn nach vorn (Späherstellung).
- Von der Muskelgabel des Kopfwenders wird überschnitten die Bugform des *Kehlkopfes* und die ihn bedeckenden unteren und oberen Zungenbeinmuskeln.
- Wichtigster Gegenspieler und zugleich Synergist ist der Nackenteil des *Kapuzenmuskels* (siehe auch Tafel Seite 155), der mit seinem Ansatz an der Hinterhauptleiste (unten rechts) den Kopf zur Beugung nackenwärts veranlaßt, ihn beim Vorneigen hält sowie die Dreh- und Seitneigebewegung unterstützt

Kopfwender und der Nackenteil des Kapuzenmuskels haben beide die Tendenz zur Bildung einer räumlichen Spirale, die die vielseitigen Kopfhaltungen ermöglicht. Beide bewahren zwischen sich einen fast parallelen Zwischenraum, der von tieferen Halsmuskeln ausgefüllt wird.

Für das Zeichnen des Halses ergibt sich daraus:

- Leichte Verjüngung der Halssäule in Richtung »Halssockel«;
- Überschneidung des Nackendreiecks durch den Kopfwender (bei Vorderansicht);
- Überschneidung des Kopfwenders durch den Kapuzenmuskel (bei Rückansicht);
- Überschneidungen des Kapuzenmuskels in sich selbst im Übergang vom Nacken in die Schulter.

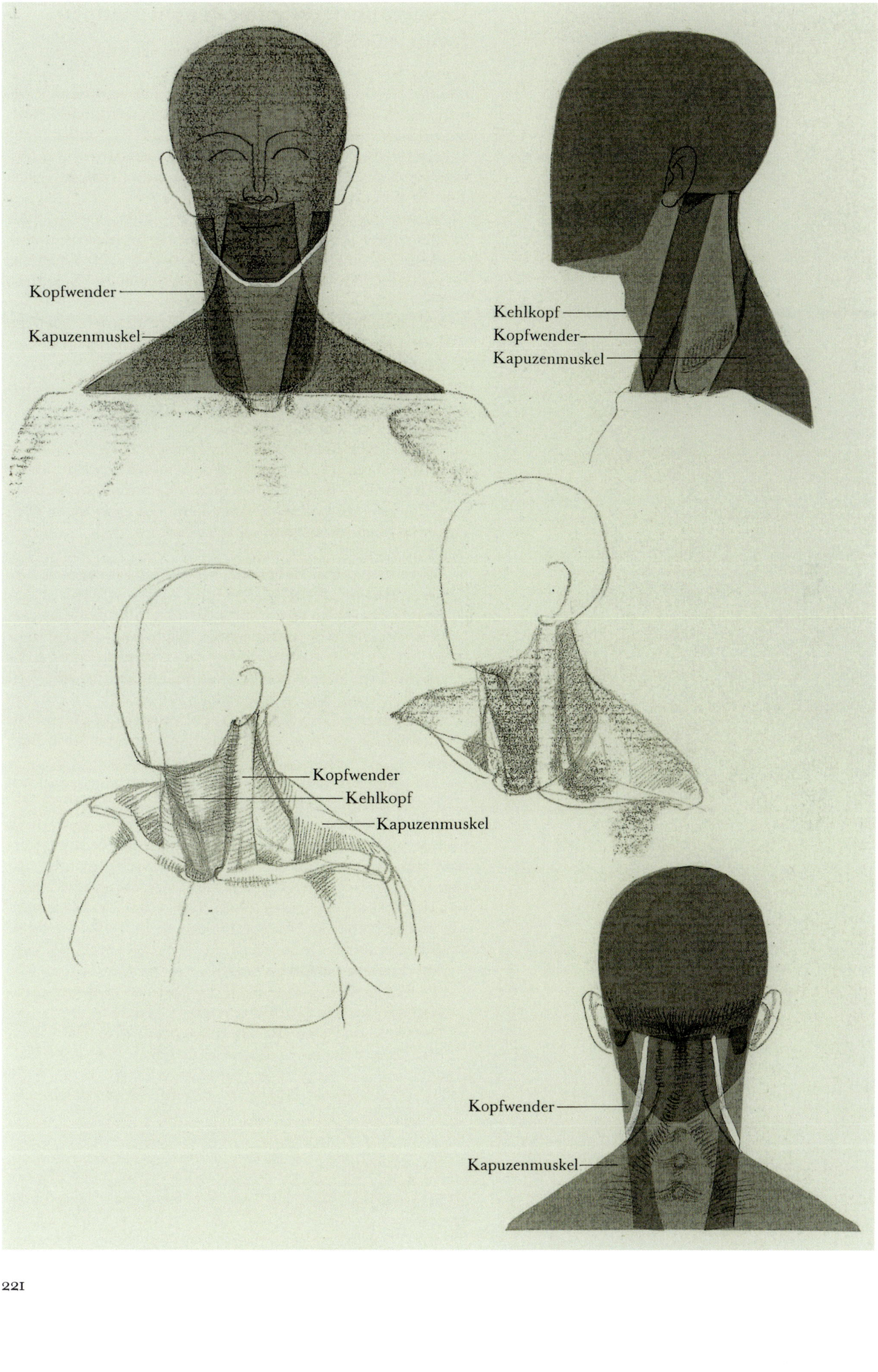
Kopfwender
Kapuzenmuskel
Kehlkopf
Kopfwender
Kapuzenmuskel
Kopfwender
Kehlkopf
Kapuzenmuskel
Kopfwender
Kapuzenmuskel

Karl Hofer (1878–1955): Selbstporträt, um 1940

Josef Hegenbarth (1884–1962): Kopf eines Waldarbeiters, Ende der 20er Jahre

Elementarisierung der beiden Hauptformen des Kopfes

(Tafeln Seiten 223 bis 225)
Um die *körperhafte* Erscheinung des Kopfes zu unterstützen und ihn in seinen räumlichen Ansichten und Lagen leichter erfassen zu lernen, sollten zuerst, als Grundlage des Schädelzeichnens, die beiden Hauptformen Hirn- und Gesichtsschädel auf die Masse ihrer Volumina reduziert werden. Es kommt darauf an:

Tafel Seite 223

- Die ovoide Form des *Hirnschädels* ist prägnant zu machen, d. h., ihr sind Ansichtsflächen zu geben, die zueinander in Winkeln stehen (Stirn-, Schläfen-, Scheitel-, Hinterhaupt- und Basisfläche).
- Die Ansichtsflächen sind nicht stereometrisch, sondern sphäroidisch, als mehr oder minder konvex gespannt darzustellen.
- Der vorderen, abfallenden Schädelbasis ist nach unten die Bugform des *Gesichtsschädels* anzugliedern.

Die Körpervorstellung würde noch gewinnen durch Modellieren dieser elementarisierten Formen, nach denen man viele Ansichten und Verkürzungen zeichnerisch durchkonstruieren sollte (Seite 225b rechts). Nach diesem Vorstellungsgewinn von großen Formen kann das eigentliche konstruktive Schädelzeichnen einsetzen:

Tafel Seite 224

- Begreife den Schädel in seinen prismatisch zugeschliffenen *Facetten*!
- Bringe den mittleren und die seitlichen Stützpfeiler des Gesichtsschädels (aufsteigende Kieferäste) in funktionellen und *Formzusammenhang mit der Schädelkapsel* (z. B. ist die Innenwand der Augenhöhlenpyramide ein Teil des mittleren Gesichtspfeilers)!
- Baue auf den *Grundformen* die *Nebenformen* wie Jochbein, Jochbeinbogen (wie ein Henkel), knöcherne Nase usw. auf!
- Gib allen Flächen durch Schraffur deutliche und kontrastreiche *räumliche* Gefälle!

Als Voraussetzung zu diesen Arbeitsschritten muß auch hier der primäre *Entwurf eines räumlichen Bezugssystems* (Verlauf der Symmetrieachse und ihre Durchkreuzung mit räumlich verlaufenden Querachsen) vorausgegangen sein, das von Anfang an schon die Probleme der Verkürzungen mit enthält und im Anlagestadium sichert (Seite 225a). Wichtig ist ferner (Seite 225b):

- Alle verdeckten Ecken und Kanten werden mitgezeichnet, um sich auch dort noch die Form zu vergegenwärtigen, wo sie sich dem Blick entzieht (unten rechts).
- Das bedeutet, stets *Bezugspunkte* (auch die verdeckten) von einer Seite zur anderen zu fixieren: Was liegt diesseits und was jenseits der Symmetrieachse?
- Die *Teilformen des Kopfes* werden auf die Schädelzeichnungen gesetzt (Seite 225 unten links).

Wird das Schädelzeichnen nicht in konstruktiver Durchdringung, als ständiges Ordnen von Hauptsächlichem und Nebensächlichem, also nicht als erkennendes Zeichnen betrieben, so gleitet es ab in bloßes geschicktes Abzeichnen ohne Erkenntnis- und Vorstellungsgewinn.

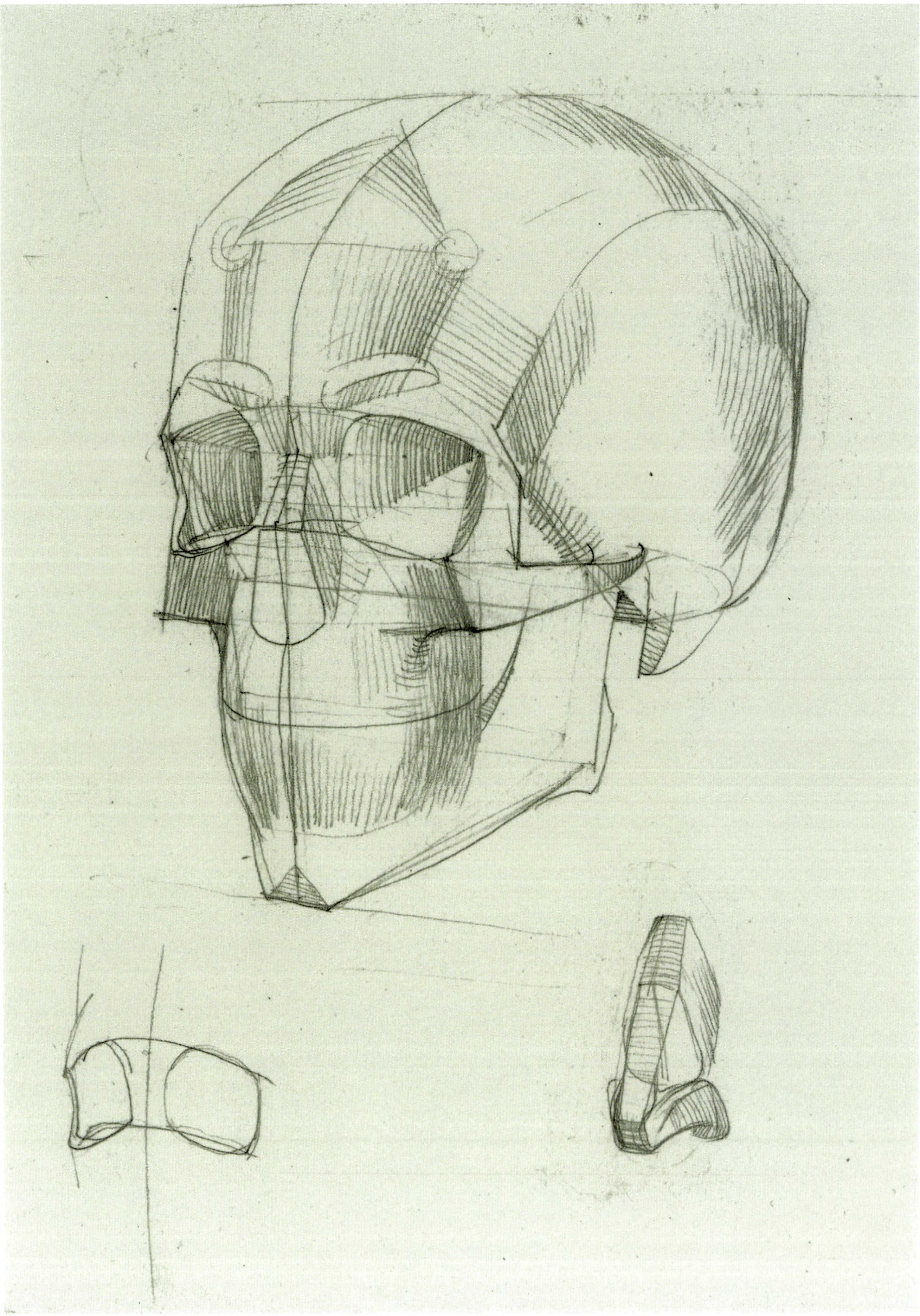

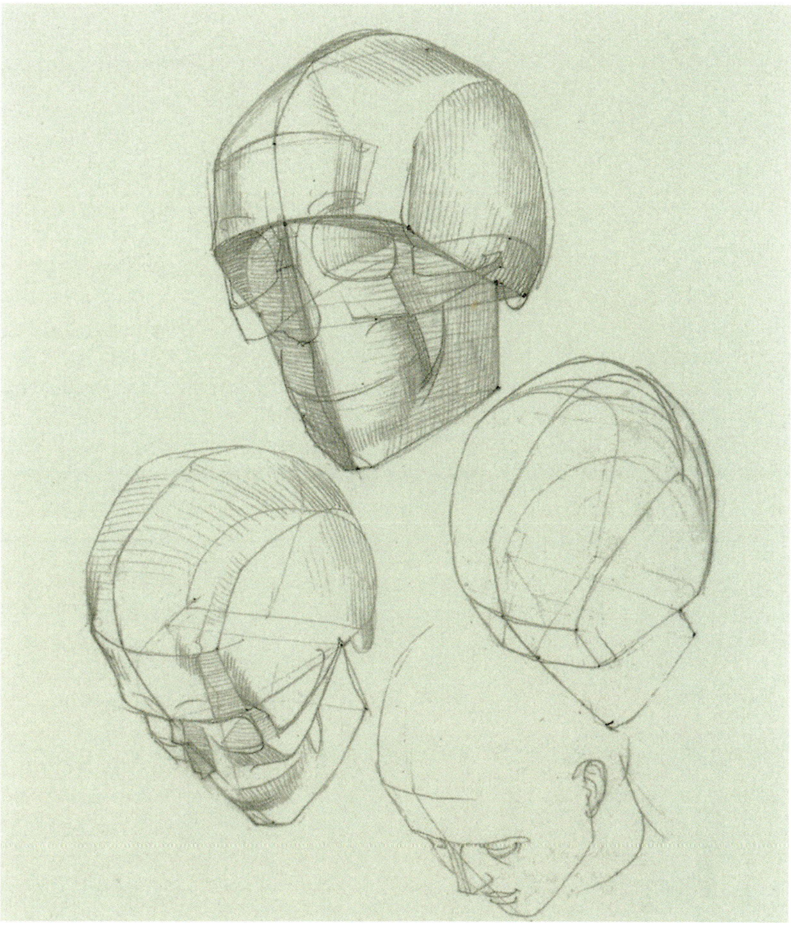

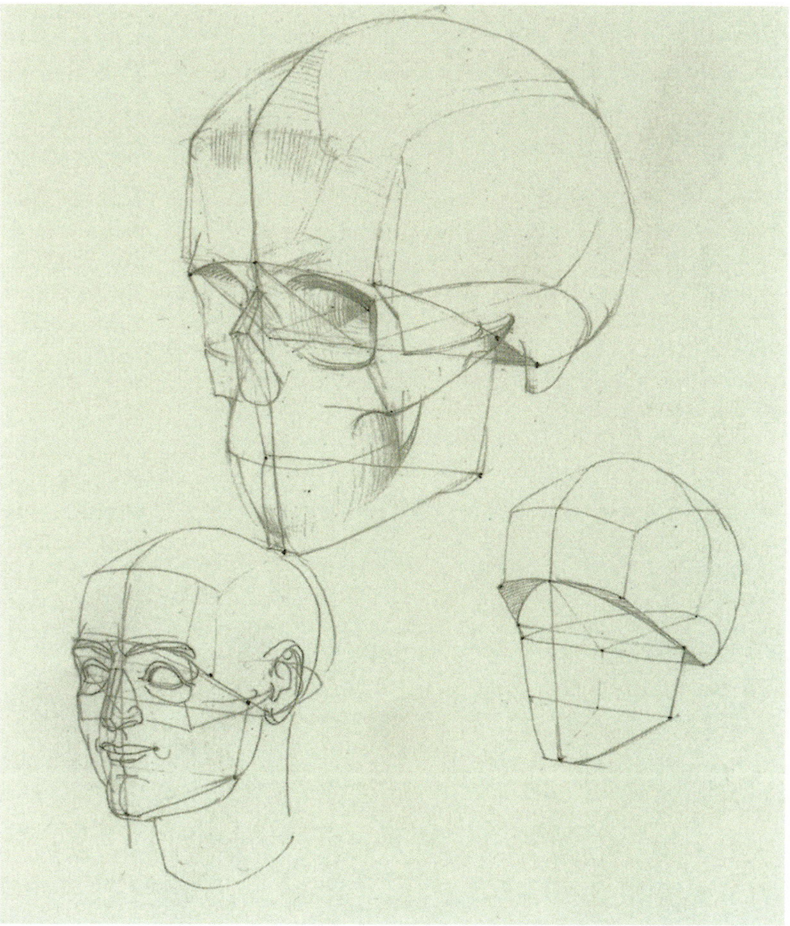

Andrea del Sarto (1486–1530): Kopf eines Mannes, o. J.

Giovanni Bellini (um 1430–1516): Bildnis eines Mannes mit Turban, o. J.
Josef Hegenbarth (1884–1962): Glasarbeiter, 1929/30

Der Schädel als Grundlage von Teil- und Weichformen und das Auge

Das unentwickelte Volumen der mimischen Muskeln, deren Verlauf nur Bedeutung für die gesetzmäßige Faltenbildung hat, bleibt hier außer Betracht. Hingewiesen wird auf die voluminöseren Kaumuskeln:

Tafel Seite 227

- Der *Schläfenmuskel* hat seinen fächerförmigen Ursprung in der *Schläfengrube* und setzt am Muskelfortsatz des Unterkiefers an.
- Der knollenförmige *Kaumuskel* hat seinen Ursprung am Jochbein und Jochbeinbogen und setzt am Kieferwinkel an.

Beide Muskeln benutzen das Kiefergelenk als Drehpunkt für das Heranpressen des Unterkiefers gegen den Oberkiefer.

Tafel Seite 228 vermittelt Grundkenntnisse von der Form des Auges:

- Das Zeichnen des Auges muß sich immer von der Vorstellung eines Kugelraumes (Augapfel) mit einer verstellbaren Lichteintrittsöffnung (oben) leiten lassen, umgeben von der Haut der Lider.
- Die Form der Haut, die einen kleinen Teil des Augapfels freigibt, heißt Lidausschnitt (Mitte) mit einem inneren und äußeren *Augenwinkel*.
- Die gedachte Achse zwischen beiden Winkeln teilt den bogigen Lidausschnitt in eine größere Ober- und kleinere Unterpartie.
- Die braunen Pfeile zeigen die Lage der Krümmungsscheitel des Lidausschnittes an. Der Krümmungsscheitel ist asymmetrisch und gleicht *keiner* Mandelform.
- Die Bedeckung des inneren Augenwinkels mit Haut *(Epikanthus)* verleiht dem Auge die bekannte mongolide Form (Nebenzeichnung unten links).
- Die Iris wird durch das Oberlid teilweise überdeckt (geöffnete Ruhehaltung, unten Mitte). Bei voll sichtbarer Iris wirkt das Auge starr und erschreckt.
- Im Profil entsteht eine Verkürzung des Auges zur sphäroidischen Dreiecksform. Beachte: Die Lider sind voluminös und passen sich der Kugelform des Augapfels an.

Tafel Seite 229

- Der *Lidausschnitt* ist kleiner als die ganze Breite des Augapfels und der Augenhöhle und steigt auch beim Europäer ein wenig nach außen an.
- Beim Zeichnen des verkürzten Auges muß verdeutlicht werden, wie sich die Lider über den Augapfel spannen und welche *Überschneidungen* entstehen. Diese räumlichen Momente darf man keinesfalls übergehen.
- Der Augapfel und seine Lider liegen in einem *Raum.* Der nächste Umraum mit seinen Konvexitäten begegnet den Konvexitäten des Auges.

Die Ansichten des Auges sind:
a reine Frontalität; b, c leicht seitlich abgewendet; d, f stärkere seitliche Abwendung (Überschneidungen!); e von oben (mit Verkürzung des Unterlides); g von unten (mit Verkürzung des Oberlides). Arbeitet man die Volumina und räumlichen Feinheiten des Auges heraus (h), so darf man nicht das Grundkonzept verlieren: die Kugelgestalt in ihrer Formbegegnung mit dem unmittelbaren Umfeld.

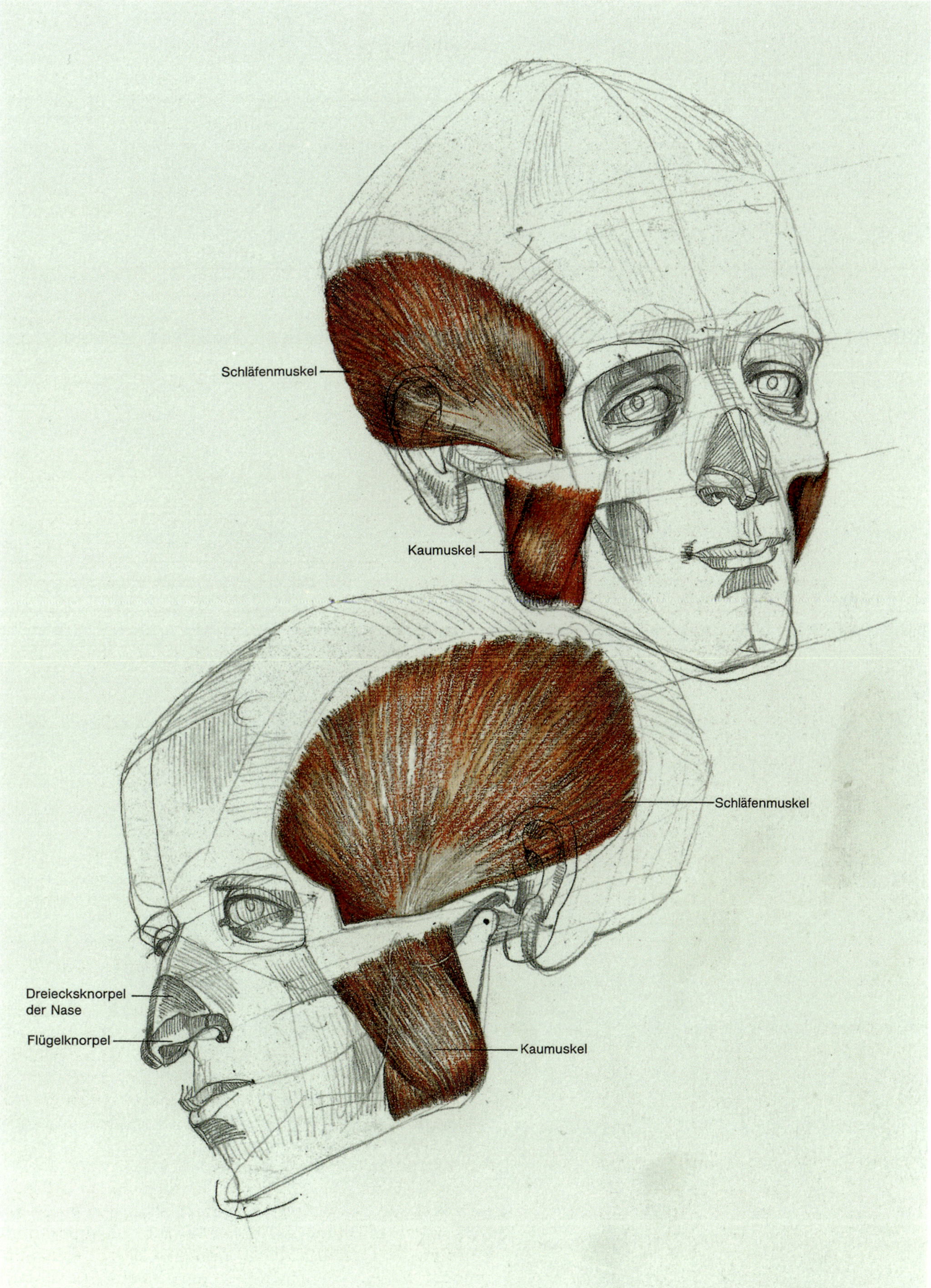
Schläfenmuskel
Kaumuskel
Schläfenmuskel
Dreiecksknorpel der Nase
Flügelknorpel
Kaumuskel

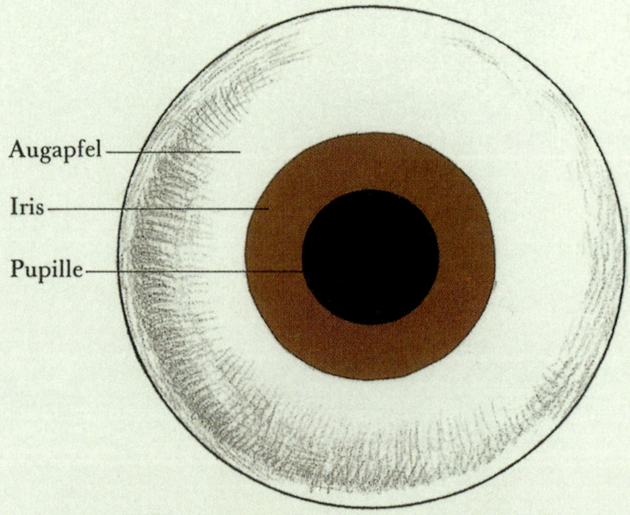
Augapfel
Iris
Pupille

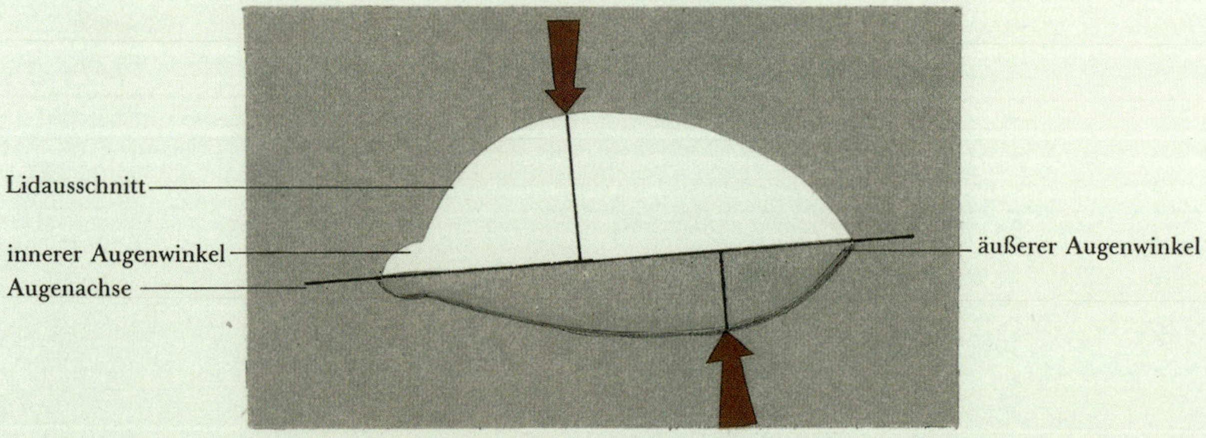
Lidausschnitt
innerer Augenwinkel
Augenachse
äußerer Augenwinkel

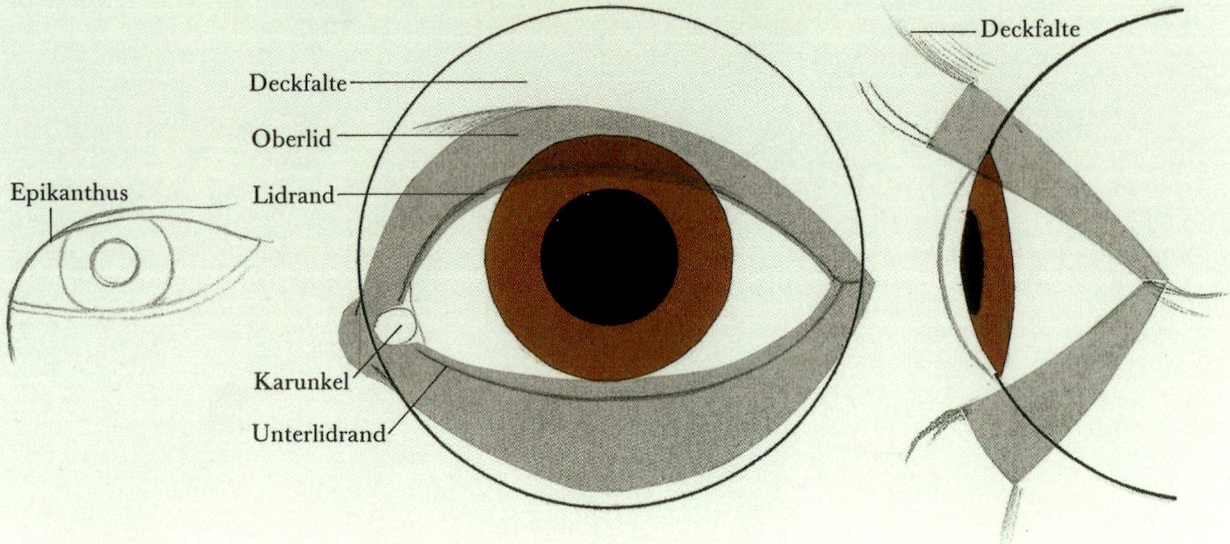
Epikanthus
Deckfalte
Oberlid
Lidrand
Karunkel
Unterlidrand
Deckfalte

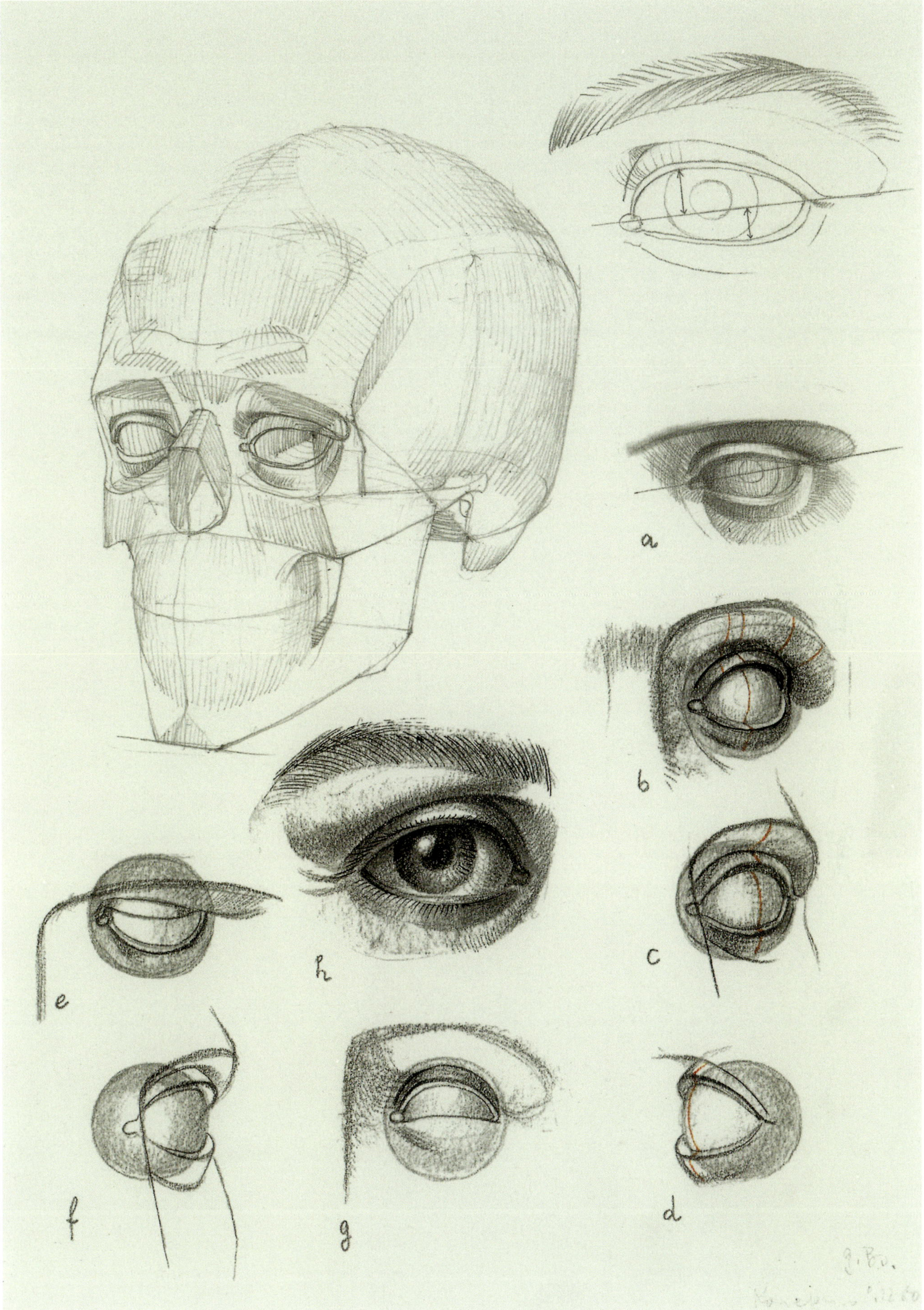
a
b
c
d
e
f
g
h

Das Ohr als Teilform des Kopfes

Das Ohr gehört zu den vom Zeichner am meisten vernachlässigten Teilformen des Kopfes. Obwohl das äußere Ohr starken Formschwankungen unterliegt, gibt es doch allgemeine Gesetzmäßigkeiten seines Aufbaus:

- Die *Gehörgangsöffnung* ist umgeben von schützenden, umgreifenden schalenartigen Knorpelanteilen.
- Deren Anlagerung an den Schädel erfolgt meist auf einer Schrägen, die etwa der Richtung des aufsteigenden Kieferastes entspricht (oben links).
- Der *Gesamtumriß* läßt sich mit einer aufgebogenen Spirale vergleichen, deren Stabilität durch eine *knorpelige äußere Ohrleiste* gesichert ist und oberhalb des Ohrläppchens (Haut und Bindegewebe) ausklingt (in dunkelgrauer Tönung).
- Durch Faltung mit der äußeren Ohrleiste verbunden (jedoch ohne Parallele zu ihr) ist die *innere Ohrleiste* oder Gegenleiste, die sich im oben weit ausgebogenen Ohrteil in eine Y-ähnliche Form gabelt.
- Diese innere Ohrleiste umgreift die eigentliche *Ohrmuschel* (Muschelgrube) und endet in ihrem unteren Abschnitt in der sogenannten *Gegenecke.*
- Die Bezeichnung weist hin auf ein ähnliches anderes Gebilde, die *Ecke*, die sich schützend vor und über die Gehörgangöffnung legt.
- Ecke und Gegenecke sind durch eine tiefere oder flachere Ausbuchtung getrennt.
- Abwärts von Ecke und Gegenecke schließt sich das knorpellose *Ohrläppchen* an, das häutig teils eng mit der hinteren Wange verschmolzen, teils sich mit tiefem Einschnitt von ihr löst.
- Auch die bogig weit ausholende äußere Leiste verbindet sich im Übergang des Jochbeinbogens zum Schädel einerseits mit diesem, andererseits verstreicht sie in der Tiefe der Muschelgrube.

Die dargestellten Ansichten:

- obere Reihe in genauer Seitenansicht,
- unten links von vorn,
- unten Mitte von leicht hinten,
- unten rechts von hinten.

Das Ohrzeichnen stößt auf eine Vielzahl von Überschneidungen und Räumen, die des sorgfältigen Abwägens bedürfen.

Albrecht Dürer (1471–1528): Aufwärtsblickender Kopf eines Mannes, Studie zum Helleraltar, 1508

Aristide Maillol (1861–1944): Kopfstudie von einem jungen Mädchen, 1894

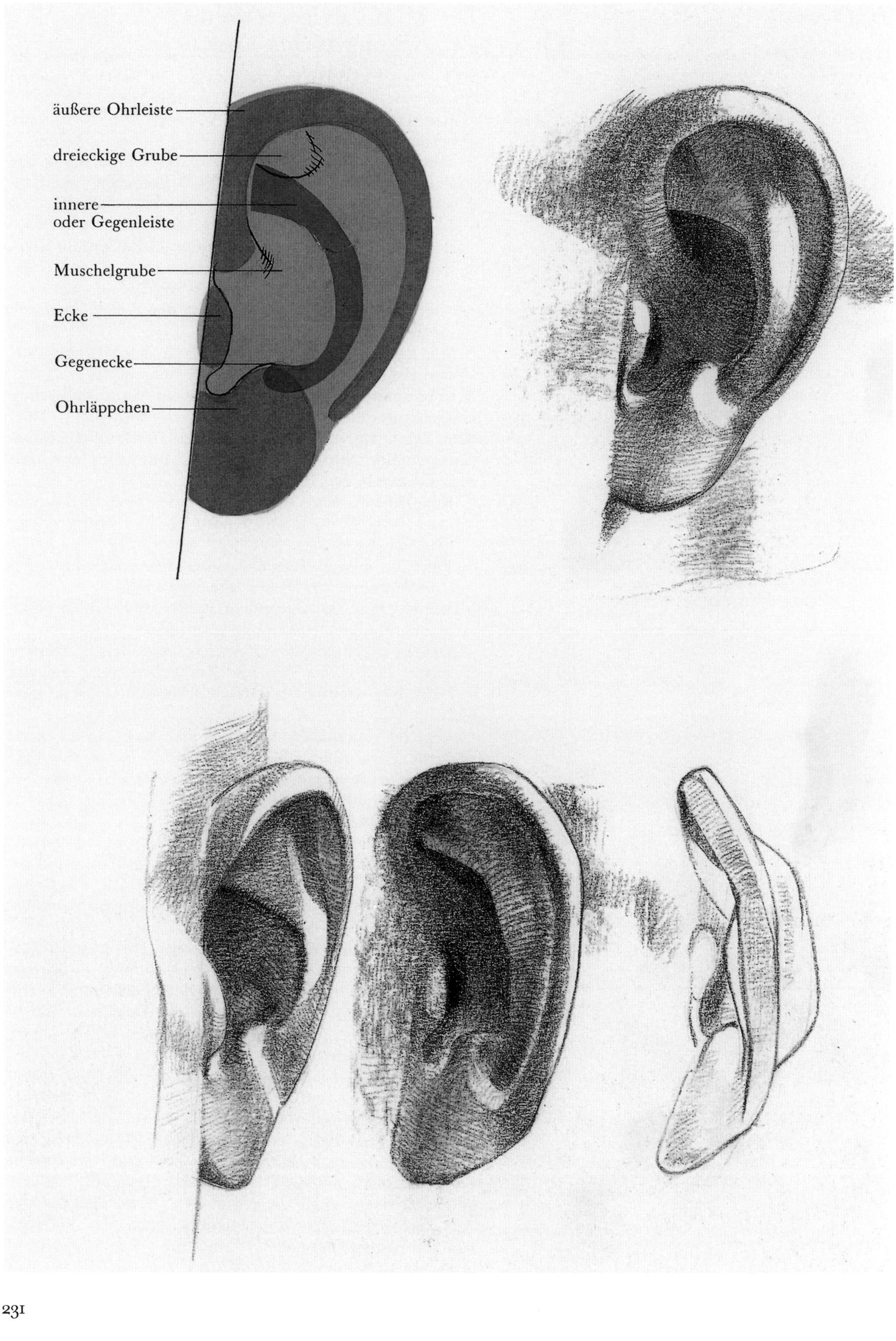

äußere Ohrleiste
dreieckige Grube
innere
oder Gegenleiste
Muschelgrube
Ecke
Gegenecke
Ohrläppchen

Ferdinand Hodler (1853–1918): Valentine Godé-Darel, krank, 1914

Giacomo Manzù (geb. 1908): Studie zu einem großen weiblichen Porträt, o.J.

Der Mund als Teilform und Übungsempfehlungen zum Ensemble der Teilformen

(Tafel Seite 233 und Seiten 234 bis 239)
Der Mund:
- Die Kennzeichnung des *Mundspaltes* erfolgt durch das ihn umgebende Lippenrot. Die *Mundwinkel* sind flankiert durch sanfte Erhöhungen (Winkelknötchen).
- In der Mitte des oberen Lippenrots, besonders bei Kindern und Mädchen, zeigt sich eine kleine Erhabenheit, das *Lippenhöckerchen.*
- Die Begrenzung der eigentlichen *Oberlippe* erfolgt nach oben durch den *Nasenstachel,* die der *Unterlippe* durch die *Kinn-Lippenfurche.*
- Die kerbige Mundform wird durch ihren Ringmuskel und die Zahnreihen in die Quere aufgewölbt.

Bei räumlichen Ansichten entstehen im Mund und seiner Umgebung entscheidende Überschneidungen (Tafel Seite 233 links), durch die die körperhaft räumliche Situation zeichnerisch auszudrücken ist. Übungsempfehlungen zum Ensemble der Teilformen:
- Baue Mund, Nase und Auge in der Konvexitätsspannung ihrer Formen und mache die Formenbegegnung deutlich (Seite 234)!
- Bette das *Auge* als Kugel in einen mehr oder minder flachen Umraum ein (Seiten 234, 235, 236)!
- Versehe die *Nase* mit einem *Rücken* und seitlich abfallenden Flanken (Seiten 234 bis 239)!
- Drücke den *räumlichen Rhythmus,* besonders ab Nasenspitze abwärts, als Vor- und Zurückbewegung aus, was besonders wichtig für Dreiviertelansichten (Seite 235) ist!
- Lege bei räumlichen Ansichten vom Kopfganzen zuerst wieder das räumliche Bezugssystem (Kopfmittellinie und deren kreuzende Achsen) an (Seite 237, untere Nebenzeichnungen) und baue mit breitem Zeichenmaterial entschieden Flächen und Formen!
- Verleihe beim Einsetzen der Teilformen in den ganzen Kopf (Seite 236) unbedingt zuerst der großen ovoid geschlossenen Kopfform und ihrer Stellung im Raum Ausdruck, um dann erst zu den Teilformen überzugehen und sie ein- und anzugliedern!
- Löse dich von den Hilfen der Anlage (Proportionsfestlegungen, räumliches Bezugssystem) immer mehr und verlasse nach und nach den Allgemeinheitscharakter des nicht auf Ähnlichkeit gerichteten Kopfzeichnens, um zu individuellen Persönlichkeitsmerkmalen (Seiten 238, 239) überzugehen.

Die Vorleistung des Schädelzeichnens für ein verstehendes Kopfzeichnen ist testbar: Man bedecke eine Schädelstudie mit Transparentpapier und entwerfe darauf die Lebenderscheinung (vergleiche hierzu die Schädelstudie Seite 229 mit der entsprechenden Kopfstudie Seite 239.) Auch sollte man, wie beim Zeichnen der ganzen Figur, die Formenstimmigkeit im Auge behalten. Das freie, vielgestaltige Aus-Spielen des Verstandenen erfolgt *nach* der Vertrautheit mit den Formen.

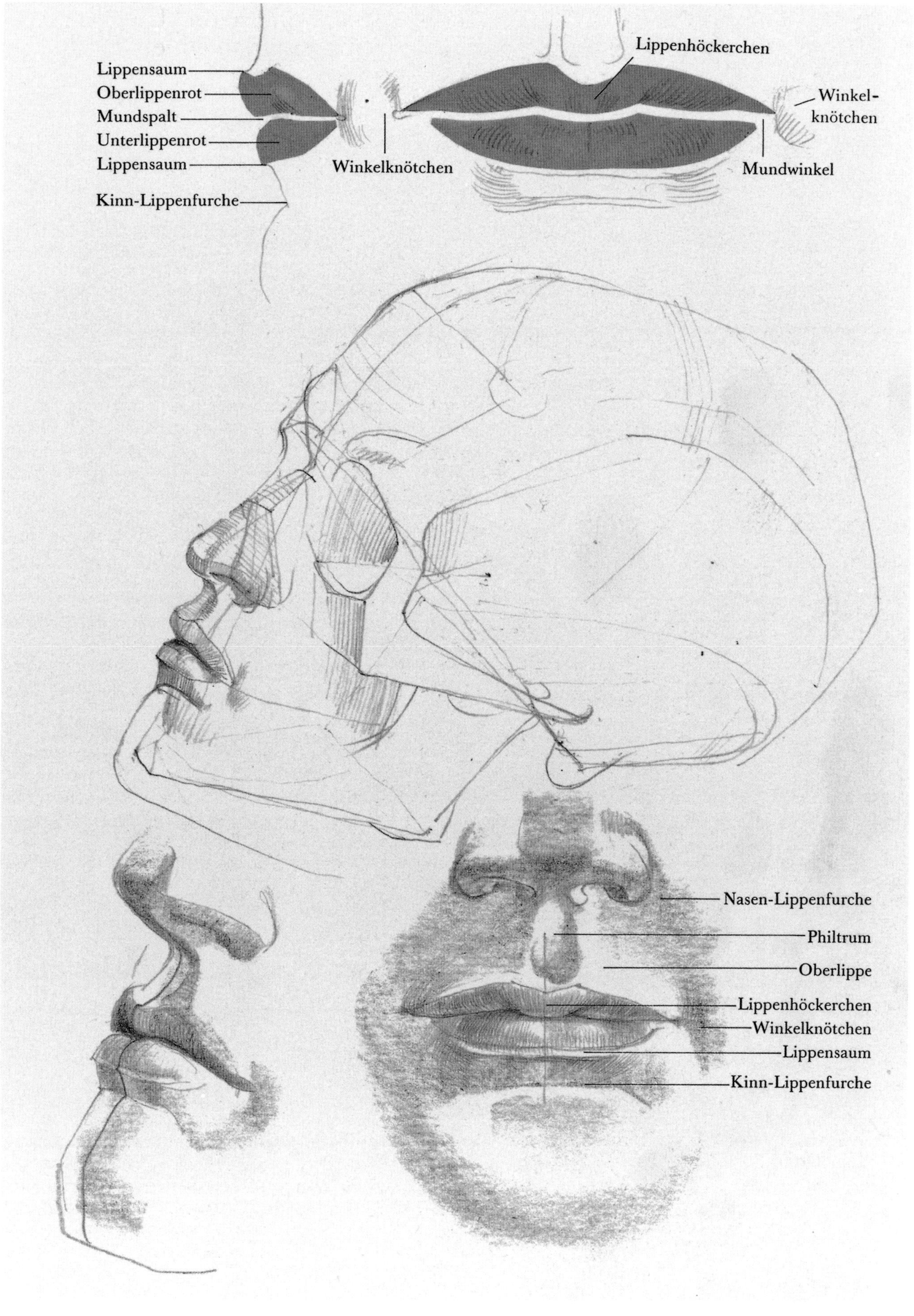

Lippensaum
Oberlippenrot
Mundspalt
Unterlippenrot
Lippensaum
Kinn-Lippenfurche
Winkelknötchen
Lippenhöckerchen
Winkel-
knötchen
Mundwinkel
Nasen-Lippenfurche
Philtrum
Oberlippe
Lippenhöckerchen
Winkelknötchen
Lippensaum
Kinn-Lippenfurche

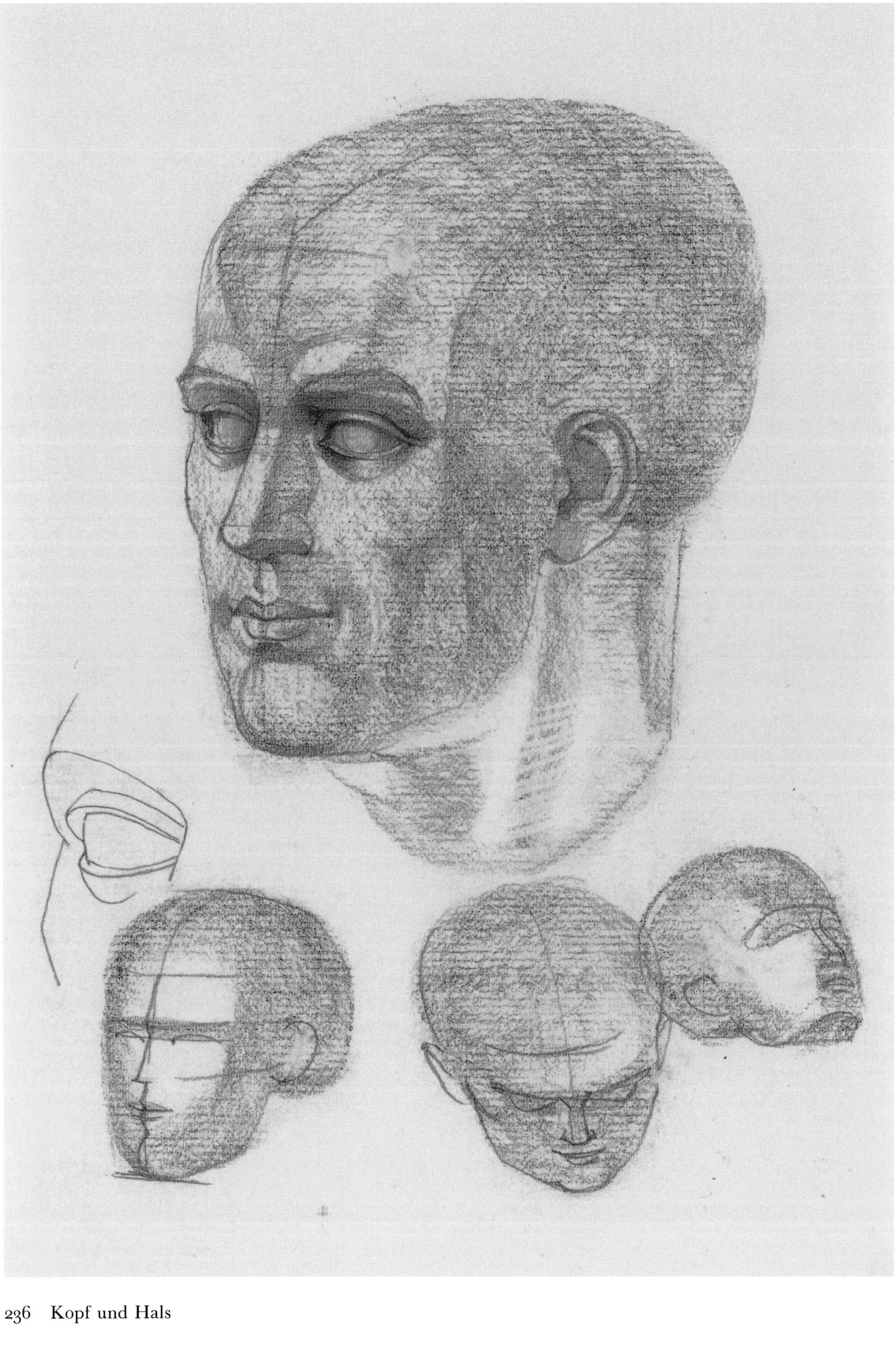

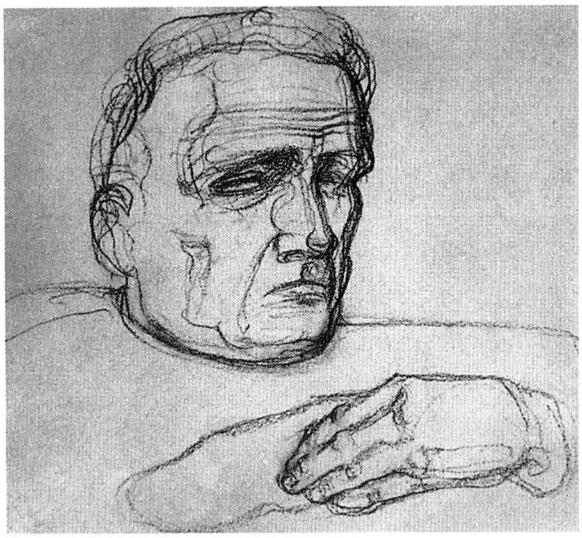

Hubertus Giebe (1953): Kopf eines Mannes mit Hand, o. J.

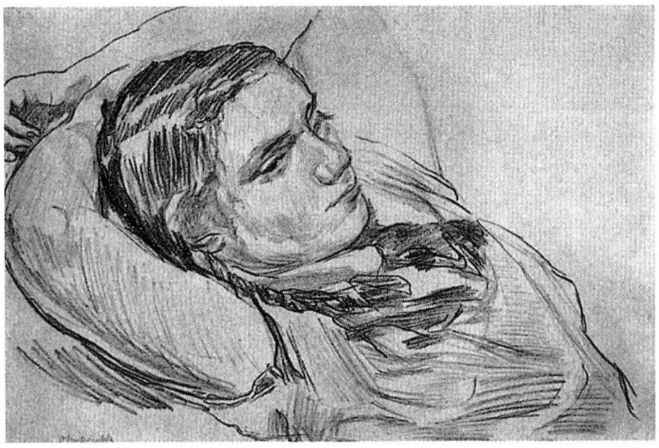

Oskar Kokoschka (1886–1980): Trudl, 1931
Gottfried Bammes: Porträt Jan, 1973

Skizzenbucharbeit und Gelegenheitszeichnungen

(Seiten 241 bis 243)
Die Spannweite solcher Arbeit ist praktisch unbegrenzt, von der sachlichen Notiz, von der Merk- und Denkwürdigkeit eines Eindrucks, von Erlebnissen und Ideen, vom ersten Bildentwurf, von der Spontannotiz bis zum vergnügten, absichtslosen Spiel und Zeitvertreib mit dem Stift. Die immer wieder vertretene Ansicht, die Skizze gebe die großen und groben Grundzüge eines Einfalls oder Eindrucks wider und sei daher flüchtig in der Behandlung von Einzelheiten, bedarf dringend der Ergänzung, ja Korrektur:
Die gebotene Eile gegenüber einer optischen oder ideellen Verflüchtigung zwingt zur *höchsten Konzentration* auf die erlebten Eindruckswerte oder auf die Gesamtnotiz eines Vorhabens. Das aber hat nichts zu tun mit Fahrigkeit, »gekonnter« Nachlässigkeit oder mit einem Alibi zur Vertuschung des Unbewältigten. Im Gegenteil: *Der Notizcharakter arbeitet mit der Fähigkeit der Ausfilterung und Selektion dessen, was nicht unmittelbar zum Wesentlichmachen von Sache und Idee gehört.* In bezug auf den Kopf: Nicht, daß das Stenogramm einfach mit Weglassungen arbeitet. Es ist Aktivitätssteigerung des inneren oder äußeren Sehens durch Steigerungen und Überhöhungen, vom Charakterkopf bis zu karikierenden Zügen, getragen von der innerlich freundlichen Teilnahme am Beobachteten bis zur bissigen Entblößung.
Gerade die sehr gezielte Beobachtung enthüllt noch die Nuancen und Tendenzen des fast nicht mehr Sichtbaren und strebt nach Überhöhung des individuell Merkwürdigen der Formensprache. Sie ist eine Form der Wahrheitsfindung von großer Bestimmtheit: Eine längliche, leicht ausgebogene Nase wird zur langen Hakennase und ihr Kopf mit Ecken, Kanten und Fluchten der Ort, mit dem die Auffälligkeit ihre angemessene Koexistenz bestreitet: Eine niedrige Stirn und kurze Nase sind Anlaß, das ganze Gesicht zusammenzudrücken und in die Breite zu pressen, ein verkniffenes Auge, ein zusammengekniffener Mund Begriff des Ausdrucks der Undurchdringlichkeit. Oder: Attribute des Gesichtes, wie z. B. eine starke Brille, verkleinern das Auge zum Punkt oder Nichts, das Gekräusel von Locken und Löckchen kann u. U. weitgehend die übrige Physiognomie ersetzen.
Ihr »Dingfestmachen« ist die eine Seite, Mimik und inneres Befinden sind die andere. Da gibt es die selbstgefällige innere Sattheit, das ikonenhaft geöffnete Auge, den verstohlenen Blick über die Ecke als mangelnd volle Zuwendung, das schläfrig verhängte Auge, die müde Blickrichtung nach oben, das abschirmend verdeckte Auge, das glasig offengehaltene im Kampf mit dem Schlaf, das Vorsichhindösen, die aufmerksam gehobenen Brauen oder die wägende und besinnliche Anteilnahme. Gerade das Beieinander vieler Menschen mit unterschiedlichen Reaktionen ist ein weites Betätigungsfeld für den Zeichenstift, der auch den stillen Humor mancher Situation zu erfassen weiß.

F. Tippel
Edmund Götz
H. Th. Richter
Schnechard

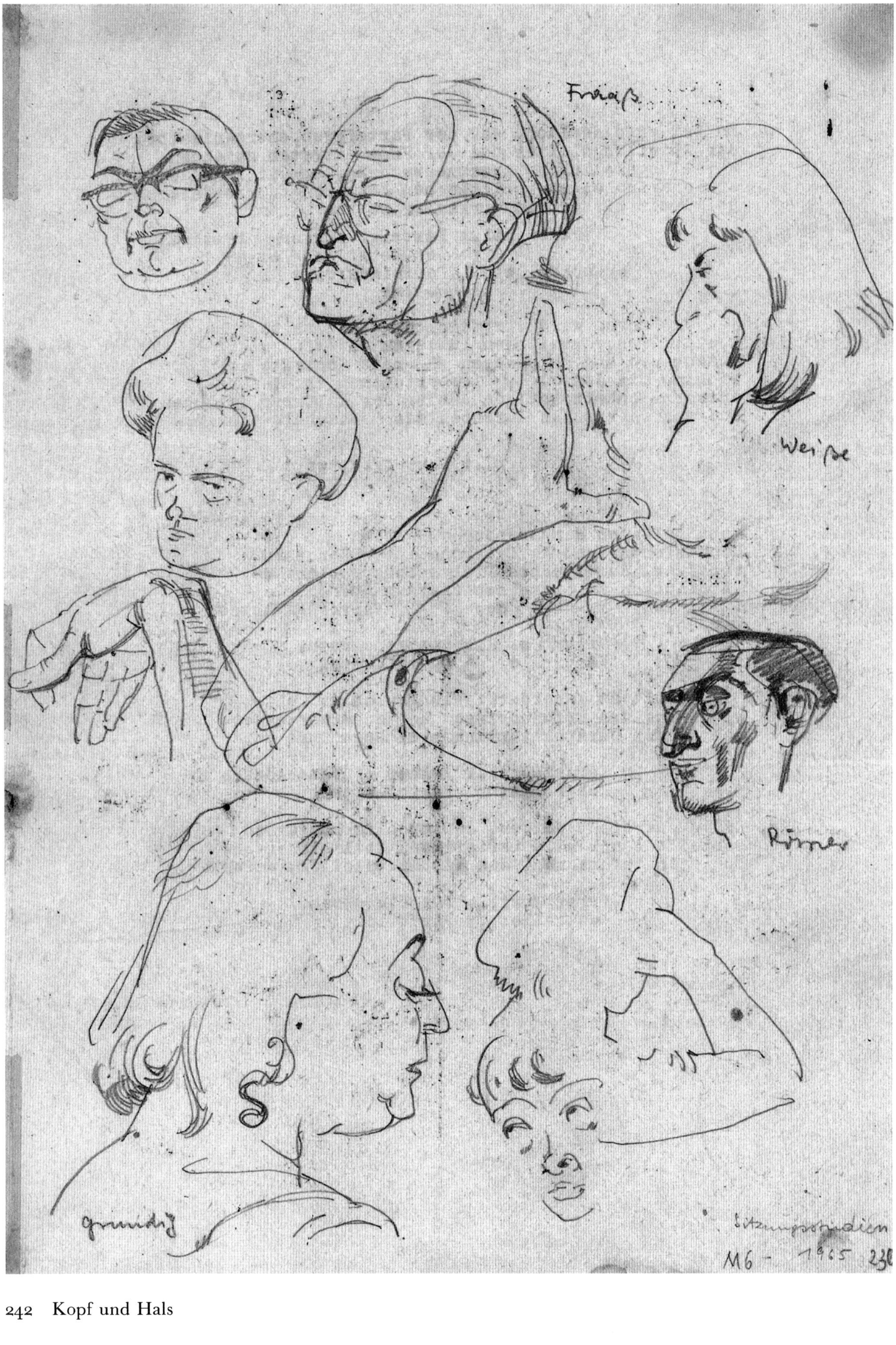

242 Kopf und Hals

Borzig
Weiße
Lea Grundig
Borzig
Weiße
Borzig
1965

Auguste Rodin (1840–1917): Porträt von Séverine, 1893

Adolph Menzel (1815–1905): Emilie, die Schwester des Künstlers, 1851
Peter Paul Rubens (1577–1644): Studie des Kopfes und der rechten Hand einer jungen Frau

Selbstporträt und Porträt

(Seiten 245 bis 251)
Auch Selbstporträt und Porträt machen sich die Darstellung der individuellen Person zur Aufgabe, nun mit dem erhöhten Anspruch der Beseelung, der Durchdringung des Erscheinenden mit seiner Innenwelt.
Für den Lernenden wie für den Meister übernimmt das *Selbstporträt*, neben vielen anderen wichtigen Zielen, die Funktion der Auseinandersetzung mit dem Allernächsten (wörtlich), um Handwerk und Ausdrucksfindung zu erproben. Unter diesem Aspekt spielt die Handhabung der verschiedenen Techniken und Verwirklichungsmittel eine bedeutende Rolle:
- Der spitze harte Bleistift kann Strukturen und Feinheiten sensibel aufeinander abstimmen (Seite 245).
- Die kantig und breit gesetzte Kreide zwingt durch diese ihre Handhabung zu einfachen, prägnanten Formulierungen im Sinne der hart expressiven Spannung (Seite 246).
- Die Ölpastellstudie, reduziert auf zwei Farbtöne und mit reinem Terpentin flüssig vermalt, macht das Licht zur Aufhellerin und Abdunklerin, als Pendant des Innern (Seite 247 oben).
- Die temperamentvolle Pinselzeichnung gewährt ein spontanes Hinwerfen, Ausschütten des Zumuteseins, der schonungslosen Nüchternheit gegen sich selbst (Seite 247 unten).

Es kann sich daher beim Griff zu verschiedenen Verwirklichungsmitteln nicht einfach um technische Wechsel, Experimente und Erfahrungssammlung handeln (so wichtig sie auch sind), sondern um den Test, was alles und was nicht den Gehalten der Selbstzwiesprache entgegenkommt.
Ein so absichtsvolles Hineinlauschen in die Sprachfähigkeit der Realisierungsmittel gilt selbstverständlich auch für die *Porträtstudie*, mit dem nicht unwichtigen Unterschied, daß der nicht souveräne Zeichner gegenüber seinem Modell nicht mehr die gleiche Unbefangenheit und Ungehemmtheit hat wie vor seinem Spiegelbild. Im Hinblick auf die Erweiterung des Vortrags im Sinne der Evidenz der inneren Person sei noch so viel gesagt:
- Der Silberstift mit seinem dünnen Metallstrich ist ein Diener der zarten Hingabe an die individuellen *Feinheiten der Person* (Seite 248). Er ist das Organ des hauchigen Verwebens, der Filigranarbeit am Porträt.
- Der andeutende, offenhaltende Rötel mit seinen warmen und hinhuschenden Tönen trägt schon in sich die Verve zum Stimmungsvollen, Innerlichen, Gefühlvollen, also der *Lyrik* (Seite 249).
- Farbige Tönungen des Aquarells verstärken den *emotionalen Ausdruck der Person* und verleihen ihr statt endgültiger Festlegung gelöste Beschwingtheit (Seiten 250, 251).

Mit der Mittelstellung des Aquarellporträts zwischen Zeichnung und Malerei haben Porträtstudie und Übungsarbeiten zum Kopf ihre Grenzen erreicht.

Nov. 73

248 Kopf und Hals

Jan
J. Bo. 7.5.7

G. Bo.
Zinnowitz Aug. 1980

Anke

Der Aufbau der Gestalt als Ganzes

Josef Hegenbarth (1884–1962): Stehender weiblicher Akt, vor 1930

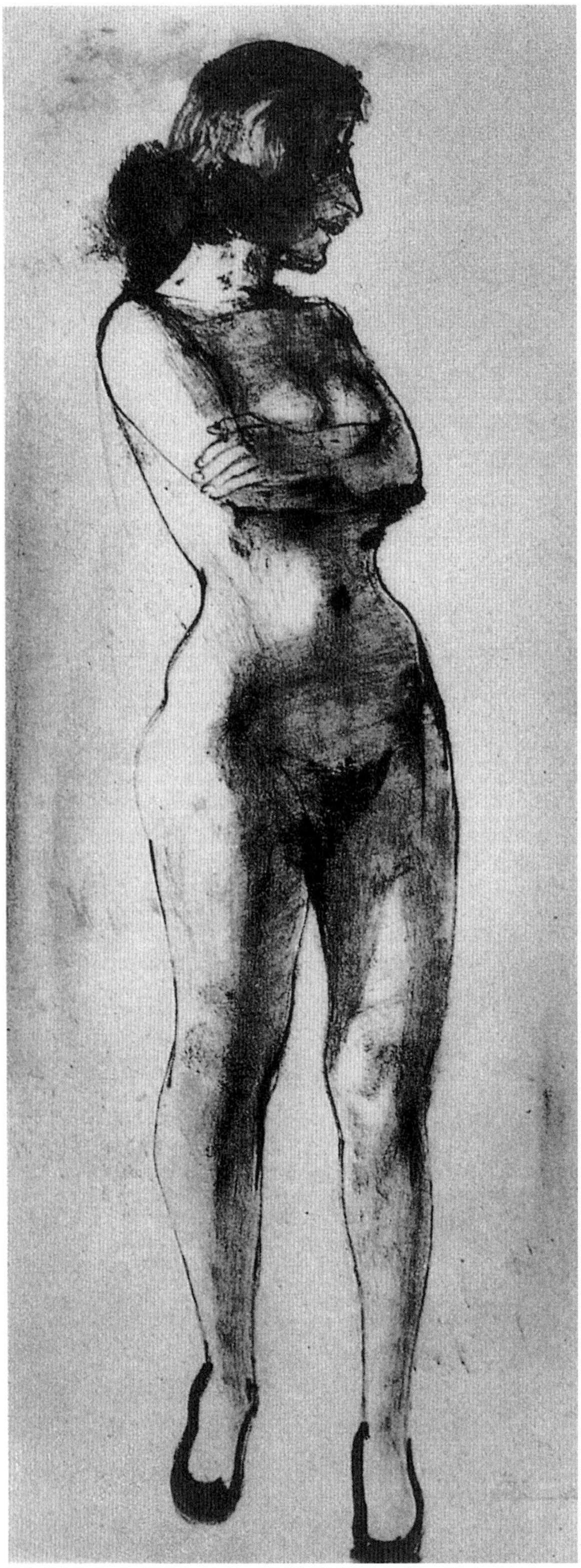

Übungsempfehlungen zum einfachen Stehen

(Seiten 253 bis 257)

Der ständig im Ausgleich seiner Haltung und Kräfte begriffene Körper ist für den Zeichner stets auch mit neuen Formkonstellationen und Formüberraschungen von unterschiedlichen Schwierigkeitsgraden verbunden. Alles, was an proportionsbedingten, statisch und dynamisch funktionellen Erscheinungen, an Vorgängen und Veränderungen der Körperglieder im Vorangegangenen zu erörtern war, bedarf hier nun nicht mehr der erneuten Analyse. Statt dessen soll der Betrachter selbst, gestützt vor allem durch das Abbildungsgut, das *Zusammenspiel des Vielen zu einer Einheit* erleb- und überschaubar nachvollziehen. Die Auswahl faßt hier zunächst solche Beispiele zusammen, in denen die Formen von Ruhehaltungen und Funktionen, in Verbindung mit der Mechanik der Körperbewegung, das Übergewicht haben. In einem abschließenden Kapitel wird Körperausdruck vor allem als Ausdruck inneren Befindens vor Augen geführt.

Wir gehen vom einfachen Stehen aus.

- Auch in der beidfüßig belasteten Standhaltung gleichen sich vorgelagerte Massen gegen nach hinten ausladende Massen aus.
- Die Ansichten sind weitestgehend räumliche, so daß die Körperquerachsen den Gesetzen des perspektivisch räumlichen Sehens unterworfen sind.
- Der sich emporreckende Körper bekundet ein Erleiden: die Weichteilmassen werden vertikal gespannt, ihre Dehnung ist Ereignis, das die festen Gerüstpunkte bloßlegt (Seite 255 links).
- Die ermüdende Standhaltung des Modells macht den Oberkörper nachgiebig, die Spannung erschlafft, der Mensch sinkt zusammen (Seite 255 rechts).
- Die leicht breitbeinige Standsicherheit macht nicht nur die allgemeine Körperstraffung deutlich, sondern vor allem die der Beine und deren natürliche Knickung (Beinaußenwinkel, Seite 256).
- Eingestemmte Arme müssen ausdrücken, ob sie auf einer weichen oder festen Körperunterlage aufliegen (Seiten 257 rechts, 256 links).
- Dick- und Dünnhäutigkeit (Seiten 257, 256 links) beeinflussen die Formartikulationen.

Das einfache Stehen bietet die erste zusammenhängende Gelegenheit, um das strukturelle Wechselspiel des Körperganzen architektonisch zu bauen.

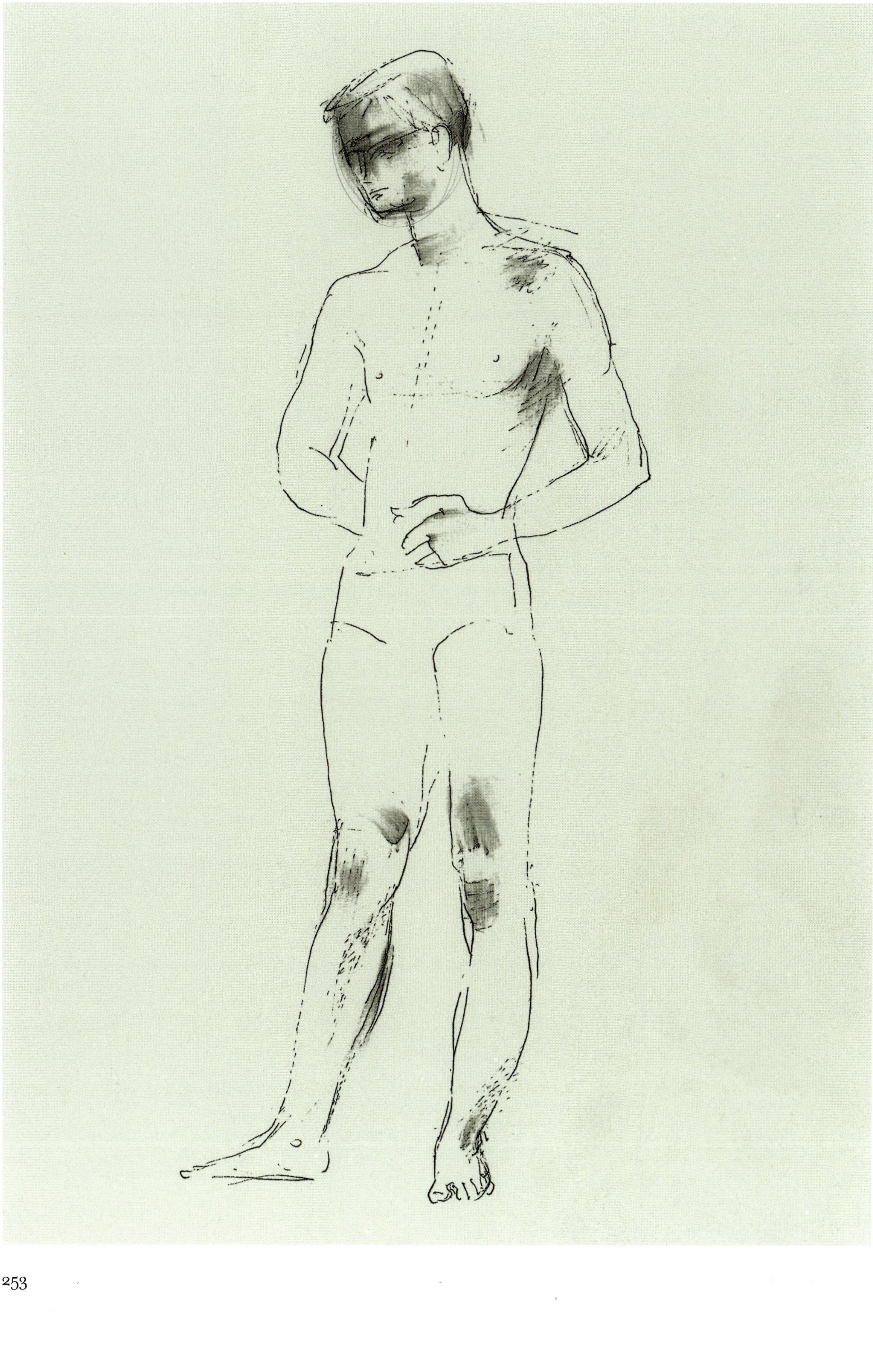

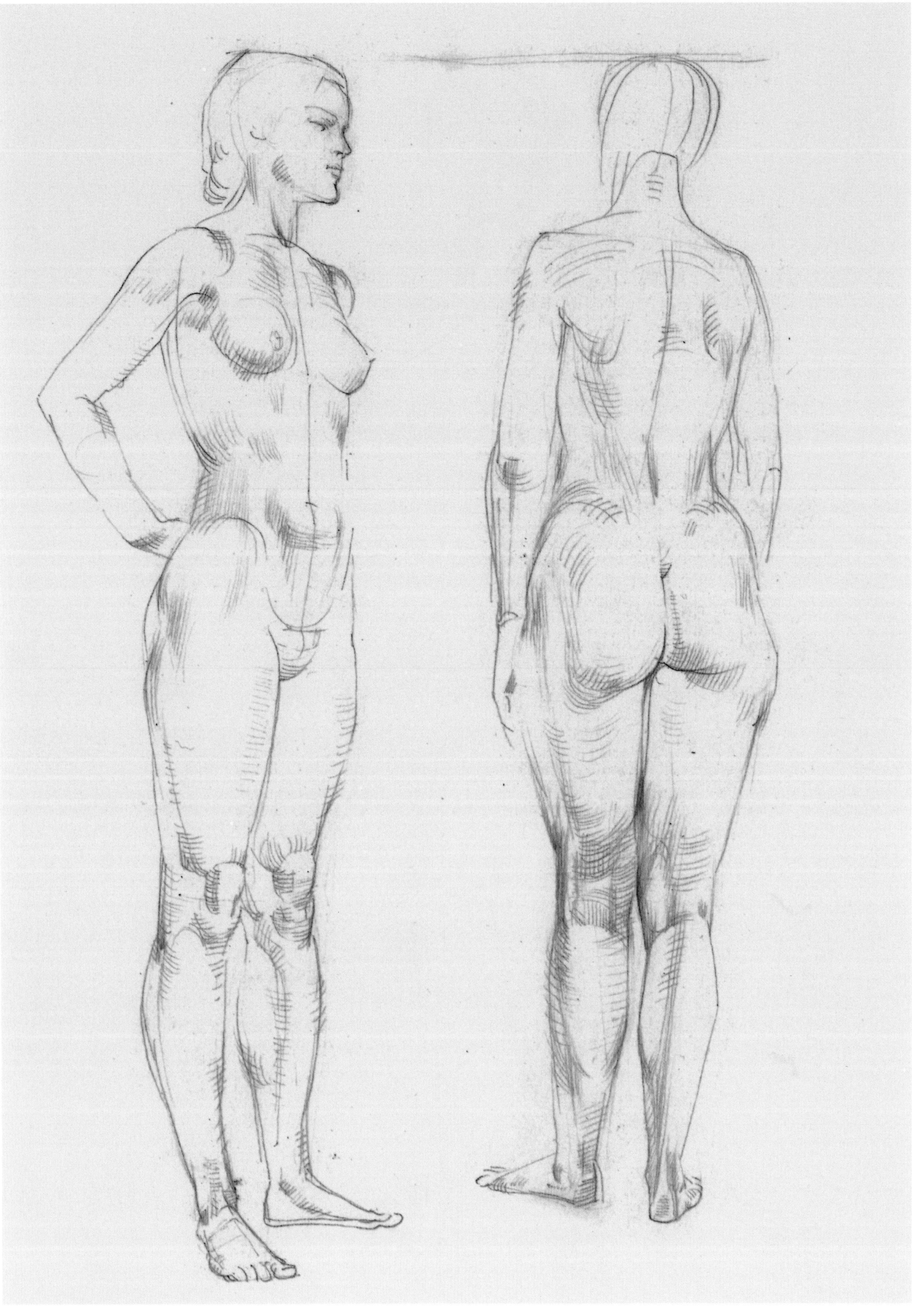

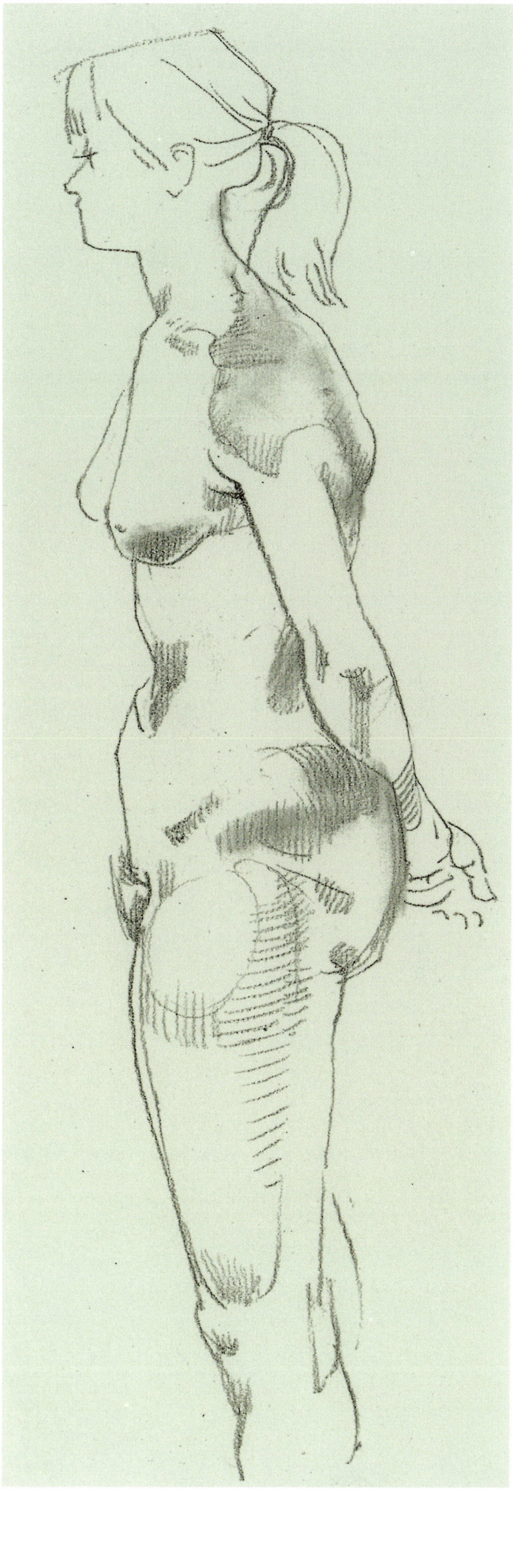

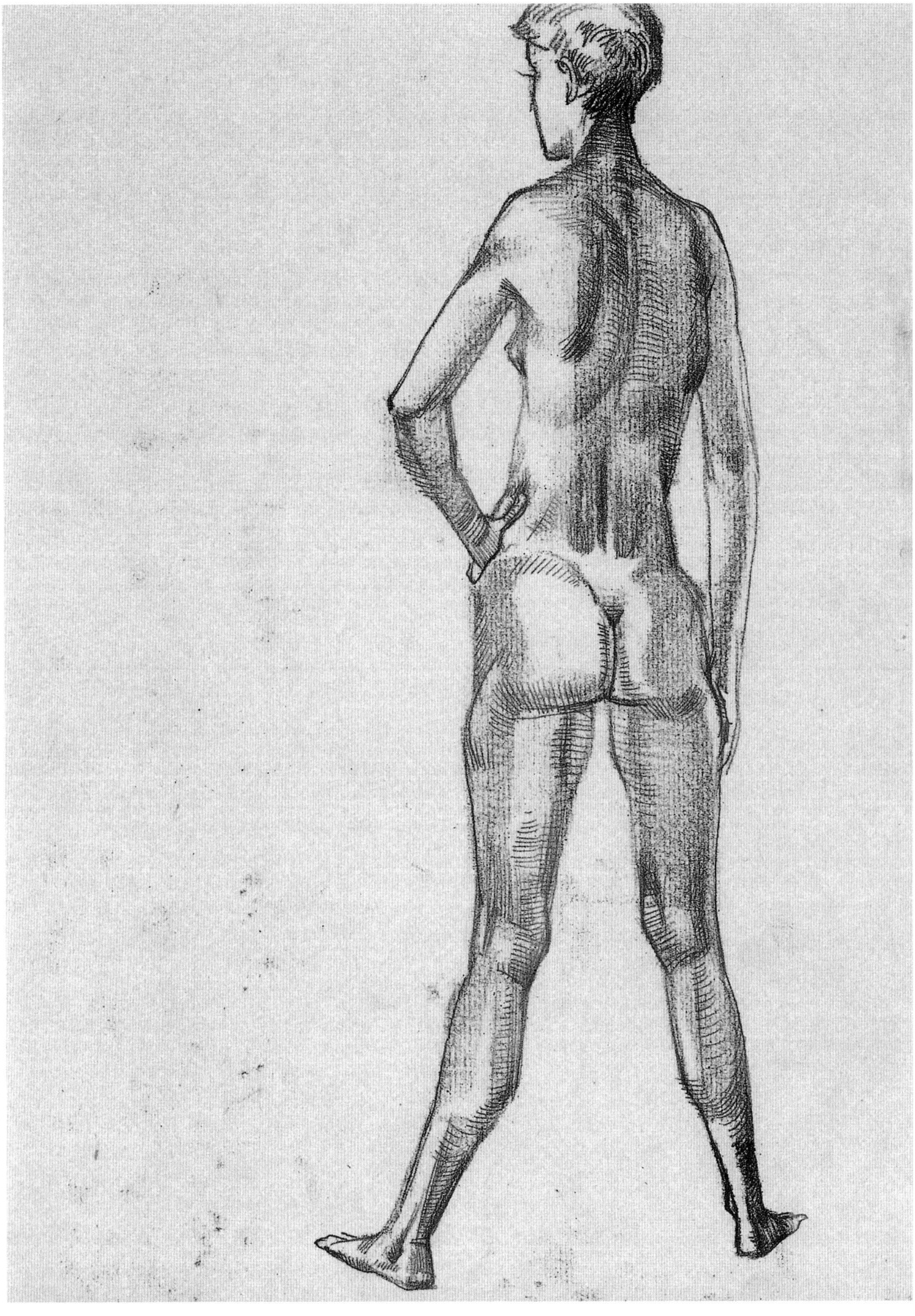

256 Aufbau der Gestalt

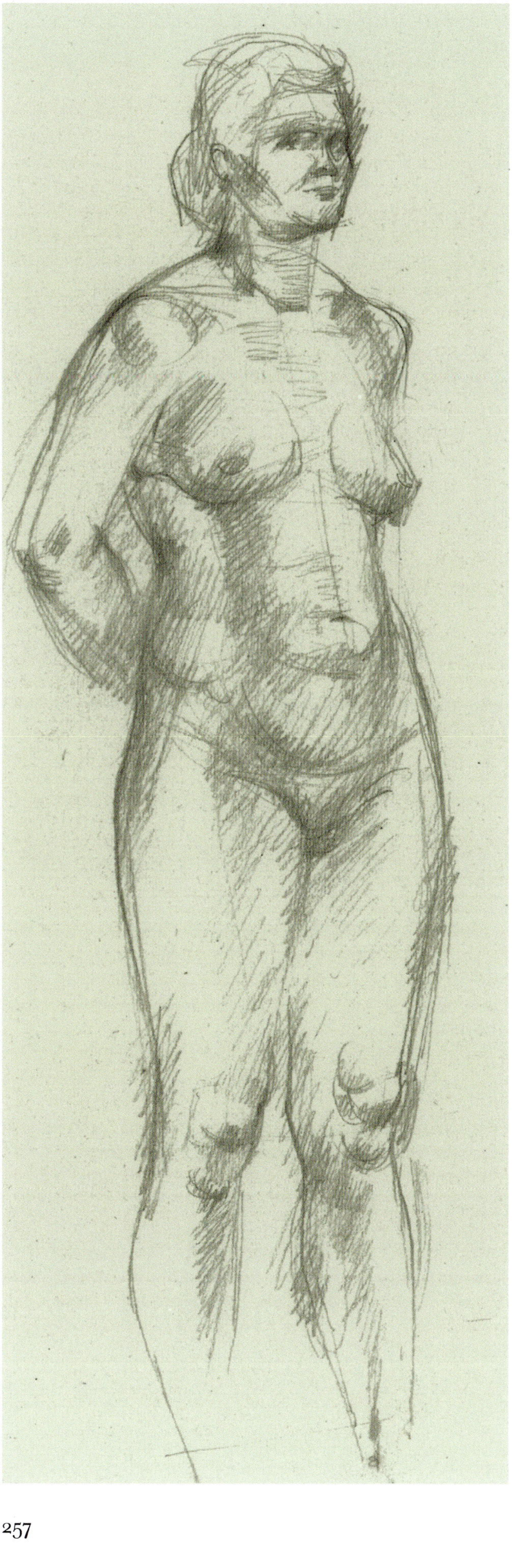

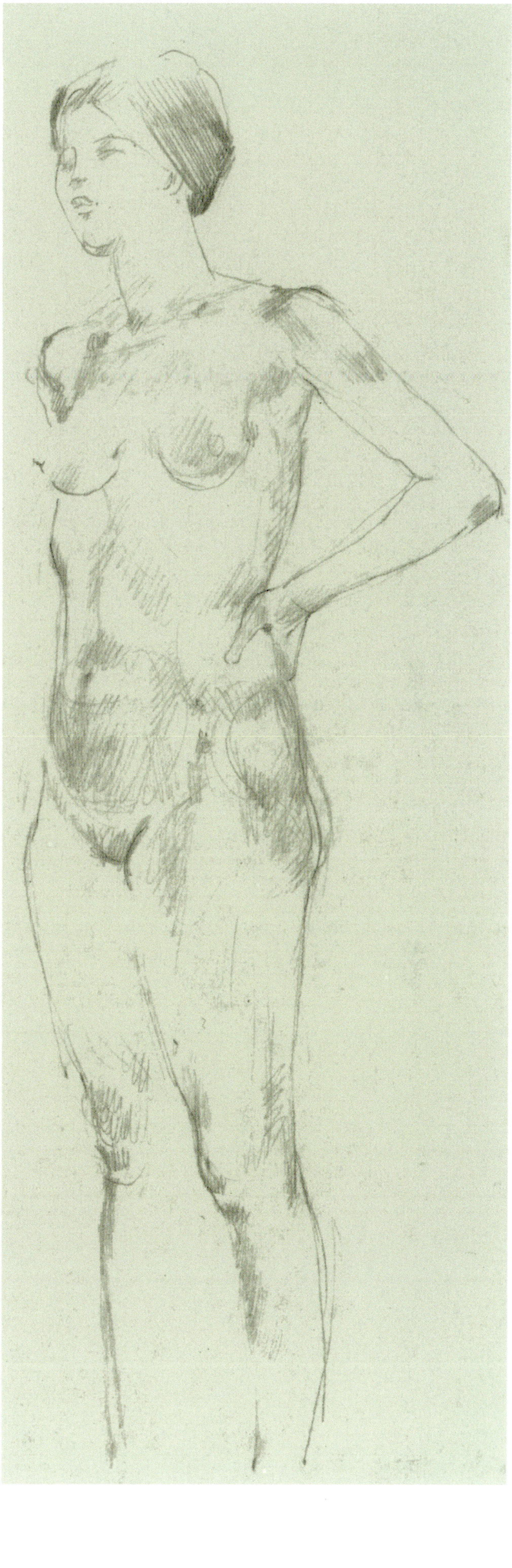

Aristide Maillol (1861–1944): Die Amerikanerin, 1935
Wilhelm Rudolph (1889–1982): Bewegt stehender Frauenakt von vorn, die rechte Hand dem Scheitel aufgelegt, die linke in die Hüfte gestemmt, o. J.

Übungsempfehlungen zum bewegten Stehen

(Seiten 259 bis 267)
Bewegtes Stehen meint hier in erster Linie die den Gesamtkörper erfassende Formbewegung, in deren schwingenden Ablauf auch die gelöste innere Haltung mit eingegangen ist.

Das Abbildungsgut, das auch an dieser Stelle wieder auf Korrekturstudien zurückgeht, gibt zuerst verschiedene Stadien und Zustände der Anlage zu erkennen (Seite 259 bis 262). Allen diesen Etappen sind gemein

- die Unterschiede von tragenden und getragenen, von fließenden und gestauten Formen;
- die Bezogenheit des Formenablaufs auf die gesetzmäßige Beziehung von Schwerpunkt und Unterstützung;
- die großen Formschwingungen und Formzusammenhänge der Formbewegung;
- die Herausarbeitung und Betonung der Kulminationspunkte der Bewegung.

Die dennoch feststellbaren Andersartigkeiten der Behandlung innerhalb desselben Standmotivs, dessen Hervorhebungen oder Zurücknahmen, Rundung oder Akzentuierung hängen zusammen mit den individuellen Graden des Schülerverständnisses.

Für die Realisierung der Körperhaftigkeit und die den Körper beherrschende Hauptfunktion stehen viele Wege offen:

- das Strichgefüge, das den Wölbungen des Körpers folgt, organisiert durch das Mitdenken von Querschnitten (Seiten 260, 266);
- das Schraffurwerk, das die Räume und Tiefen des Körperreliefs in vibrierenden Andeutungen anlegt (Seiten 261, 262, 263);
- das Strichwerk, das sich vorwiegend den Bewegungsrichtungen des Körpers anpaßt und diese betont (Seite 264);
- die Elementarklärungen des räumlichen Flächengefälles, durch die die Beziehungen der großen Volumina untereinander hergestellt und damit eindeutiger in den Gesamtvorgang des bewegten Stehens eingefügt werden (Seite 265);
- die Nutzung des über das Modell hinstreichenden diffusen Lichtes, das die Vertiefungen gegen die Höhen abhebt.

In dieser Konsequenz verlangen auch die Weichheiten der Haut, ihre Spannung und Erschlaffung unter den Wirkungen der Funktion ihre besondere Behandlung: Die Härte der Strichstruktur steht im Wechsel mit behutsamen Wischern (Seite 267).

Im Ganzen aber sollte der zeichnerische Vortrag sich seiner Verpflichtung auf sein eigentliches Medium, den Strich, bewußt sein und in den Anfängen der Verführung widerstehen, mit effektvollem Wischer etwas Unbewältigtes zu verschleiern.

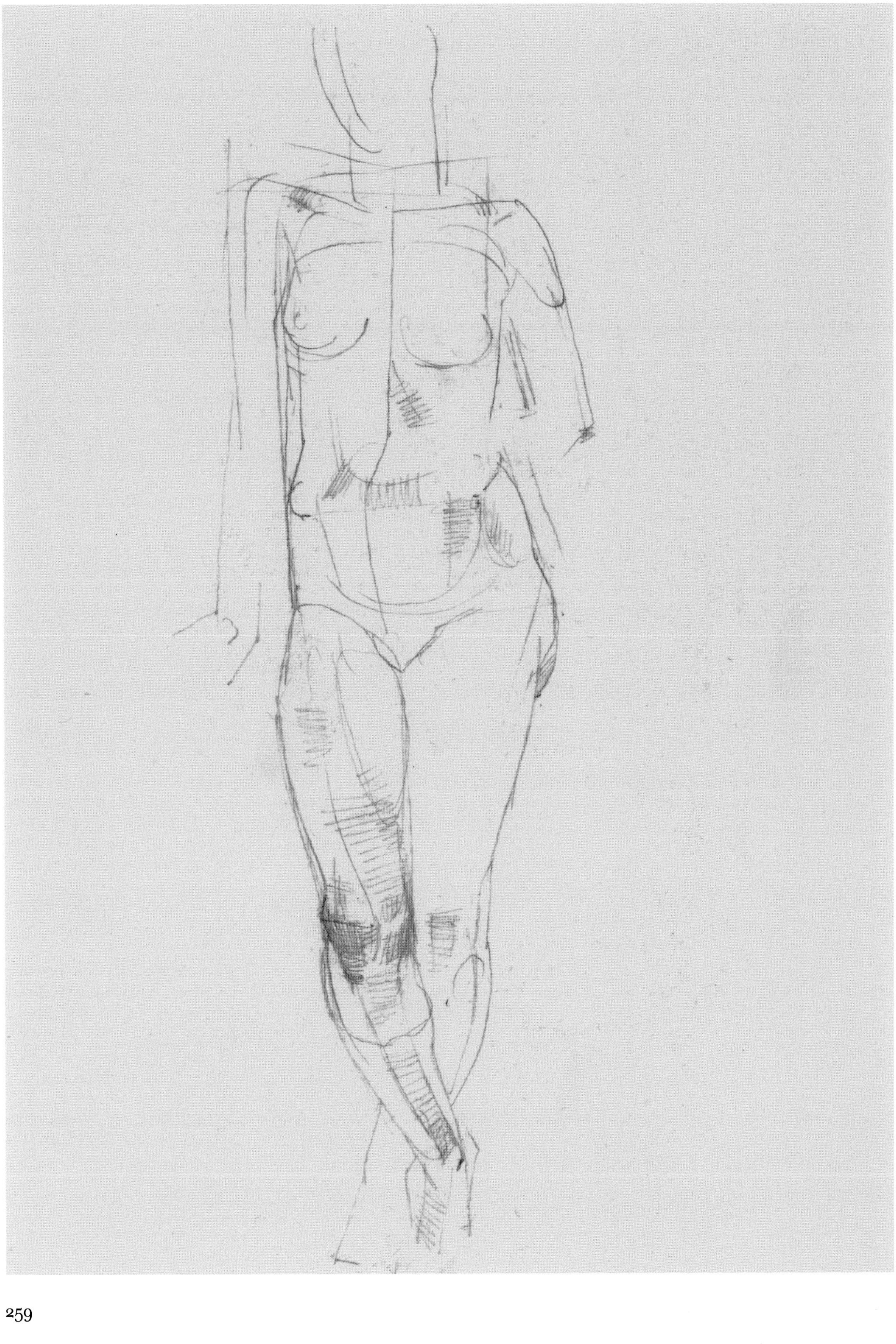

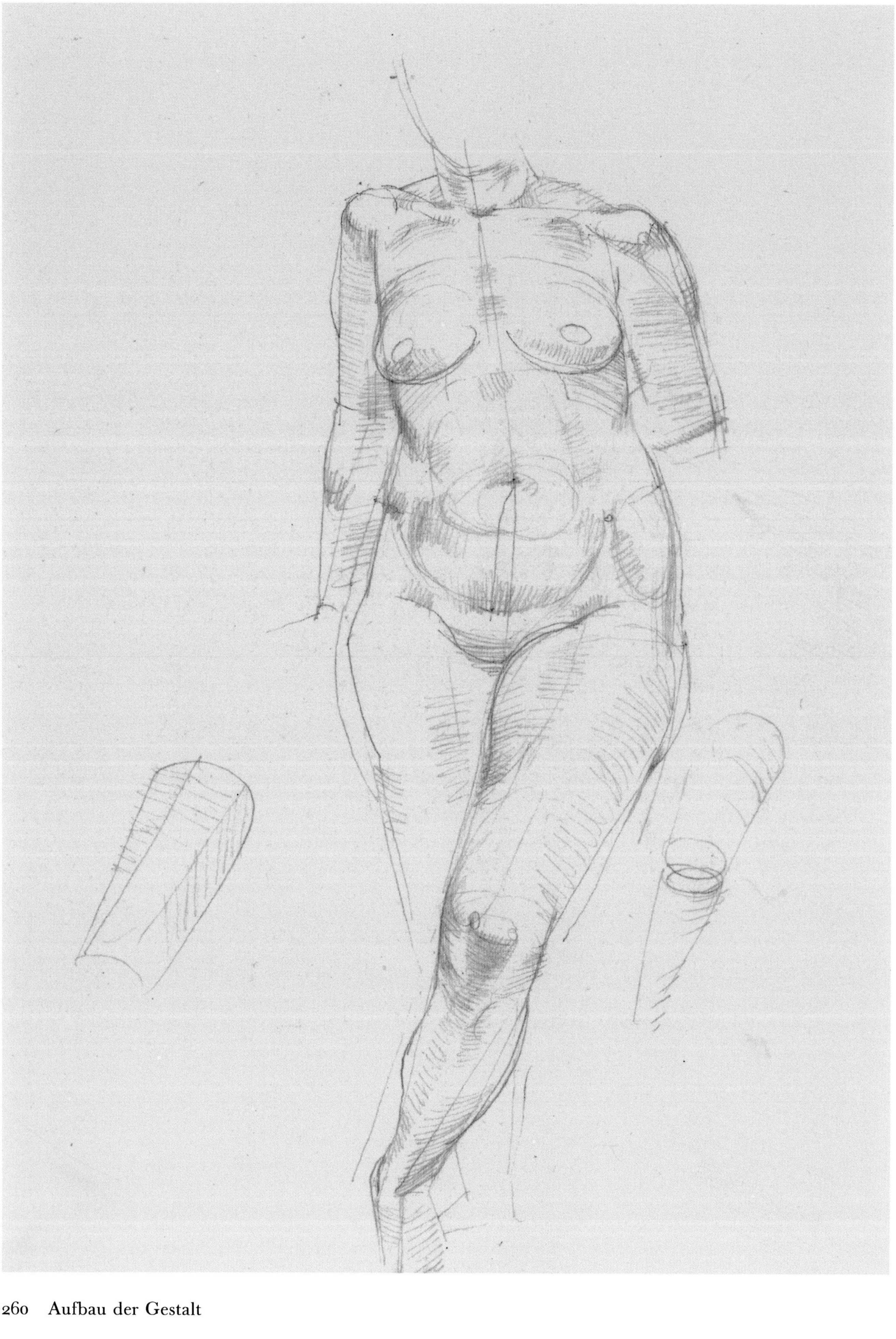

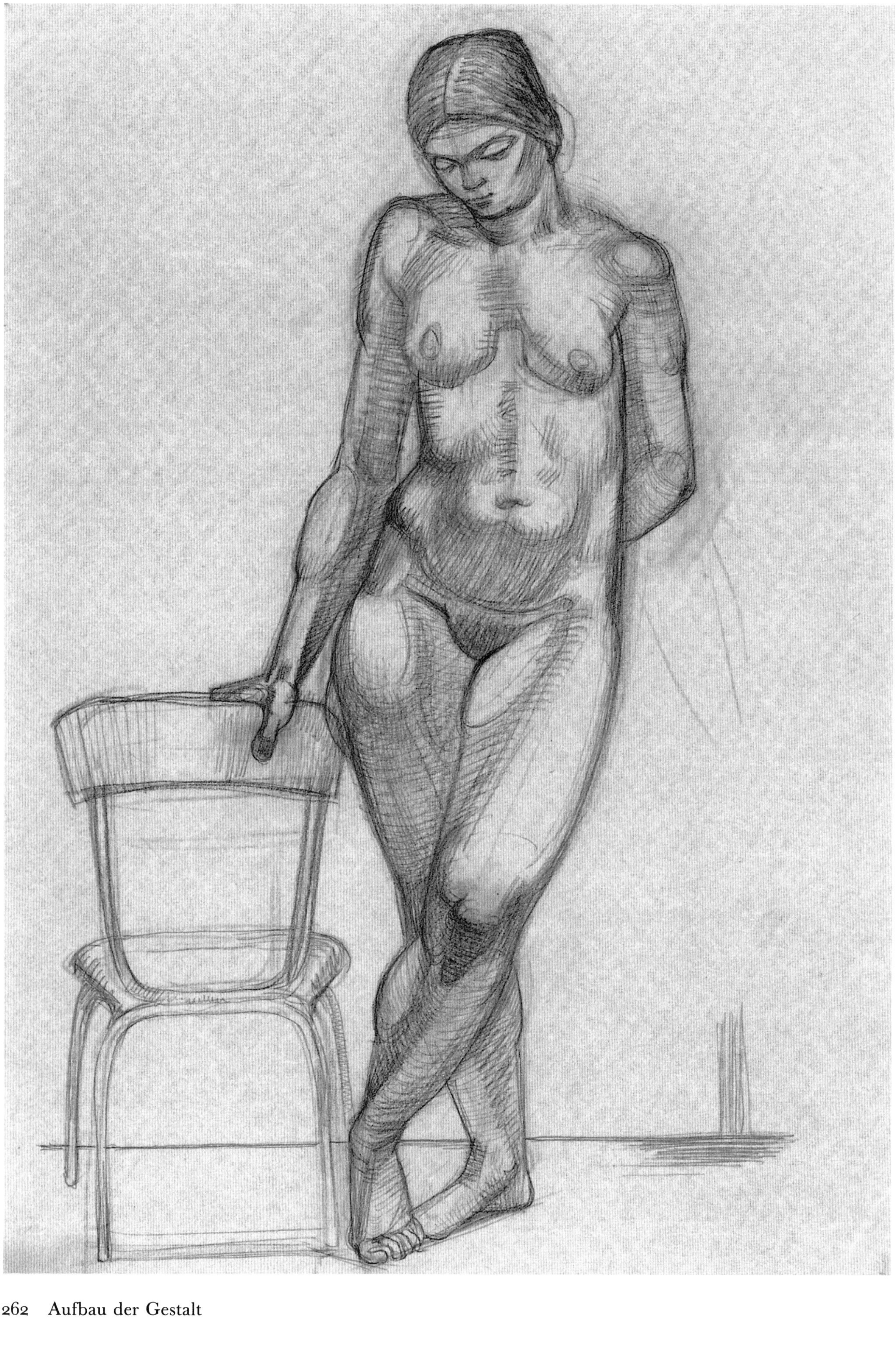

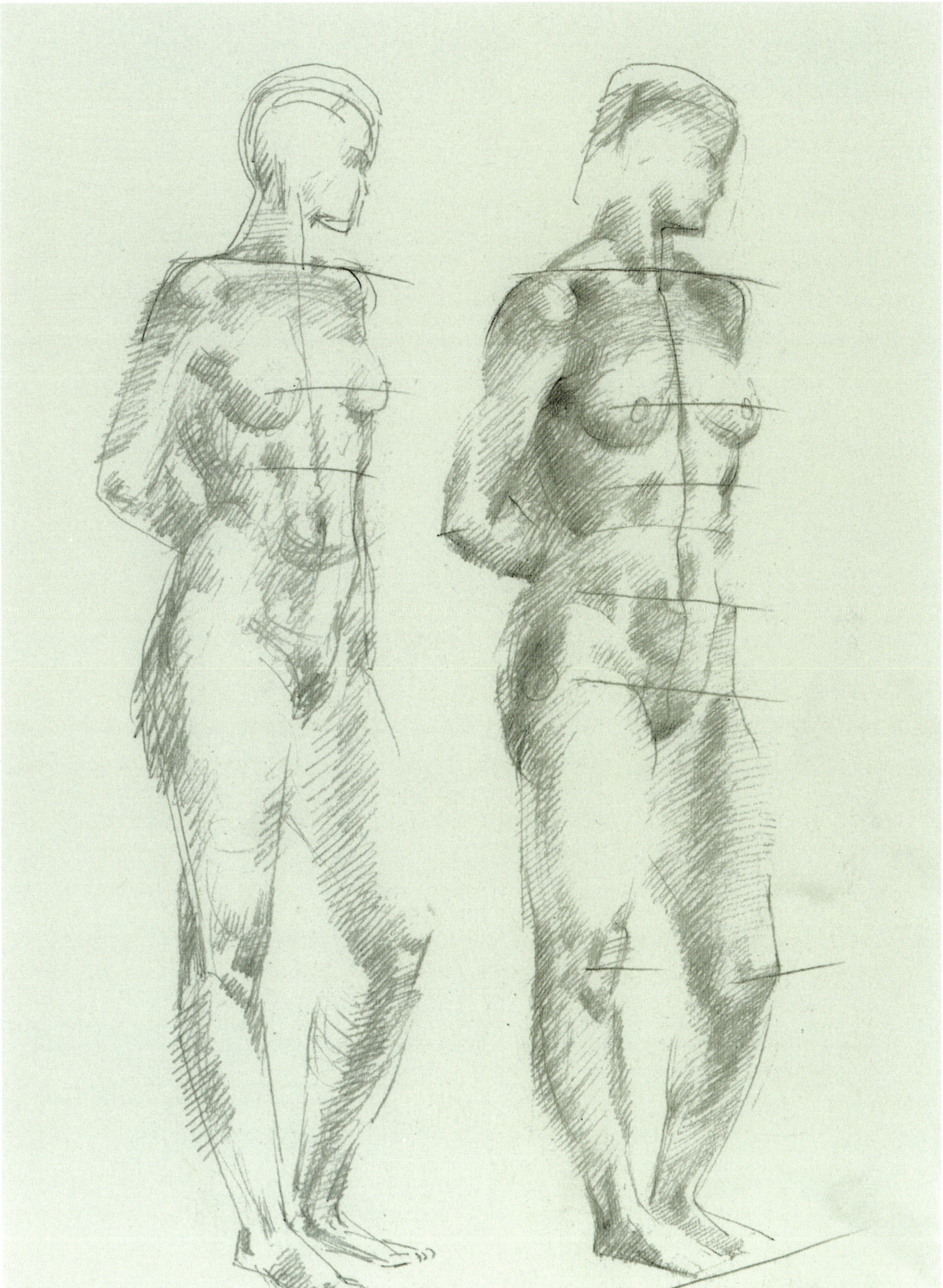

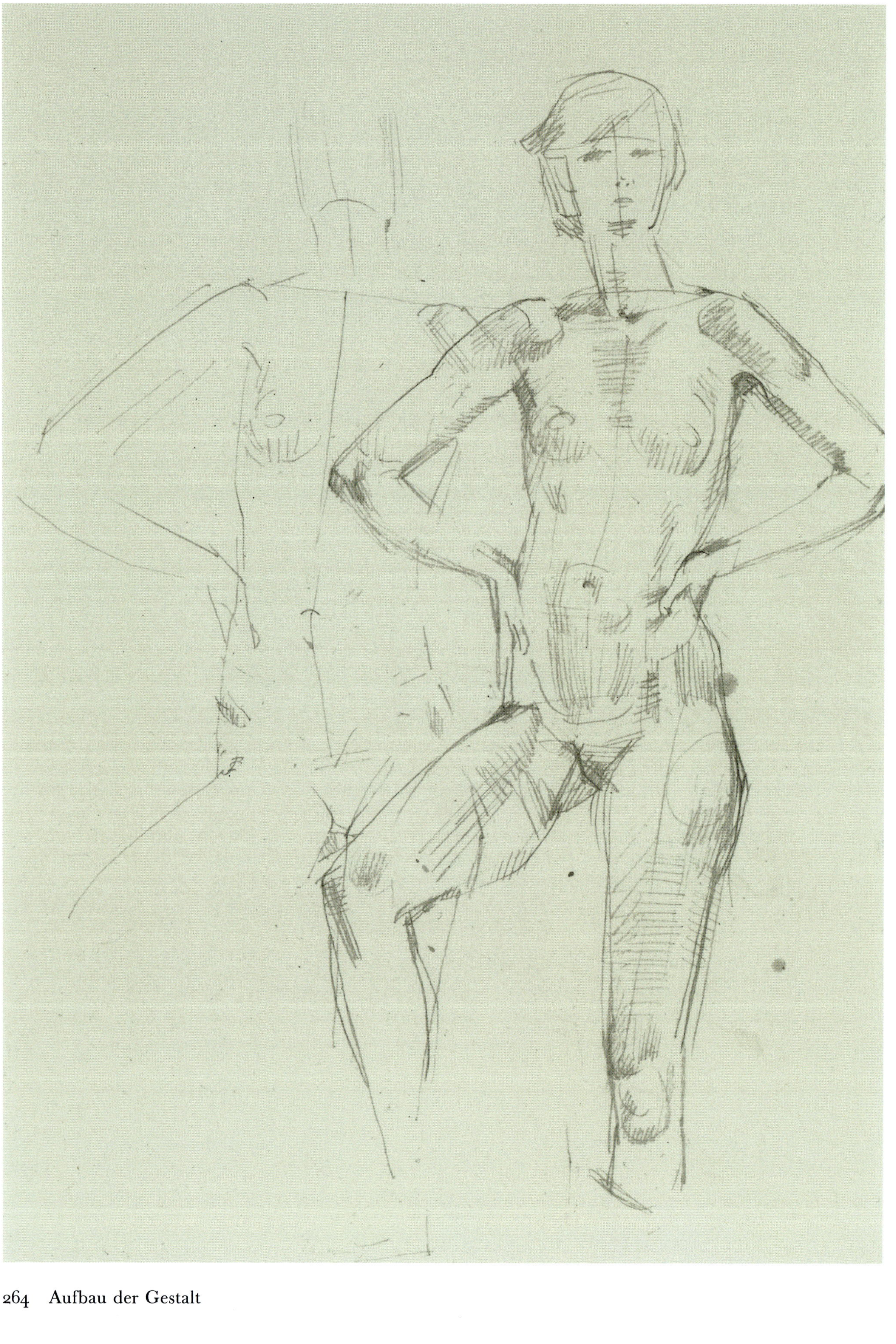

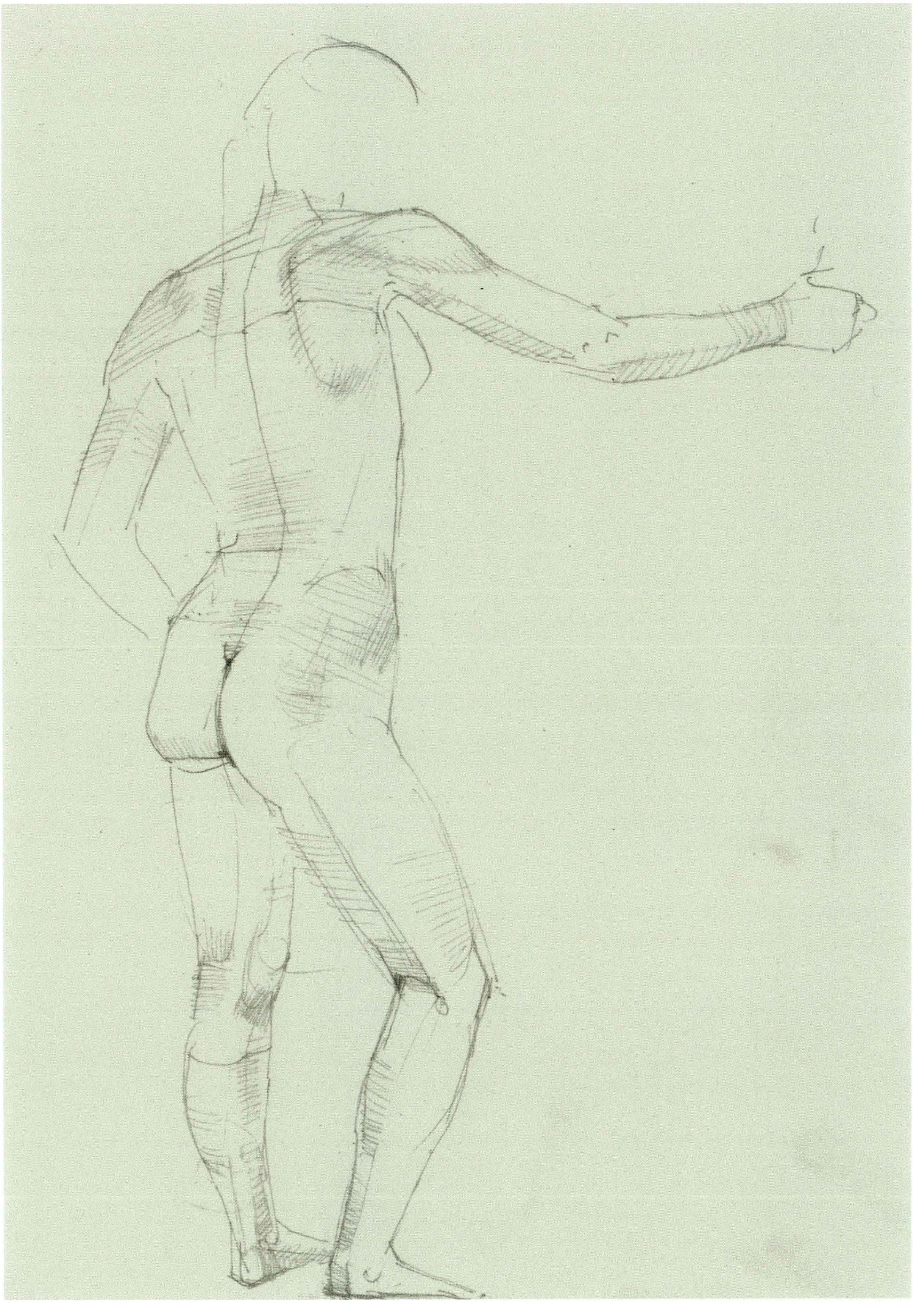

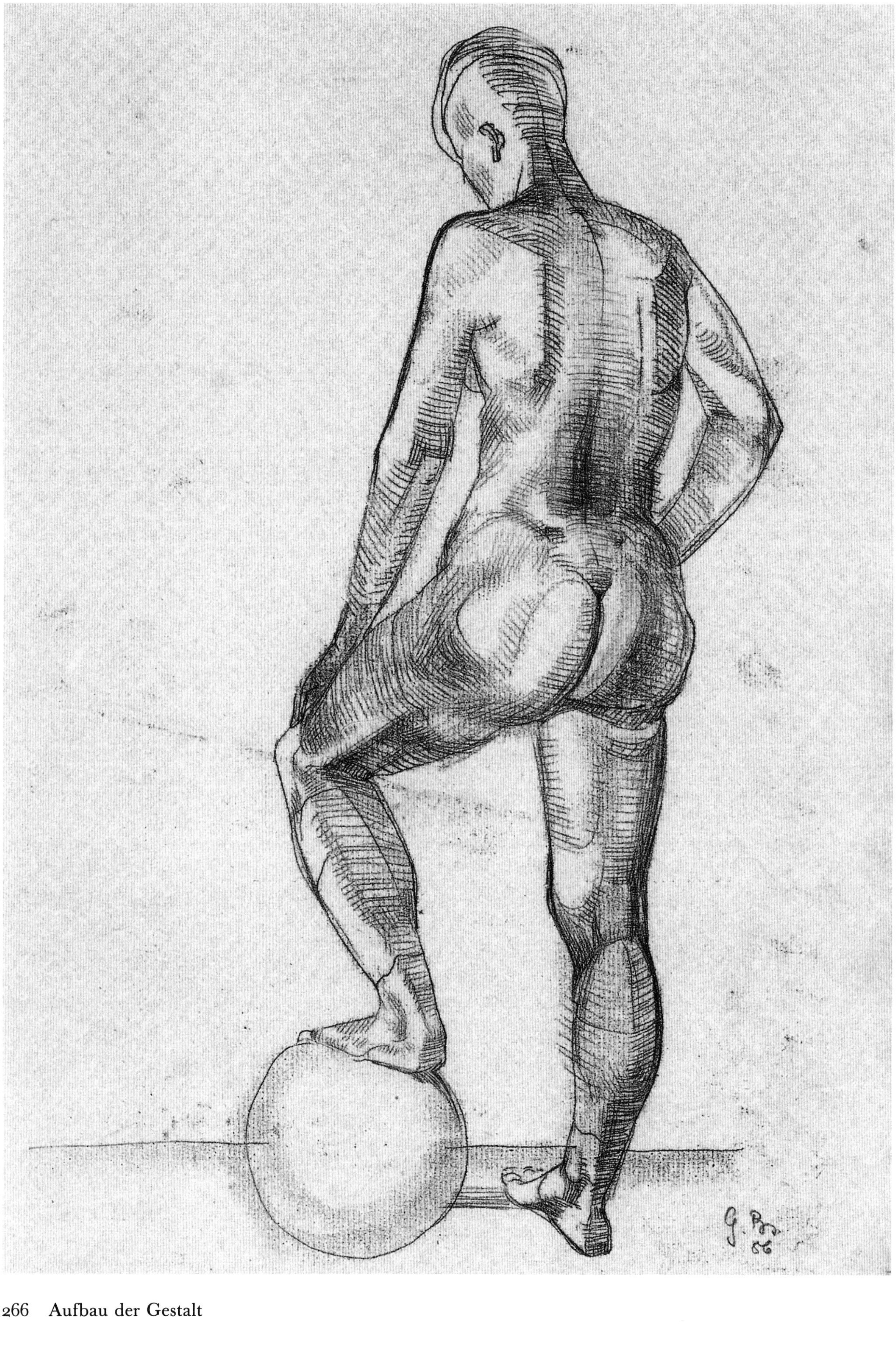

266 Aufbau der Gestalt

Übungsempfehlungen zum bewegten Stehen in Verbindung mit anderen Funktionen

(Seiten 269 bis 275)
Nur zu oft geht das bewegte Stehen Verbindungen mit anderen Funktionen ein, wird es gerade dadurch zur bewegten Form. Der Körper sucht nach zusätzlichem Halt, der ihm das Stehen noch weiter erleichtert. Es ergeben sich dabei Doppelfunktionen von Stehen und Stützen. Was den Zeichner dabei fesselt, ob er nur notiert oder eingehender untersucht, macht den Charakter seines Vortrags aus:

- Er konzentriert sich nur auf den Ablauf der Bewegung und empfindet in ihr den rhythmischen Fluß. Sein Stift folgt ausschließlich dem Zug der Formen, und hierfür scheint ihm die pure Linearität als das rechte Mittel (Seiten 259, 270, 274).
- Er sucht nach den Kontrasten, aber auch funktionellen Übereinstimmungen zwischen entlasteten und belasteten Gliedern, er sieht im Stützarm ähnlich herausgedrückte Formen wie am Stützbein (Seiten 270, 272 bis 275), sucht nach den Überkreuzungen der Funktion und nach ihrem Ausgleich.
- Er bemerkt auch das Gegenspiel zwischen einseitigem Beinstütz und hängender Haltung auf der Gegenseite (Seite 271), wobei das belastete Standbein durch den nicht mehr bestehenden Zwang zur Schwerpunktverschiebung sich in der Vertikalen halten kann. Der haltende Arm gewährt Entspannung auf der Hangseite, mit all den Folgen der Formveränderungen auf der Dehnungsseite. Hier werden Untersuchungen erforderlich, wie das Körpergewicht sich auf den haltenden Arm überträgt.

Drei Studien (Seiten 282 bis 284) von der gleichen beidarmigen Stützhaltung lenken hin auf nicht nur verschiedene Stadien der Anlage, sondern auch auf veränderte Problemstellungen:

- auf die Elementarklärung des Verhaltens der durch Vorneigung und Drehung verwrungenen Bauchdecke (Seite 282) und belasteten Hüfte;
- auf die Durchformung der plastisch funktionellen Ereignisse (Seite 283);
- auf den reinen Ablauf der Formbewegung (Seite 284).

Schließlich waltet in der Korrekturstudie vom seitlich einarmigen Stütz das Bemühen um Synthese (vergleiche hierzu die Linearstudie Seite 270):

- weibliche Gestaltreife, körperlich plastische Struktur und ihre graphische Spannung;
- Ponderation als Ausdruck des harmonischen Ausgleichs der Kräfte.

Es versteht sich: Die Beispiele zu Formen des Stehens und seiner Studien sind keine Muster, sondern Anregungen.

Hans von Marées (1837–1887): Figurengruppe, o. J.

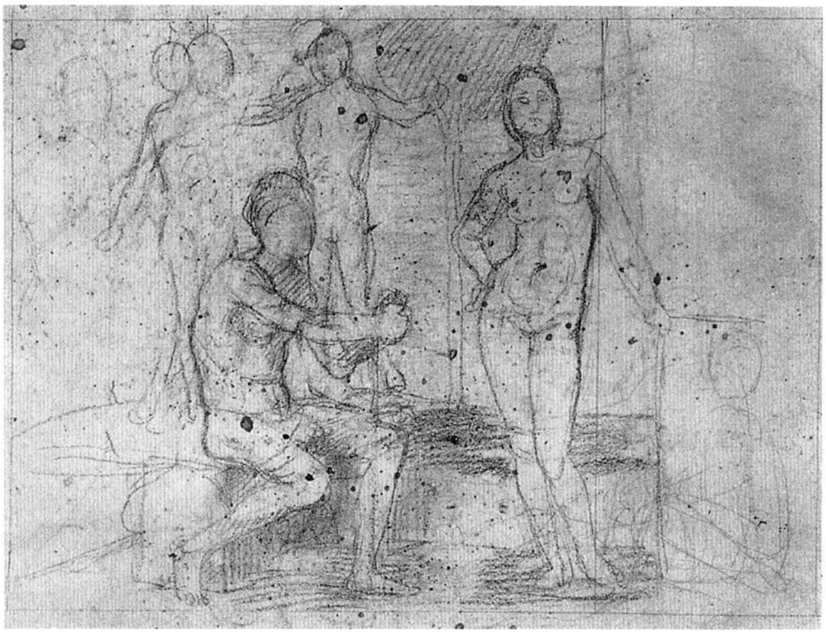

Karl Stauffer-Bern (1857–1891): Weiblicher Akt, o. J.

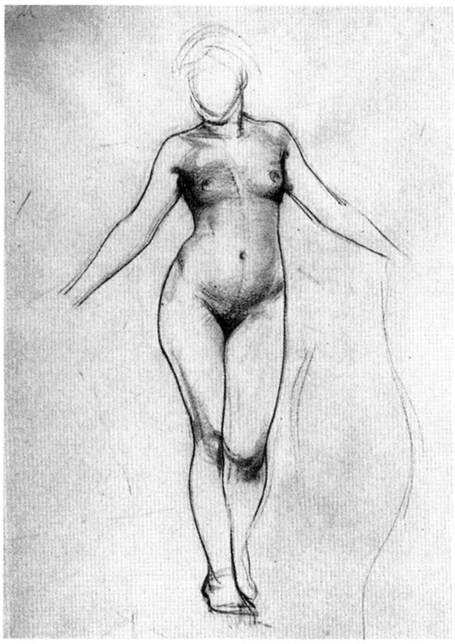

272 Aufbau der Gestalt

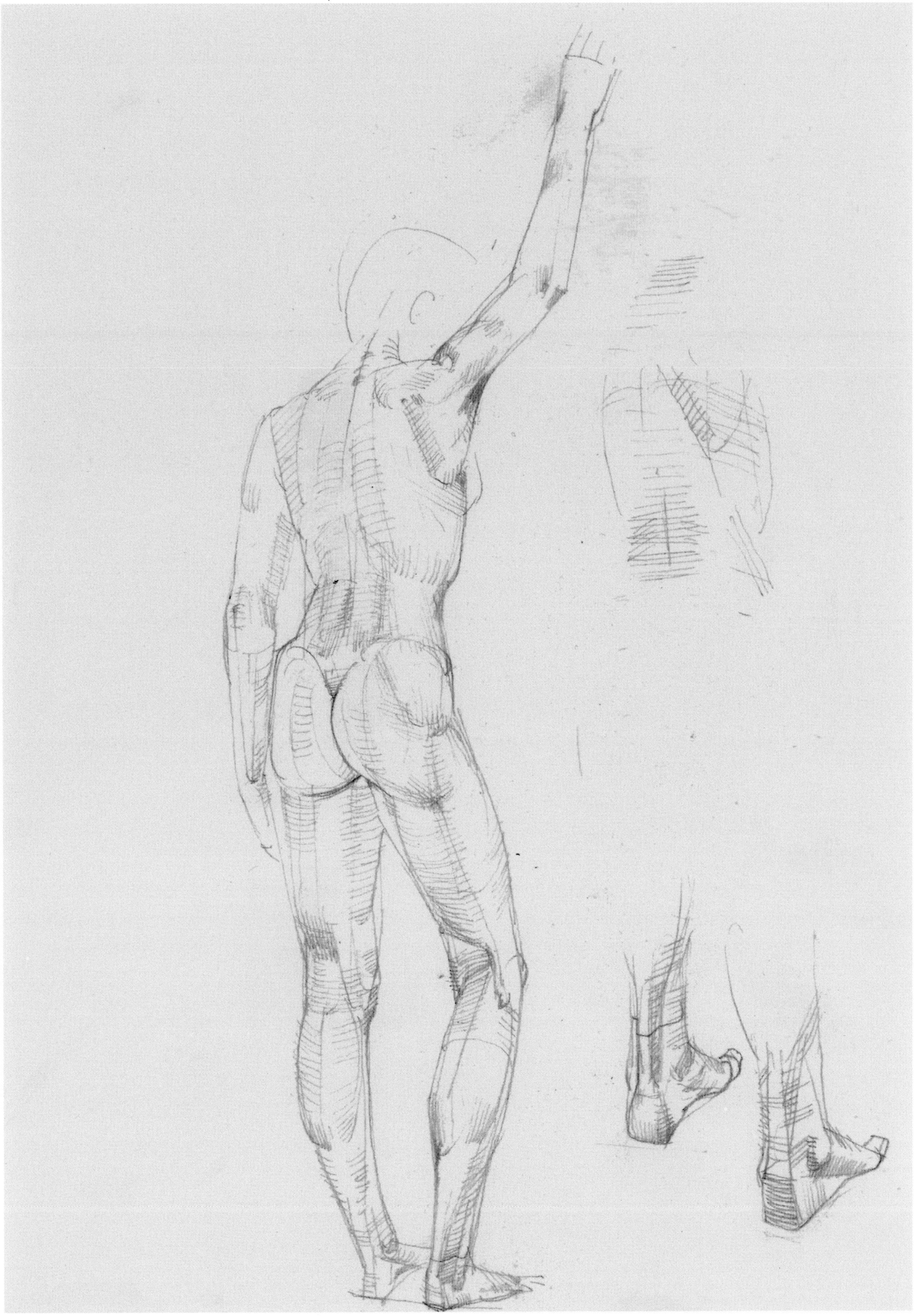

272 Aufbau der Gestalt

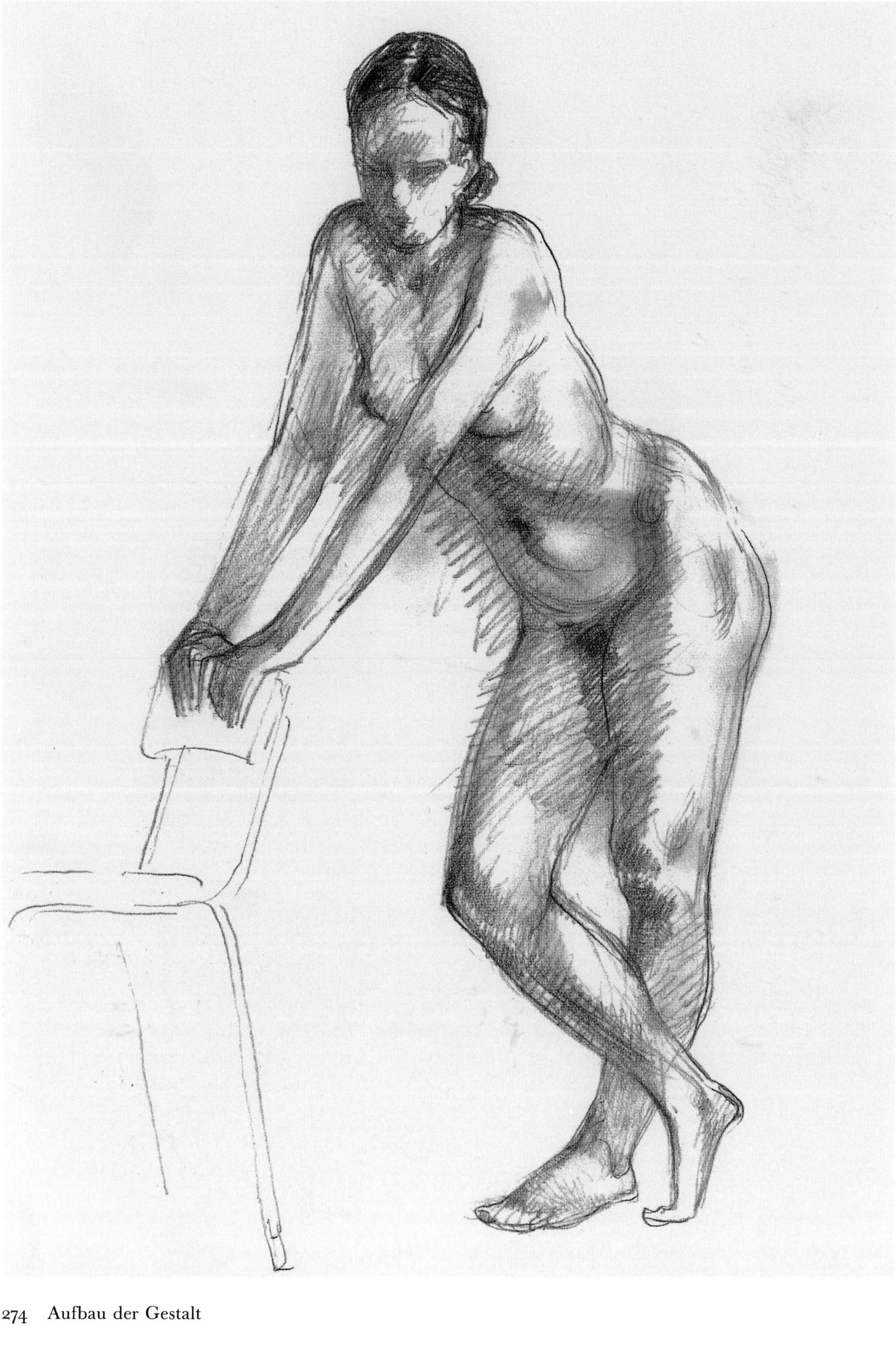

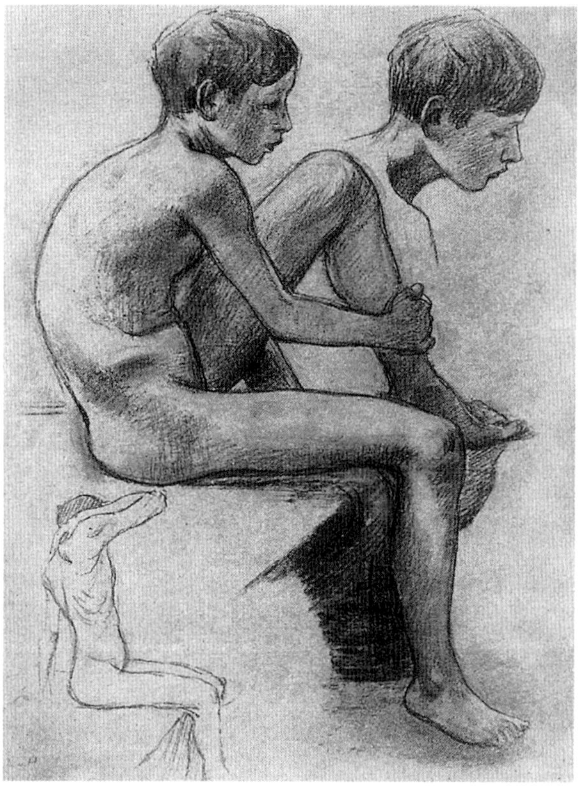

Ludwig von Hofmann (1861–1945): Sitzender Knabe im Rechtsprofil, der linke Unterschenkel angezogen und umschlungen, o. J.

Aristide Maillol (1861–1944): Rückenansicht von Thérèse, 1929

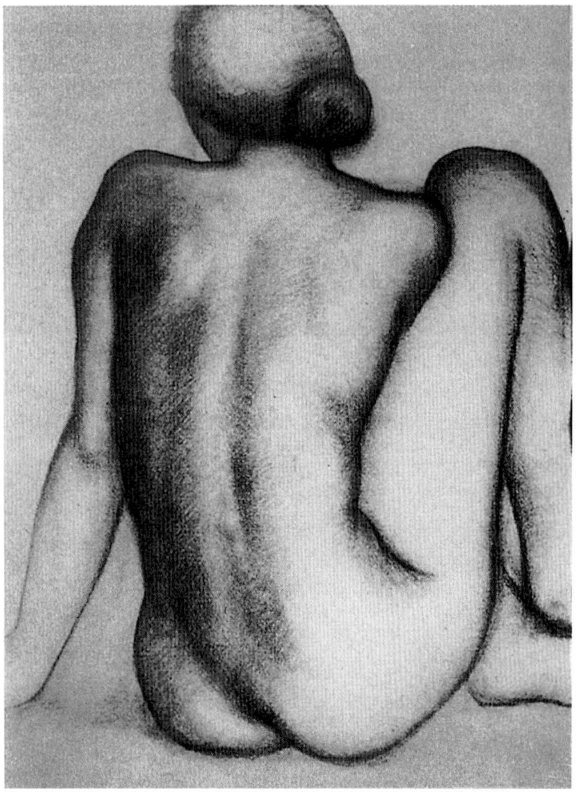

Übungsempfehlungen zum einfachen Sitzen

(Seiten 277 bis 281)
Unter dieser Bezeichnung wird eine Gruppe von Studien zusammengefaßt, bei der das sitzende Modell, ohne wesentliche Beteiligung der Arme, eine vorgeneigte, aufrechtfreie oder angelehnte Sitzlage einnimmt. Dabei sind folgende Probleme in Angriff zu nehmen:

- Aus dem Körperverhalten in Verbindung zur Sitzgelegenheit (Höhe der Sitzfläche, Lehne etc.) ergibt sich, ob und wie sich der Körper in den Winkel zwischen Sitzfläche und Lehne schmiegt. Daraus geht hervor die Winkelbildung (Raum) zwischen Oberkörper und Becken und das Verhalten der Bauchdecke.

Die unterschiedliche Hautkonsistenz der Modelle »reagiert« entsprechend variabel: Dünnhäutigkeit vermindert die Tiefe der Stauungen (Seiten 277 bis 280), Dickhäutigkeit verstärkt sie (Seite 281). In jedem Falle aber ist das Zusammenschieben der Bauchmasse unvermeidlich. Das bedeutet ferner:

- Der Gesamtablauf der Sitzhaltung auf der Bauchseite ist keine einfache, verschliffen ausgerundete Hohlkehlung, sondern eine *artikulierte Knickungsfolge*: Oberkörper/Brustkorb gegen den Bauch als Zwischenmasse (Seiten 277, 278, 281), von hier gegen das nach hinten abgekippte und vorn ansteigende Becken, von hier aus gegen die bzw. den Oberschenkel.

Mit stärkeren Vorderansichten (Seiten 279, 280) steigert sich auch als ein räumliches Problem: der Ausdruck der vordersten Raumzone (Füße, Knie) gegenüber der hinteren. Hier wirken außer den deutlichen Überschneidungen das »Nachvornholen« der vorderen Körperteile durch *optische Größenzunahme* (Seiten 279, 280, 281) sowie durch *Verstärkung des Striches* (Seiten 279, 280, 281). Sofern die Hauptsachverhalte ausgesprochen sind, kann die *Feinarbeit* einsetzen:

- das Aufsetzen der Nebenformen (Brüste, herausgedrückte Schenkel- und Gesäßteile als Ausdruck des Gewichtes),
- die Bestimmung von schwingend weichen und harten Formen;
- die feine Abstimmung der Achsen, nicht nur im Sinne der Perspektive, sondern auch ihrer funktionellen Verschiebungen;
- die Haltung von Kopf und Hals zum übrigen Körper, wodurch die Gesamtstimmung des Sitzens abgerundet wird (Müdigkeit, Wachheit, Gelöstheit);
- das Zeichnen von Füßen und Händen (auch sie sind abrundender Teil des Gesamteindrucks) sowie von Gesichtsformen, wenn der das Sitzen bestimmende Ausdruck gesichert ist.

Dann auch sind weitere Sitzmodifikationen am Platze.

G.Bo. 21.11.86

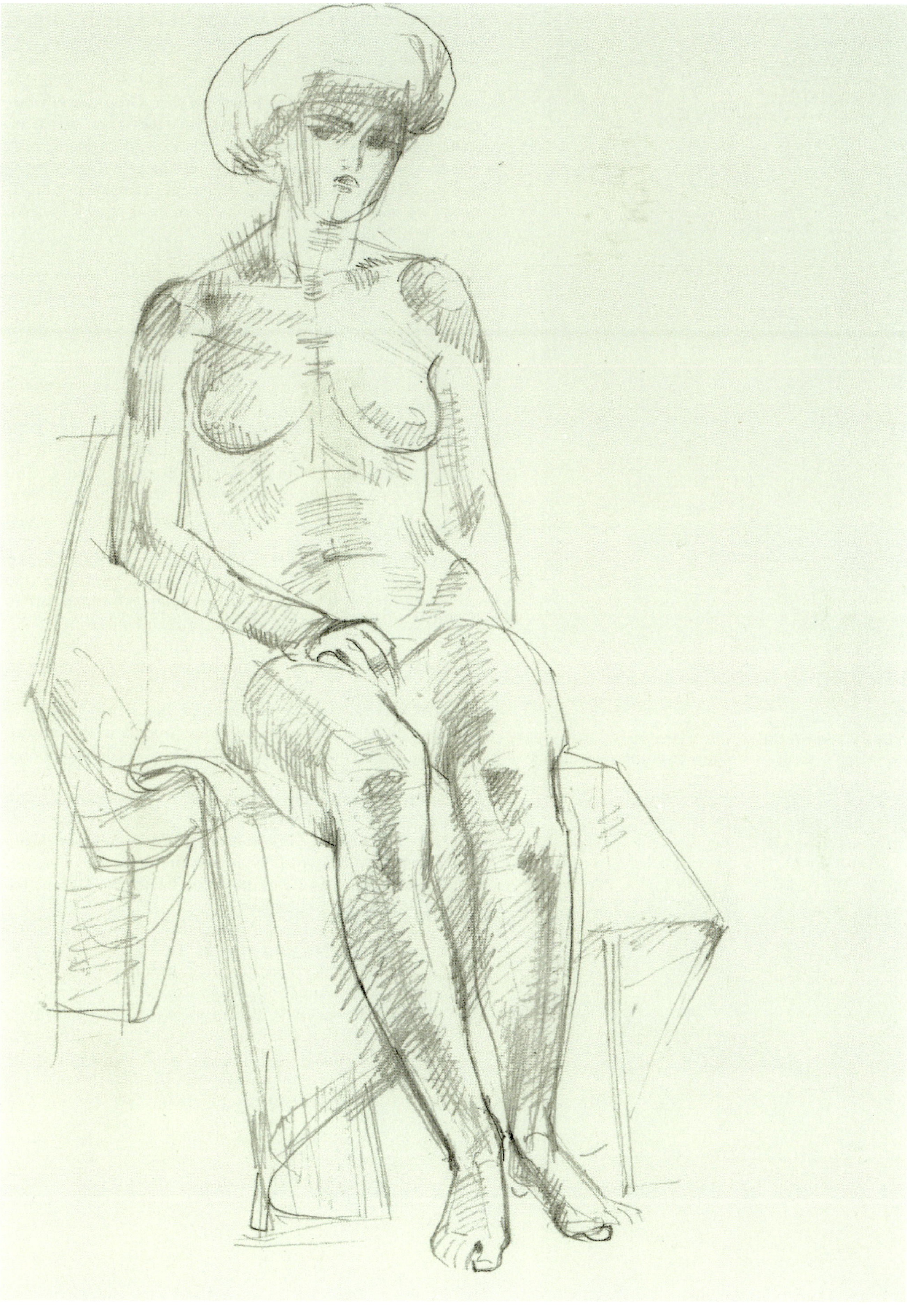

Georg Kolbe (1877–1947): Sitzender weiblicher Akt, das rechte Knie herangezogen und am Fuß von der rechten Hand gehalten, o. J.
Max Pechstein (1881–1955): Sitzender weiblicher Akt, den Kopf dem ausgestreckten Arm zugewendet, o. J.

Übungsempfehlungen zu bewegtem Sitzen

(Seiten 283 bis 289)
Hier bietet sich eine nicht ausschöpfbare Breite. Daß Sitzen sehr bewegt sein kann, hängt ab vom Grad der mit ihm gekoppelten Funktion (einseitig belastetes Sitzen, nach verschiedenen Seiten abgestütztes oder verdrehtes Sitzen), Formen also, die entstehen aus gesteigerten Grundbewegungen der Wirbelsäule und deren mechanischen Kombinationen, nicht zuletzt unter Einbeziehung von Kopf, Armen und Beinen.
Überhöhungen der Formereignisse liegen nahe, im Ausdruck der Gebärde selbst wie in den Graduierungen der Funktionen und Formen. Sofern man die Geschehnisse durchschaut, sollte man Überhöhungen, wenigstens im Ansatz, riskieren:
- das Absacken des Körpers auf der ungestützten Armseite und das Hervorspringen der Kugel des tragenden Lastarmes (Seiten 283, 285);
- die Oberkörperverdrehung über dem Becken und die intensivierte Übertragung der Funktion auf die Richtung der Arme (Seite 284), eine Steigerung insgesamt dergestalt, daß die Schulterachse im rechten Winkel zum Becken und gar in der Oberschenkelflucht steht (Seiten 286, 287);
- die Beanspruchung der Nachgiebigkeit der Bauchdecke, die, nicht anders als ein Gewandstück, schraubig und verwrungen sich um den Leib schlingt, gebunden nur an ihre festen Ursprungs- und Ansatzpunkte;
- das Zusammendrängen der Volumina der Brüste über ihrem plastischen Kern (Brustkorb) als Folge des Vorziehens der Schulterblätter und des Oberarmes (Seite 287 rechts), Verwindungen, die sich auch in der Bauchdecke wiederholen müssen und den Bauch zwischen den Festpunkten der beiden vorderen oberen Darmbeinstachel einspannen.

Im Kontrast hierzu das ruhige, maßvolle Fließen des entspannten Zurücklehnens im Profil:
- Die aufwandarme Linie umwandert den einfachen Umriß in langen Zügen, fast ohne Aufenthalt, und die Körperhebungen und -senkungen bedürfen so der vollen Treffsicherheit (Seite 288).
- Spielt man in die Linearität noch etwas an körperlicher Materialität ein, so wird man gut tun, dies als gleichsinnige Begleitmusik zu arrangieren, um mit ihr das Dahinströmen noch weiter zu erleichtern.

Der lineare Vortrag ist Wille zur Bestimmtheit, und nicht zufällig bildet er sich meist heraus nach langen Anläufen. Aber mit gleichem Recht steht er auch am Anfang der zeichnerischen Unternehmung, als Manifest gegen die schwere Überschaubarkeit der Erscheinung.

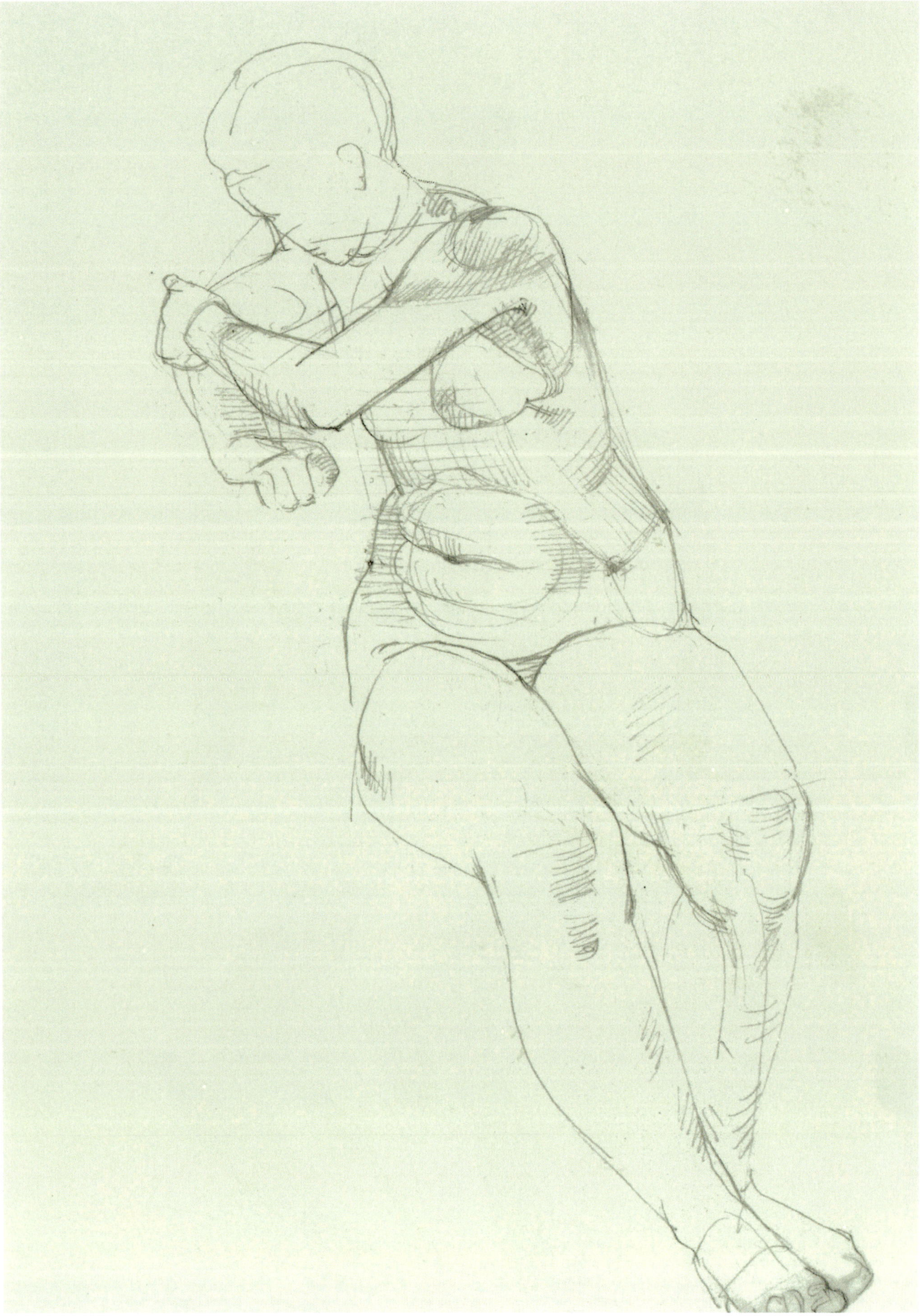

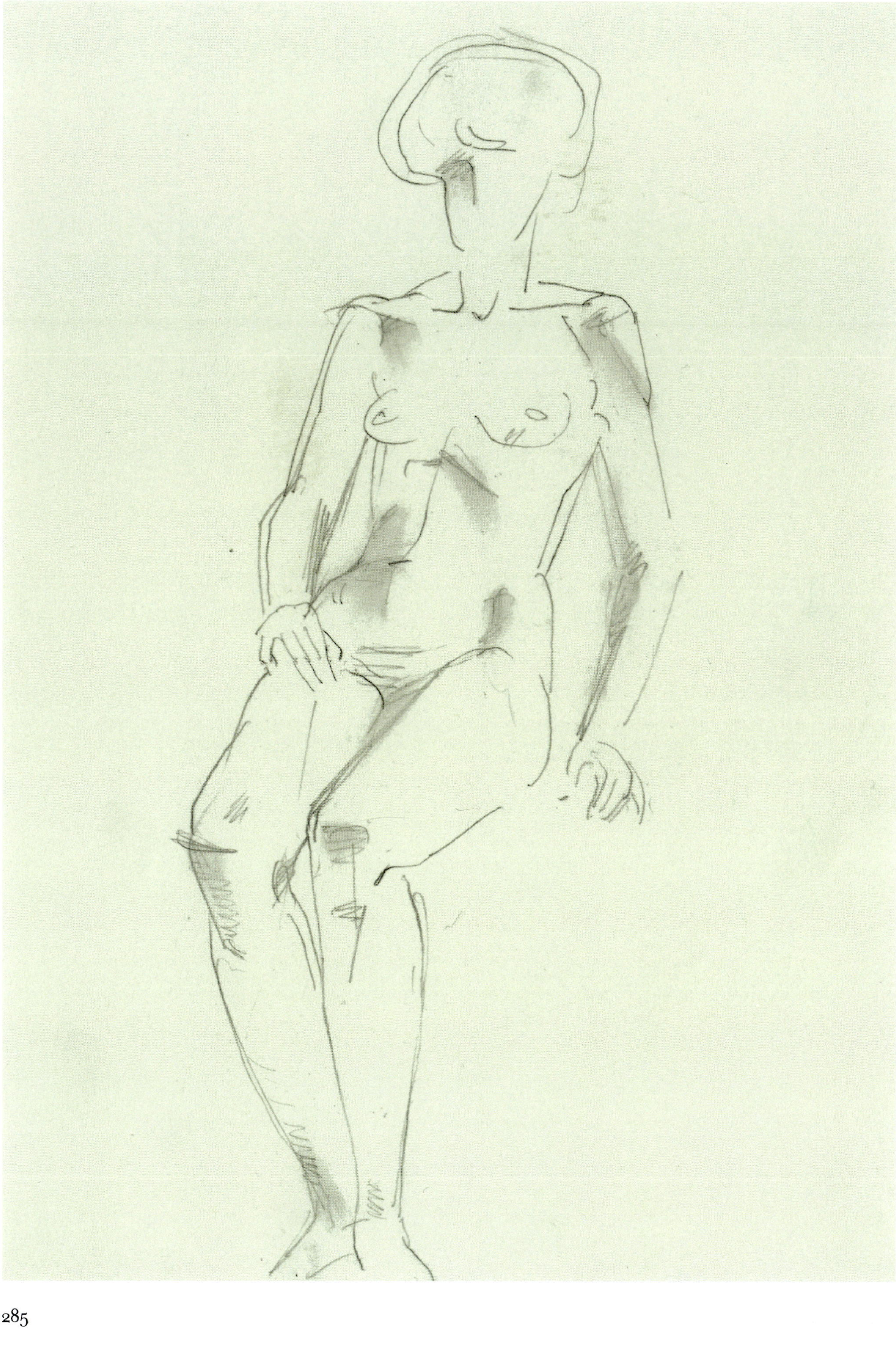

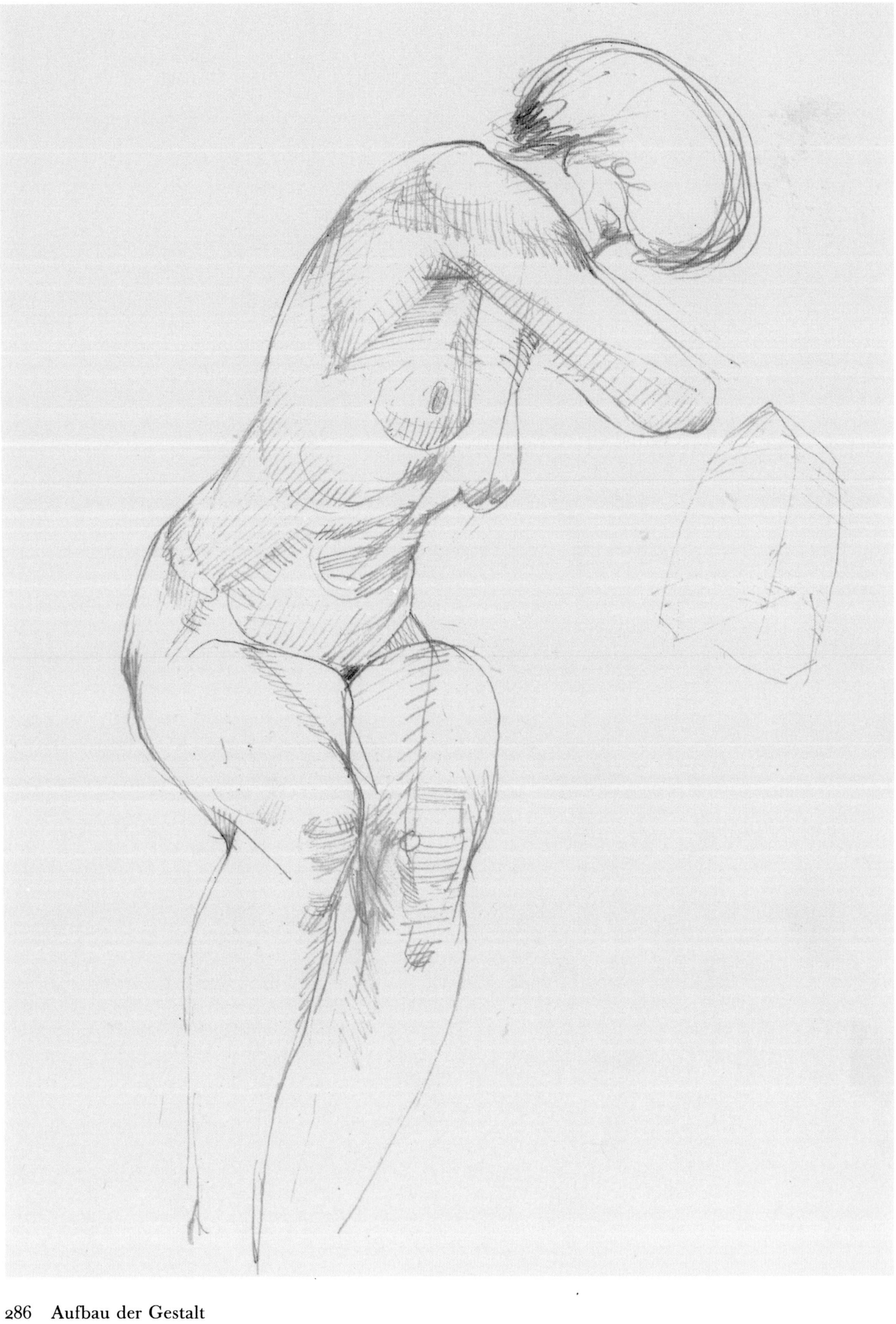

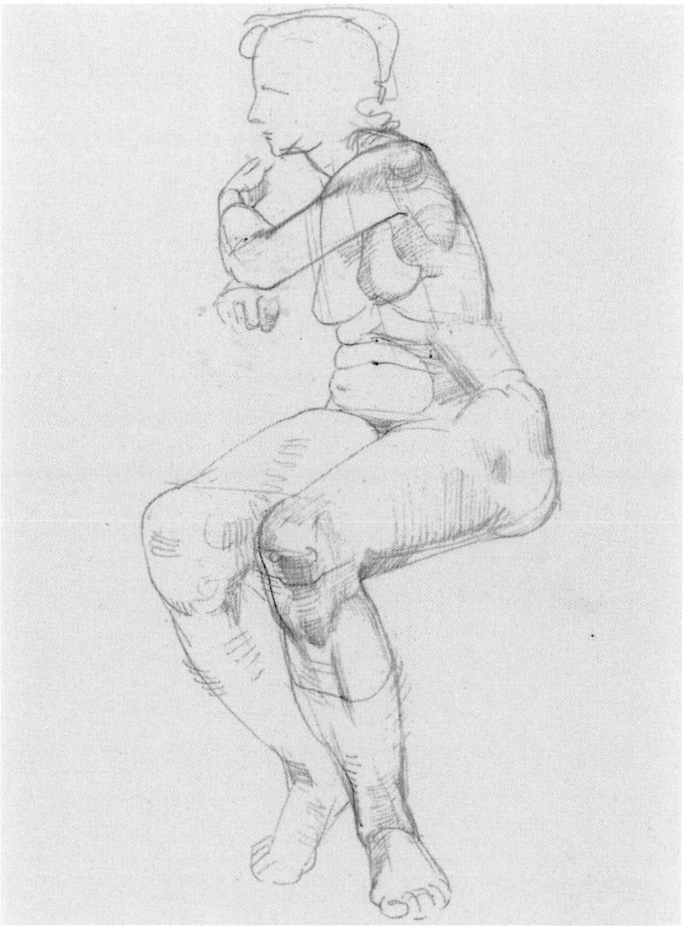

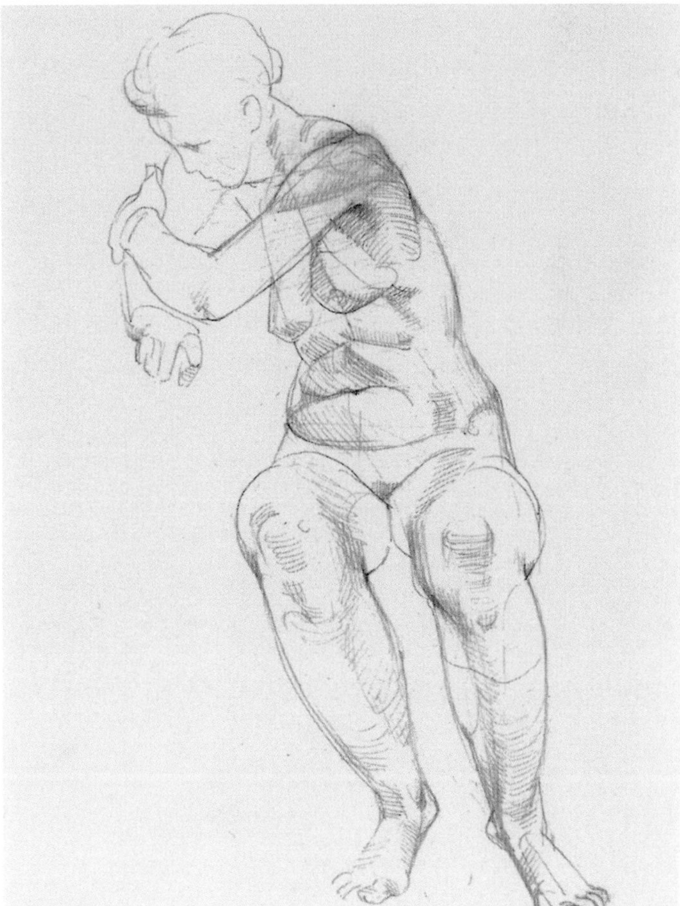

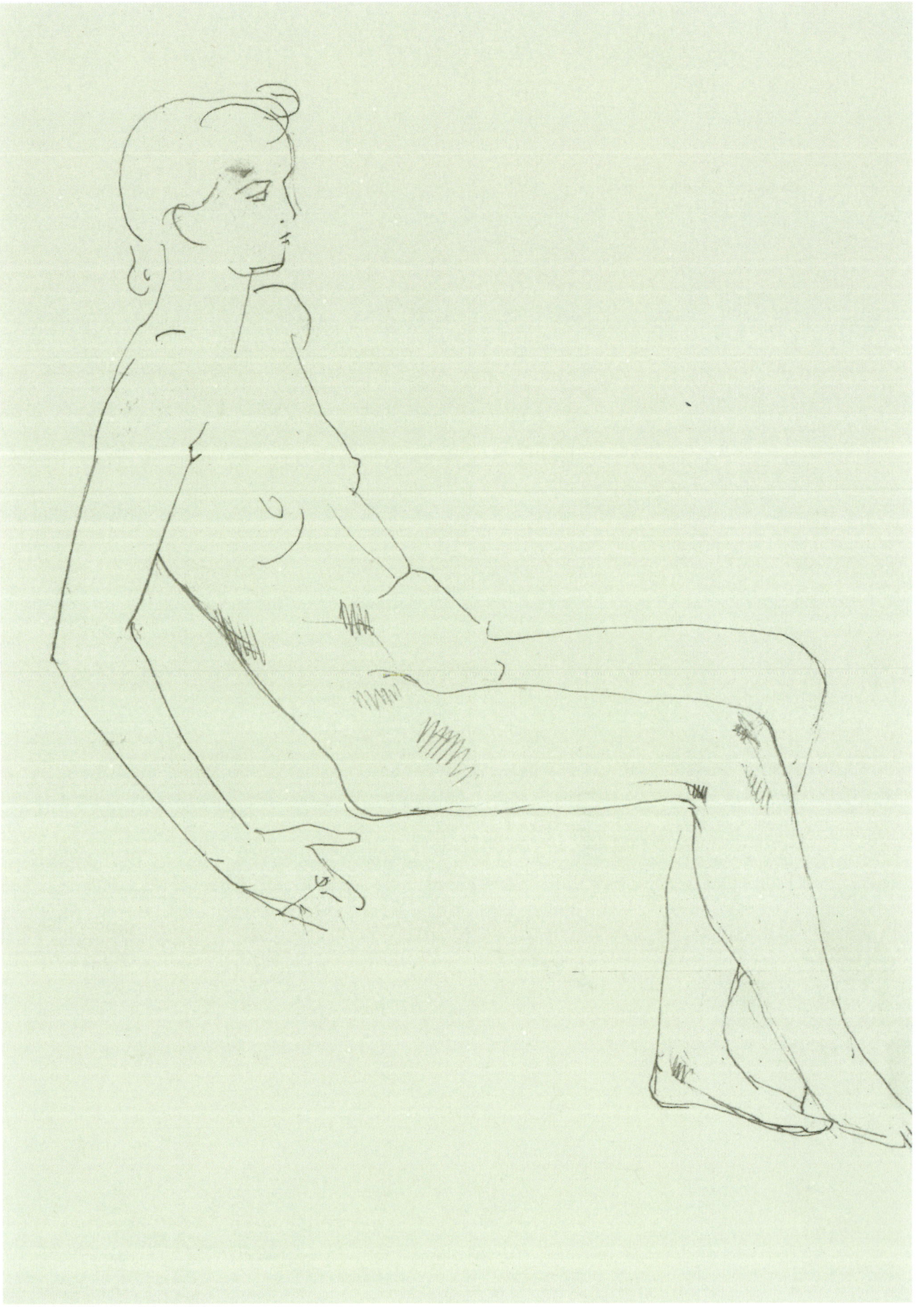

Übungsempfehlungen zu Studien vom Liegen

(Seiten 291 bis 297)
Auch die Formen des Liegens sind überaus vielseitig: Liegen auf dem Rücken und der Seite, Liegen mit Verdrehungen zwischen Brustkorb und Becken, Übergänge zwischen Zurücklehnen und Liegen. Die dem Zeichner hier sich auftuenden vermehrten Schwierigkeiten hängen vermutlich zusammen mit dem Ungewohnten, von unserer körperlichen Vertikalorientierung verlassen zu sein (die auch noch im Sitzen nicht vollkommen aufgegeben ist).
Wir sind daher gut beraten, hier uns wieder der grundlegenden Schritte der Anlage zu erinnern:

- Das räumliche *Ansichtsverhältnis*, in welchem der Zeichner den Körper in einer bestimmten Horizonthöhe sieht, ist mit Markierung des Körpermittelachsenverlaufs zu versehen (Seite 291 oben).
- Dazu sind die Verläufe der Querspannungen von Schultergürtel, Brustkorbende, Querfaltung des Bauches, Schambein, Kniescheibe und eventuell des Fußes einzusetzen (Seite 291 oben, unten).
- Bei diesen Angaben sind zugleich auch die optisch räumlich veränderten Distanzen als Ausdruck für die *Entwicklung des Körpers* in die Tiefe einzutragen: die optisch dichtere Folge in der Tiefenzone, die auseinandergezogene in den Vorderzonen (Seite 291 oben, unten).
- Erst jetzt sind die *Grundformen der plastischen Kerne* Becken, Brustkorb und Kopf einzubauen und die zu Walzen elementarisierten Gliedmaßen anzufügen.
- Auf das Verhalten der Zwischenform des Bauches ist zu achten: Wie tief ist er zwischen den plastischen Kernen eingesunken, wie gibt er seiner Schwerkraft bei seitlicher Drehung nach?
- Auch die Brüste flachen sich im Liegen ab und passen sich so der Brustkorbwölbung weit stärker an als im Stand oder Sitzen (Seite 291 oben, unten).

Nach diesem praktizierten Anlagegerüst reduzieren sich die Schwierigkeiten für ein freies Herunterzeichnen und eine linear verknappte Formulierung erheblich (Seite 291 unten). Besteht darüber hinaus das Bedürfnis nach weiterer Durchformung (Seite 292), so gelten die schon für die Sitzhaltungen gegebenen Empfehlungen (siehe Seiten 276 und 282).
Aufgestütztes Liegen hat funktionelle Folgen für den Schultergürtel durch Heraustreten des Oberarmkopfes, an dem ein Teil der Oberkörperlast hängt (Seite 292). Verkürzungen aus genauer Vorderansicht (Seite 293) gewinnen Sicherheit aus den Vorstellungen von Körperelementarisierungen, von deren Überschneidungsfolgen und von der optischen Größenzunahme in den Vorderzonen und ihrer Reduzierung in den Tiefenzonen.

William Cadenhead: Liegendes Mädchen in leichter Verdrehung des Leibes, o.J.

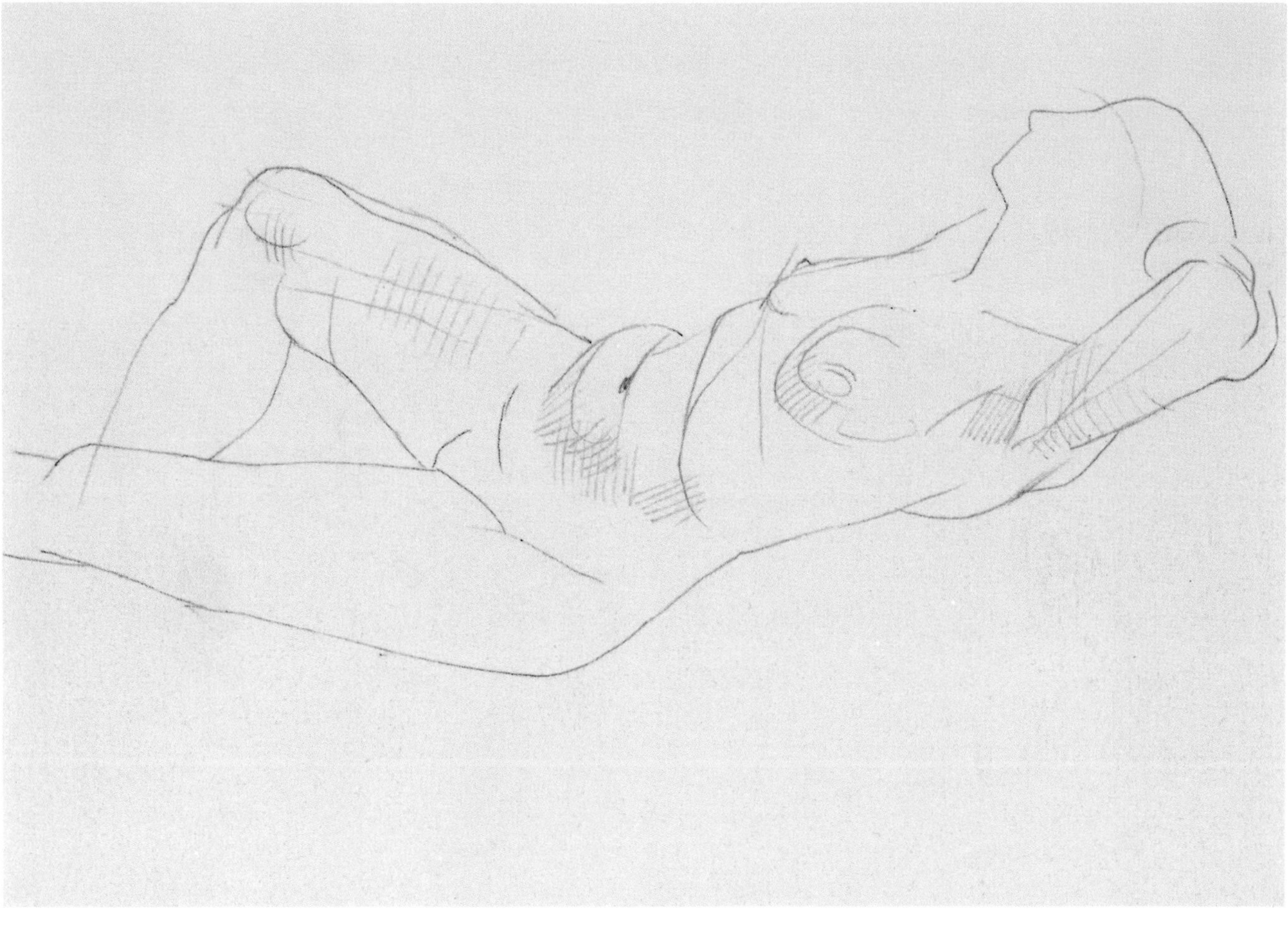

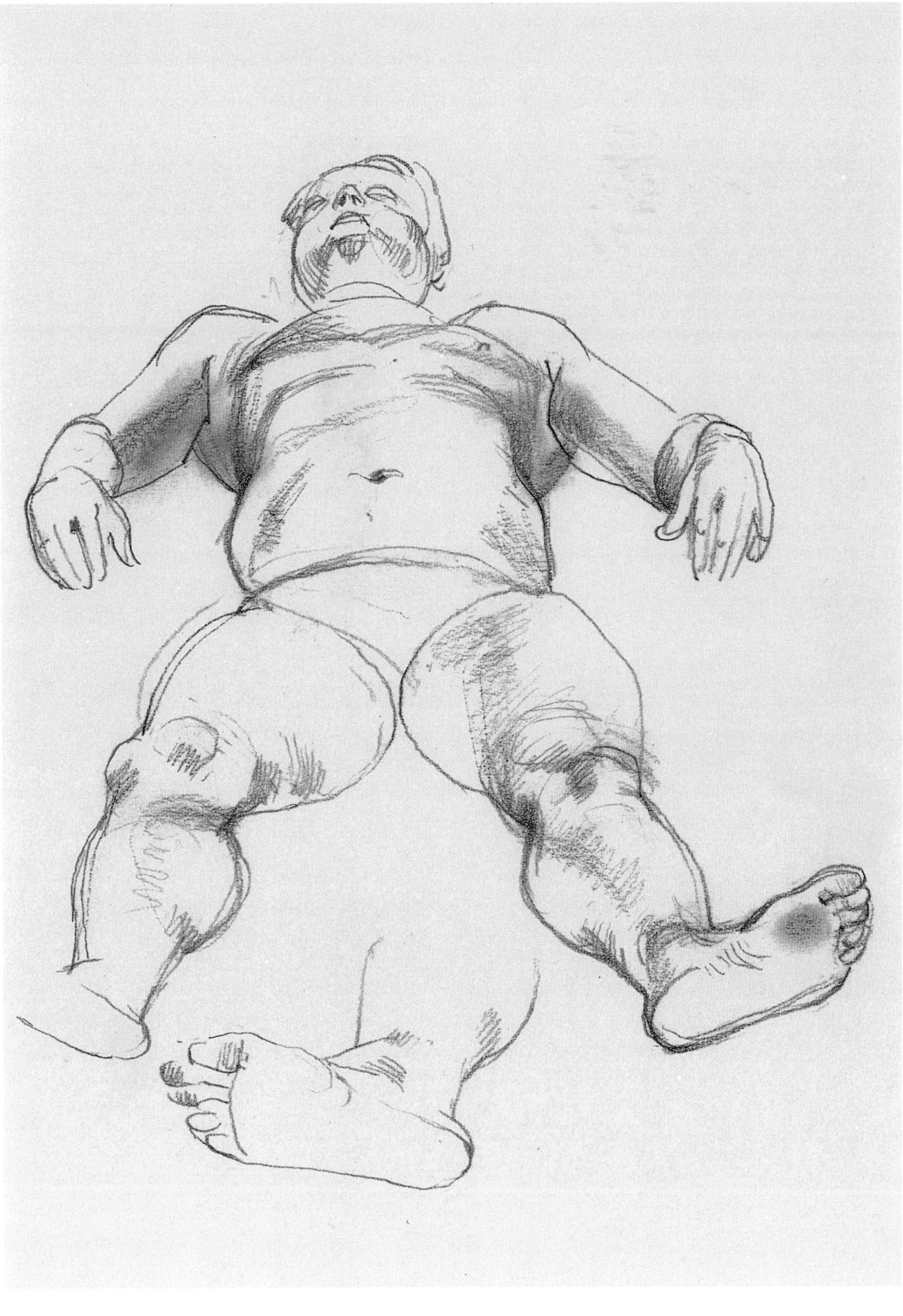

Empfehlungen zur Arbeit mit dem Skizzenbuch

(Seiten 295 bis 297)
Die Arbeit unterscheidet sich nicht grundsätzlich von den auf Seite 278 angestellten Überlegungen. Mehr als zuvor aber ist erforderlich, das Grundgerüst der Anlage dem geistigen Auge zu vergegenwärtigen, ohne es zu praktizieren. Denn die Schnelligkeit der Arbeit hat sich ohnehin auf weniges zu konzentrieren:

- *Elementare Formen*, z. B. der Vierkantigkeit des Brustkorbs (Seite 295 oben), sind *mitzudenken.*
- *Verkürzungsfolgen* sind zu beachten, wo »fehlende« Zwischenglieder des Körpers die Fähigkeit des Auges zur Ergänzung des Körpers zu einem Ganzen überfordern. Sehr starke Verkürzungen (Seite 295 unten rechts, 297 oben und unten) lassen geringste Zwischenstrecken zwischen Sohle bis Kinn erkennen (Seite 295).
- Angedeutete Bekleidungsstücke, die praktisch Körperquerschnitte darstellen, können hier für die räumliche Staffelung von größtem Nutzen sein.
- Der Körper ist als Landschaft mit Hebungen und Senkungen zu behandeln, die in räumlicher Ansicht dieser Vorstellung besonders entgegenkommen (Seite 296 unten).
- Bei reinen Profilansichten des Liegens bäuchlings gleicht die Rückenkontur einer sanften Wellenbewegung (Seite 296 oben).
- Immer und immer wieder ist auf das Verhalten der plastischen Kerne und ihre Beziehungen zueinander zu achten, wodurch der Ausdruck der funktionellen Geschehnisse vielfach überhaupt erst möglich wird (Seite 297 oben).
- Auf Aktivitäten wie aufmerksames Lesen (Seite 296 und 297 oben), Verschränkungen von Armen und Beinen (Seite 295 unten), sollte als Spannungsmoment zum übrigen Körper nicht verzichtet werden.
- Nicht zuletzt ist auf den Ausdruck des Liegens überhaupt zu achten, nämlich auf die Art und Weise, wie sich das Körpergewicht der Unterlage überläßt (Seite 293 und 297 unten), wie es seiner Schwere nachgibt, sich verformt, breitdrückt.

Solche Seherlebnisfeststellungen zeichnerisch sorgfältig aufzuheben, ist um so wichtiger, je stärker sich die Ansicht der liegenden Figur der genauen Vorder- oder Rückansicht nähert.
Bisher haben wir den Aufbau der Figur als Ganzes betrachtet, vor allem im Verhalten der Körpermechanik. Es ist daher erforderlich, dem *psychischen Ausdruck* noch gesonderte Aufmerksamkeit zu schenken.

Alois Gruber: Liegender weiblicher Akt, im Körper verdreht, der Kopf abgewendet, 1916

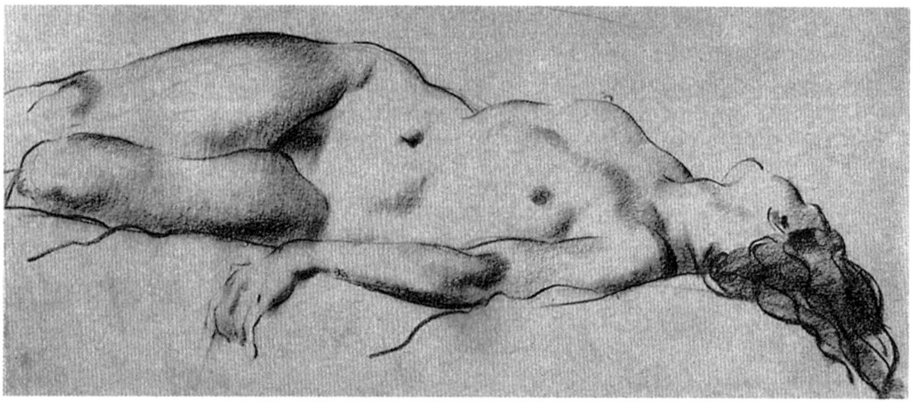

Karl Hofer (1878–1955): Liegender weiblicher Rückenakt, auf den linken Ellenbogen gestützt, o.J.

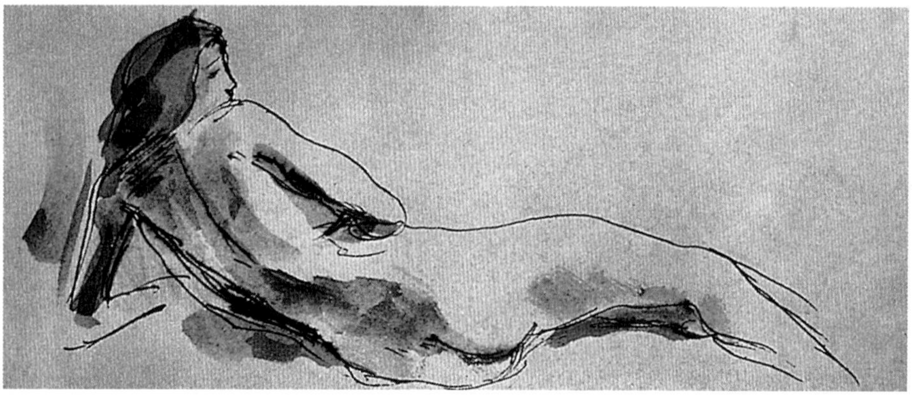

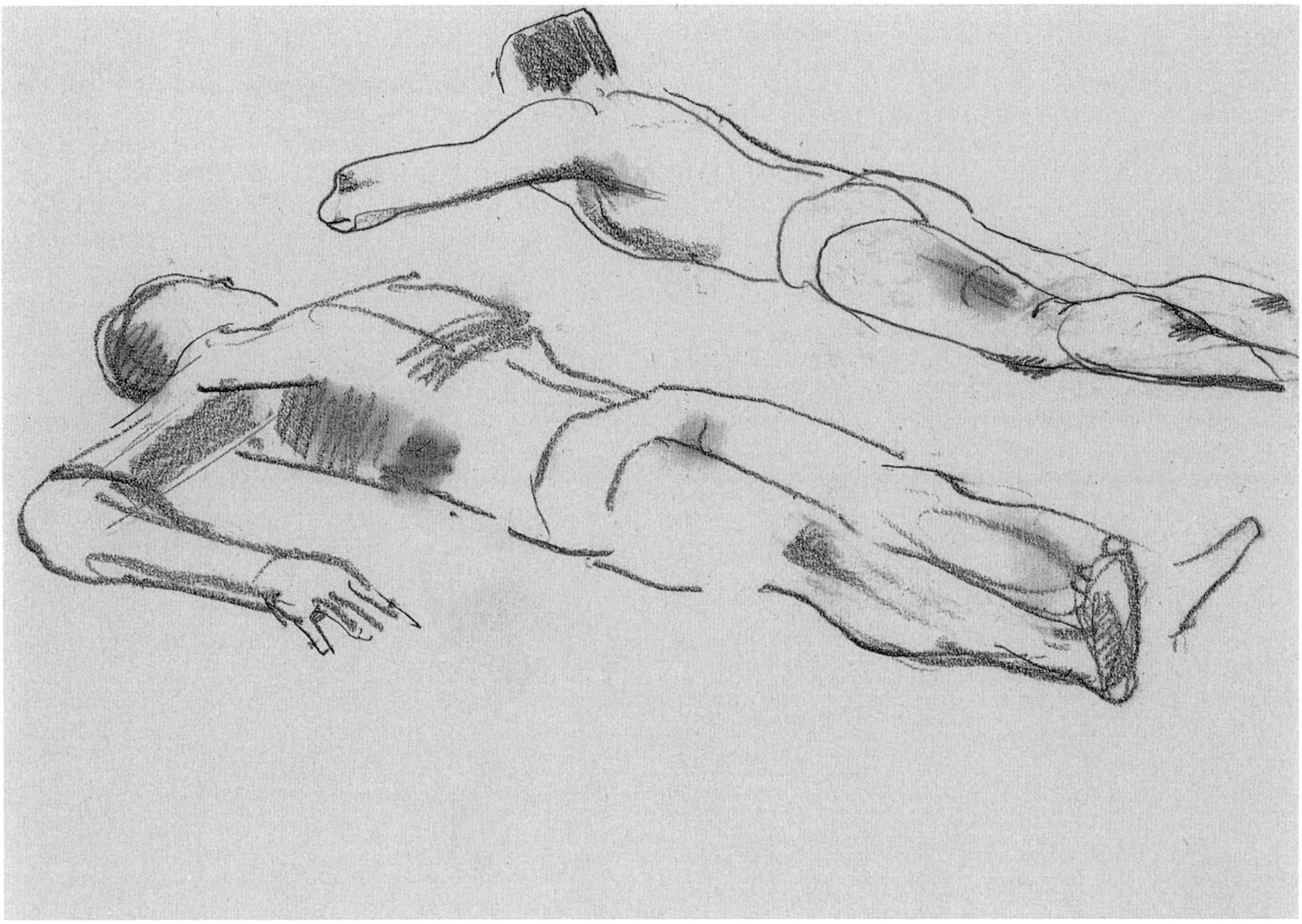

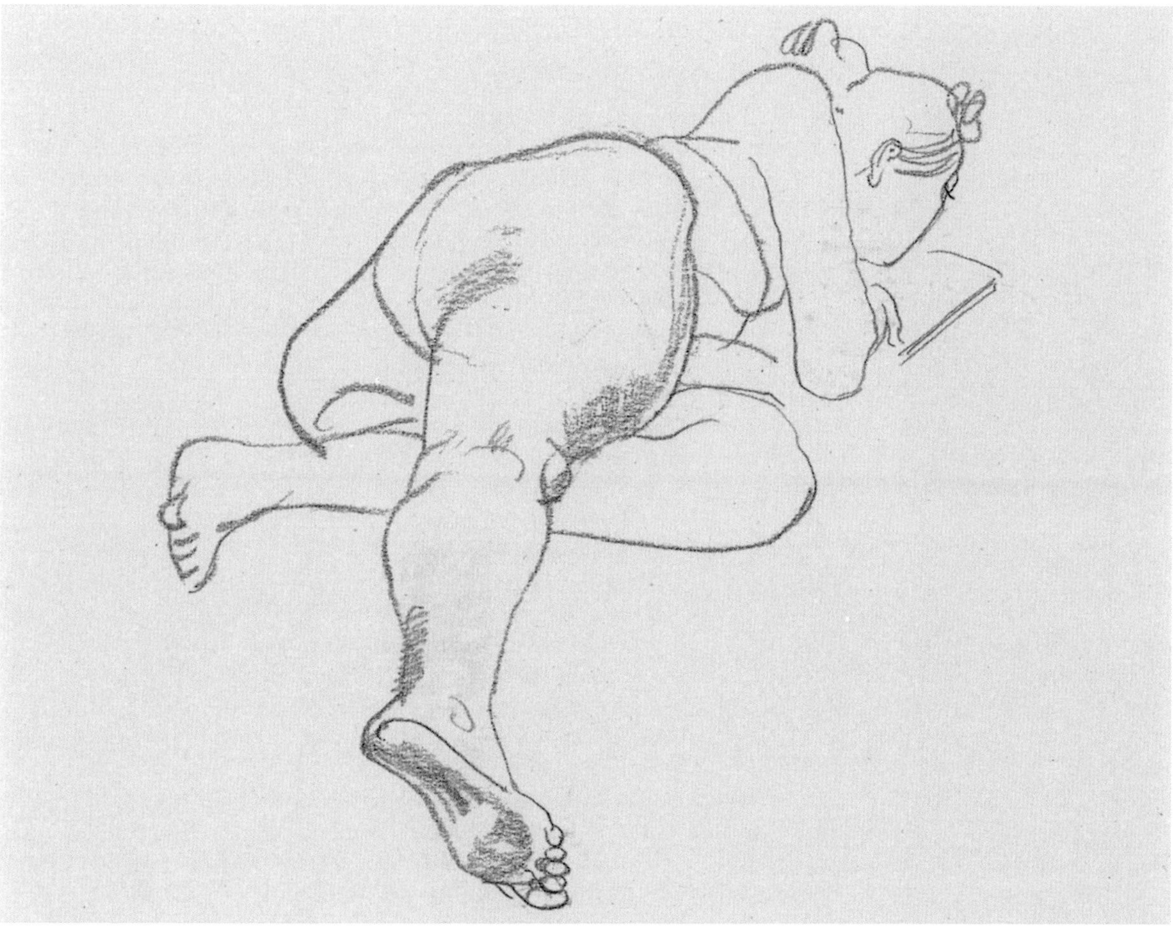

Rembrandt van Rijn (1606–1669): Sitzender weiblicher Rückenakt, um 1661.

Rembrandt van Rijn: Nackte junge Frau, halb aufgerichtet auf einem Lager, um 1658/60
unten: Sitzende Frau mit aufgestütztem Kopf, um 1640

Sitzgebärden als Ausdruck inneren Befindens

(Seiten 301 bis 313)
Wenn nicht vom Modell bestimmte Posen gefordert werden, durch die ein besonderer funktioneller Vorgang demonstriert werden soll, so mag man die Gelegenheit des zwanglosen Sichgebens nutzen, sei es die Erholungspause (Seiten 299, 302, 306, 308 u. a.) oder die vom Modell selbst gesuchte Ruhehaltung. Man muß sie dann im rechten Augenblick als Motiv ergreifen. Gute Modelle überlassen sich ganz sich selbst und reagieren nicht auf ihre Umwelt.

Dabei gewinnt ein natürliches Gebaren die Oberhand und gibt ungewollt dem Zumutesein Raum, das sich in Kopf- und Körperhaltung äußert. Hierbei fällt schon die *Ansicht des Modells* wichtige Entscheidungen über mögliche Kommunikationsbereitschaft oder über deren »Abwehr«:

- Profilansichten von Körper und Kopf verhindern ein inneres Zwiegespräch (Seiten 299 bis 302, 306 bis 308, 312). Das Modell lebt am Zeichner vorbei.
- Frontalansichten ermöglichen die Blickbegegnung, die letzte Entscheidung darüber wird von der Haltung des Kopfes, vor allem der Blickbewegung bestimmt (Seiten 303, 311).
- Rückansichten sind abschirmende Haltungen, bezeugen das Alleinsein und lenken den Betrachter in eine Art doppelte Reflexion: in die Vermittlung einer Stimmungsaufnahme (Seiten 309, 310).

Die Gebärden selbst mit ihren Stimmungsbekundungen sind für den Betrachter deutbar und verstehbar:

- Der gehobene Kopf und sein Blick hängen zusammen mit Teilnahme an innerlich oder äußerlich Realem, das gestützte Kinn und die übergeschlagenen Beine oder die Entspannungshaltung der über dem Kopf verschränkten Hände sind Zeichen gelassener Wachheit (Seiten 300, 306) im Gegensatz zur gespannten Aufmerksamkeit (Seite 304).
- Der vorgeneigte Körper, das zwischen stützenden Fäusten ruhende Gesicht wird zum Ausdruck des Grübelns (Seite 311), das in der Hand ruhende Gesicht zur Versonnenheit (Seite 312).
- Die aufgestützten, nicht voll gestreckten Arme sind ein Sitzen ohne längere Bleibe (Aufbruchstimmung, Seiten 305, 307).
- Der voll stützende Arm in Verbindung zum tatenlos herabhängenden und zum seitlich abgesunkenen Kopf machen die Haltung zu einer Mischung von lyrischer und elegischer Empfindung (Seite 303).
- Der leicht gesenkte Kopf, die rückgelehnte Haltung und die Verankerung der Hände am Knie bewahren, trotz der Gelöstheit, den Ausdruck gehaltener Ruhe (Seite 308).
- Das Versinken von Oberkörper und Kopf, die schwache Haltsuche der Ellenbogen, das seiner Schwere nachgebende Haar sind lethargische Konfigurationen.

Die andächtige Versenkung in die Körpergebärde lehrt die wesentliche Erkenntnis: *Jedes Außen hat ein Innen.*

G. Baumes

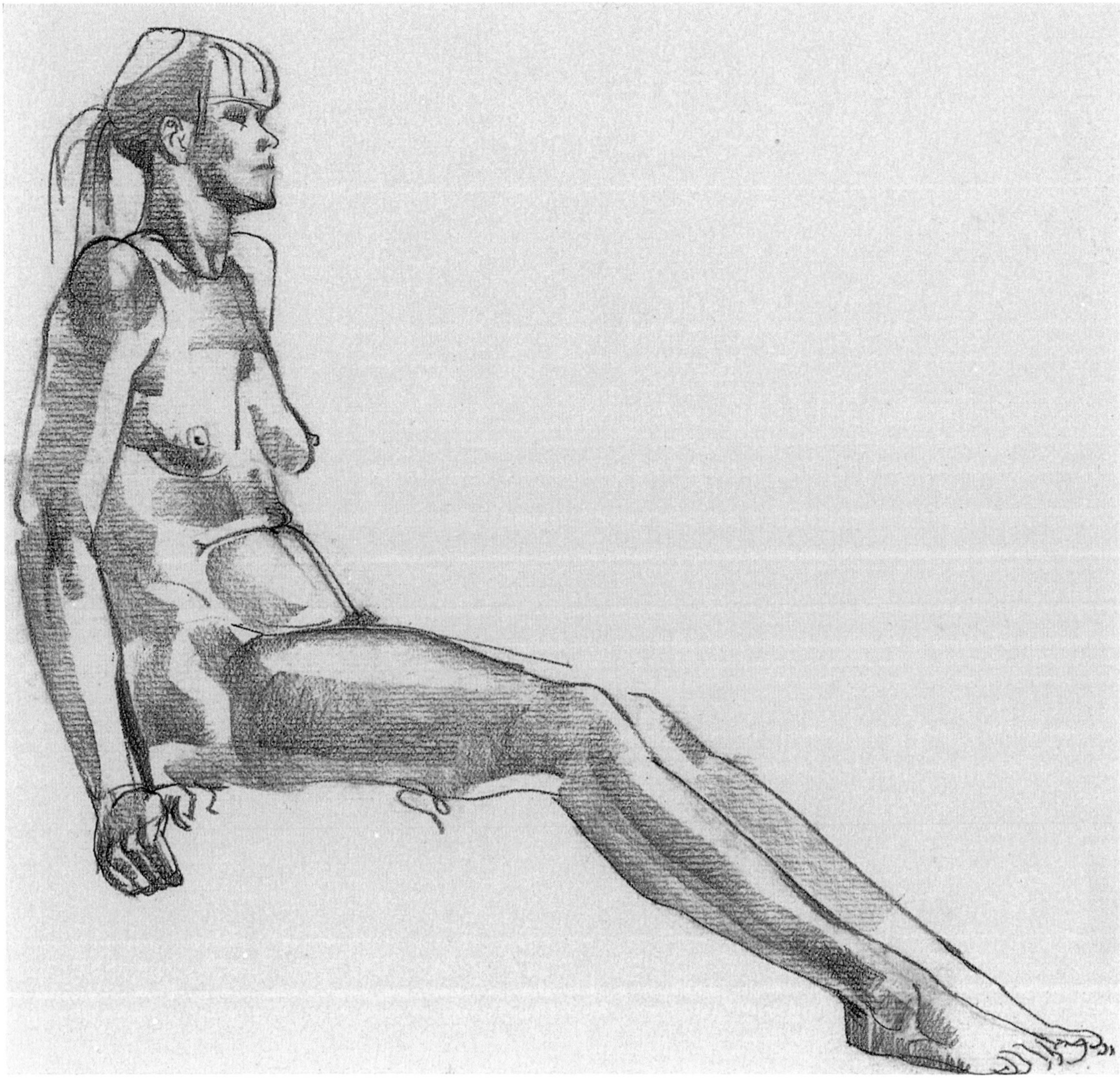

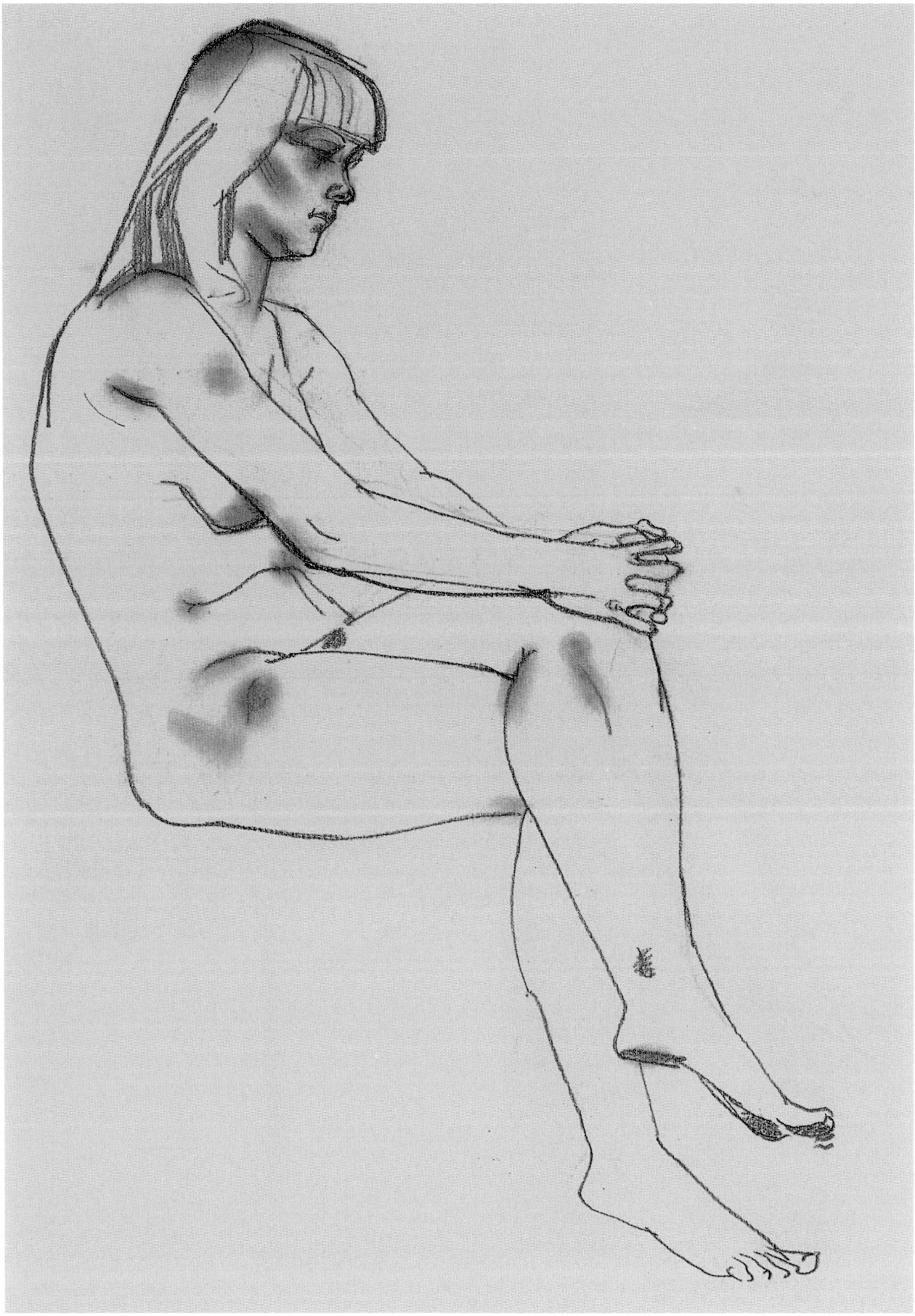

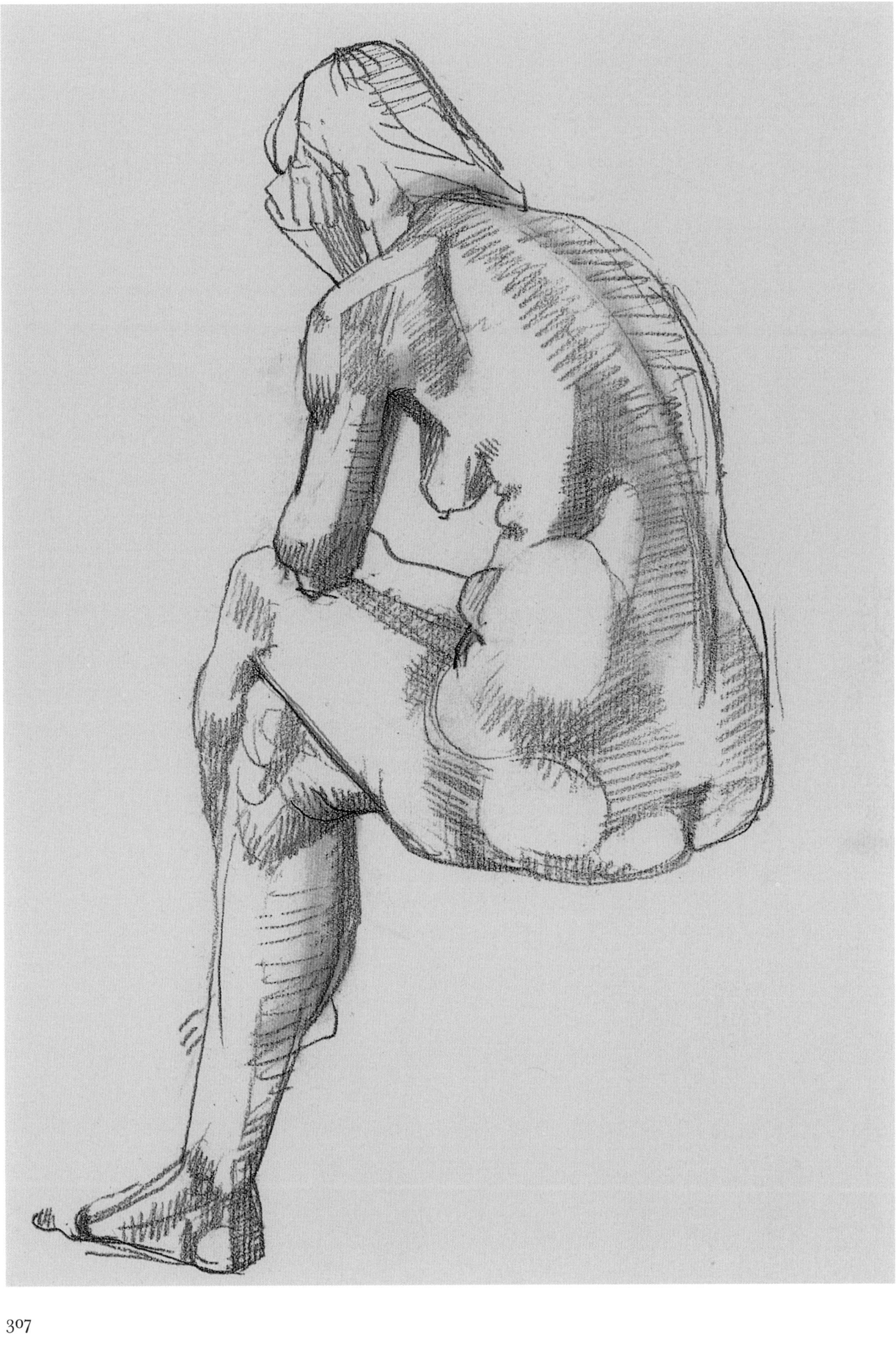

308 Aufbau der Gestalt

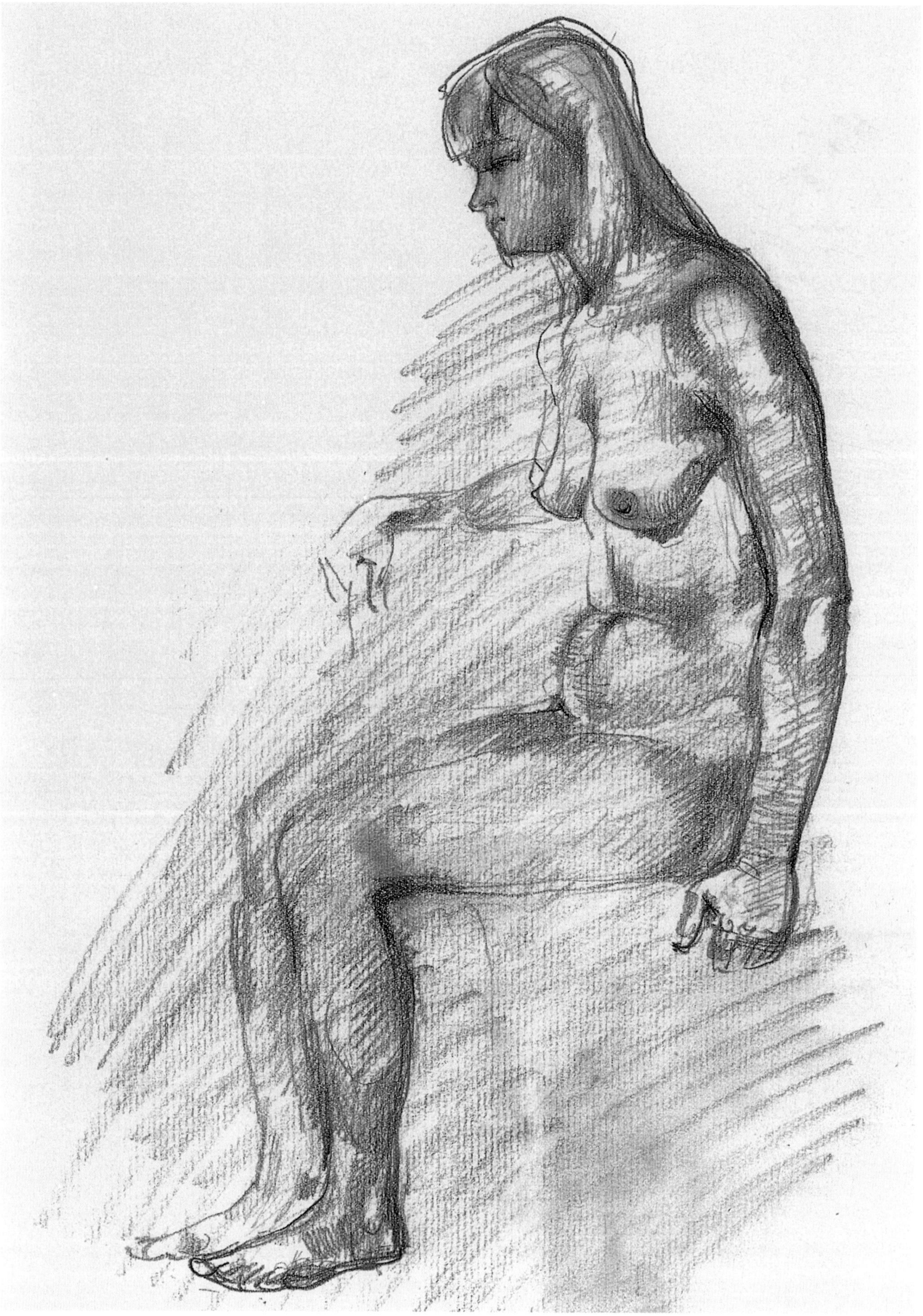

Abbildungsnachweis

Akademie der Künste der DDR: 200 u, 214 m; Akademie der Künste der UdSSR: 64 u, 68 l, 104 o, 112 ur, ul, 156 m, 168 o, 172 o, 204 o, 220 u, 232 u; Alazard: Le Portrait florentin de Botticelli a Bronzino. Paris 1914: 226 m; Bammes: Gestalt des Menschen. Verlag der Kunst, Dresden 1964: 18 u; Berenson: Italian Pictures of the Renaissance. The Phaidon Press, London 1957: 94 o; Berti. Rizzoli Editore, Milano 1973: 170 u; Beyer, Weimar: 226 u; Borden: More Figures in Arts. Borden Publishing Company, Alhambra, Calif. 1968: 144 ul; Borden: The Hand in Art. Borden Publishing Company, Alhambra, Calif. 1963: 174 u, 178 o; Buchhold, Dresden: 246 bis 251; Catalogue illustre – Des œuvres de Bouguereau. Paris 1885: 120 o; Choulant: Geschichte der Anatomischen Abbildung. Leipzig 1852: 14 m; Cosmopress, Genf: 210 o, 240 u; Degas. Thames and Hudson, London 1974: 40 u; Deusch: Die Aktzeichnung in der europäischen Kunst 1400–1900. Berlin 1943: 298 o, m; Drawings of Sir Edward Burne-Jones. London, New York o. J.: 220 o; Albrecht Dürer 1471 bis 1528. Das gesamte graphische Werk. Handzeichnungen. Henschelverlag, Berlin 1971: 172 u, 230 l; Fischel: Raphael. Gebrüder Mann Verlag, Berlin (West) 1962: 112 o, 120 ul, 166 o; Hilaire: Derain. Pierre Cailler, Geneve 1959: 146 u, 220 m; Hofer – Katalog. Staatliche Kunsthalle Berlin (West) 1978: 50 u, 222 o; Kunsthaus Zürich: 58; Lankheit: Franz Marc. Katalog der Werke. Verlag M. Du Mont-Schauberg, Köln 1970: 116 u; Leonardo da Vinci, Berlin 1939: 13; Leonardo da Vinci. Zeichnungen. Herausgegeben von Anny E. Popp. München 1928: 20 o; Leporini: Handzeichnungen großer Meister: Michelangelo. Berlin 1941: 132 o; Leporini: Handzeichnungen großer Meister: Del Sarto. Wien/Leipzig o. J.: 190 o, 226 o; Levy: The Artist and the Nude. Barrie and Rockliff published, Great Britain 1965: 156 r; Großes Lexikon der Grafik. Westermann Verlag GmbH, Braunschweig 1984: 244 m, u; Löffler: Josef Hegenbarth. VEB Verlag der Kunst, Dresden 1980: 182 u, 210, 222 u, 252; Maillol bis 1944. 17. Juni bis 3. September 1978. Staatliche Kunsthalle Baden-Baden: 230 r, 276 u; Ein Maler vor Liebe und Tod. Ferdinand Hofer und Valentine Godé-Darel. Kunsthaus Zürich und Jura Brüschweiler, Genf 1976: 232 o; Menzel. Katalog der Hamburger Kunsthalle 1982: 244 m; Michelangelo. Zeichnungen. Herausgegeben von A. E. Brinkmann. München 1925: 176 u; Mitsch: Egon Schiele. Residenz Verlag, Salzburg 1974: 128 u; Modersohn-Becker. Ausstellungskatalog des Kunstvereins Hamburg 1976: 60 o; Museum der bildenden Künste Leipzig: 30 o, 128 o, 154 o, 170 o, 282 o; Museen der Stadt Erfurt, Angermuseum: 116 m, 168 u; Müller, Basel: 94 u, 156 l; Nationalgalerie Berlin (West): 182 o; National Museum of Wales, Cardiff: 68 m, 72 m; Pirchau: Gustav Klimt. Ein Künstler aus Wien. Wien/Leipzig 1942: 54 o; Sächsische Landesbibliothek, Abteilung Zentralbibliothek: 13 o, 14 o, u, 16 o, 18 o, 32 o, u, 62 o, 108 o, 174 o; Sächsische Landesbibliothek, Abteilung Deutsche Fotothek: 212 u; Schadow: Atlas zu Polyklet oder von den Maassen des Menschen. Berlin o. J.: 46; Scheidig: Rembrandt als Zeichner. VEB E. A. Seemann-Verlag, Leipzig 1962: 100 u, 298 u; Schweizerisches Institut für Kunstwissenschaft: 34 o, 86 o; Singer: Meister der Zeichnungen. Band 6. Leipzig 1912: 96; Singer: Zeichnungen von Franz Stuck. Leipzig 1912: 136 u; Staatliche Kunstsammlungen Dresden / Kupferstichkabinett: 26 o, 276 o, 294; Staatliche Kunstsammlungen Dresden / Kupferstichkabinett / Pfauder: 116 o, 178 u; Staatliche Kunstsammlungen Dresden / Kupferstichkabinett / Schurz: 26 m, 54 ul, 60 u, 64 o, 100 o, 136 o, m, 144 o, 166 o, 176 o, 180 o, u, 268 r; Staatliche Kunstsammlungen Weimar / Renno: 104 u, 132 u, 140 o, 144 u, 190 u, 212 u, 214 o; Staatliche Museen zu Berlin / Borgwaldt: 40 o; Staatliche Museen zu Berlin / Nationalgalerie: 50 o, 58 u, 62 u, 68 r, 72 r, 84 r, u, 100 um, 268 l, 282 u; Steinlen. Katalog der Kunsthalle Bremen 1978: 74 u; Trier: Zeichnungen und Radierungen. Piper Verlag, München 1955: 200 o; Waldmann: Auguste Rodin. Schroll Verlag, Wien 1945: 30 u, 244 o; Webb, Zürich: 46 o, 240 m; Zorn, Dresden: 214.

Alle anderen Abbildungen sind Fotos des Verfassers

Gottfried Bammes

Tiere zeichnen

Inhaltsübersicht

Vorwort

Das hier angebotene Grundlagenwerk für das Zeichnen von Tieren wurde ausgehend von der Überlegung verfasst, dass sich das künstlerische Studium der Natur immer an ihrem mit der Erscheinung verbundenen Wesen orientieren muss. Es ist die übergeordnete Aufgabe auch dieses Buches, den Leser mit dem Wesenhaften, hier dem körperlich Natürlichen, des Tieres bekannt zu machen, wesentliche Sachverhalte und Gesetzmäßigkeiten aufzuzeigen und darzulegen, inwieweit sie zeichnerisch erfassbar sind. ›Tiere zeichnen‹ stellt die notwendige Abrundung meiner Leitgedanken zur Künstleranatomie von Mensch und Tier dar.

In allen organischen Bildungen erfahren wir Gestalthaftigkeit und nicht ein Konglomerat von lediglich äußerlich Erscheinendem. Um es in Übereinstimmung mit dem Existenzphilosophen Heinrich Barth zu sagen:
Die Erscheinung erscheint nicht in der Gestaltlosigkeit der ›materia prima‹, sondern in Bestimmtheit und gestaltlicher Geprägtheit. Die Begegnung mit ihr lässt uns darum nicht gleichgültig, weder beim Anschauen des Menschen noch des Tieres.

Inhalt und Ziel dieses Buches kann selbstverständlich nicht die Darbietung eines ›Gemenges unförmlicher und zerstückter Elemente des Seienden‹ (H. Barth) sein. Vielmehr geht es um das Innewerden großer, übergeordneter Gesetzmäßigkeiten und Zusammenhänge, die sich z. B. im existentiell notwendigen Verhalten in Einheit mit analoger Proportioniertheit bekunden. So bestehen unauflösbare Übereinstimmungen von Gestalttyp und Nahrungsaufnahme. Der pflanzenfressende Laufspezialist (z. B. Pferde- und Rinderartige) hat seine nur ihm gemäßen Proportionen und konstruktiven Abstimmungen, desgleichen die Fleisch fressenden Lauer- und Laufjäger (Katzen- und Hundeartige). Die Existenzweise bedingt die organischen Gebilde, wie diese umgekehrt die Existenzweise bedingen.

Das besondere Einzelne steht in der Ordnung eines Ganzen und ist integraler Bestandteil seiner Lebensfähigkeit und Einheit. Und die intakte Einheit des Ganzen ist ohne die Fülle von Eigenschaften seiner besonderen Einzelgebilde undenkbar.

Es ist daher unumgänglich, auf diese oder jene Beschaffenheiten des Ganzen und Einzelnen einzugehen, natürlich mit dem fürs Zeichnen zuträglichen Maß. Man sollte sich daran nicht vorbeischleichen wollen mit der inneren Rechtfertigung, gegenständlich Äußeres sei nur Schale, Oberfläche, Dinglichkeit und daher für das künstlerische Subjekt ohne Bedeutung.

Im Vorliegenden handelt es sich – wie der Titel ausweist – um keine kurz gefasste Tieranatomie, sondern um zeichnerische Ermutigungen gegenüber einem ›Gegenstand‹, der unserer Vertrautheit leider noch beträchtlich weiter entrückt ist als die menschliche Anatomie.

Wie oft schon ist von Kunststudierenden und Hobbykünstlern, von Kunsterziehern und ihren Studenten das Bedauern ausgesprochen worden über den Mangel eines Leitfadens für das Zeichnen von Tieren! Dabei wird das empfundene Defizit nicht ausschließlich rege aus beruflichen Interessenlagen, sondern auch aus freudvoller, ethischer und ästhetischer Verbundenheit mit der Schönheit des Tieres überhaupt. Soll das Buch also der zeichnerischen Ermutigung dienen, so müssen vor allem die Ungewissheiten und Verunsicherungen abgebaut werden, mit denen das Tierzeichnen heute mehr denn je belastet ist. Schließlich sollen Weide, Stall und Zoo nicht als zeichnerische Pflichtübung betreten werden, sondern in warmer Teilnahme.

So bin ich auch in diesem Buch wieder bestrebt, von jenen bewährten didaktischen und methodischen Grundsätzen auszugehen, die auf einem verstehenden Sehen beruhen, ja ich hoffe, dass es mir in vielen Fällen gelungen ist, die Eindrücklichkeit der visuellen Informationen und ihre ästhetischen Qualitäten beträchtlich zu erhöhen, indem ich nach noch weitergehenden Vereinfachungen als bisher in Wort und Bild suchte, gerade in Anbetracht des Umstands, dass, wie angedeutet, die anatomischen Verhältnisse der Tiergestalten oft beträchtlich differieren und voneinander abweichen. Es hat sich dabei aber auch erwiesen, dass Formvereinfachungen und -elementarisierungen ihre wissenschaftlich und künstlerisch verantwortbaren Grenzen haben.
Sie unbeachtet zu lassen würde zu billigem Schematismus und künstlerisch oberflächlichem Herangehen führen.

Selbstverständlich nehme ich auch in diesem Buch wieder die großartigen lehrbaren Möglichkeiten der Künstleranatomie in Anspruch. Dabei habe ich langjährig bewährte Veranschaulichungspraktiken wieder herangezogen, diese aber in jedem Falle – im Sinne der Erhöhung ihrer Sinnfälligkeit und Eingängigkeit – weiter verarbeitet oder umgearbeitet und durch vollkommen neue Darstellungen bereichert. In der Folge dessen sind alle Abbildungen praktisch neu geschaffen. Insbesondere die Ergebnisse der Arbeit im Zoo und auf den Viehkoppeln sind die Stützen des Buches.

Bei deren zeichnerischen Niederschriften musste ich immer wieder den nachvollziehenden Leser im Auge behalten. Das bedeutete, dass auch die freier gezeichneten

Tierstudien immer noch ein verlässliches Maß an einsehbarer und informativ didaktischer Substanz bewahren mussten. Dennoch darf der mitarbeitende Leser etwas Entscheidendes nicht vergessen: Das künstlerische Tun – Grundlage des Stenogramms, der abkürzenden Formensprache, des Zeichnens – bleibt allein ihm selbst anvertraut. Es ist das Ergebnis langen Erprobens und umfänglichen Wissens bei ständiger zeichnerischer Trainingsarbeit, andauernd aufzufrischender Seherfahrung und Erlebnisverdichtung.

Allen Empfehlungen zur praktischen Zeichenarbeit gehen unerlässliche, knappe anatomische Sachinformationen voraus, die einerseits die Funktion des Ersatzes natürlicher Anschauung (z. B. im Bereich der Skelettformen) übernehmen, andererseits aber zugleich wegweisend für zeichnerische Untersuchungsrichtungen sein können.

Alle Erörterungen zu den einschlägigen sachlichen Stoffgebieten werden gefolgt von praktischen Zeichenübungen, für die einzelne Arbeitsschritte und -phasen bereitgestellt werden.

Damit die einzelnen, miteinander verflochtenen Sachgebiete, wie Proportionserkundung, konstruktiver Aufbau, Formen der Ruhehaltung und Fortbewegung, Hinter- und Vorderbeinformen, Rumpf und Kopf, nicht auseinander fallen oder sich vereinzeln, richtet sich der Blick bereits an entsprechender Stelle so weit als möglich auf das Ganze der Tiergestalt. In einem eigenen Abschlusskapitel werden die einzelnen zeichnerischen Arbeitsetappen noch einmal zu einem ineinander fließenden Geschehen zusammengefasst.

Die Auswahl der Tiergestalten versteht sich fast von selbst. Denn es ist unmöglich, auf alle Formen einzugehen. Ich beschränke mich auf die Standardtypen Pferd und Rind als Vertreter der Pflanzenfresser, auf Hund und Löwe als Fleischfresser, als Lauf- und Lauerjäger. Hin und wieder ergeben sich Hinweise auf den Menschen und Menschenaffen. Da Erörterungen zur Proportionalität und zum konstruktiven Aufbau am Anfang stehen, ist es möglich, mit der Methode des Vergleichens zu arbeiten und solcherweise auch auf jene Tiere in den Zoogehegen zeichnerisch einzugehen, die nicht unseren ausgewählten Standardtypen angehören, wohl aber ähnliche bauliche Bestimmungen folgern lassen. Dass die mit dem Buch anvisierten Grundfertigkeiten des Tierzeichnens keine utopischen Konstruktionen sind, wird nachgewiesen an einer Anzahl beigegebener Schülerarbeiten, die dem Bammes-Kurs VI 1988, einem Intensivkurs zur Vergleichenden Anatomie des Tieres an der Hochschule für Gestaltung und Kunst Zürich, entstammen. Jenen Kursteilnehmern und ihrer fleißigen, hingebungsvollen Arbeit gilt mein herzlicher Dank.

Der drohende, immer stärkere Verlust zeichnerischer Grundfertigkeiten sollte nicht übersehen werden. Das hier vorliegende Buch macht es sich zur Aufgabe, diesem Verlust entgegenzuwirken, und lädt ein zum gediegen reifenden Studieren.

Dresden, im August 2000

Prof. em. Dr. habil. Gottfried Bammes
Ordinarius em. für Künstleranatomie an der Hochschule für Bildende Künste Dresden

Grundorientierungen

Der Aufbau und die Struktur der in diesem Buch angestrebten Grundlagenvermittlung orientiert sich an jenen Schwerpunkten, die beim Zeichnen eine besondere Rolle spielen, die ihre relativ eigenständige Problematik und ihren spezifischen Schwierigkeitsgrad haben. Daraus ergeben sich methodologisch notwendige Abgrenzungen von Sachgebiet zu Sachgebiet, wie z. B. von der Proportionserkundung zum konstruktiven Aufbau. Die Aufgliederung in solche Teilgebiete beschert dem *Lernenden* die Erleichterung der Wissensaneignung und -verarbeitung wie auch den zielgerichteten Fertigkeitserwerb gerade dadurch, dass er nicht sofort von der gesamten Problemfülle des Tierzeichnens überflutet wird. Dem *Lehrenden* gewährt sie eingehendes Verweilen und Konzentration auf ausgewählte Problemkreise, die, in sich abgerundet, untereinander abgestimmt und jederzeit verknüpfbar sind.

So ist schon mit der im Inhaltsverzeichnis ausgewiesenen Stoffanordnung und -verzahnung ein wichtiges methodisches Vorgehen im weiteren Sinne vorgezeichnet. Systematik und Planmäßigkeit erfahren hier ihre erste Sicherung und Verankerung.

Die Verkettung von systematischer Wissensaneignung und -verarbeitung sowie die durch die Lehre gesteuerte Planmäßigkeit gestalten sich im konkreten Fall wie folgt:

Allen Erörterungen voran stellen wir die Aufgabe der *Proportionserkundung*, in der wir die eindrucksvollsten, einfachsten und wichtigsten Verhältnisse der Tiergestalt in ihren maßgebenden Beziehungen von Körperhöhe zu Körperlänge ermitteln. Hierzu wird ein besonderes Verfahren in die Hand gegeben. Es sorgt dafür, dass von vornherein typische Säugetiergestalten als Ganzes wie auch in ihrer gesetzmäßigen Gliederung erfassbar gemacht werden. Die Ergründung gesetzmäßiger Verhältnisse bedeutet wiederum, sich der aus Lebensweise und Anpassung hervorgegangenen Proportionstypen wie der Laufspezialisten, Lauf- und Lauerjäger bewusst zu werden. Es ist dies der erste und entscheidende Vorgang, um Übersicht und Ordnung zu gewinnen. Die Proportionserkundung schafft ein Ordnungsgerüst, eine Hierarchie in der Vielgestaltigkeit der Formen. Dies, und dies allein, bildet den Kern des Primärproblems, und der Leser wird überrascht sein von der Fülle und Vielseitigkeit der hiermit verbundenen Aufgabenstellungen. In die zunächst vorherrschend flächenhaften Darstellungsweisen (Abb. 1–9) lassen sich schon bald erste Ansätze zu körperhafter Darstellung eingliedern (Abb. 10–22), was wiederum dazu beitragen wird, die Lust am Machen zu erhöhen.

Latent kündigen sich in den Proportionserkundungen neue Aspekte an, die aus dem bereits vorhandenen Wissens- und Fertigkeitsbestand mühelos ableitbar sind und als selbstständiges Thema vorgestellt werden: der *konstruktive Aufbau* (Abb. 1–9, 29–35) und die in ihm begründeten Formen von *Ruhehaltungen* (Abb. 36 ff.) und *Ortsbewegungen* (Abb. 69–73).

Die den Tierkörper beherrschende Aufbauweise wird abgehandelt als Brückenkonstruktion mit einem vorderen und hinteren Brückenpfeilerpaar, die den Rumpf als Brückenbogen in arttypischer Höhe stützen und bewegen. Das Wissen um die in die Brückenkonstruktion eingelagerten Bewegungs- und Drehpunkte befähigt zur Durchschaubarkeit der mechanischen Vorgänge in Ruhe und Bewegung, zur Entschlüsselung von Formkonfigurationen und funktionellen Ereignissen mit plastischen Folgen und Veränderungen.

Der konstruktive Aufbau wiederum ist das ausdrucksvolle Gerüst für die *Ruhehaltungen* und *Ortsbewegungen*, in denen die Gesetze der Mechanik, von Statik und Dynamik, zur Sprache kommen müssen (Abb. 43–48), und dies in ständigem und engem Kontext mit den aus den Proportionserkundungen gewonnenen Erfahrungen. Dass diese Bereiche durchaus keine trockene Durststrecke, keine Ansammlung von wissenschaftlichen Sachinformationen, sein müssen, werden die Übungsempfehlungen (Abb. 49–68) und die Arbeitsergebnisse beweisen. In unerwartet vielseitigen Formen schließen sich nämlich auch hier wieder Übungen an, in denen die Skala der bereits vorhandenen graphischen Realisierungs- und Vortragsmöglichkeiten erheblich erweitert und neue Sichtweisen und Ausdrucksqualitäten gefunden werden (Abb. 74–80). Die Arbeit mit dem Vorstellungsmodell vom tierischen Bauplan ist insofern besonders fruchtbar, als dieser die verschiedenen Tiergestalten verständlich macht als Variationen eines großen Grundthemas. Folglich hält er auch den Zugang offen zu vielen anderen Tierformen, die hier nur gestreift werden bzw. außerhalb unserer Standardreihe liegen und die der Leser aus eigenem Interesse kennen lernen möchte.

Als eigenes Gebiet herauszustellen sind die *Hinter- und Vorderbeinformen* (Abb. 81–110) sowie deren *Fußformen* (Abb. 111–143). Das geschieht prinzipiell dergestalt, dass stets zuerst Aussagen über die Beschaffenheit, konstruktive Konzeption und die Gelenke des Skelettbaus gemacht werden. In diesen Ausprägungen der Skelettformen (Abb. 84, 87–90) spielen sich die funktionellen Ereignisse ab, hier ist festgelegt, in welchem Grade und in welchen Richtungen sich die Bewegungen notwendig vollziehen müssen. Aus diesem Grunde sind an den Gelenken (Abb. 84, 88, 90, 97, 111, 121, 134, 141) deren Bewegungsachsen eingezeichnet. Hierauf folgt die Zuordnung der Muskelfunktionsgruppen, z. B. Abb. 95–97, 99, 112, 114, 116 ff – oft in starker Vereinfachung –, in ihrem Bezug zu den Gelenkachsen. Es werden also Funktionssysteme, bestehend aus Skelettbau und Muskelanordnung, aufgebaut, die nicht nur das System, sondern auch Verlauf, Lage und Form der Muskelvolumina verstehbar machen. Mehr noch: Das Funktionssystem gibt Antwort auf die Leistungsanforderung und -beantwortung. Es lassen sich Gesetzmäßigkeiten der Form-Funktions-Einheit benennen. Die Zeichenstudien haben hier die Aufgabe, den Skelett- und Muskelformen ein Destillat abzuringen, das als Abstraktion dennoch die Beweiskraft der Formen enthält und einen wichtigen Schritt darstellt auf dem Weg zur weiteren Herausarbeitung der Wesensform.

Darüber hinaus gilt ein besonderes Interesse den Gelenk- und Fußformen. Denn während der Bauplan der Gliedmaßen in Rumpfnähe noch relativ weitgehende Übereinstimmung zeigt, nehmen die Abwandlungen peripher, d. h. in Bodennähe, stark zu, sodass es zur Ausprägung des Fußes von Laufspezialisten, den Zehenspitzengängern (Pferde- und Rinderartige), andererseits zur Ausbildung relativ vielseitig einsetzbarer Fußformen unter den Fleischfressern (Hunde- und Katzenartige) kommt. Hier wiederum gibt es weitere Differenzierungen von Vorder- und Hinterfuß bzw. Pfotenformen. Der Einsatz der vorderen Katzenpfote (Beuteschlag, Klettern) ist z. B. nicht nur durch die Existenz eines spreizfähigen Daumens (Abb. 134), sondern vor allem durch die schon im Unterarmskelett vorbereitete Windung der Speiche um die Elle (Abb. 134) erweitert. Es wird also nachdrücklich auf die Spezifik der Fußformen von Ein- und Paarhufern, von Hunden und Katzen, einzugehen sein. Und seien wir ehrlich: Wem sind die Unterschiede einer Hunde- und Katzenpfote so geläufig, dass er sie in Lebendstudien mühelos versteht und arttypisch zu zeichnen vermag? Die Sacherörterungen und Zeichenempfehlungen gehen hierauf ein. Ferner: Wie kommt es, dass so viele gezeichnete Tiergliedmaßen plump, unartikuliert und gummiartig wirken? Weil der Sitz entscheidender gesetzmäßiger Akzente, die die skeletalen Formen der Gelenke setzen, entweder gar nicht oder nur vage oder an der falschen Stelle untergebracht worden sind.

Mit der Behandlung der Gliedmaßen- und Fußformen betreten wir das weiteste Feld. Und wenn es noch einer grundlegenden Aussage zum Erfassen des Bewegungsapparates bedarf, so dies: Muskeln und Muskelnamen kann man womöglich vergessen. Uneingeschränkte Klarheit aber muss über die konstruktiven Grundsätze des Skelettbaus bestehen!

Über die *Rumpfformen* (Abb. 144–157 d) sind nur die allerwichtigsten Sachverhalte anzumerken. Denn der Rumpf in seiner Gestaltung ist vor allem Gefäß und darum ›monotoner‹ als die vielteiligen Gliedmaßen, die in unterschiedlicher Weise die unmittelbare Berührung mit dem Boden suchen. Beim Rumpf soll es vor allem ankommen auf die Verdeutlichung seines plastischen Kerns, des Brustkorbs (Abb. 144, 146–151). Die schwanzwärts zunehmende, fassförmige Weite des Pflanzenfresserbrustkorbs hängt zusammen mit dem sich anschließenden fülligen Eingeweidetrakt, der zu einem großen Teil an den nach vorn seitlich herausstehenden Darmbeinschaufeln (Abb. 81–83) aufgehängt ist.

Dem sehr schmalen und hohen Brustkorb der Laufjäger (Hunde und Hundeartige) entspricht die große Läuferlunge, der stumpfere Brustkorb der Katzen den Lungen der sprintenden Lauerjäger. Becken- und Brustkorbbreite der Fleischfresser weichen kaum voneinander ab, da ihre Darmbeinschaufeln in vertikale und nicht seitlich ausladende Richtung orientiert sind.

Worauf es in diesbezüglichen Sacherläuterungen und Studien ankommt, ist, zu zeigen, dass die dem plastischen Kern aufgesetzten Nebenformen, wie z. B. Schulterblätter, Oberarm und Rumpfmuskeln, tatsächlich nur als gliedernd aufgesetzte Nebenformen verstanden und behandelt werden, die aber niemals das optische Gewicht und das beherrschende Volumen des plastischen Kerns verschleiern. Hier liegt vor dem Zeichner eine Ordnungsaufgabe. Ähnliche Überlegungen sind auch die Voraussetzung für die zeichnerische Umsetzung der *Schädel-* und *Kopfformen* (Abb. 159–186).

Die formprägende Gestaltung des Kopfes kommt dem *Schädel* zu. Auch er hängt in seiner Ausformung von der Lebensweise des Tieres und seiner Anpassung an die Umwelt ab. Die flüchtenden Pflanzenfresser z. B. haben *seitlich* im Schädel untergebrachte Augen, die bei Verfolgung noch rückwärtige Sichtmöglichkeiten bieten. Der Nahrungszerkleinerung durch Kauen bei Pflanzenfressern entspricht der Typ des Kau- oder Mahlschädels, den Fleischfressern, die ihre Nahrung mit einer Brechschere abschneiden, der Typ des Schlingschädels.

Die starke Abhängigkeit der Kopf- von der Schädelform wird in jeweils zusammengehörigen Parallelabbildungen in Profilansicht veranschaulicht (Abb. 160, 164, 172, 174). Um dem Zeichner die Arbeit nach natürlichen Schädeln zu erleichtern, wurden die Messwege in roten Strecken mit analogen Relationen von Schädelbreite und -länge hervorgehoben (Abb. 161, 165, 173, 175). An ihnen lässt sich indirekt auch die Schädelgliederung sowie das Verhältnis der Abschnitte von Hirn- und Gesichtsschädel (Abb. 159) ablesen. Um die Aussagefähigkeit über die körperhafte Form des Schädels zu erhöhen, also eine dreidimensionale Wirkung zu erzielen, werden die Grundansichten gefolgt von räumlichen Schädelansichten (Abb. 162), mit Betonung ihrer konstruktiven Vereinfachung und ihrer im Raum sich erstreckenden Flächengefälle.

Die Bedeckung des Schädels mit Weichteilen, wie Behaarung, Haut, Bindegewebe, Knorpel und Muskeln, führt uns schließlich zur Lebenderscheinung des *Kopfes* (z. B. Abb. 167, 176, 177). Zur Sprache kommen in erster Linie die Teilformen, wie Mund, Nase, Auge und Ohr, in ihrer jeweils charakteristischen Beschaffenheit. Hier achten wir z. B. auf die Form des vorderen Kopfpols, auf die eng zusammengedrängten Verhältnisse von Maul und Nase, auf die Lippen- und Nasenformen der Pflanzen- und Fleischfresser. An welcher Stelle des Schädels das Auge der auf Flucht angewiesenen Pflanzenfresser und der auf Raub ausgehenden Fleischfresser auch untergebracht sein mag, in jedem Falle hat die zeichnerische Untersuchung auszugehen von der Kugelgestalt des Auges (Abb. 167, 169, 170) und seinem nächsten Umraum. Lidstärke und Lidausschnitt legen sich über den Augapfel und gehen mit ihm räumliche Beziehungen ein, die wir in der sorgsamen Beobachtung von Überschneidungen zu realisieren haben.

Schlimme Vernachlässigungen und Verstümmelungen beim Zeichnen des menschlichen und tierischen Kopfes müssen sich die Ohren gefallen lassen. So werden wir nicht allein die auffälligen unterschiedlichen Stellungen des Ohres am Kopf klären (so z. B. das nach oben gerichtete Ohr des Pferdes oder das seitlich angesetzte Ohr des Rindes), sondern auch deren Form und Behaarung. Die spitz zugeschnittene Ohrtüte des Pferdes unterscheiden wir von der rundlich löffelartig stumpfen des Rindes, das spitze oder hängende Ohr des Hundes von der gedrungen rundlicheren Form der Großkatze.

Während keine zwingende Notwendigkeit zur Behandlung der die Sinnespforten öffnenden und schließenden Muskeln besteht, weil von geringer plastischer Bedeutung, gehen wir an jenen Muskelballungen nicht achtlos vorüber, die im seitlichen Kopfbereich durch die Kaumuskeln hervorgerufen sind. Sie, im Verein mit den skeletalen Grundlagen, bauen die Plastik der lebenden Kopfform auf.

Das Abschlusskapitel sorgt dafür, noch einmal die *Tiergestalt als Ganzes* (Abb. 187–227) vor Augen zu führen, sowohl in ihren organisch funktionellen Zusammenhängen wie auch in der zeichnerisch ganzheitlichen Anlage und Auffassung, bei der im Vordergrund zunächst Formelementarisierungen (Abb. 187, 188, 190, 192) stehen. Sie bewähren sich als große Hilfe für die Darstellung der körperhaft-räumlichen Sachverhalte, aber auch als Grundlage eines architektonisch bauenden Zeichnens. Hiermit einher gehen dann Aufgaben, die einerseits Untersuchungen zur Realisierung des Volumens und der mit ihm existierenden oder sich bildenden Räume (Abb. 193, 194, 196, 205, 206) enthalten. Andererseits schaffen eingeblendete Pinselstudien (Abb. 65–69, 76, 189) und Fingermalübungen Voraussetzungen des Übergangs zur Arbeit mit farbigen Medien (Abb. 197, 200).

Was aber wäre das Ganze der Tiergestalt ohne Rücksicht auf den farbigen und strukturellen Reiz der *Körperbedeckung* (Abb. 203ff)!

Dabei wird sich in vielen Fällen zeigen, dass die Zeichnungen des Felles durch Fleckung, Tüpfelung oder Streifung durchaus nicht immer ohne jede Ordnung über den Körper verstreut sind. Die Streifung des Zebras (Abb. 227) oder Tigers (Abb. 224, 225) z. B. folgt einer Anordnung quer zur Länge des Rumpfes und der Gliedmaßen. Die Übergänge von vertikal verlaufender Streifung des Rumpfes in die horizontale der Gliedmaßen erfolgen nicht abrupt, sondern kontinuierlich. Die Übergangszonen werden von Zwischenrichtungen, Interferenzstreifungen, ausgefüllt.

Das zeichnerische Einsetzen von Tüpfelungen (Abb. 207) oder Streifungen darf die Körperlichkeit nicht aufheben. Vielmehr sind sie durchaus geeignet, ihr Rundung zu verleihen, ja sogar sie noch zu unterstreichen, vorausgesetzt, man beachtet, dass auch Tüpfelung und Streifung perspektivisch bedingten Verkürzungen, Verdichtungen oder Auflockerungen unterliegen. Bedeutung für den typischen Gestaltausdruck haben Richtung (Strich) und Länge der Behaarung (Abb. 211–215). Die Gesetzmäßigkeit des Haarkleidstriches z. B. beim Orang-Utan (Abb. 211), einem dem tropischen Regenwald angepassten Wesen, beruht auf einer während des strömenden Regens zusammengehockten Körperhaltung, in der die Behaarung, in Verbindung mit der Gliedmaßenhaltung, einen Wasser ableitenden Mantel bildet.

Der Behaarungsstruktur kann der Zeichner auf verschiedenen Realisierungswegen folgen, sei es, dass er dem stofflichen Reiz mit adäquaten Verwirklichungsmitteln nachgeht, sei es, dass er mit eigens dafür gefundenen Texturen, mit Zeichen für wuscheliges, flockiges oder kurzes Stichelhaar, arbeitet und damit ein eigenes freies Spiel treibt.

An dieser Stelle nun erreichen wir die Grenzen des lehr- und lernmäßig Machbaren. Von hier an gibt es nur noch den künstlerischen Alleingang.

In allem, auch in den lehrbaren Anteilen des Tierzeichnens, bewegen wir uns auf die Wesensform der Erscheinung zu. Sie erfährt durch das künstlerische Subjekt einen neuen und unendlichen Reichtum, weil die künstlerische Beziehung zum ›Gegenstand‹ Tier Wesenhaftigkeit aus unterschiedlichsten Erlebnissen, Erfahrungen, persönlichen Neigungen, Ansichten und Interpretationen gewinnen kann.

Bei all dem steht fest, dass die lehrmäßige Zubringerarbeit nur im Bereich des objektiv Gesetzmäßigen liegen kann, um schließlich künstlerisch eingeschmolzen zu werden. Stetigkeit und Intensität sind die wirkenden Kräfte, die hinführen werden zu künstlerischer Freiheit.

Proportionserkundung

Wie man Proportionsbestimmungen vornimmt

Die eindrucksvollsten, maßgeblichen Verhältnisse von Höhe und Länge des Tierkörpers bieten sich für Proportionsbestimmungen in der Profilansicht an. Die ausgewählten Säugetierstandards lassen sich – sieht man von Hals und Kopf ab – auf Rechteckformen reduzieren. Die Längen ihrer Seiten wollen wir miteinander vergleichen. Dabei wird sich zeigen, inwieweit Körperlänge und -höhe identisch sind oder voneinander abweichen. Wir benutzen daher ein vergleichendes Verfahren (Simultan- oder Analogieverfahren).

Die Strecken des Rechteckes werden gebildet von der *Rumpflänge* (starke rote Horizontallinie von der vordersten vorspringenden Rumpfbegrenzung, dem ›Bug‹ oder Schultergelenk, bis zum hintersten ausladenden Punkt, dem Sitzbeinhöcker). Die *Rumpfhöhe* (starke rote Vertikallinie) ergibt sich vorn aus der Entfernung Boden bis Widerrist (herausragende Übergangsform von der Hals- in die Schulterregion), hinten von Boden bis Kruppe (erhabene Stelle des Kreuzbeins).

Eine präzisere Proportionserkundung nach dem lebenden Tier geschieht wie folgt:

- Visiere mit einem Zirkel oder Bleistift eine Kopflänge (KL) an (= Schnauzenspitze bis hinterer Oberknorpel, Abb. 1 oben).
- Trage diese gefundene Strecke in der Rumpflänge ab (siehe starke Horizontallinie Abb. 1 oben) und halte fest, wie viele KL sie enthält.
- Miss in gleicher Weise Widerrist- und Kruppenhöhe.
- Verbinde die gefundene Rumpflänge mit der vorderen und hinteren Rumpfhöhe zum *Rumpfrechteck*.

Beim Pferd entsprechen sich die Längen des Rumpfrechteckes und bilden daher ein Quadrat (Abb. 1 unten). Um Höhe und Verlauf der Bauchlinie leichter festzulegen, halbieren wir die Rumpfhöhe (M), wodurch angezeigt wird, ob die Bauchlinie auf, über oder unter der Halbierungslinie verläuft (beim Pferd z. B. etwas darüber).

Eine vereinfachte und vergrößerte, jedoch rasche Proportionsbestimmung kann man vornehmen durch Anvisieren der Rumpfhöhe, um sie unmittelbar mit der Rumpflänge zu vergleichen.

Typische Proportionsstandards

Die Proportionsformen von nestflüchtenden Jungtieren der Pflanzenfresser (Abb. 2, 3, 9) sind durch ein hohes, schmales Rumpfrechteck gekennzeichnet (große Beinlänge), die von nesthockenden Raubtierjungen durch ein gedrungen niedriges Rechteck. *Laufjäger* (Hunde und Hundeartige) sind von ›leichtathletischer‹ Bauweise auch in ihren Proportionen (Abb. 4 oben), da sie das Beutetier durch Hetzen ergreifen. Ihre langen Beine nähern das Rumpfrechteck einem Quadrat an. *Lauerjäger* (Katzen und Katzenartige) sind gedrungene, kompakte ›Sprinter‹. Ihr Rumpfrechteck ist niedriger als das des Hundes (Abb. 4 unten).

Die *Schwinghangler* (z. B. Menschenaffen) benötigen lange Arme, ihr Rumpf dient als Schwunggewicht (Abb. 5 oben) mit kurzen Beinen. Der *Mensch* in Vierfüßerstellung bildet infolge seiner langen Beine ein schmales, hohes Rumpfrechteck (Abb. 5 unten). Die Aufgliederung des Körperumrisses in leicht einprägsame, geometrische, flächige Formen (Abb. 2 unten, 9 oben) lenkt hin auf ein erstes Erfassen von Binnenformen, die der Zeichner bei breitflächig vorgetragenen Naturstudien (Abb. 6, 9, 15) weiter nutzen kann. Die mit den Proportionsdarstellungen gekoppelten vereinfachten Skelettformen erleichtern die Bestimmung von Messpunkten. Zudem ermöglichen sie Einsichten in den allgemeinen, konstruktiven Gerüstbau.

Die für die zeichnerische Arbeit im Zoo benötigten Primärinformationen der Proportionsbestimmungen können von den Abbildungen 1 – 9 ohne Schwierigkeiten abgelesen werden.

1

a Verfahren zur Proportionsermittlung eines Laufspezialisten, Beispiel Pferd

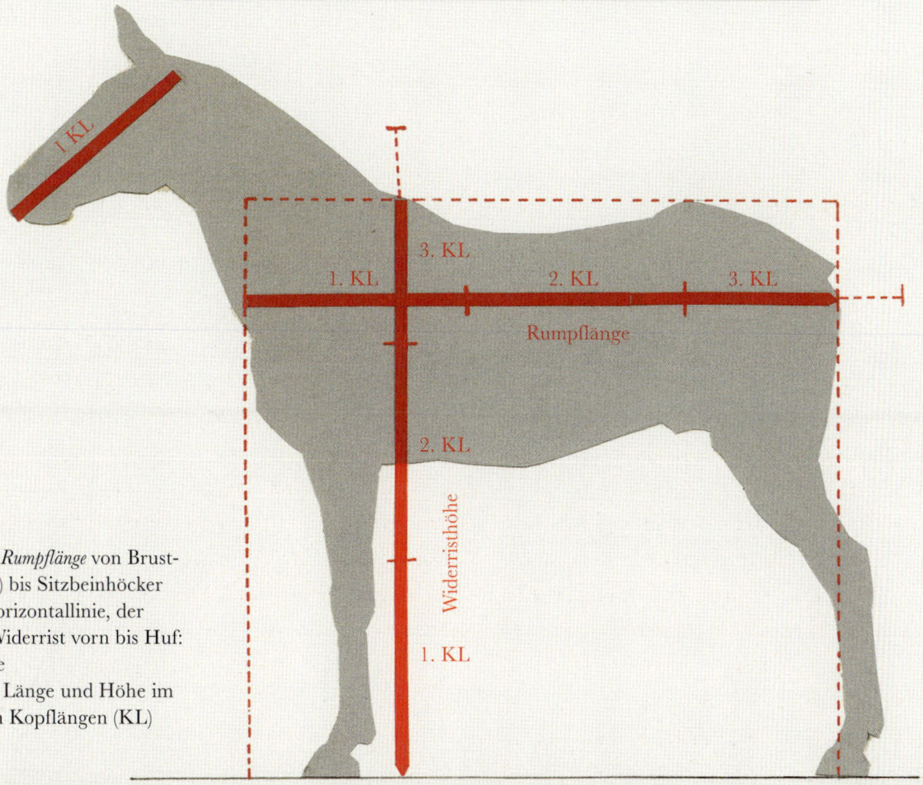

Feststellung der *Rumpflänge* von Brustbeinspitze (vorn) bis Sitzbeinhöcker (hinten): rote Horizontallinie, der *Rumpfhöhe* von Widerrist vorn bis Huf: rote Vertikallinie
Abmessung von Länge und Höhe im Vergleich und in Kopflängen (KL)

b Proportionsrechteck des Pferdes

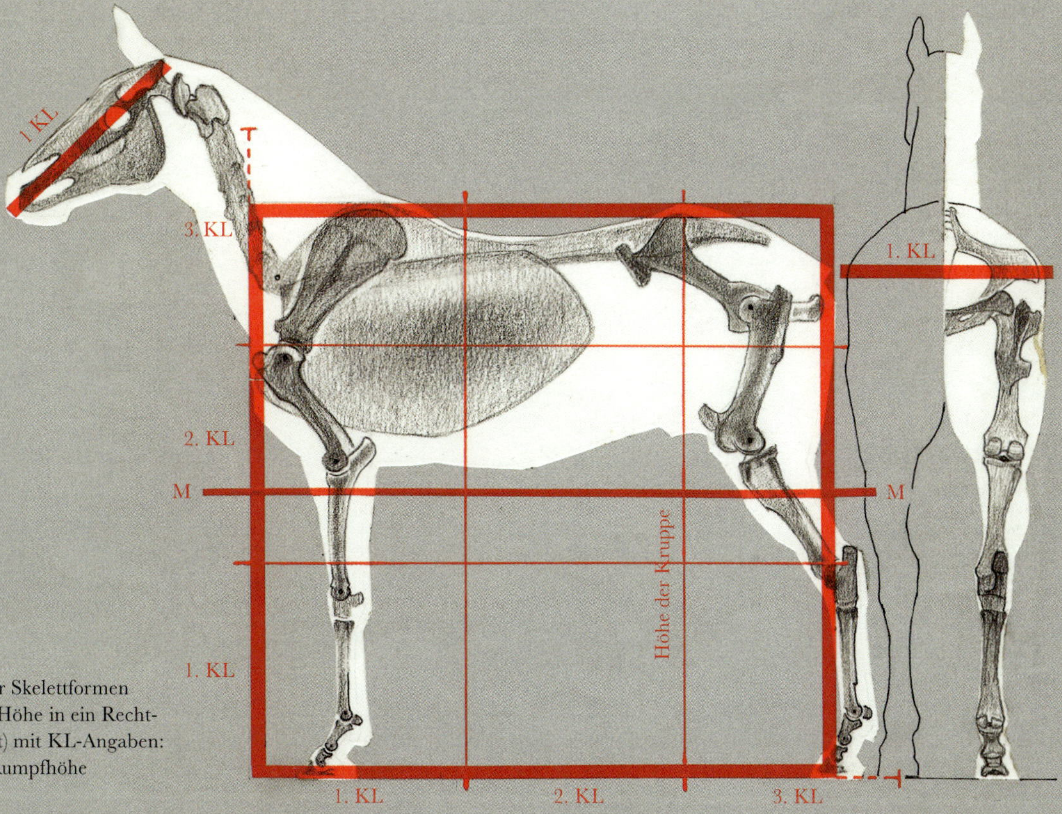

Eingliederung der Skelettformen nach Länge und Höhe in ein Rechteck (hier Quadrat) mit KL-Angaben: Rumpflänge zu Rumpfhöhe

2

a Proportionsrechteck der Jungtierform des Pferdes im Vergleich mit dem Alttier

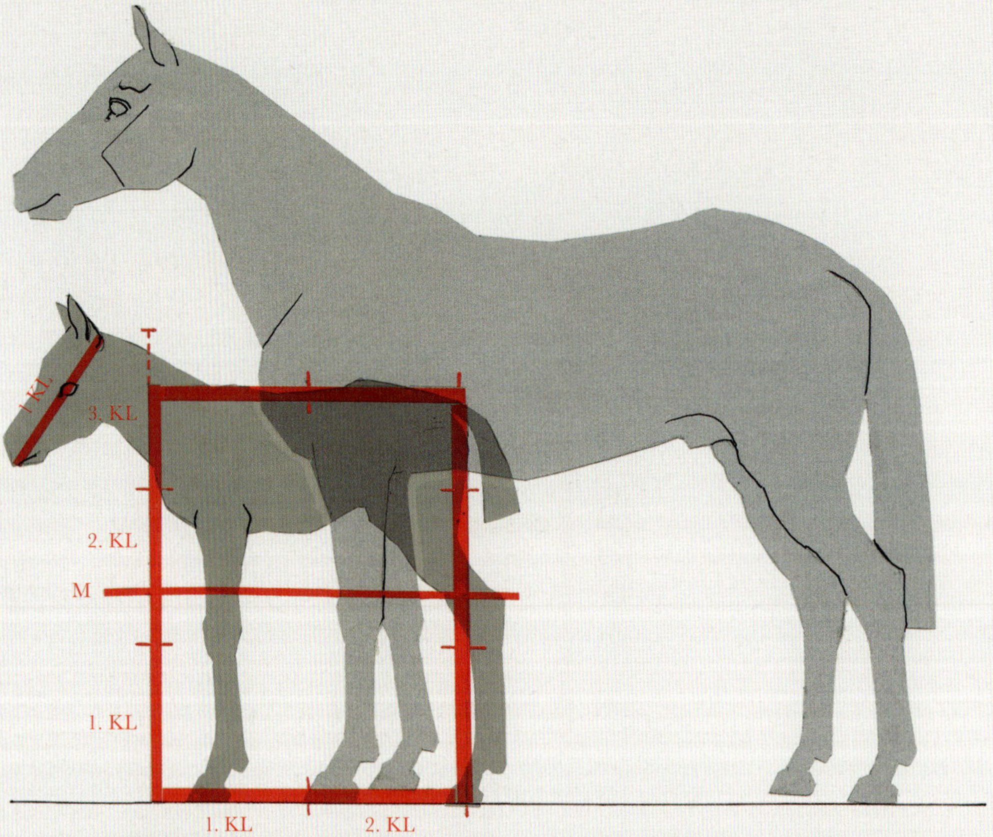

b Geometrisierte Grundformen der Gestalt des Pferdes

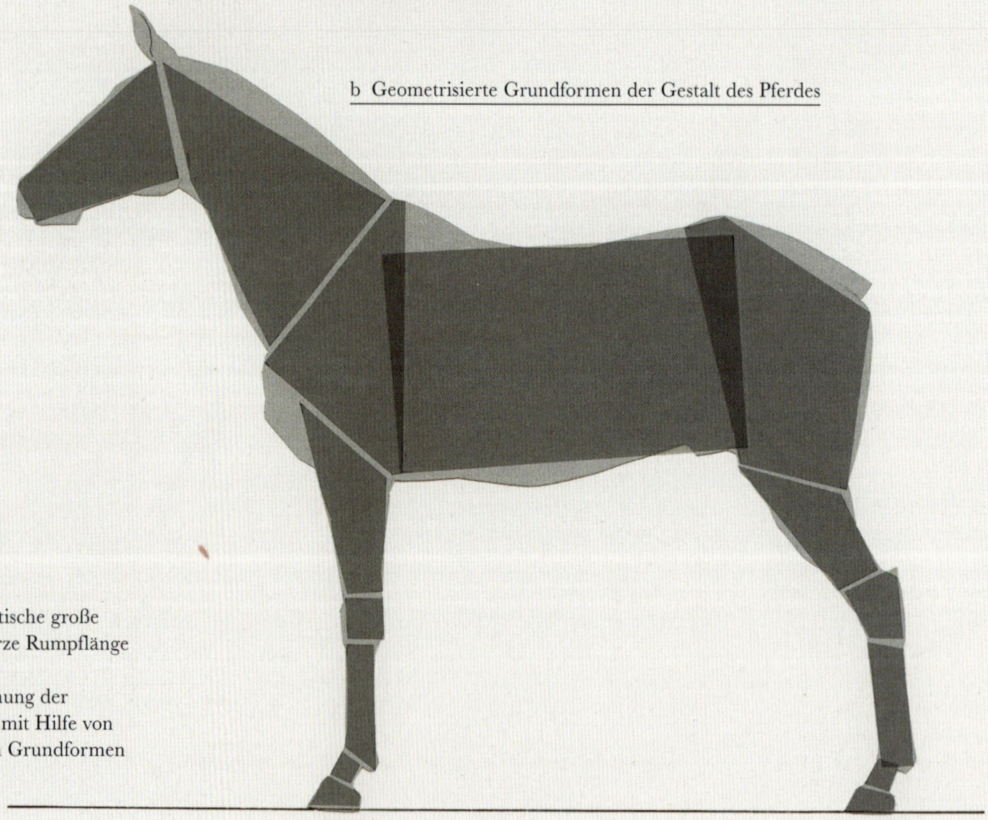

oben: Charakteristische große Beinlänge und kurze Rumpflänge

unten: Verdeutlichung der Gestaltgliederung mit Hilfe von geometrisierenden Grundformen a Proportionssachverhalte der Gestalt eines Rindes und eines Jungtiers

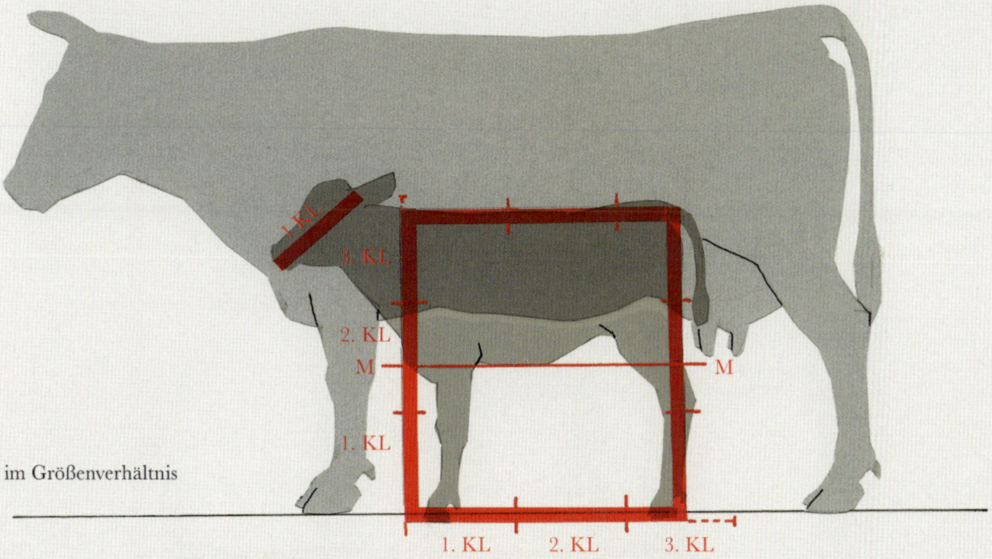

Alt- und Jungtier im Größenverhältnis

b Proportionsrechteck eines Rindes

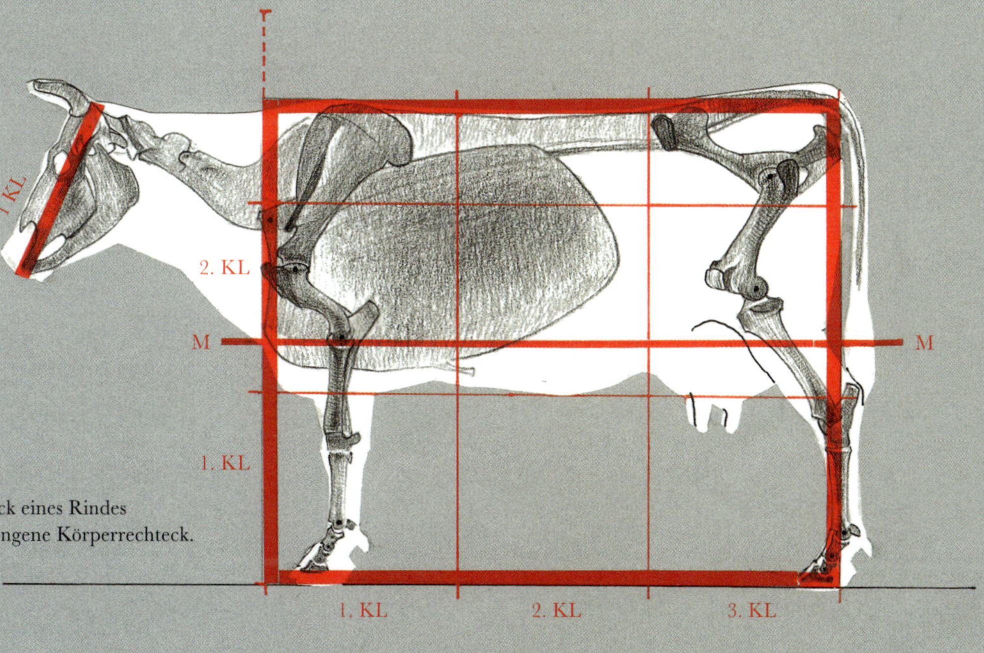

Proportionsrechteck eines Rindes
Beachte das gedrungene Körperrechteck.

4

Verfahren zur Proportionsermittlung eines Laufjägers, Beispiel Hund

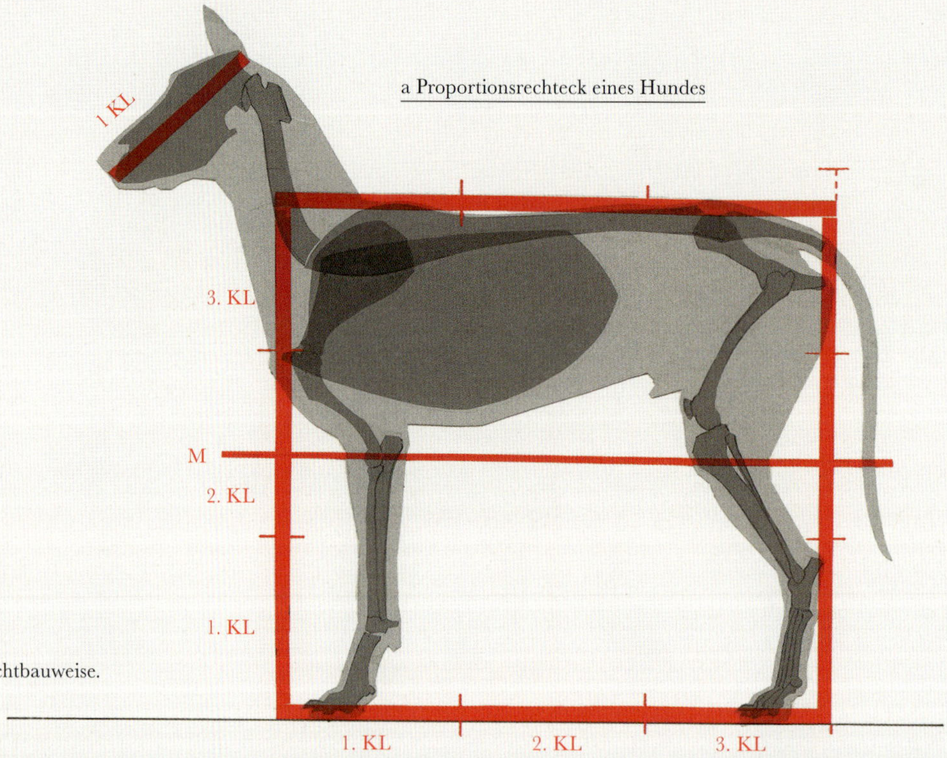

a Proportionsrechteck eines Hundes

Beachte seine Leichtbauweise.

Verfahren zur Proportionsermittlung eines Lauerjägers, Beispiel Löwe

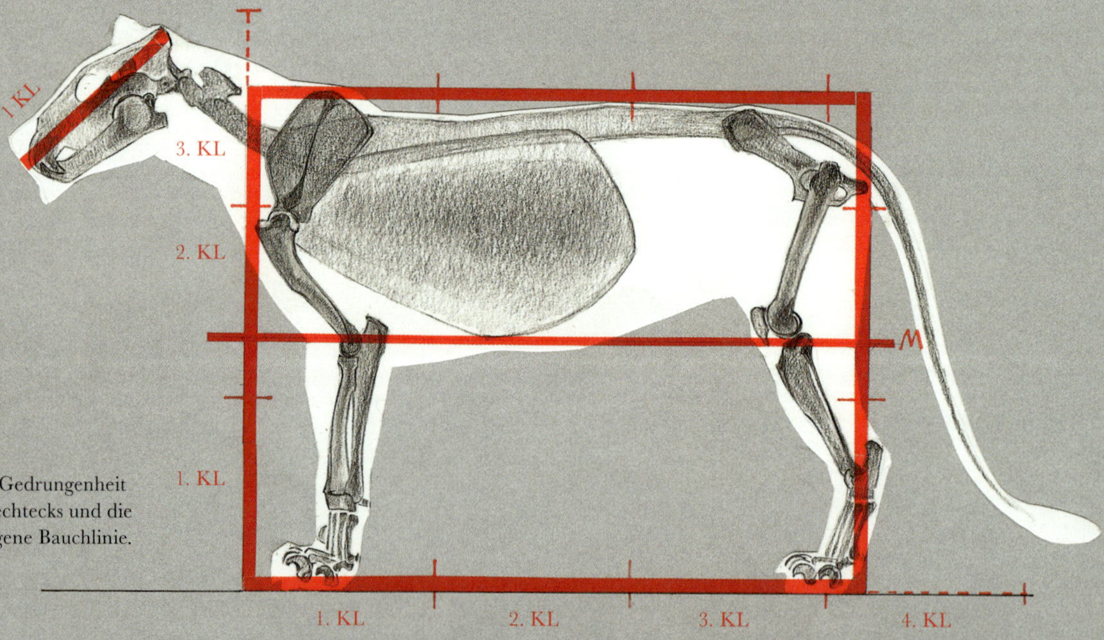

b Proportionsrechteck eines Löwen

Beachte die Gedrungenheit des Rumpfrechtecks und die niedrig gelegene Bauchlinie.

a Proportionsrechteck zu einem Schwinghangler, Beispiel Schimpanse

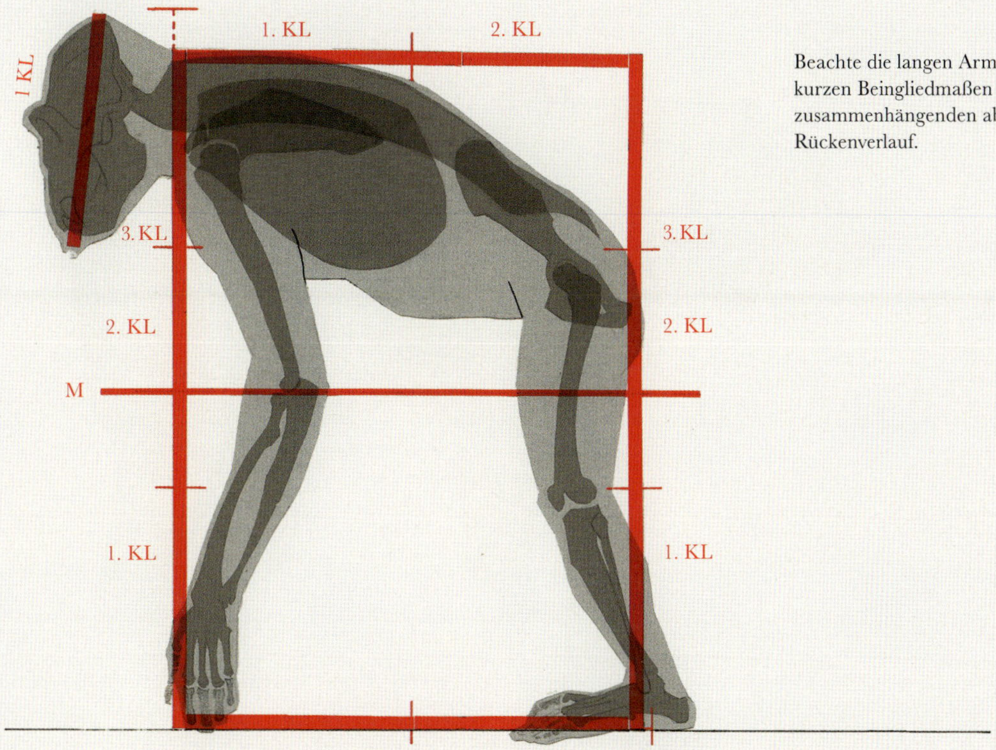

Beachte die langen Arm- und die kurzen Beingliedmaßen und den damit zusammenhängenden abschüssigen Rückenverlauf.

b Proportionsrechteck eines Menschen in Vierfüßerstellung

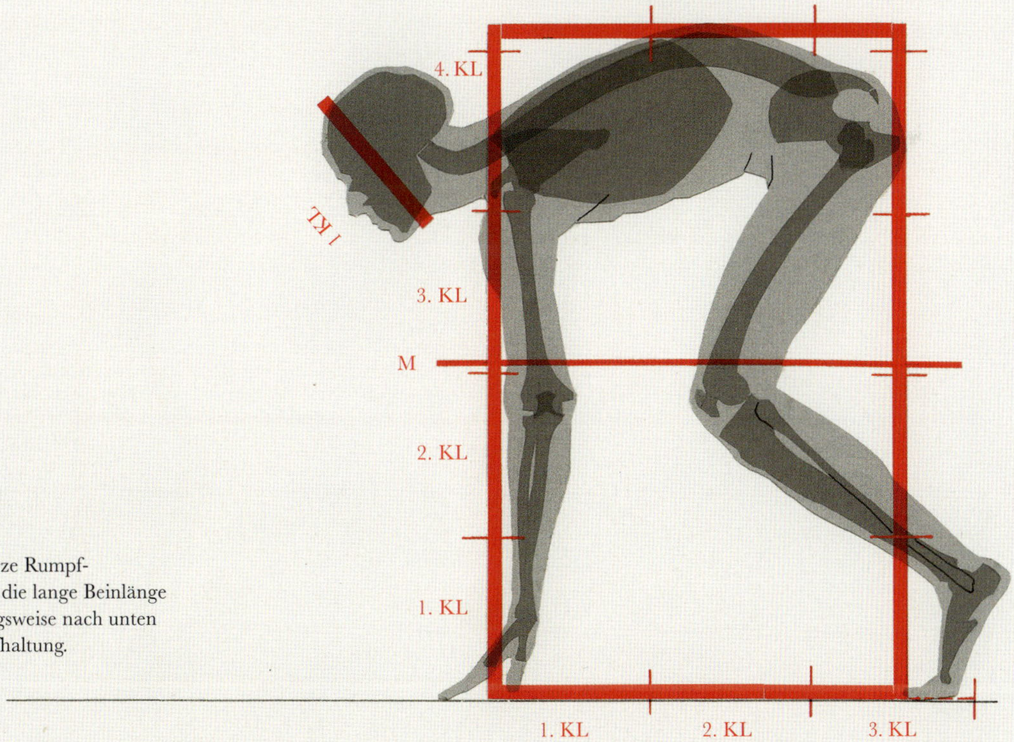

Beachte die kurze Rumpf- und Armlänge, die lange Beinlänge sowie die zwangsweise nach unten gerichtete Kopfhaltung.

Proportionsermittlungen eines Sohlengängers, Beispiel Braunbär

a Umrissform und Fellstruktur

b Proportionsrechteck eines Braunbären

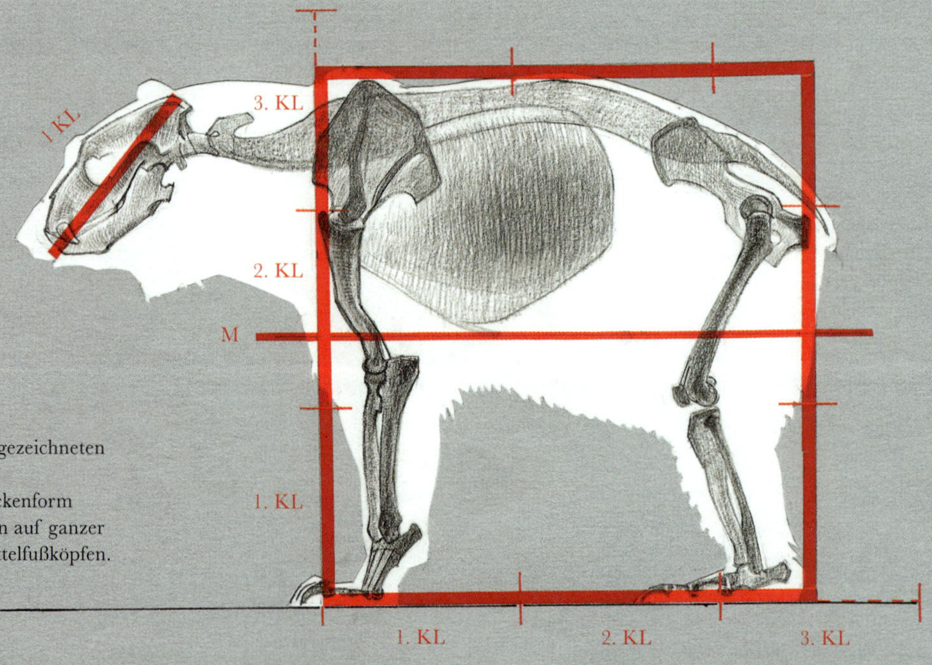

Proportionsrechteck mit eingezeichneten Skelettformen
Beachte die abschüssige Rückenform infolge des Abstützens hinten auf ganzer Sohle, vorn nur auf den Mittelfußköpfen.

7

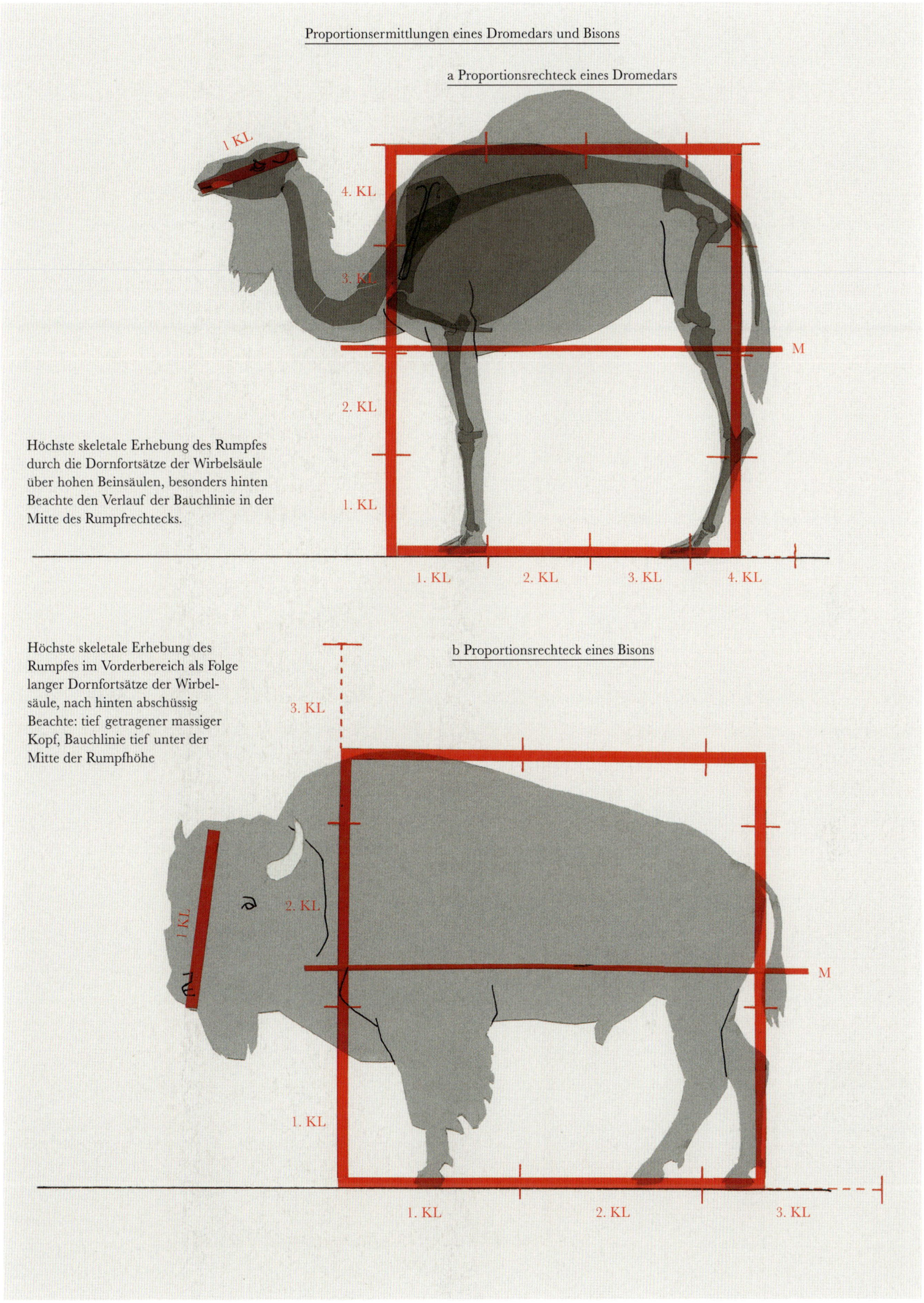
Proportionsermittlungen eines Dromedars und Bisons
a Proportionsrechteck eines Dromedars
1 KL
4. KL
3. KL
2. KL
1. KL
M
1. KL
2. KL
3. KL
4. KL
Höchste skeletale Erhebung des Rumpfes durch die Dornfortsätze der Wirbelsäule über hohen Beinsäulen, besonders hinten Beachte den Verlauf der Bauchlinie in der Mitte des Rumpfrechtecks.
b Proportionsrechteck eines Bisons
Höchste skeletale Erhebung des Rumpfes im Vorderbereich als Folge langer Dornfortsätze der Wirbelsäule, nach hinten abschüssig Beachte: tief getragener massiger Kopf, Bauchlinie tief unter der Mitte der Rumpfhöhe
3. KL
2. KL
1 KL
1. KL
M
1. KL
2. KL
3. KL

8

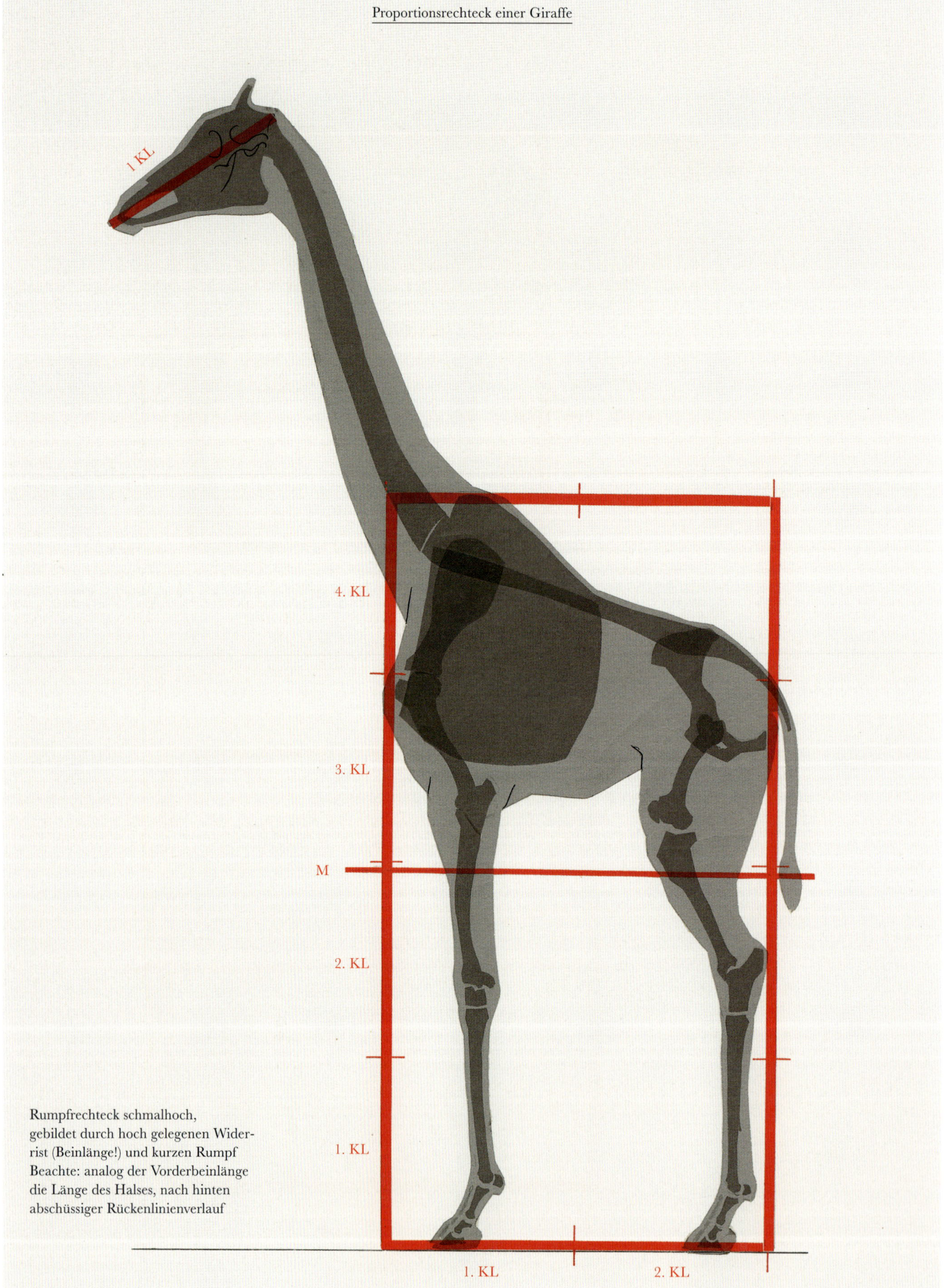

Rumpfrechteck schmalhoch, gebildet durch hoch gelegenen Widerrist (Beinlänge!) und kurzen Rumpf
Beachte: analog der Vorderbeinlänge die Länge des Halses, nach hinten abschüssiger Rückenlinienverlauf

Proportionssachverhalte bei einem Dickhäuter, Beispiel Elefant

a Geometrisierte Grundformen der Gestalt eines Elefanten mit Jungtier

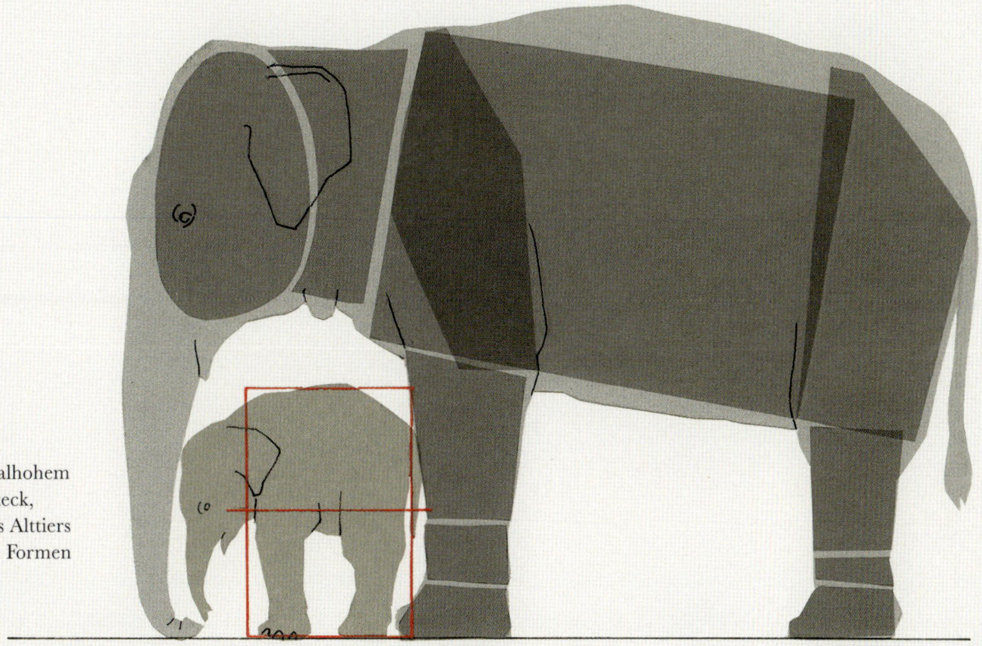

Jungtier in schmalhohem Proportionsrechteck, Körpermasse des Alttiers in geometrisierte Formen gegliedert

b Proportionsrechteck eines Elefanten

Proportionsrechteck bei einem indischen Elefanten, wobei die obere Horizontallinie die Wirbelsäulenkrümmung nahe ihrer Mitte tangiert
Beachte: Ellenbogen- und Kniegelenk sowie Bauchlinie weit unterhalb der Mitte des Rumpfrechtecks, der Zehenspitzenstand wird verschleiert durch eine dicke Hornsohle.

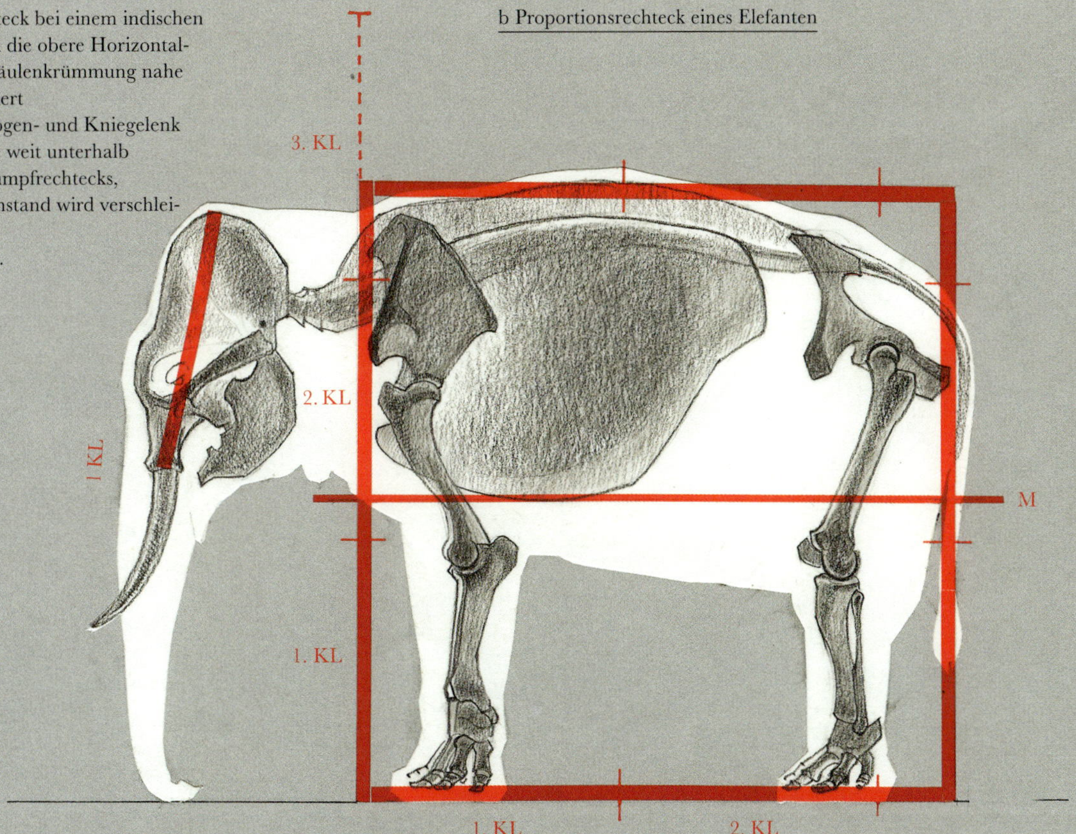

10

Proportionsorientierte Naturstudie von einem Kaltblutpferd
unter Zugrundelegung des Rumpfrechtecks mit Verlaufsangabe von Rücken- und Bauchlinie

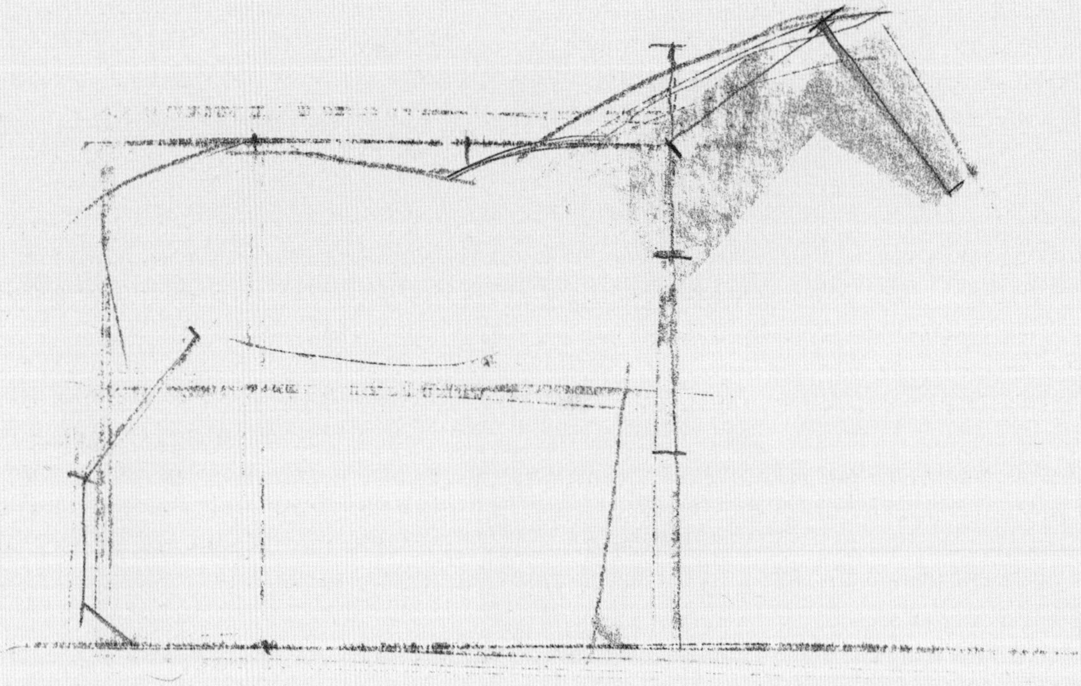

Fortführung der Studie mit Annäherung an das Körpervolumen
Braune, breit aufgesetzte Kreide, DIN A3

Übungsempfehlungen zu schrittweisen Proportionsrealisierungen

Das Herantasten an eine gestellte Aufgabe geschieht mit dem leicht korrigierbaren Material von Bleistift oder Kreide. Auf Holzkohle verzichten wir, weil sie im Vortrag schnell zu unbestimmt wattig wird.

Für das Zeichnen mit trockenem Material kann Folgendes empfohlen werden:

- Deute die Bodenlinie an.
- Sichere wie erläutert durch Messung das Verhältnis von Rumpflänge zu Rumpfhöhe und reiße das gefundene Rumpfrechteck leicht auf (Abb. 10 oben).
- Deute die Halslänge und -richtung an aus ihrem Verhältnis zu einer KL.
- Gib die Grundformen des Kopfes an.
- Folge linear dem Verlauf der Rückenlinie bis zum Sitzbeinhöcker.
- Ermittle die halbe Rumpfhöhe und gib hierzu die Lage und den Verlauf der Bauchlinie an.
- Deute linear die Richtung von Vorder- und Hinterbein an. Beim Befolgen der angegebenen Arbeitsschritte muss sich die artspezifische Tierform bereits abzeichnen, ob es sich um Pferd, Rind, Hund oder Löwe handelt.

Zur weiteren Abrundung der Anlage gehe folgendermaßen vor:

- Setze das Zeichenmaterial von angemessener Länge (angepasst an die Größe der Anlage) unbedingt *breit* auf und ziehe die Grundform des Rumpfes, Halses und Kopfes in einem Zuge. Orientiere dich hierbei nach den in Abb. 11 unten eingegliederten geometrisierten Körperformen, dabei immer das Zeichenmaterial breit aufgesetzt lassen, damit man sich nicht in Einzelheiten verrennt.
- Gib nun der Umrissform stabile Gestalt dadurch, dass ihr Verlauf von deutlich gesetzten Akzenten stabilisiert wird (keine rundlich verschliffenen Formen!).
- Halte am Prinzip fest, die geometrisierten Formen auch bei Schulter, Brust und Hüfte einzusetzen (Abb. 10 unten, 11 oben).
- Dehne dieses Vorgehen auch auf die Gliedmaßen aus.
- Da und dort verstärkter Materialeinsatz kann schon erste Körperhaftigkeit erzielen (Abb. 10 unten, 11 oben).

Die Abbildung 11 oben ist aufgrund der angegebenen Arbeitsweise entstanden und gibt in den vertikalen, unterschiedlich großen Rechtecken (rechts) die Größen der breit eingesetzten Kreidestücke an.

Um sich noch stärker in die Umrissform einzuleben und die Beziehung von Objekt- und Grundfigur zu betonen, empfiehlt es sich, die Restfläche mit breitem Aquarellpinsel (Abb. 11 unten) zu behandeln. Auch hierzu (rechts) die Angabe der verwendeten Pinselbreite. Aus dieser Zeichnung sind auch Anlage und Ausführung einer Pinselzeichnung hervorgegangen (Abb. 12).

Der Griff zum *breiten*, auf Schluss gearbeiteten Pinsel soll erreichen, dass es nicht zu einer Pinselhandhabung wie bei einer Bleistiftbenutzung kommt. Vielmehr wird der Umriss aus einigen wenigen, sofort sitzenden Pinselzügen entwickelt. Sie vermeiden das Steckenbleiben in anatomischen Einzelheiten. Erkennbar sind noch jene auf Grundformen (siehe Abb. 2 unten) beschränkte Körperabschnitte.

Es sollen keine Umrisse vorgezeichnet und dann ausgemalt werden. Sonst würde der Sinn der Übung verloren gehen. Ansonsten sind die Realisierungskriterien die gleichen wie auf den Abb. 10 und 11.

Ab Abb. 13 werden wir zu Übungen mit zunehmender Differenzierung und weiteren Vortragsmitteln anregen (siehe dort).

11

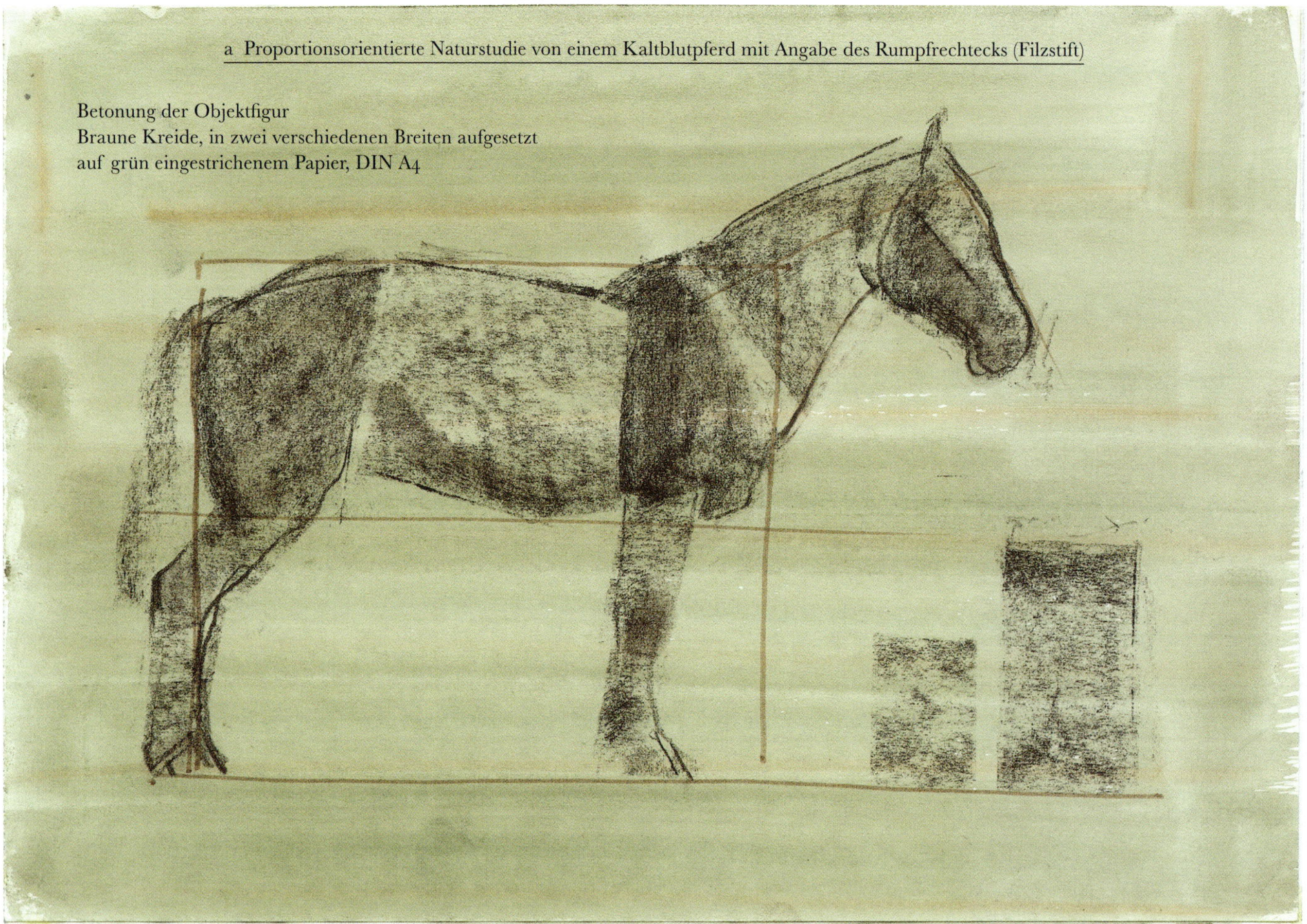

a Proportionsorientierte Naturstudie von einem Kaltblutpferd mit Angabe des Rumpfrechtecks (Filzstift)

Betonung der Objektfigur
Braune Kreide, in zwei verschiedenen Breiten aufgesetzt
auf grün eingestrichenem Papier, DIN A4

b Proportionsstudie von der Umrissform eines Pferdes aus der primären Darstellung der Restfläche

Stehenlassen der Objektfigur als Silhouette
(vorsichtiges Herantasten mit dem Aquarellflachpinsel)

Anlage einer Pinselstudie mit breitflachem Aquarellpinsel

Erste Arbeitsphase

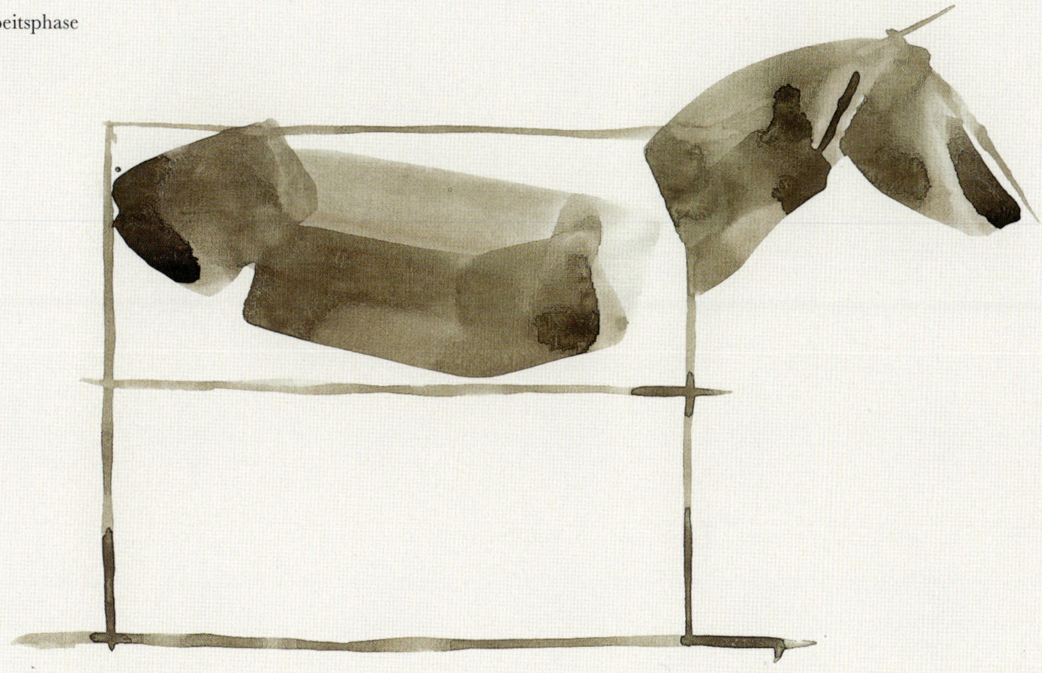

Zweite Arbeitsphase, mit geringer Andeutung des Figurenrechtecks in Kreide
Die vereinfachten Formen sofort in ihren Maßen setzen, nicht ›ausmalen‹! DIN A3

13

Fingermalübung mit Graphitstaub

Erste Anlage

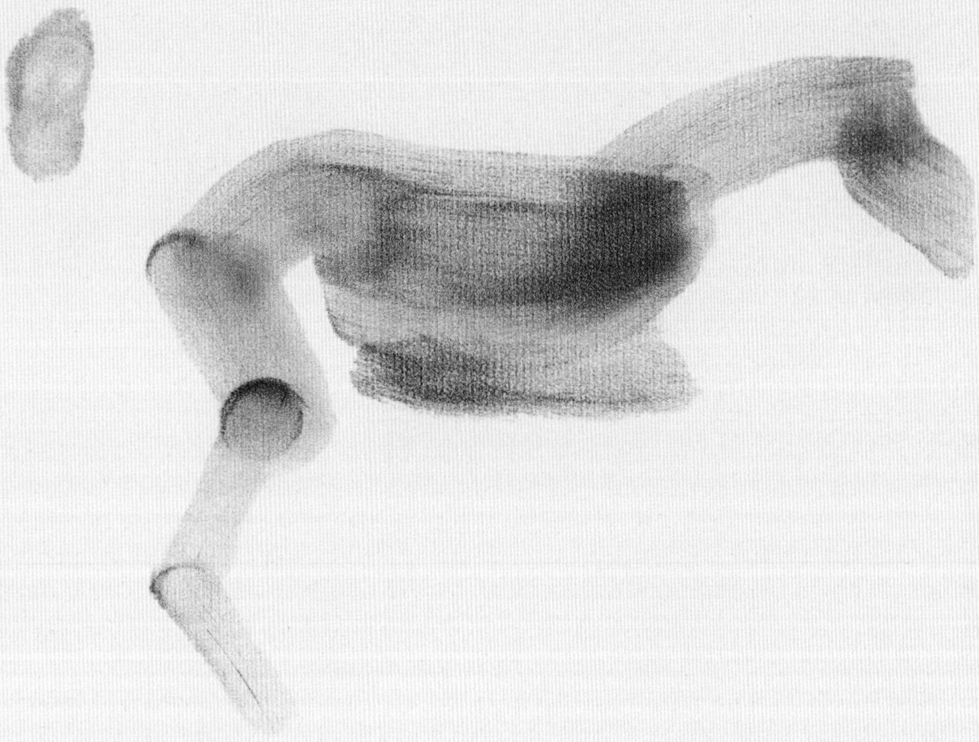

Weitere Bearbeitung der Volumina, zuletzt Formstabilisierungen durch wenige Graphitkonturen, DIN A3

Die Erweiterung unserer Aufgaben besteht zunächst im Verzicht auf das Proportionsrechteck, in der stärkeren Berücksichtigung von Volumen und Körperhaftigkeit und in der Herausbildung von Typusunterschieden:

- Benutze für das breite Setzen von Formen Graphit- oder Kreidestaub (Abfälle beim Spitzen), tauche die verschieden großen Finger darin ein und ziehe sie über das Papier (Abb. 13 oben).
- Nutze beispielsweise die Breitflächigkeit des Daumens, um die Masse des Rumpfes zu erfassen, den kleinen Finger für die feineren Gliedmaßenformen.
- Vervollständige nach und nach die Umrissform und hebe dabei die hervortretenden Wölbungen der Volumina hervor (Abb. 13 unten).
- Stabilisiere die bis jetzt noch etwas unverbindlichen Formen durch Einsatz weniger, aber bestimmter Linien (Abb. 13 unten).

Nach diesen mit dem weichen Finger hingezauberten Körperformen greife zum Gegenmittel (Abb. 14):

- Streiche die Formen mit kräftig schwarzem Zeichenmaterial (z. B. sibirischer Kreide) zusammen, unter Verzicht auf das Rumpfrechteck.
- Begib dich mit dem Stift auf die Formensuche und setze dabei mehrfach an.
- Bemühe dich, die jeweiligen Typusmerkmale zu treffen (z. B. die schlanke, ›drahtige‹ Form des Vollblutes, Abb. 14 oben, oder die füllige, massig ruhige des schweren Kaltblutes, unten).
- Um die linear entstandene Umrissform eindrucksvoll breiter wirken zu lassen, wische sie (ausnahmsweise!) mit dem trockenen Finger breit.
- Fühlst du dich beim Verzicht auf das Rumpfrechteck überfordert oder unsicher, so kehre zu seiner hauchartigen Andeutung zurück und lasse vorerst unverbindlich schemenhaft die Tiergestalt entstehen (Abb. 15 oben).
- Gehe hierbei nicht vom linearen Umriss aus, sondern vom Zentrum der Figur und lass dieses sich allmählich zu ihrem definitiven Umriss auswachsen (Abb. 15 unten).

Wer mit linear gesetzten Formen besser zurechtzukommen meint, dem sei Folgendes empfohlen (Abb. 16):

- Ziehe keine weichlichen Konturen, sondern arbeite vorwiegend mit gestreckten, am besten mit der in voller Länge aufgesetzten Kreidekante (oben).
- Körperhafte Wölbungen lassen sich hier leicht unterbringen (unten).

Allmählich reift die Fähigkeit des Schätzens von Verhältnissen (Abb. 17). Man sollte derartige Versuche immer einstreuen in die Abfolgen sorgfältigen Messens (Abb. 18–22). Von großem Nutzen sind hierbei auch die Negativformen. Die von Gliedmaßen eingeschlossenen Formen sind nicht nichts, sondern ausgezeichnete Kontrollmöglichkeiten der Erkundung von Verhältnissen (Abb. 19, 20). Um sich locker zu halten, kann man auch den halb trockenen, borstigen Pinsel benutzen und die Positivform – ohne Vorzeichnung – motorisch temperamentvoll vortragen (Abb. 19 rechts). Positivform bedeutet Tierumriss, Negativform die von den Gliedmaßen eingeschlossene Form.

Längere Seherfahrungen benötigen die sehr unruhigen Tiergestalten, wie z. B. Wölfe (Abb. 21), von denen man viel aus der visuellen Erinnerung und andeutungsweise zeichnen muss.

Die nicht immer gegebene reine Profilansicht (z. B. leicht seitliche Stellung) erfordert demgemäß die Abwandlung des Rumpfrechteckes in ein perspektivisch gesehenes (Abb. 22).

14

Herausarbeitung des Tiertyps mit weichem Graphit

Schlankwüchsiger Vollbluttyp

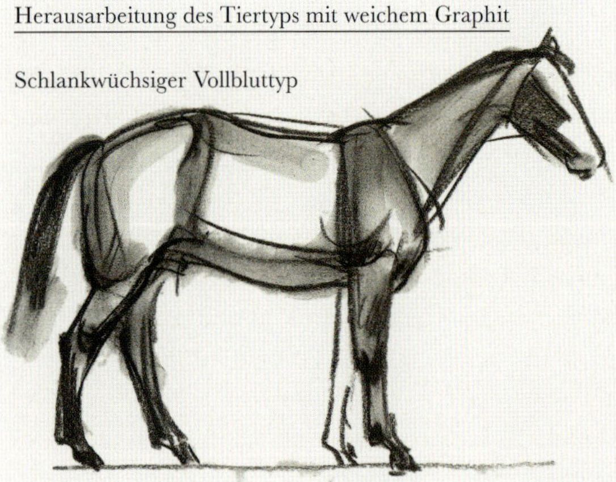

Schwer gebauter Kaltbluttyp, DIN A3

15

Suche nach dem Ausdruck von Masse und Kraft bei einem Bison

Setzen eines schemenhaften Grundes
mit ersten Andeutungen der Umrissgestalt

Zweite Arbeitsphase an der Umrissgestalt
mit zunehmender Formbestimmtheit
Breit aufgesetzte schwarze Kreide, DIN A3

16

Naturstudie von einem Dromedar

mit primärer Anlage des Rumpfrechtecks (oben) und strukturiertem Kreidegrund, darunter dieselben Zeichenmittel unter Verzicht auf die Anlage eines Rumpfrechtecks mit lockeren Zügen der Umrissform

17

Freie Naturstudien von einem Kamel in räumlich veränderter Ansicht
in zwei verschiedenfarbigen Kreiden, DIN A3

18

Naturstudie von einem Kamelfohlen

unter Zuhilfenahme des Proportionsrechtecks (siehe Abb. 16 oben), Fellstrukturen durch breites Aufsetzen der farbigen Kreide, DIN A3

19

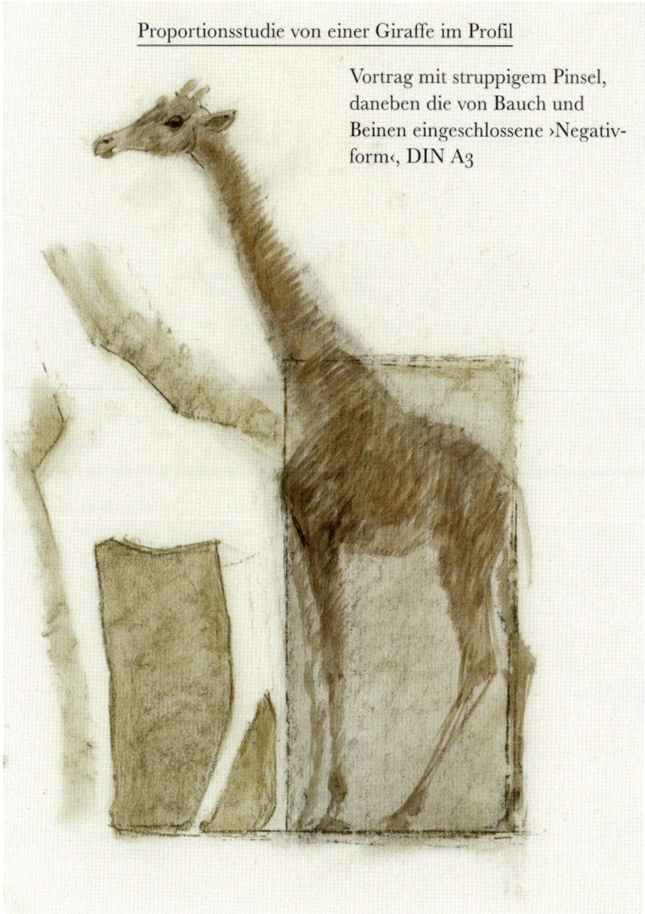

Proportionsstudie von einer Giraffe im Profil

Vortrag mit struppigem Pinsel, daneben die von Bauch und Beinen eingeschlossene ›Negativform‹, DIN A3

20

Breit aufgesetzte, braune Kreide, DIN A3

21

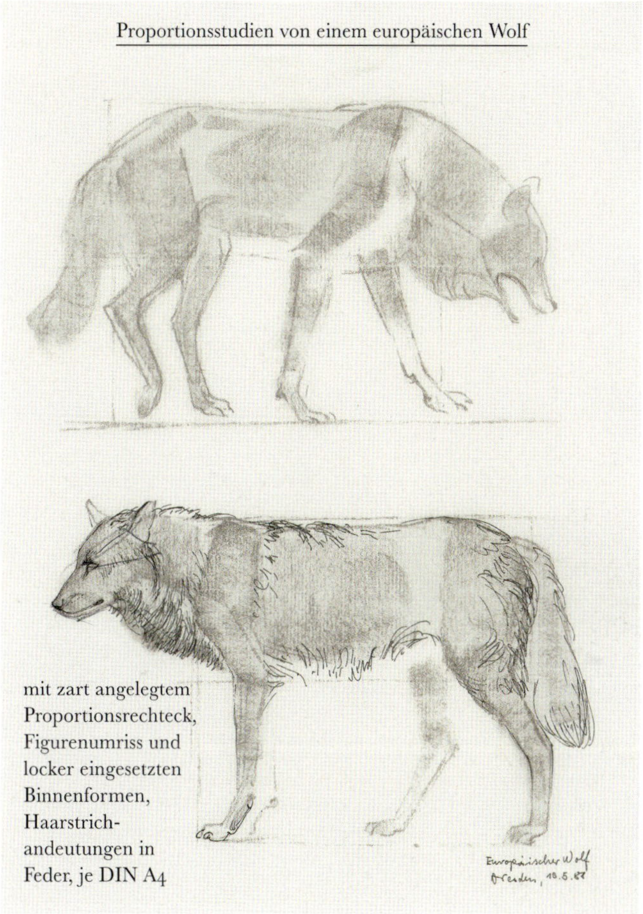

Proportionsstudien von einem europäischen Wolf

mit zart angelegtem Proportionsrechteck, Figurenumriss und locker eingesetzten Binnenformen, Haarstrichandeutungen in Feder, je DIN A4

22

Proportionsstudien von einem stehenden, noch nicht voll ausgewachsenen Löwen

oben: Anlage mit breitflachem Aquarellpinsel unter Zuhilfenahme des angedeuteten Proportionsrechtecks
unten: dasselbe in breit gesetzter brauner Kreide und differenzierteren Binnenformen

Freie Proportionsnotizen auf der Grundlage des Schätzens

Allmählich kommen wir davon los, mit dem Zirkel oder durch Anvisieren mit dem Bleistift die Proportionsermittlungen zu betreiben. Nach und nach haben wir den Zirkel ›im Auge‹. Mit dieser Fertigkeit werden wir dann freier für die Erlebnishingabe oder andere Untersuchungen.

Nach wie vor halten wir unsere Aufmerksamkeit offen für schon bekannte Kriterien (Abb. 23 oben):

- Die Unterschiede der Gestalttypen sind signifikant, hält man sich die Form des Rumpfrechtecks vor Augen, und verlangen besondere Aufmerksamkeit, wenn wir auf seine Angabe verzichten.
- Die Umrissform erfährt jetzt ein etwas näheres Eingehen auf Hals- und Kopfhaltung, Gliedmaßenstellungen und -formen.
- Der Umriss kann in großen Formen angelegt werden, mit zügig und breit geführten Materialien, mit denen Grundvolumina betont werden.

Weitere Schritte und Vortragsneuerungen können folgendermaßen aussehen:

- Primäre und sofortige Realisierung der Körperhaftigkeit, ohne vorausgegangenen linear bestimmten Umriss. Hierbei sollte man eingehen auf die einander ablösenden Grundvolumina (Abb. 23 unten) oder
- man notiert räumliche Überschneidungsfolgen – insbesondere bei nicht reiner Grundansicht des Profils – in rein linearer Niederschrift (Abb. 24).
- Auch die Pinselzeichnung – ebenfalls in zügiger Handhabung – unterliegt hier der Sicherung von Überschneidungen, die durch Aussparungen oder nochmaliges Aufsetzen des Pinsels auf schon vorhandenen Formen erzielt werden (Abb. 25).
- Freunde linearer Formulierungen (Feder, Bleistift, Kugelschreiber), die stets Definitionen in voller Entschiedenheit sind, sollten den melodischen Ablauf der Form zum Träger des Eindruckserlebnisses machen (Abb. 26).

Die nachfolgende Abbildung 27 zeigt ein Arbeitsergebnis aus dem Bammes-Kurs VI der Hochschule für Gestaltung Zürich. Es bezeugt eine weitere Variante individueller Erarbeitung des Stoffes:

- Friesmäßig angeordnete Proportionstudien mit gemeinsamer Bodenlinie und durchgehender Rumpfhöhenangabe von demselben Tier, wobei unterschiedliche Haltungen und Bewältigungen räumlicher Ansichten Eingang gefunden haben (Abb. 27 oben);
- Studien von experimentellem Charakter bei eigenständig gewähltem Wechsel der Realisierungsmittel (Abb. 27 unten)

.

Alle Abbildungen von Proportionsuntersuchungen verbindet ein Gemeinsames: Sie verirren sich nicht in eine für den Anfänger schwerlich koordinierbare Fülle disparater Eindrücke, von denen in der Regel ein nur unbefriedigendes Stückwerk eingefangen wird. Vielmehr stellen sie eine in sich abgeschlossene Lösung dar durch die bewusste Beschränkung auf nur einen, höchstens zwei Eindruckswerte, eben den der Proportionierung und eventuell eines zusätzlichen, unumgänglichen Bewegungsmotivs im Stand.

23 a

Freie Proportionsstudie in raschen Graphitstrichen

und breiten Graphitstückzügen
aus einem Tierkurs 1986, DIN A3

23 b

Rasche freie Proportionsstudie von einer Nilgau-Antilope

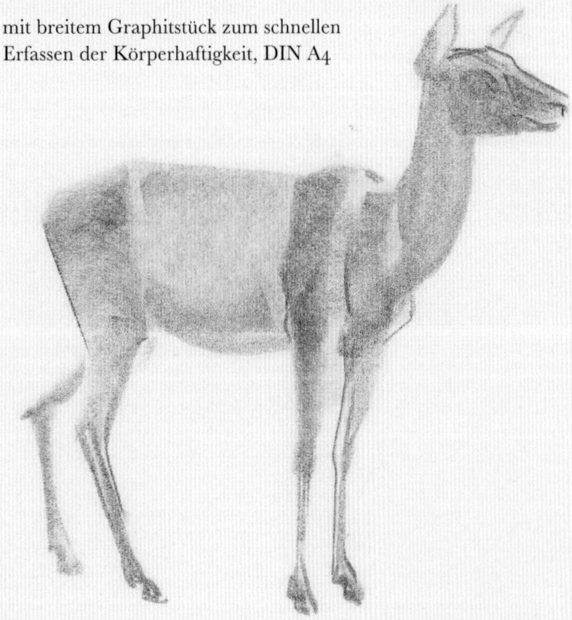

mit breitem Graphitstück zum schnellen
Erfassen der Körperhaftigkeit, DIN A4

24

Zügig fließende, lineare Niederschrift des Gestaltumrisses
einer Nilgau-Antilope

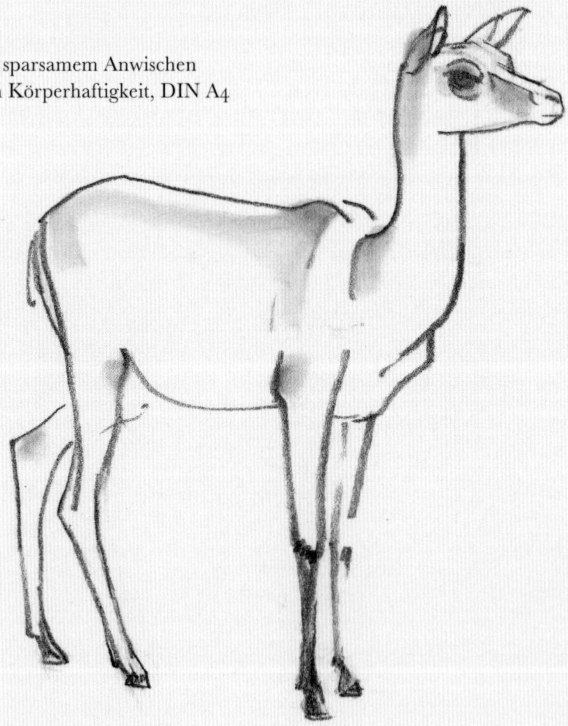

bei sparsamem Anwischen
von Körperhaftigkeit, DIN A4

25

Dasselbe Objekt wie in Abb. 24,
unter Einsatz des runden Aquarellpinsels
in zügiger Niederschrift
Die Pinselstruktur der Malfläche war zuvor
angelegt und getrocknet, ca. DIN A3

26

Freie Studien von einem Serval

im Bemühen um Ausdruck von Leichtigkeit und Beweglichkeit, Bleistift, etwas gewischt, zur Andeutung der Körperhaftigkeit, unten mit schnellem Erfassen der Bewegung, DIN A3

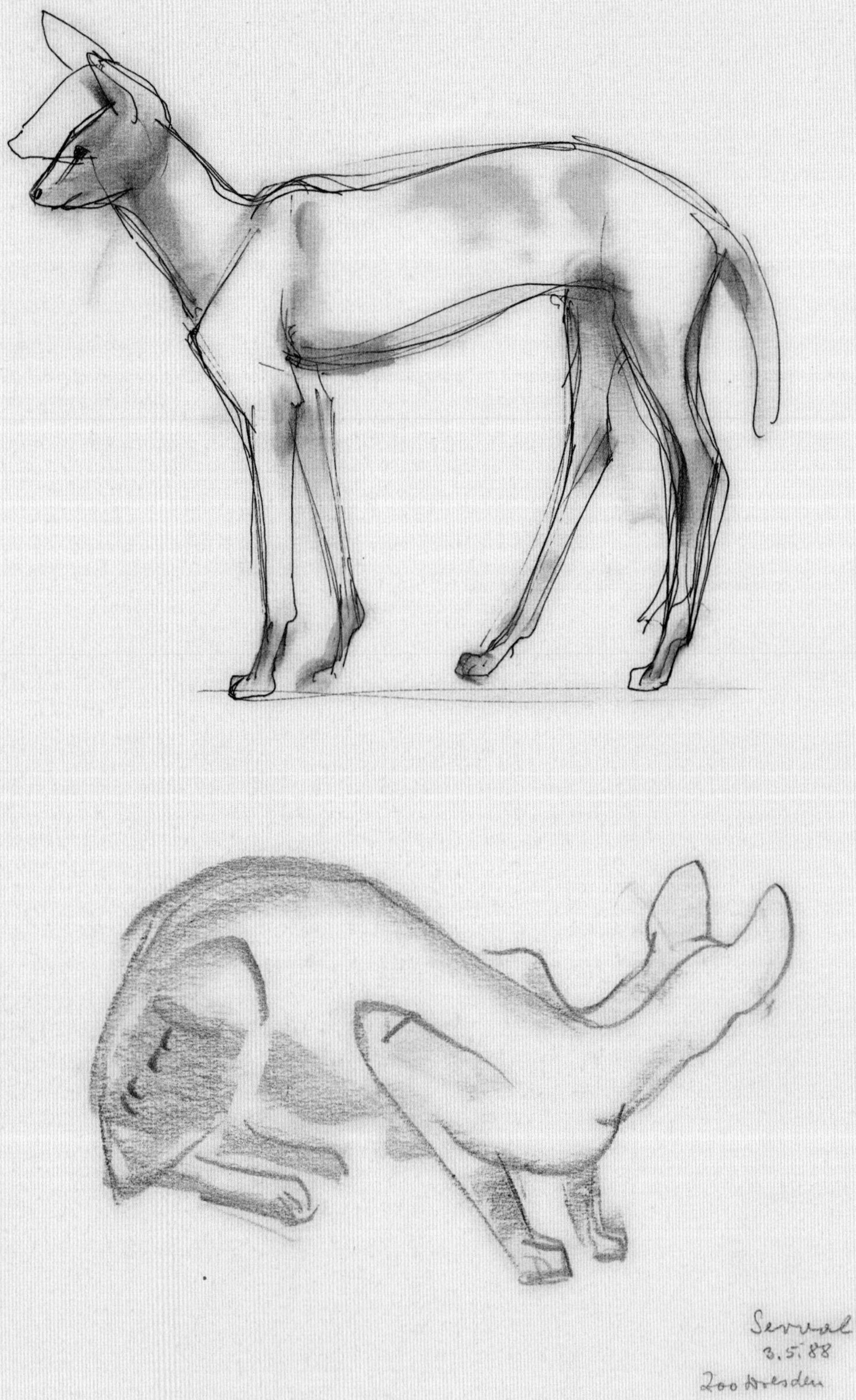

27 a

Studienblatt mit Addax-Antilopen in Profilansichten

in Rötel, Pinsel und Bleistift, Studentenarbeit, DIN A3, aus einem tieranatomischen Kurs an der Hochschule für Kunst und Gestaltung der Stadt Zürich, 1988

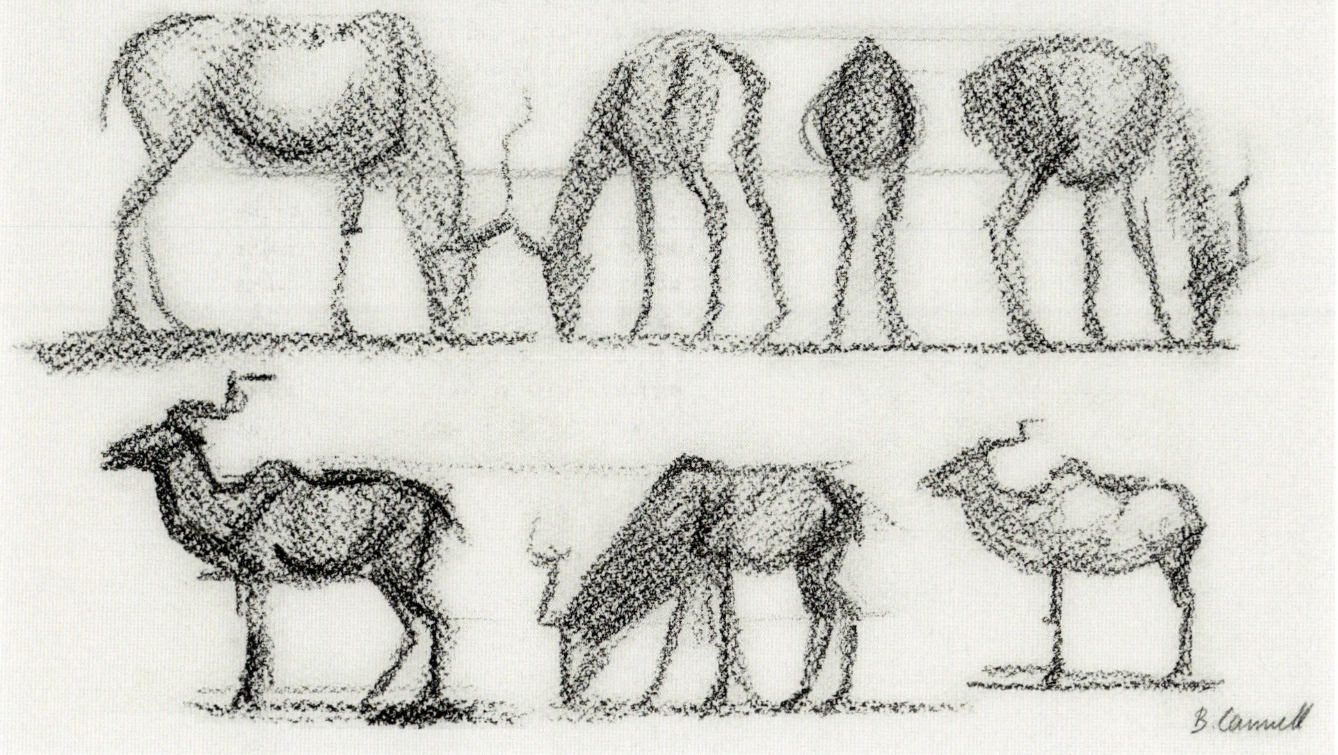

27 b

Drucken mit dem beweglichen Proportionsstempel

Für ängstliche Leute, die sich vor der Natur zeichnerisch noch immer überfordert fühlen, weil sie vielleicht noch nicht den Tierkörper in Verbindung bringen können mit einfachen Bewegungen, die jedoch Freude am spielerisch experimentellen Umgang mit der Aufgabe haben, eignet sich die Herstellung und Benutzung eines beweglichen Proportionsstempels.

Der Proportionsstempel besteht im Grunde aus einzelnen Druckmodeln von Körperteilen und -abschnitten (aus Holz, Kork, Linoleum, Kartoffel, Gummi, PVC-Folie), die mit einer abdruckfähigen Farbe (Tubenölfarbe, Holz- und Linolschnitt-, Acryl- oder Stempelfarbe) eingefärbt werden.

Die Anfertigung der Druckmodel:

- Je nach gewünschter Tierart (siehe Abb. 1–9) zeichnet man die Tiersilhouette auf und legt Transparentpapier darüber.
- Hierauf die Drehpunkte eintragen, die zugehörigen Körper- und Gliedmaßenabschnitte entwerfen (ähnlich den Grundformen Abb. 2 unten, Abb. 9 oben) und die Überlappungen der Abschnitte untereinander nicht vergessen.
- Die so gewonnenen Einzelformen einzeln auf das Druckmaterial aufpausen. Dabei unbedingt ausreichend große Bohrungen an den Drehpunkten durchführen, um einen Nagel hindurchstecken zu können.

Der Druckvorgang:

- Soll das Tier auf einer Bodenlinie stehen, beginnt man den Abdruck mit den Gliederendpunkten, dem Fuß, und setzt dann nachfolgend – unter Beachtung der Gliedmaßenrichtungen – den Abdruck nach oben Richtung Rumpf fort.
- Damit die Abschnitte gut aufeinander passen, steckt man zur Kontrolle durch die Drehpunktbohrungen einen kleinen Nagel und lässt dessen Spitze auf der Farbseite des Models ein Stück herausschauen.
- Dann legt man das Bohrungsloch des nächsten Druckmodels über das des vorher abgedruckten Abschnittes, druckt das eingefärbte Model ab und fährt so fort bis zum fertigen Tier.

Auf Abb. 28 sind einige Druckmodelformen für sich abgedruckt, oben rechts das zusammengesetzte Vorderbein, einschließlich Schulter, unten rechts die Einzelabschnitte des Hinterbeins und ganz rechts das zusammengesetzte Hinterbein. Die weißen Punkte entstehen als Folge der Bohrung für die Drehpunkte, auf die die jeweils nachfolgenden Druckmodel passgenau mit der Nagelspitze aufgesetzt werden.
Der Leser wird sehr bald gewahr, wie leicht man auf diese Weise unterschiedliche Bewegungen festhalten kann (Abb. 28 unten).

Welche Lernvorteile sind mit dem Proportionsstempel verbunden?

- Vertiefung der proportionsbedingten Formkenntnisse über den Weg handwerklicher Arbeit.
- Vertiefung des Wissens über die Lage der Drehpunkte und ihre Bedeutung für die Bewegung.
- Konzentration auf Proportionsrealisierung und Bewegungsausdruck.
- Bewusstwerden der den Rumpf überdeckenden Gliedmaßenteile.
- Betätigung in einem ungezwungenen, freien Spiel.

rechts: Einzeln abgedruckte Model von den Gliedmaßenabschnitten, zusammen- und auseinander gezogen
Die hellen Punkte geben Drehpunkte der Gelenke an und ermöglichen ein exaktes Übereinanderdrucken mit Hilfe eines kleinen Stiftes.

Der konstruktive Aufbau des Tierkörpers

Die Abschnitte des konstruktiven Aufbaus

Wir verstehen das Grundsätzliche des Tiergerüstbaues am leichtesten unter Zuhilfenahme einer Brückenkonstruktion. Sie besteht aus Brückenpfeilern, dem vorderen und hinteren Beinpaar, und dem Brückenbogen, der Wirbelsäule.

Die Beschaffenheit und Aufgaben der hinteren ›Brückenpfeiler‹ (Abb. 29 oben):

- Ausbildung von längeren Knochenhebeln als beim vorderen Beinpaar und Bildung zahlreicher Gelenkwinkel, die bei Streckung der Hinterbeine diese verlängern (siehe auch Abb. 32) und so den Vorwärtsschub begünstigen.
- Vermittlung der Schubübertragung über die Hüftgelenkköpfe in den Hüftgelenkpfannen, von hier aus über die Ringkonstruktion des Beckens auf das Kreuzbein und die Wirbelsäule.
- Im Stand umgekehrt Übertragung des Körpergewichtes von der Wirbelsäule auf die Beine, wobei das Becken die in Schub übersetzte Belastung der Wirbelsäule (schwarze Pfeile) aufnimmt und weiterleitet.
- Hierbei dient die vom Kreuzbein entspringende, zum Schienbein ziehende Hinterbackenmuskulatur (rote Pfeilrichtung) als Verankerung des Brückenbogens an der hinteren Brückenkonstruktion.

Die Beschaffenheit und Aufgaben der vorderen ›Brückenpfeiler‹ (Abb. 30):

- Stützen der Rumpflast wie hinten, jedoch mit dem Unterschied, dass von den Vorderbeinen *kein* Antrieb zur Vorwärtsbewegung ausgeht. Die Vorderbeine leiten lediglich den Schub von hinten nach vorn weiter.
- ›Spiegelverkehrte‹ Winkelungen der Vorderbeine im Verhältnis zu den Hinterbeinen, jedoch mit einem wichtigen Unterschied: Unterarm und Mittelfuß bilden im Gegensatz zu Unterschenkel und Mittelfuß eine volle säulenhafte Streckung (Abstützen der größeren vorderen Körperlast).
- Die Richtung des Schulterblattverlaufes als analoge ›spiegelverkehrte‹ Schrägrichtung zum Beckenverlauf, um kontinuierlich den Wirbelsäulenschub nach vorn aufzunehmen.
- Hierbei dienen Halsmuskeln (rote Pfeilrichtung) als Verankerung des Brückenbogens auf die vordere Brückenkonstruktion.

Die Beschaffenheit und Aufgaben des Brückenbogens (Abb. 29, 30):

- Flache, c-förmige, bauchseitige Hohlkrümmung der Gesamtheit der Wirbelkörper im Brust- und Lendenabschnitt (siehe auch Abb. 29 oben, unten, Abb. 30).
- Rückenseitige Dornfortsätze unterschiedlicher Länge und Richtung an den Wirbelkörpern als Hebelarme der Rückenstreckmuskulatur. Die Spitzen der Dornfortsätze bilden die eigenartige äußere Verlaufsform der Rückenlinie (Rückgrat).
- Dornfortsätze als Verankerung des elastischen Nackenbandes (braun), das die Hals-Brust-Kurve der Wirbelsäule überbrückt und den Kopf und Hals tragen hilft.
- Das Nackenband und die Verbindung der Dornfortsatzspitzen untereinander finden ihre Entsprechung in einer technischen Brückenkonstruktion (siehe Abb. 29 unten).
- Die Bauelemente des Brückenbogens (Wirbelkörper, siehe Abb. 29 c, untere Nebenzeichnung) sind von leicht konischer Gestalt und werden zusätzlich gesichert durch schwanzwärts gerichtete Wirbelkörperhöhlungen, in die sich schädelwärts gerichtete Wirbelköpfe der nachfolgenden Wirbelkörper einlagern.
  Um die Spannung des belasteten Brückenbogens weiter zu sichern, werden die ›Fußpunkte‹ der Wölbung aktiv verklammert durch die Bauchmuskeln (siehe Abb. 29 c), passiv durch bauchseitig von Wirbelkörper zu Wirbelkörper entlanglaufende Bänder.

Die schon erwähnte ungleiche Lastenverteilung auf die Beine bewirkt folgende funktionelle Sachverhalte:

- Etwa zwei Drittel Körperlast ruhen auf den Vorder-, etwa ein Drittel auf den Hinterbeinen (dunkle und helle Grautönung der Skelettformen in Abb. 30 a).
- Daraus ergibt sich hinten eine reduzierte Druckbelastung, die dem Vortrieb der Stemmbeine zugute kommt.
- Am Vorderbein einschließlich Schultergürtel liegen vertikal übereinander (rote Lotlinie) der Drehpunkt des Schulterblattes, des Ellenbogengelenks und des Zehengrundgelenks. Dieser Sachverhalt einer weitgehend gestreckten vorderen Beinsäule macht sie für eine größere Lastaufnahme geeignet.
- Die größere vordere Körperlast wird nach hinten etwa mit Ende der Brustwirbelsäule begrenzt (gestrichelte Vertikallinie), nach vorn mit der Schnauzenspitze.

29

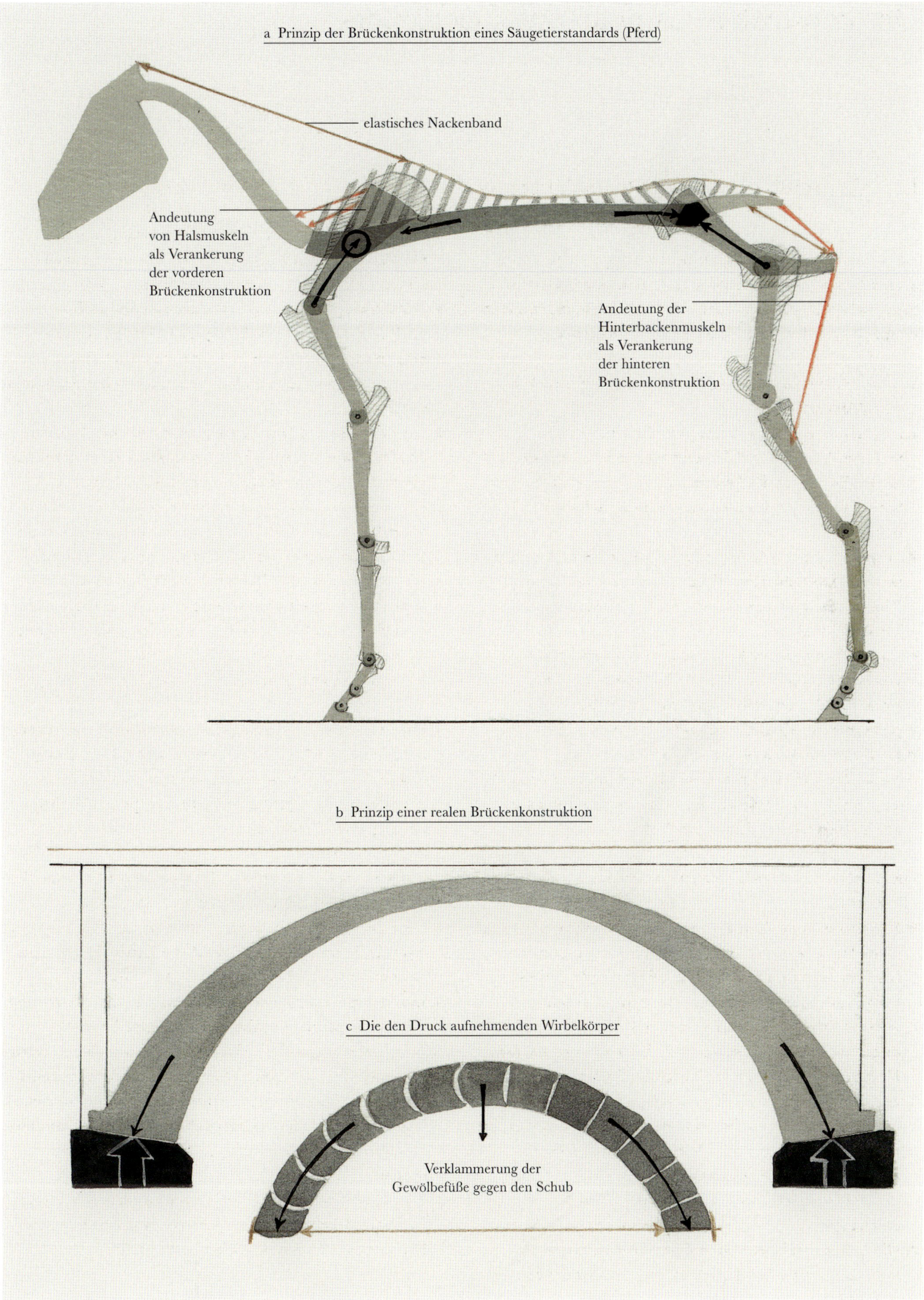
a Prinzip der Brückenkonstruktion eines Säugetierstandards (Pferd)
elastisches Nackenband
Andeutung von Halsmuskeln als Verankerung der vorderen Brückenkonstruktion
Andeutung der Hinterbackenmuskeln als Verankerung der hinteren Brückenkonstruktion
b Prinzip einer realen Brückenkonstruktion
c Die den Druck aufnehmenden Wirbelkörper
Verklammerung der Gewölbefüße gegen den Schub

30

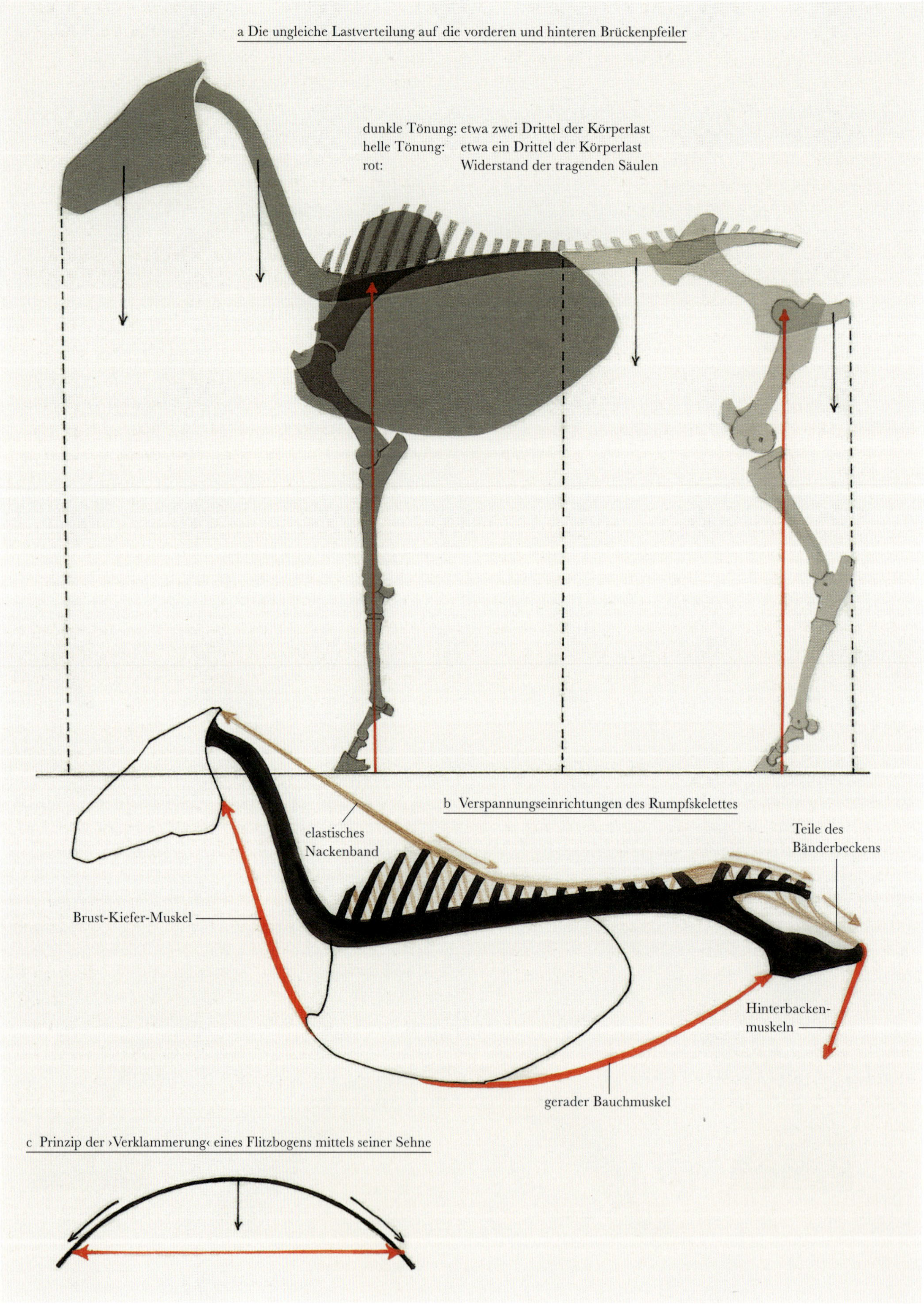
a Die ungleiche Lastverteilung auf die vorderen und hinteren Brückenpfeiler
dunkle Tönung: etwa zwei Drittel der Körperlast
helle Tönung: etwa ein Drittel der Körperlast
rot: Widerstand der tragenden Säulen
b Verspannungseinrichtungen des Rumpfskelettes
elastisches Nackenband
Teile des Bänderbeckens
Brust-Kiefer-Muskel
Hinterbacken-muskeln
gerader Bauchmuskel
c Prinzip der ›Verklammerung‹ eines Flitzbogens mittels seiner Sehne

Hals und Kopf können vergleichsweise als der vordere Teil eines Waagebalkens, der Brustkorb als der hintere angesehen werden (Abb. 31 oben). Sie halten sich etwa im Gleichgewicht.

Die Spitze des belasteten Hinterfußes kann in der ruhigen Standhaltung vertikal unter das Hüftgelenk gesetzt werden.

Die Balance des Kopfes mit seinem weit nach vorn ausladenden Gesichtsschädel und seiner weit nach hinten verlegten Gelenkverbindung zur Wirbelsäule wird aus Gründen der Halsmuskelentlastung vom elastischen Nackenband übernommen (Abb. 30 b), das damit unter Zugspannung steht. Daher die Notwendigkeit einer kräftigen Verankerung an den besonders langen Dornfortsätzen des Widerristes. Je weiter der Hals nach vorn ausladt und je schwerer der Kopf, desto länger die Dornfortsätze des Widerristes. Das elastische Nackenband, das die Entfernung Hinterhaupt – Widerrist überbrückt, bildet die Kontur des Nackens.

Wie bei einer Fachwerkbrücke findet man zusätzliche Bänderzüge (braun) auch in den Zwischenräumen der Dornfortsätze; es handelt sich also auch hier um eine weitere elastische Stabilisierungseinrichtung.

Um die Spannung des Brückenbogens, wie schon angedeutet, zu erhöhen und aufrechtzuerhalten (Abb. 30 b), wirkt, als Gegenstück zum elastischen Nackenband, die Muskulatur der Bauchseite, wo sich eine Muskelkette ausspannt, die vom Schambein des Beckens bis zum Brustkorb reicht (gerader Bauchmuskel) und dann vom kielartigen Habichtsknorpel des Brustbeins bis zum Winkel des Unterkiefers fortgesetzt wird (Brust-Kiefer-Muskel).

So sind Becken und Schädel in weit ausholendem Bogen über das Zwischenstück des Brustkorbs miteinander verbunden. Da diese Brücke muskulärer, also kontraktionsfähiger Natur ist, kann die Verspannung bzw. Verklammerung des Rumpfskelettes jederzeit aktiv reguliert werden.

Man kann sich die Wirkung vergegenwärtigen am Modell des Flitzbogens (Abb. 30 unten). Die Bogenenden (= Gewölbefuß) sind durch die Sehne verklammert. Sie verhindert das Auseinanderweichen (= Schub). Spannt man die Bogensehne durch Zugbetätigung (= Kontraktion), wölbt sich der Bogen noch weiter empor.

Unser Vorstellungsmodell vom Bau einer Brückenkonstruktion muss noch weiter präzisiert werden, so vor allem der Vorderabschnitt des Körpers, der die Hauptlast zu tragen hat. Wir können ihn relativ isoliert darstellen (Abb. 31):

- Das Schulterblatt bildet den Drehpunkt für den ›Waagebalken‹ Kopf/Hals – Brustkorb (roter Ring). Die Gewichte der beiden ›Balken‹ gleichen sich ungefähr aus.
- Senken des einen Waagebalkens vorn ruft leichtes Ansteigen hinten hervor (rote gebogene Pfeile, siehe auch obere Nebenzeichnungen).
- Die Verbindung zwischen dem vorderen Rumpfskelett und dem Schulterblatt wird hergestellt von einem fächerförmigen Muskel (großer Sägemuskel), von dessen Ursprung aus auf der Schulterblattunterseite der zackige Muskelfächer ausgeht, um an den vorderen Rippen (Tragerippen) anzusetzen. Er bildet eine Art elastischen Muskelgurt (Abb. 31 Mitte und links).
- In gleicher Aufhängungsfunktion, vom Oberarmbein ausgehend, wirkt auch der Gurt des tiefen Brustmuskels (siehe auch Vorderansicht, links).
- Der Vorderrumpf ist somit federnd zwischen den Schulterblättern und den Oberarminnenseiten aufgehängt, ein großer Vorteil für federndes Landen nach dem Sprung.

Zur Stabilisierung der Vorderbeinsäule (Abb. 31):

- Ohne besondere Stabilisierungseinrichtungen bestünde in Anbetracht der großen Vorderbeinbelastung die Gefahr des Zusammendrückens der Gelenkwinkel. Solche Einrichtungen sind:
- sehnige, nicht ermüdbare Durchwachsungen von Muskeln (z. B. im Bizeps, braun), die mehrere Gelenke überspringen. Der Bizeps entspringt z. B. mit einer solchen nicht ermüdbaren Sehne an der Schulterblattbeule, überquert das Schultergelenk und setzt an der Speiche an, entsendet jedoch noch eine sehnige Abspaltung in Richtung auf die Basis des Mittelfußknochens. Folge:
- Gegen die sehnige Verspannung auf der Gliedmaßenvorderseite ist somit der Druck des Körpergewichts machtlos. Der Schulterblattwinkel bleibt fixiert, ebenso das Handgelenk.
- Das Ellenbogengelenk ist ein Schnappgelenk und rastet bei einem bestimmten Punkt fest ein (erneute Einsparung von Muskelkraft).
- Sehnige Einlagerungen in Muskeln (oberflächlicher und tiefer Zehenbeuger) und deren strangartige Fortsetzungen auf der Gliedmaßenrückseite, vom Ende des Oberarmbeins hinab bis in die letzten Zehenglieder, werden bei Belastung ebenfalls gestrafft.

31

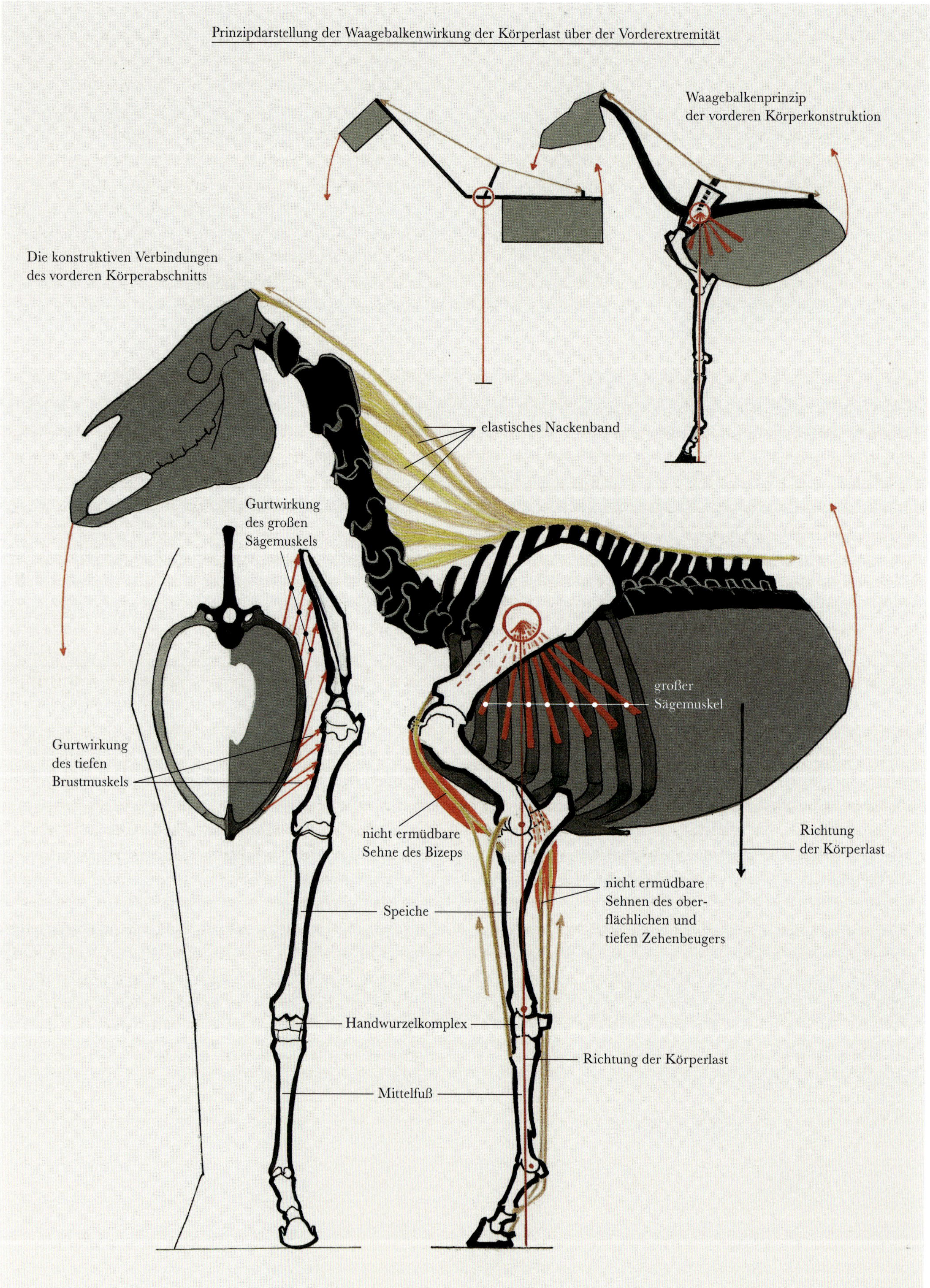
Prinzipdarstellung der Waagebalkenwirkung der Körperlast über der Vorderextremität
Waagebalkenprinzip
der vorderen Körperkonstruktion
Die konstruktiven Verbindungen
des vorderen Körperabschnitts
elastisches Nackenband
Gurtwirkung
des großen
Sägemuskels
großer
Sägemuskel
Gurtwirkung
des tiefen
Brustmuskels
nicht ermüdbare
Sehne des Bizeps
Richtung
der Körperlast
nicht ermüdbare
Sehnen des oberflächlichen und
tiefen Zehenbeugers
Speiche
Handwurzelkomplex
Richtung der Körperlast
Mittelfuß

Damit kommen wir zu dem wichtigen funktionellen Resultat: Gerade durch die Belastung der Vordergliedmaße werden vorder- und rückseitige Sehnenstränge straff wie Seile gespannt, wodurch die Gelenke stabilisiert werden, ohne dass hierfür eigens Muskelkräfte eingesetzt werden.

Aus den funktionellen Stabilisierungseinrichtungen gehen aber auch plastisch höchst bedeutende Erscheinungen hervor: Sofern Muskelbesatz am Unterarm vorhanden, rückt dieser mit seiner Masse zu den rumpfnahen Drehpunkten empor und bildet hier ein konusartiges, nach unten sich verjüngendes Volumen aus.

Spätestens oberhalb des Handgelenks hören die Muskelvolumina ganz auf. Sie bedienen sich für die Betätigung des Handgelenks und der Zehengelenke langer Übertragungseinrichtungen für die Muskelkontraktionen. Diese Sehnenstränge sind auf der Beinrückseite besonders lang und bilden als oberflächliche und tiefe Beugesehne äußerst straffformige, ab Mittelfuß scharf heraussspringende, schmale Grate, die der Zeichner nicht klar und prägnant genug betonen kann.

Unser Vorstellungsmodell vom Bau einer Brückenkonstruktion bedarf in seinen hinteren konstruktiven Verbindungen noch weiterer Ergänzungen:

- Die Schrägstellung des Beckens wird erhalten durch Bänder, die vom Kreuzbein aus tragen helfen (braun) (Abb. 32 rechts oben).
- In der Hüftgelenkpfanne stemmt sich der Hüftgelenkkopf des Oberschenkelbeins der Rumpflast (schwarze Vertikalpfeile) entgegen (roter aufwärts weisender Pfeil).
- Der Kniewinkel, der davon bedroht ist, von der Körperlast zusammengedrückt zu werden, wird im ruhigen Stand durch eine Sondereinrichtung unnachgiebig gefestigt:
- Das vordere untere Ende des Oberschenkelbeins bildet zwei parallele Nasen, Rollkämme, aus, die so weit hervorspringen, dass die Kniescheibe darauf einhaken kann dank ihrer mehrteiligen Bänderschlinge, die am Schienbein verankert ist.
- Für die Bewegung wird diese Arretierung durch einen seitlich außen angreifenden Muskelzug des Bizeps wieder gelöst.

Da es im Gegensatz zum Kniegelenk an den anderen Gelenken keine Entlastungs- bzw. Stabilisierungseinrichtungen gibt, macht sich am Hinterbein das muskuläre Entspannungsbedürfnis deutlich: Die Beine lösen sich im Stand mit dem Tragen der Last wechselweise ab (Schildern), wodurch eine Spiel- und Standbeinstellung entsteht (siehe dort).

In gleicher Weise wie der Unterarm am Vorderbein ist der Unterschenkel vor allem rumpfnah mit Muskeln besetzt.

Aus der Kniekehle treten, in ihrem Ursprung, noch die Sehnen des oberflächlichen und tiefen Zehenbeugers zutage, erreichen zunächst das Fersenbein und dann, wie am Vorderfuß, die Zehengelenke als stramme, scharf geformte Stränge, die die Plastik der Hinterfußrückseite der Zehenspitzengänger maßgeblich bestimmen.

Die Skelettrückansicht lässt erkennen (Abb. 32 links oben):

- die stabile komplette Ringkonstruktion des Beckens, in der die beiden Hüftgelenkköpfe untergebracht sind.
- Dadurch erfolgt die verlustlose Kraftübertragung der Beine auf Kreuzbein (schwarz) und Wirbelsäule (Schub).
- Der Verlauf beider Oberschenkelbeinrichtungen ist quasi parallel (in Rückansicht).
- Der Unterschenkel knickt im Kniegelenk ein wenig nach einwärts ab.
- Im Sprunggelenk winkelt der Fuß nach außen ab, mit leichter Auswärtsstellung der Zehen.

Die untere Abbildung beabsichtigt die Veranschaulichung der Gelenkstreckungen im Vorder- und Hinterbeinpaar und deren expressiven Gehalt:

- Die vor- und zurückgestemmten Beine vergrößern die Standfestigkeit und nehmen den Brückenbogen der Wirbelsäule unter Druck (weiße Pfeile).
- Brückenbogen und -pfeiler bilden in diesem Falle die unterbrechungslose Kontinuität eines Gesamtbrückenbogens von den Vorder- zu den Hinterhufen.

Eine solche Vergrößerung der Unterstützungsfläche bewirkt die vergrößerte Standfestigkeit, die das Tier für Angriff und Verteidigung braucht. Der Zeichner wird gut daran tun, sich den expressiven Gehalt solcher Stellungen, die aus dem funktionellen Geschehen abzuleiten sind, nicht entgehen zu lassen: Expression aus Funktionsabläufen.

Regelung der Druck- und Zugverhältnisse an der hinteren Extremität

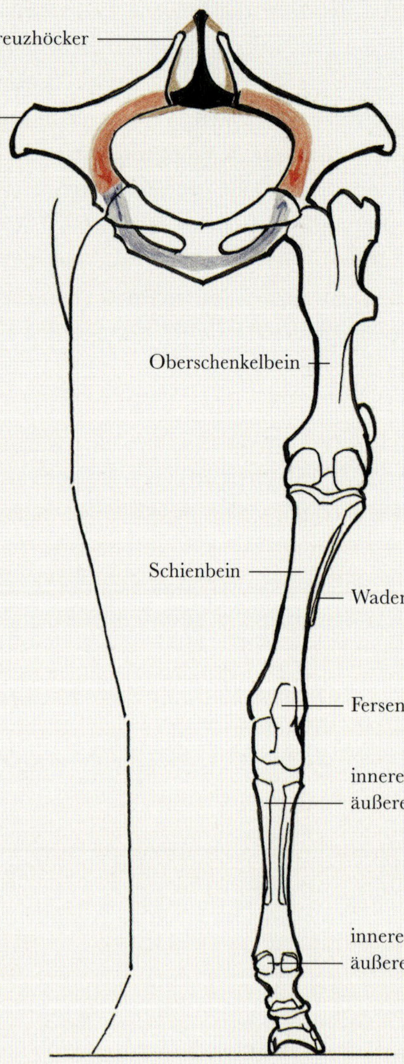

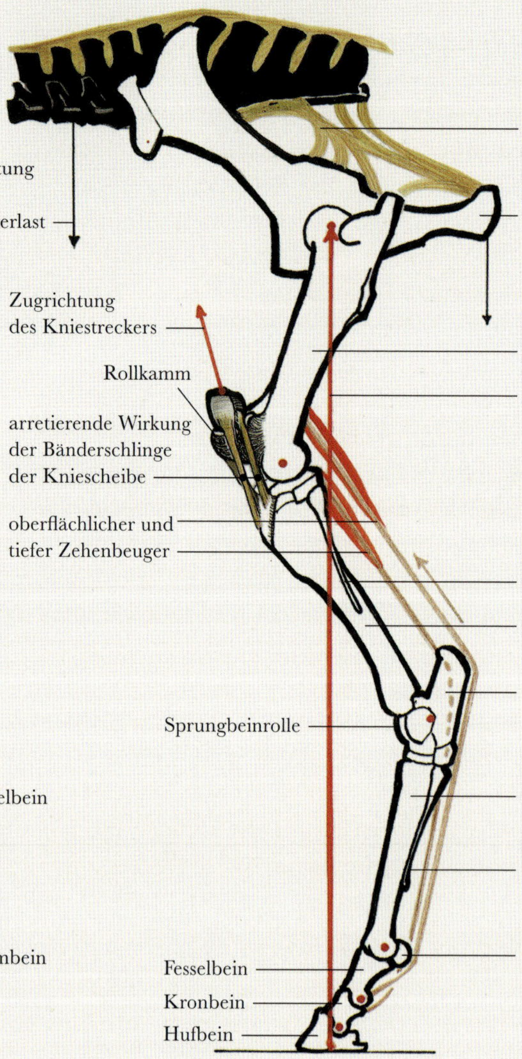

Der expressive Gehalt der Brückenkonstruktion bei vergrößerter Standfläche

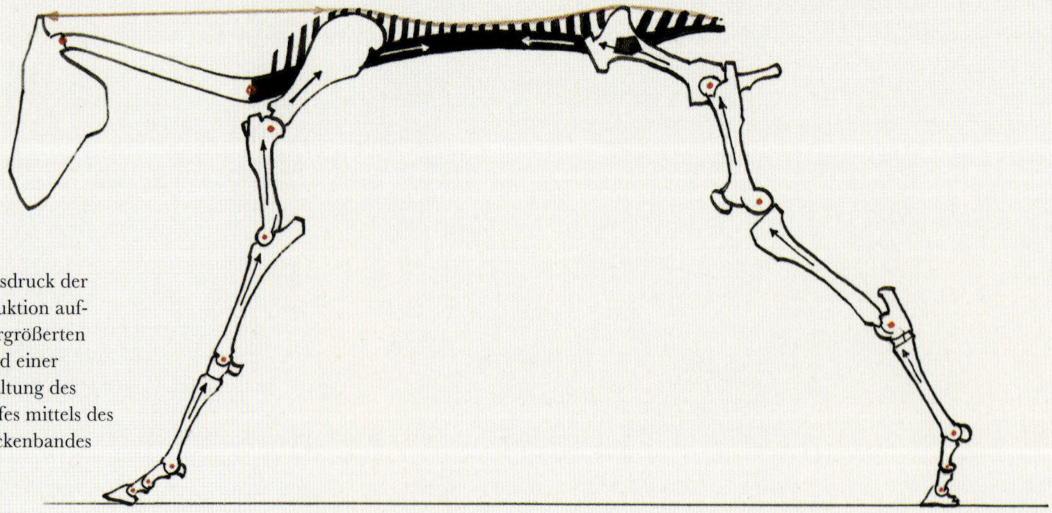

Expressiver Ausdruck der Brückenkonstruktion aufgrund einer vergrößerten Standfläche und einer gespannten Haltung des gesenkten Kopfes mittels des elastischen Nackenbandes

Die Gesamtkonstruktion in räumlicher Ansicht (Abb. 33, 34)

Eine Steigerung der visuellen Information wird dadurch erreicht, dass man den Körper in einem Ansichtsverhältnis präsentiert, das wiederum die größtmögliche Vielzahl an Ansichten darbietet. Es empfiehlt sich demnach ein Darstellungsstandpunkt, der Aufsicht, halbe Vorder- und halbe Seitenansicht vereint, sodass eine größere Zahl an Sachmerkmalen, Sachverhalten und Zusammenhängen ausgedrückt werden kann:

- Der Tierkörper erhebt sich über einer genau definierten Standfläche mit allen vier sichtbaren Gliedmaßen.
- Sie sind linear charakterisiert durch die ihnen eigenen typischen Einzel- und Gesamtrichtungen.
- Dazu sind Angaben gemacht zu den die Bewegung bestimmenden Gelenkkörpern, die isoliert für sich (mit ihren zugehörigen Gelenkachsen und deren Verlauf) die Bewegungsart und -richtung erkennen lassen.
- Erstmalig sei hier das konstruktive Prinzip des Beckens vorgestellt, gestrichelt das nach vorn seitlich herausragende Hüftbein mit Hüfthöcker.
- Die Veranschaulichung des Rumpf- bzw. Stammskeletts (= Rumpf + Hals/Kopf) geht vorrangig auf die drei plastischen Kerne Schädel, Becken und Brustkorb ein, Letztere als geschlossene Gefäßform.
- Die Halswirbelsäule ist zur gekrümmten Vierkantform vereinfacht, die in die vordere Brustkorböffnung eintaucht.
- Dornfortsätze und Wirbelkörper sind dargestellt entsprechend dem Vorstellungsmodell eines bogig geschwungenen T-Trägers.
- Über die zum Komplex zusammengefassten Dornfortsätze (= Rückgrat) verläuft das Nackenband (gelblich), das sich über dem Widerrist zur Nackenplatte verbreitert und den Schädel an der Hinterhauptleiste in Balance hält.

33

Darstellung des konstruktiven Aufbaus, Beispiel Pferd, in räumlicher Ansicht

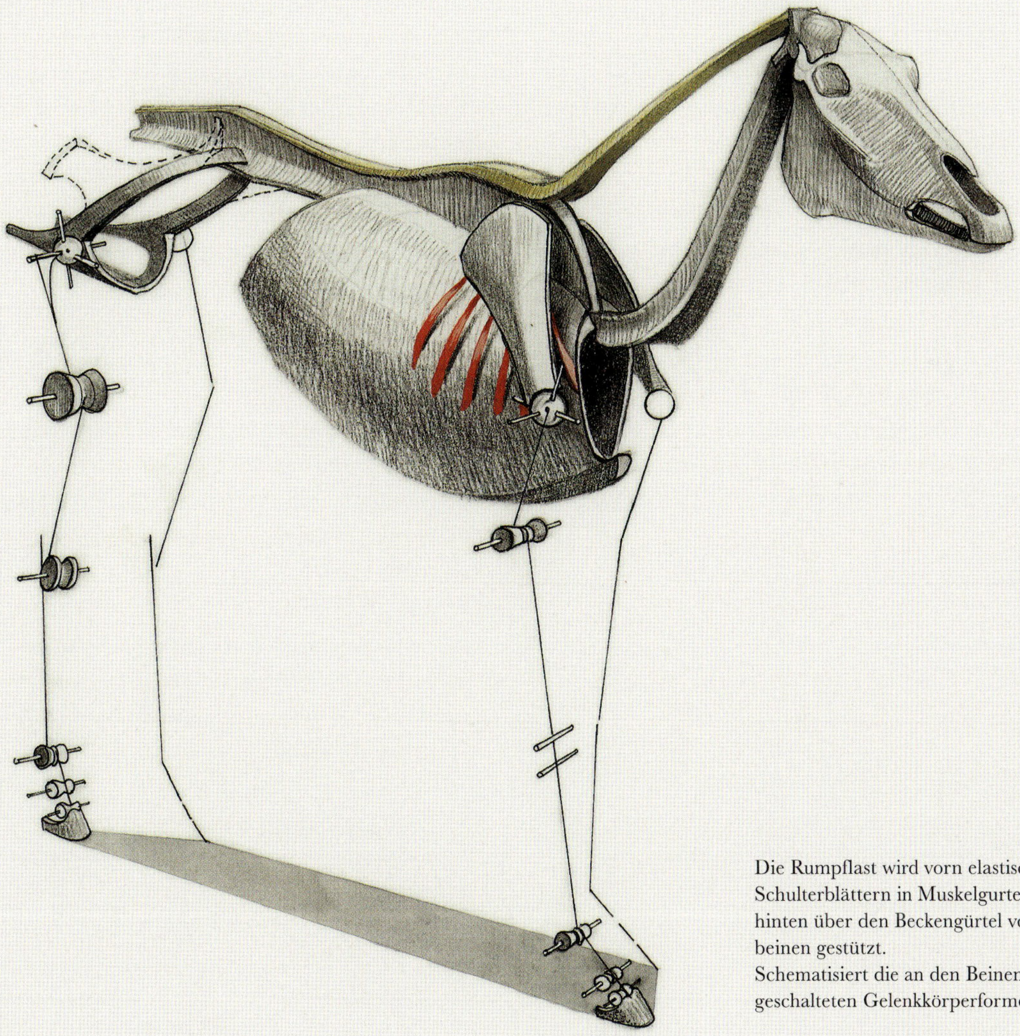

Die Rumpflast wird vorn elastisch zwischen den Schulterblättern in Muskelgurten aufgehängt, hinten über den Beckengürtel von den Hinterbeinen gestützt.
Schematisiert die an den Beinen hintereinander geschalteten Gelenkkörperformen

- Der Schädel wird in konstruktiver Vereinfachung präsentiert als Prismaform, deren Flächengefälle durch die Strichführungen betont wird.
- Die Schulterblätter sind reduziert auf leicht gebogene Dreieckformen (ohne Schultergräte).

Hierzu noch folgende wichtige Hinweise:

- Stellung und Lage des oberen Schulterblattrandes sind artspezifisch. In unserer Darstellung vom Pferd erreicht der obere Schulterblattrand keine Höhengleichheit mit dem Widerrist (vergleiche hierzu die Proportionsdarstellungen einzelner Tiergestalten).
- Beide Schulterblätter schmiegen sich in Spitzbogenform oben an die Flanken des Brustkorbs, ähnlich einem nach oben offenen gotischen Spitzbogen.
- Zwischen beiden Spitzbogenfragmenten eingebettet sind die vorderen gestreckten, schmalen Flanken des Brustkorbs und der Widerrist.
- Diese räumliche Ansicht lässt nun noch einmal die Aufhängung des Brustkorbs plastisch werden: die rote Fächerform des großen Sägemuskels, der an der Schulterblattunterseite verborgen befestigt ist und sich über die vordere Brustkorbflanke zieht.

Das Darstellungsprinzip der Gesamtkonstruktion enthält zugleich die Kriterien für mögliche zeichnerische Anlagen eines Tierskelettes mit klaren Ansichten, proportionaler, räumlicher und konstruktiver Ordnung.

Über die in Abbildung 33 enthaltenen informativen Kriterien hinaus werden mit dem Ansichtsverhältnis von halb hinten, halb seitlich und von leichter Aufsicht in besonderer Weise die konstruktiven Skelettformen, speziell der Gliedmaßen, dargeboten. Die Horizonthöhe des Betrachters befindet sich ziemlich genau in der Höhe des Rückgrates, das infolge dieser Ansichtssituation in horizontalem Verlauf, die Standfläche infolge der starken Rückansicht erheblich verkürzt erscheint.

Die Betrachtung der konstruktiv aufgefassten Skelettformen und der mit ihnen ausgedrückten Vereinfachungen lässt zwei Hauptanliegen deutlich werden:

- *Lernpsychologisch* fördern sie das anschaulich denkende Wahrnehmen. Das Formdestillat in seinem Abstraktionsgrad hält elementare Sachverhalte so prägnant und konkret fest, dass die Beschaffenheiten vielgestaltiger Formausbildungen der Natur auf wenige, überschaubare Beschaffenheitsmerkmale eingeschränkt werden. Mit solcher Vereinfachung wird unserer Wahrnehmung die Chance eingeräumt, sich zur Vorstellbarkeit auszubilden, die abgerufen werden kann.
- Für die *zeichnerischen Untersuchungen* selbst bewirkt die Vereinfachung die Verstärkung und Vertiefung der geistigen Durchdringungsleistung. Im Grad der absoluten Eindeutigkeit, Überzeugungsfähigkeit und Definition der Formprägnanz werden zeichnerische Untersuchungen überhaupt erst zu einem Akt des Verstehens und Erkennens, also zum bleibenden Gut einer geistigen Verarbeitung.

In einer konstruktiv aufgefassten Zeichenweise muss deutlich gemacht werden, wie etwas funktionieren kann und muss:

- Ein Hüftgelenkkopf steckt tief in seiner Pfanne innerhalb eines widerstandsfähigen Ringes, des Beckens.
- Die nach hinten herausschauende Doppelrolle des Oberschenkelbeins im Kniegelenk kann eben nur der Beugung/Streckung dienen, und die Rollhöcker sind so zu formulieren, dass darauf die Kniescheibe Halt findet.
- Das Schienbein tritt im Kniegelenk zusammen mit den Walzen des Oberschenkels, um diesem als Bewegungs- und Ablauffläche zu dienen.
- Das Fersenbein erweist sich als kantiger, nach hinten oben herausragender Hebelarm für den Angriff der Achillessehne.
- Die Fußwurzelrückseite bietet sich als vertieftes Bett für die gesicherte Führung der Beugesehnen an.
- Die genutete und mit Führungsleiste versehene Gelenkrolle des Mittelfußendes kann nur der vollkommenen Scharnierbewegung dienen.
- Die mit der Speiche verschmolzene Elle ist das vordere Gegenstück zum Fersenbein und arbeitet als Hebelarm.
- Die von den Knochenschäften abzweigenden Höcker und Buckel sind *Neben*formen eines kleineren Ganzen, die als Muskelangriffspunkte fungieren.

Die konstruktiv betonten Skelettformen eines Laufspezialisten in räumlicher Ansicht von halb hinten

Beachte Verlauf und Umrissform der Standfläche.

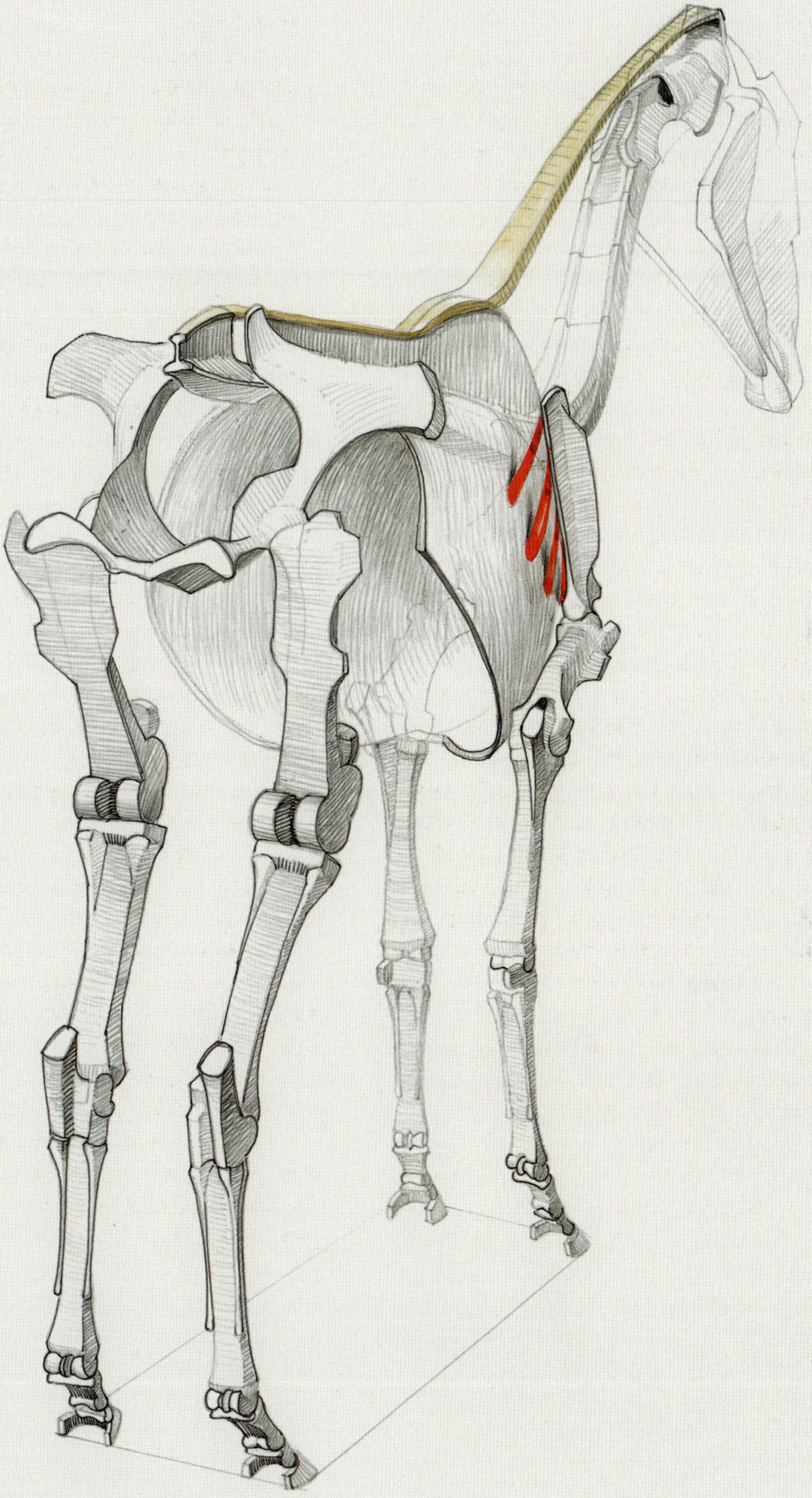

Die Anordnung der Bewegungs- und Drehpunkte (Abb. 35)

Mit dieser letzten Sachinformation schaffen wir die Überleitung zu einem wohl gegründeten, lockeren und freieren Zeichnen.

Die obere, stark abstrahierte Darstellung betrifft die frei schwingenden Gliedmaßen (also ohne Schulterblatt und Becken) und geht ein auf die gesetzmäßigen Verbindungen der Hebelarme mit den zu ihnen gehörenden Gelenkkörpern:

- Das Oberarmbein vereint auf sich einen rumpfnahen *Gelenkkopf* in Richtung Schulterblattpfanne und eine rumpfferne *Querwalze* für die Bildung des Ellenbogengelenks.
- Die Speiche besitzt weder rumpfnah noch rumpffern einen konvexen Gelenkkörper.
- Er wird ihr von der ersten Handwurzelreihe zugeführt. Hier auch gleitet die zweite Handwurzelreihe gegen die erste (Rutsch- oder Wechselgelenk).
- Der Mittelfußknochen geht rumpffern über in eine *Querwalze* für die Bildung des Grundgelenks der Zehe.
- Das Fesselbein mit seiner rumpffernen *Querwalze* geht über in die Richtung des Mittelgelenks der Zehe.
- Das Kronbein mit seiner rumpffernen *Querwalze* dient der Bildung des End- oder Hufgelenks.

Mit Ausnahme der Querwalze (Trochlea) des Ellenbogengelenks sind alle übrigen Querwalzen nach hinten abwärts gerichtet:

- Die Verschmelzung von Oberschenkelbein mit rumpfnahem *Gelenkkopf* führt zur Bildung des Hüftgelenks, mit rumpfferner *Doppelwalze* zur Bildung des Kniegelenks.
- Das Schienbein besitzt wie die Speiche keine konvexen Gelenkkörper.
- Die Sprungbeinrolle gehört der Fußwurzel zu.

Die realen Umfänge der zu Kugeln und Walzen ausgebildeten Gelenkkörper sind rot gekennzeichnet; somit können auch Bewegungsrichtung und -umfang erschlossen werden.

Die untere Darstellung enthält in auffälliger Weise die *Hauptbewegungspunkte* (roter Ring um weißes Zentrum) und *Drehpunkte* (weißer Ring um rotes Zentrum).

Mit der Angabe der Hauptbewegungspunkte sind jene Gelenke gemeint, die der Ortsbewegung in entscheidender Weise dienen:

- Das Hüftgelenk ermöglicht die Streckung für den Vortrieb des Stemmbeines oder das Vorschwingen des ganzen freien Beinpendels.
- Das Kniegelenk streckt sich beim Vortrieb in Zusammenarbeit mit dem Hüftgelenk und beugt sich für die Verkürzung des schwingenden Beinpendels.
- In analoger Weise arbeiten die nachfolgenden Hauptbewegungspunkte.
- Im Schultergelenk greift das Vorderbein schwingend nach vorn aus (Streckung) und wird in belastetem Zustand zurückgezogen (Beugung).
- Analog zur Grobeinstellung im Schultergelenk forcieren auch das Ellenbogengelenk und die nachfolgenden Gelenke eine Bewegungsdifferenzierung.

Neben den Hauptbewegungspunkten kommt anderen Drehpunkten die Aufgabe zu, die Beweglichkeit des Körpers zu erhöhen:

- Verantwortlich für die Hebe- und Senkbewegung des Halses und Kopfes ist der Drehpunkt im Übergangsbereich von Hals- und Brustwirbelsäule.
- Der Drehpunkt im Übergangsbereich von der Brust- in die Lendenwirbelsäule ist für die Beweglichkeit des Rumpfes verantwortlich. Dies gilt besonders bei den Fleischfressern (Lauf und Klettern).
- Die Nickbewegung des Kopfes ist auf den Drehpunkt in den oberen Kopf- und Halsgelenken zurückzuführen und
- die Bewegung des Schwanzes auf den Drehpunkt im Übergangsbereich von Kreuzbein und Schwanzwirbelsäule.

Kennzeichnung der Hauptbewegungspunkte und weiterer Drehpunkte

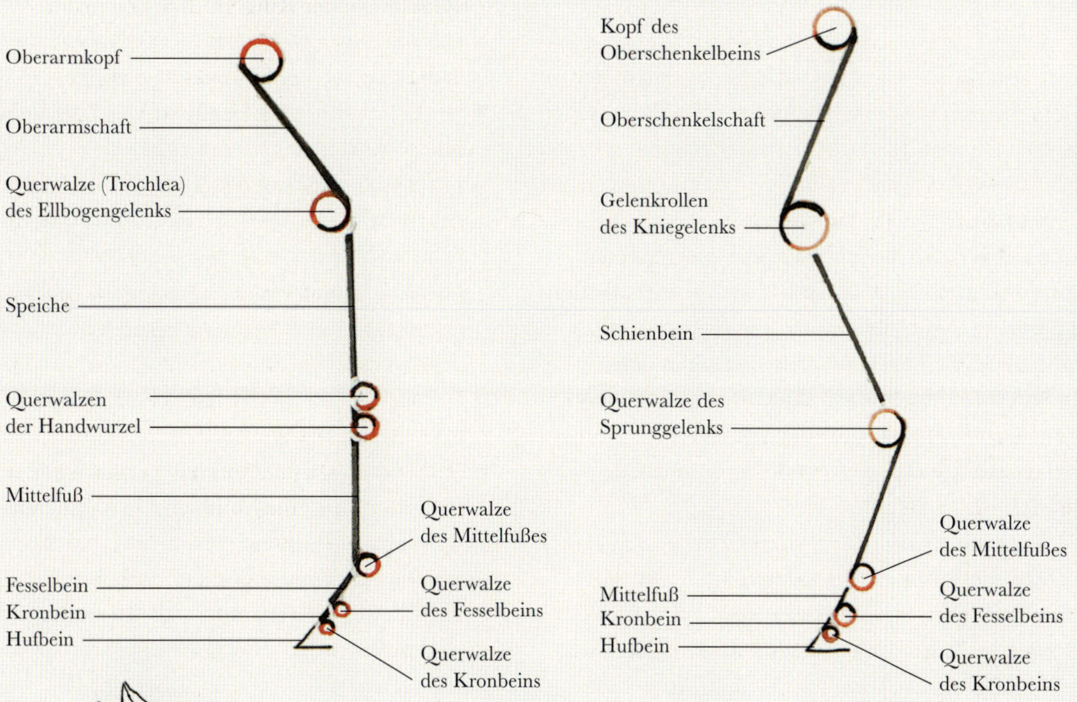

Die Hauptbewegungs- und Drehpunkte

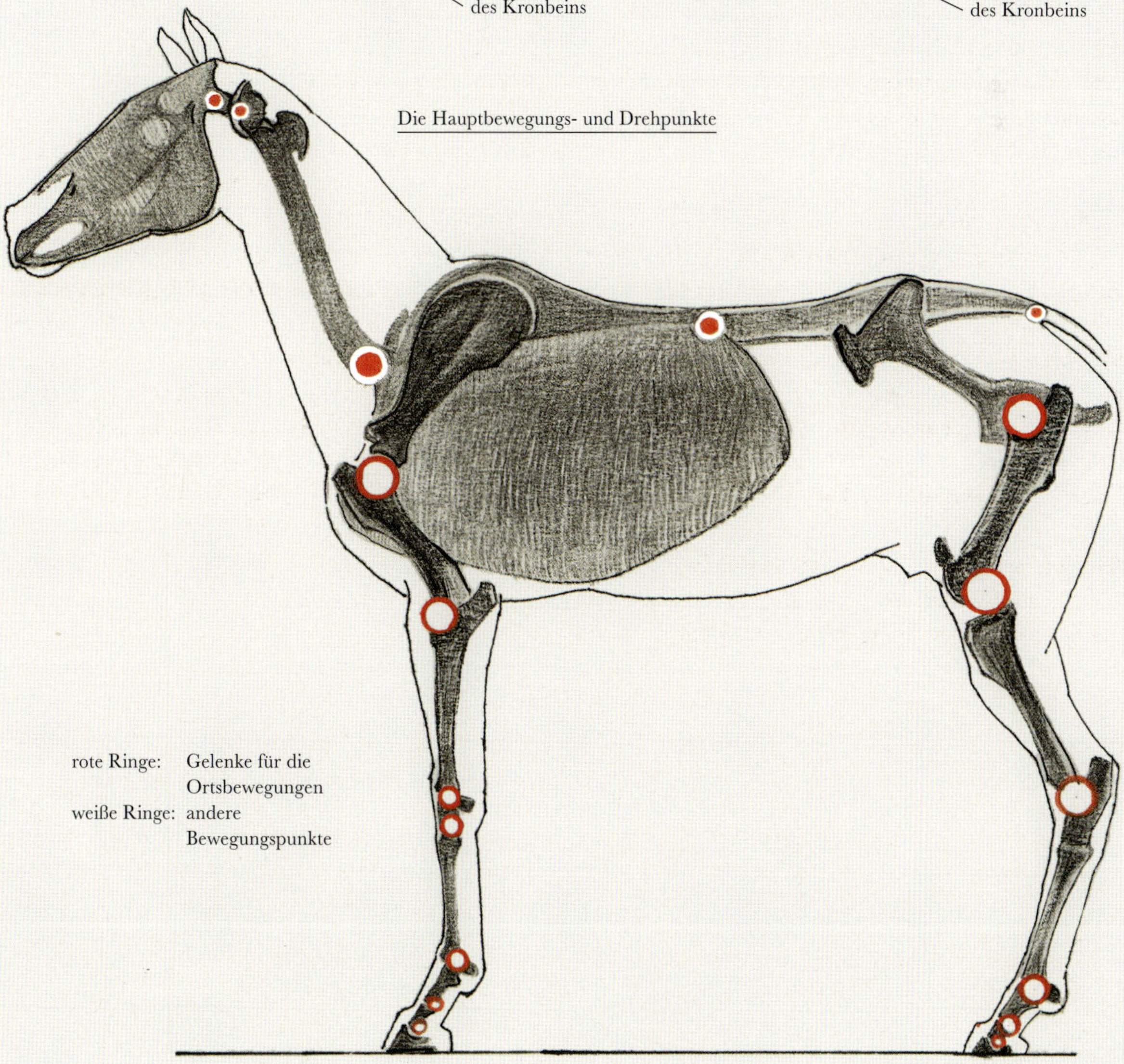

rote Ringe: Gelenke für die Ortsbewegungen
weiße Ringe: andere Bewegungspunkte

Die Verschmelzung von Proportionalität und Konstruktion in der Naturstudie

Mit der Erweiterung der Sachinformationen gehen systematisch auch die gezielten Erweiterungen der Möglichkeiten der Naturstudien einher. Die zuvor entwickelten Fähigkeiten und Fertigkeiten im Erfassen der Proportionalität fließen nun in diese Übungsreihe ein. Der Schwerpunkt liegt in der Verarbeitung der Kenntnisse vom konstruktiven Aufbau:

- Im Vordergrund steht die Gliederung der Gliedmaßen mit ihren Hauptbewegungspunkten sowie der charakteristischen Rückenlinie. Fürs Erste genügen strichfigurenmäßige Angaben in Verbindung mit der Andeutung der Proportionen des Rumpfrechteckes (Abb. 36 oben).
- Von hier aus wird die Anlage vervollkommnungsfähig gemacht (Abb. 36 unten, Abb. 37).

Hier also liegen die Ansätze zur größeren zeichnerischen Bewegungsfreiheit. Denn man prüft, ob die Elementarisierung des Gerüstbaues auch wirklich verfügbar und die Lage der Drehpunkte am Lebenden dechiffrierbar ist. Ohne dieses Vermögen sollte man sein Wissen nochmals auffrischen. Arbeitet man dann stockungsfrei, so kann der nächste Schritt getan werden:

- Die Mitsprache der Konstruktionsanlage wird nun stärker zurückgenommen, sodass diese gerade noch erkennbar bleibt.
- Die äußeren Umrissformen werden von hier aus in einen komplexeren Zusammenhang gestellt.
- Nützlich zur Vorbereitung auf die Pinselzeichnung und auf rasche Pinselschriftübungen ist eine vorherige Anlage der Strichfigur in einem Medium, das dem Übergehen mit Aquarellfarbe widersteht, also durch die Aquarellfarbe nicht ausgelöscht wird (Kugelschreiber, Tusche, Abb. 38 oben). Anschließend werden Umriss und Bewegung mit einem sehr transparenten Aquarellton erfasst (Abb. 38 unten).

Die Fähigkeit, Bewegung in elementarer Form wiederzugeben und Volumen sowie die Grundformen auf einfache Weise zu notieren (siehe auch Abb. 2 unten und Abb. 9 oben), vergrößert die Freude des Künstlers und lässt ihn freier und ungezwungener probieren und skizzieren (siehe unten stehende Abb. 39). Reizvoll bleibt die Arbeit auch bei größerem Format, wobei der Pinsel kräftige Formen und Richtungsnotierungen setzt (Abb. 39).

36

Erstes zeichnerisches Herantasten an die Bewegungspunkte

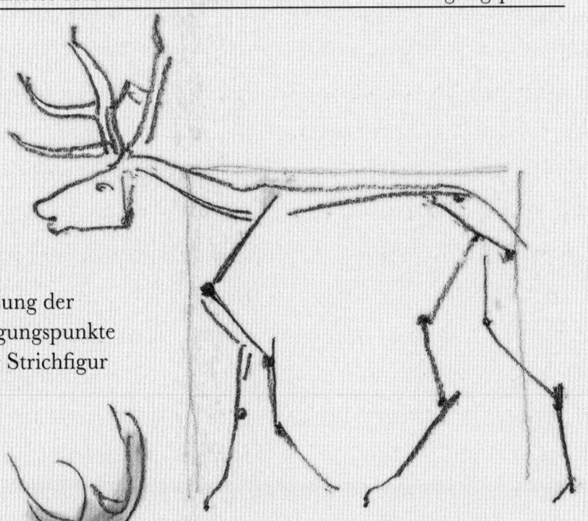

Erfassung der Bewegungspunkte in der Strichfigur

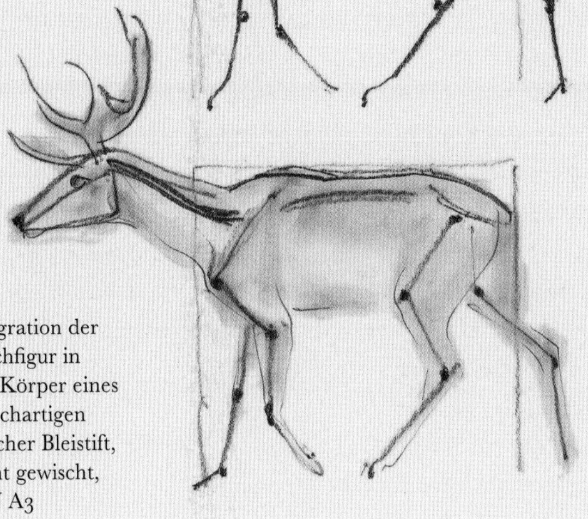

Integration der Strichfigur in den Körper eines Hirschartigen
Weicher Bleistift, leicht gewischt, DIN A3

37

Erprobung des Bewegungsausdrucks mit Hilfe der Strichfigur bei einem Pferdeartigen

Beispiel Zebra, Graphitstück, DIN A3

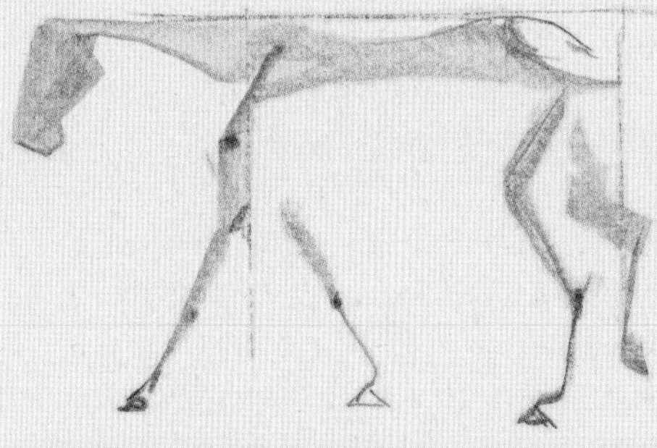

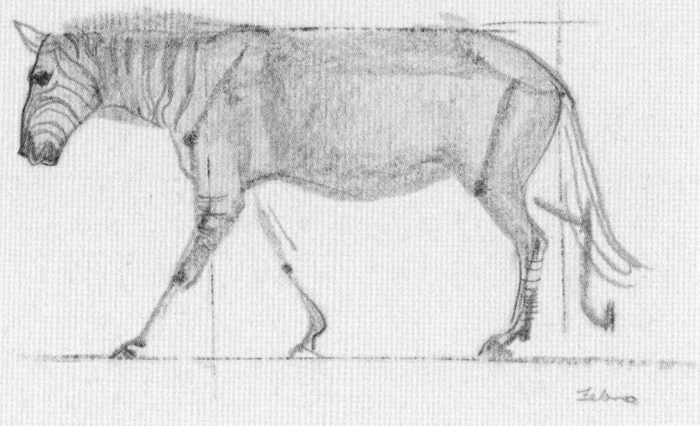

38

Schnelles Erfassen von Proportionalität in Verbindung mit der Anlage einer Strichfigur

Beispiel Säbelantilope im Schritt

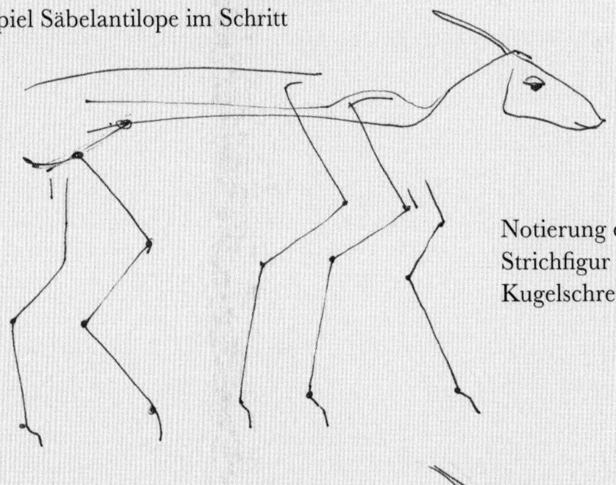

Notierung der Strichfigur mit Kugelschreiber

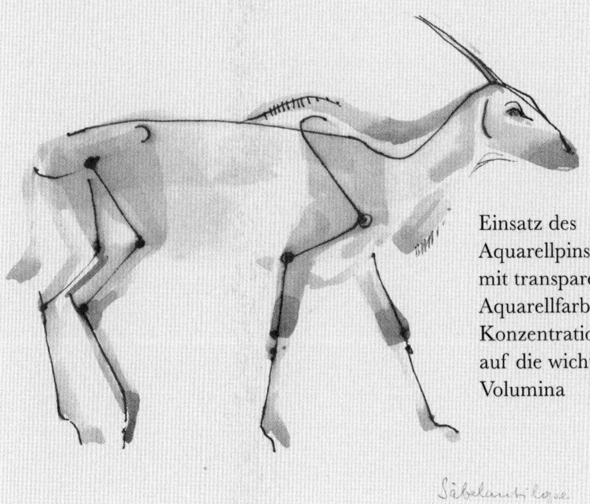

Einsatz des Aquarellpinsels mit transparenter Aquarellfarbe bei Konzentration auf die wichtigsten Volumina

39

Lockerer, spielerischer Einsatz des Aquarellpinsels als Vorübung für rasche Pinselzeichnungen bei der Bewegungserfassung

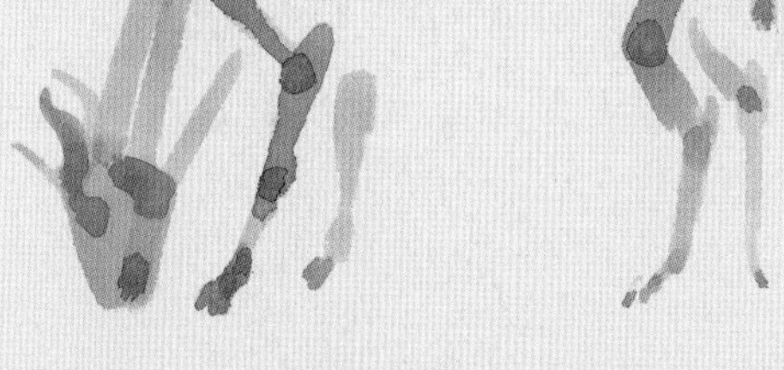

oben: Strichfigurangabe mit Aquarellrundpinsel
unten: Erweiterung zur vollen Tierform, DIN A3

Das Einbringen von ersten körperhaft-räumlichen Motiven in die Naturstudie

Die Bezeichnung ›körperhaft‹ betrifft unmittelbar plastische Elemente des Körpers. Räumliches bezieht sich auf die Stellung des Körpers im Raum, auf Verkürzungen und Überschneidungen innerhalb des Körpers.

Daraus ergibt sich für die Pinselstudie (Abb. 40):

- Man malt keine Vorzeichnung aus und macht sie nicht zum Schattenriss.
- Der Tierkörper wird zum Arrangement eines gegliederten Ganzen.
- Breiten und Feinheiten stehen in einem spannungsvollen Wechselspiel. Breite und feine Linien sind zügig zu setzen.
- Die Pinselstudie ist keine Imitation der trockenen Zeichenmittel mit einem anderen Medium. Sie hat ihre eigene Sprache und ihre eigene Qualität.
- Körperhafte Andeutungen sind evozierbar durch Verstärkung der Lasurtöne, die, will der Anfänger die Formgliederung nicht verlieren, besser nicht nass in nass gesetzt werden.
- Hier empfiehlt sich, den getrockneten Lasurton noch einmal verstärkend zu übergehen, ohne herausstechende dunkle Inseln zu erzeugen.
- Räumlich und körperhaft gliedernde Elemente sind auch Aussparungen, die das Zusammenfließen der nassen Flecken und Formen verhindern. Auf dieselbe Maßnahme muss man zurückgreifen, wenn sich Gliedmaßen teilweise verdecken.

Eine entscheidende Forderung an die Pinselstudie bleibt bestehen: Ob die Flecken mit dem breiten, auf Schluss gearbeiteten Pinsel gezogen oder mit dem Rundpinsel mehr getupft werden – die Flecke müssen *Form von Bestimmtheit* sein.

Es besteht kein Grund zur Rat- und Hilflosigkeit, will man konstruktive Untersuchungen bei starken Vorder- und Rückansichten treiben, wo sich die klare Artikulation des gewohnten Aufbaus in Profilansicht weitgehend entziehen will. Betrachte die Abbildungen 31–34, auf denen Gliedmaßen in Vorder- und Rückenansicht, ihre konstruktiven Formen und ihre Stellung im Raum, zu sehen sind, und verändere diese Ansicht gedanklich im Hinblick auf jeweils andere Tierarten (Abb. 41):

- Wir erinnern uns an den nach oben offenen gotischen Spitzbogen des Schultergürtels (rechte Nebenzeichnung).
- Wir vergegenwärtigen uns die stark verkürzte Länge der Oberarmbeine, sodass das Schultergelenk eine scharf vorspringende Plastik bilden muss (Abb. 41, 42), dazu die Andeutung des fast verdeckten Ellenbogens.
- Von hier aus achten wir auf die nach unten verlaufende konvergierende Richtung beider Unterarmbeine, die bei den Wiederkäuern zu den divergierenden Mittelfüßen eine typische X-Form bilden.
- Auch beim Hinterbein rekonstruieren wir elementar das Vor und Zurück der Abschnitte.

Man erwartet hier keine ›gekonnte‹ Vorstellungsleistung von anatomischen Einzelheiten. Aber man kann sich vor Augen führen, dass die Knochen wie Rohre wirken, auf den Betrachter vorstoßen und wieder zurückweichen (Abb. 41, linke Nebenstudie). Ergänzend macht man sich ihre Verbindung mit der Ringform des Beckens klar. Praktisch ist die Untersuchung mit der Einfügung des Leibes zwischen die gewinkelten vorderen und hinteren Brückenpfeiler abgeschlossen.

Integration von Proportionalität, konstruktivem Aufbau und lebender Körperform

Beispiel Antilope (oben),
und emporsteigende Großkatze (unten)
Aquarellpinsel in dünner Aquarellfarbe, DIN A4

41

Stark verkürzende Vorderansichten erfordern ein Durchschaubarmachen des konstruktiven Aufbaus, insbesondere der Gliedmaßenrichtungen.
Weicher Bleistift, DIN A4

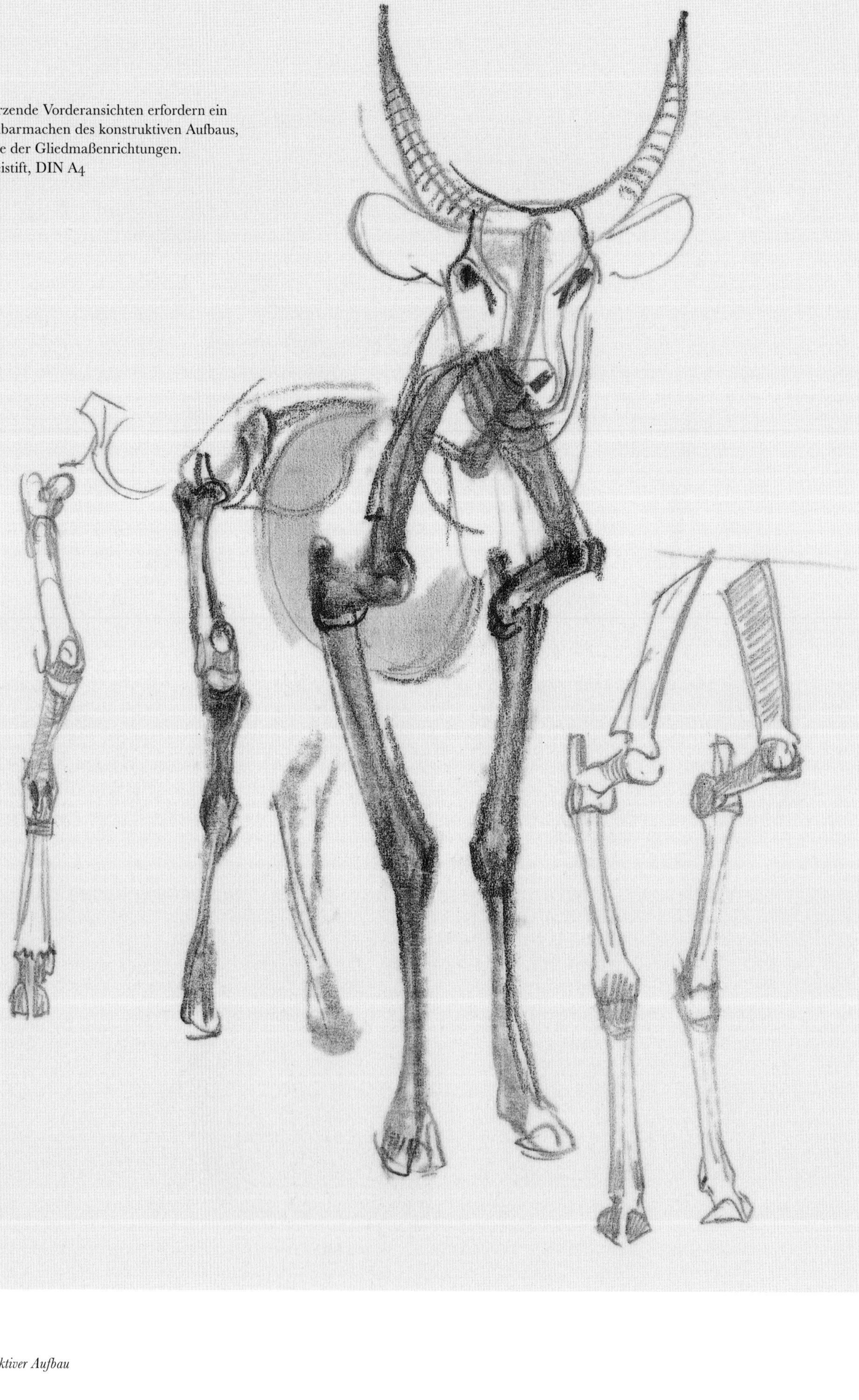

42

Zusammenspiel von geklärtem konstruktivem
Aufbau und räumlichem Hintereinander
verschiedener Körperzonen, Beispiel Wasserbock
Graphitstück, DIN A4

Gelassene und bewegte Ruhehaltungen

Klärungen zu Formen der Ruhehaltungen

Tier- und Menschenkörper befinden sich während ihrer Ruhehaltung, in der es ja zu keinen dynamischen Erscheinungen wie denen der Ortsbewegung oder des Falles kommt, in einem ständigen Ausgleich ihrer Kräfte. Sie sind darauf bedacht, die hohe Mobilität der Gelenke zu dirigieren und solche Gelenkbewegungen zu verhindern, durch die Fall und Ortsbewegungen unvermeidlich würden. Das bedeutet für die Stand- und Sitzhaltung wie auch für die liegende Ruhehaltung, dass hier keine Störungen des statischen Gleichgewichts, aber auch keine entschiedenen Beeinträchtigungen des *inneren* Gleichgewichts, wie z. B. durch Aggression, Gefahrenabwehr, Widerstand, Angst, Freude, Erwartung oder Fortpflanzungstrieb, erfolgen. Es gibt in solcher Ungestörtheit keinen starken Übersprung der inneren Verfassung in die äußere Haltung oder in ein spezifisches Gebärdenbild. Dieser ausgeglichene Zustand des inneren und äußeren Gleichgewichtes wird am treffendsten als *gelassene Ruhehaltung* bezeichnet.

Das aber bedeutet keinen absoluten Aktionsstillstand. Ein Tier senkt den Kopf zur Nahrungsaufnahme, hebt ihn, äugt, wendet den Kopf oder die Lauscher, wittert, leckt sich und scharrt, führt verschiedenste Komfortbewegungen aus, sucht die Hinterbeine abwechselnd zu entlasten, dehnt und reckt sich, ergreift etwas. Unmöglich, auch nur annähernd die vielen möglichen Aktionen der ›ungetrübten‹, gelassenen Ruhehaltungen aufzuzählen. Aber während der ganzen Zeit der Erhaltung des Gleichgewichts sind – oft kaum sichtbar – die gewichtsverschiebenden, ausgleichenden Kräfte am Werk: Ein dreifüßiger Stand beim Putzen oder nur eine Wendung des Halses zur Seite zieht eine ganze Anzahl von Reaktionen nach sich. Die Richtung der Vorderbeine weicht ab von ihrer Grundhaltung, die Beckenachse von ihrem Horizontalverlauf, wenn ein Bein einknickt usw.

Daher ist es unumgänglich, sich klarzumachen, dass der Körper auch in der gelassenen Ruhehaltung notwendigerweise des statisch bedingten, formverändernden Ausgleichs bedarf, und die Gesetzmäßigkeiten, die hier zum Tragen kommen, kennen zu lernen.

In der *bewegten Ruhehaltung* jedoch wird zwar noch immer das mechanische Gleichgewicht bewahrt, aber dieses innere Gleichgewicht ist in heftige Bewegung versetzt und führt im Übersprung in die Gebärde mit dieser quasi ein Dasein in Koexistenz. Die bewegte Ruhehaltung wird heftig, expressiv (Abb. 64). Der Gleichmut ist verflogen. Im Affekt der Wut, des Widerstands, der Kampfbereitschaft, der Drohung, des Besitzrechts auf den Fraß, im Anpressen an den Boden, in den breit eingestemmten Gliedern in der Vergrößerung der Standfestigkeit, in der duckenden Verkleinerung der Körperangriffsflächen kommt es zur ausdrucksstarken Konfiguration aller Teile des Körpers, die auf gezielte Handlung eingestellt sind. Es ist ein totales Ergriffensein.

Körperbewegungen kommen zustande, die sogar ein Verharren, ja Ausharren am Ort, bis zur Erstarrung, erzwingen. Elektrisch geladene Spannung, die zur Entladung drängt. Selbst die bewegte Ruhe- und Liegehaltung ist von der knisternden Situation nicht ausgenommen. Die ganz und gar fließenden Übergänge von der gelassenen Ruhehaltung in die bewegte und umgekehrt müssen nicht ausdrücklich betont werden.

43

Gesetzmäßige Zusammenhänge von Gleichgewichtslage, Schwerpunktlage und Standfläche

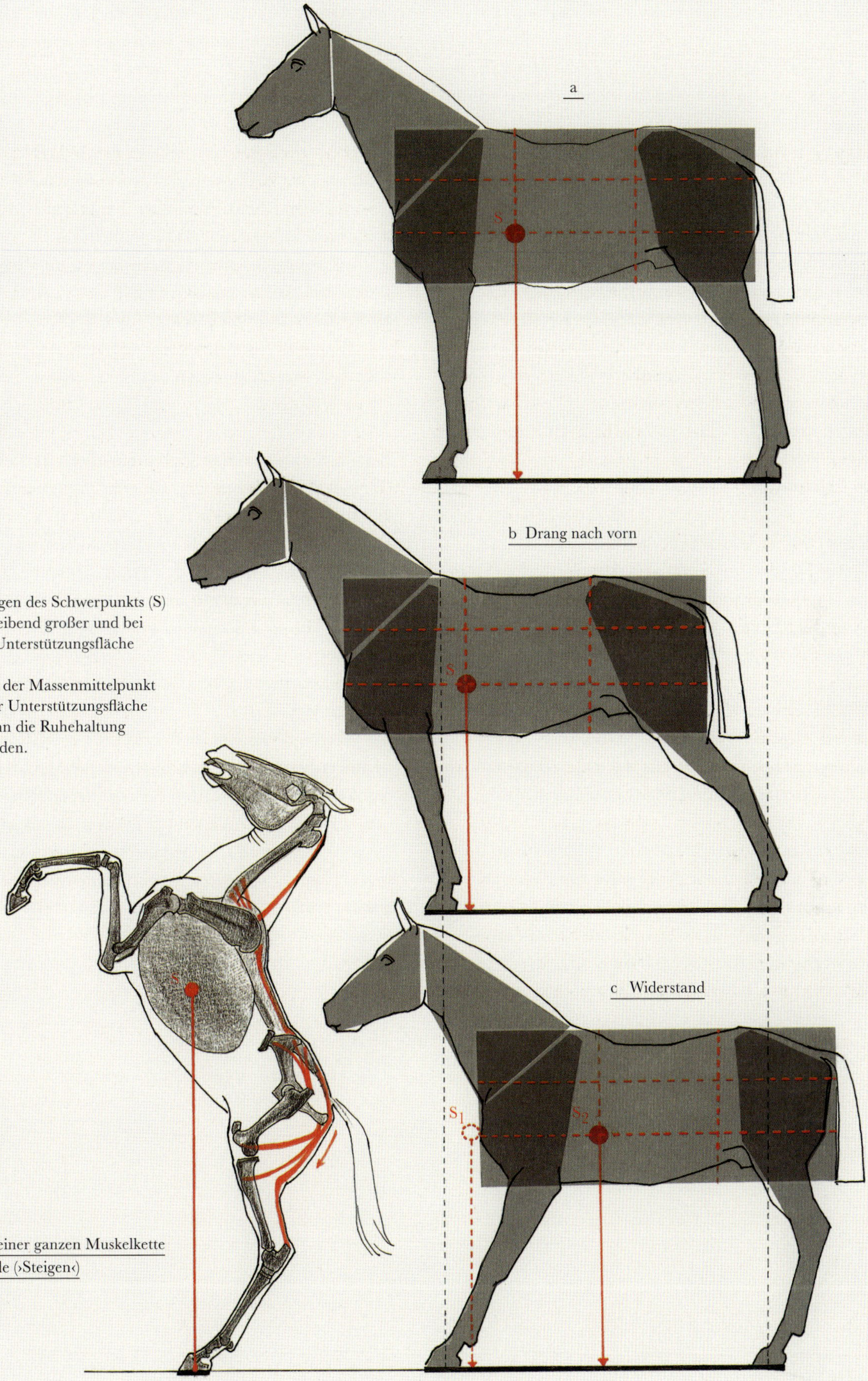

Verschiebungen des Schwerpunkts (S) bei gleich bleibend großer und bei reduzierter Unterstützungsfläche

Solange sich der Massenmittelpunkt S über seiner Unterstützungsfläche befindet, kann die Ruhehaltung bewahrt werden.

d Aktivität einer ganzen Muskelkette in der Levade (›Steigen‹)

Gesetzmäßige Formveränderungen bei veränderter Standfläche

Die Standfläche des Menschen (seine Füße) ist klein, die des Tieres in der Regel sehr groß, jedoch nicht jederzeit konstant.

Jeder Körper kann seine Ruhelage beibehalten, d.h., er kippt oder fällt nicht um, wenn sein gedachter Massenmittelpunkt (die Vereinigung der Gesamtmasse als Angriffspunkt des Körpers = Schwerpunkt S) eine Unterstützung besitzt. In der Ruhehaltung herrscht Gleichgewicht, das heißt: Der Schwerpunkt befindet sich über der Unterstützungs- oder Standfläche, das von ihm gefällte Schwerelot (rot) weist in die Unterstützungsfläche.

Die Lage des tierischen Schwerpunkts befindet sich im Schnittpunkt von drei Ebenen (Abb. 43 a):

- von der vertikalen Frontalebene im vorderen Rumpfdrittel (rot gestrichelte Linie),
- von der Horizontalebene im unteren Längsdrittel des Rumpfes
- und der vertikalen Mittelebene des Rumpfes.

Der Schwerpunkt liegt somit nahe den Vorderbeinen und tief über einer großen Standfläche. Das erklärt die große Standfestigkeit des Tierkörpers. Über so großer Standfläche kann der Rumpf samt Schwerpunkt ausgiebig nach vorn und hinten verschoben werden (Schwerpunktverschiebung, Abb. 43 b, c).
Mit Abbildung 43 b wird ein Drang nach vorn bekundet, mit Abbildung 43 c ein widerstrebendes Einstemmen.

Auf allen drei Abbildungen bleiben die Fußpunkte an ihrer Stelle. Sie sind untereinander durch schwarze gestrichelte Linien verbunden. Die Bewegungen haben sich an Ort und Stelle abgespielt. Das Ausmaß der Schwerpunktverschiebung über gleich groß gebliebener Standfläche ist am Weg von S (einfache Ruhehaltung) nach S_1 und S_2 ablesbar.

Im Extremfall jedoch kann es, wie z.B. in der Levade des Pferdes (Steigen), zur Verringerung der Unterstützung und Reduktion der Standfläche auf die beiden Hinterhufe kommen. Die Folge:

- Der Vorderkörper mit seinem Schwerpunkt muss zurück-, also hochgezogen werden über beide Hinterhufe. Das Pferd ›steigt‹ (beachte die auffällige Beinkürze!).
- Ganze Muskelketten ab Fersenbein bis Hinterhaupt müssen die Körpermasse durch Streckungen im Hüftgelenk und der Wirbelsäule zurückziehen.
- Das Zurückwerfen von Hals und Kopf wird in diesen kraftaufwendigen Balanceakt gewichtsausgleichend mit einbezogen, desgleichen das Heranziehen der Vorderbeine an die Brust.

Bei gleichmäßiger Standbelastung aller vier Beine stehen die wichtigen Körper- und Gelenkachsen horizontal (rote Horizontallinien der Abb. 44). Die Grautönung des Skeletts markiert die tragenden Knochenschäfte, die linearen ›Anfügungen‹ markieren die Nebenformen.

Vergrößerungen der Standfläche bei vierseitig belasteten Beinen (Abb. 45 oben, siehe graues Standflächenbild) bieten dem Körper Vorteile einer freieren Bewegungsmöglichkeit anderer Körperteile, so z.B. die Seitwärtswendung von Hals und Kopf.

Jungtiere, die erst im Begriff sind, die Glieder ihres Bewegungsapparates zu koordinieren, stehen nach der Geburt regelmäßig mit gespreizten Beinen. Sie erhöhen damit zweckmäßig ihre Standfestigkeit bei noch hoch gelegenem Schwerpunkt. – Der spezifische Ruhehaltungsausdruck einer Zeichenstudie hängt also ab von der gesetzmäßigen Beziehung der Schwerpunktlage und der Größe der Unterstützung.

Horizontalverlauf aller Körper- und Gelenkachsen bei gleichmäßig auf alle Beine verteilter Körperlast

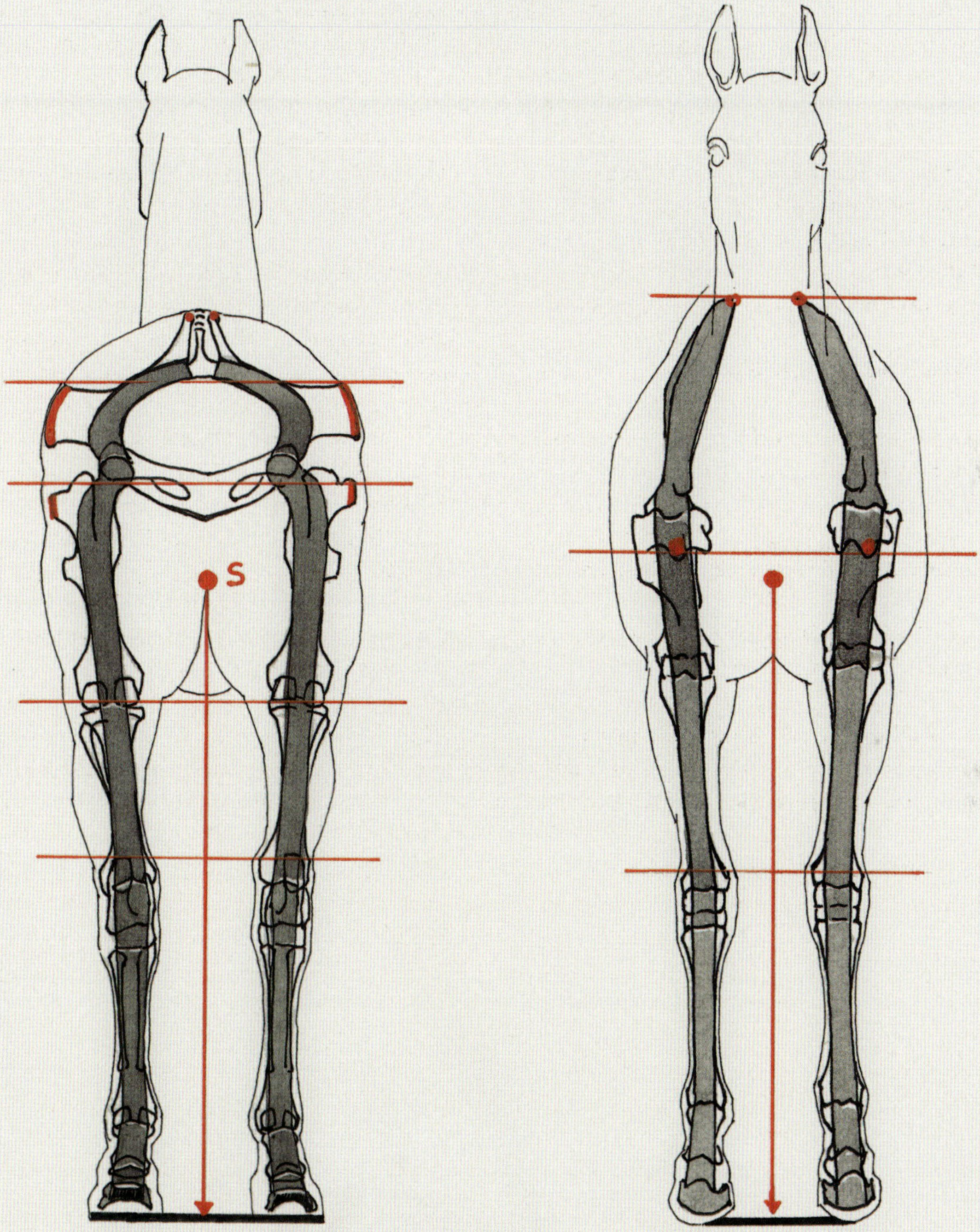

Rote Kennzeichnungen an den Skelettformen
weisen auf ihre plastische Bedeutung für die Lebenderscheinung hin.

Vergrößerung der Standfestigkeit durch Vergrößerung der Unterstützungsfläche

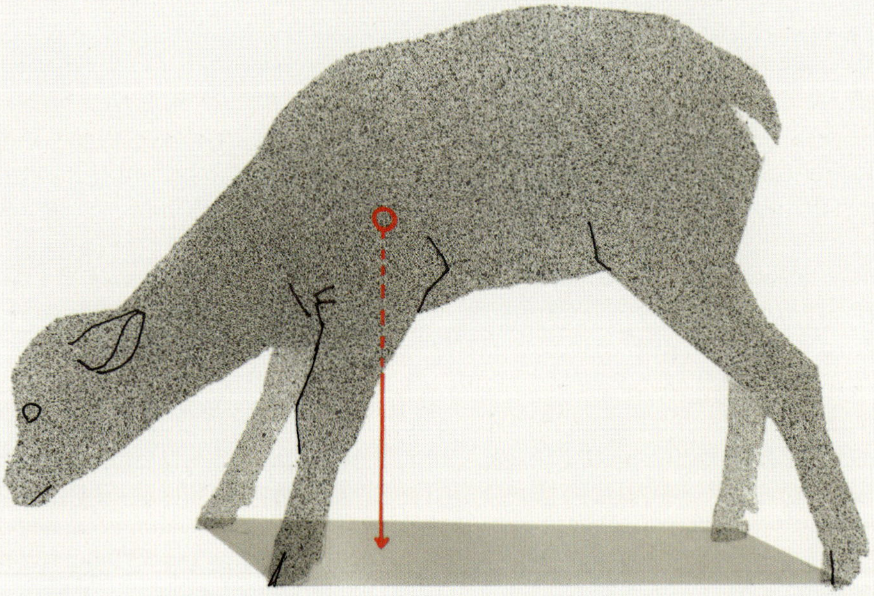

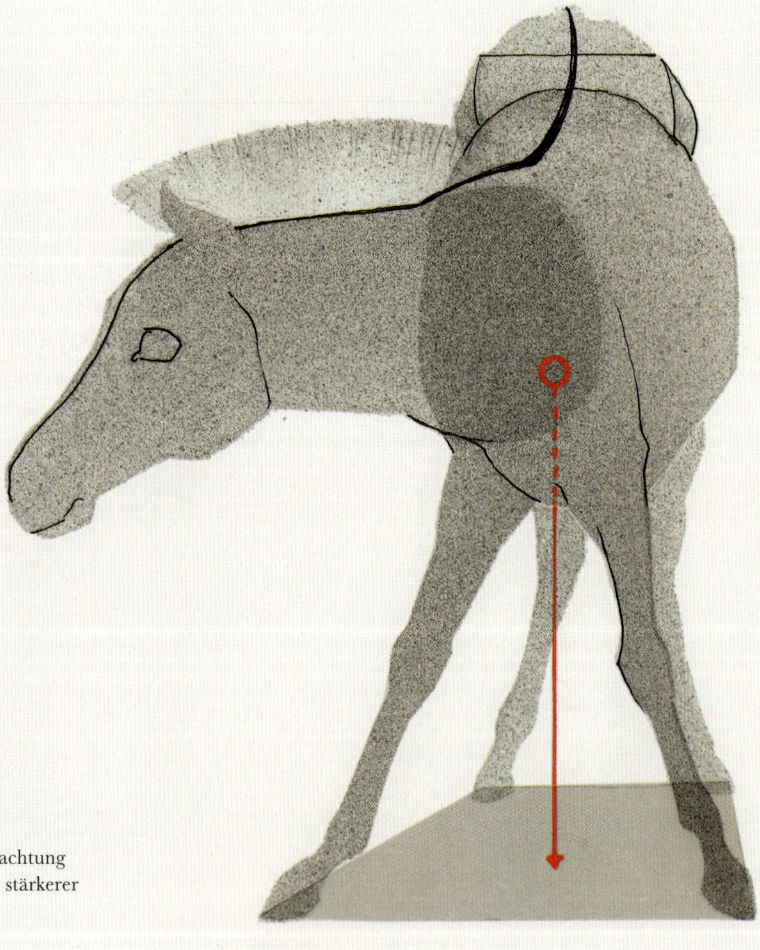

Besondere zeichnerische Beachtung verdient die Standfläche bei stärkerer Verkürzung (unten).

Der in Rede stehende Kräfteausgleich, der praktisch schon bei Kopfbewegungen stattfindet, wirkt sich aus als notwendige Verschiebung des Schwerpunktes (Abb. 46 links oben):

- Die Schwerpunktverschiebung überantwortet die Last nur einem Vorderbein, das andere ist entlastet und führt eine Ausgleichshaltung aus (Spielbein).
- Die beiden Schulterblattspitzen ergeben eine nach der Spielbeinseite fallende Achse.
- Die Vorgänge wiederholen sich bei Entspannung eines Hinterbeins (Abb. 46 rechts oben).

Am Hinterbein des Pferdes nimmt die Entlastung eine besondere Form an (Schildern genannt):

- Die Schwerpunktverschiebung von S_1 nach S_2 drängt das Standbein im Beckenbereich nach außen (Schrägstellung!).
- Die Beckenachse von Hüfthöcker zu Hüfthöcker sinkt ab, analog hierzu auch die Gelenkpunkte der Spielbeinseite.
- Der mit der Spitze aufgesetzte Huf bringt auch den Beugern der Zehe Entspannung.

Diese Vorgänge im Hinterbeinbereich entsprechen den gesetzmäßigen Formveränderungen des kontrapostisch stehenden Menschen (Abb. 46 unten rechts).

Der auf Abbildung 46 links oben schematisierten Darstellung der Funktions- und Formereignisse am Vorderkörper folgt hier eine weiter ausgeführte Veranschaulichung (Abb. 47 Mitte und links unten):

- Der Stützwechsel im Schritt führt anatomisch zu wechselnden Schwerpunktverschiebungen mit den schon behandelten Folgen.
- Die Standfläche nimmt eine Dreiecksform an.
- In dieser Phase einer Dreipunktunterstützung ist ein müheloses Verharren im Schritt möglich.

Erst bei gleichzeitiger und gleichseitiger Belastung der Füße hinten und vorn (z. B. Antritt der Katze zum Schritt) kommt es zu einem entsprechenden Absinken der vorderen und hinteren Körperachse nach der unbelasteten Seite (Abb. 47 a).

Der Übergang von der stehenden in die sitzende Ruhehaltung erfolgt so (Abb. 48 oben):

- Die Hintergliedmaßen entspannen durch Einknicken, indem sie den Vorderbeinen angenähert werden (Keulensitz), die Fußpunkte der Vorderläufe behalten ihren Ort wie im Stand bei.
- Der Schwerpunkt liegt nahe den stützenden Vorderläufen.
- Im Übergang von der Brust- in die Lendenwirbelsäule entsteht ein starker Knick (roter Pfeil, Sitzbuckel, besonders ausgeprägt bei der Katze).

Der Übergang vom Sitz ins Liegen (Abb. 48 unten):

- Die Gelenkwinkel der Hinterläufe knicken noch weiter zusammen und bleiben an ihrem Ort, während der Vorderkörper samt Vorderläufen nach vorn geschoben wird.
- Diese ruhen von den Ellenbogen bis zu den Pfoten gestreckt auf dem Boden.
- Auch Teile des Brustkorbs und des Bauchs können aufliegen.

In einer liegenden Ruhehaltung mit erhobenem Kopf ist die Wachheit noch voll aktiv. Erst wenn der Kopf sich nach vorn zwischen die Pfoten legt, wird die Aufmerksamkeit abgeblendet. Beim Aufschrecken genügt ein Ruck der Gliedmaßen für den Stand. Der Übergang vom Liegen auf dem Bauch durch Wälzen auf die Seite kündigt die ungestörte Ruhe an.

Jede Körperhaltung, auch die der Ruhe, ist nie nur körperliches Ereignis, sondern stets auch Ausdruck psychischen Befindens.

Die Veränderungen der Körperachsen und der Richtungen
der einseitig belasteten Gliedmaßen bei dreifüßiger Unterstützungsfläche

Verschiebungen des Schwerpunktes
über die Restunterstützung sind unerlässlich,
in deren Folge auch die Körperachsen
auf der nicht unterstützten Körperseite
schräg absinken.

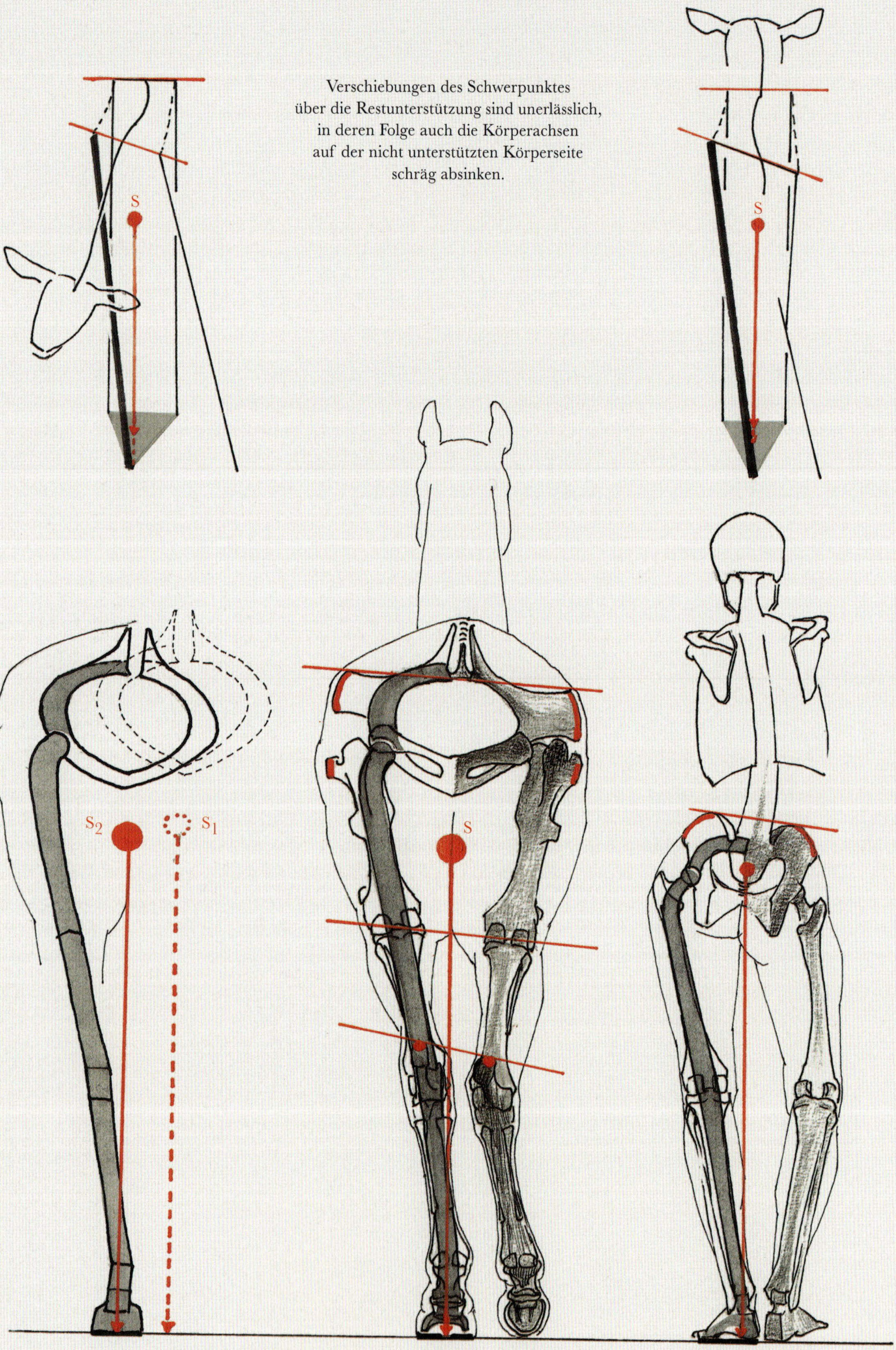

47

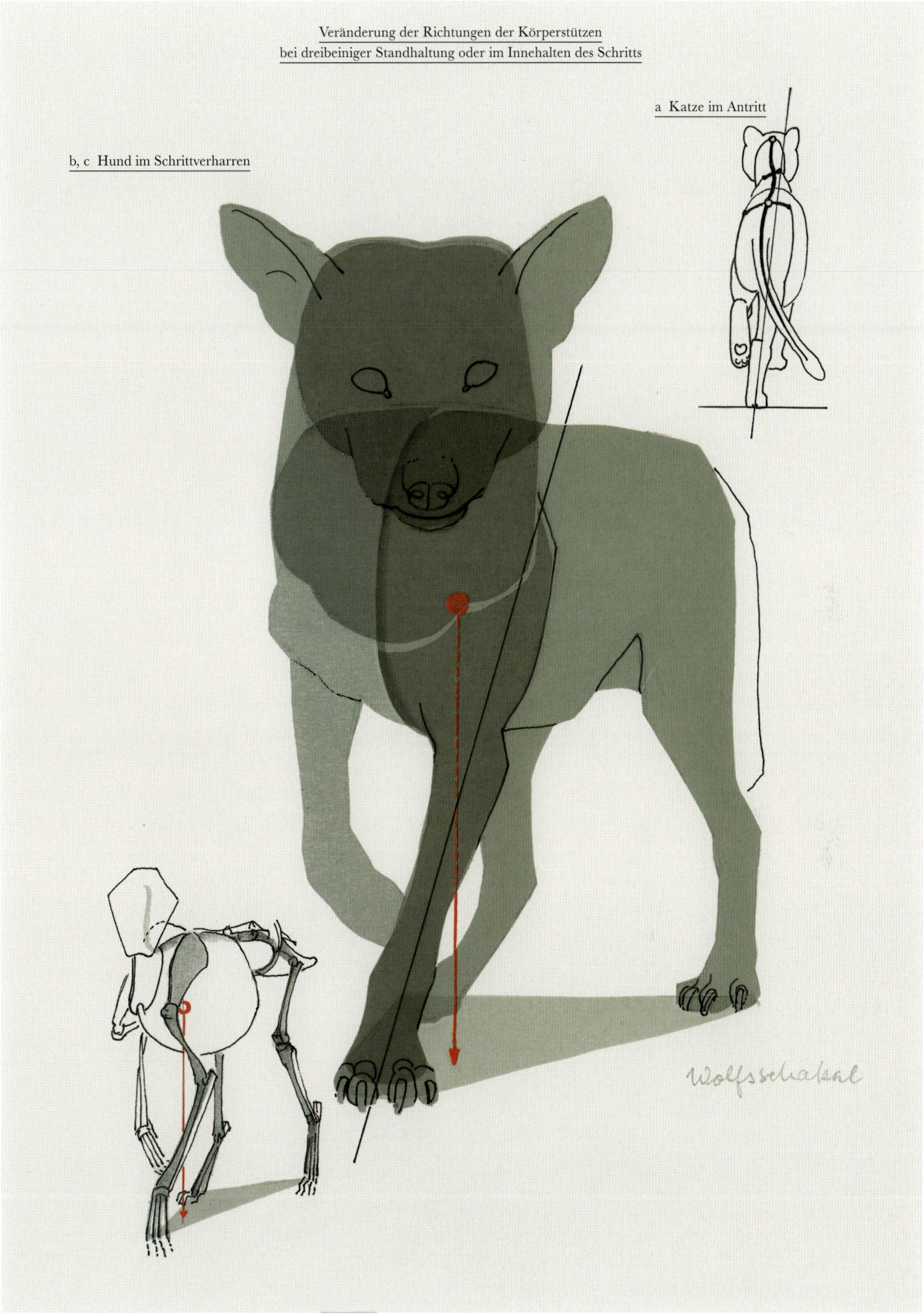
Veränderung der Richtungen der Körperstützen
bei dreibeiniger Standhaltung oder im Innehalten des Schritts
a Katze im Antritt
b, c Hund im Schrittverharren
Wolfsschakal

48

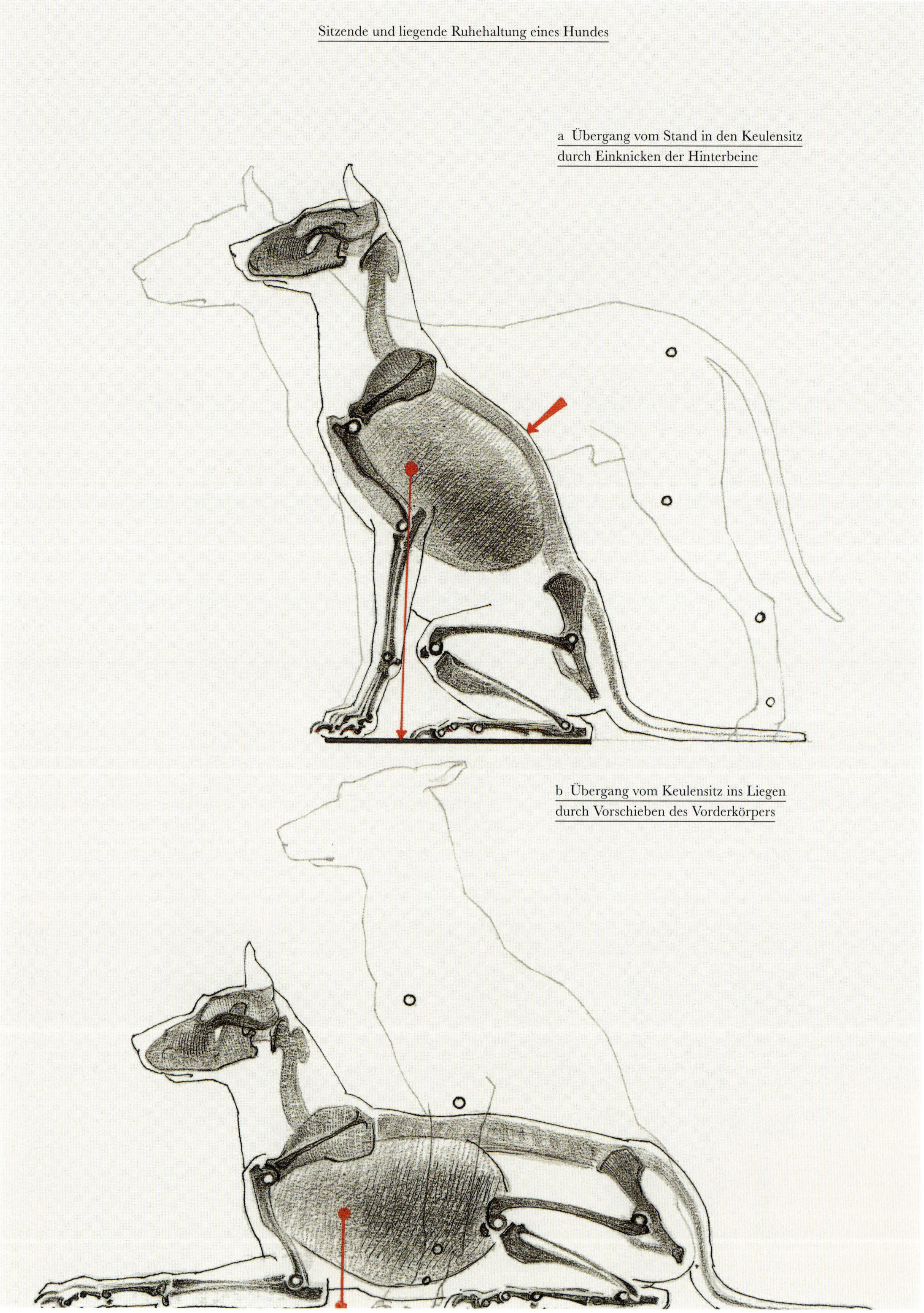
Sitzende und liegende Ruhehaltung eines Hundes
a Übergang vom Stand in den Keulensitz
durch Einknicken der Hinterbeine
b Übergang vom Keulensitz ins Liegen
durch Vorschieben des Vorderkörpers

Die breite Auswahl der Realisierungsmittel beim Erfassen der Ruhehaltungen

Nunmehr können wir alle sachlichen Erörterungen beiseite lassen und uns der großen Breite von Tiergestaltungen und der freien Nutzung möglicher Realisierungsmittel zuwenden.

Die Folge von unterschiedlichen technischen Behandlungen stellt keine systematisch bedingte Rangfolge dar. Nicht unwichtig aber sind die Überlegungen, zu welchem Zweck wir die Materialien und Techniken einsetzen:

- die Kreide wohl vorrangig für ein rasches Festhalten (Abb. 50, 53) der wichtigsten Züge der Körperhaftigkeit,
- den sehr weichen, schwarzen Stift, um das Malerische deutlicher zu betonen bzw. Schwere, Massigkeit oder Kraft eines Körpers und seiner Bewegung (Abb. 57) darzustellen,
- die Feder oder den harten Bleistift für die Feingliedrigkeit der Formen oder die lineare Spur eines Bewegungsablaufes, eventuell als Stenogramm (Abb. 52, 54, 55, 60),
- das vierkantig breite, reine Graphitstück für die Synthese von hart und weich, schwingend und fest, linear und flächig (Abb. 51, 59),
- die reine Linie, um den Willen zur Endgültigkeit und absoluten Definition der Bewegungsniederschrift zu manifestieren, manchmal zu mildern mit einigen feuchten Wischern,
- das Arbeiten mit verschiedenen Techniken, um ein und demselben Motiv neue Seiten abzugewinnen (dekorativ, intim, allgemein, spezifisch, Abb. 52, 53),
- die Pinselschrift, um einen hastigen, abkürzenden Zugriff auf ein rasch sich veränderndes Ganzes zu haben.

Der Verfasser kann hier nur andeuten und anregen. Natürlich muss das hier Vorgestellte lückenhaft bleiben, weil es ohnehin keine Grenzen gibt.

49

Breit aufliegende Fresshaltung, Beispiel Junglöwe

Rötel und Feder, DIN A3

Gespannte Sitzhaltung eines Gepards

Durch rasche Streckung der zusammengedrückten Hinterläufe kann er sofort in die Standhaltung oder Bewegung übergehen.
Bisterkreide, DIN A3

Studienblatt mit Addax-Antilopen

Beachte die charakteristischen Winkelungen in den Beingliedmaßen.
Bleistift und breites Graphitstück, DIN A3

52

Lineare Niederschriften zu Standhaltungen des Nyalaweibchens mit Jungtier

Die Studien gehen aus vom Verlauf der Rückenlinie ab Nasen- bis Schwanzspitze als einer wichtigen Komponente der Ausdrucksfaktoren. Feder, DIN A3

Addax-Antilope mit säugendem Jungtier

Braune Feder und zwei farbige Kreiden, DIN A3

U
de
gr
Ve
ge
Bl

59

In der Hanghaltung der hoch beweglichen Primaten (hier eines Orang-Utan-Weibchens) zeigt sich der Nutzen langer Greifhände und -füße sowie überlanger Arme, zwischen denen der Rumpf als Schwunggewicht bewegt wird. Darstellung ohne das lange Haarkleid (siehe Abb. 211)
Bleistift und breites Graphitstück, DIN A3

53

Addax-Antilope mit säugendem Jungtier

Braune Feder und zwei farbige Kreiden, DIN A3

54

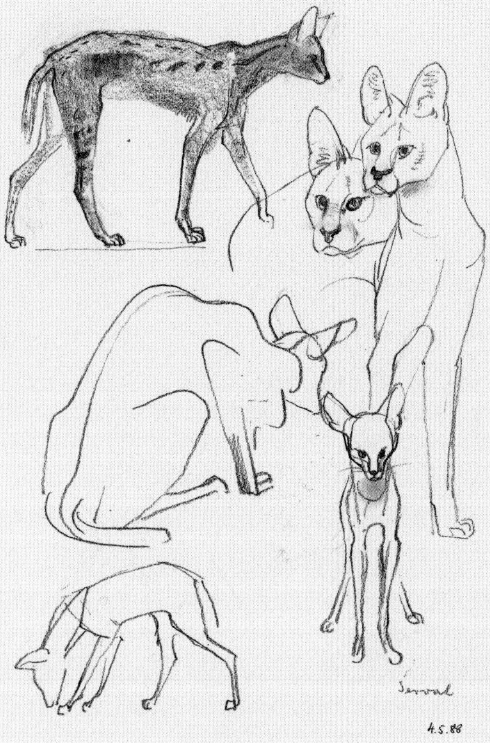

Bei unruhig lebhaften Tieren wie dem Serval gibt man Obacht auf sich öfter wiederholende Bewegungen. Man legt davon eine Anzahl unfertig an und ergänzt diese nach und nach zur vollen Gestalt. Bleistift, DIN A3

55

Ausbau der Körperhaftigkeit bei so genannten ›Schnellen‹, hier eines Servals (oben)

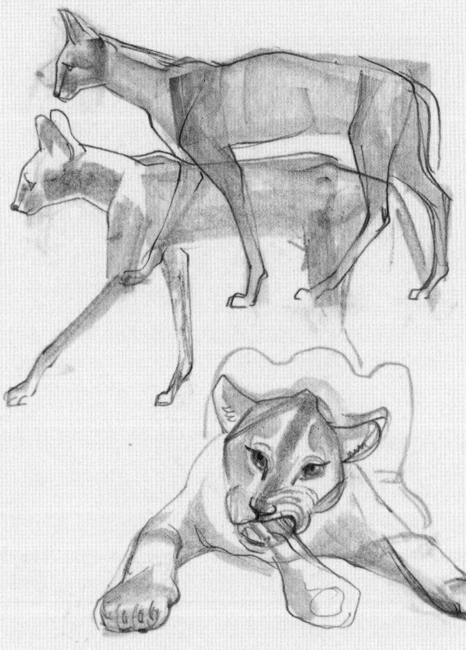

Nachdem man die so genannten ›Schnellen‹ mit einer Linie lapidar festgehalten hat, kann man an den weiteren Ausbau der Körperhaftigkeit gehen. Ein Primat (im Hinblick auf die Reihenfolge des zeichnerischen Vorgehens) sollte es aber nicht geben.

56

Stand- und Liegehaltungen eines Jaguars

Lineares Formerfassen bietet den Vorteil, dass ein rasches Reagieren auf Formbewegungen möglich ist. Es schult die Konzentrationsfähigkeit und das Finden von Formkürzeln.

57

Liegehaltungen eines Panthers

Der schwarzsamtene Ton der sibirischen Kreide eignet sich ausgesprochen gut, um der geballten Energie des breit hingelagerten Panthers Ausdruck zu geben. Durch das Schwarz wird das bernsteinfarbene Auge besonders zum Glühen gebracht.

Nilgau-Antilope in Standhaltung

Um die edle Feingliedrigkeit eines Laufspezialisten, wie hier der Nilgau-Antilope, darzustellen, empfiehlt sich die Benutzung grazil handhabbarer Stifte, mit denen insbesondere starke Verkürzungen mit Staffelungen in die Tiefe (Überschneidungen!) gemeistert werden können.
Bleistift, DIN A4

59

In der Hanghaltung der hoch beweglichen Primaten (hier eines Orang-Utan-Weibchens) zeigt sich der Nutzen langer Greifhände und -füße sowie überlanger Arme, zwischen denen der Rumpf als Schwunggewicht bewegt wird. Darstellung ohne das lange Haarkleid (siehe Abb. 211)
Bleistift und breites Graphitstück, DIN A3

60 a

Die Katzenartigen haben auch
in der ruhenden Liegehaltung einen
angemessen großen Spielraum für
den Gebrauch ihrer Vordergliedmaßen, begünstigt
noch durch den sehr beweglichen Schultergürtel.
Braune Feder, stellenweise gewischt, DIN A3

60 b

Rinderartige, hier Banteng-Rinder, schlagen in liegender Ruhehaltung
die Vordergliedmaßen durch Beugung in den Handgelenken gern unter,
wodurch der Vorderkörper Vertikalhaltung behält.
Bleistift in linearem Einsatz, hier und da etwas angewischt, DIN A3

Empfehlenswerte Schrittfolgen bei der Anlage komplizierter Ruhehaltungen

Bei einer Körperhaltung, die komplizierte statische Probleme und diese in Verbindung mit schwierigen Verkürzungen aufwirft – wie z. B. bei einer Komfortbewegung mit einem nach vorn geführten kratzenden Hinterbein (Abb. 61–63) – empfiehlt sich eine radikale Elementarisierung der Sachverhalte.

Der Künstler sollte folgendermaßen vorgehen (Abb. 61):

- Beurteile das Ansichtsverhältnis, indem lapidar der räumliche Verlauf von einem Hinterbein zum entsprechenden Vorderbein gezogen wird.
- Fahre dann fort mit den unterscheidenden Richtungsmerkmalen der drei belasteten Beine.
- Halte im Schulterbereich an der Bogenform der Schulterblätter fest.
- Entwickle über den Trägern des Rumpfes den räumlichen und funktionellen Verlauf der Rückenlinie.
- Gib die räumliche Lage des vereinfachten Kopfes in seiner Beziehung zur Standfläche an.

Erst hiernach geht man an den weiteren Ausbau des Gerüsts zur vollen Körperform heran (Abb. 62 und 63):

- Beobachte die Überschneidungsfolgen sorgfältig (wer verdeckt wen?).
- Setze zuletzt breit und zügig einige wölbende Rundungen und hierzu kontrastierend die eckigen und kantigen Formen der Gliedmaßen.

61

Flüchtige Anlage der Standhaltung eines Paarhufers (hier eines Rentiers) auf drei Beinen

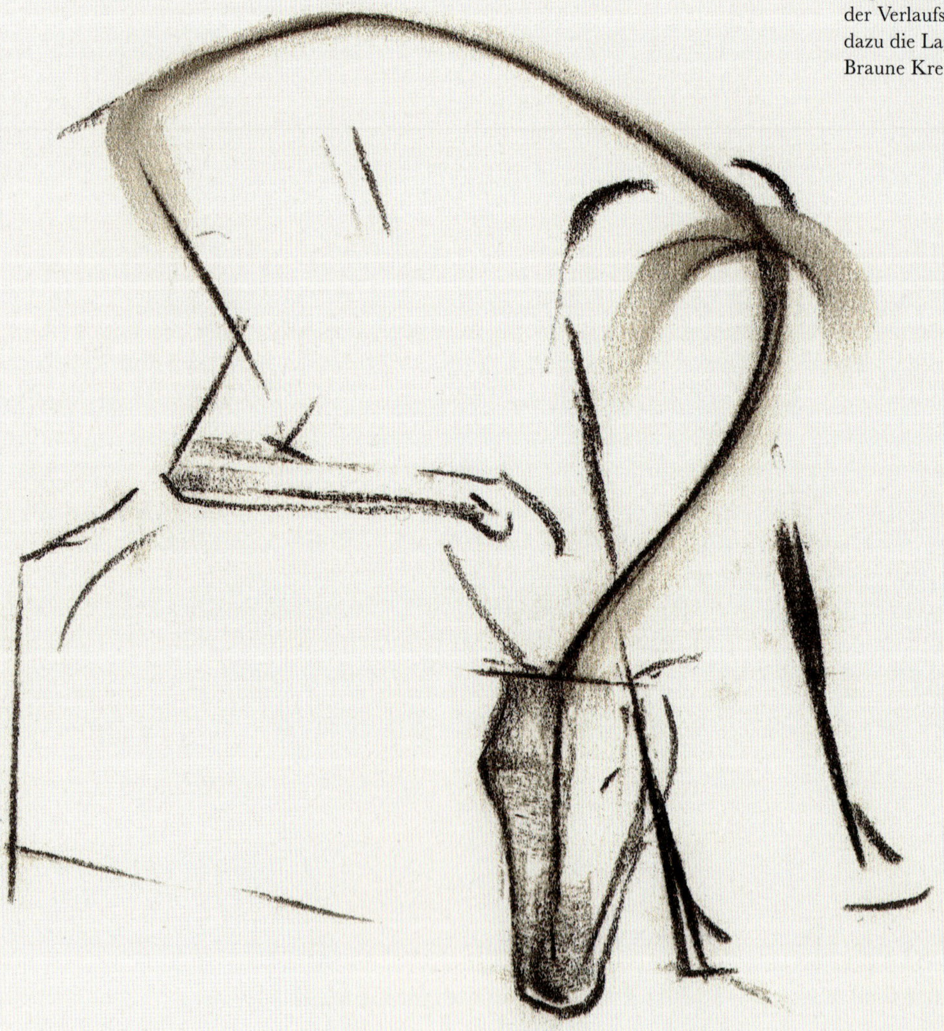

Für das zeichnerische Gelingen empfiehlt sich primär die Angabe der Verlaufsform der Wirbelsäule und dazu die Lage der drei Stützpunkte. Braune Kreide, DIN A4

62

Zeichnerische Fortsetzung einer Rentier-Standhaltung
Die vorige Zeichnung wird weiter ausgebaut, Rumpf, Hals und Glieder erhalten mehr Körperhaftigkeit.
Braune Kreide, DIN A4

63

Neben den statischen Problemen gilt es, die weichen Rundungen des Rumpfes zwischen den tragenden staksigen Gliedmaßen der Antilopenartigen (hier Addax-Antilope) ›aufzuhängen‹.
Rötel, DIN A4

- Auch die schmalen Beinrückseiten bieten Ansichtsflächen.

Die Pinselschrift als ›Blitzstudie‹

Die Verwendung des Pinsels in einer Art und Weise, als handle es sich bei der Studie um eine eilig hingeschriebene Mitteilung, mag nicht nur eine Lieblingstechnik des Verfassers sein. Er weiß vor allem um ihren hohen erzieherischen Wert. Damit werden andere schnell fließende Medien, die den Spuren des Geistes, dem visuellen Gedächtnis, der Imagination oder Intuition aufs rascheste zu folgen vermögen, durchaus mit eingeschlossen, z. B. der dicke, sofort nachfließende Filzschreiber, den ich für das Erfassen der expressiv bewegten Ruhehaltung des Löwen (Abb. 64) einsetzte, der nach einem Fastentag ungebärdig und randalierend auf sein Futter wartete.

Wird die Pinselstudie wirklich flott gehandhabt (wozu man erst technische Erfahrungen sammeln und viel Misslungenes wegwerfen muss), so fordert und fördert das Medium formale und künstlerisch expressive Fertigkeiten (Abb. 65–68):

- das blitzartige, nahezu intuitive Erfassen eines eindrücklichen Ganzen,
- den Verzicht auf Nebensächlichkeiten, wodurch die Erscheinung in ihrer Wesensform prägnanter gefasst wird,
- das frische Weiterwirken des Netzhautbildes und Aufrufen des visuellen Gedächtnisses, wenn die Bewegung bereits vorüber ist,
- die Schärfung des Blicks für das Entscheidende der Bewegung und ihres Ausdrucks,
- die knappeste Formulierung für die Gliederung eines Körperteils und zugleich seiner Zusammenhänge,
- den Zwang zu unbedingt rascher und fließender Arbeitsweise,
- das planvolle, gezielte Nichtfertigstellen (Nonfinito),
- die Möglichkeit des Offenhaltens des Umrisses, wodurch die Ergänzungsfähigkeit des Auges aktivierend mit eingeschaltet wird.

Unbedingt zu vermeiden ist – im Interesse der angegebenen Ziele – das korrigierende, zeichnerische Herumstricheln mit dem Pinsel, wodurch keine separate *Form* entsteht.

64

Eindrückliches und blitzartiges Erfassen des Bewegungsausdrucks erfordert nicht nur ›schnelle‹ Medien.
Auf die Vergegenwärtigungs- und Vorstellungskraft, die hier die Hand ohne Anwesenheit des ›Modells‹ geführt hat, kann nicht verzichtet werden.
Brauner Filzschreiber und Kreide, DIN A4

65

›Blitz‹-Studie von einer Nilgau-Antilope

Pinselzeichnungen mit ihrem schnellen Farbfluss zwingen den Zeichner zu größter Konzentration, um Wesentliches zu erfassen. Er muss sich zudem schnell dazu entschließen können, einige Stellen unfertig zu lassen.
Pinsel, DIN A4

66

Pinselschriftstudie als Ausdrucksform intensivster Beobachtung

Mit unterbrechungslosem Zug wird die Bewegung als geformtes Kürzel – ohne Vorzeichnen! – notiert. Pinsel, verdünnte Aquarellfarbe, DIN A3

67

Gähnender Junglöwe in Pinselschrift

Der Materialeinsatz zwingt – unter Verzicht auf Nebensächliches – zu Spontanausdruck und Formsicherheit. Pinsel, verdünnte Aquarellfarbe, DIN A3

68

Schnellstudien zu Ausdrucksgebärden eines Jaguars

Bei der Pinselschriftstudie wird mit wenigem viel vom Eindruckserlebnis ausgedrückt. Es ist viel Training und auch Geduld mit sich selbst vonnöten, bis eine ausdrucksvolle Form endlich und gültig gelingt. Pinsel, Aquarellfarbe, DIN A3

69

Schreitender Jaguar

Asketische Knappheit bei der Formulierung des Körpers als eines gegliederten Ganzen. Der fließende Charakter der Bewegung wird auf diese Weise herbeigezaubert. Gefüllter runder Aquarellpinsel mit guter Spitze, DIN A3

Ortsbewegungen

Die wirkenden Kräfte beim Übergang von der Ruhe in die Bewegung

Wie schon dargelegt, bedarf der Übergang von der Ruhelage in die Ortsbewegung der Störung des Gleichgewichts durch Umgeschoben- oder Umgekipptwerden. Denn ein Körper unterliegt dann einer Veränderung des Ruhezustands, wenn sein Schwerpunkt über die Unterstützungsfläche hinausgedrängt wird. Er fällt oder kippt nach der Seite (Kippkante) um, auf der sein Schwerpunkt liegt. Diese unabänderliche Tatsache gilt auch für organische Körper, was für das Tier bedeutet (Abb. 70):

- Der kritische Punkt vom Übergang aus der Ruhe in die Bewegung liegt an der Kippkante der Standfläche im Bereich der Vorderbeine (siehe auch Abb. 43).
- S_1 muss veranlasst werden, seinen Ort zu verlassen, und muss nach vorn über die Kippkante hinaus verschoben werden (siehe die Strecke der Schwerpunktverschiebung von S_1 nach S_2).
- Das auslösende Moment geht vom *Hinterbein* und seiner mehrfachen Winkelung aus, indem die Muskelkräfte für den Abstoß die Gelenkwinkel mit Vortrieb nach vorn schieben (roter Pfeil).
- Der Drehpunkt für diesen Vorgang ist eines der fest aufgesetzten Hinterbeine.
- In der Regel stehen bei den Säugern beide Hinterbeine nicht auf gleicher Höhe, also nicht parallel, sondern ein Hinterbein ist nach vorn gesetzt.
- Allein dieses vorgesetzte Hinterbein deutet auf den stets nur von *hinten* ausgehenden Vortrieb hin.
- Während des Vorgangs der Gelenkwinkelstreckung wird am ›Ende‹ des Bewegungsausschlages, im Hüftgelenk, eine beträchtliche Wegstrecke nach vorn zurückgelegt.
- Sie wird über das Becken auf die Wirbelsäule übertragen und ist so groß, dass der Schwerpunkt über die vordere Kippkante gedrückt wird (gestrichelte rote Schwerelinie).
- Würde eines der beiden Vorderbeine nicht durch Vorstellen den Schub abfangen, wäre ein Sturz unvermeidlich.

Ist die Bewegung einmal in Gang gekommen, bleibt der Schub eines der beiden Hinterbeine (Abb. 70 unten) aufrechterhalten:

- Das vorwärts treibende Hinterbein heißt Stemmbein, das nachschwingende und vorpendelnde entlastete Hinterbein Schwungbein.
- Die Wegstrecke, die während der Bewegung im Hüftbereich über den aufgesetzten Fuß durch die Muskeltätigkeit zurückgelegt wird, ist natürlicherweise größer als im Antritt aus der Ruhe.

Für das Verständnis ist die Weise des Vorschubs aufs leichteste nachvollziehbar. Eine Latte oder ein Bleistift, auf einem Ende aufgesetzt und in Nähe dieses Punktes mit der Hand nach vorn bewegt, bedarf drehpunktnah nur einer unbedeutenden Wegstrecke, um am entgegengesetzten Ende (Becken) einen großen Bewegungsausschlag zu erzeugen. Das ist auch der Grund, weshalb ein Mensch im aufrechten Stand die Muskeln der Unterschenkelvorderseite, den Winkel zwischen Fußrücken und Unterschenkel, nur um ein Kleines zu verringern braucht, um die ganze darüber stehende ›Säule‹ ins Wanken zu bringen, d. h. den Schwerpunkt nach vorne zu verlagern und die Kippkante (Vorderfußende) zu überschreiten.

Vortrieb des Schwerpunktes im Schritt in Richtung auf die vordere Kippkante durch Streckung der Hinterbeinwinkel

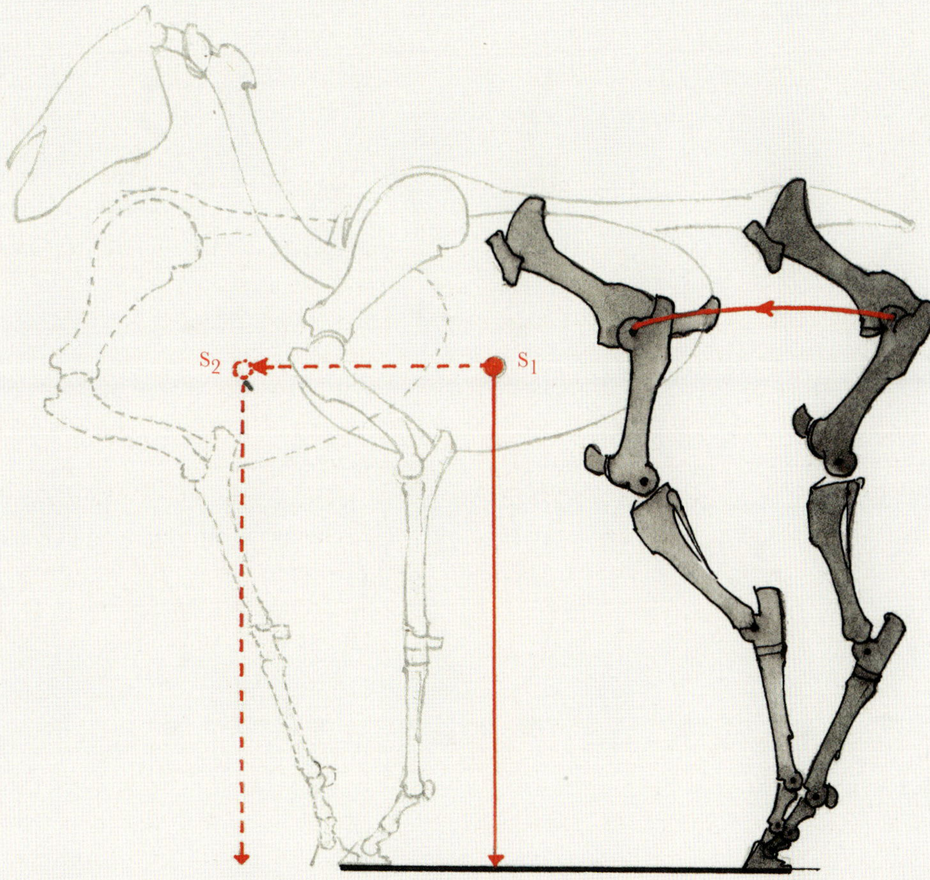

Schubintensität der Hinterbeinstreckung, ablesbar an dem Weg der Hüftgelenke über dem Fußpunkt

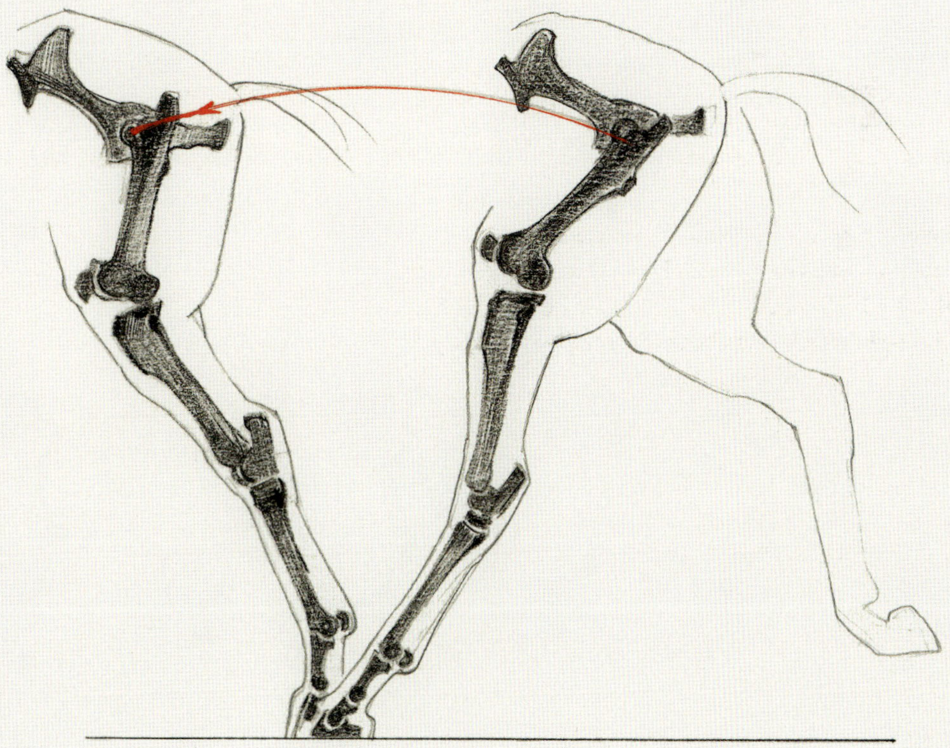

71

Bewegungsphasen eines Kreuzgängers (Pferd) im Schritt

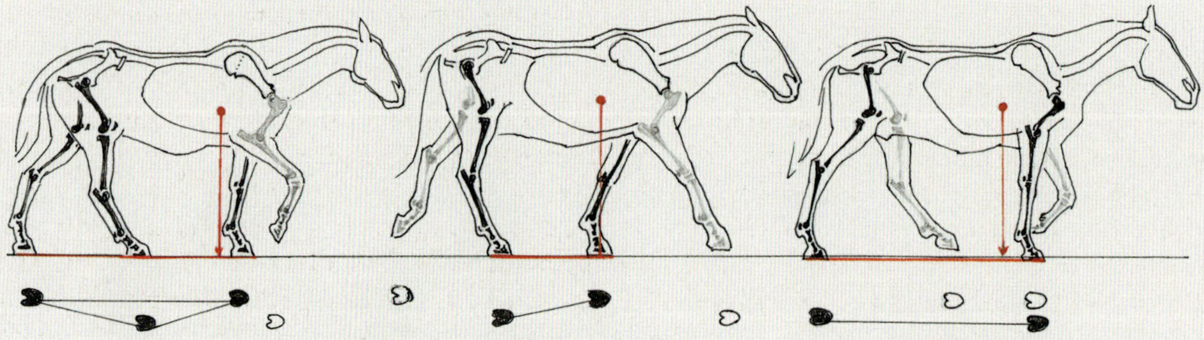

1. Hauptphase 2. Hauptphase 3. Hauptphase

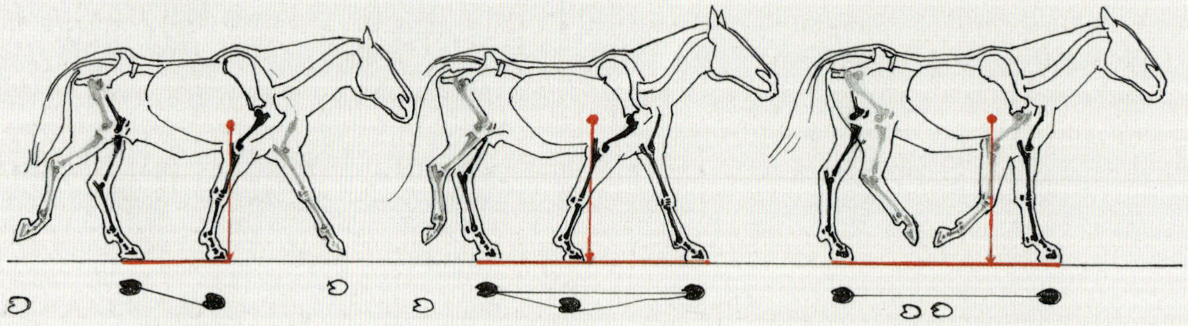

4. Hauptphase 5. Hauptphase 6. Hauptphase

Bewegungsphasen im Trab

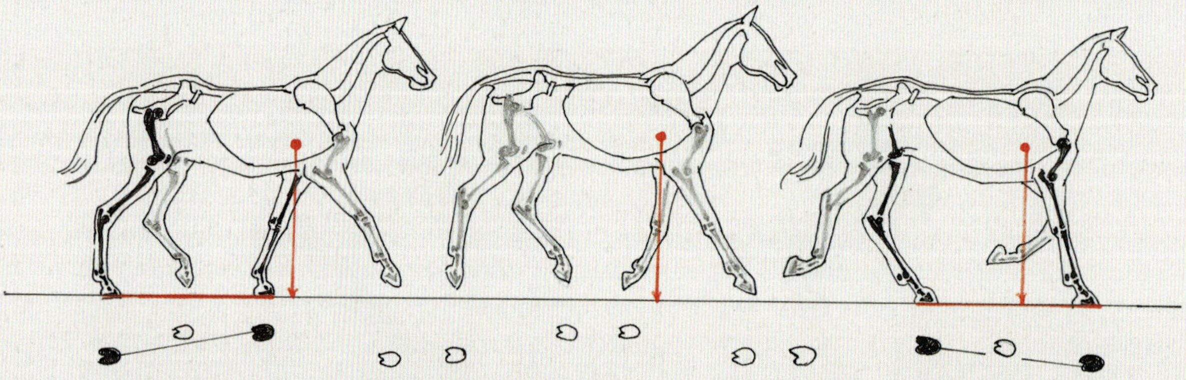

1. Hauptphase 2. Hauptphase 3. Hauptphase

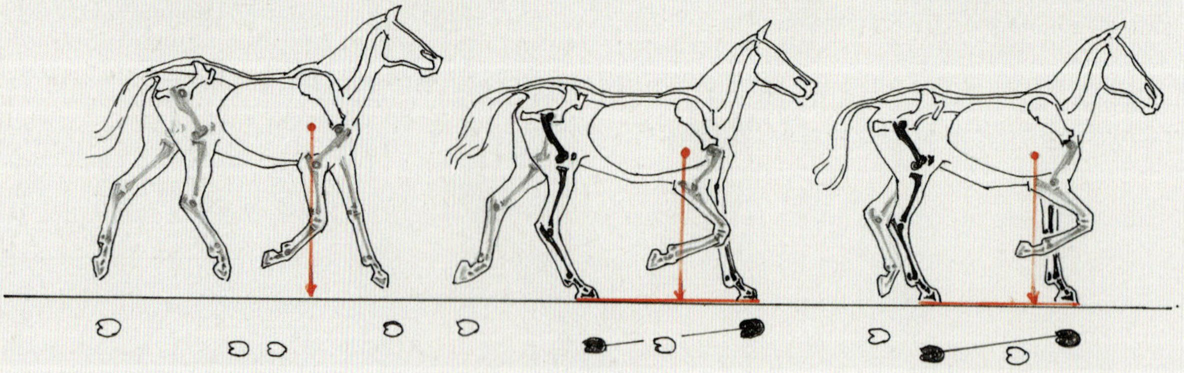

4. Hauptphase (Schwebephase) 5. Hauptphase 6. Hauptphase

Die Bewegungsphasen eines Kreuzgängers (Pferd) im Schritt, Trab, Galopp und Sprung

Die beiden Hauptgangarten sind *Kreuz-* und *Passgang* mit jeweils eigenen unterschiedlichen Fortbewegungsgeschwindigkeiten, wie Schritt, Trab, Galopp und Sprung. Im Kreuzgang kommt es zu wechselnden Kombinationen der belasteten Beine, z. B. hinten rechts (HR) und vorne links (VL), HR und vorne rechts (VR), hinten links (HL) und VR usw.

Hauptphasen des *Schrittes* (Abb. 71, obere und folgende Reihe):

1. Hauptphase: Belastung auf HR, HL und VL; VR im Vorschwung.
2. Hauptphase: Lastabgabe HL, belastet HR, VL noch belastet, VR durch Streckung auf Landung vorbereitet. Diagonalstütz.
3. Hauptphase: HR belastet und am Ende seiner Schubfähigkeit, HL vorschwingend als neues Schubbein, VR belastet (gleichseitige Belastung HR und VR).
4. Hauptphase: HL und VR belastet (umgekehrter Diagonalstütz zur 2. Hauptphase).
5. Hauptphase: HL und VR, VL belastet (Dreipunktstütz).
6. Hauptphase: HL und VL belastet (umgekehrt gleichseitige Belastung zur 3. Hauptphase).

Die geringe Geschwindigkeit im Schritt benötigt als Stütze mindestens zwei aufgesetzte Beine, niemals kommt es zu nur einer oder gar keiner Beinbelastung.

Unter den Hauptphasen des *Trabes*, mit der nächsthöheren Fortbewegungsgeschwindigkeit, kommt es in der 2. Hauptphase zum Abheben aller Beine vom Boden (Schwebephase, Abb. 71, dritte Reihe):

1. Hauptphase: Diagonalstütz HR, VL, Vorschwingen VR, HL.
2. Hauptphase: Schwebephase, VR, HL landebereit.
3. Hauptphase: Diagonalstütz HL, VR.
4. Hauptphase: Schwebephase mit Vorbereitung von HR und VL zur Landung.
5. Hauptphase: Diagonalstütz HR, VL.

Im Trab gibt es nur den Wechsel von diagonalem Doppelstütz – Schwebephase – umgekehrt diagonalem Doppelstütz.

Die Hauptphasen im *Galopp* (Abb. 72, erste und zweite Reihe): Die gesteigerte Fortbewegungsgeschwindigkeit nimmt eine sprungartige Form an, wobei die Unterstützung von drei auf zwei und ein Bein übergeht, mit nachfolgender Schwebephase. Kurz vor dem Übergang in die Schwebephase wirkt das eine stützende Vorderbein als ›Sprungstange‹, die den machtvollen Schwung weiterleitet und dann auf das schwebende Pferd überträgt.

Der *Weit-Hochsprung des Pferdes* (Abb. 72, dritte Reihe):

- Abstoß vor dem Hindernis: kraftvolle Streckung der Hinterbeine, Anbeugen der Vorderbeine, weites Vorlagern von Hals und Kopf.
- Schwebephase: Vorder- und Hintergliedmaße in ausgewogener, mäßiger Beugung.
- Landung: auf gestreckten Vorderbeinen, Hinterbeine angezogen, Hohlknickung in der Wirbelsäule, Hals und Kopf zurückgezogen.

Der *gestreckte Galopp des Hundes* (Abb. 72, unterste Reihe):

- Abstoß hinten bei angezogenen Vorderläufen.
- Schweben mit gestreckten Vorder- und Hinterläufen, gestreckte Wirbelsäule.
- Landung vorn mit weitem Vorgreifen der Hinterläufe, Wirbelsäule gekrümmt.

Passgänger im Schritt (Abb. 73, Giraffe, Elefant)
Das Charakteristische besteht im wechselnden Doppelstütz von HR, VR auf HL, VL. Daraus ergibt sich das seitliche Schwanken.

Bewegungsphasen eines Kreuzgängers (Pferd) im Galopp

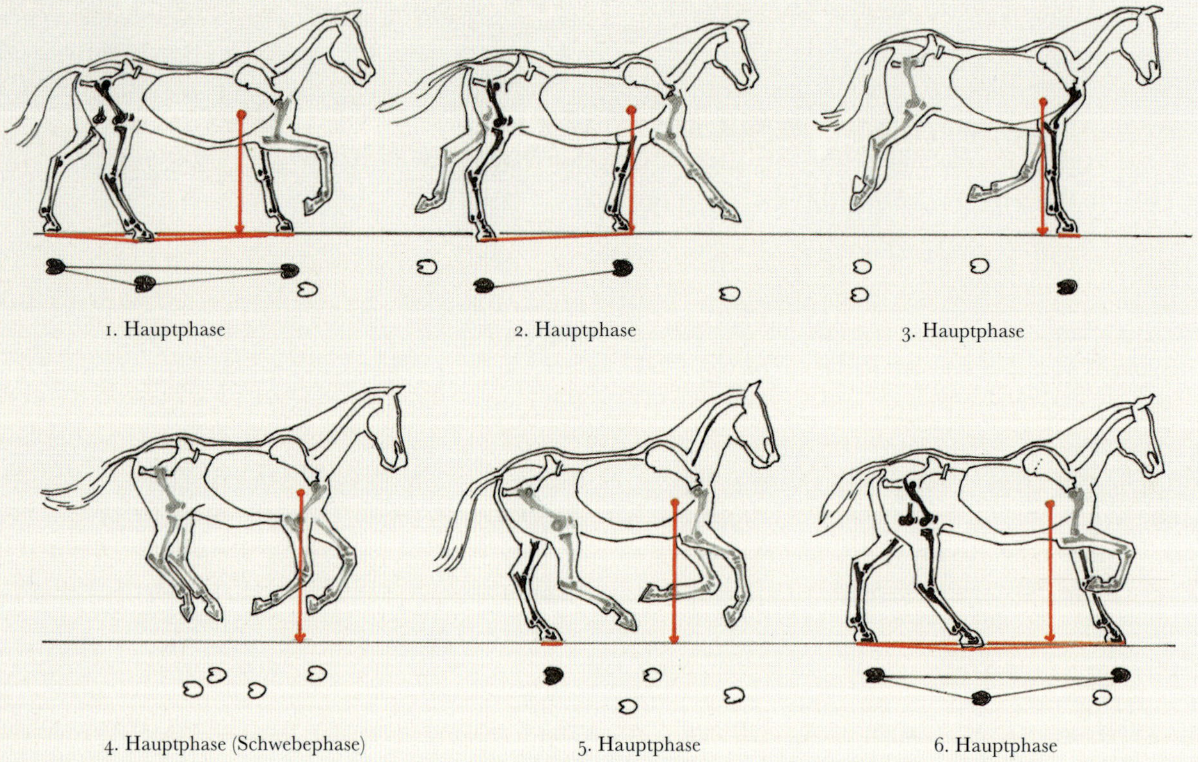

Weit-Hochsprung des Pferdes

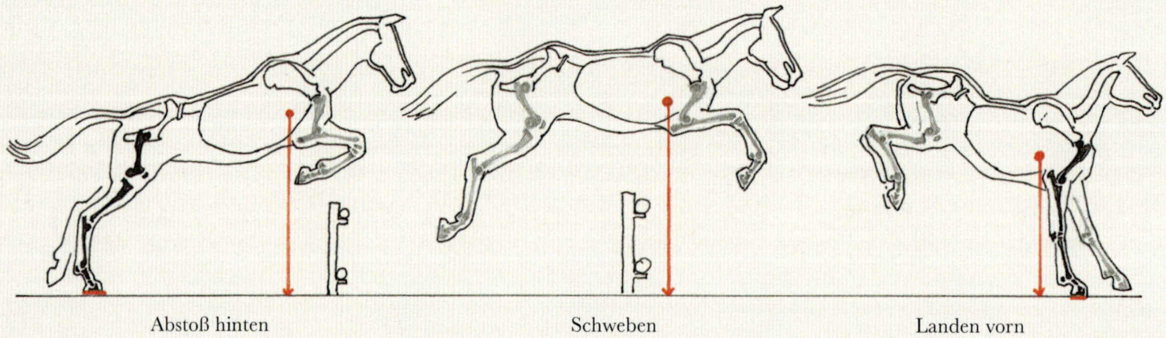

Gestreckter Galopp des Hundes

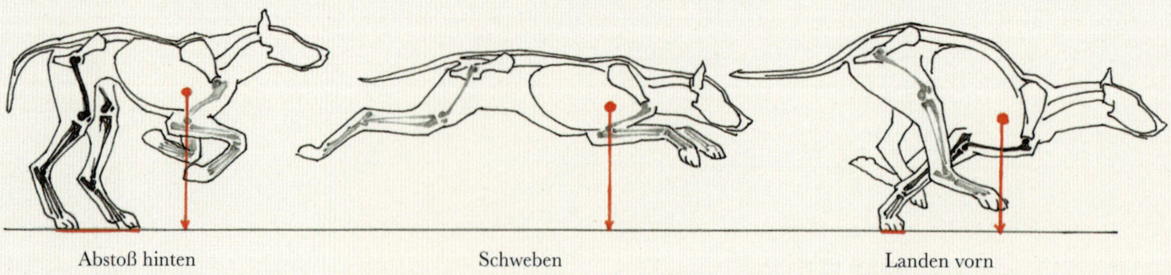

Passgänger in drei Schrittphasen

Giraffe im Antritt

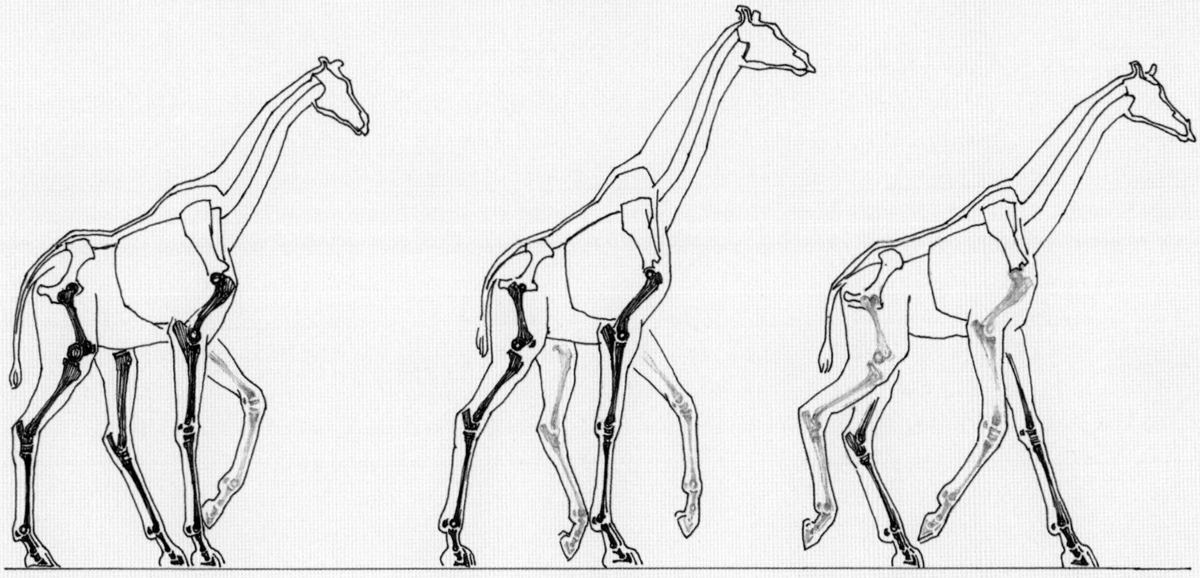

Antritt einseitiger Doppelstütz Wechsel zum entgegengesetzten Doppelstütz

Halbwüchsiger Elefant

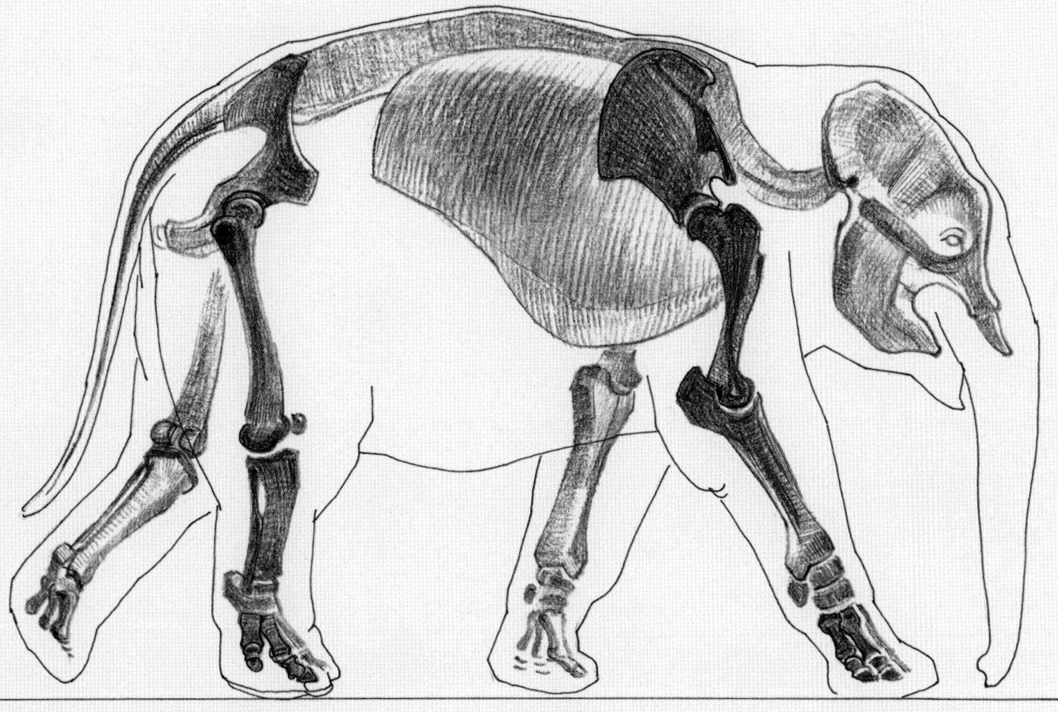

Halbwüchsiger Elefant im nahezu einseitigen Doppelstütz
(vorn links kurz vor dem Abheben)

Möglichkeiten der Bewegungserfassung

Da wichtige Ausführungen zu gelassenen und bewegten Ruhehaltungen gemacht worden sind und die dort angesprochene Auswahl der Realisierungsmittel keine grundsätzlich andere sein kann als für die Ortsbewegungen, können wir uns zur Folge nachstehender Übungen kurz fassen. Überhaupt mag ein jeder zu den Realisierungsmitteln greifen, die ihm besonders vertraut sind und bei denen er sich am sichersten fühlt. Aber das Sicherheitsgefühl, das Eingeschworen- und Eingefahrensein auf die ständig wiederholten Mittel bergen die Gefahr in sich, die persönlichen Sicht- und Anschauungsweisen so weit, bis zur dauernden Selbstwiederholung, einzuengen.

Hier seien wenigstens drei technisch unterschiedliche Vortragsmöglichkeiten vorgestellt: trockene, breite und spitze Medien, die in der Hand des Anfängers ›ruhige‹ Partner sind, die das geben, was man von ihnen wünscht und die keine ungebetenen Nebenwirkungen oder Sensationen bescheren. Das trifft zu für die verschiedenen Kreiden. Auch das spitze Material diverser Zeichenstifte gehört dazu. Mit ihrer Spitze holt man Subtilitäten der Bewegung, Gebärde, der Körperstrukturen heraus. Zwei Beispiele (Abb. 79 und 80, Letztere eine Schülerarbeit) stellen wir aus diesem Grunde an den Schluss des Kapitels. Und wieder sehen wir im flüssigen Medium der Pinselschrift einen guten Bekannten, der aber gern ausbricht aus unseren Plänen und erst ordentlich gezähmt sein will.

Welches Vorgehen ist empfehlenswert?

- Orientiere dich getrost noch einmal an den Gesichtspunkten des konstruktiven Aufbaus und versetze diesen als schreitende Strichfigur in Bewegung (Abb. 74 oben).
- Wähle übrigens ein Tier aus, das nicht durch Zeichnung optisch zerrissen wirkt. Einen Panther zu zeichnen ist darum vorerst geeigneter als einen Leoparden, einen Löwen geeigneter als einen Tiger.
- Nach der Grundorientierung über das Bewegungsverhalten des konstruktiven Aufbaus setze ihm die lebenden Formen auf und schließe die Gesamtform (Abb. 74 unten). Aus der Zeichnung sollte jedoch kein ›Scherenschnitt‹ gemacht werden!
- Setze im Wechsel Körpermassen und Kontur und achte vor allem auf die im Schritt gespannten, gedehnten und zusammengeschobenen Formen (z. B. Spannungsbogen des Rückens, Dehnungsverhalten des zurückgesetzten Hinterbeins (Abb. 75). Hierin fundiert sind wichtigste Momente der Ausdruckskraft.
- Versuche das Bewegungsmoment einzufangen, in welchem das Ausgreifen und Ausstellen der Glieder kulminiert.
- Gib der Pinselstudie zusätzlich Räumlichkeit durch unterschiedlich kräftige Tönung (Abb. 77, 78).
- Wende dieses Prinzip auch an für funktionelle Betonungen bei belasteten oder schwingenden Gliedmaßen.
- Bereichere die Pinselstudie durch Andeutung der Fellfarbe (Abb. 77, 78).
- Auch mit dem Stift lassen sich gedehnte Formen und ihre Folgen für die Fellstruktur sehr gut erfassen (Abb. 79), aber man braucht hierfür ein gutes visuelles Gedächtnis und muss sich ganz auf die Wiederkehr der gleichen Ereignisse konzentrieren.
- Bleiben die Untersuchungen wie die Fuchsstudien, eine Schülerarbeit (Abb. 80), entsprechend klein, verringert sich der Zeitaufwand im Einzelnen, was der größeren Dichte zugute kommt.

74

Schritt einer Großkatze, hier Panther

Sie kann bei Erregung aus dem Kreuzgang auch in den Passgang fallen.
oben: Erste Arbeitsphase mit Anlage einer bewegten Strichfigur
unten: Zweite Arbeitsphase mit geschlossener Körperhaftigkeit
Schwarze Pitt-Kreide, breit aufgesetzt, DIN A3

75

Verschiedene Schrittphasen einer Großkatze (hier Panther)

oben: Weit gedehnte Hintergliedmaße, mit vor dem Aufsetzen befindlicher Pfote vorn rechts. Braune Kreide auf bearbeitetem Grund; unten: brauner Filzschreiber, DIN A3

76

Wechsel des Schritterfassens mit der Kreide zur zügigen Pinselschriftstudie

Schwarze Tusche, DIN A3

77

Nutzung der Fertigkeiten in Pinselschrift für die farbig angelegte Studie, hier von einem Mufflon-Lamm
Pinsel und Aquarellfarben, DIN A4

78

Schreitender Serval in Synthese von Proportionalität, Aufbau und ausgreifendem Schritt in leichter Farbigkeit
Aquarellpinsel und Farbe, DIN A3

79

Zunahme des zeichnerischen Schwierigkeitsgrades bei oft wiederkehrenden Richtungsänderungen und Verkürzungen
Dabei sollte man unbedingt primär die räumliche Ansicht der Stützpunkte und Überschneidungen im Auge haben.
Rötel, DIN A3

80

Bei raschen Bewegungen eines unruhigen Jungtieres, hier eines Fuchses, sollte man den Strich wiederholt und korrigierend ansetzen. Studentenarbeit, Bleistift, DIN A3

Das Hinterbein und seine Fußformen

Beckenformen von Pflanzen- und Fleischfressern

Das Becken ist – wie modifiziert seine Form auch immer sein mag – funktionelles Bewegungszentrum. Von ihm aus greifen die Muskeln auf das Bein über, um seine Bewegungsgrobeinstellung als stemmende Stütze oder als frei schwingendes Pendel zu betätigen. Darüber hinaus dient es als Basis für die muskuläre Verbindung zum Rumpfskelett und fungiert, als Teil des Brückenbogens, als Last- und Kraftüberträger zwischen Wirbelsäule und freiem Beinskelett sowie als Aufhängevorrichtung des zylindrischen Eingeweidetraktes.

So wird verständlich, dass sich diese primären Aufgaben in ebenso auffälligen plastischen Ausformungen manifestieren, die unserem Verstehen erschlossen werden müssen:

- Die Grundlage der die Körpererscheinung bestimmenden direkten und indirekten plastischen Formbilder ist eine *stabile Ringkonstruktion*, von der die skeletalen plastischen Formen abzweigen (Abb. 81 a, b, c, 82 c, 83).
- Das konstruktive Prinzip, das für alle Beckenformen gilt, besteht in einem tonnenartig gewölbten Bogen (rötliche Tönung), einem unter Druckbelastung stehenden Gewölbe, an dessen Füßen sich beide *Hüftgelenke* befinden.
- Der Schub des Tonnenbogens auf die Gewölbefüße wird abgefangen und verklammert durch das *Schambein* (bläuliche Tönung).
- In Höhe der *Gelenkpfanne* ragt nach hinten das *Sitzbein*, das im *Sitzbeinhöcker* endet.
- Die beim Tier lange, vom Schambein schwanzwärts abgehende *Schambeinfuge* mündet in den rückwärtigen Beckenabschluss und wird durch beide *Sitzbeinhöcker* geführt.

Die vom Verfasser entwickelte konstruktive Form zeigt das Beckengerüst in Gestalt eines zylindrischen Rahmens. Mit dieser Grundform in Verbindung stehen die für uns wichtigen plastischen Erscheinungen (rötliche Markierungen an den ausgeführten Skelettformen, Abb. 81 c, e, 82 a, b):

- so die *Hüft-* und *Kreuzhöcker*,
- so die *Sitzbeinhöcker* und Dornfortsätze des *Kreuzbeins*.
- Zur Beckenregion gehört indirekt der *große Rollhügel* (Abb. 81 e). Die untere Abbildung markiert die Beziehungen der plastischen Punkte zueinander.

Die *Beckenform* eines *Pflanzenfressers* (Pferd, Abb. 81, 82) unterscheidet sich von der des *Fleischfressers* (Hund, Abb. 83) vor allem, was die Größe und Stellung der *Darmbeinschaufeln* angeht:

- Der Pflanzenfresser benötigt für die Aufhängung seines schweren Eingeweidetraktes nach vorn seitlich herausragende ›Balken‹, die flügelartig abgespreizt sind und im *Darmbeinhöcker* enden (unmittelbar unter der Haut).
- Der Fleischfresser mit seinem leichteren und schlankeren Verdauungstrakt hat ein Becken, dessen schmale Darmbeinschaufeln fast vertikal gestellt sind und sich nach vorn nur wenig öffnen (Abb. 83 d, e).
- Der *Kreuzhöcker* des Pflanzenfressers (fehlt beim Fleischfresser) ist an der Bildung der *Kruppe* beteiligt.
- Der *Sitzbeinhöcker* wird beim Pferd durch die Hinterbackenmuskeln bedeckt, beim Rind knöchern sichtbar und bei Fleischfressern deutlich.

Diese Mindestinformationen sind wichtigste Orientierungen auch für das Zeichnen.

81

Das ringartige Konstruktionsprinzip und die natürliche Skelettform des Beckens eines Pflanzenfressers, hier des Pferdes

Die unter Druckbelastung stehenden Teile in Rot, die unter Zugspannung stehenden in Blau

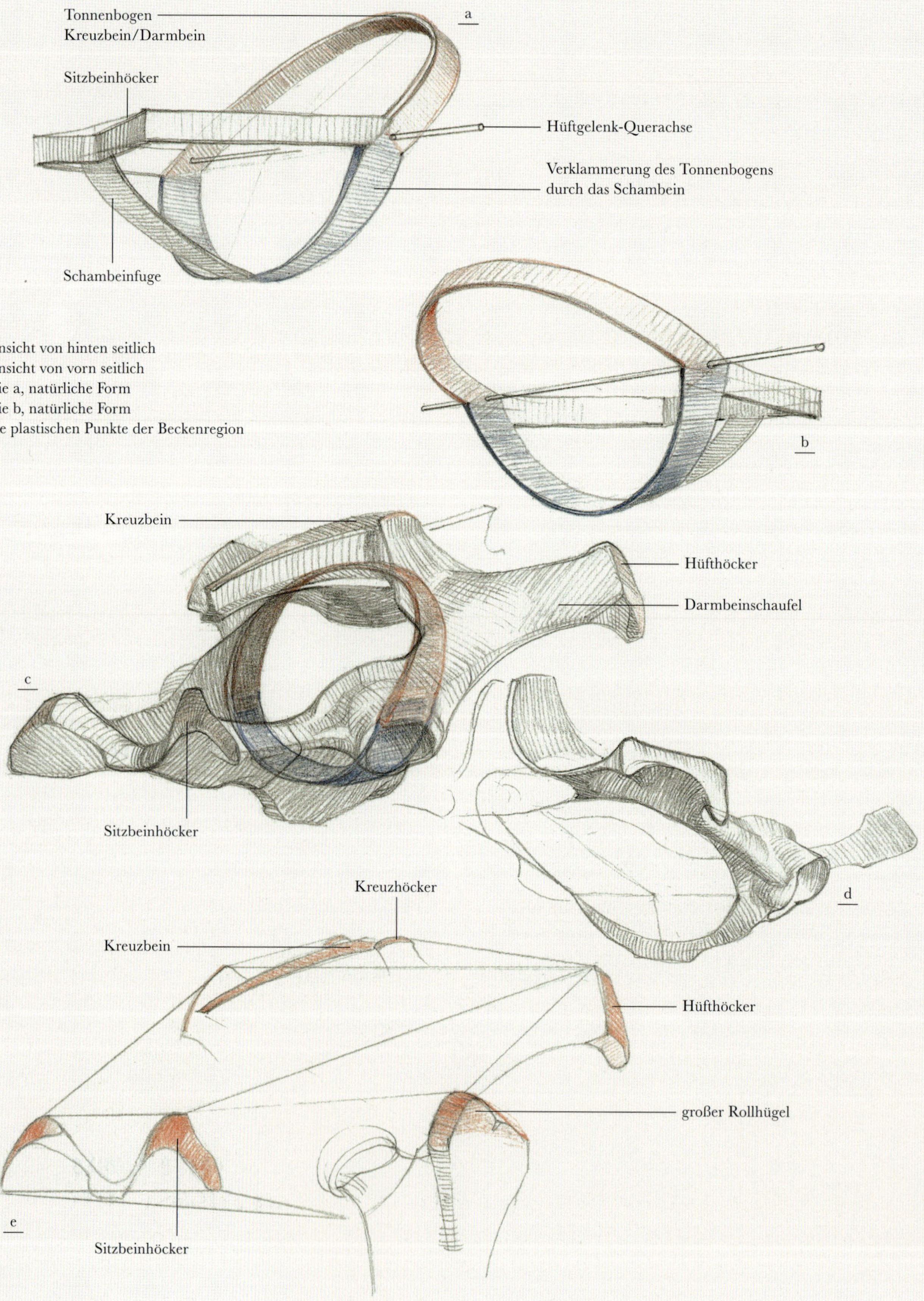

a Ansicht von hinten seitlich
b Ansicht von vorn seitlich
c wie a, natürliche Form
d wie b, natürliche Form
e die plastischen Punkte der Beckenregion

82

Becken eines Pflanzenfressers (Pferd)

Darstellungen der natürlichen Beckenform eines Pflanzenfressers, hier des Pferdes, in räumlichen Ansichten, mit orientierender Darstellung seiner räumlichen Ansicht (Abb. b)

a von vorn und links außen
b von hinten oben
rötliche Kennzeichnungen: plastische Punkte
c konstruktive Abstraktion der Beckenform

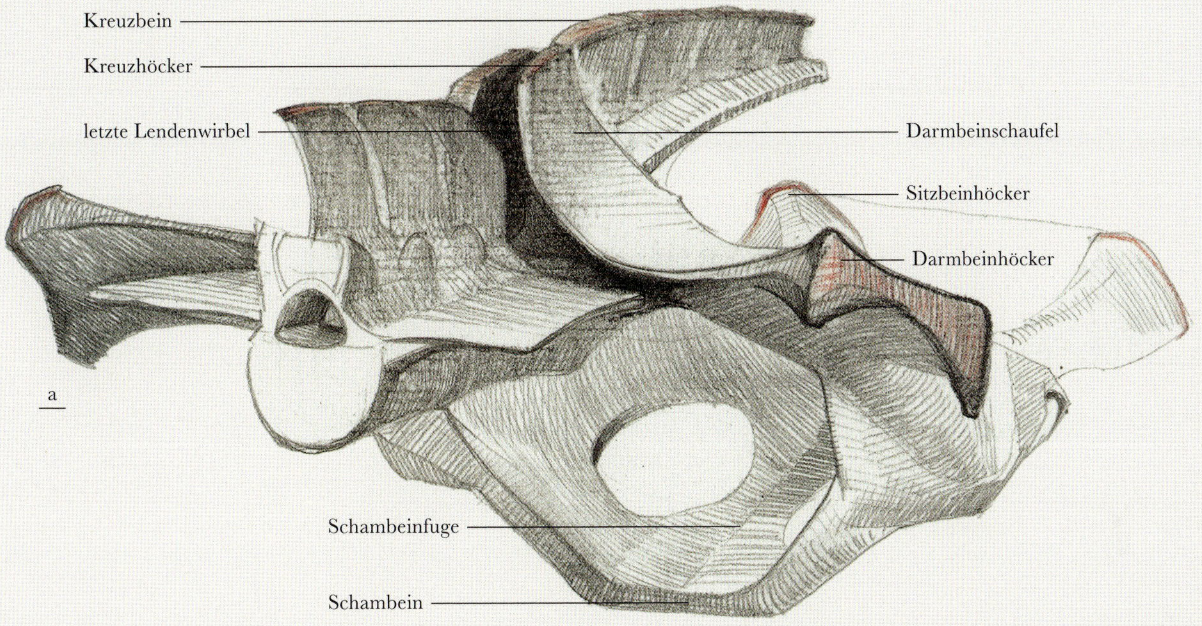

a

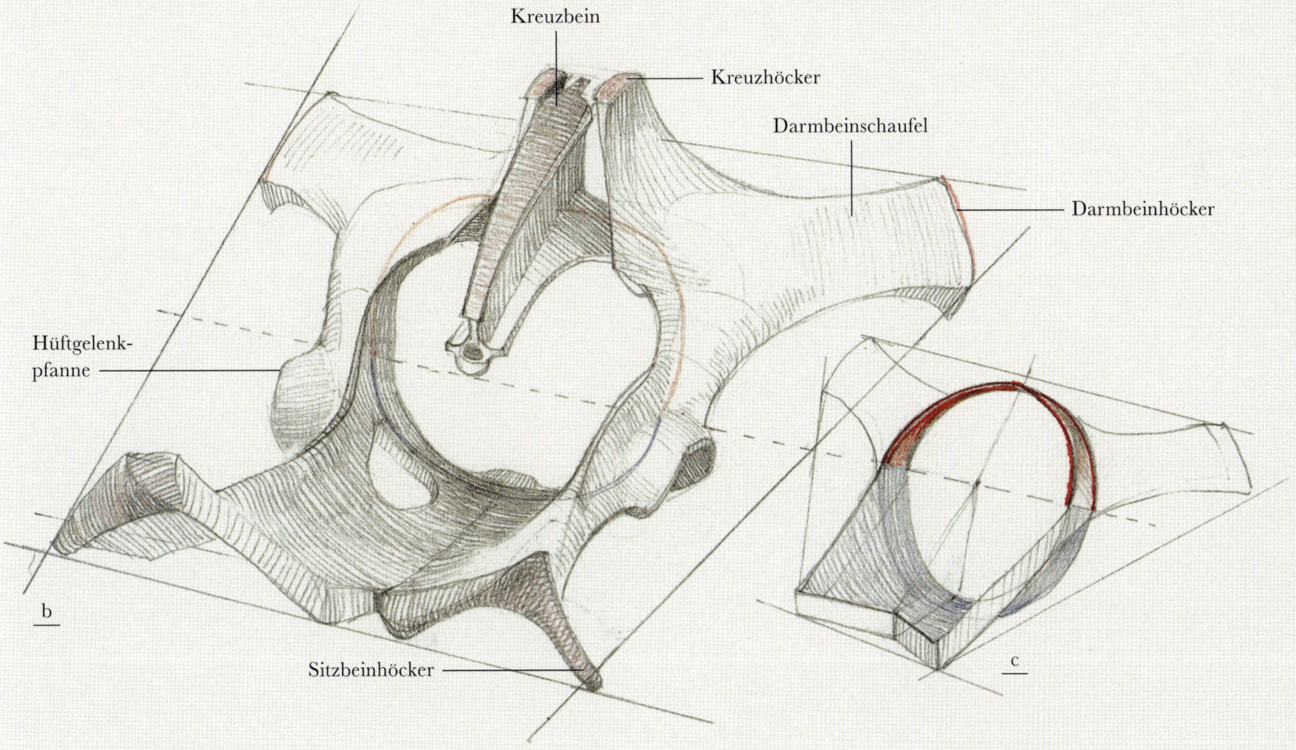

b

c

Konstruktionsprinzip und halbnatürliche Form eines Fleischfresserbeckens (Hund)

Konstruktionsprinzip eines Fleischfresserbeckens, hier des Hundes,
und seine Darstellungen in konstruktiv vereinfachender Formauffassung
Die unter Druckbelastung stehenden Teile in Rot, die unter Zugspannung stehenden in Blau

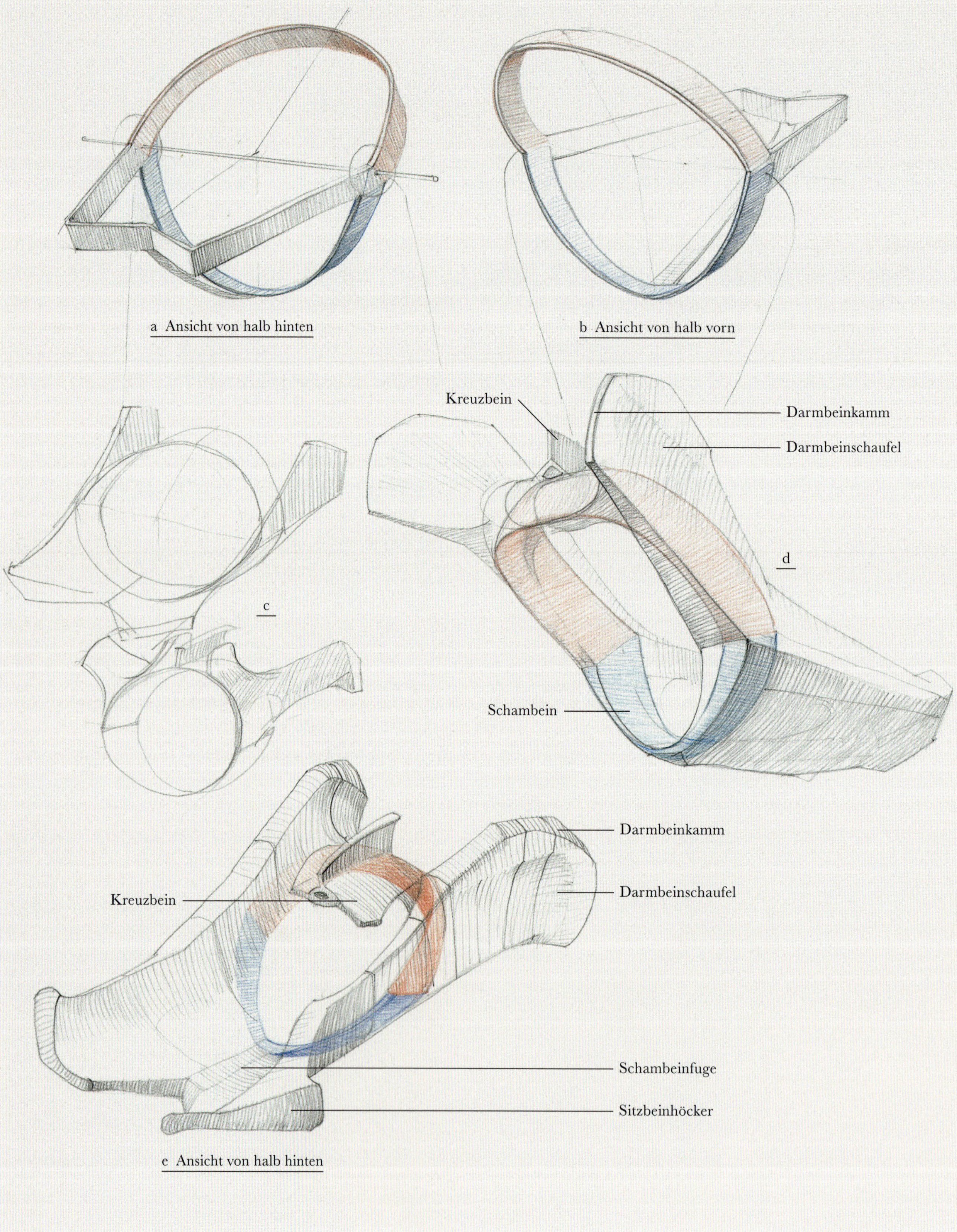

Das Hinterbeinskelett von Huftieren und seine plastische Auswirkung auf die Beinform des lebenden Tieres

Die Integration des Hinterbeins in ein konstruktiv größeres Ganzes ist bereits dargestellt worden. Die nachfolgenden Abbildungen, die das freie Beinskelett zeigen, sollen die konstruktiven Einrichtungen deutlicher veranschaulichen, das zeichnerische Herangehen für diejenigen aufzeigen, denen sich die Gelegenheit des Skelettzeichnens bietet, und vor allem typische Merkmale der Fußformen erschließen (Abb. 84–94):

- Gib immer die Richtungen und Längen der Skelettabschnitte an und achte bei den Huftieren auf die besondere Länge des Mittelfußes (Abb. 84, 87, 88–90).
- Zeichne die in den Gelenkformen ausgebildete Konstruktion in jedem Falle durch, eventuell in elementarisierter Form, und zwar so prägnant, dass von ihr aus auf die Funktion geschlossen werden kann.
- Auch die übrigen Skelettformen sind körperhafte Gebilde, deren Ansichtsflächen (vorn, hinten, seitlich, innen oder außen, Aufsicht) durch ihre Stellung im Raum klar orientierte räumliche Schraffuren benötigen.
- Besonderer Durchbildung bedürfen das Knie, Sprunggelenk, Fersenbein und der übrige knöcherne Fuß.

Die letztgenannten anatomischen Gegebenheiten prägen der lebenden Form ihre plastischen Merkmale in besonderer Weise auf (siehe auch Schülerarbeiten Abb. 94a und b):

- Die Vorderfront der Skelettbreite des Knies bleibt auch am Lebenden erhalten (Abb. 85, 88 rechts) und bildet praktisch die schmale Vorderseite des Oberschenkels.
- Der innere Knöchel des Sprunggelenks bedarf stets der besonderen Betonung. (Beachte seinen höher gelegenen Akzent gegenüber den außenseitigen Sprunggelenkformen!) Mit der gleichen strengen Formulierung muss das Fersenbein behandelt werden (Abb. 85, 86, 88, 89, 91, Schülerarbeiten Abb. 94a und b).
- Die Vorderseite des Mittelfußes ist knöcherner Natur. Diese schmale vordere Ansichtsfläche muss deutlich dargestellt werden und darf nicht zu sehr zurücktreten.
- In Verbindung mit den rückseitig gelegenen Beugesehnen entwickelt der Mittelfuß eine größere Tiefen- als Breitenausdehnung (Abb. 85, 91, 92).
- Der Übergang vom Mittelfuß in die Fessel schwillt im Volumen an (Anlagerung der paarigen Sesambeine an der Rückseite des Mittelfußendes).
- Der entscheidende Unterschied zwischen dem Fuß des Einhufers und dem von Paarhufern besteht vor allem in der Breitenzunahme des Paarhuferfußes an seinem unteren Ende: Aufspaltung in die paarigen Gelenkwalzen für die beiden Zehengrundglieder (Abb. 88, 89). Das trifft auch zu für den schlanken Fuß der Antilope (Abb. 90).

Zu den spezifischen Merkmalen der Fußunterschiede von Ein- und Paarhufern gehört auch die Doppelzehigkeit der Paarhufer (Abb. 88d). Ihr Hornschuhanteil ähnelt dem gespaltenen Huf eines Einhufers. Oberhalb der paarigen Hufglieder wird die Spaltung der übrigen Zehenglieder durch Haut und Bindegewebe geschlossen (Abb. 88d).

Es versteht sich, dass die Ein- oder Paarzehigkeit Einfluss hat auf die Schmalheit oder Breite der Sehnen der Zehenbeuger (Abb. 89a, b).

Die Afterklaue des Rindes, eine Sondereinrichtung am hinteren Mittelfußende, ist ein Hornanhangsgebilde der Haut. Sie hat keine skeletale Grundlage.

- Zeichne unbedingt, wenn irgend möglich, Fußskelette!

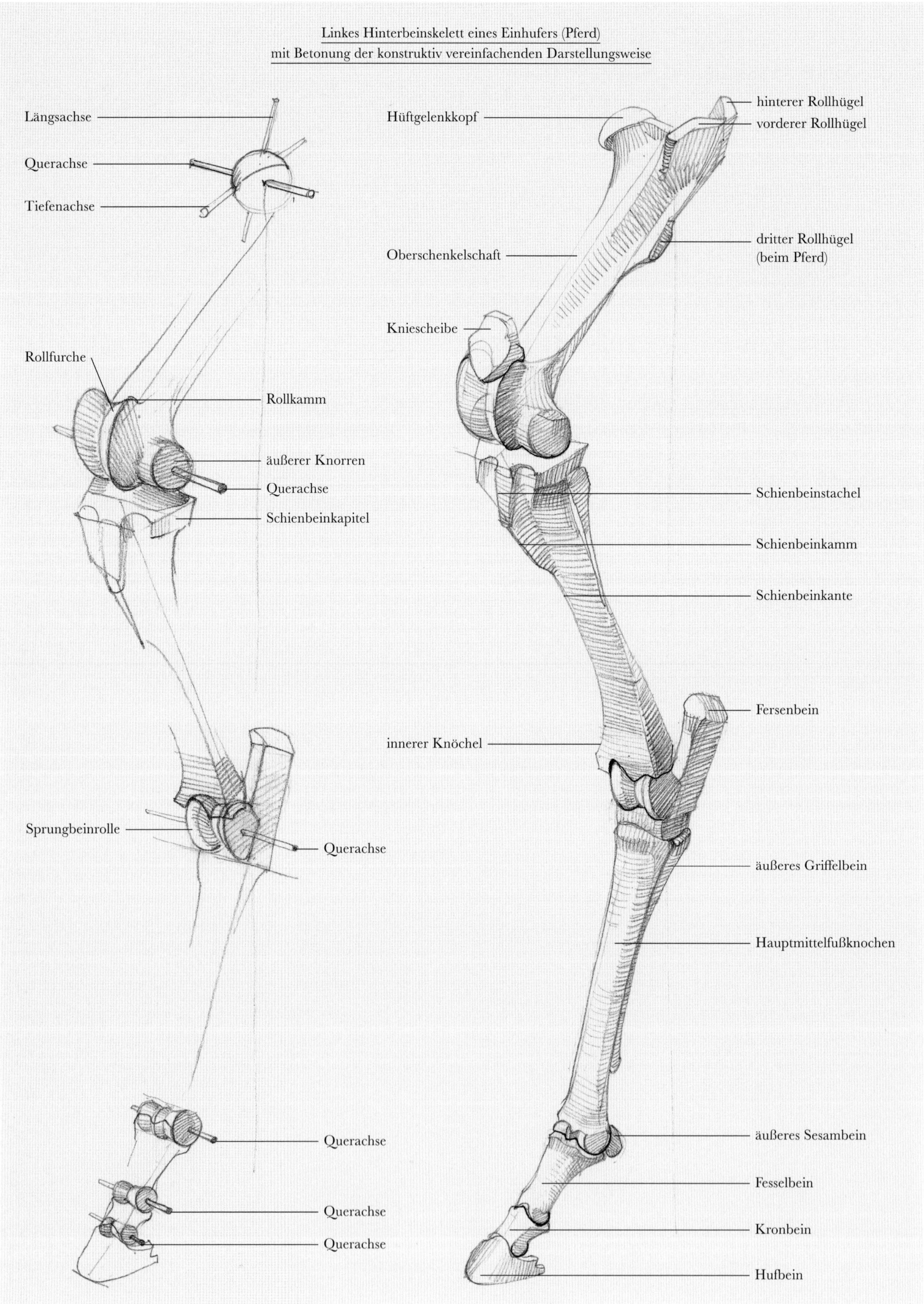
Linkes Hinterbeinskelett eines Einhufers (Pferd)
mit Betonung der konstruktiv vereinfachenden Darstellungsweise
Längsachse
Querachse
Tiefenachse
Rollfurche
Rollkamm
äußerer Knorren
Querachse
Schienbeinkapitel
Sprungbeinrolle
Querachse
Querachse
Querachse
Querachse
Hüftgelenkkopf
hinterer Rollhügel
vorderer Rollhügel
Oberschenkelschaft
dritter Rollhügel
(beim Pferd)
Kniescheibe
Schienbeinstachel
Schienbeinkamm
Schienbeinkante
Fersenbein
innerer Knöchel
äußeres Griffelbein
Hauptmittelfußknochen
äußeres Sesambein
Fesselbein
Kronbein
Hufbein

85

Linkes Hinterbein des Pferdes (Lebendform)

Man beachte besonders die zahlreichen zur Oberfläche vordringenden Skelettpunkte und deren bedeutenden Anteil an der Formbildung, besonders am langen Mittelfuß.

86

Lebendform des linken Hinterbeins eines Einhufers (Pferd), von hinten und leicht außen

Beachte die herausgearbeiteten Formakzente, besonders des Sprunggelenks und der Fesselregion.

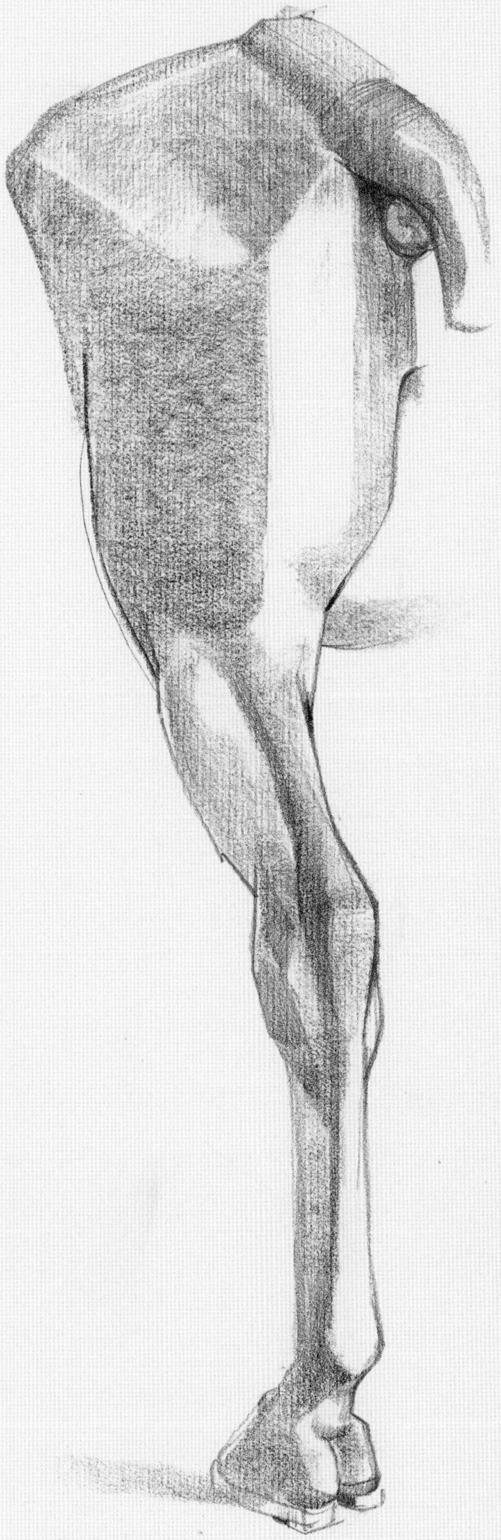

87

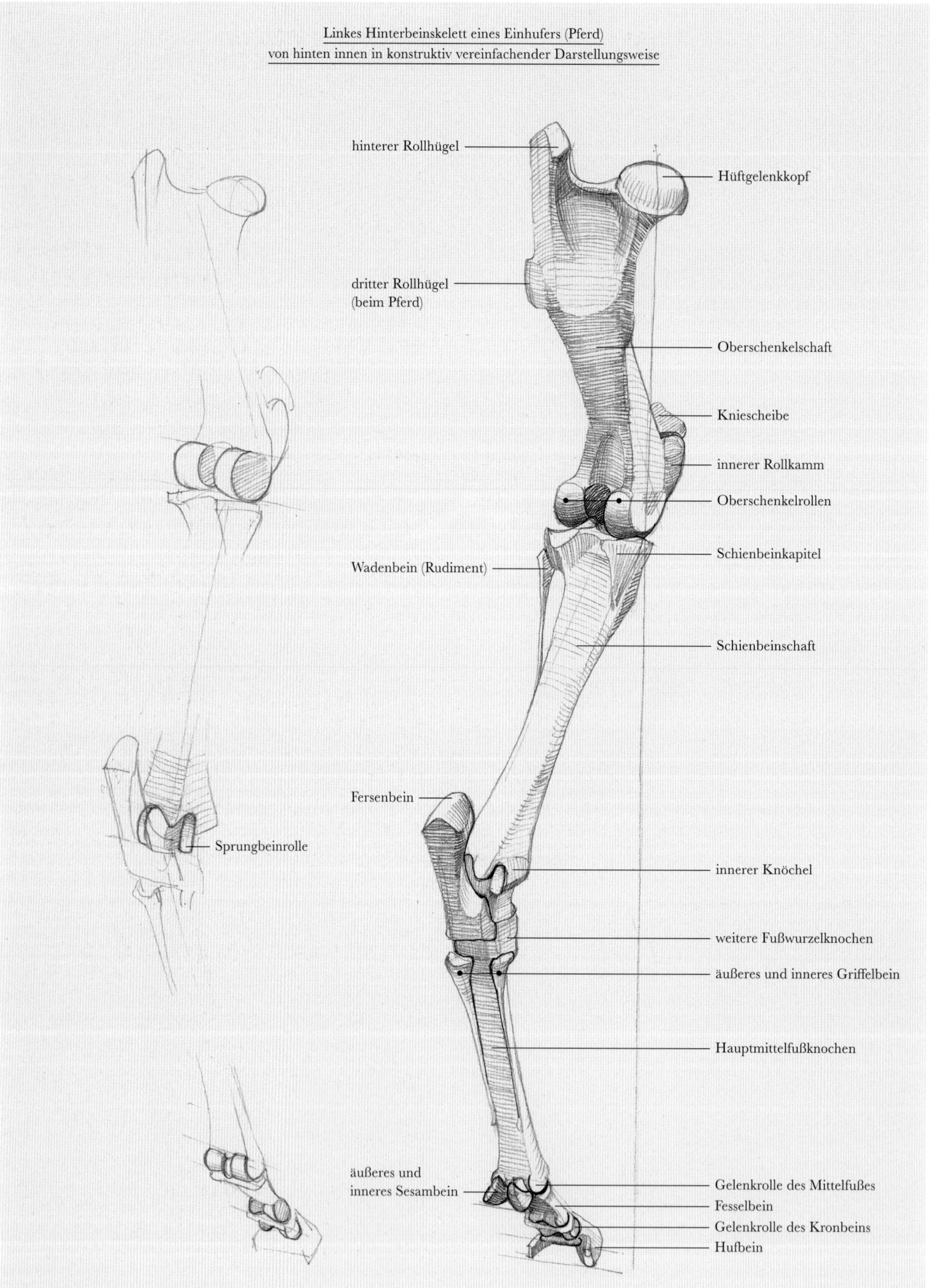

Linkes Hinterbeinskelett eines Einhufers (Pferd)
von hinten innen in konstruktiv vereinfachender Darstellungsweise
hinterer Rollhügel
Hüftgelenkkopf
dritter Rollhügel
(beim Pferd)
Oberschenkelschaft
Kniescheibe
innerer Rollkamm
Oberschenkelrollen
Schienbeinkapitel
Wadenbein (Rudiment)
Schienbeinschaft
Fersenbein
Sprungbeinrolle
innerer Knöchel
weitere Fußwurzelknochen
äußeres und inneres Griffelbein
Hauptmittelfußknochen
äußeres und
inneres Sesambein
Gelenkrolle des Mittelfußes
Fesselbein
Gelenkrolle des Kronbeins
Hufbein

Rechtes Hinterbeinskelett eines Paarhufers (Rind) von halb vorn und innen, mit Betonung der konstruktiv vereinfachenden Darstellungsweise

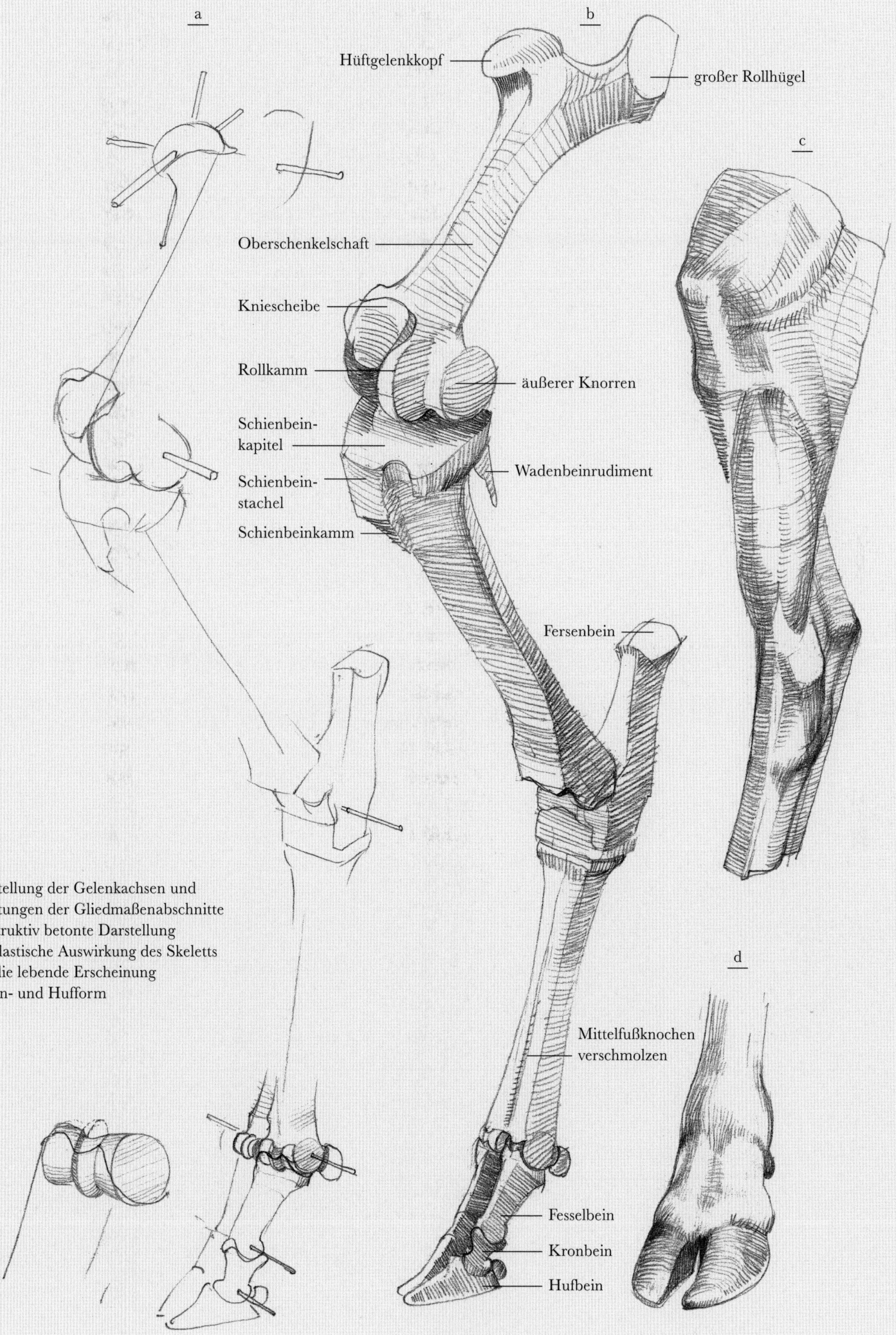

a Darstellung der Gelenkachsen und Richtungen der Gliedmaßenabschnitte
b konstruktiv betonte Darstellung
c die plastische Auswirkung des Skeletts auf die lebende Erscheinung
d Zehen- und Hufform

89

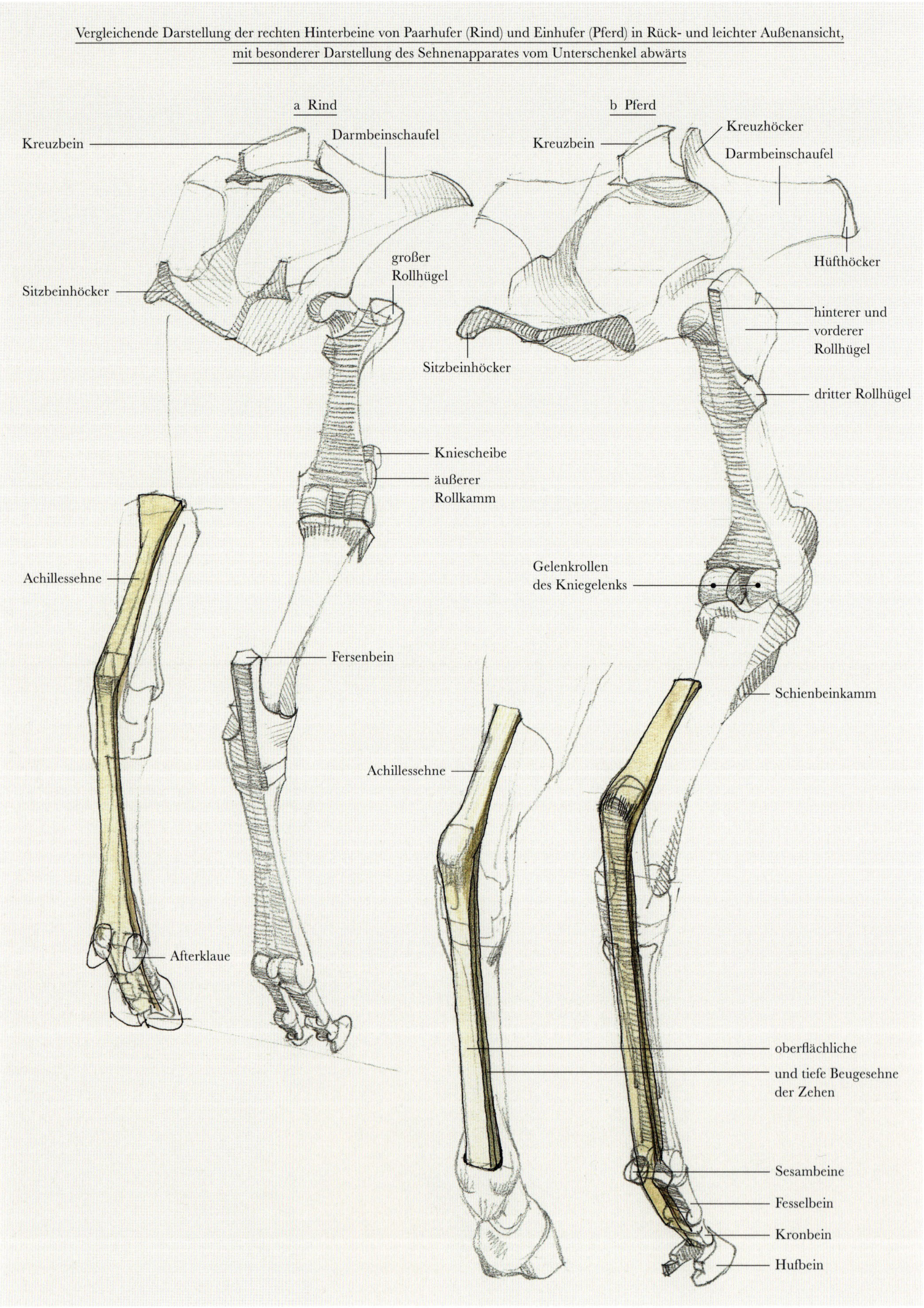

Vergleichende Darstellung der rechten Hinterbeine von Paarhufer (Rind) und Einhufer (Pferd) in Rück- und leichter Außenansicht, mit besonderer Darstellung des Sehnenapparates vom Unterschenkel abwärts
a Rind
b Pferd
Kreuzbein
Darmbeinschaufel
Sitzbeinhöcker
großer Rollhügel
Kniescheibe
äußerer Rollkamm
Achillessehne
Fersenbein
Afterklaue
Kreuzbein
Kreuzhöcker
Darmbeinschaufel
Hüfthöcker
Sitzbeinhöcker
hinterer und vorderer Rollhügel
dritter Rollhügel
Gelenkrollen des Kniegelenks
Schienbeinkamm
Achillessehne
oberflächliche und tiefe Beugesehne der Zehen
Sesambeine
Fesselbein
Kronbein
Hufbein

Mittelfuß- und Zehengelenke eines leicht gebauten Paarhufers (Antilope) in konstruktiv vereinfachender Darstellungsweise, in mehreren Ansichten

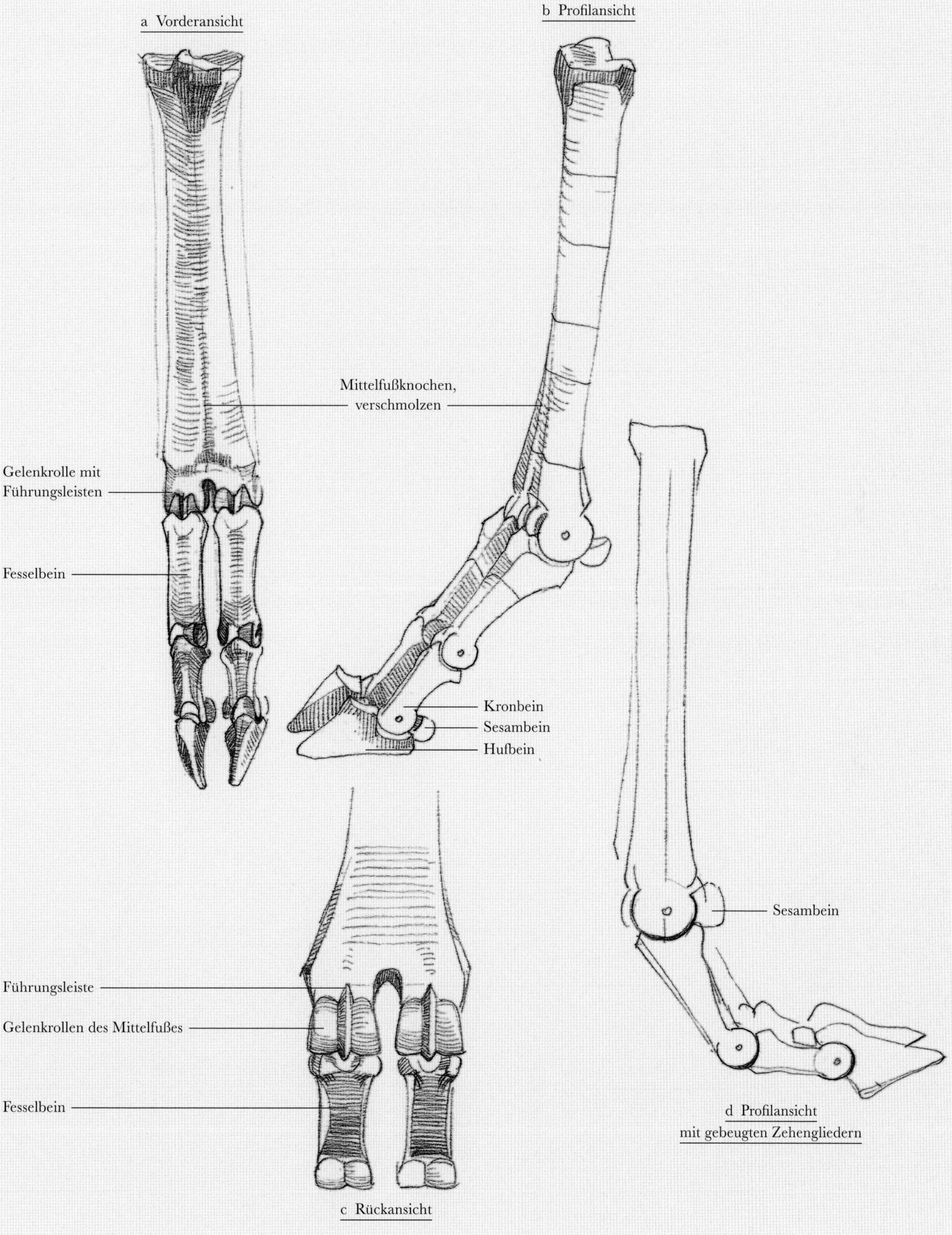

91

Plastik des Hinterbeinpaares von einem Paarhufer (hier Banteng-Rind) in Schrittstellung

Beachte das strukturelle Wechselspiel
von Muskulatur und Skelett.
Die Flächengefälle werden mit Hilfe
von eingezeichneten Querschnitten geklärt.
Bleistift, DIN A3

92

Körperarchitektonisch verstandenes Zeichnen eines Rinderartigen, hier Banteng-Rind

Gelenkzeichnen ohne Formprägnanz führt zu Formverschwommenheiten, deshalb sollten immer auch Formdetails als Analysen beigefügt werden. Kantiger Graphit, DIN A3

93

Einfache körperhafte Darstellungen eines Paarhufers, hier des Damhirsches

Das Gelenkverhalten der Beine im Liegen und im Stand zeigt sehr unterschiedliche Ausdrucksformen, die man prägnant erfassen muss (siehe z. B. die natürliche X-Stellung der Hinterbeine im Stand). Braune Kreide, Feder (teilweise mit Speichel angewischt), lineare Feder, DIN A3

94a

Körperhaft-räumliche Studien von Pferd und Rind
mit ausdrucksvoller Herausarbeitung der Formbegegnungen und Flächengefälle

Studentenarbeiten aus einem tieranatomischen Kurs
an der Hochschule für Kunst und Gestaltung der Stadt Zürich, 1988

94b

Das Prinzip der Muskelanordnung und die aus Muskelfunktionsgruppen aufgebauten Beinformen

Mit der Veranschaulichung eines Prinzips der Muskelanordnung in Fadenverlaufsdarstellung seien folgende didaktische Absichten verfolgt:

- die Bereitstellung eines Ordnungssystems, aus dem wir Gesetzmäßigkeiten über Lage, Form und Funktion der Muskeln ableiten können,
- die Übertragung von allgemein gültigen Sachverhalten auf den spezifischen Einzelfall und die in ihm enthaltenen möglichen Modifikationen,
- die Zusammenfassung und Zusammenschau von Einzelmuskeln zu Muskelfunktionsgruppen, wodurch das komplexe Formverstehen vorbereitet wird.

Aus der Vergegenwärtigung der Lage einzelner Gelenkachsen und der ihnen zugeordneten Muskeln ergibt sich deren Wirkungsweise:

- Muskeln mit Lage *vor* der Querachse des Hüftgelenks sind dessen *Beuger* bzw. Vorführer des Oberschenkels, *dahinter* liegende Muskeln sind *Strecker* bzw. Rückführer des Oberschenkels.
- Muskeln mit Lage *vor* der Querachse des Kniegelenks sind dessen *Strecker* und zugleich Vorführer des Unterschenkels, *dahinter* liegende Muskeln sind *Beuger* des Kniegelenks, Rückführer des Unterschenkels und damit gleichzeitig Heber des Fußes (Abb. 95 c).
- Muskeln mit Lage *vor* der Querachse des Sprunggelenks sind dessen *Beuger* bzw. Vorführer des Fußes (Abb. 95 c), mit Lage *dahinter* dessen Strecker bzw. Senker des Fußes. Gleiches gilt für die Zehengelenke.

Um die Muskelwirkung voll zu verstehen, muss man weiter danach fragen, ob das Bein (wie in den vorgenannten Beispielen) frei pendelnd schwingt oder aufgesetzt ist.
In letztem Fall werden z. B. die Kniebeuger, die von hinten die Kniekehle bilden, zu Streckern des Kniewinkels und damit zu Stemmmuskeln für den Vortrieb des Körpers (Hinterbackenmuskeln des Pferdes).

Die Zusammenfassung von Einzelmuskeln zu Funktionsgruppen lässt die Ballung und Dimensionen sowie die unterschiedlichen Kräfteverhältnisse am Bein deutlich werden (Abb. 96):

- Das beim Pferd entscheidende Muskelvolumen für den Vorschub liegt in einem Bereich, der vom Kreuzbein und Sitzbeinhöcker abwärts bis in die obere Hälfte des Unterschenkels reicht.
- Der vierköpfige Strecker des Knies (Quadrizeps) ist ein, damit verglichen, verhältnismäßig schwach voluminöser Muskel (im Gegensatz zum Quadrizeps beim Menschen).
- Die eigentlichen Gesäßmuskeln brauchen beim Vierfüßer das Becken nicht in Balance zu halten und sind (im Gegensatz zu den Gesäßmuskeln des Menschen) schwach.
- Aufgrund des von Natur aus vorhandenen Zehenspitzenstands kann bei den Huftieren auf kräftige Wadenmuskeln verzichtet werden.
- Hingegen sind die Unterschenkelvorführer gut spindelförmig ausgebildet.

Das Zusammensehen von Volumina und Skelettformen mündet in ein architektonisch bestimmtes Formverständnis (Abb. 97) und fördert ein bauendes Zeichnen. Verspannt man das Skelett von Eckpunkt zu Eckpunkt mit Muskeln, so ergibt sich von selbst die Umrissform des Hinterbeins (Abb. 98).

Vergleichende Anordnung der Muskelfunktionsgruppen in Bezug zu den Gelenkachsen des Beins von Mensch und Pferd

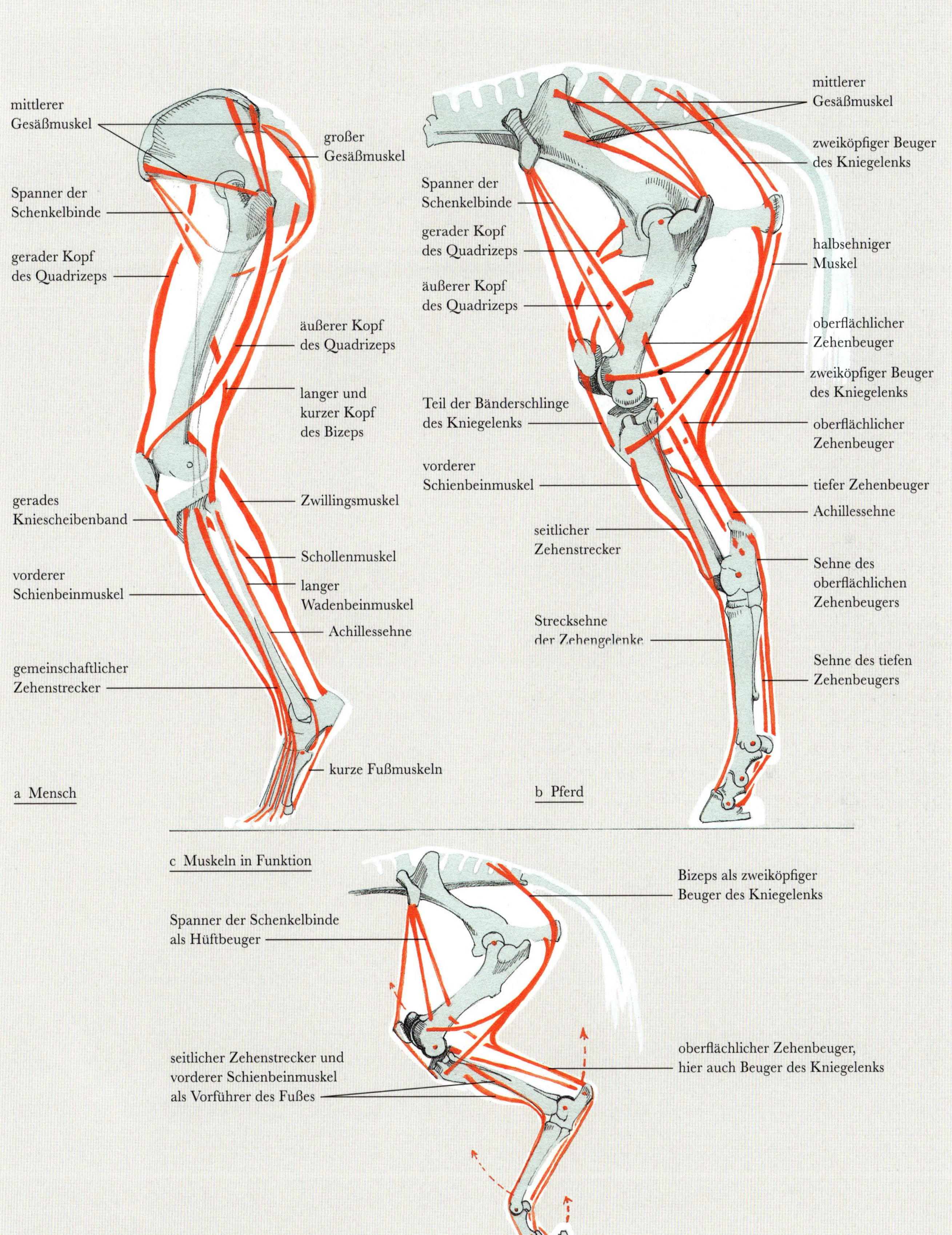

Das Prinzip der Muskelanordnung zu den Gelenkachsen am Hinterbein und eine Darstellung ihrer Wirkungsweise

Zusammenfassung der Muskelfunktionsgruppen zu plastischen Einheiten, Beispiel Pferd

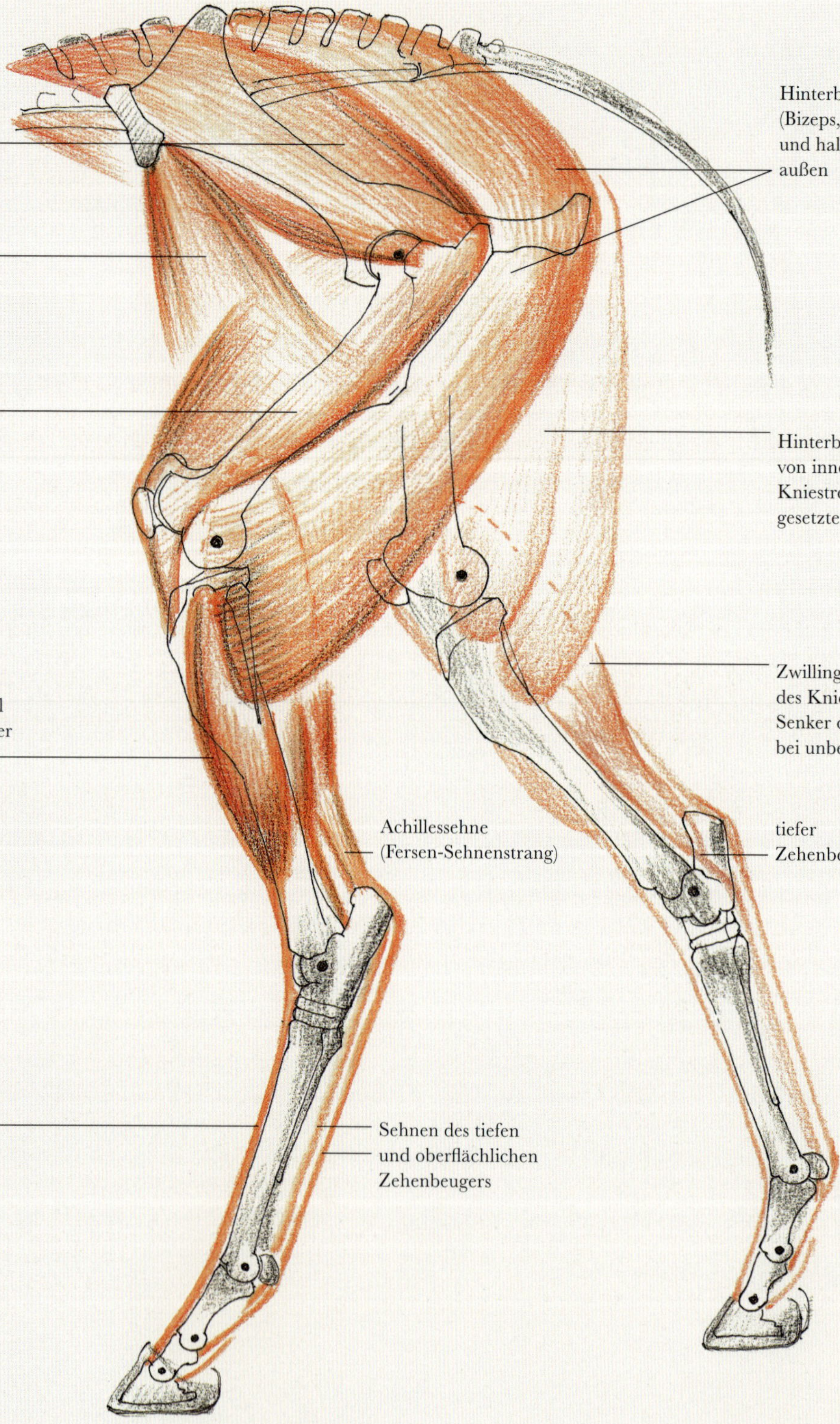

97 Vergleichende Darstellungen zu den Muskelfunktionsgruppen als plastische Formbildner am Hinterbein von Pferd, Rind, Hund und Löwe

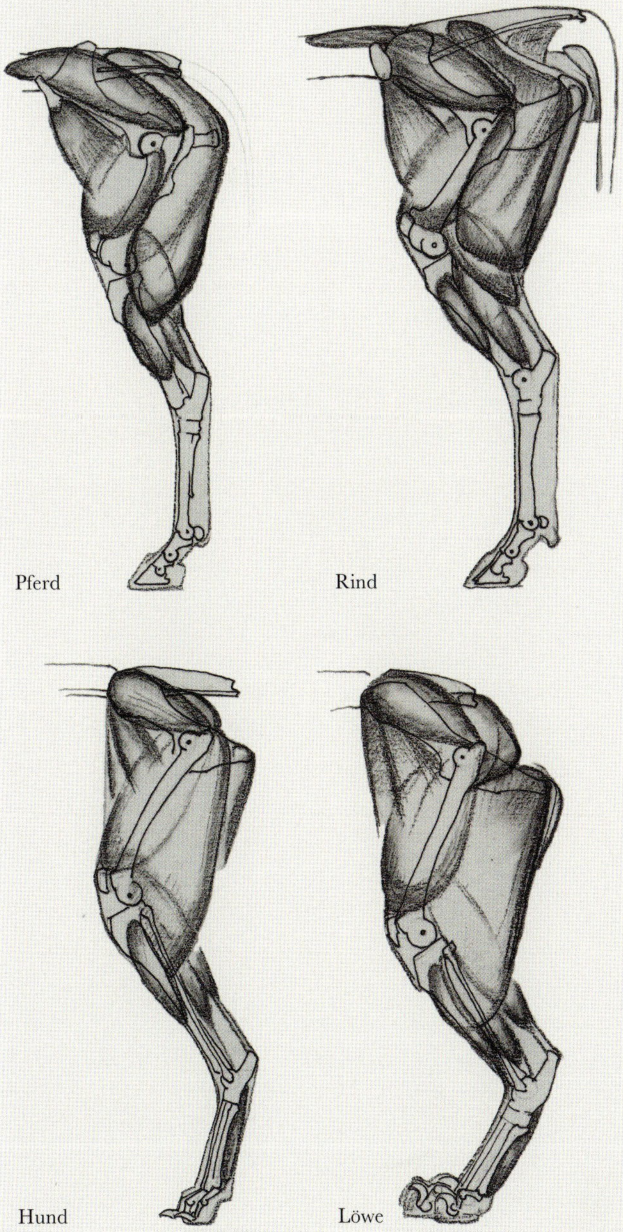

98 Diese vergleichende Darstellung zeigt die Umrissformen der Hinterbeine von Pferd, Rind, Hund und Löwe. Es wird deutlich erkennbar, wie die Muskeln von ›Eckpunkt‹ zu ›Eckpunkt‹ des Skeletts gespannt sind.

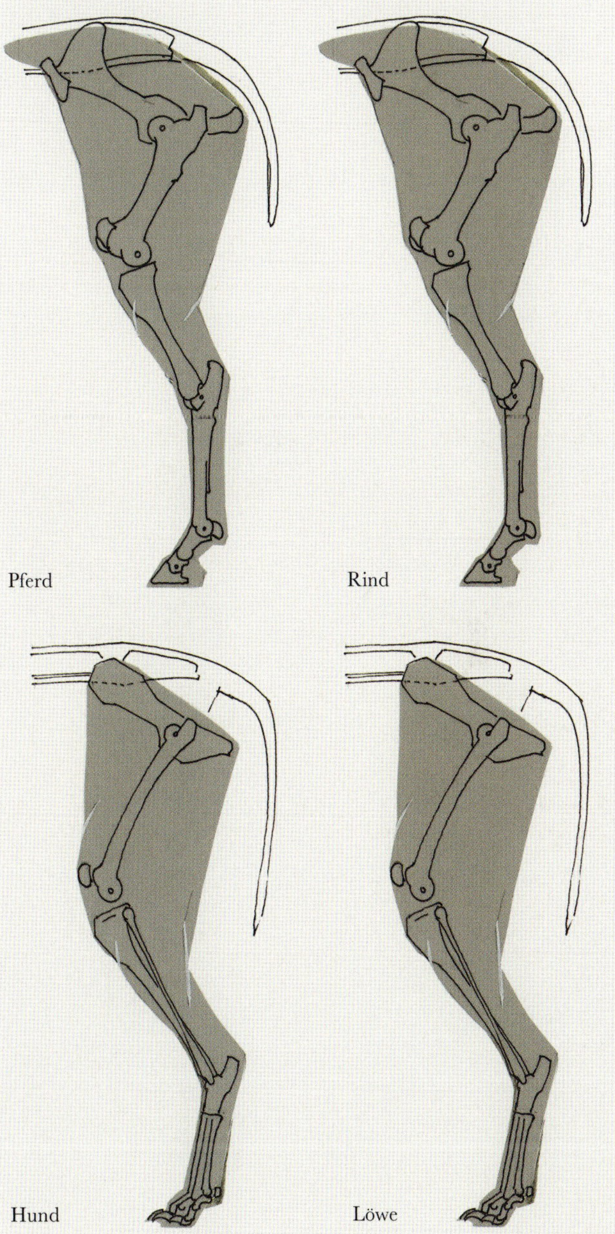

Zeichnerische ›Schnellstudien‹ zur Einprägung der Bemuskelung des Huftierbeines und durchgearbeitete Lebendstudien

Die vorherigen Erörterungen zur Lage der Muskelfunktionsgruppen muss man sich einprägen – am besten über den Gebrauch des Pinsels oder Fingers (Abb. 99, 100):

- Gib mit dem Bleistift die Winkelungen des Beinskeletts als einfache Richtungsangabe an. Markiere die Drehpunkte.
- Setze mit transparenter Aquarellfarbe entlang dem Bewegungsgerüst abwechselnd hinten, vorn, hinten den Rhythmus der Funktionsgruppen ein. Benenne dabei die einzelnen Muskelfunktionsgruppen: ›Hier die Hinterbackenmuskeln, vorn der Kniestrecker‹ etc. (Abb. 99 links).
- Lass die Eintragungen auftrocknen, damit sie nicht verlaufen, und schließe die Lücken der Beinform in gleicher Weise (Abb. 99 rechts).
- Übe weiter *ohne* vorherige Angaben des Bewegungsgerüsts, tauche den Finger in Graphit- oder Kreidestaub und setze die Hauptvolumina (Abb. 101).
- Zum Schluss stabilisiere und präzisiere den angelegten Formfond mit einigen Konturen.

Die erlangten Fertigkeiten und durch Praxis vertieften Kenntnisse werden bei der Durcharbeitung der Lebendstudie gute Dienste leisten (Abb. 100):

- Bestimme die Lage der Skelettorientierungspunkte für die Anlage der Zeichnung, beginne nicht mit dem Abzeichnen der Umrissform.
- Baue mit dem Stift die Form und beurteile zuvor das Ansichtsverhältnis, um das Strichgefüge entsprechend den räumlichen Gefällerichtungen zu organisieren.
- Arbeite mit großer Sorgfalt die plastische Form der Gelenke heraus. Wenn diese nicht sitzen, sind alle anderen Bemühungen wertlos.

99

Erfassen der Hauptmassen am Hinterbein eines Pferdes

Allmähliches Heranarbeiten an die Hinterbeinform eines Einhufers durch Angabe der Skelettrichtungen (Bleistift und Pinsel) und der Muskelgruppen (Pinsel)
Bleistift, Pinsel mit dünner Aquarellfarbe, DIN A4

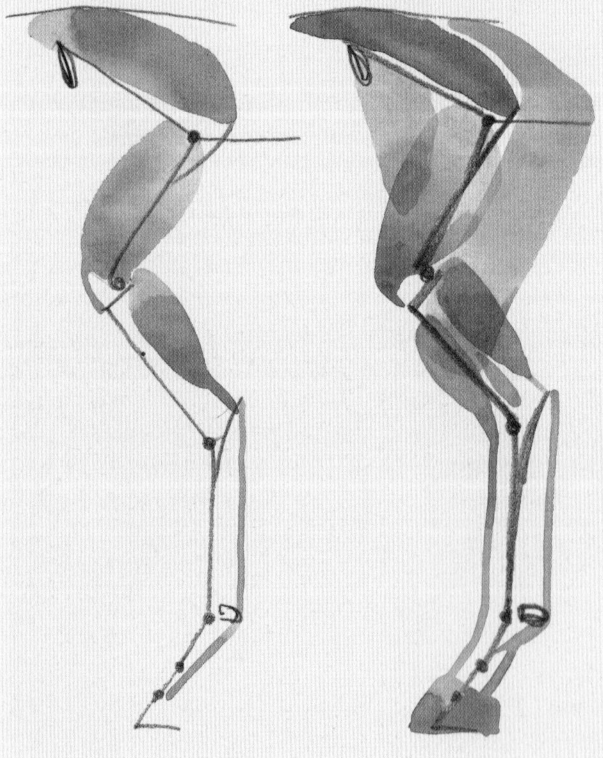

100

Zeichnerisch durchmodelliertes Hinterbein eines Trakehners

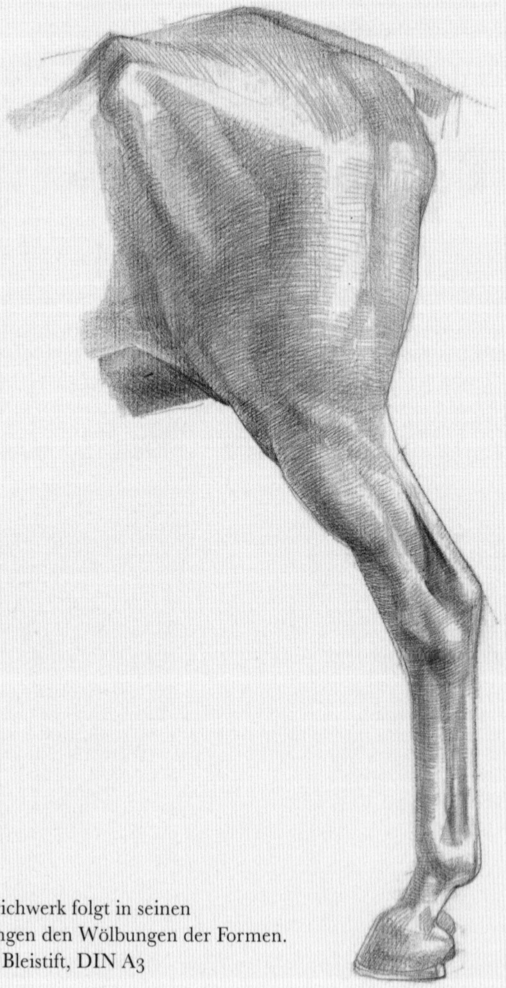

Das Strichwerk folgt in seinen Richtungen den Wölbungen der Formen.
Spitzer Bleistift, DIN A3

- Formen, die knapp und scharf, gestreckt oder gerundet sind, bearbeite in entsprechender Weise. Die Formen *begegnen* sich untereinander: Straffheit wechselt sich ab mit Rundheit. Vermeide unbedingt schlaff und verschliffen ineinander übergehende Formen.
- Studien mit einem geringeren Vortragsaufwand dürfen darum nicht weniger aussagekräftig sein. Hier kommt es nur darauf an, *was* im Vordergrund der Untersuchung steht (Körperhaftigkeit, Funktion).

Zum Beispiel hat sich die Schülerarbeit der Abbildung 102 oben und unten vordergründig mit dem statischen Problem des Schilderns auseinander gesetzt und versucht, die Straffung des belasteten Hinterbeins gegenüber dem angebeugten Spielbein hervorzuheben. Die Reduzierung der Mittel – unter Beibehaltung der erstrebten Körperhaftigkeit – wird in den Schülerarbeiten in den Abbildungen 102 unten und Abbildung 103 durch folgende wesentliche Mittel erreicht:

- durch Schaffung von Ansichtsflächen, die gegeneinander abgegrenzt sind (z. B. die schmale Rückseite des Unterschenkels und Fußes),
- durch Durchzeichnung verdeckter Ecken und Kanten (hier z. B. besonders im Huf- und Fesselbereich) mit der Tendenz zur Formeinfachheit und -verknappung,
- durch Eintragungen von Querschnitten, die die Wölbung der Volumina (z. B. an der Unterschenkelaußenseite) im Verhältnis zu den hageren Formen des Fußes deutlich werden lassen.

Das Bemühen um Körperhaftigkeit wird sehr unterstützt durch elementare, herausgearbeitete Ansichtsflächen des Gesamtkörpers einschließlich der Standfläche (Abb. 103).

Improvisierte Wiedergabe der Hinterbeinplastik in breiten Formen (Pferd)

Pastellkreiden, mit dem Finger gewischt; die Formstabilisierung wird durch Konturlinien gesichert, auf Tonpapier, DIN A4

101

102 a

Studie von einem Pferd, Hinterbein in Entspannungshaltung (›Schildern‹)

Studentenarbeit aus einem tieranatomischen Kurs an der Hochschule für Kunst und Gestaltung der Stadt Zürich, 1988

102 b

›Schildern‹, Hinterbein eines Pferdes in Entspannungshaltung

Sie ist vergleichbar mit dem menschlichen Kontrapost und der Verschiebung von Schwerpunkt, Stützbein und Beckenachse. Studentenarbeit aus einem tieranatomischen Kurs an der Hochschule für Kunst und Gestaltung der Stadt Zürich, 1988

Körperhaft-räumliche Studie von einem Rind bei weitgehend offener Körpermodellierung

Studentenarbeit aus einem tieranatomischen Kurs
an der Hochschule für Kunst und Gestaltung der
Stadt Zürich, 1988

103 b

Körperhaft-räumliche Studie von einem Rind mit entschiedener Herausarbeitung des räumlichen Gefälles der Oberflächenformen

(kein Licht-Schatten-Problem!)
Studentenarbeit aus einem tieranatomischen Kurs
an der Hochschule für Kunst und Gestaltung der
Stadt Zürich, 1988

Das Hinterbeinskelett eines Fleischfressers (Löwe) und seine plastische Auswirkung für die Lebendstudie

Wir haben hier nur noch Abweichungen von den Verhältnissen des Huftieres festzustellen (Abb. 104, 106):

- kein Einrasten der spitzen Kniescheibe auf Rollhöckern des Oberschenkelbeines,
- Aufgliederung des Unterschenkels in ein Schien- und ein komplettes Wadenbein,
- Aufgliederung des Fußes in vier Mittelfußknochen, die als Komplex ein flaches Gewölbe bilden (mit dem ausgeprägten Standgewölbe des Menschen daher nur entfernt vergleichbar); der Scheitel des Gewölbes ist nach der Fußinnenseite verschoben (siehe eingezeichnete Querschnitte),
- Mittelfußstrahlen enden in ›Köpfen‹, wodurch außer der Beugung auch ein Spreizen der Zehen möglich wird (insbesondere bei Katzen).
- Wichtig: Im Gegensatz zum Hund sind die Krallenglieder zurückziehbar, sodass der Rücken der Zehenglieder dachartig beschaffen ist. Krümmung der Krallen an der lebenden Pfote infolge Behaarung nicht oder schwach sichtbar (rechts oben),
- Aufsetzen des Fußes auf den Mittelfußköpfen.

Die am lebenden Bein in Erscheinung tretenden Skelettorientierungspunkte sind (Abb. 105):

- vorderes Ende der Darmbeinschaufel,
- schräg dahinter der Akzent des Sitzbeinhöckers,
- die flache Wölbung des großen Rollhügels,
- die schmale Vorderfläche der Kniescheibe,
- Herausragen des Fersenbeins, der inneren und äußeren Knöchel,
- die Wölbung des Mittelfußrückens, geknickter Verlauf der Zehenglieder,
- besonders deutlich hervortretendes Fersenbein in Rückansicht (Abb. 106), das den äußeren Fußrand nach hinten oben fortsetzt,
- in der skeletalen Wölbung des Mittelfußes die Unterbringung der kurzen Fußmuskeln,
- wie bei allen Läufern besonderes Hervortreten der unterschiedlich hohen Knöchel des Sprunggelenks.

Durch den Umstand der fächerartigen Verbreiterung des Fußskeletts in Richtung Zehen wird die Fleischfressersohle zum hohen, schmalen Dreieck (Abb. 107). Vom äußersten Ende des Fersenbeins ist die straffe Form der Achillessehne verfolgbar, bis diese in der Kniekehle verschwindet.

Die Belastung des Fußes auf seinen Mittelfußköpfen macht druckverteilende Polsterungen erforderlich (Trittpolster, Abb. 108, 109).

Im Gegensatz zu den Huftieren verläuft die Sohle mit leichter Konvexität nach hinten, eine Folge der hier angesiedelten kurzen Fußmuskeln.

Für das Zeichnen des Fleischfressers beachten wir die bisher gemachten Empfehlungen (Abb. 105, 107–110), wobei die Fußformen in den verschiedenen Ansichten zeichnerische Untersuchungsschwerpunkte sind. Sofern – wie z. B. bei liegenden und bei stehenden Tieren in Rückansicht – die sich darbietenden Dimensionen der Volumina von Fuß- und Schenkelformen schwierige Lagen und Verkürzungen aufweisen, können diese in Teil- oder Vollelementarisierungen bewältigt werden.

Auch die orientierenden Markierungen der Drehpunkte der Gliedmaße in der Schülerarbeit Abb. 110 erfüllen die Funktion von Elementaruntersuchungen. – Die Andersartigkeit des Vorderbeins und dessen Fußformen wird weitere Gelegenheiten zur Typuskennzeichnung bieten.

104

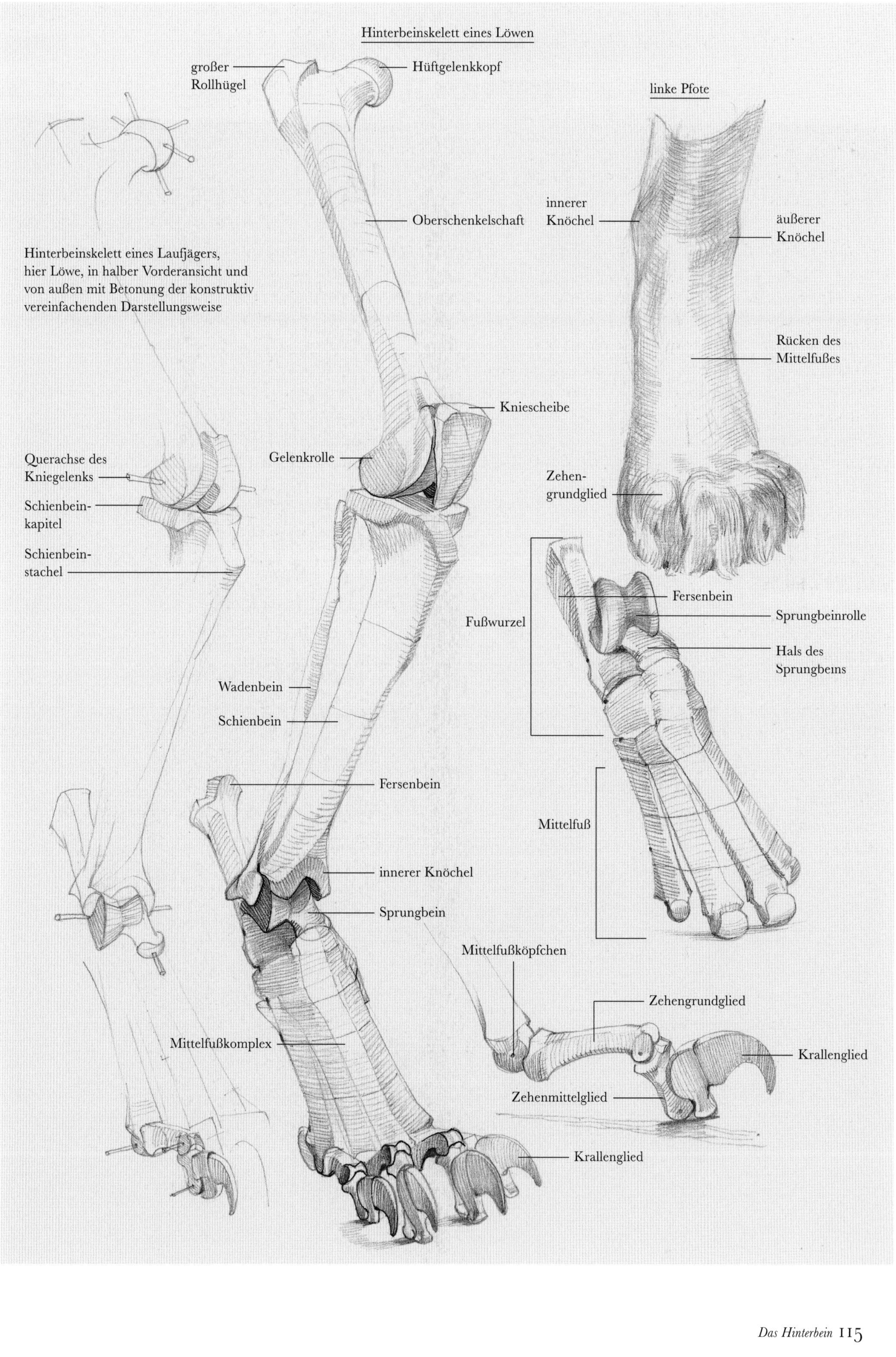

Hinterbeinskelett eines Laufjägers, hier Löwe, in halber Vorderansicht und von außen mit Betonung der konstruktiv vereinfachenden Darstellungsweise

105

Körperarchitektonisch verstandene Darstellung des Hinterbeinpaares eines Löwen

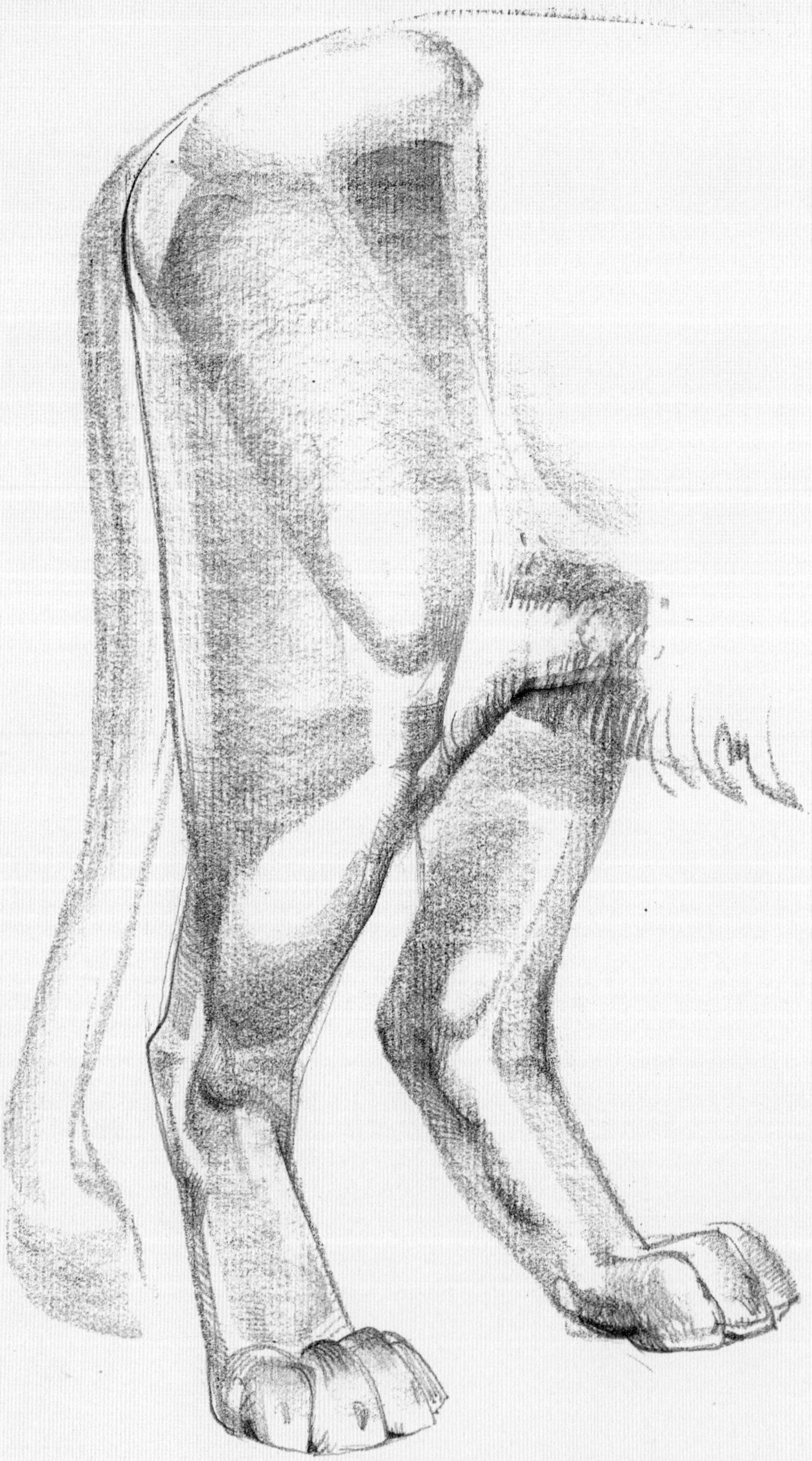

Breit gesetztes Graphitstück, DIN A3

106

Fußskelett und Hinterfuß in Lebenderscheinung eines Katzenartigen, hier Löwe

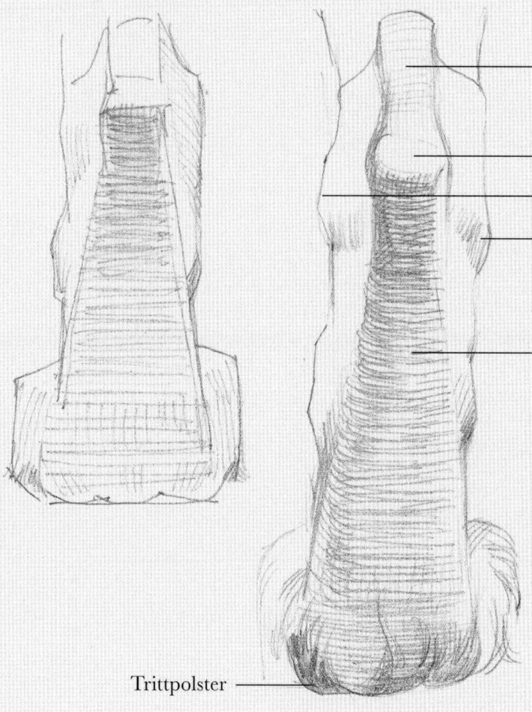

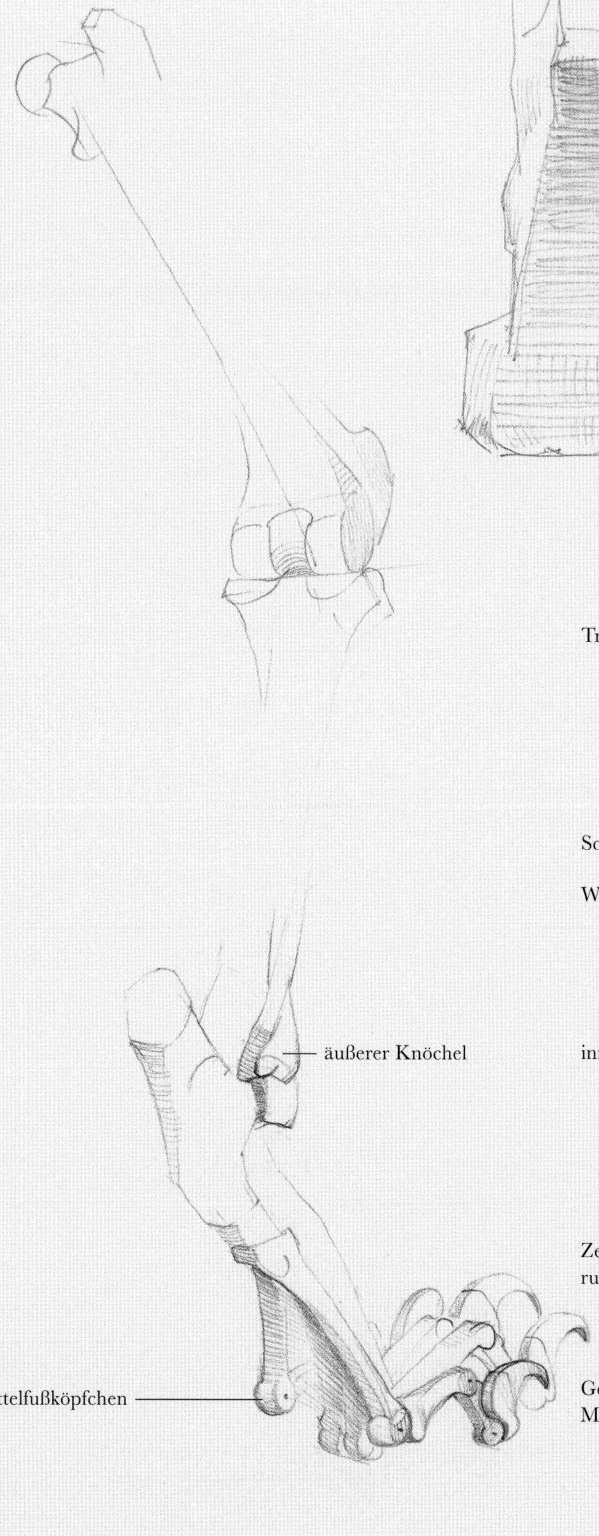

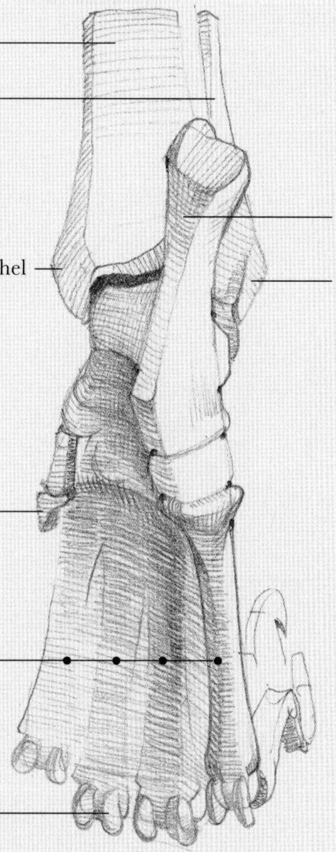

Die Skelettformen in konstruktiv
vereinfachender Darstellungsweise
Spitzer Bleistift, DIN A4

107

Hinterbeinpaar eines Jaguars, Lebenderscheinung

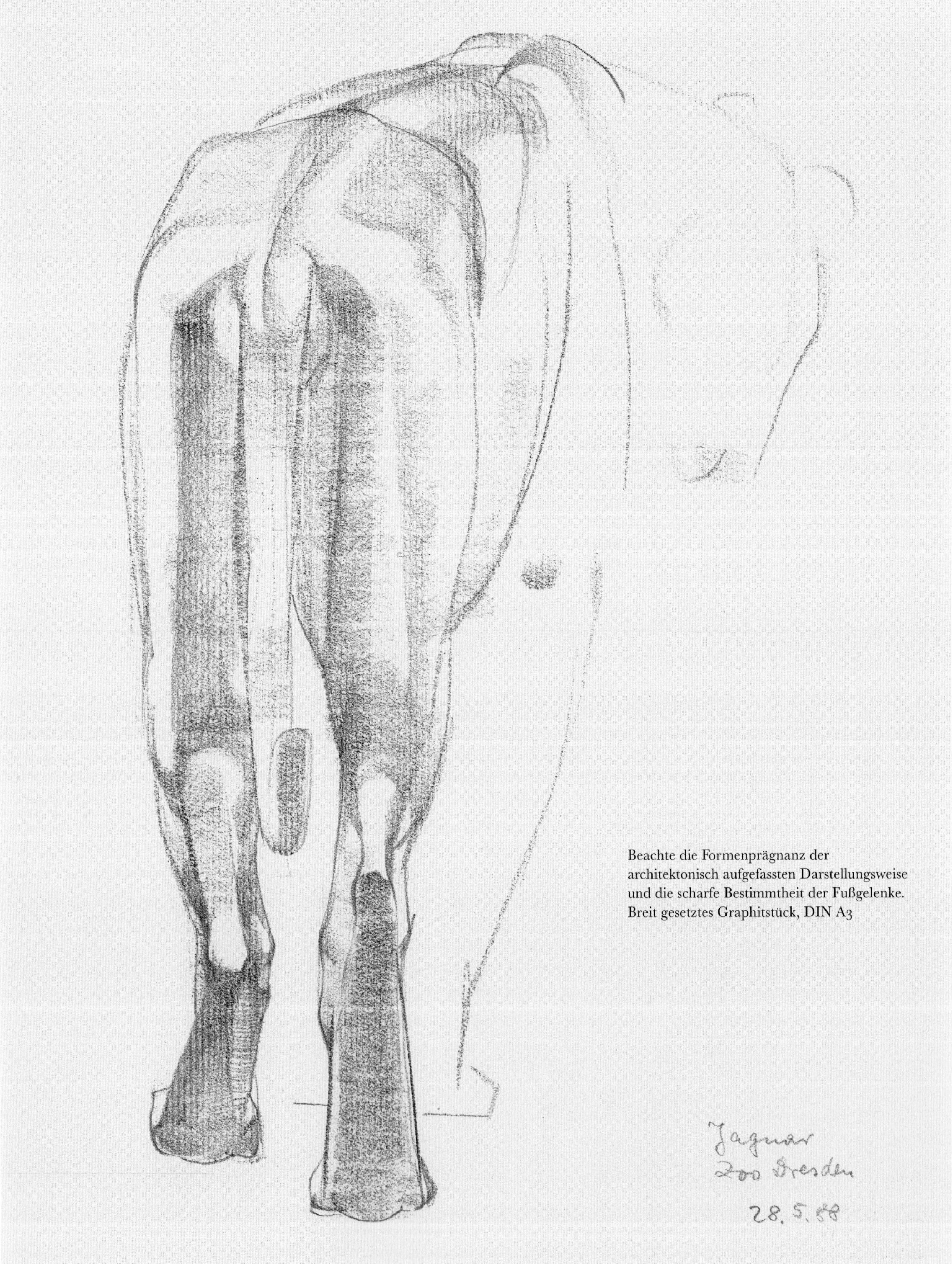

Beachte die Formenprägnanz der architektonisch aufgefassten Darstellungsweise und die scharfe Bestimmtheit der Fußgelenke. Breit gesetztes Graphitstück, DIN A3

108

Architektonisch verstandene Darstellungsweise der Hinterbeine von Katzenartigen (Löwe und Amurtiger)

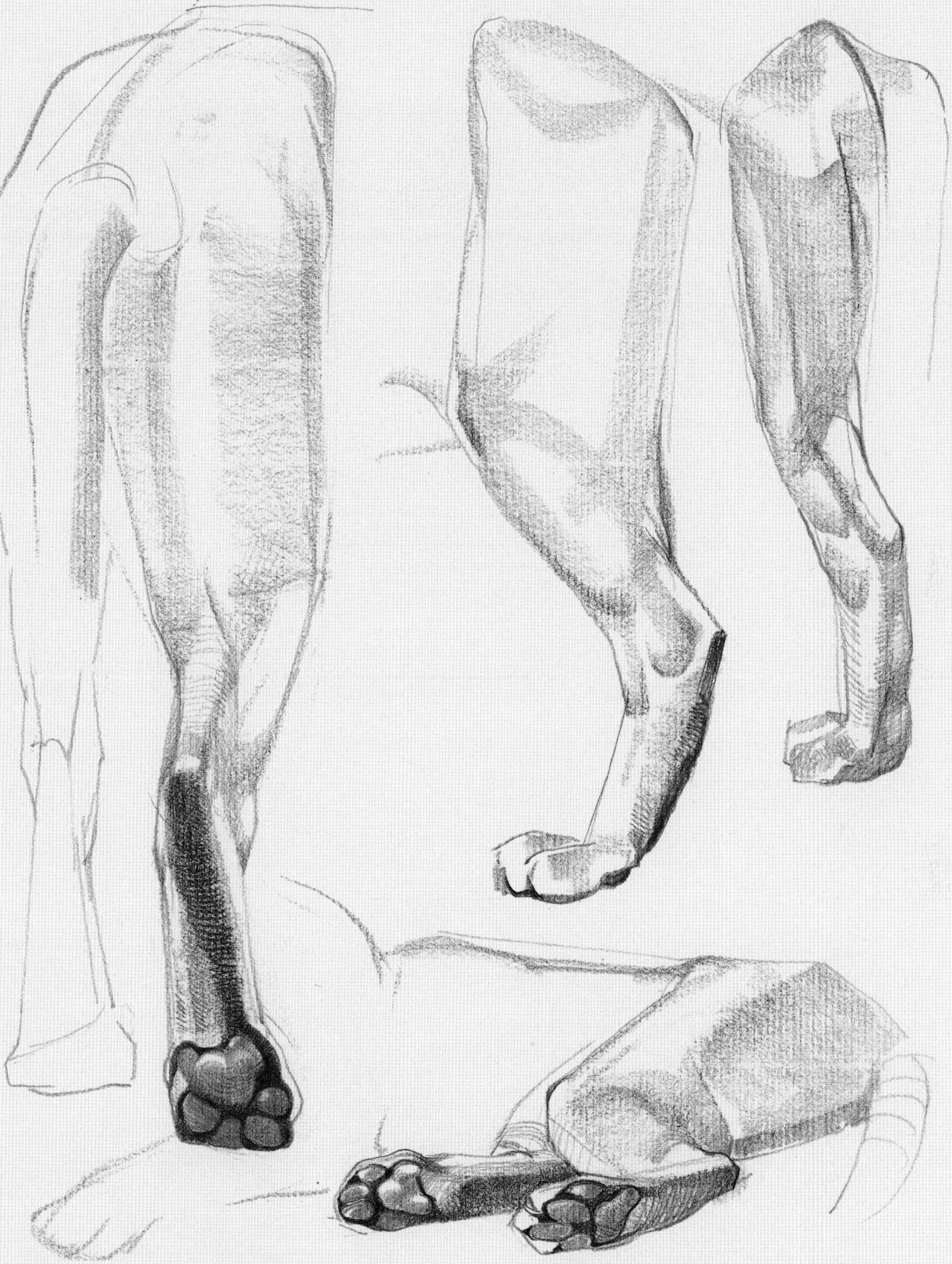

Beachte, dass die Trittfläche des Hinterfußes vier Zehenballen und einen großen Ballen hat, sodass die Mittelfußköpfe trotz der Körperlast sanft aufgesetzt werden können.
Bleistift und Graphitstück, DIN A3

109

Variable Vorderpfotenstellungen einer Löwin

Die Fähigkeit der Katzenartigen, durch das rumpfnahe und rumpfferne Ellen-Speichen-Gelenk (siehe auch Abb. 132, 134) die Pfote zu pronieren und supinieren, begünstigt den vielseitigen Vorderpfoteneinsatz in verstärktem Maße.
Rötel, DIN A3

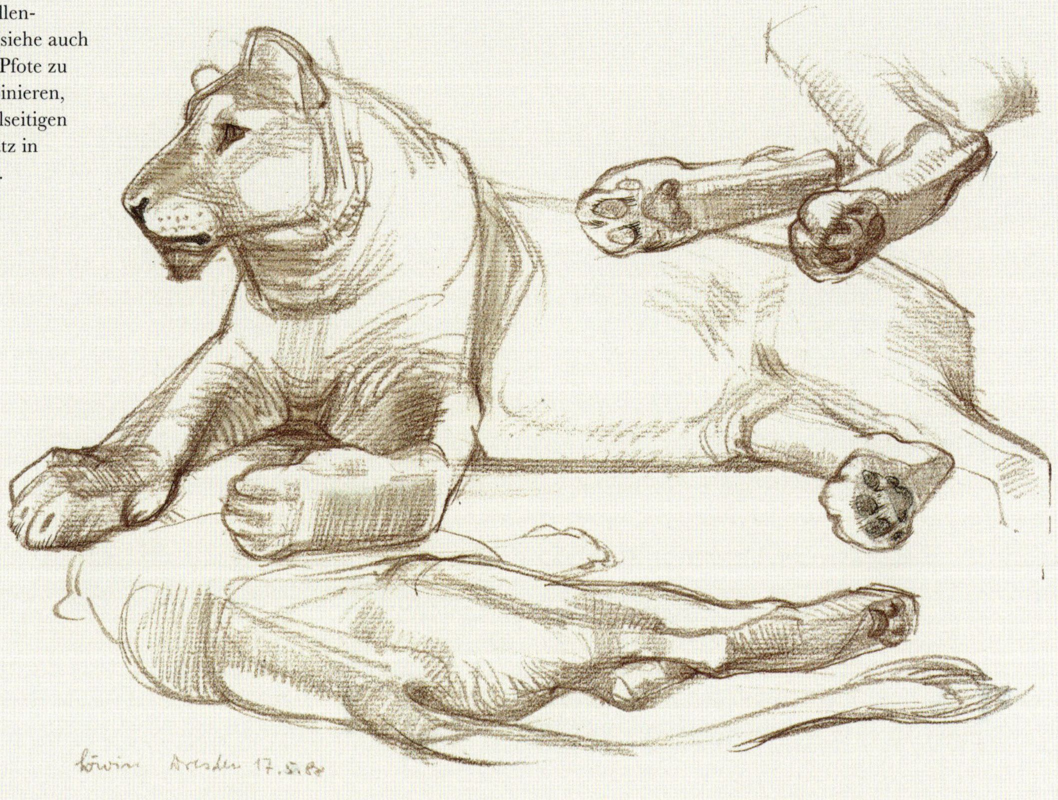

110

Analyse der seitlich aufgelegten Hinterbeine eines Löwen mit Eintragung der Gelenkpunkte

Studentenarbeit aus einem tieranatomischen Kurs an der Hochschule für Kunst und Gestaltung der Stadt Zürich, 1988

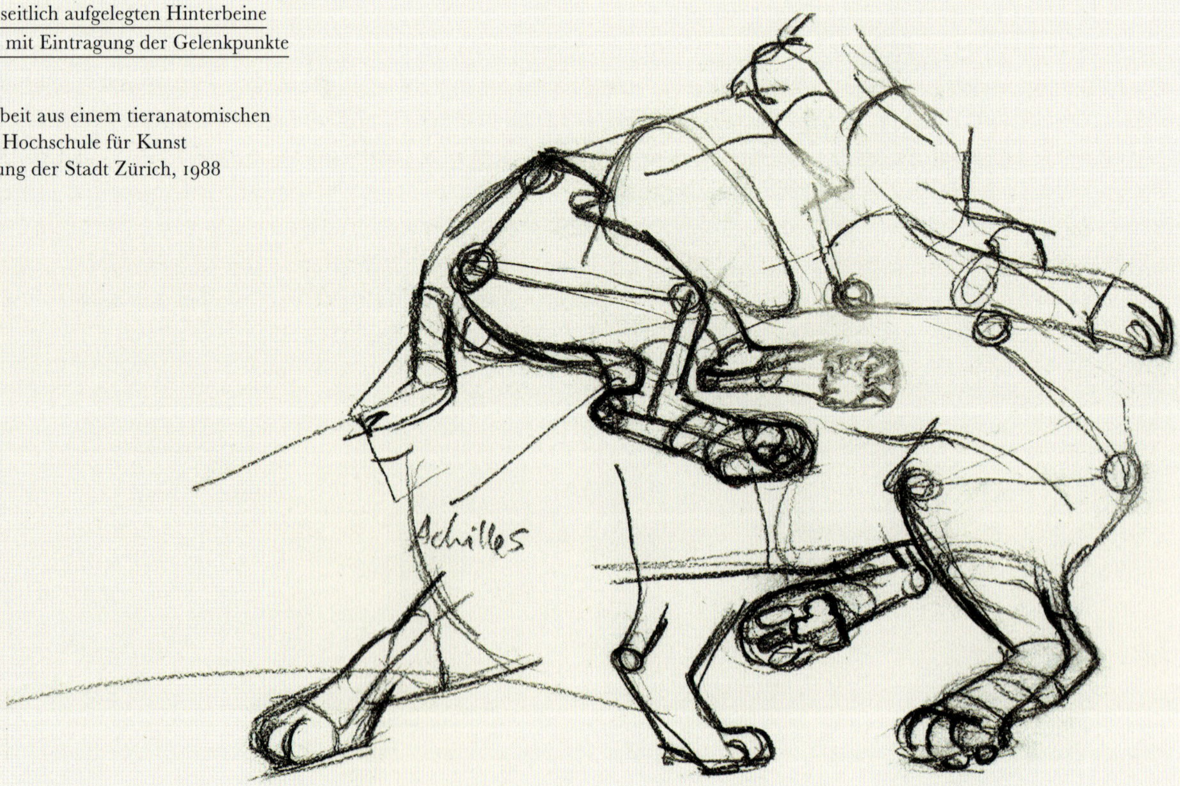

Das Vorderbein und seine Fußformen

Das Skelett der Schultergliedmaße eines Einhufers (Pferd) und seine plastische Auswirkung auf die Beinform des lebenden Tieres

Die beweglichen Schultergliedmaßen haben ihre Basis im verschiebbaren, rückenseitig offenen Schultergürtel, der bei Lauftieren aus einem einzigen Knochen, dem flächigen, dreieckförmigen Schulterblatt besteht. Allein über das Schultergelenk steht die eigentliche Vorderbeingliedmaße mit dem Rumpf in Verbindung. Die erwähnenswerten, anatomischen skeletalen Merkmale sind den Abbildungen 111 und 112 zu entnehmen:

- der kappenartige Schulterblattknorpel (gestrichelt, bei den meisten Skelettaufstellungen nicht vorhanden), der *nicht* die Wideristhöhe erreicht,
- die Schultergräte, die an der Lebenderscheinung die Schrägstellung des Schulterblatts unterstreicht,
- die drei Höcker am rumpfnahen Oberarmbein, deren kräftiges Volumen die Muskulatur unterbaut und das Schultergelenk als plastischen überhängenden Eckpunkt markiert,
- der nach hinten oben gerichtete Ellenbogen, der als Hebelarm und Angriffspunkt des dreiköpfigen Streckers des Schultergelenks (Trizeps) fungiert; er ist gleichzeitig Angriffspunkt der Streckmuskeln des Unterarms, und das Oberarm-Speichengelenk selbst wird durch Streckmuskeln des Unterarms überlagert,
- die Speiche, die innenseitig, ähnlich dem Schienbein, ohne Muskelbedeckung unmittelbar an die Oberfläche tritt,
- die als komplexe Form dargestellte, aus zwei übereinander geschichteten Knochenreihen bestehende Handwurzel, deren Knochenreihen sich in der Beugung verschieben (Rutschgelenk),
- der handwurzelinnenseitig mit scharfem Akzent hervorspringende Griffelfortsatz der Speiche, der zeichnerisch keinesfalls übersehen werden darf,
- das außenseitig am Handgelenk lagernde und nach hinten herausragende Erbsenbein, das dem Unterarm des lebenden Tieres einen überhängenden schrägen Absatz gibt,
- die knöchern bedingte Handwurzel als breites, quer gestelltes Volumen zwischen Unterarm und Fuß,
- die Walzenform des Mittelfußes, dem vorn unmittelbar die Sehne des Zehenstreckers aufliegt, hinten, mit Abstand, die Sehnenstränge des oberflächlichen und tiefen Zehenbeugers,
- die beiden rückwärtigen am Zehengrundgelenk herausragenden Sesambeine, die die Verstärkung oberhalb der Fessel bilden – zwischen ihnen verlaufen die Beugesehnen,
- das Fesselbein als schlankeste Form des Vorderbeins,
- Kron- und Hufbein, die vom Hornschuh aufgenommen werden und keine eigene plastische Form bilden.

Die in der Abbildung 111 rechts eingezeichneten Querachsen lassen auf reine Scharnierbewegungen schließen. Nur im Schultergelenk tritt zur dominierenden Vor-Rück-Pendelung des Beines noch eine untergeordnete Bewegung des An- und Abziehens hinzu.

Für das Zeichnen der Formen des Vorderbeins beim lebenden Tier müssen die genannten Skelettsachverhalte im strukturellen Wechselspiel mit der Muskulatur prononciert werden. Auch hier bleibt die Empfehlung in Kraft, die Ansichtsflächen, und seien sie noch so schmal, in ihren räumlichen Stellungen und Richtungen herauszuarbeiten. Dazu gehört auch der Wechsel von Tiefen- zu Quer- zu Tiefenvolumen.

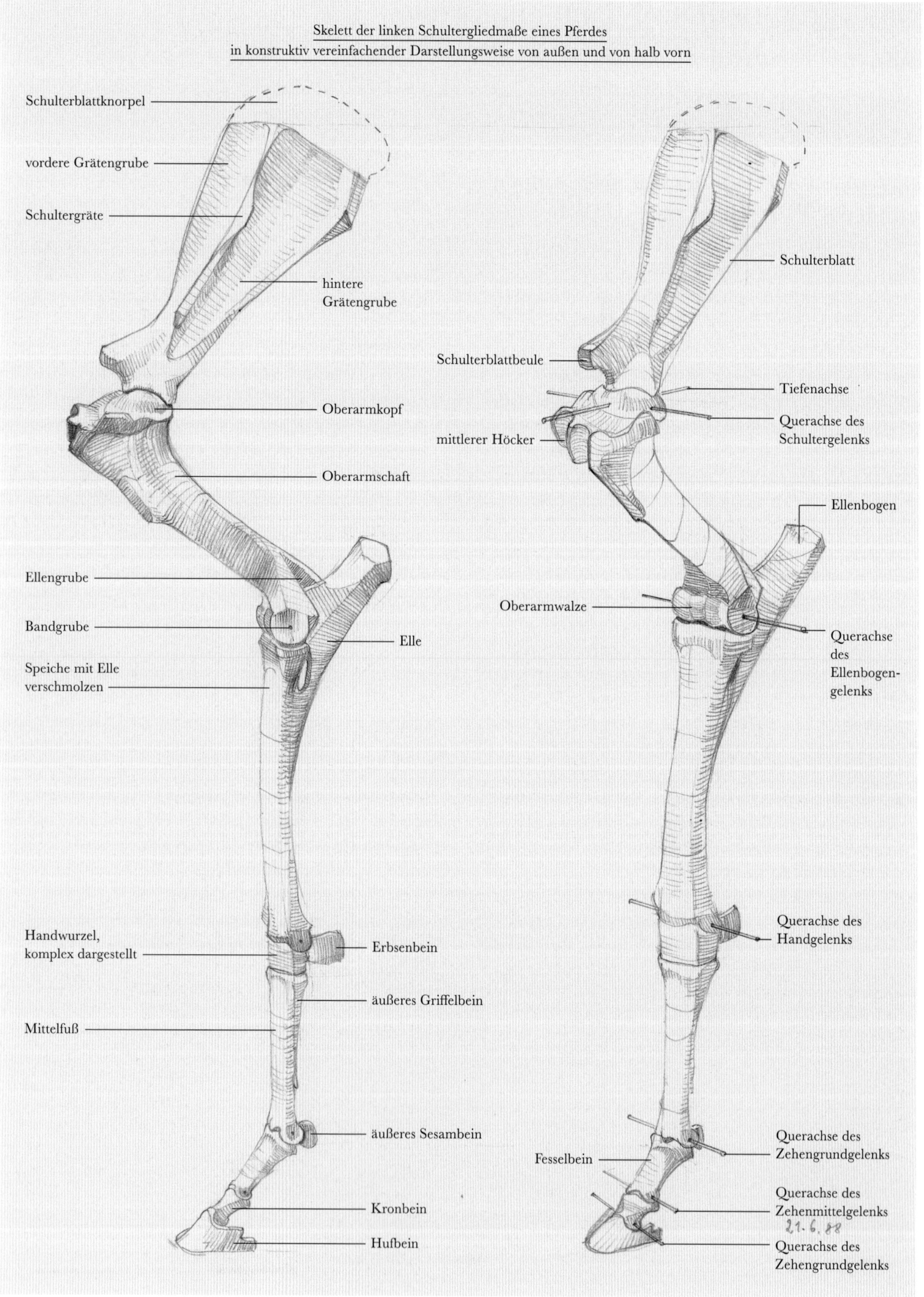
Skelett der linken Schultergliedmaße eines Pferdes
in konstruktiv vereinfachender Darstellungsweise von außen und von halb vorn
Schulterblattknorpel
vordere Grätengrube
Schultergräte
hintere Grätengrube
Oberarmkopf
Oberarmschaft
Ellengrube
Bandgrube
Elle
Speiche mit Elle verschmolzen
Handwurzel, komplex dargestellt
Erbsenbein
äußeres Griffelbein
Mittelfuß
äußeres Sesambein
Kronbein
Hufbein
Schulterblatt
Schulterblattbeule
Tiefenachse
Querachse des Schultergelenks
mittlerer Höcker
Ellenbogen
Oberarmwalze
Querachse des Ellenbogengelenks
Querachse des Handgelenks
Querachse des Zehengrundgelenks
Fesselbein
Querachse des Zehenmittelgelenks
21.6.88
Querachse des Zehengrundgelenks

Prinzipdarstellung der Anlage der Muskelfunktionsgruppen in Bezug zu den Gelenkachsen der linken Schultergliedmaße eines Pferdes (Außenansicht)

Die funktionellen Möglichkeiten des Beugens und Streckens der Muskeln werden nachvollziehbar, wenn man sich die jeweilige Zugrichtung vor Augen führt (z. B. Beugen/Strecken).

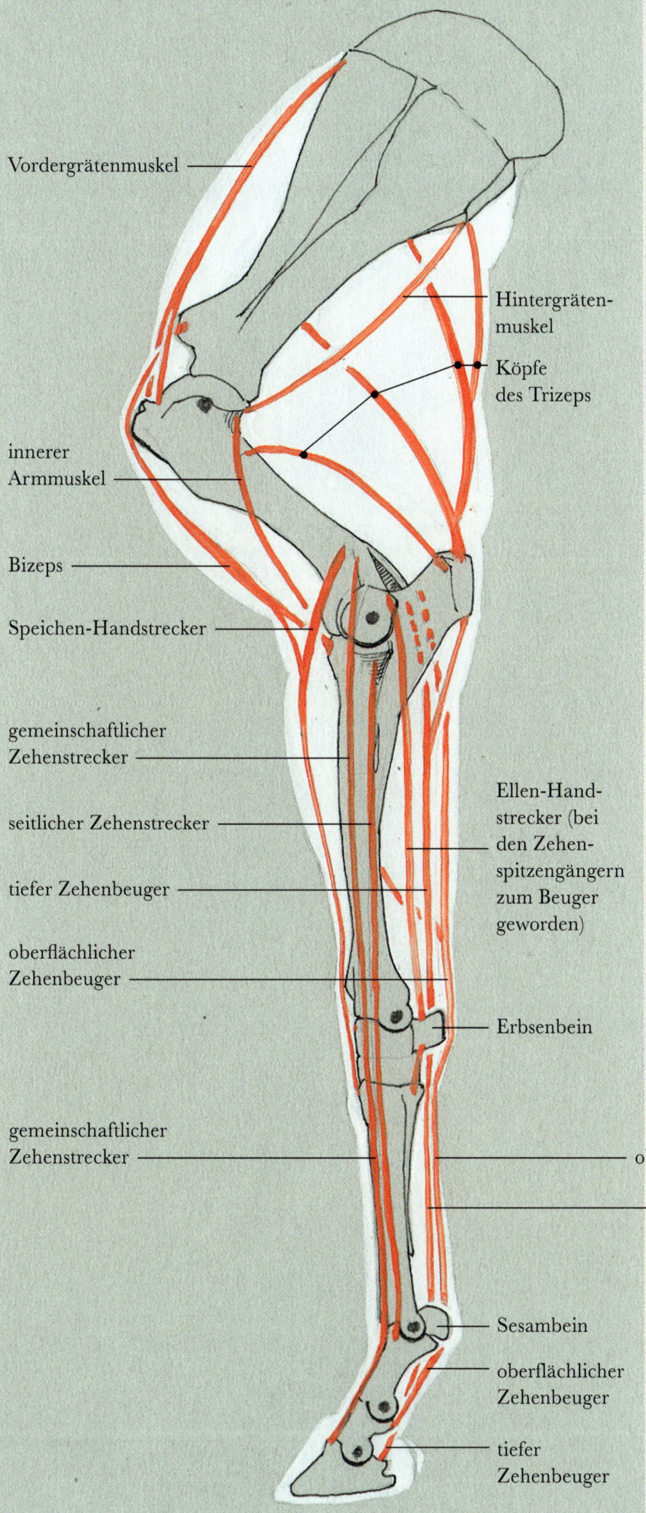

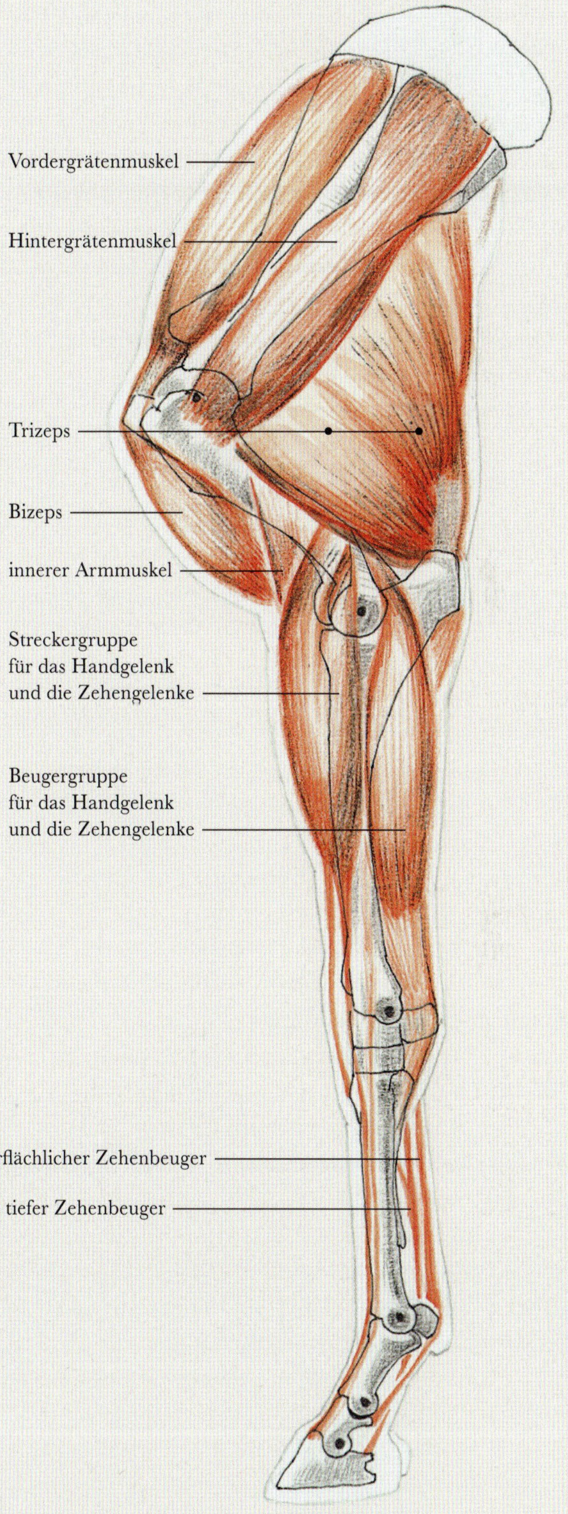

Das Prinzip der Muskelanordnung

Da die Mechanik der Gelenke beschränkt ist auf Beuge- und Streckbewegungen um Querachsen, gibt es Muskelvolumina, die vor und hinter den Querachsen angeordnet sind und zusammen die stark vorherrschenden Tiefendimensionen bilden, d. h., das Bein ist seitlich abgeplattet (Abb. 112):

- Muskeln mit Lage *vor* der Querachse des Schultergelenks sind dessen *Strecker* (Beispiele Vordergrätenmuskel und Bizeps, Abb. 112), *dahinter* liegen *Beuger* (Beispiele Hintergrätenmuskel und Trizeps des Ellenbogengelenks).
- Die an der Unterarmvorder- und -außenseite gelegenen Muskeln sind *Strecker* des Handgelenks *und* der Zehengelenke (z. B. Speichen-Handstrecker, gemeinschaftlicher Zehenstrecker, seitlicher Zehenstrecker). Der mehrgelenkige Speichen-Handstrecker kann in Nebenfunktion auch Beuger des Ellenbogengelenks sein, da dessen Gelenkwinkel nach vorn offen ist.
- Der entscheidende *Strecker* des Ellenbogengelenks ist der massige Trizeps *hinter* der Querachse des Ellenbogengelenks.
- *Beuger* des Handgelenks und der Zehengelenke ist der durch Zusammenfaltung des Handgelenks auf die Beugeseite abgewanderte Ellen-Handstrecker und der oberflächliche und tiefe Zehenbeuger; alle drei mehrgelenkigen Muskeln nehmen ihren Platz *hinter* den Querachsen ein.

Exemplarisch sei ein Zusammenspiel der Kräfte dargestellt, gültig für das unbelastete, vorschwingende Vorderbein (Abb. 120):

- Streckung des Schultergelenks bedeutet Vorführen des Oberarms und damit Vorschwingen des ganzen Beins.
- Hierbei ist die Verkürzung des Beinpendels erforderlich: gleichzeitige Beugung des Ellenbogengelenks durch den Bizeps und Speichen-Handstrecker.
- Automatisch mit der Beugung des Ellenbogengelenks werden die von der Oberarmrückseite kommenden Zehenbeuger und der Ellen-Handstrecker mit hoch gehebelt, wodurch sie das Handgelenk und die Zehengelenke mit beugen.

Es ist daher für das vorschwingende Vorderbein charakteristisch, dass der vorgeführte Ober- und Unterarm stets auch von einer Beugung im Handgelenk und in den Zehengelenken begleitet wird. Die Vorbereitung zur Landung des Fußes erfolgt durch die Strecker des Handgelenks und der Zehen. Das elastische Auffangen der Körperlast übernimmt der massige Trizeps für das Ellenbogengelenk, der den nach hinten offenen Winkel zwischen Ober- und Unterarm verspannt.

Beim Rückschwingen des Vorderbeins wirken die folgenden Kräfte zusammen:

- ›Anheben‹ des Unterarms (= Beugung des Schultergelenks bei gleichzeitigem Rückführen des Unterarms = Streckung im Ellenbogengelenk).
- Die Beuger des Handgelenks (Speichen-Handbeuger, Abb. 114, und Ellen-Handstrecker) verstärken das Rückführen des Fußes.
- Die Zehenbeuger verkürzen das Beinpendel um ein Weiteres, sodass mit der Gesamtverkürzung des Schwungbeins eine raschere Pendelfrequenz erreicht wird.

Ein besonders sorgfältiges Zeichenstudium muss man der Fesselregion widmen (Schülerarbeit Abb. 115).

113

Architektonisch verstandene Darstellungen der Schultergliedmaßen eines Trakehners

links: Außenseitliche Ansicht, rechts von halb hinten. Beachte die sehr straffen rückseitigen Sehnenstränge von Ellenbogen bis Fessel. Strichgefüge mit spitzem Bleistift, DIN A3

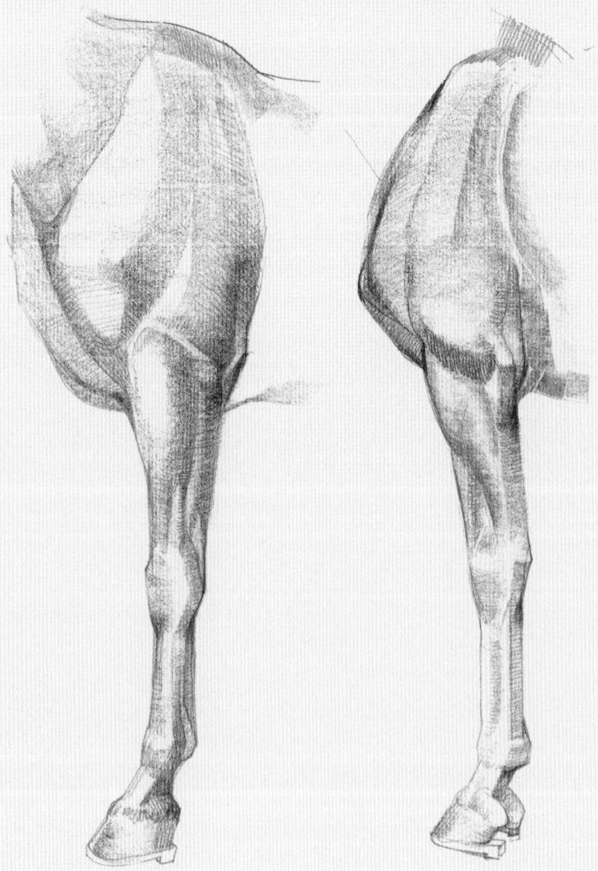

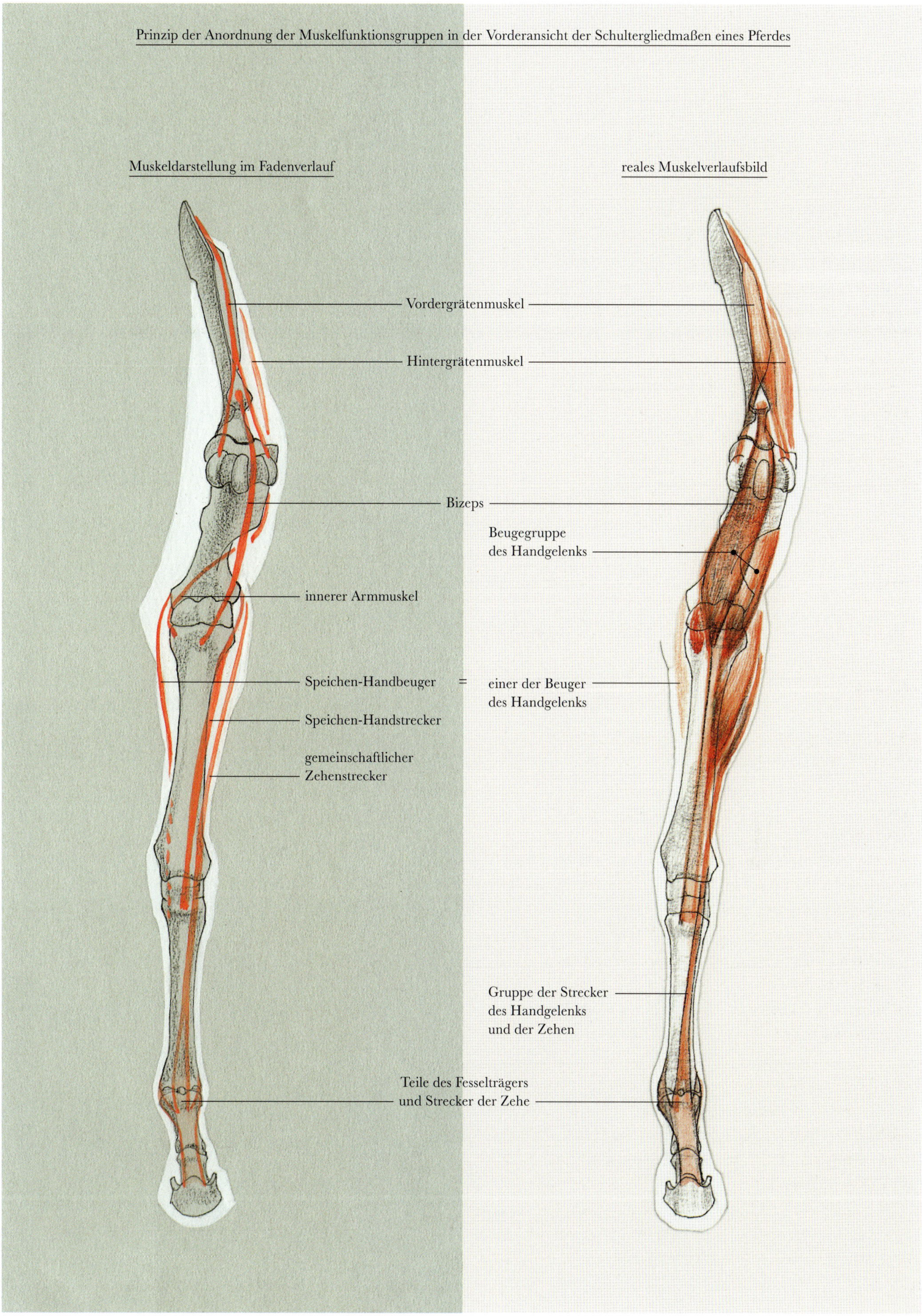
Prinzip der Anordnung der Muskelfunktionsgruppen in der Vorderansicht der Schultergliedmaßen eines Pferdes
Muskeldarstellung im Fadenverlauf
reales Muskelverlaufsbild
Vordergrätenmuskel
Hintergrätenmuskel
Bizeps
Beugegruppe des Handgelenks
innerer Armmuskel
Speichen-Handbeuger
=
einer der Beuger des Handgelenks
Speichen-Handstrecker
gemeinschaftlicher Zehenstrecker
Gruppe der Strecker des Handgelenks und der Zehen
Teile des Fesselträgers und Strecker der Zehe

115

Studentenarbeit aus einem tieranatomischen Kurs der Hochschule für Kunst und Gestaltung der Stadt Zürich, 1988

Die aus Muskelfunktionsgruppen aufgebaute Beinform von Läufern

Die Ballungen der Volumina sind rumpfnah angesiedelt. Im Schulter-Oberarm-Bereich wird ein großes, plastisches Dreieck aufgebaut (Abb. 116, 117):

- Es wird in seinem vorderen Abfall bis zum Schultergelenk leicht konvex ausgerundet durch den Vordergrätenmuskel.
- Ab hier bogt der Bizeps den zurückweichenden Schenkel des Schulterdreiecks etwas aus.
- Rückwärts schließt der Trizeps das Dreieck ab und hängt mit seinem äußeren Kopf als bauchige Wölbung über dem Ellenbogen herab.

Die Unterarmplastik wird folgendermaßen aufgebaut:

- Die Unterarmmuskeln bilden als Komplex einen nach unten sich verjüngenden Konus, dessen Masse schon weit oberhalb des Handgelenks in Sehnen übergeht.
- Die Speicheninnenseite bleibt von Muskeln unbesetzt (Abb. 117 links).
- Der außenseitige Teil des Unterarmkonus überschneidet charakteristisch die Beuger des Ellenbogengelenks.

Die Umrissform der vier nebeneinander gestellten Läuferbeine (Pferd/Rind, Hund/Löwe, Abb. 116) wird an ihren Eckpunkten wie am Hinterbein durch das Skelett bestimmt:

- der Schulter-Oberarm-Bereich durch Schulterblattknorpel, Schultergelenk und Ellenbogen,
- der Unterarmbereich durch Ellenbogen, Erbsenbein, unteres Speichenende und Speicheninnenseite,
- der Fußbereich durch die Rückseite des Mittelfußes, Sesambeinpaar, Zehenrücken und Huf bzw. Krallen.

116

Die Gestaltung der Umrissform durch die Muskulatur, von ›Eckpunkt‹ zu ›Eckpunkt‹ des Skeletts

Diese vergleichende Darstellung zeigt die Umrissformen der Schultergliedmaßen von Pferd, Rind, Hund und Löwe. Es wird deutlich erkennbar, wie die Muskeln von ›Eckpunkt‹ zu ›Eckpunkt‹ des Skeletts gespannt sind.

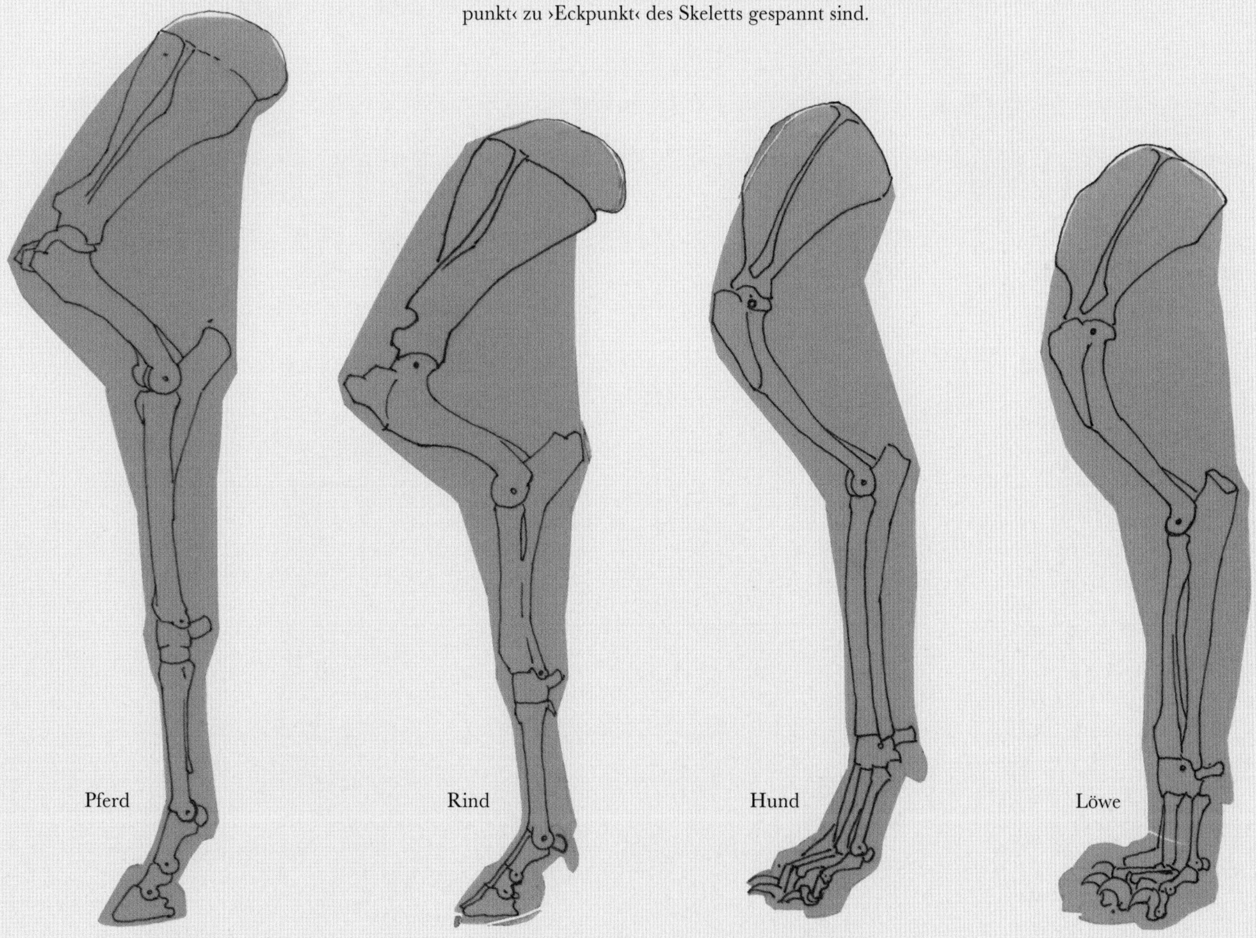

Die Ballungen und Richtungen der Volumina der Muskelfunktionsgruppen (ohne Sehnenverläufe, Pferd)

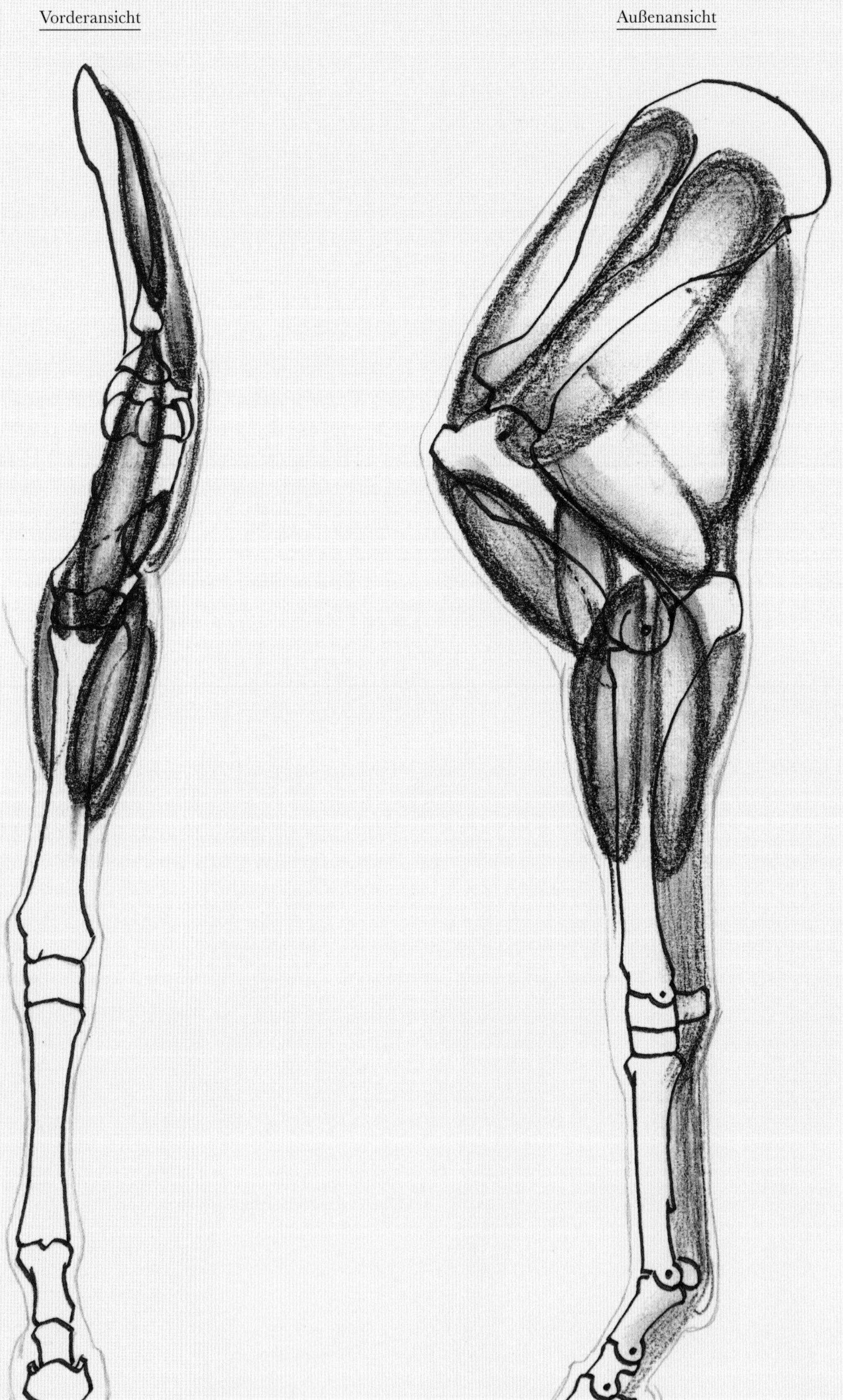

Zeichnerische ›Schnellstudien‹ zur Einprägung der Bemuskelung des Einhuferbeins

Die Einprägung der Muskelfunktionsgruppen muss nicht unbedingt am lebenden Tier geschehen. Im Folgenden handelt es sich um eine Lernarbeit auf praktischem Wege, gewissermaßen als ›Frei-Übung‹ mit Pinsel bzw. durch Fingermalen (Abb. 118, 119):

- Gib mit dem Bleistift die Winkelungen und Verlaufsrichtungen des Skeletts an, markiere die Drehpunkte (alles ganz elementar!).
- Setze mit transparenter Aquarellfarbe und rundem Pinsel die Lage der tieferen Muskeln an, entsprechend ihrer Beziehung zu den Gelenkachsen (links).
- Warte mit weiteren Eintragungen, bis die Farbe aufgetrocknet ist, und fahre erst dann fort. Auf diese Weise lassen sich die verdeckenden, überschneidenden oberflächlicheren Muskeln abheben, die Lage der tieferen bleibt durch die transparent dünne Farbe erkennbar (rechts).
- Bemühe dich, die straffen Sehnenstränge darzustellen.
- Das Fingermalen geschieht auf ähnliche Weise, indem man den Zeigefinger in Graphit- oder Kreidestaub taucht und diesen ausstreicht. Mit dem allmählichen Verbrauch des Staubs nimmt auch dessen Stärke ab. Dadurch erzielt man plastische Wirkungen (Abb. 119 links).
- Sollte diese Bemühung nicht befriedigen, da noch zu unverbindlich, setze mit dem weichen Bleistift ein paar feste Konturen (Abb. 119 rechts).

Nach der Natur lässt sich das Verfahren weiter vertiefen, differenzieren und ausbauen (Abb. 120):

- Setze wie oben die Muskelgruppen mit dem Pinsel, wobei man von Muskelgruppe zu Muskelgruppe Aussparungen machen muss.
- Dehne die erworbene Fertigkeit aus auf größere Zusammenhänge, indem du die ganze Vorderpartie des Tierkörpers erfasst, teils durch das Hintupfen der Muskelgruppen, teils durch einen feinen Pinselstrich. So entstehen Pinselzeichnungen.

Nach Versuchen mit der rundenden Sprache des Pinsels wenden wir uns dem scharfen Strich mit Feder, Kugelschreiber oder Bleistift zu (Abb. 120):

- Definiere mit der reinen Linie den Formenumriss, den man mit kühn gestreckten Strichen aufreißt.
- Die Richtungen dürfen sich getrost kreuzen; auf diese Weise entstehen die prägnanten Eckpunkte des Skeletts.
- Ist das getan, geht man zu den Binnenformen über und verwandelt den angelegten Umriss in eine körperhafte Form.
- Hierfür kommen den Überschneidungen größte Bedeutung zu. So sollte man z. B. den Unterarm wie einen Konus hervorgehen lassen, der in das flache Prisma der Schulter-Oberarm-Region hineingeschoben ist.
- Achte auf die Übergänge von der äußeren Umrissform in die Binnenform.

Ein Naturstudium kann sehr unterschiedliche Züge annehmen. Wie breit es auch gefächert sein mag – immer muss die Entscheidung für ein Realisierungsmittel darauf gerichtet sein, welche Wesenszüge der Erscheinung damit am eindringlichsten fassbar werden.

Allmähliches Heranarbeiten an die Form der Schultergliedmaße des Pferdes
durch Angabe der Skelettrichtungen und des Muskelbesatzes

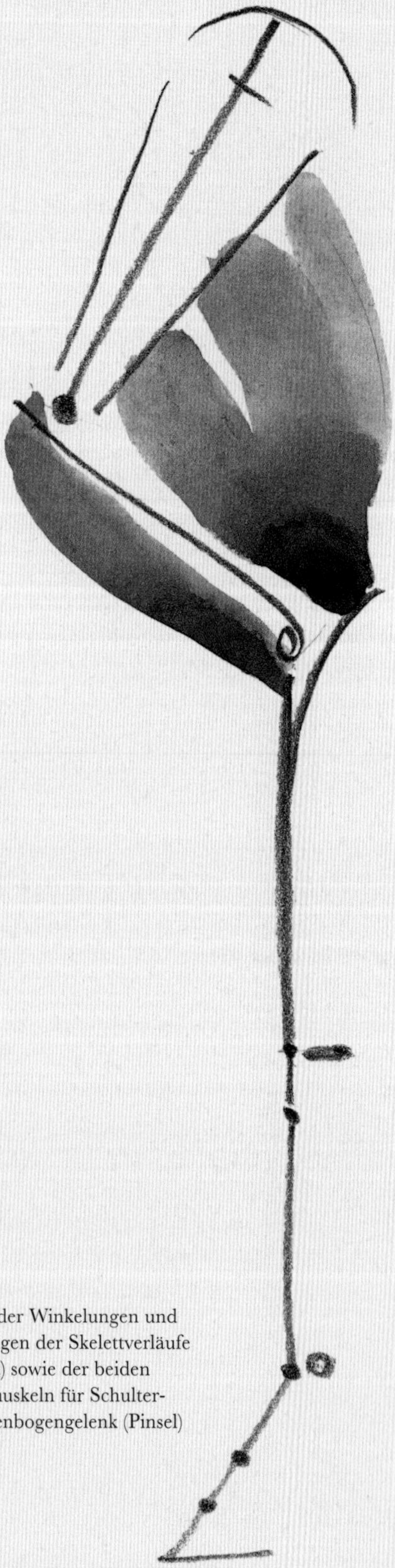

Anlage der Winkelungen und Richtungen der Skelettverläufe (Bleistift) sowie der beiden Hauptmuskeln für Schulter- und Ellenbogengelenk (Pinsel)

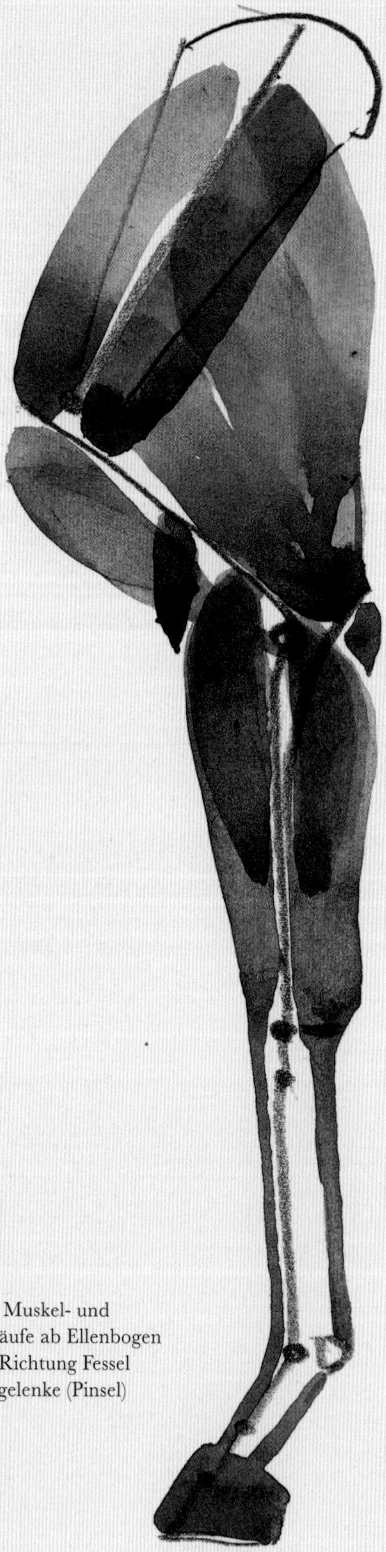

Anlage der Muskel- und Sehnenverläufe ab Ellenbogen abwärts in Richtung Fessel und Zehengelenke (Pinsel)

Versuch zur improvisierten Wiedergabe der Plastik der Schultergliedmaße in breiten Formen (Pferd)

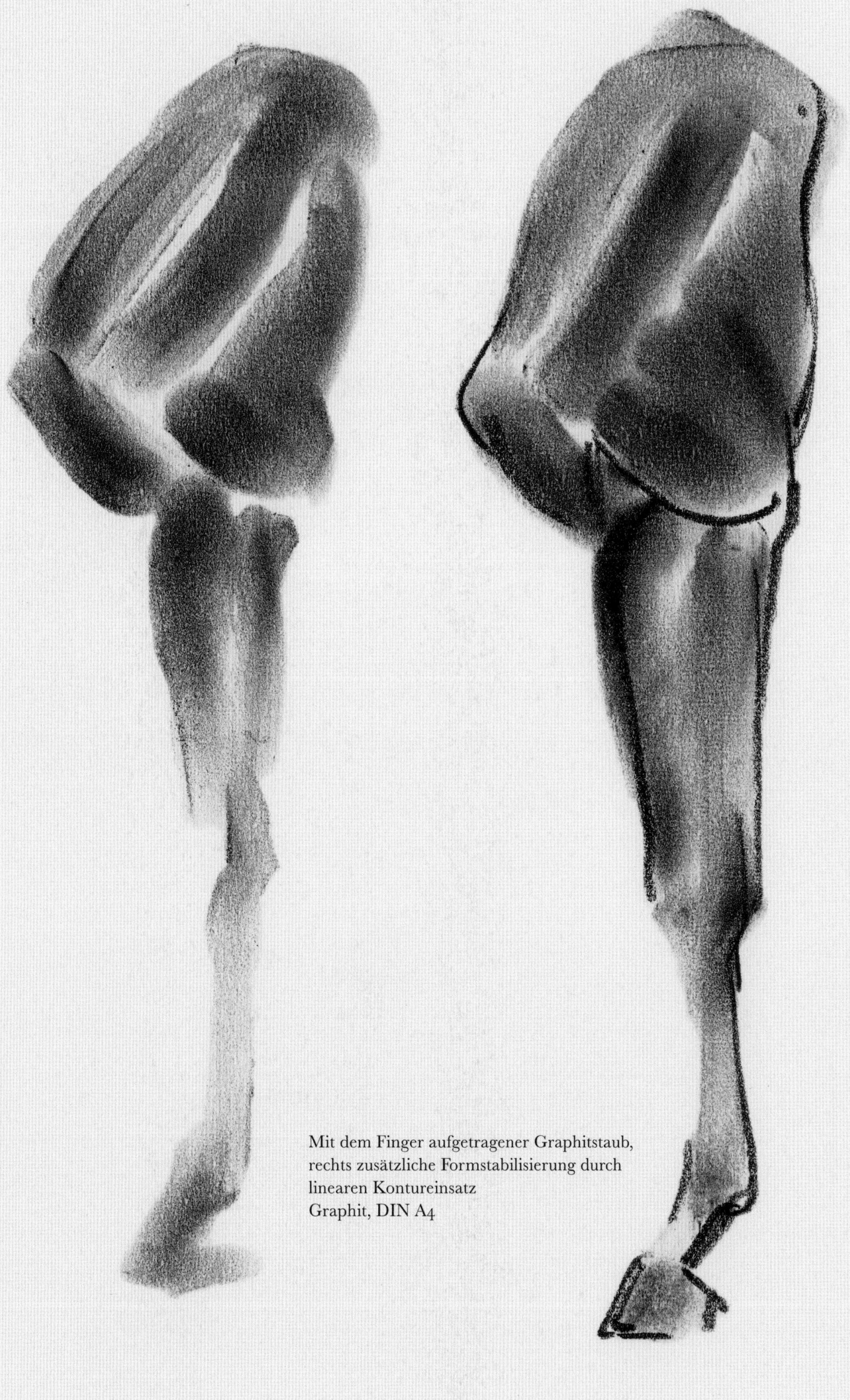

Mit dem Finger aufgetragener Graphitstaub,
rechts zusätzliche Formstabilisierung durch
linearen Kontureinsatz
Graphit, DIN A4

Schultergliedmaße des Pferdes im Vorgreifen rechts mit Hals/Kopf als Pinselzeichnung (oben)
und in Feder mit linearem Umgreifen der Vorderbeinformen

DIN A4

Das Skelett der Schultergliedmaße eines Paarhufers (Rind) und seine plastische Auswirkung auf die Lebendstudie

Wie wir feststellten, stimmt die Konstruktion der Vordergliedmaße der behandelten Tiere weitgehend überein, nimmt jedoch mit Eintritt in den Unterarm- und Fußbereich an Differenzierung zu. Mit dem Blick auf die informative Abbildung und die beim Pferd besprochenen analogen Sachverhalte sei hier auf folgende typische skelettale Formmerkmale hingewiesen (Abb. 121):

- auf die insgesamt gedrungeneren Formen und den stärker zusammengedrückten Winkel/Oberarmspeiche (Abb. 122–124),
- auf das sehr breite Speichenende in Verbindung mit dem ebenso breiten Handwurzelkomplex (Abb. 121, 125, 126),
- auf die starke Abknickung des Mittelfußes gegen den Unterarm (Abb. 125, Schülerarbeit Abb. 126 unten),
- auf die Breite des Mittelfußendes, da sich hier die beiden getrennten Gelenkwalzen für die Verbindung zu dem Zehenpaar befinden.

Mechanisch stimmen die Gelenkbewegungen mit denen des Pferdes weitgehend überein. Passive Bewegungserweiterungen durch Zusammendrücken der Gelenkwinkel sind möglich im Schulter- und Ellenbogengelenk sowie im Handgelenk (Abb. 122, 128), was Bedeutung für die Fress- und Liegehaltung gewinnt (Abb. 122, 123, 125, 129, 130). Der Wiederkäuer schlägt im Liegen gern den Fuß unter (Abb. 122). Das Handgelenk wird damit zur stumpfen Form.

Im Hinblick auf die Muskulatur sei auf die grundsätzlich ähnlichen Sachverhalte beim Pferd und auf die vergleichende Gegenüberstellung der Umrissformen von Pferd/Rind, Hund/Löwe verwiesen.

Als Maxime für Studien von den Gliedmaßen gilt auch für die Vordergliedmaße (Abb. 122–129):

- Das Wissen um die Gesamtkonstruktion des Skeletts und um das funktionell Mögliche in den Gelenken hat gegenüber der Muskulatur Priorität (siehe auch Schülerarbeit, Abb. 126 unten).
- Skelett- und skelettale Drehpunkte müssen absolut sicher erfasst werden, denn sie sind Orientierungspunkte.
- Verschliffen gezeichnete Gelenke und ein verwaschener Skelettbau nehmen dem Gliedmaßenbau seinen Halt und seine Festigkeit.
- Bezüglich der Muskulatur kann man sich größere Freiheiten erlauben. Im Hinblick auf das Skelett aber darf es unter keinen Umständen zu ›Aufweichungen‹ und Abschweifungen kommen, es sei denn, die Abschweifung bestehe in einer Überhöhung der anatomischen Sachverhalte nach Form und Funktion.
- Im Interesse eines bauenden Zeichnens muss das Skelett dem Zeichner geistig vor Augen stehen, um die Weichmassen der Muskelvolumina aufpacken und das strukturelle Wechselspiel realisieren zu können (Abb. 130).
- Neben einer derart gründlich durchgearbeiteten Studie sollte es nie an Versuchen zur Vereinfachung, Verknappung und Abkürzung fehlen. Diese sollten sehr einfach und knapp sein, dürfen jedoch nicht von Sorglosigkeit gekennzeichnet sein, da ihr Ziel die besondere Prägnanz ist.

Prägnanz und Verknappung aber sind immer das Resultat von Wissen und vorangegangenen Auseinandersetzungen bis ins Detail. Ohne dies entsteht allzu leicht Blendwerk!

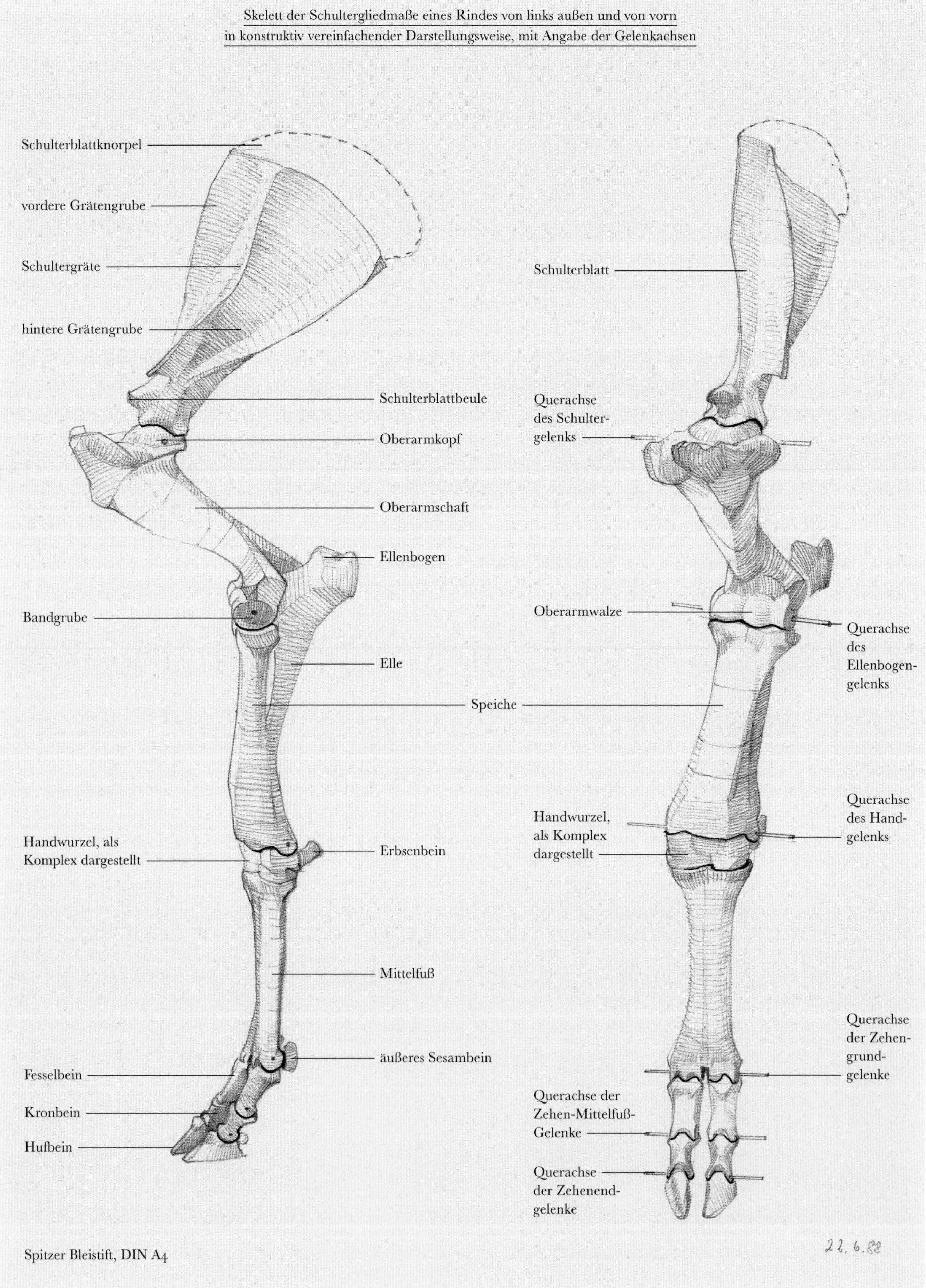

Spitzer Bleistift, DIN A4

Das mechanische Verhalten des Skeletts der Schultergliedmaße eines Paarhufers im Schulter- und Ellenbogengelenk (Fußabschnitt in hellgrauer Tönung)

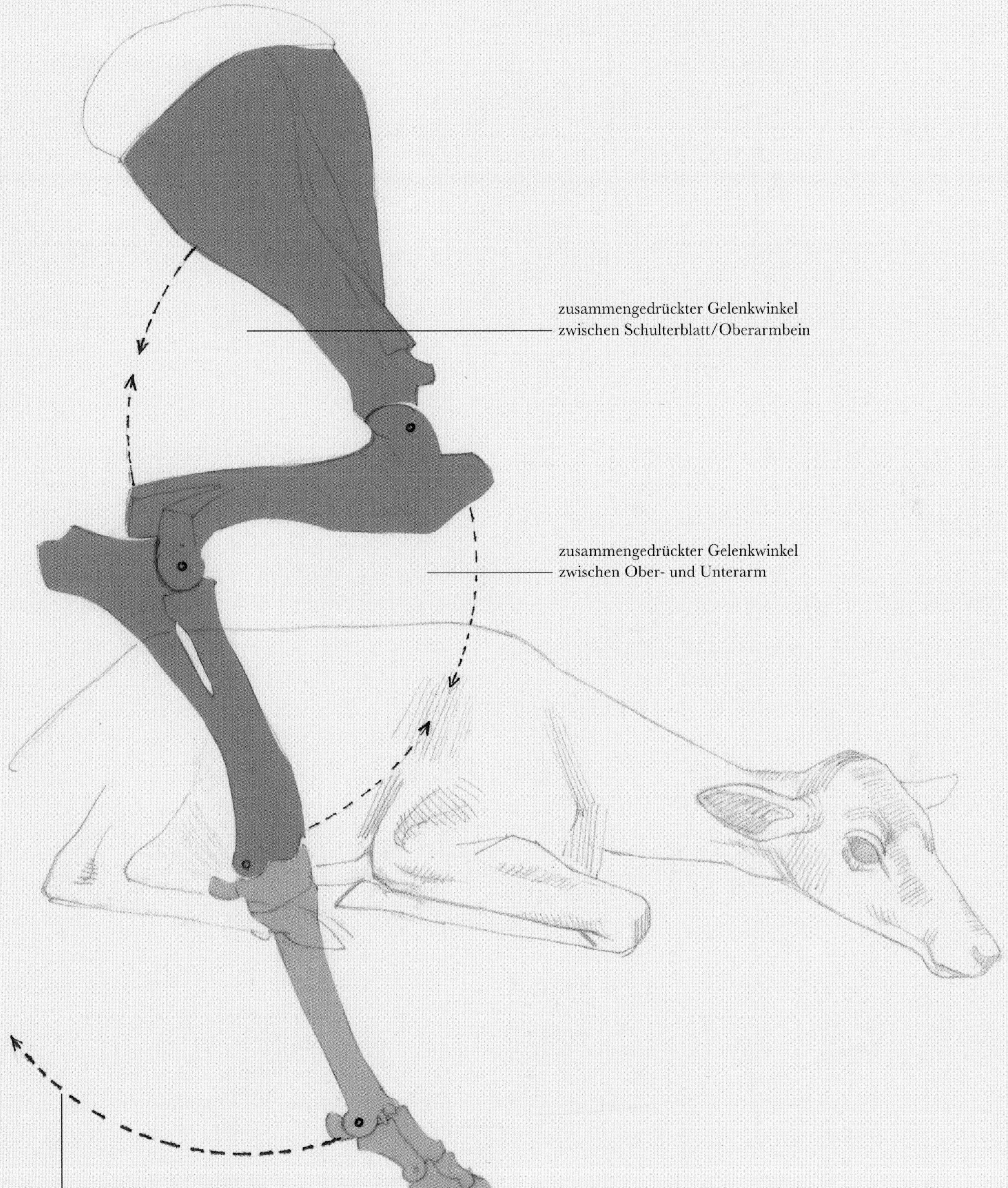

123

Hervortreten des zusammengedrückten Schulter- und Ellenbogengelenks an der Lebenderscheinung während des Äsens

Bleistift und breites Graphitstück, DIN A4

Beinpaar der Schultergliedmaße eines Rindes im Schritt,
in körperarchitektonisch verstandener Darstellungsweise

Breit aufgesetzter Graphit, DIN A4

125

Brust- und Vordergliedmaßen eines Rindes, hier Banteng, in Vorder- und Profilansicht

Beachte die natürliche X-Form von Unterarm/Hand und die innenseitigen Akzentuierungen des Handgelenks.
Vierkantgraphit, DIN A3

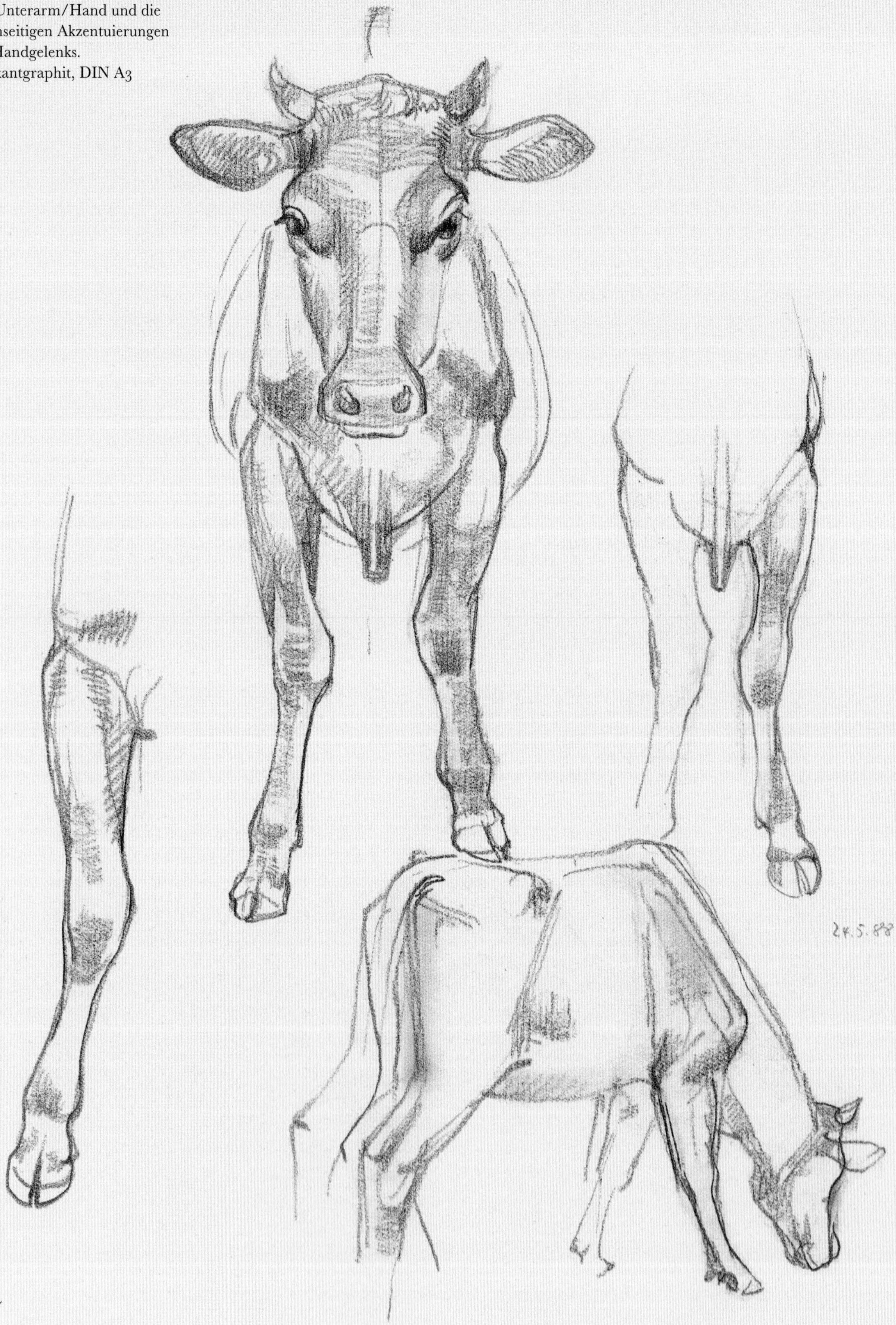

126 a

Körperhaft-räumliche Darstellung eines Rindes, hier Banteng, in halber Vorderansicht,

in der die Rumpfaufhängung zwischen den beiden Schultergliedmaßen und der X-Form der Vorderbeine deutlich wird. Vierkantgraphit, DIN A3

126 b

Körperarchitektonisch verstandene Darstellung eines europäischen Rindes in ganzer und halber Vorderansicht

mit starker Verkürzung und Angabe der Standfläche Studentenarbeit in Bleistift auf DIN A3 aus einem tieranatomischen Kurs an der Hochschule für Kunst und Gestaltung der Stadt Zürich, 1988

127

Standhaltung beider Vorderbeine eines Rindes, hier Banteng, mit gesenktem Kopf, unten im Schritt

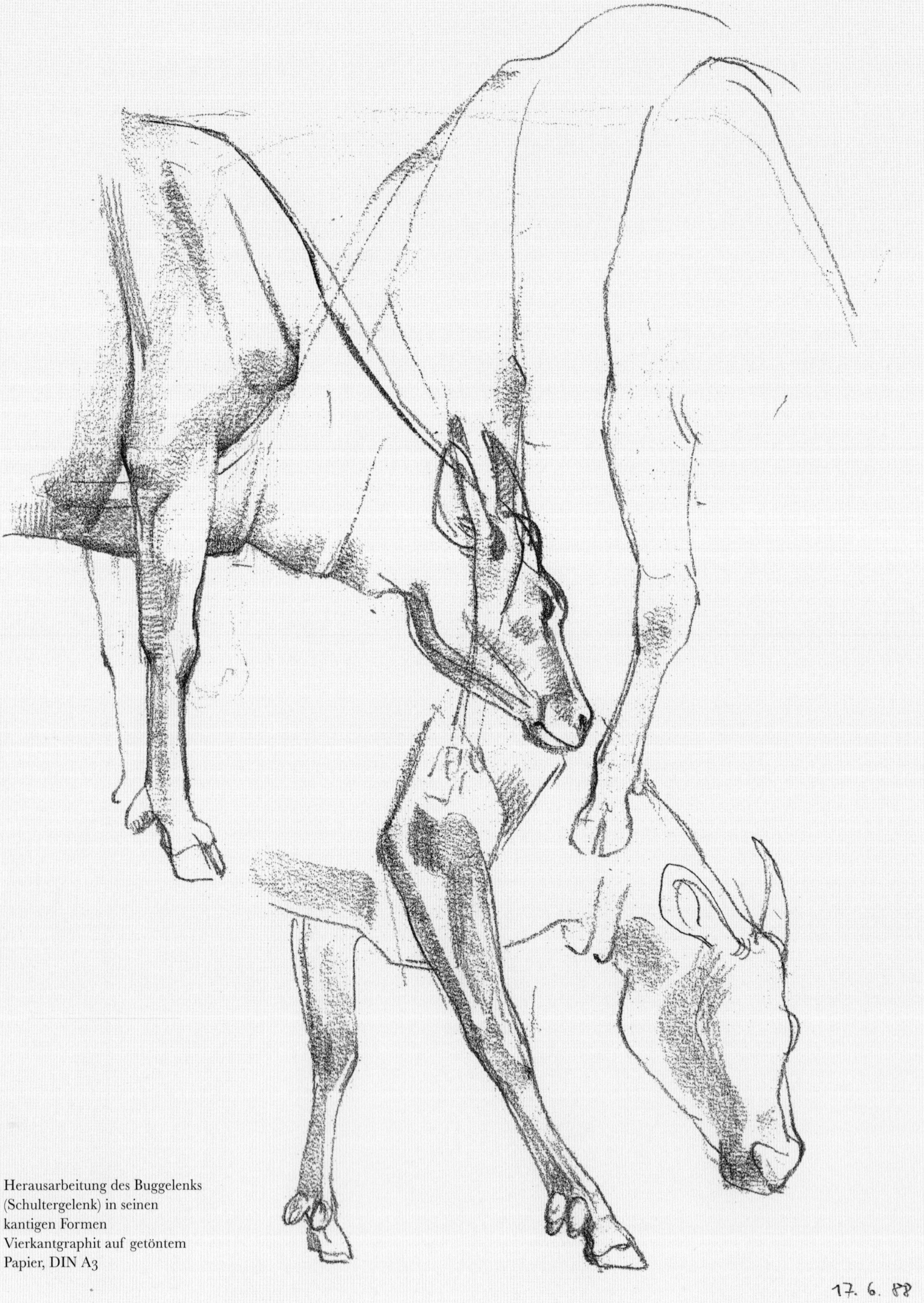

Herausarbeitung des Buggelenks (Schultergelenk) in seinen kantigen Formen
Vierkantgraphit auf getöntem Papier, DIN A3

Damwildstudien von Liege- und Standhaltung, weitgehend in Linearität

Damwild, terra siena gebrannt,
Bauchseite gelber Ocker, gesprenkelt,
von Ellenbogen bis Knie schmaler
Diagonalstreifen über Rumpf

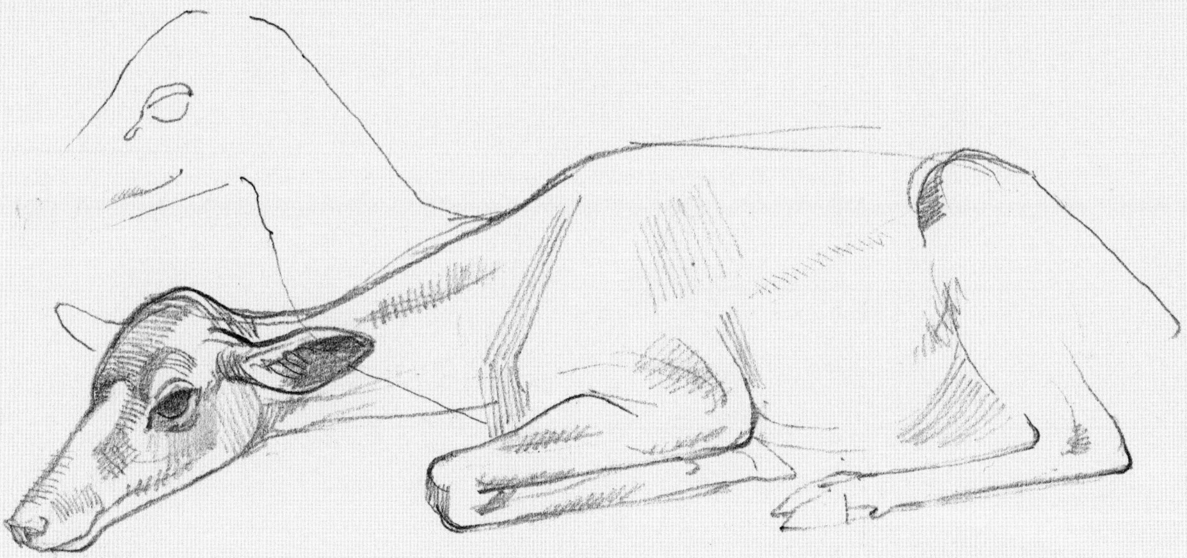

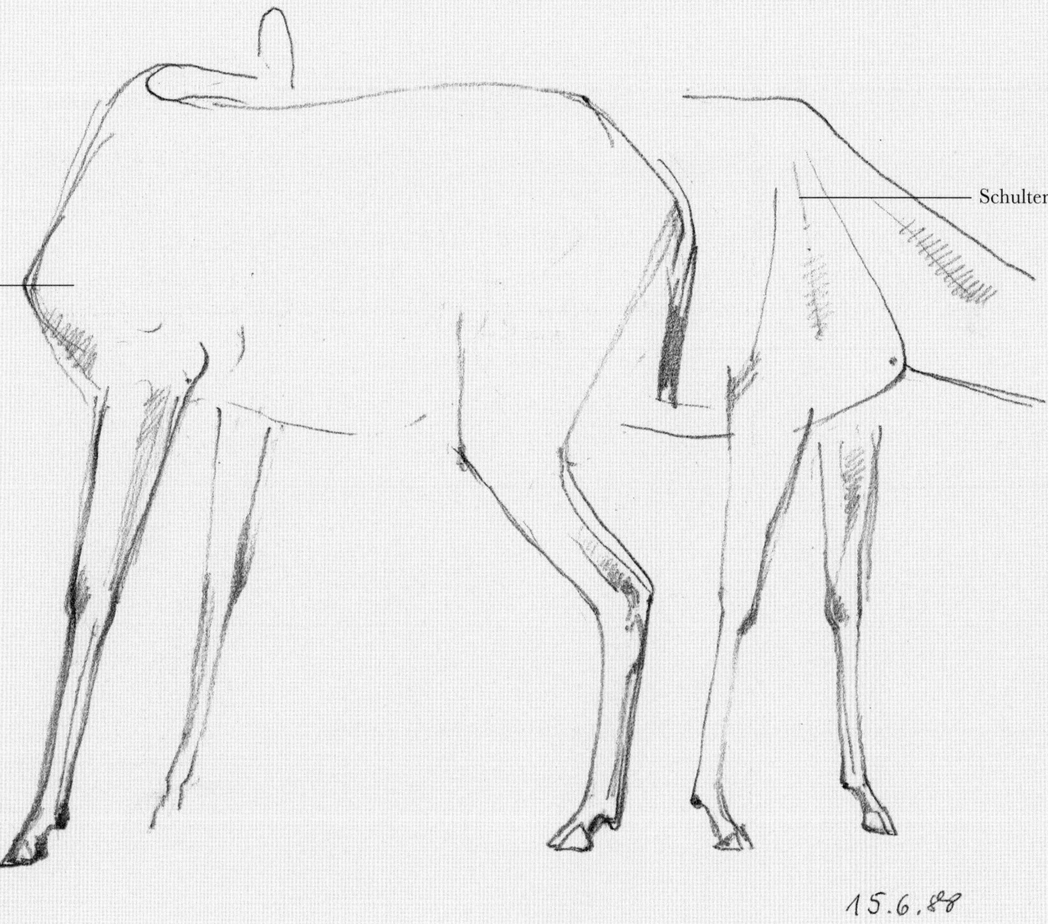

Spitzer Stift, DIN A4

129

Erfassen von Banteng-Kälbern in ruhiger, äsender Schrittstellung, mit Detailstudien

Vierkantgraphit, DIN A3

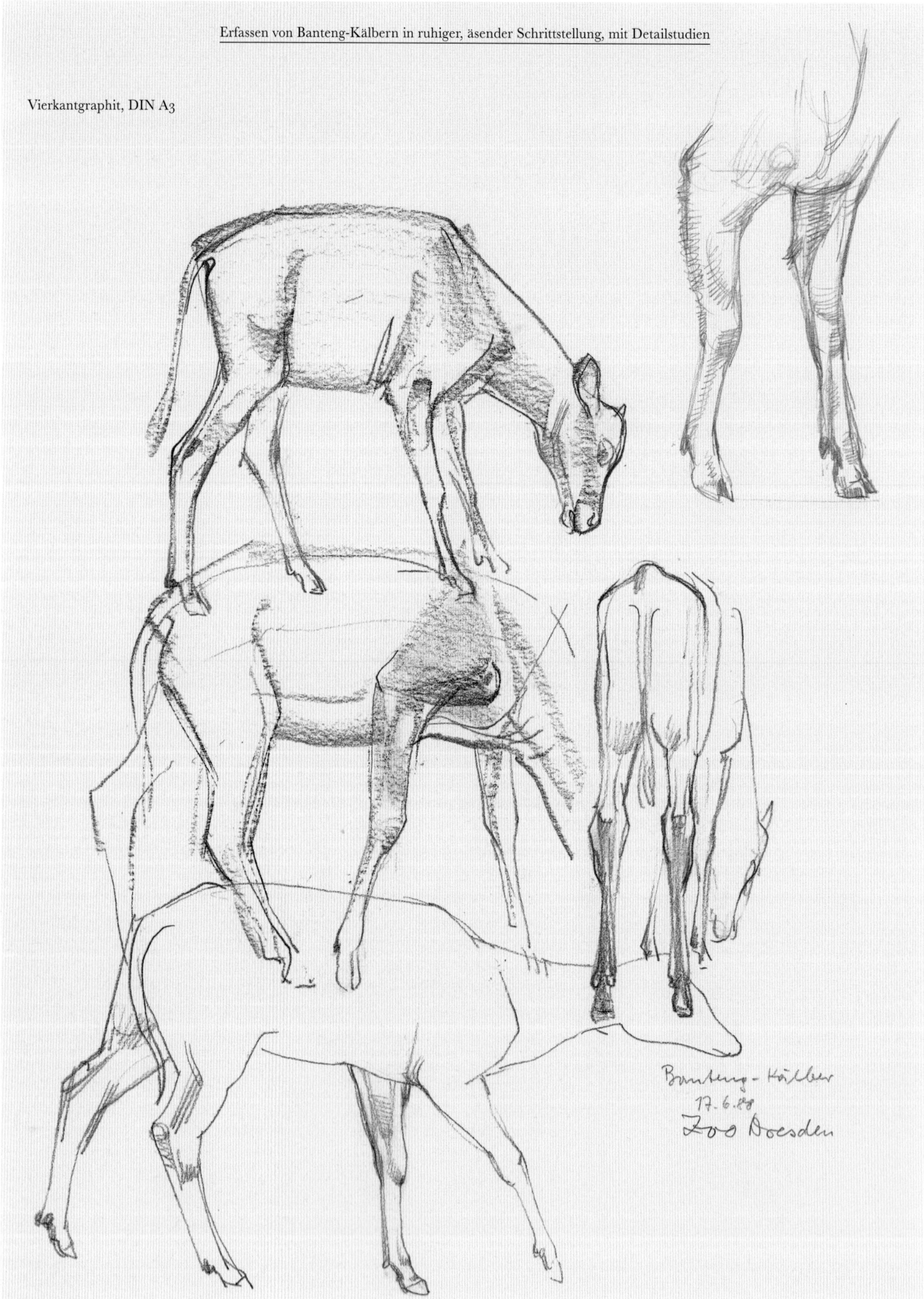

Schultergliedmaße eines Rindes in Schrittstellung, mit Zuordnung der Muskulatur zu den Gelenken

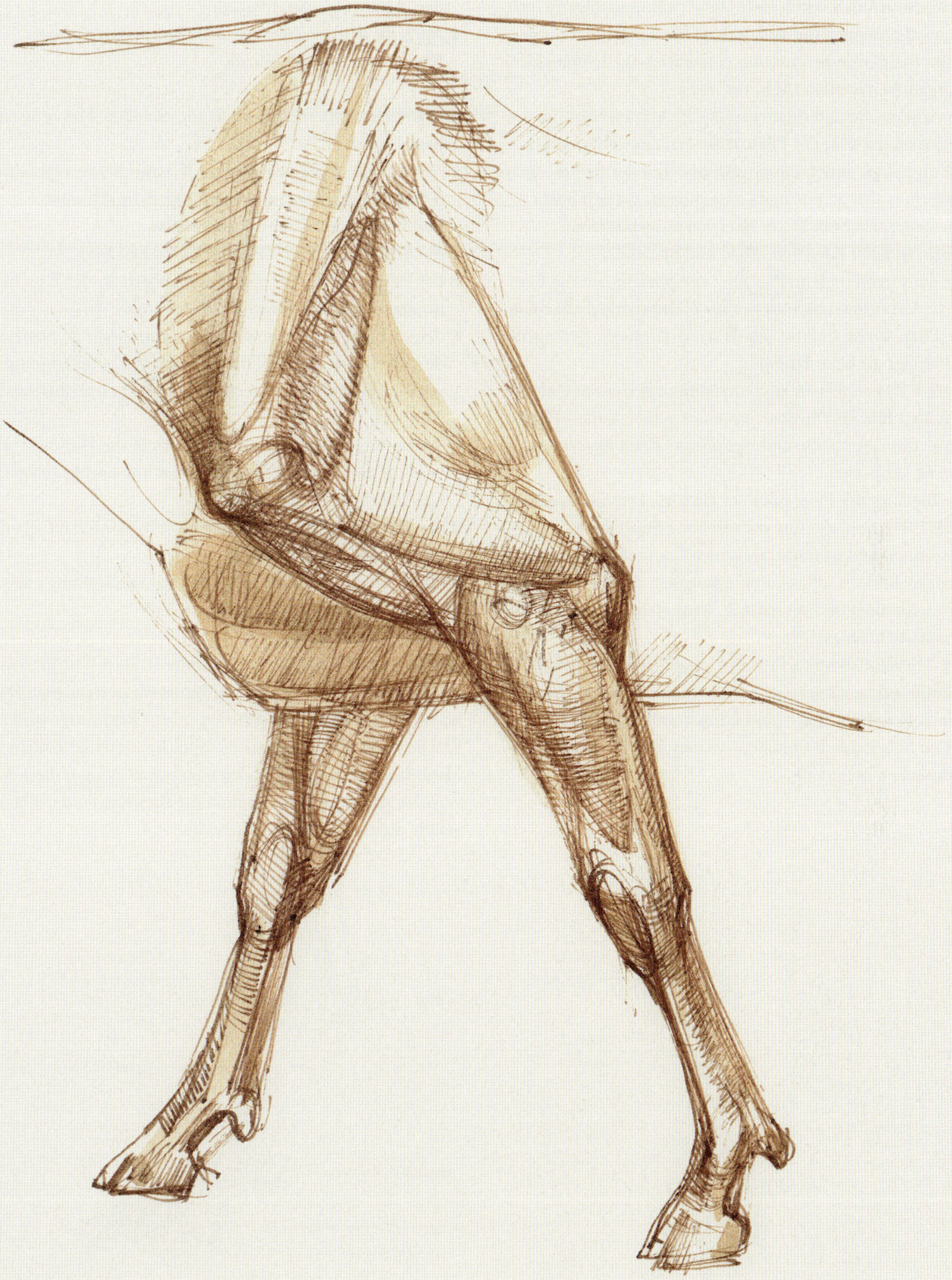

Braune Feder, DIN A4

Schultergliedmaßenskelett eines Löwen in konstruktiv vereinfachender Darstellungsweise

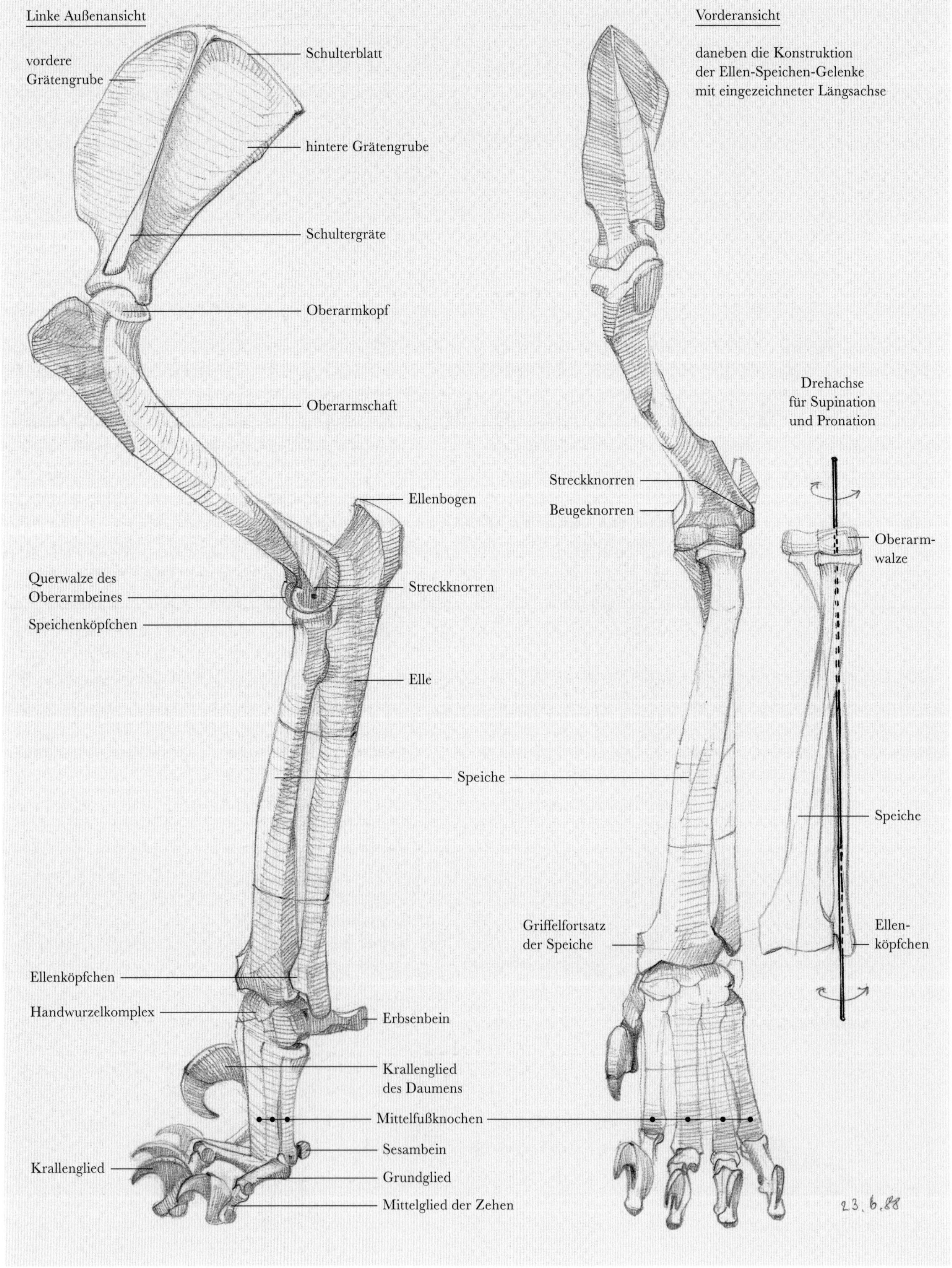

Schultergliedmaße eines Rindes in Schrittstellung, mit Zuordnung der Muskulatur zu den Gelenken

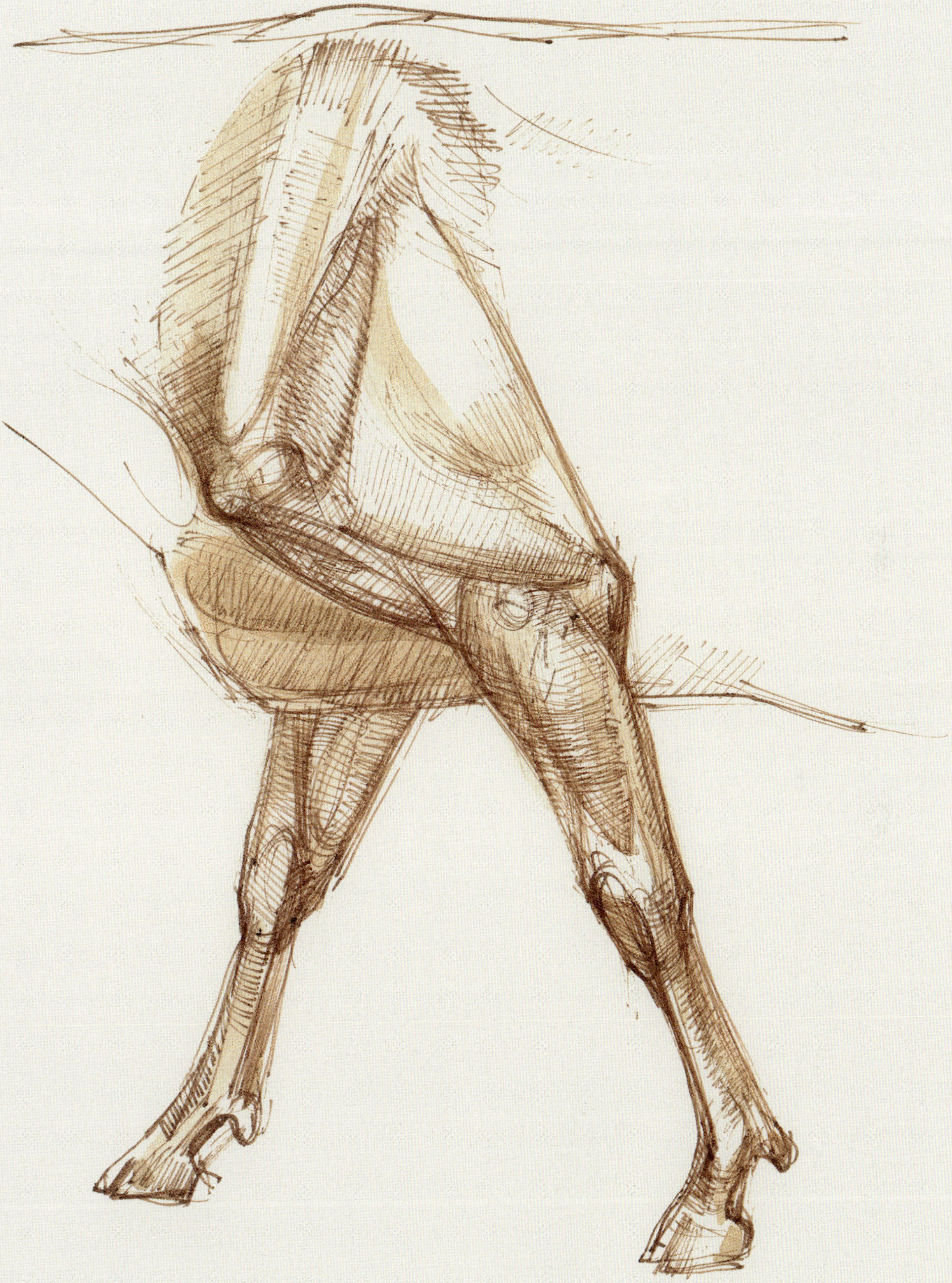

Braune Feder, DIN A4

Das Skelett der Schultergliedmaße von Hund und Löwe

Abgesehen von den schon mehrfach erwähnten allgemeinen Übereinstimmungen der skelettalen Grundlagen der ausgewählten Standardtypen müssen einige wichtige Unterschiede hervorgehoben werden (Abb. 131, 132):

- Der vordere Schulterblattrand der Fleischfesser ist, im Gegensatz zu dem der Pflanzenfresser, ein wenig ausgebogen und abgerundet, der gelenknahe Teil der Schultergräte verbreitert sich zu einem dachähnlichen, flachen Stück.
- Der Unterarm besteht aus zwei voll ausgebildeten, selbstständigen Knochen – Elle und Speiche.
- Die damit verbundene Windung der Speiche um die Elle ist die Voraussetzung für erweiterte Einsatzmöglichkeiten der Pfote. Diese sind bei den Katzen (Klettern, Beutegriff) vielfältiger als beim Hund.
- Diesem Zweck dienen zwei anatomisch getrennte Gelenke zwischen Elle und Speiche mit einer gemeinsamen Drehachse: das rumpfnahe und rumpfferne Ellen-Speichen-Gelenk (Abb. 132).
- Die Stellung der Pfote mit dem Handrücken nach vorn heißt Pronation, die Auswärtsdrehung Supination.
- Die Mittelhand ist fünfstrahlig, der Daumen des Hundes zurückgebildet und funktionsuntauglich, der der Katzen gut ausgebildet und spreizfähig, wenngleich an der Pfoteninnenseite hoch gelegen.
- Der Mittelfußkomplex ist von schmallanger Fächerform beim Hund, von kürzerer, breiterer bei der Katze. Er ist zu einem flachen Quer- und Längsgewölbe ausgebildet, dessen Scheitel sich zwischen zweitem und drittem Mittelfußknochen befindet.
- Der Richtungsverlauf der Pfote zum Unterarm drückt beim Hund ein wenig nach hinten durch, beim Löwen ein klein wenig nach vorn.
- Bezüglich der Winkelung der Zehenglieder gilt das bei der Hinterpfote Ausgeführte.
- Auch die Vorderpfote stützt die Körperlast auf den Köpfen des Mittelfußes ab.

Als Skelettorientierungspunkte am lebenden Tier müssen genannt werden:

- die über die Rückenkontur der Katzen herausragenden Schulterblätter, besonders auffällig bei wechselnder Beinbelastung im Schritt und Sitzen,
- die Schultergräte an ihrem gelenknahen Ende,
- der Ellenbogen, der beim Hund außerhalb der Bauchkontur, bei der Katze innerhalb dieser steht,
- der wichtige Akzent an der Oberarminnenseite oberhalb des Ellenbogengelenks, der Beugeknorren, außenseitig der weniger prominente Streckknorren (Nebenzeichnung der Abb. 133),
- der breite Übergang vom Unterarm in die Handwurzel, in besonderer Weise betont durch den innenseitig gelegenen Griffelfortsatz der Speiche,
- der Diagonalverlauf der Speiche vom Vorderlauf oben außen nach unten innen (Abb. 134),
- die Wölbung des Mittelfußes mit flacher Stellung nach außen und innenseitig stärkerem Fall.

Der Umstand der mehr oder minder starken Überkreuzung der Elle durch die Speiche begründet die gewrungene Form an Unterarm und Pfote (Abb. 133, 134). Begünstigt wird diese Erscheinung dadurch, dass die Speicheninnenseite nicht von Muskeln überlagert wird. Zeichnerisch klärt man diese Sachverhalte am besten, indem man die Richtungen der Flächengefälle durch Schraffuren darstellt.

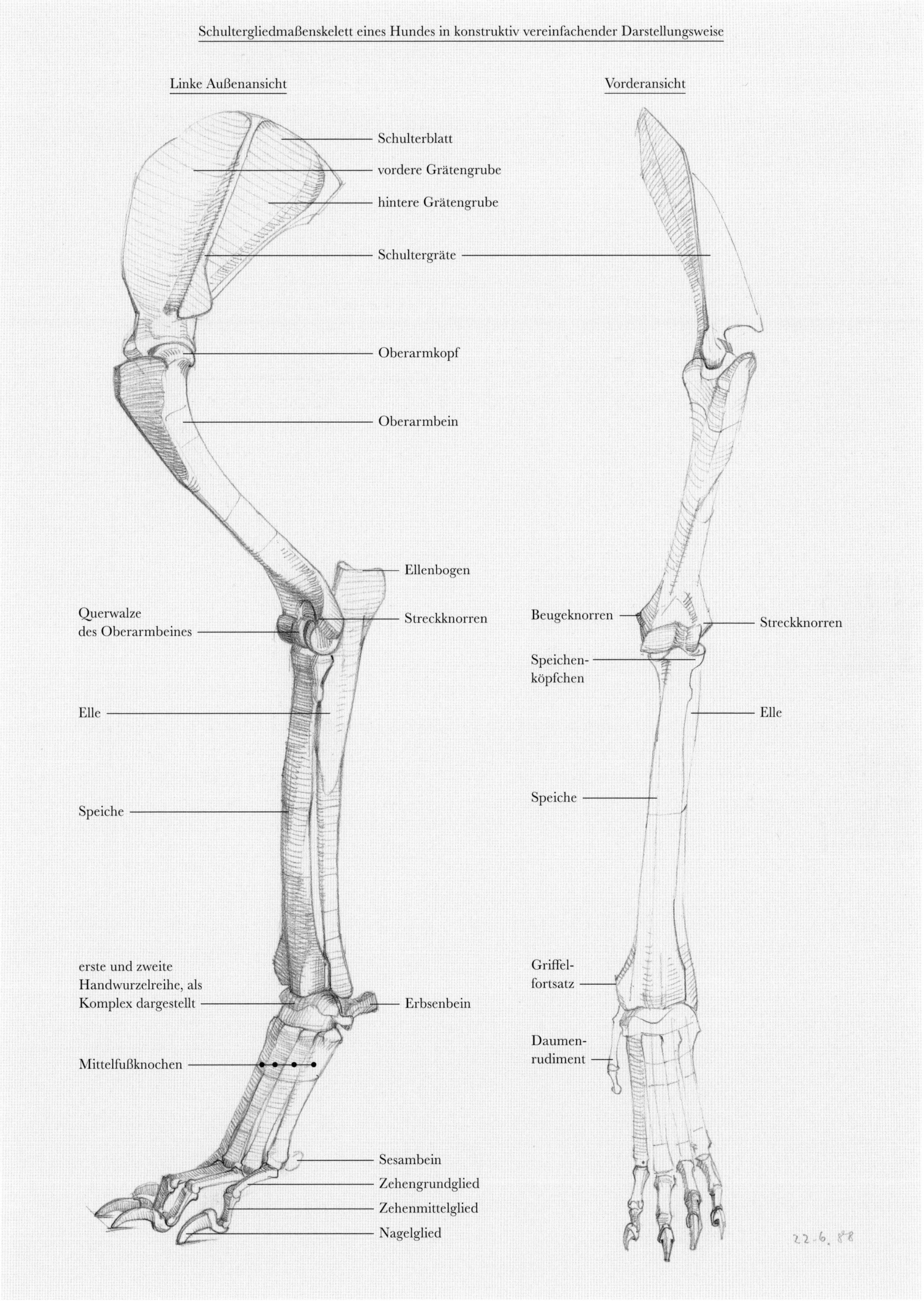
Schultergliedmaßenskelett eines Hundes in konstruktiv vereinfachender Darstellungsweise
Linke Außenansicht
Vorderansicht
Schulterblatt
vordere Grätengrube
hintere Grätengrube
Schultergräte
Oberarmkopf
Oberarmbein
Ellenbogen
Querwalze
des Oberarmbeines
Streckknorren
Beugeknorren
Streckknorren
Speichen-
köpfchen
Elle
Elle
Speiche
Speiche
erste und zweite
Handwurzelreihe, als
Komplex dargestellt
Erbsenbein
Griffel-
fortsatz
Daumen-
rudiment
Mittelfußknochen
Sesambein
Zehengrundglied
Zehenmittelglied
Nagelglied
22.6.88

Schultergliedmaßenskelett eines Löwen in konstruktiv vereinfachender Darstellungsweise

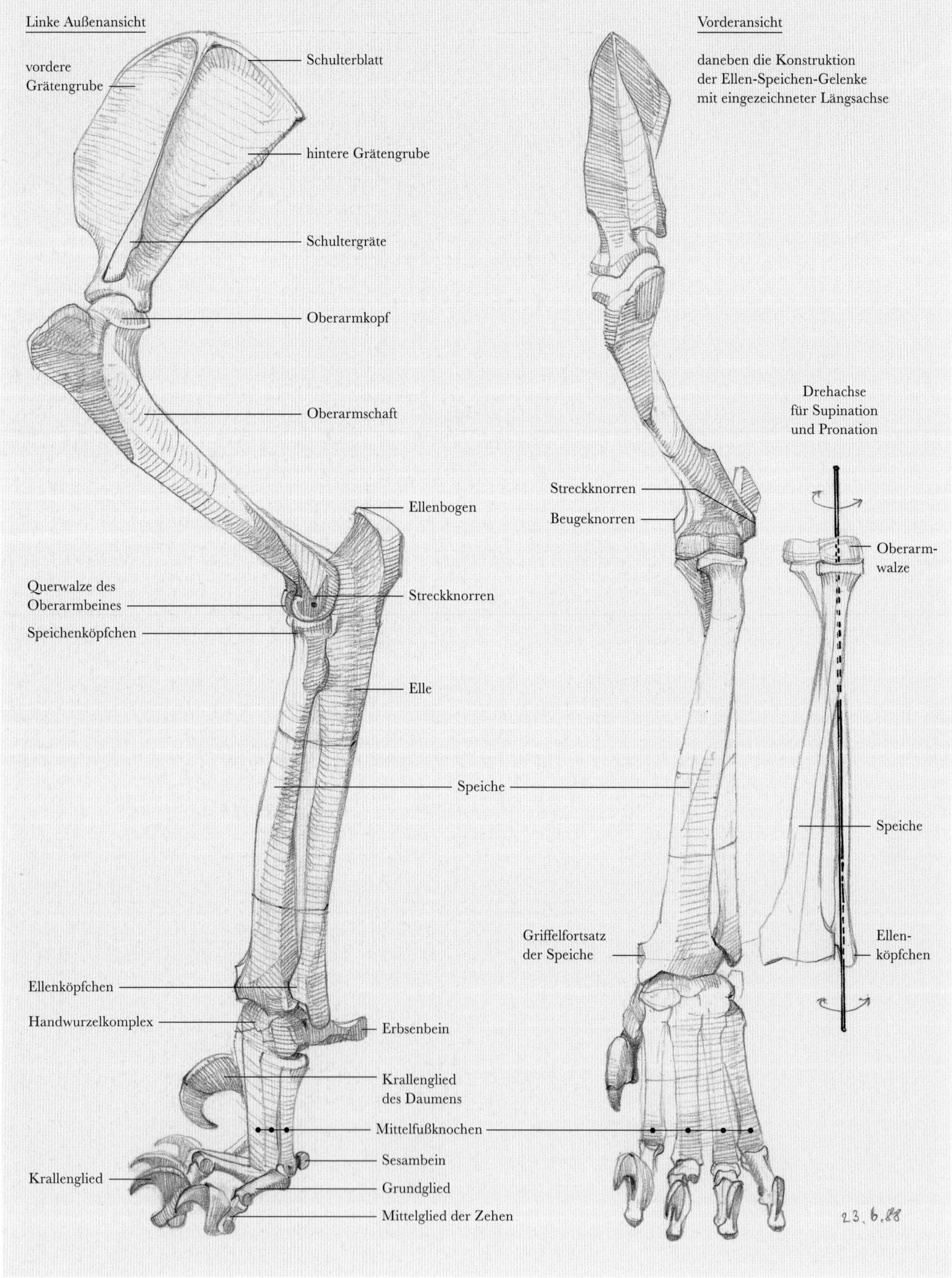

133

Körperstudie von einem Hundeartigen im Schritt, hier Wolfsrüde, und in Standhaltung von vorn

Beachte hier die sichtbare Überkreuzung der Elle durch die Speiche (Diagonalfurche am Unterarm). Bleistift und Graphitstück, DIN A3

Prinzip der Muskelanordnung am linken Unterarm eines Katzenartigen, hier Löwe

Beugende Muskeln des Handgelenks in Rot zusammengefasst, streckende in Blau
Beachte, dass die Daumenkralle den Boden nicht berühren kann.

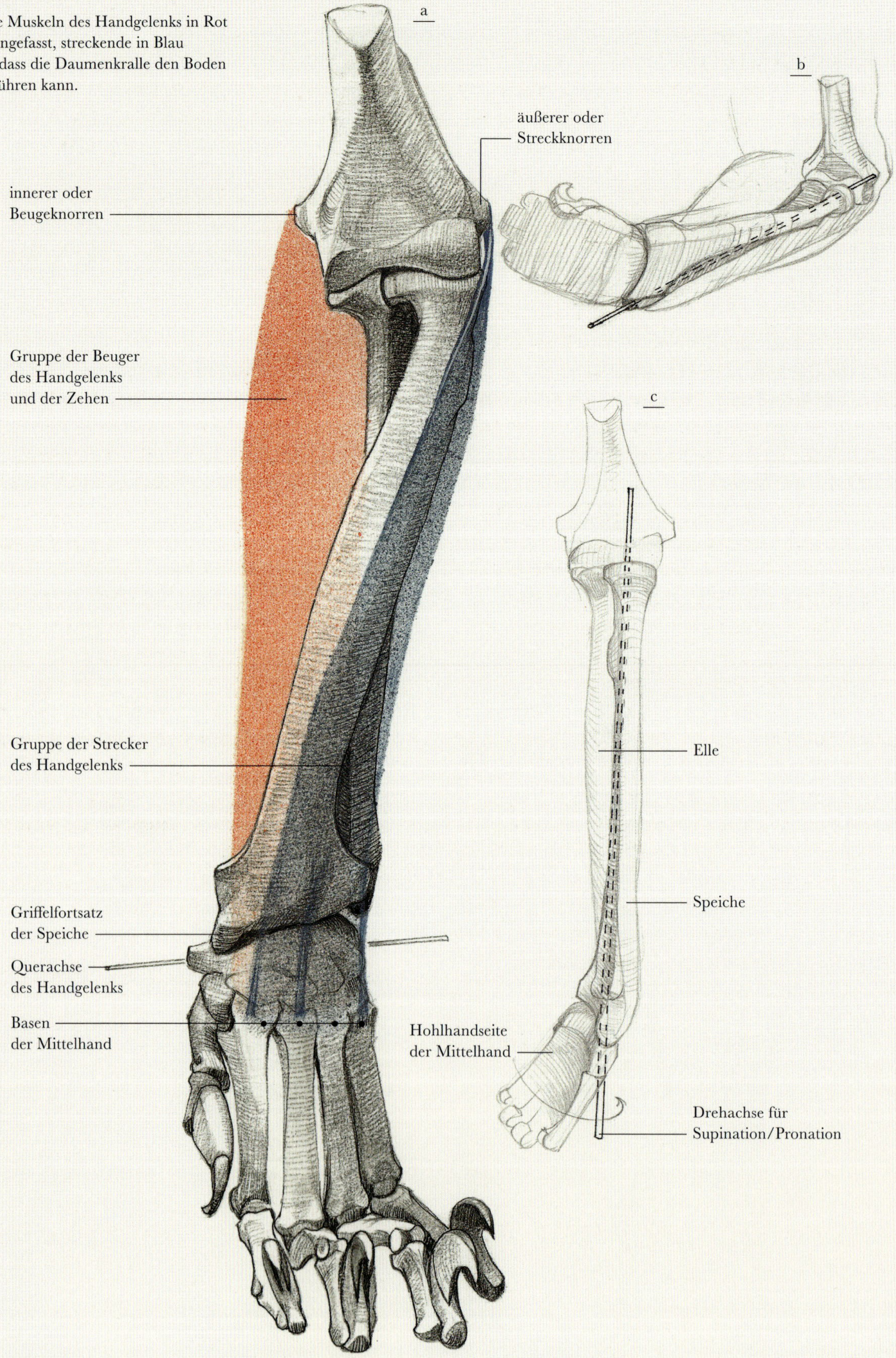

Die aus Muskelfunktionsgruppen aufgebaute Beinform von Hund und Löwe

Im Schulter-/Oberarmbereich unterscheidet sich die Bemuskelung bei Fleischfressern im Vergleich mit Pflanzenfressern nicht allzu sehr. Es gilt jedoch, in Anbetracht der erweiterten Funktionsfähigkeit des Unterarms und der Pfote, Übersicht zu gewinnen über die vermehrte Zahl von Einzelmuskeln, insbesondere am Unterarm. Wiederum soll das Verständnis erleichtert werden durch Bildung von Funktionsgruppen, deren Volumen für das Zeichnen komplex aufgefasst werden soll (Abb. 134):

- Der Hauptanteil der Muskelfunktionen am Unterarm bezieht sich auf Beugung/Streckung des Handgelenks und der Zehengelenke, mit der Notwendigkeit der Überschreitung der Querachse des Handgelenks.
- Die zahlreichen Einzelmuskel greifen an zwei getrennten Zentren an: die *Strecker* (blau) am äußeren oder Streckknorren und die *Beuger* des Handgelenks und der Zehen (rot) am inneren oder Beugeknorren.
- Von diesen Zentren aus divergieren die Muskelverläufe nach ihren Ansatzpunkten: die *Strecker* handrückenseitig zu den Eckpunkten der Mittelhandbasis, nämlich speichen- und ellenseitig (daher die Bezeichnung Speichen-Handstrecker und Ellen-Handstrecker), dargestellt als gewrungener blauer Streifen.
- Analog hierzu verteilen sich die *Beuger* auf die Gegenseite, die Hohlhandseite (Speichen-Handbeuger und Ellen-Handbeuger, roter Streifen).

Beide Funktionsgruppen sind durch eine über die Vorderseite des Unterarms diagonal verlaufende Furche getrennt (Abb. 135 links) und so auch zu zeichnen.

Das Kräfte- und damit Volumenverhältnis beider Gruppen ist unterschiedlich: Das am Unterarm hohlhandseitige Volumen der Beuger überwiegt die handrückenseitigen Strecker (Abb. 135). Die auf Abb. 134 in a und b gegebenen Darstellungen machen nochmals aufmerksam auf gelenkmechanische Vorgänge:

- Die Wendung der Pfote selbst findet *nicht* im Handgelenk statt, sondern um die Drehachse für Supination und Pronation vom rumpfnahen zum rumpffernen Ellen-Speichen-Gelenk.
- Die Beugung/Streckung vollzieht sich um die Querachse des Handgelenks.

Die Dimensionierung der Volumina am Vorderlauf des Fleischfressers unterscheidet sich von der der Pflanzenfresser (vergleiche hierzu Abb. 116):

- Die Vorder- und Rückansicht des Oberarms ist schmal, die Profilansicht sehr breit, da Beuger und Strecker der Querachse des Ellenbogens zugeordnet sind und vor *und* hinter der Querachse liegen (Abb. 135 rechts).
- Am Unterarmende (Beuge- und Streckknorren) kehrt sich die Dimensionierung der Muskelvolumina in die *Quere* um: Die Ursprünge der *Beuger* und *Strecker* für das Handgelenk werden auseinander gehalten.
- In die so bestehende Lücke zwischen den beiden Funktionsgruppen schieben sich die Beuger des Ellenbogengelenks (Ansatz an Elle und Speiche).

Die Abbildung 136 stellt die Vorderläufe von Hund (links) und Löwe (rechts) nebeneinander, um auch hier auf die habituellen Unterschiede vom Hund als Lauf- und vom Löwen als Lauerjäger aufmerksam zu machen: leicht die Bauweise des Dauerläufers, kompakt ›athletisch‹ die des ›Sprinters‹.

135

Ballungen und Verläufe der Muskelfunktionsgruppen
an der Schultergliedmaße eines Fleischfressers (Löwe)

Sehnenverläufe nicht dargestellt
Feder und schwarze Kreide,
DIN A4

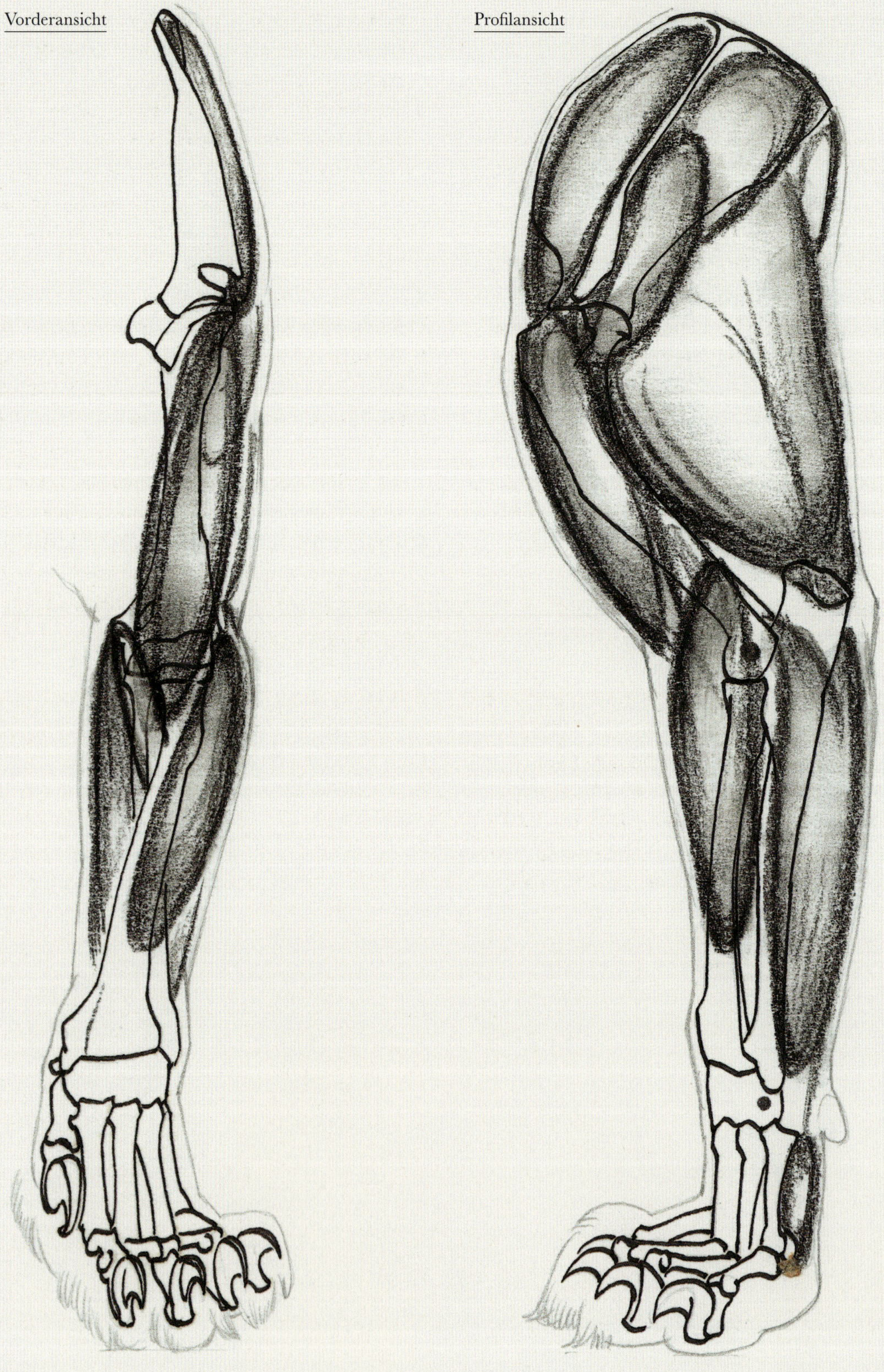

Vorderbeinstudien von Hunde- und Katzenartigen

Ähnlich unseren praktischen Einprägeversuchen zur Bemuskelung des Pferdes soll es hier zunächst darum gehen, Lage und Verlauf der Hauptmuskelmassen bei einem Löwen – in Anlehnung an die Abbildungen 135 und 136 – zeichnerisch zu erproben:

- Versuche diesmal, auf Angaben zum Skelettverlauf zu verzichten.
- Zur Abwechslung benutze getöntes Papier und tauche den Finger in abgespitzte Pastellkreide, um die hauptsächlichen Muskelmassen aufs Papier zu streichen.
- Gliederungen erzielt man durch Aussparungen, durch die die Volumina voneinander getrennt bleiben, zugleich werden auch Überschneidungen deutlich.
- Enthält der Versuch zu viele Unverbindlichkeiten, kann man diese beseitigen mit einigen formgebenden Konturen.

Als Gegengewicht zu diesem vergnüglichen Experiment bemühen wir uns wieder um das straffe Bauen der Formen, um zu klären: Wie stehen sie im Raum, wie verhalten sie sich (liegend, aufgestellt, vorgeschoben), mit welcher Intensität breiten sie sich aus? Wir gehen folgendermaßen vor (Abb. 137, 138):

- Halte die Anlage improvisatorisch noch offen und orientiere sie zunächst auf die Gesamtsituation, auf den Verlauf des ganzen Körpers im Raum.
- Suche mit dem Strichgefüge nach möglichst kontrastierenden Richtungen der den Körper begrenzenden Flächen.
- Beachte z. B.: Welche Folge hat die Wendung (Supination/Pronation) von Unterarm und Pfote für das Aufliegen der Pfote auf der Hohlhandseite (Pronation, Abb. 137 oben)? Wie verändert sich das Gefälle mit leichtem oder starkem Anheben der Daumeninnenseite der Pfote auch für den Unterarm?
- Zeige die breite, übergekippte Rückenseite von Unterarm und Pfote und durch Schraffur ihre *gemeinsame* Neigungsintensität (Abb. 138).
- Markiere auch die Schmalkante von Unterarm und Pfote als kontrastierende Fläche.
- Treibe Nebenstudien (Abb. 138 oben) mit ganz elementaren körperhaften Formen, um das Ganze zu verinnerlichen, oder nimm ein Vorstellungsmodell zu Hilfe, etwa ein Vierkantholz. Erwäge, wie du es in verschiedenen Kippgraden zeichnen würdest.
- Die Art und Weise, wie die Pfote aufliegt oder aufgesetzt wird, sollte in allen Nuancen nachvollzogen werden, und zwar stets im Zusammenhang mit dem Unterarm und der ganzen Tiergestalt. Dies bereichert die Studie und zeigt innere Verfassungen (Schläfrigkeit, Aufmerksamkeit, Abb. 139).

Der müde blinzelnde Löwe (Abb. 137 oben) gibt sich der Inaktivität hin. So breit und flach liegt auch die Pfote auf, nachlässig. Wie sehr steht der wache Blick des Junglöwen (Abb. 139) im Einklang mit den fest und breit vorgeschobenen Pfoten! Mit den Beispielen werden wir hingeführt auf ein wichtiges Moment der zeichnerischen Untersuchung: Bei aller sorgsamen Konzentration auf die sachlichen Gegebenheiten soll man den Blick frei halten für den Zusammenhang mit den übrigen Gegebenheiten und darauf, dass zwischen Befinden und Gliedmaßenhaltung eine lebendige Verbindung besteht.

Vergleichende Darstellung der Ballungen und Verläufe der Muskelfunktionsgruppen
an der Schultergliedmaße zweier Fleischfresser

Sehnenverläufe nicht dargestellt

Hund, linke Profilansicht

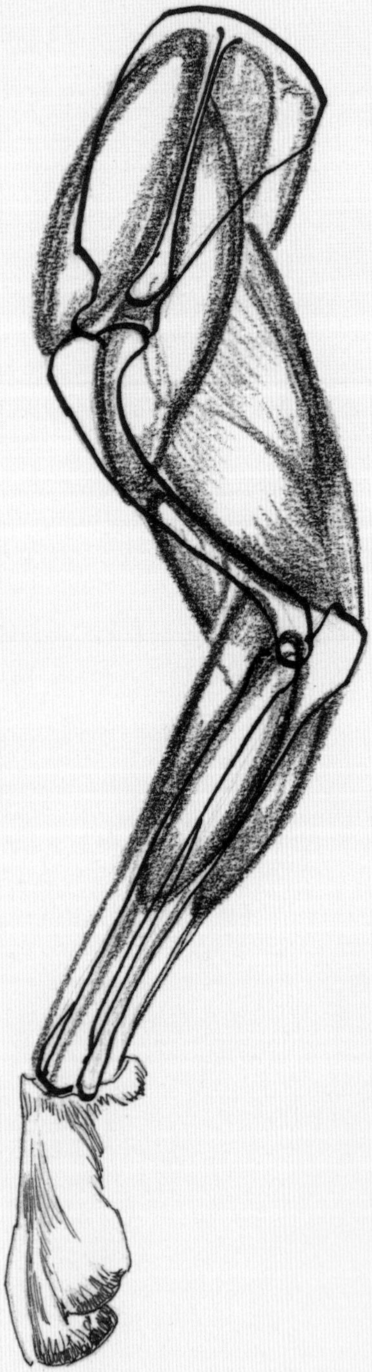

Löwe, linke Profilansicht

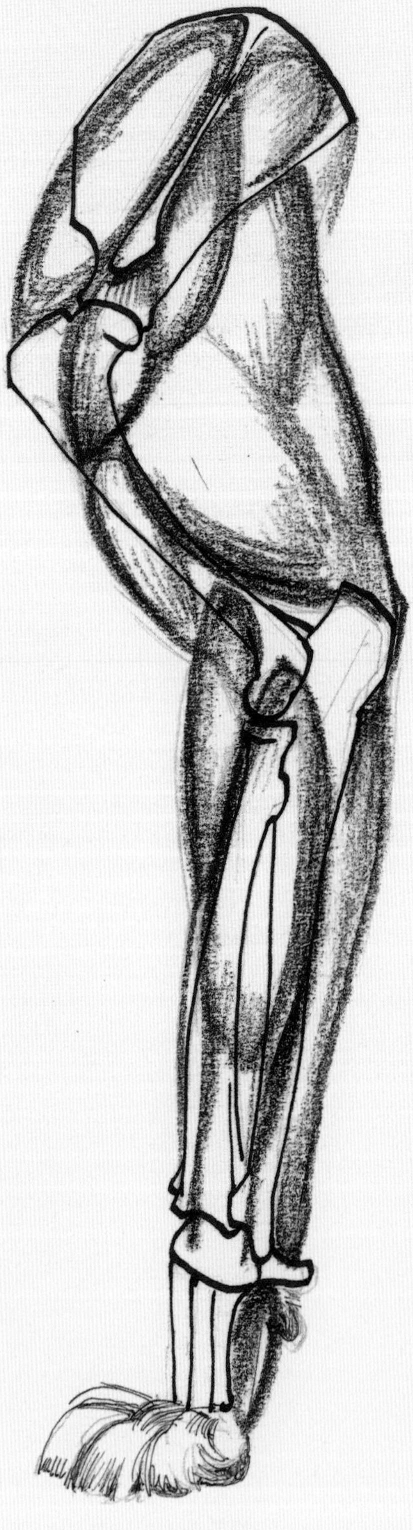

Gelassene Liegehaltung eines schläfrigen und eines wachen Junglöwen

Die Farbstiftstriche folgen den jeweiligen räumlichen Gefällerichtungen.
Bräunliche Farbstifte, DIN A3

138

Wach aufgerichtet liegender einjähriger Löwe mit supinierter Pfotenstellung

Beachte auch rechts oben (Nebenzeichnung) die Darstellung der grundsätzlichen räumlichen Gefällerichtungen.
Rötel, DIN A3

139

Aufgerichtet liegender Junglöwe, mit besonderen Untersuchungen zum Formverhalten der Pfoten

Beachte die Diagonalfurche am rechten Unterarm durch die Speiche und links die Abknickung der Richtungen zwischen Unterarm und Pfote.
Vierkantgraphit auf Tonpapier, DIN A3

140

Keulensitz eines halbjährigen Löwen in Vorder- und Profilansicht, unten mit Witterungsaufnahme

Vierkantgraphit, DIN A3

Das freie Armskelett des Menschenaffen und Lebendstudien

Bei den Primaten werden die Bewegungen der freien Schultergliedmaße formvollendet ausgeführt. Die universalen Kletter-, Hangel- und Schwungbewegungen der Primaten werden möglich durch die besondere Verbindung des freien Armes zum Rumpfskelett über die ›Brücke‹ des Schlüsselbeines, das die Armbewegung von den Brustkorbflanken seitlich abstemmt und gewährleistet, dass der Arm um den Brustkorb herumgeführt werden kann. Dabei richtet sich das Schulterblatt, das über die Schultergräte mit dem Schlüsselbein verbunden ist, automatisch nach der Aktionsrichtung des Armes aus, sobald dieser über die Horizontalhaltung hinaus zu agieren hat. Zu diesen Sachverhalten gesellen sich weitere Faktoren, die Grundlagen des außerordentlichen Bewegungsumfanges sind (Abb. 141):

- das hervorragend ausgebildete Schultergelenk, das die Grundbewegungen des Vor- und Rückschwingens, des seitlichen An-/Abziehens und die Innen-/Außenrotation gewährt,
- das Ellenbogengelenk, das als kombiniertes Gelenk Beugung/Streckung um die Querwalze gestattet und dem Speichenköpfchen ein Widerlager für Beugung/Streckung wie auch für die Wendung der Speiche bietet,
- die gekrümmte Speiche, die im rumpfnahen und -fernen Ellen-Speichen-Gelenk ihre Wendung (Supination/Pronation) um die Elle vollbringt (Abb. 141 b),
- die Ellipsoidform des Handgelenks, um dessen Querachse die Beugung/Streckung und um dessen Tiefenachse das Abziehen der Hand daumen- und kleinfingerwärts stattfindet,
- die Existenz eines kurzen Daumens, der eine begrenzte Greifbewegung erlaubt,
- die Kugelgelenkkonstruktion in den Grundgelenken der Finger im Dienste der Beuge-, Streck- und der Spreizbewegung,
- die Stützfunktion auf den Enden der Grundgliedreihe (Abb. 141 c),
- die besonders langen Mittelhandknochen II–V, die für das Klammern vorteilhaft sind,
- die relativ gute Beweglichkeit der Einzelfinger, die jedoch nicht die hohe Bewegungsselbstständigkeit des Menschen erreichen.

Die Anordnung der Oberarmmuskulatur mit drei Beugern (innerer Armmuskel, Bizeps, Oberarm-Speichen-Muskel) und einem Strecker (Trizeps) entspricht menschlichen Verhältnissen, weitestgehend auch am Unterarm. Bezüglich des Handgelenks trifft jene Muskelanordnung zu wie auf Abb. 134.

Bei Lebendstudien beachte man (Abb. 142):

- die unverhältnismäßig lange Mittelhand,
- den kurzen, fast stummelartigen, hoch oben sitzenden Daumen,
- die verhältnismäßig kurzen Finger im Vergleich zur Mittelhand,
- die überlangen Armgliedmaßen (Schwinghangeln!) und kurzen Beine.
- Das Endwirkungsorgan der Hinterbeine ist ebenfalls mit einem greiffähigen Finger (Nebenzeichnung der Abb. 143) ausgerüstet. Der Greiffuß macht den Affen zu einem *Vierhänder*.

Dem Zeichner werden die großen habituellen Unterschiede unter den Menschenaffen nicht entgehen: die Schlankwüchsigkeit und Zartgliedrigkeit des Gibbons, die niedrige Wuchsform der Schimpansen, die Behäbigkeit und verhältnismäßige Schlankheit der lang rostbraun behaarten Orang-Utans (Abb. 142) und die gedrungene Massivität der schwarzhaarigen Gorillas (Abb. 143).

Armskelett (rechts) eines Primaten (Gorilla) in konstruktiv vereinfachender Darstellungsweise

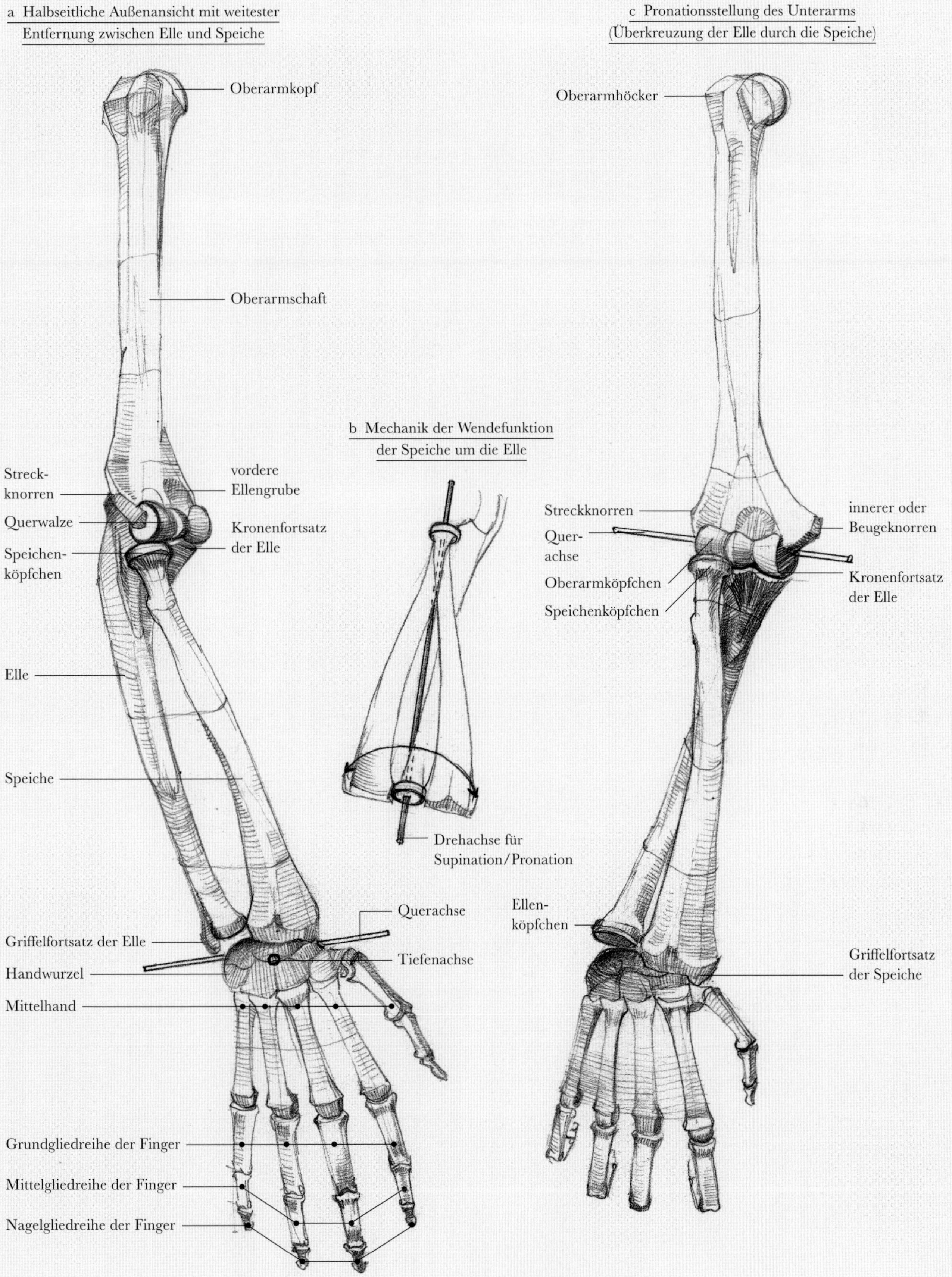

142

Hockende und seitlich liegende, schlankwüchsige Orang-Utan-Frau

Die überlangen Arme mit der schmallangen Hand und dem kurzen Daumen werden im Hang besonders deutlich, der Primatenfuß ist ein Greiffuß. Vierkantgraphit, DIN A3

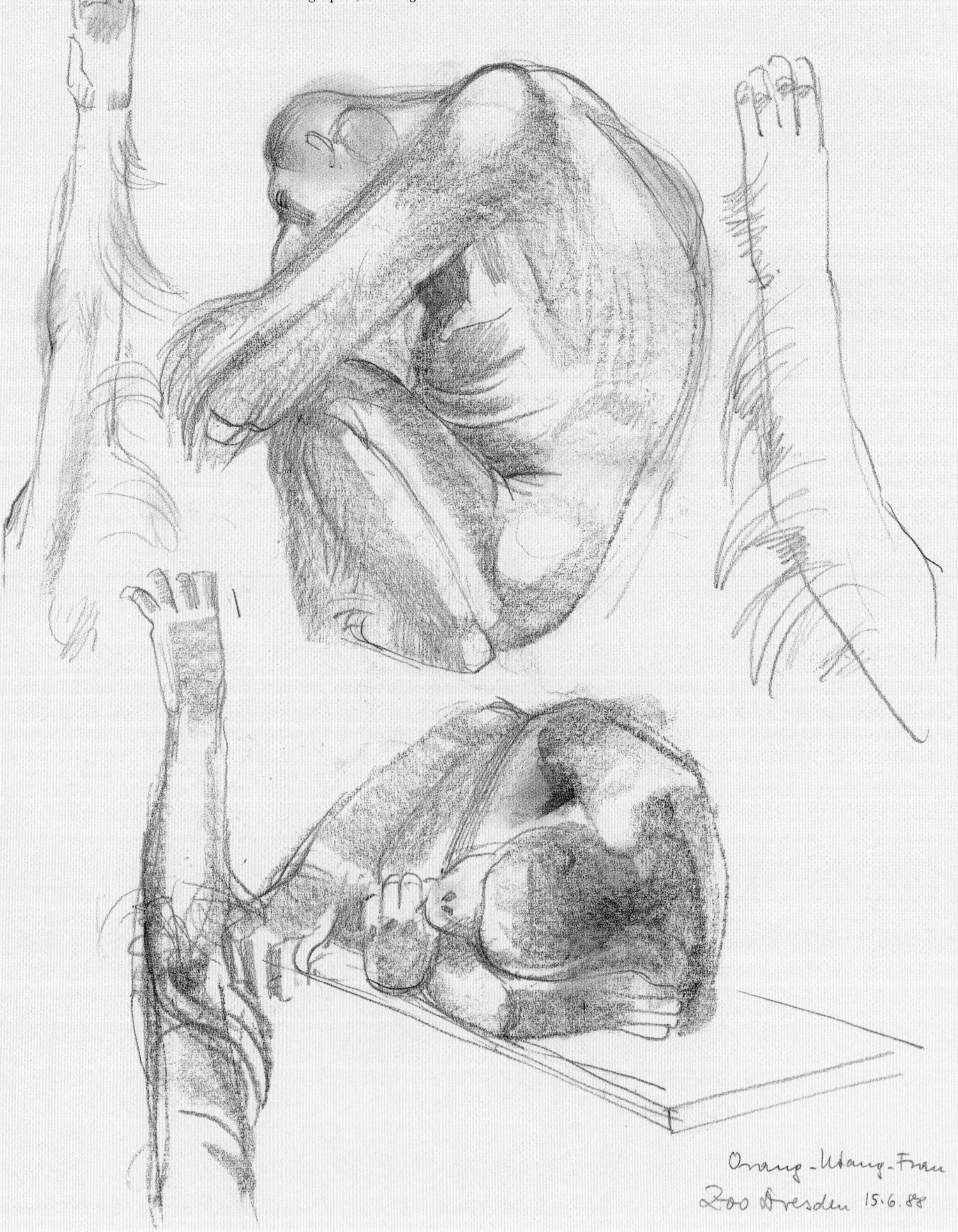

143

Gedrungene Wuchsform eines Gorillamannes

Die Armlänge erreicht nicht die Spannweite eines Orang-Utans, sein Daumen ist kurz. Robuste Graphitzeichnung, um die Massigkeit des Rumpfes zu betonen, DIN A3

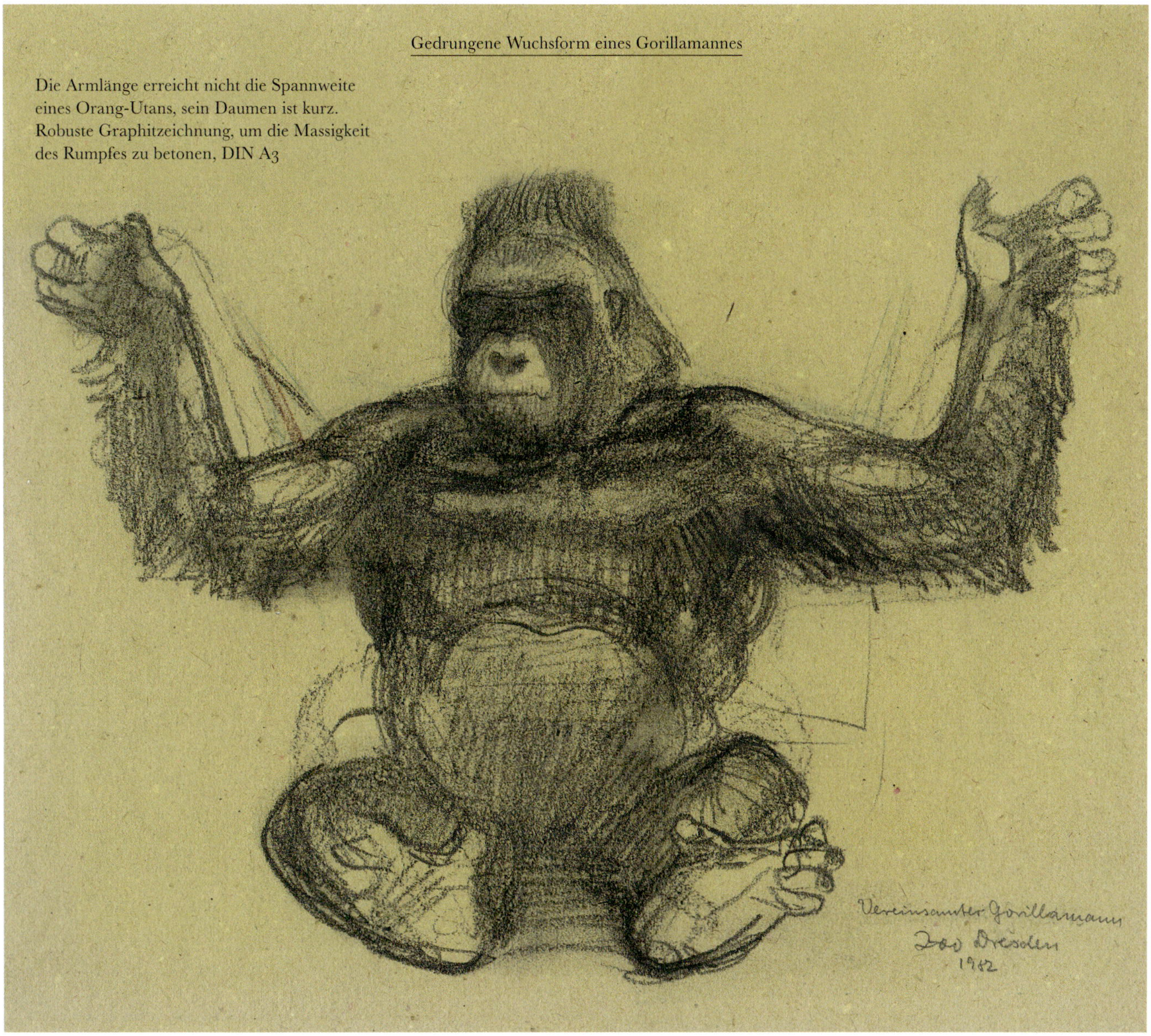

Rumpfformen

Das konstruktive Gerüst und die ihm zugeordneten Muskeln

Becken und Brustkorb sind die beiden plastischen Kerne, die die äußere Form maßgeblich aufbauen. In dieser Eigenschaft wurde das Becken im Zusammenhang mit dem Bein behandelt. Wir wollen das vielteilige Spantenwerk des Brustkorbs in blockhaft geschlossener Form veranschaulichen. Man wird seiner Plastik am eindrücklichsten gerecht, indem man Folgendes beachtet (Abb. 144):

- Studiere das Volumen mit Hilfe von Querschnittsverläufen.
- Das Brustkorbvolumen der Pflanzenfresser weitet sich stark beckenwärts (Verdauungstrakt, Abb. 146).
- Der Fleischfresserbrustkorb ist schmalhoch, besonders bei den Läufern (große Läuferlunge), und kaum breiter als der Kopf, besonders bei der Katze.
- Der vordere Brustkorbeingang bildet die Grundlage des Halses.
- Alle tierischen Brustkorbformen runden sich wirbelsäulennah am kräftigsten aus und verjüngen sich bauchwärts bis zu bootskielähnlichen Formen.
- Der Grat des Kieles tritt in der Nähe der vorderen Brustkorböffnung am schärfsten hervor und bildet hier eine nach vorn gerichtete Knorpelspitze des Brustbeins.
- Die Wirbelsäule, mit der sich die Rippen rückenseitig vereinen, gleicht einem T-Träger, dessen Steg nach oben weist und das Rückgrat bildet.
- Bauchseitig ist die weitaus größte Rippenanzahl über den Rippenknorpel mit dem vielgliedrigen Brustbein verbunden. Die Verbindungsstellen der Rippen mit dem Knorpel ergeben je eine bauchseitige Facette, die von vorn in Richtung Schwanz gebogen ausschwenkt.
- Im Bereich der Schulterblätter sind die Brustkorbflanken flach und eng zusammengedrückt (Bereich der Tragerippen).

Die *Rumpfmuskeln* kann man regional gliedern (Abb. 145):

- Die so genannten *reinen Rumpfmuskeln* entspringen am Becken und schließen die Lücke zwischen Becken, Brustkorb und Wirbelsäule; bauchseitig findet sich der *gerade Bauchmuskel* (als Muskelplatte rot getönt), rückenseitig der vielteilige Strang des *gemeinschaftlichen Rückenstreckers*, auch die Bauchflanken genannt, vor allem der *äußere schräge Bauchmuskel*. Die dünnen, breitflächigen Bauchmuskeln formen den Eingeweidezylinder.
- Die *Rumpf-Schultergürtel-Muskeln* (grün) entspringen an der Wirbelsäule und am elastischen Nackenband, bewegen das unbelastete Schulterblatt durch Vor- und Rückschwenken (z. B. durch den *Kapuzenmuskel)* und tragen zugleich die schwingende Vordergliedmaße.
- Die *Rumpf-Gliedmaß-Muskeln* (blau) entspringen an der Wirbelsäule und setzen am Oberarmbein an (z. B. der *breiteste Rückenmuskel*, der den Oberarm trägt oder nach hinten zieht, und der *Arm-Hals-Kopf-Muskel*, der den Oberarm nach vorn zieht). Der wulstige *oberflächliche Brustmuskel* erfasst die Ober- und Unterarminnenseite vom Brustbein aus und zieht die Gliedmaße an.

Die Verlaufsform des Rumpfes (Abb. 146) in Aufsicht verdeutlicht die Beziehungen der beiden plastischen Kerne (dunkle Tönung) zueinander und ihre gegenseitige Fortsetzung bis in die Verjüngung des Halses. Die Schulterblätter und das oberste Ende des Oberarmbeines sind nur linear angedeutet und als vierkantförmige, nach vorn abschließende, aufgelagerte Nebenform auf der Grundmasse des Brustkorbs zu verstehen. Querschnitte durch Hals und Brustkorb zeigen den Wechsel der größten Breiten an.

144

Blockhaft dargestellte Brustkorbformen, die den plastischen Kern der Rumpfformen bilden, im Vergleich

Pferd, Vorderansicht

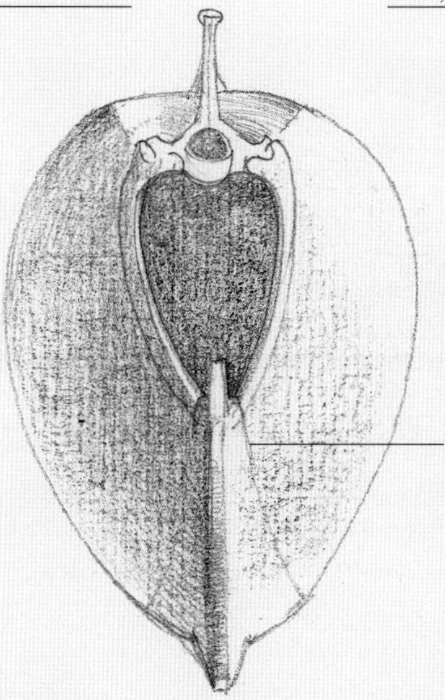

Pferd, halb von vorn und seitlich

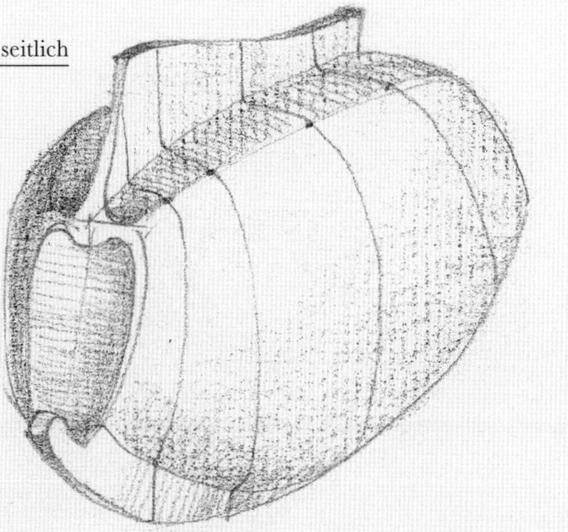

Hund, halb von hinten und seitlich

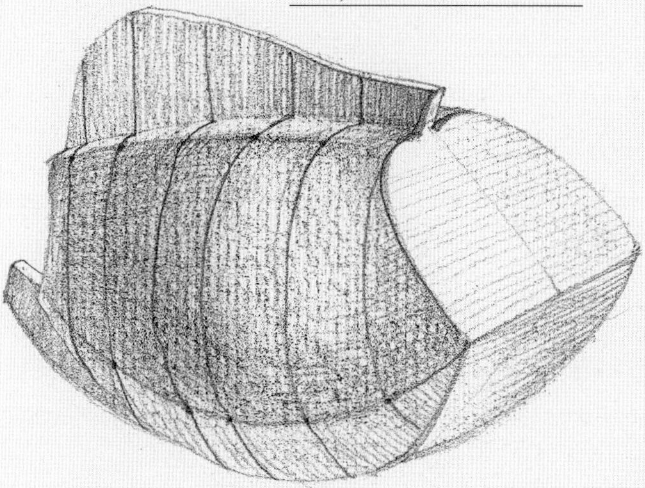

Hund, Vorderansicht

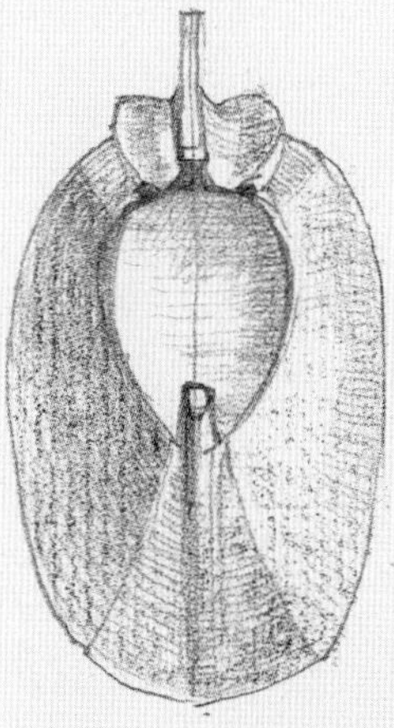

Aufsicht

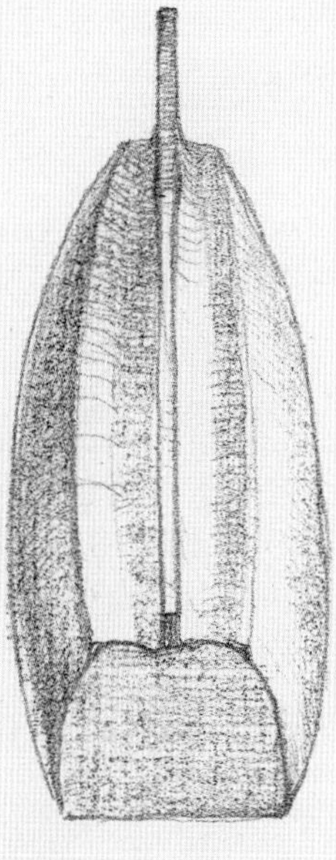

Hund, halb von hinten und seitlich

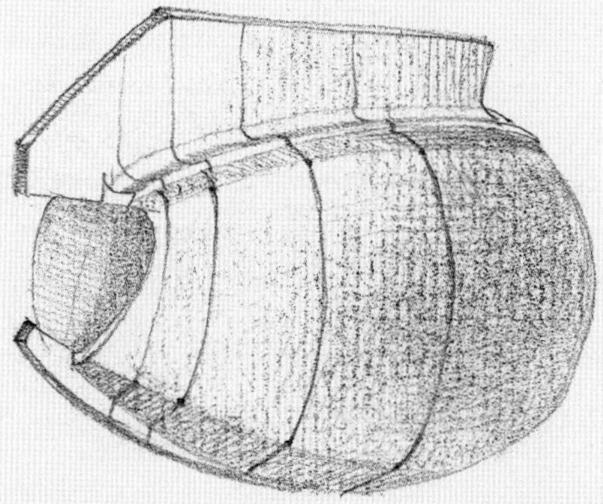

Hund, halb von vorn und seitlich

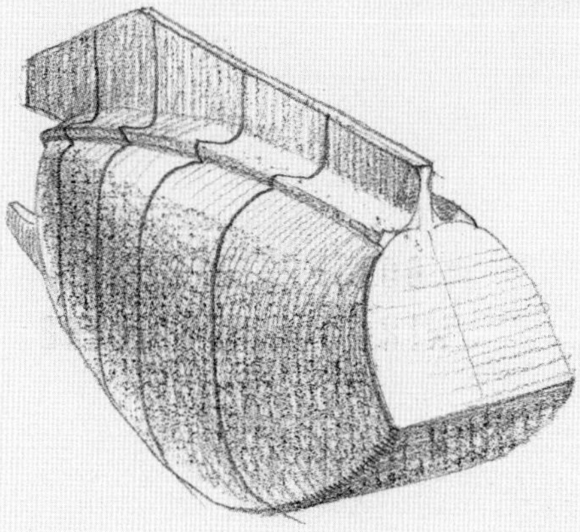

Das Rückgrat ist mit dem Brustkorb verschmolzen dargestellt, dieser mit eingezeichneten charakteristischen Querschnitten.

Anordnungsprinzip der Rumpfmuskeln

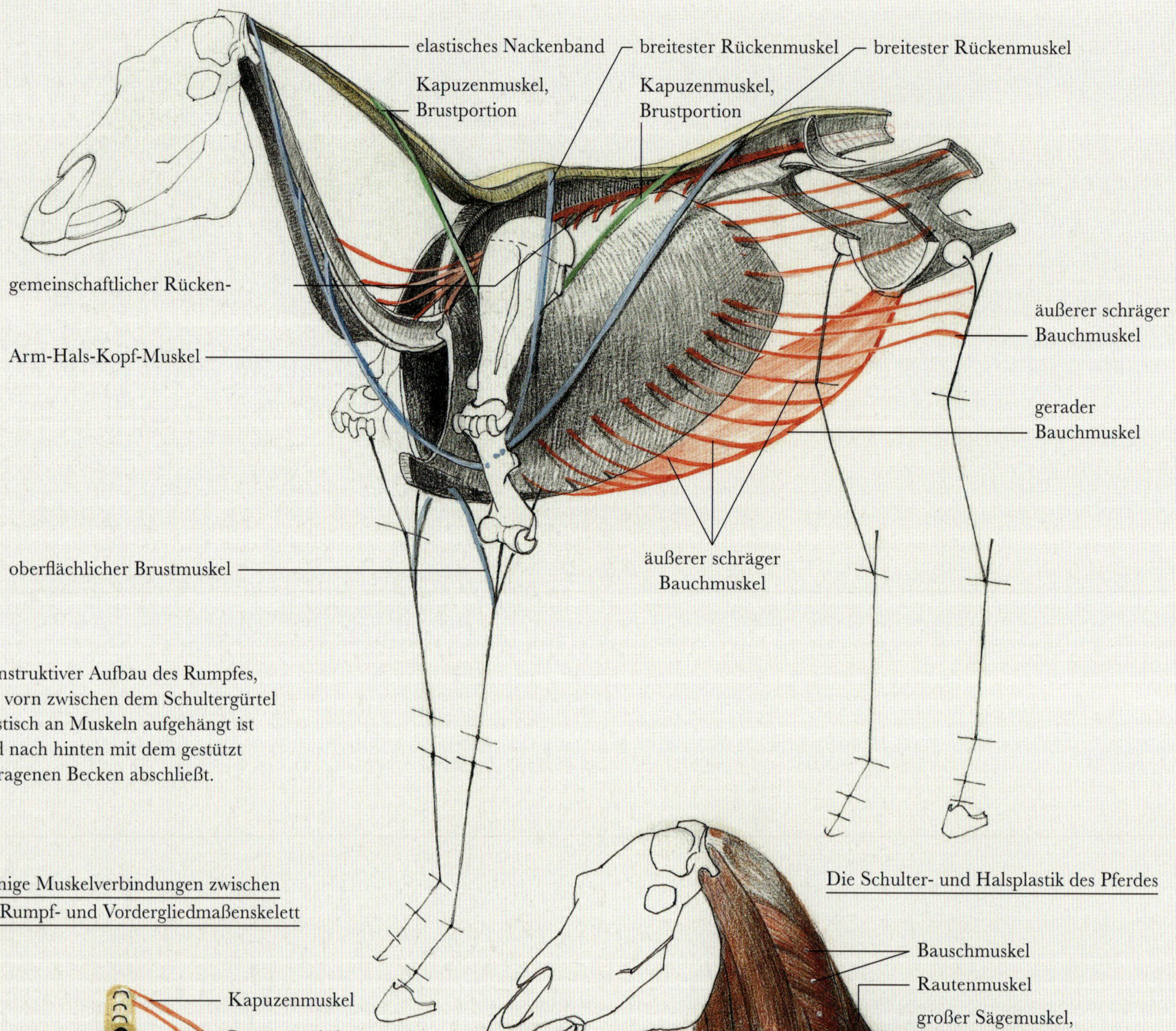

Konstruktiver Aufbau des Rumpfes, der vorn zwischen dem Schultergürtel elastisch an Muskeln aufgehängt ist und nach hinten mit dem gestützt getragenen Becken abschließt.

Einige Muskelverbindungen zwischen dem Rumpf- und Vordergliedmaßenskelett

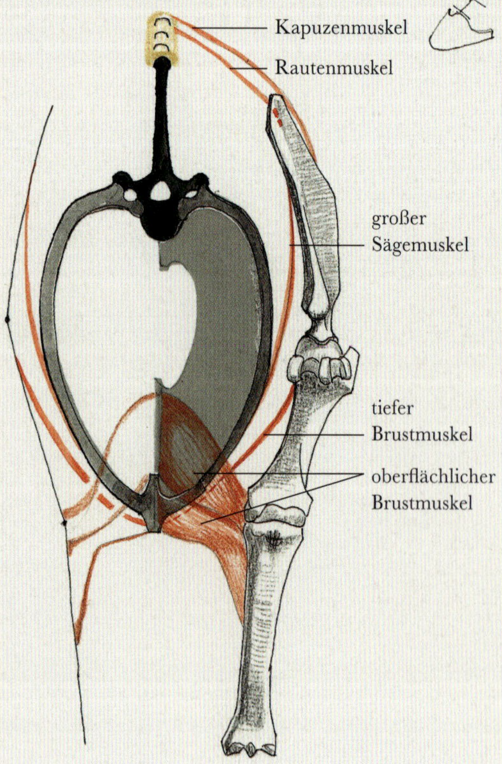

Die Schulter- und Halsplastik des Pferdes

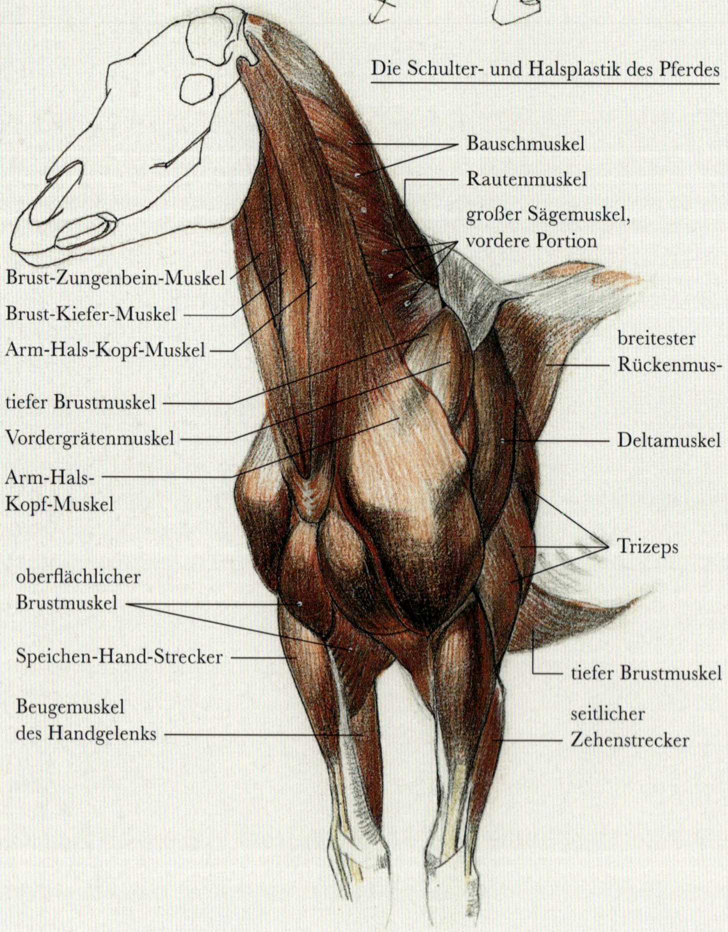

146

Der zusammenhängende Verlauf des Rumpfes in Aufsicht mit Betonung der plastischen Kerne von Brustkorb und Becken (Pferd), die Weichformen in heller Tönung

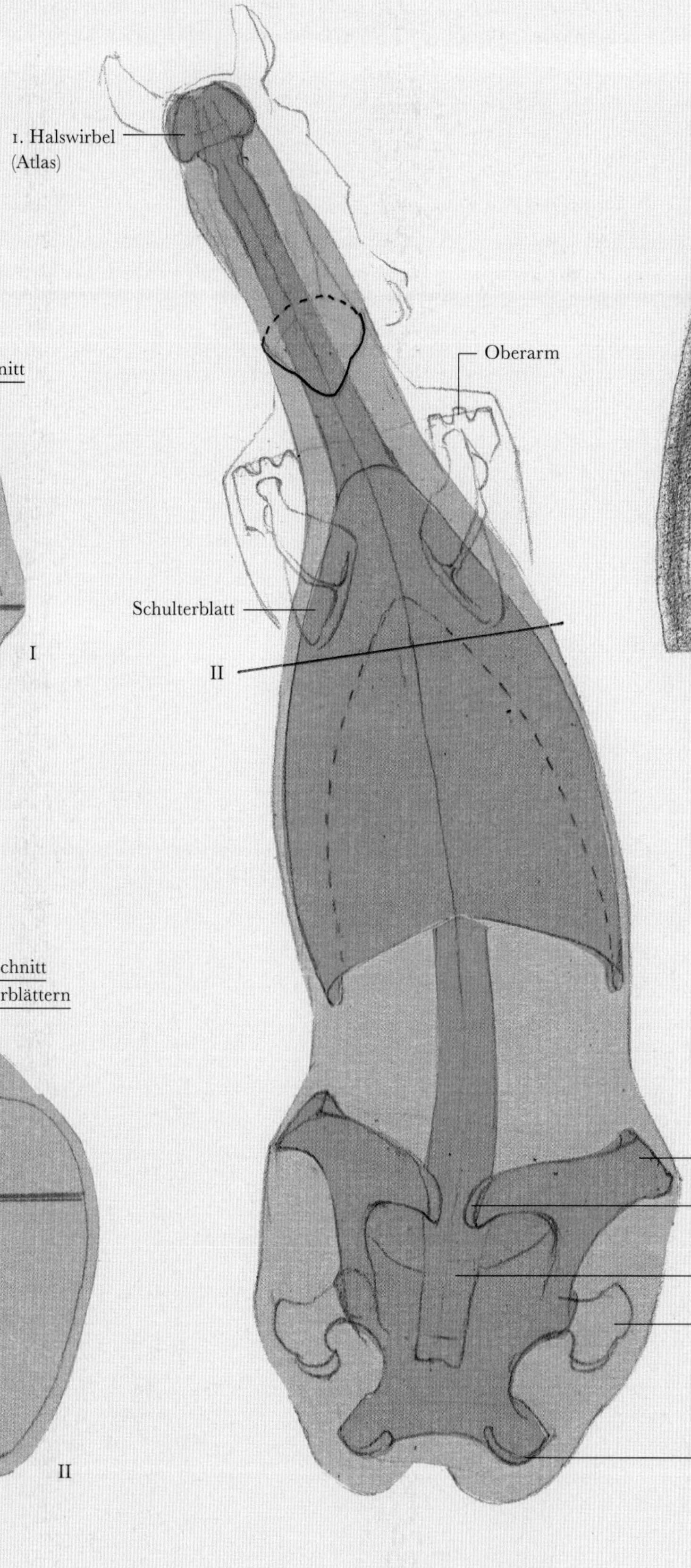

Brustkorbform in Aufsicht

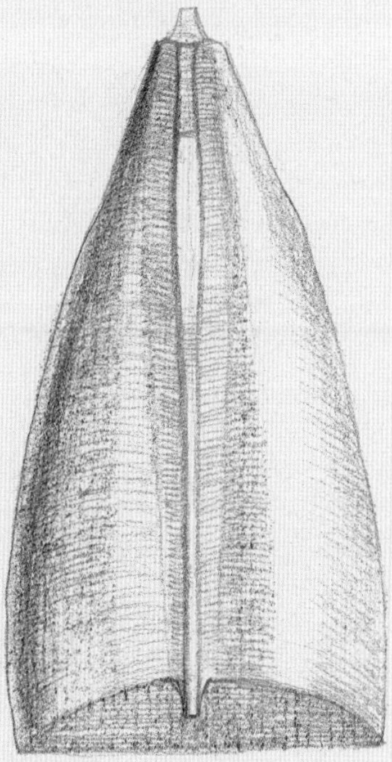

Halsquerschnitt

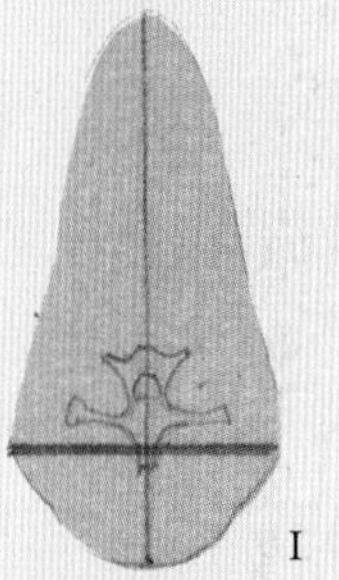

Brustkorbquerschnitt hinter den Schulterblättern

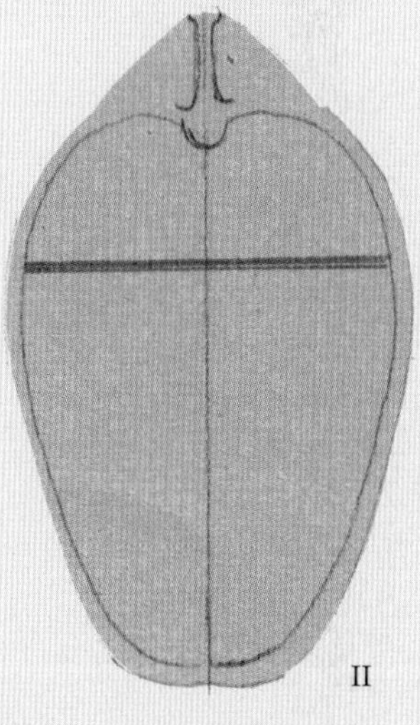

Die Klärung der Haupt- und Nebenformen und Arbeitsempfehlungen zu Rumpfstudien

Die silhouettierte Aufsicht auf den Rumpf (Abb. 146), bei deren Betrachtung wir nicht irritiert werden können durch das reich profilierte Relief der Gliedmaßen, soll hier durch reale Muskelformen weiter konkretisiert werden (Abb. 147):

- Die seitlich herausstehenden Hüftbeine und deren Hüfthöcker schaffen eine Zäsur zu den äußeren schrägen Bauchmuskeln. Der oberflächliche Gesäßmuskel füllt den Beckenraum bis zum Sitzbeinhöcker. Die knöcherne Beckengrundlage entspricht einem schmalen Trapezoid, das sich schwanzwärts verjüngt. Hier beginnen auch die Hinterbackenmuskeln.
- Der aus der Lendenfaszie und von der hinteren Brustwirbelsäule entspringende breiteste Rückenmuskel legt sich dünn und breitflächig dem Brustkorb auf und zielt konzentrisch auf die Oberarminnenseite.
- Im Bereich des Widerristes verbreitert sich das elastische Nackenband zur Widerristkappe.
- Vom Brustkorbgrat, von der Widerristkappe und vom elastischen Nackenband im Nackenbereich entspringt der Kapuzenmuskel in weitem Feld und erfasst die Schultergräte. Auf diese Weise wird er zum Träger des Schulterblatts bei hängender Gliedmaße.
- Die bauliche, kontinuierliche Verjüngung des Brustkorbs nach vorn zum Hals wird nur scheinbar unterbrochen durch die aufgesetzte Masse des Schulterskeletts und seiner Muskeln.
- Aus der Tiefe kommend und die Verdeckung durch den Kapuzenmuskel durchbrechend, tritt der *riemenförmige* Muskel nackenseitig an die Oberfläche, bildet in Richtung auf den ersten Halswirbel eine breitrunde Abdeckung des Nackens und bedeckt in Atlasnähe den diagonal über den Hals verlaufenden, langwulstigen Strang des Kopfnickers.

Verfolgt man den Formverlauf des sich nach vorn verjüngenden Brustkorbs, so ergibt sich mit dem Kopfnicker ein unmittelbarer Formzusammenhang bis zum Hinterhaupt.
Aus dieser Formverbindung gliedert sich die belastete Schulter (links) nur ein wenig, die entlastete beim Erheben der Gliedmaße (rechts) durch seitliches Abziehen von der Mittelachse stärker aus.

Arbeitsempfehlungen zu Rumpfstudien sehen folgende Kriterien vor (Schülerarbeiten, Abb. 148), wobei man mit dem Zeichnen des Gesamtskeletts auch wichtige Probleme des Rumpfes klärt:

- die Spezifik der Brustkorbformen (Löwe, Abb. 148 b), die bei der Katze eine sich nach hinten stärker öffnende Tütenform ist,
- den flachbogigen Verlauf des niedrigen Widerristes (bei Katzen),
- die Form der Halswirbelsäule, die zur Vierkantform vereinfacht wird,
- die breit gewölbte, schwanzwärts gerichtete Fassform des Wiederkäuerbrustkorbs (Rind, Abb. 148 a), mit schmalem vorderen Brustkorbeingang,
- den prinzipiellen Anschluss der Rippen an die Wirbelsäule und an das Brustbein,
- die Reihe der Dornfortsätze als Steg eines T-Trägers.

An der lebenden Erscheinung zieht man die Brustkorb-Bauch-Region zu einer walzenförmigen Einheit zusammen, auf der sich vorn das schmale Schulter-Oberarm-Relief absetzt. Die Eingeweidelast muss in ihrer Aufhängung an den Hüfthöckern kenntlich gemacht werden.

Die Plastik der Muskulatur des Rumpfes und der Gliedmaßen in Aufsicht (Pferd)

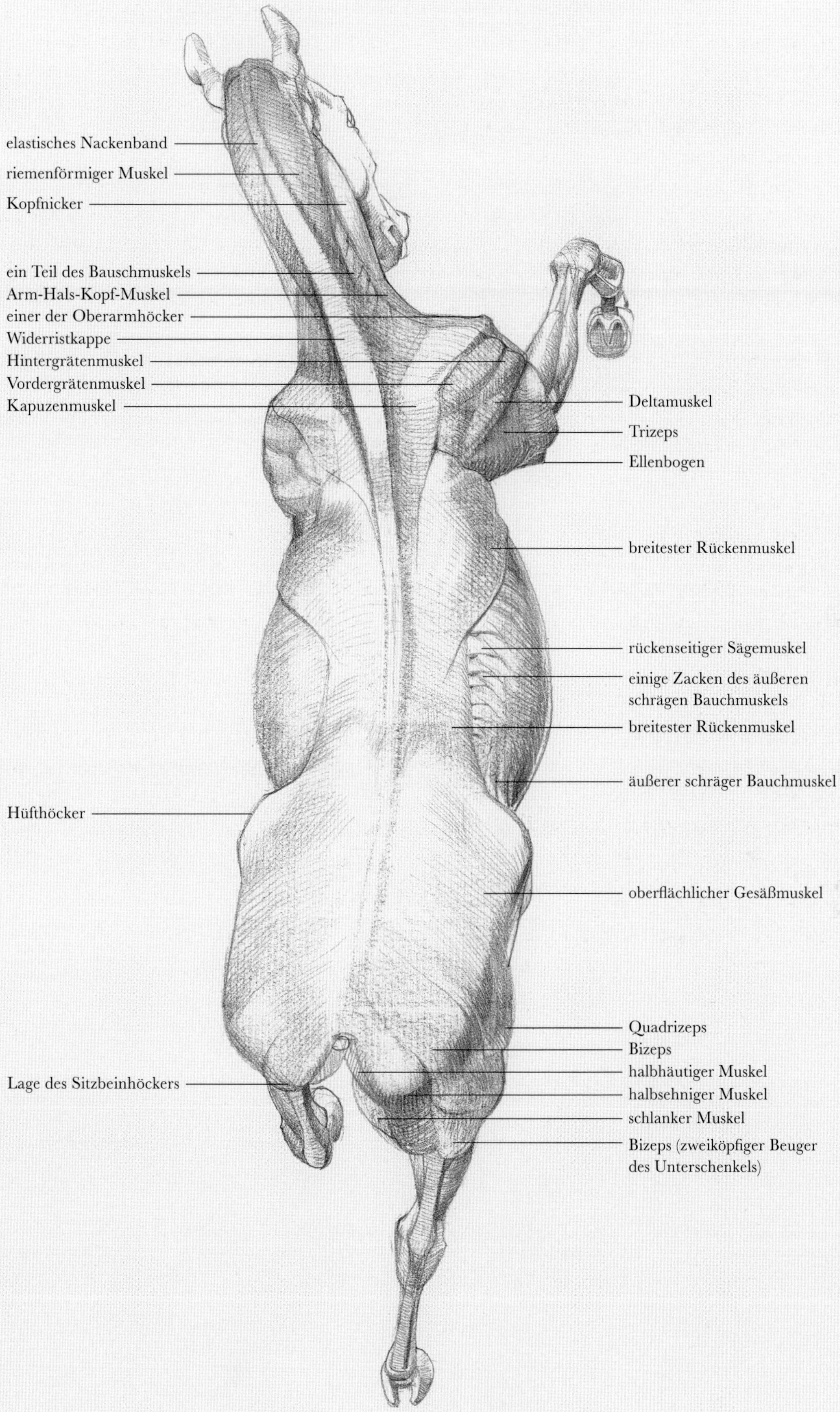

148 a

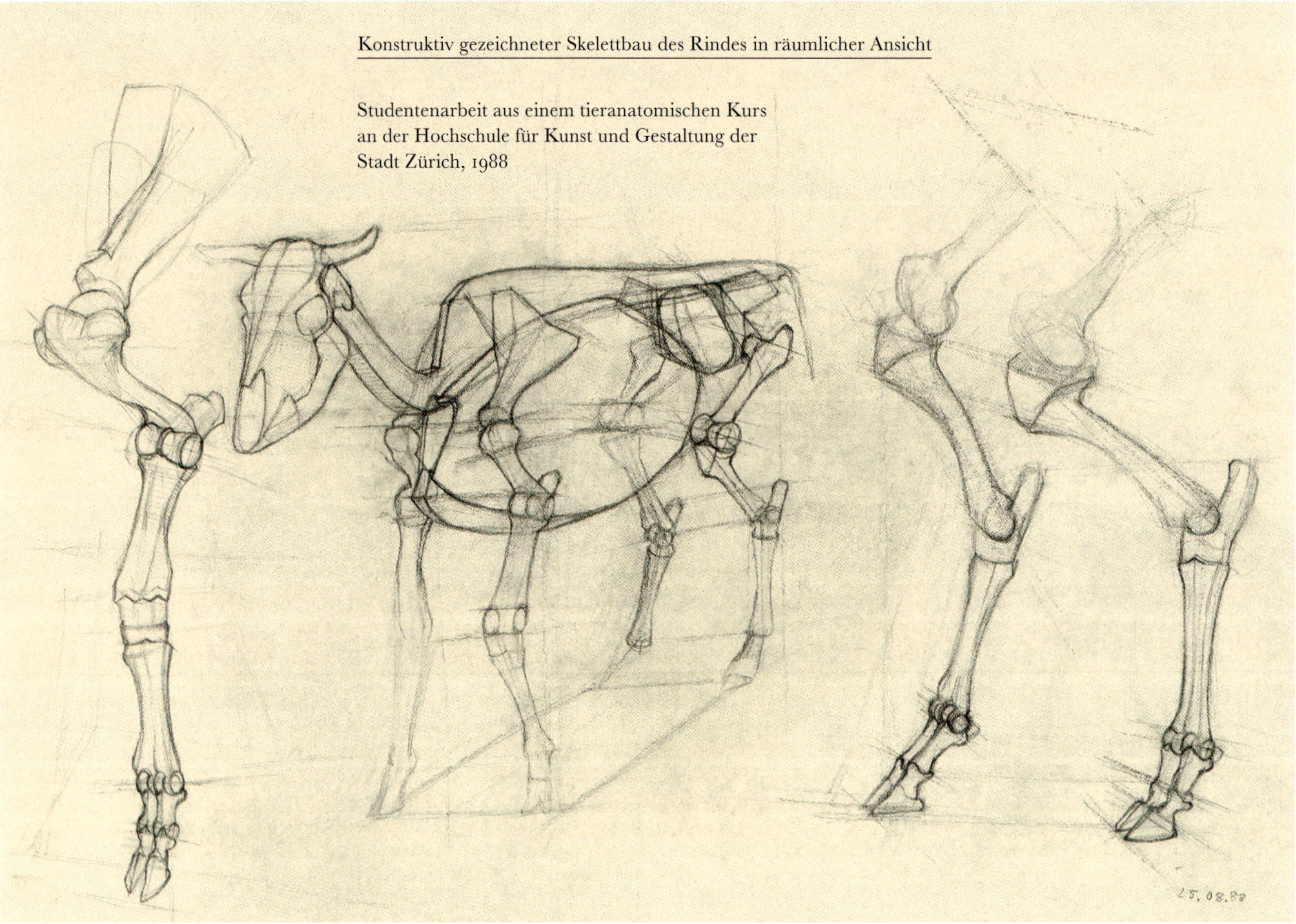

Konstruktiv gezeichneter Skelettbau des Rindes in räumlicher Ansicht

Studentenarbeit aus einem tieranatomischen Kurs an der Hochschule für Kunst und Gestaltung der Stadt Zürich, 1988

148 b

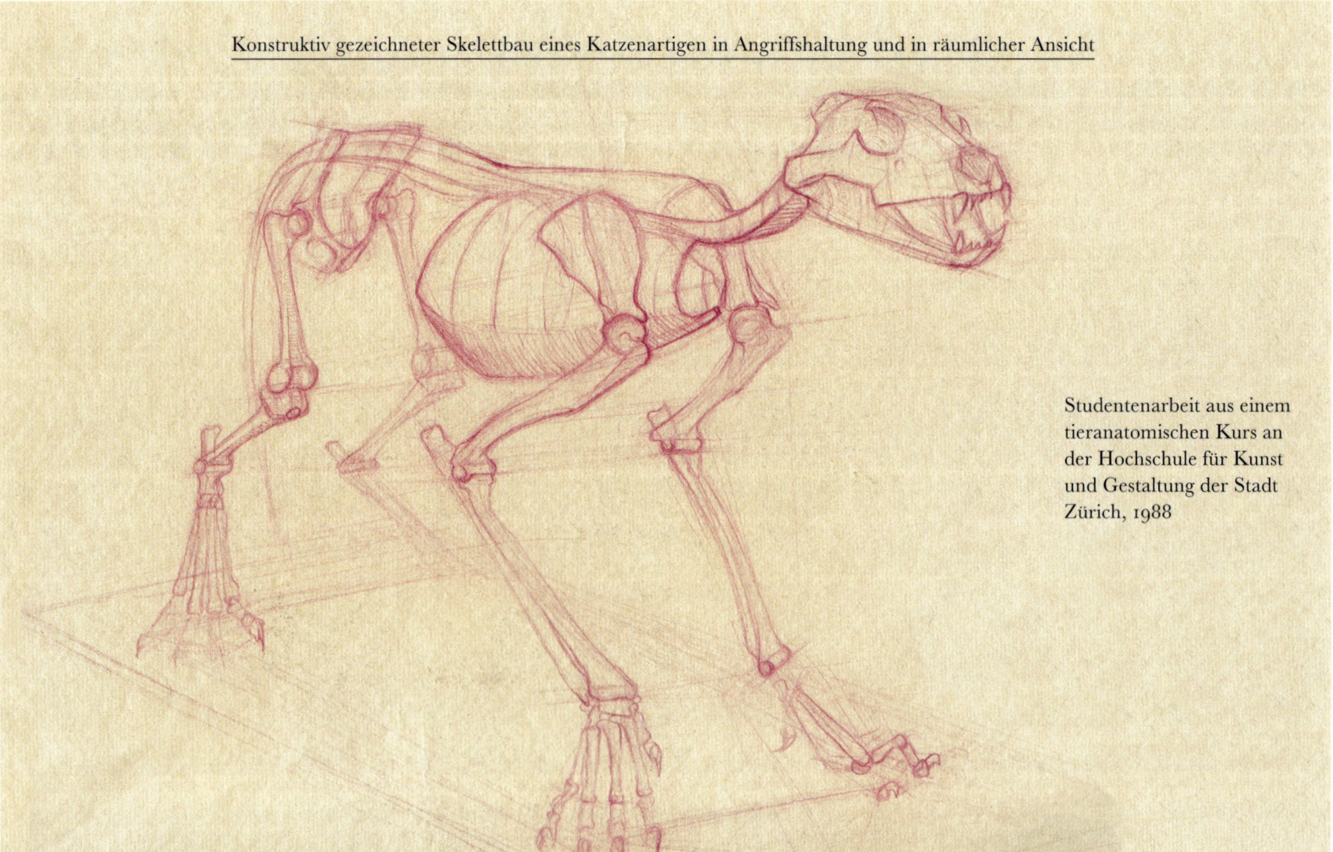

Konstruktiv gezeichneter Skelettbau eines Katzenartigen in Angriffshaltung und in räumlicher Ansicht

Studentenarbeit aus einem tieranatomischen Kurs an der Hochschule für Kunst und Gestaltung der Stadt Zürich, 1988

Skizzieren und zeichnerisches Bauen

Skizzieren sei hier nicht verstanden als ausschließlich flottes Notieren der Lebendform, sondern auch als Entwurfsarbeit, um sich die grundlegenden körperhaft räumlichen Sachverhalte bewusst zu machen. Formelementarisierungen sind dabei hilfreich (Abb. 149, 150, 151):

- Gehe beispielsweise von der Walzenform des Brustkorbs aus (Abb. 149 oben) und packe ihm zeichnerisch die Schulterregion als sehr flaches Dreikantprisma auf.
- Die seitlich zusammengedrückte Halsform setze in beliebiger Haltung auf die vordere Brustkorböffnung auf. Achte hierbei auf die kontinuierliche Formfortsetzung beider Körperpartien.
- In ähnlicher Weise wie die aufgebaute Vordergliedmaße behandle das flache trapezoide Volumen des Oberschenkels (Abb. 150).
- Gehe erst nach solchen probierenden Vorleistungen etwas näher auf die realen organischen Formen ein (Abb. 151).

Der Nutzen solcher Vorstellungsmodelle zu Formvereinfachungen schlägt sich unmittelbar nieder in der eilig eingeschriebenen Skizze, in die, bei geringstem Aufwand an Mitteln, das Bauliche dann fast automatisch Eingang findet (Abb. 152, 155). Haftet man stärker an der Umrissform (Abb. 154), so konzentriert sich der Vortrag zwangsläufig stärker auf den genannten Verlauf des Rumpfes und seinen Zusammenhang mit den Gliedmaßen.

- Bei der eiligen Formsuche – sofern sie Körperhaftigkeit und räumliches Gefälle geben will – kann man hier mit einigen wenigen, aber kontrastreich gesetzten Schraffen auskommen (Abb. 153, 156 a und b, 157 b und c).
- Verzichtet man aus Zeitnot ganz auf solche Schraffen, ergibt sich praktisch eine rein lineare Realisierung (Abb. 157 oben links). Sie bewirkt eine Verknappung der Form und fordert in besonderem Maße dazu heraus, die Folgen von verdeckenden und verdeckten Abschnitten durch Überschneidungen zu sichern, aber auch dazu, die Wahrnehmung der Tiefe von vorn nach hinten durch ausreichend eindeutige und sichtbare Zwischenglieder zu suggerieren.

Da Bewegungen oftmals kaum eine Sekundenlänge überschreiten, ist man auf das optische Gedächtnis und auf Rekonstruktionen mit Hilfe elementarisierter Formen angewiesen (Abb. 158 rechts):

- Hierbei kann es nur um das Wesentlichste der Körperhaftigkeit gehen, nämlich um die Tatsache, dass der Leib, z. B. einer Katze, seitlich stark zusammengedrückt ist bei schlanker Rückenfläche, also einer hohen, schmalen Vierkantform entspricht, die in den Raum vorstößt.
- Diesem Bilde fügen sich adäquat die ebenso schmal dimensionierten, in die Tiefe entwickelten Grundformen der Gliedmaßen mit deutlichen Ansichtsflächen ein.
- Ein solches Skizzieren und zeichnerisches Bauen in einem schließt ab mit der Angliederung der stark verkürzten Walze des Halses und dem Ovoid des Kopfes.

Mit solcherweise aufgefassten Formelementen lässt sich schnell und leicht experimentieren und probieren, versucht man dem Seherlebnis gerecht zu werden. Man erlangt Unabhängigkeit vom Naturvorbild und befindet sich, ohne die Grenzüberschreitung recht zu bemerken, im Reich der Vorstellungstätigkeit und Imagination.

152

Fortsetzung des zeichnerischen Formenbaus mit reduzierten Mitteln: Anlage des Verlaufs der Symmetrieachse (Rückenlinie)

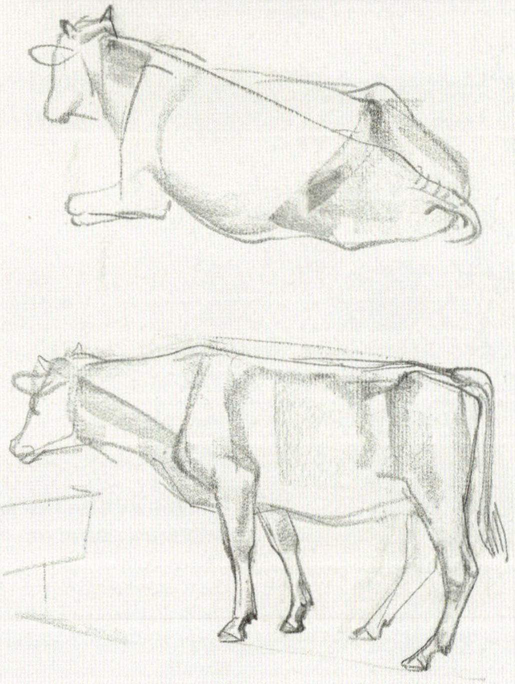

Hinzu kommt die tonnenartige Auswölbung der Rumpfwalze diesseitig und jenseitig der Rückenlinie, die Angliederung des kantigen Schultergürtels und Beckens, der Dreikant des Nackens und das Prisma der Kopfform. Vierkantgraphit, DIN A3

153

Charakteristikum des Gliederbaus von Jungtieren, hier eines Banteng-Kalbs

Die staksigen, ›sperrigen‹ Gliedmaßen verfügen bereits über sehr kräftige, knotigstarke Gelenke.
Brauner Farbstift, DIN A3

Banteng-Kalb
Zoo Dresden 16.5.88

154

Belastungsfolgen für die Form der Rückenkontur eines Katzenartigen (Jaguar)

Heraustreten der Schulterblätter aus dem vorderbeinig belasteten Stand (z. B. Fresshaltung, oben). Herausdrücken der Schulterblattkontur im Keulensitz als Folge des leicht verschiebbaren Schultergürtels und der Wirbelsäule (Sitzbuckel) (unten). Braune Kreide, DIN A3

155

Betonung des Eindruckserlebnisses von Massigkeit bei einem lagernden Bisonbullen in Erinnerung an eine Gebirgslandschaft mit Kammgrat, abschüssigen Wänden, Hängen, Schluchten und Tälern

Konsequente Notierung der Verlaufsrichtungen der Flächengefälle durch das entsprechend organisierte Strichwerk

Zusammenspiel von Formganzem und Einzelnem in körperarchitektonischer Formauffassung

Skizzieren und zeichnerisches Bauen

Skizzieren sei hier nicht verstanden als ausschließlich flottes Notieren der Lebendform, sondern auch als Entwurfsarbeit, um sich die grundlegenden körperhaft räumlichen Sachverhalte bewusst zu machen. Formelementarisierungen sind dabei hilfreich (Abb. 149, 150, 151):

- Gehe beispielsweise von der Walzenform des Brustkorbs aus (Abb. 149 oben) und packe ihm zeichnerisch die Schulterregion als sehr flaches Dreikantprisma auf.
- Die seitlich zusammengedrückte Halsform setze in beliebiger Haltung auf die vordere Brustkorböffnung auf. Achte hierbei auf die kontinuierliche Formfortsetzung beider Körperpartien.
- In ähnlicher Weise wie die aufgebaute Vordergliedmaße behandle das flache trapezoide Volumen des Oberschenkels (Abb. 150).
- Gehe erst nach solchen probierenden Vorleistungen etwas näher auf die realen organischen Formen ein (Abb. 151).

Der Nutzen solcher Vorstellungsmodelle zu Formvereinfachungen schlägt sich unmittelbar nieder in der eilig eingeschriebenen Skizze, in die, bei geringstem Aufwand an Mitteln, das Bauliche dann fast automatisch Eingang findet (Abb. 152, 155). Haftet man stärker an der Umrissform (Abb. 154), so konzentriert sich der Vortrag zwangsläufig stärker auf den genannten Verlauf des Rumpfes und seinen Zusammenhang mit den Gliedmaßen.

- Bei der eiligen Formsuche – sofern sie Körperhaftigkeit und räumliches Gefälle geben will – kann man hier mit einigen wenigen, aber kontrastreich gesetzten Schraffen auskommen (Abb. 153, 156 a und b, 157 b und c).
- Verzichtet man aus Zeitnot ganz auf solche Schraffen, ergibt sich praktisch eine rein lineare Realisierung (Abb. 157 oben links). Sie bewirkt eine Verknappung der Form und fordert in besonderem Maße dazu heraus, die Folgen von verdeckenden und verdeckten Abschnitten durch Überschneidungen zu sichern, aber auch dazu, die Wahrnehmung der Tiefe von vorn nach hinten durch ausreichend eindeutige und sichtbare Zwischenglieder zu suggerieren.

Da Bewegungen oftmals kaum eine Sekundenlänge überschreiten, ist man auf das optische Gedächtnis und auf Rekonstruktionen mit Hilfe elementarisierter Formen angewiesen (Abb. 158 rechts):

- Hierbei kann es nur um das Wesentlichste der Körperhaftigkeit gehen, nämlich um die Tatsache, dass der Leib, z. B. einer Katze, seitlich stark zusammengedrückt ist bei schlanker Rückenfläche, also einer hohen, schmalen Vierkantform entspricht, die in den Raum vorstößt.
- Diesem Bilde fügen sich adäquat die ebenso schmal dimensionierten, in die Tiefe entwickelten Grundformen der Gliedmaßen mit deutlichen Ansichtsflächen ein.
- Ein solches Skizzieren und zeichnerisches Bauen in einem schließt ab mit der Angliederung der stark verkürzten Walze des Halses und dem Ovoid des Kopfes.

Mit solcherweise aufgefassten Formelementen lässt sich schnell und leicht experimentieren und probieren, versucht man dem Seherlebnis gerecht zu werden. Man erlangt Unabhängigkeit vom Naturvorbild und befindet sich, ohne die Grenzüberschreitung recht zu bemerken, im Reich der Vorstellungstätigkeit und Imagination.

149

Schrittweises Zusammenführen der Vielgliedrigkeit des Tierkörpers zu einem Ganzen, Beispiel Pferd, mit Hilfe von Formelementarisierungen

Man erinnert sich zeichnerisch an die spezifische Form des plastischen Kerns des Rumpfes, des Brustkorbs und seiner Querschnittverläufe (oben), der seitlich hinzuzufügenden kantigen Gliedmaßenform und des zwischen den Schultern hervorspringenden Halses. Bleistift, DIN A4

150

Fortsetzung des baulich orientierten Zeichnens unter Verstärkung der Formelementarisierung von Rumpfwalze und seitlich angegliederten, abgeplatteten Vierkantformen der Gliedmaßen

Vorn lässt man dabei die Brustbreite entstehen und setzt das Halsovoid auf.
Die Körperhaftigkeit von ›rund‹ und ›kantig‹ wird mit klaren, einfachen Schraffuren verstärkt.
Bleistift, DIN A3

151

In obiges bauliches Grundkonzept lässt man differenzierende Einzelformen, wie z. B. Muskeln, eingehen und macht die Formbegegnungen der aufeinander stoßenden Wölbungen erkennbar

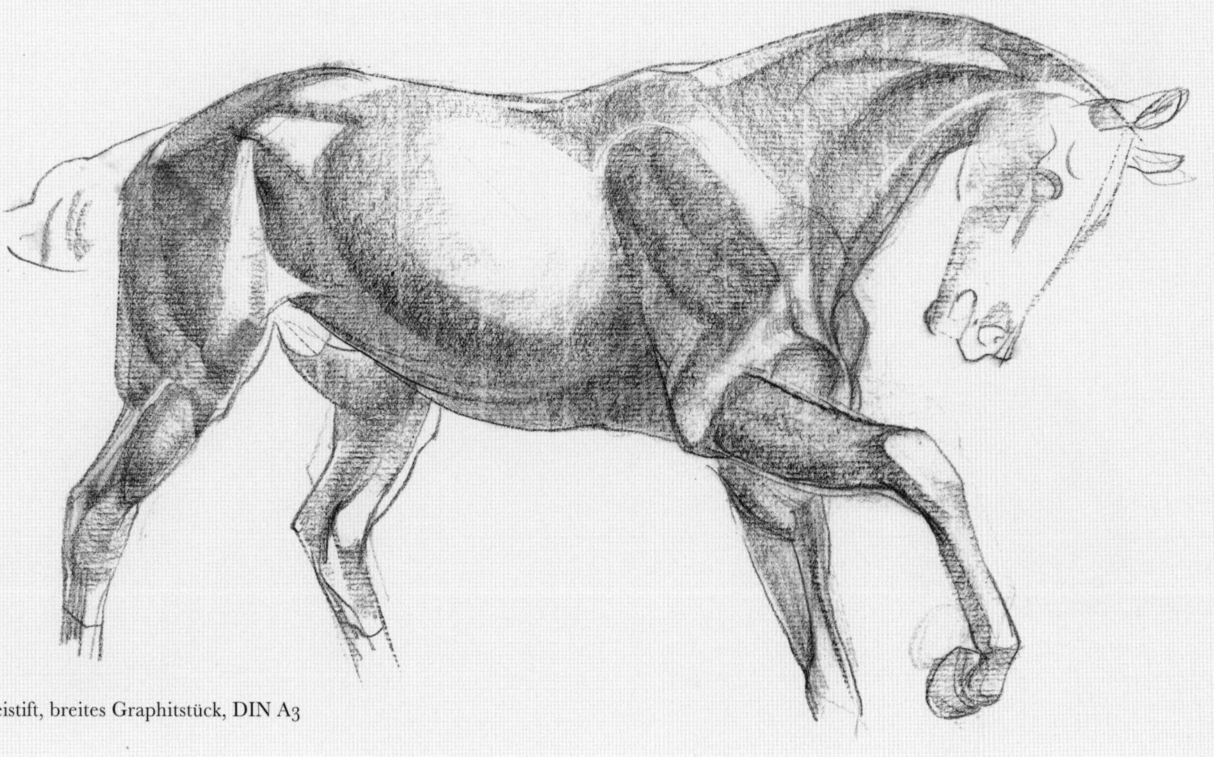

Bleistift, breites Graphitstück, DIN A3

152

Fortsetzung des zeichnerischen Formenbaus mit reduzierten Mitteln: Anlage des Verlaufs der Symmetrieachse (Rückenlinie)

Hinzu kommt die tonnenartige Auswölbung der Rumpfwalze diesseitig und jenseitig der Rückenlinie, die Angliederung des kantigen Schultergürtels und Beckens, der Dreikant des Nackens und das Prisma der Kopfform. Vierkantgraphit, DIN A3

153

Charakteristikum des Gliederbaus von Jungtieren, hier eines Banteng-Kalbs

Die staksigen, ›sperrigen‹ Gliedmaßen verfügen bereits über sehr kräftige, knotigstarke Gelenke.
Brauner Farbstift, DIN A3

Banteng-Kalb
Zoo Dresden 16.5.88

154

Belastungsfolgen für die Form der Rückenkontur eines Katzenartigen (Jaguar)

Heraustreten der Schulterblätter aus dem vorderbeinig belasteten Stand (z. B. Fresshaltung, oben). Herausdrücken der Schulterblattkontur im Keulensitz als Folge des leicht verschiebbaren Schultergürtels und der Wirbelsäule (Sitzbuckel) (unten). Braune Kreide, DIN A3

155

Betonung des Eindruckserlebnisses von Massigkeit bei einem lagernden Bisonbullen in Erinnerung an eine Gebirgslandschaft mit Kammgrat, abschüssigen Wänden, Hängen, Schluchten und Tälern

Konsequente Notierung der Verlaufsrichtungen der Flächengefälle durch das entsprechend organisierte Strichwerk

Zusammenspiel von Formganzem und Einzelnem in körperarchitektonischer Formauffassung

156 a

Eindrücklichkeit der Kontraste von Grazilität und wuchtiger Masse

links: Kurzer Rumpf mit schlankhohen Gliedmaßen (Banteng-Kalb)
rechts: Gedrungene Rumpfhöhe bei langem Rumpf (Banteng-Bulle)
Farbstifte, DIN A3

156 b

Körperhaft-räumliche Darstellung von Rinderartigen, hier Banteng-Kälber,
in locker und offen eingesetztem Strichwerk zur Kennzeichnung plastischer Erscheinungen

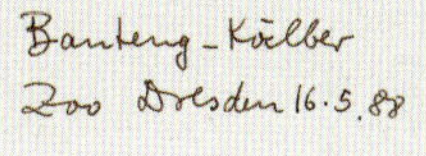

Farbstifte in Ocker und Braun, DIN A3

157 a

Linear betonte Zeichenweise für eine stark verkürzte Hinteransicht

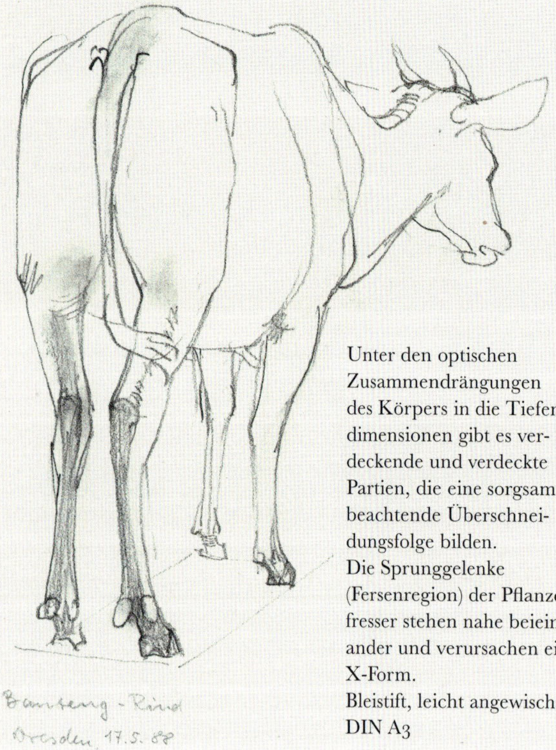

Unter den optischen Zusammendrängungen des Körpers in die Tiefendimensionen gibt es verdeckende und verdeckte Partien, die eine sorgsam zu beachtende Überschneidungsfolge bilden.
Die Sprunggelenke (Fersenregion) der Pflanzenfresser stehen nahe beieinander und verursachen eine X-Form.
Bleistift, leicht angewischt, DIN A3

157 b

Kombinierter Vortrag von leicht modellierendem Federstrich und locker angelegter Felltönung

Prismatoidische Kopfform eines Banteng-Stiers
Schwarze Feder und aquarellierende Brauntönungen, DIN A4

157 c

Ansichtsverhältnisse mit starken Verkürzungen

Um die körperhafte Überzeugungskraft auch schwacher Körpergebilde, wie der Gliedmaßenrückseiten oder Kopfunterseite, nicht verloren gehen zu lassen, verdeutliche man sich derartige Gebilde mit kantigen Flächen (hier die Läufe der Davidshirschkuh).
Feder in Rotbraun, angewischt, DIN A4

157 d

Rückenlinienverlauf bei geweihtragenden Tieren, hier Davidshirsch

Die Schwere der Geweihlast wird an den langen Dornfortsätzen der Brustwirbelsäule (Widerrist) mit Hilfe des elastischen Nackenbandes verankert (siehe auch Abb. 33–36).
Feder in Schwarz, mit Speichel angewischt, DIN A4

158

Linearer Vortrag des Bewegungsausdrucks, Elementarisierung und Körperhaftigkeit bei schwieriger Verkürzung

Der elastische Schritt des Panthers reizt zum Erfassen des rhythmisch-linearen Bewegungsablaufs in der Seitenansicht.

Ein emporsteigender, verkürzter Körper lässt sich leichter meistern, wenn man die Flächenrichtungen reduziert auf einfache Vierkantigkeit.

Schädel und Kopf

Abschnitte und Gliederung des Schädels

Alle Schädelformen werden in ihrer Konstruktion und Funktion von den beiden die Proportionen bestimmenden Abschnitten geprägt, von *Hirn-* und *Gesichtsschädel*. Hierbei beachten wir folgende wichtigste Formmerkmale (Abb. 159):

- Der das Gehirn umhüllende, kapselartig geschlossene Schädelabschnitt *(Hirnschädel)* schließt den Gesamtschädel nach *hinten* ab (dunkle Tönung).
- Der die *Fernsinnesorgane* (Geruchs- und Gesichtssinn) bergende und den *Kauapparat* bildende *Gesichtsschädel* schiebt sich, mit Ausnahme des menschlichen Gesichtsschädels, nahezu horizontal nach *vorn* vor den Hirnschädel und bildet beim Tier die weitaus größte Schädelmasse.
- Das *Gehirn* des Tieres ist klein, im Verhältnis am kleinsten bei den *Pflanzenfressern*, sowohl relativ (bezogen auf die reale Schädelgröße) als auch absolut (im Vergleich zum Menschen). Ein Pferdegehirn ist etwa nur faustgroß.
- Das Volumen des *Fleischfressergehirns* übertrifft in seiner relativen Größe das des Pflanzenfressers.

Zieht man die zerklüfteten, vielgliedrigen Schädelformen zu komplexen Formen zusammen, so ergibt sich:

- Die Pflanzenfresserschädel sind im Profil von dreieckähnlicher Gestalt (siehe Pferd und Rind) dank der Beschaffenheit ihres Kauapparates. Die Nahrung wird auf riffelartigen Zahnkronen zermahlen *(Mahlschädel)*. Sie benötigen für das Zerquetschen der Nahrung einen besonders kräftigen, mit günstigen Hebelwirkungen ausgestatteten Unterkiefer.
- Die *Profillinie* der Pflanzenfresserschädel verläuft von Stirn bis Nase nahezu unterbrechungslos gestreckt.
- Die Fleischfresserschädel als Ganzes ähneln einem Ovoid, dessen stumpfer Pol sich im Bereich des Hinterhauptes befindet. Diese Tatsache wird optisch etwas verschleiert durch *Knochenleisten*, die sich in mehr oder minder hoher Gratform in Längsrichtung über den Hirnschädel hinziehen (Ursprungslinie für Kaumuskeln).
- Knochen und Fleisch der Beutetiere werden nicht gekaut, sondern durch Backenzähne mit gezackter und scharfer Krone abgeschnitten *(Brechschere)* und geschlungen *(Schlingschädel)*. Für das Abscheren der Nahrung sind sehr kräftige, kompakte Muskeln erforderlich, die als knöchernen Ursprung besonders stabile, seitlich ausladende Jochbeine (Großkatze!) benötigen.
- Die *Profillinie* von Hunde- und Katzenschädeln unterscheidet sich durch die schwingende Form beim Hund bzw. durch die dachartige Abknickung zwischen Hirn und Gesichtsschädel bei der Katze.

Auch der *Menschenaffenschädel* erweist seine tierische Form durch die Dominanz des Gesichtsschädels im Verhältnis zu einem noch immer relativ kleinen Hirnschädel, der nach hinten unten abknickt. Die Augen werden durch ein mächtiges, wulstiges *Überaugendach* geschützt. Die breiten kaufähigen Zahnkronen im seitlichen Zahnbereich werden vorn abgelöst durch kräftig ausgebildete Eckzähne.
Mit Ausnahme des Menschenschädels lassen alle Tierschädel im Profil die Ausbildung eines *Kinns* vermissen. Ab Bissspalt flieht der Unterkiefer nach rückwärts. Bei den Pflanzenfressern ist dieser Bereich schaufelartig geformt und erleichtert damit die Aufnahme pflanzlicher Nahrung.

Vergleichende Nebeneinanderstellung verschiedener Schädelformen, mit Angabe von Lage und Größe des Gehirns, dieses in dunkler Tönung

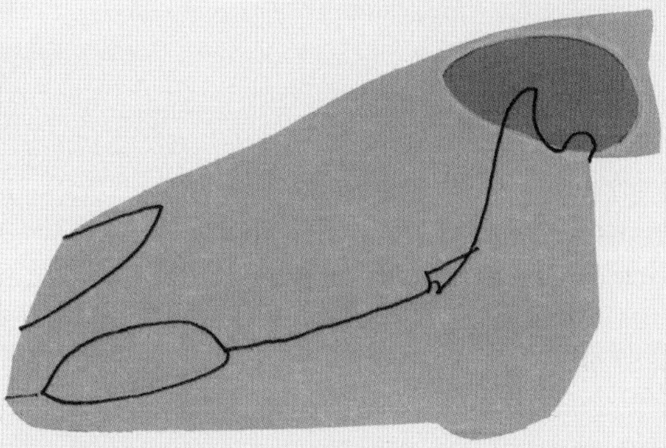

Pferd

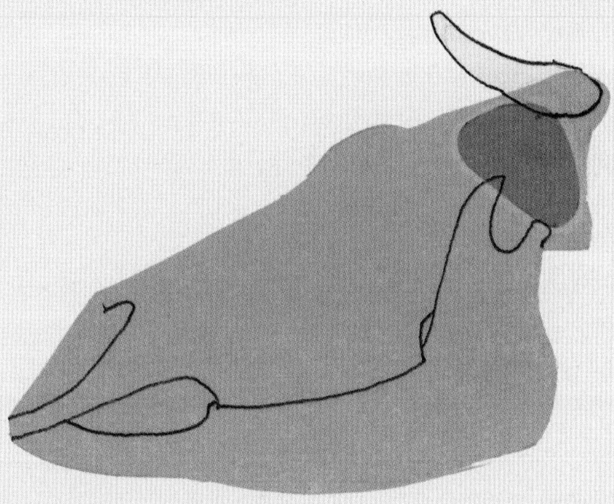

Rind

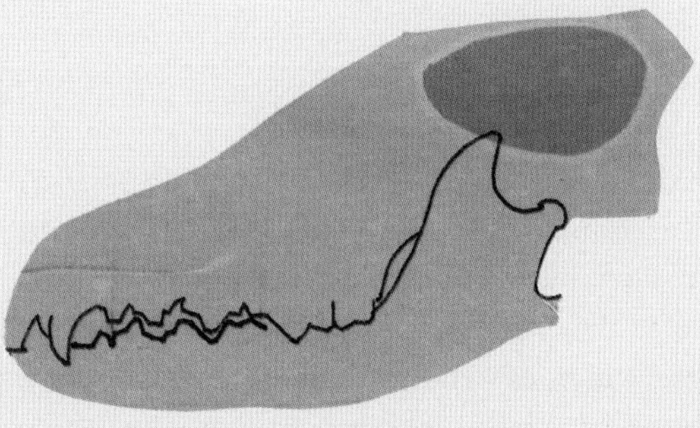

Hund

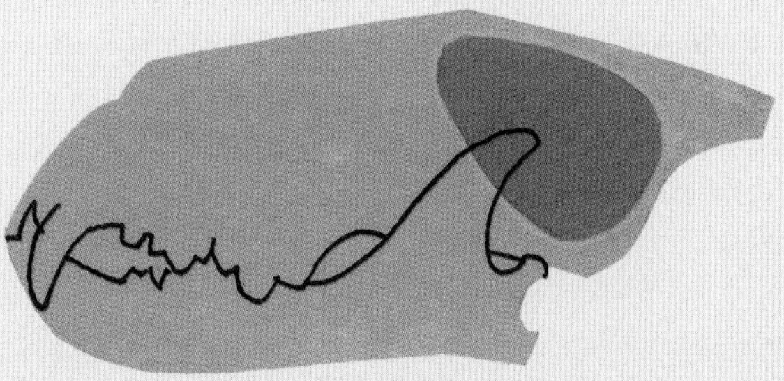

Löwe

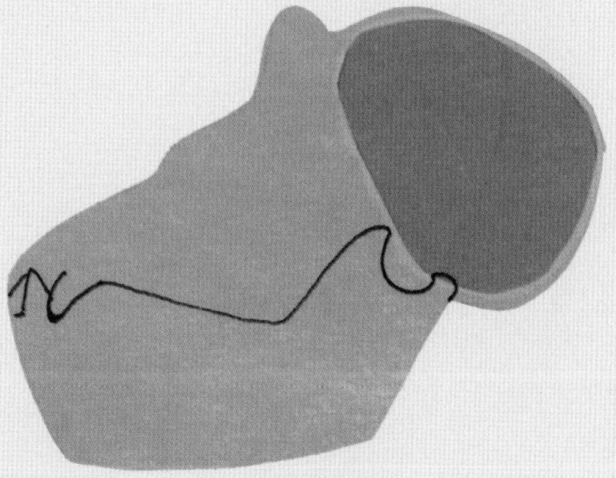

Menschenaffe

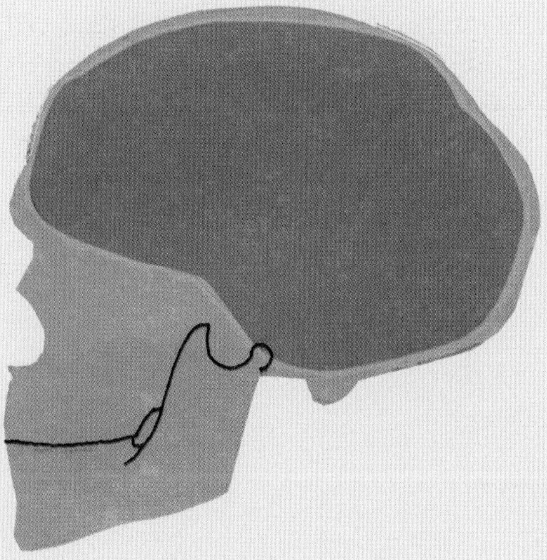

Mensch

Pflanzenfresserschädel

Die Veranschaulichung der Besonderheiten von Kopf- und Schädelform ist so konzipiert, dass die empfohlene Proportionsermittlung durch rot eingezeichnete Messstrecken nachvollzogen werden kann. Schädel- und Kopfform sind im Profil eng aufeinander bezogen, wodurch mit Leichtigkeit ersichtlich wird, in wie hohem Maße das knöcherne Gerüst die lebende Form bestimmt.

Auf Abb. 160 unten sind die *Proportionen* des *Pferdeschädels* dadurch ermittelt worden, dass die vertikale Schädelhöhe als Grundmaß über die Profillinie ab Hinterhauptleiste nach vorn abgetragen wurde. Für die Frontalansicht (Abb. 161) ist die *größte Schädelbreite* ins Verhältnis zur *Schädelhöhe* (in dieser Ansicht) gesetzt.

Zu den besonderen Formmerkmalen von Schädel und Kopf im Profil (Abb. 160, 164):

- Der lang gestreckte *Gesichtsschädel* des *Pferdes* endet in einem langen, spitzen *Nasenbein*, der stumpfe *Rinderschädel* in einem kurzen Nasenbein.
- Der *Schneidezahnbereich* von Ober- und Unterkiefer beim *Pferd* ist zangenartig ausgebildet. Dem Rind fehlen die oberen Schneidezähne (stattdessen nur eine Knochenspange).
- Der Verlauf der *Unterkieferkontur* des *Pferdes* bis zum Beginn des *Kieferwinkels* ist gestreckt, wodurch die Kieferform scharf gewinkelt ist. Beim *Rind* verläuft die Unterkieferkontur nach unten rundlich ausgebogen (ein wichtiger Formunterschied zum Pferd!).
- Gemeinsam für beide Schädelformen ist die seitliche Stellung der *Augenhöhle* (charakteristisch für die auf Flucht angewiesenen Pflanzenfresser mit Blickfeld auch nach hinten).
- Die *Augenhöhle* beider Schädelformen ist nicht knöchern nach hinten abgeschlossen.
- Es fehlt ein weit seitlich aus dem Gesichtsschädel herausstehendes Jochbein. Beim Pferd findet sich eine in der Wangengegend mit dem Schädel verschmolzene Leiste, daher *Wangenleiste* – ein bedeutendes plastisches Charakteristikum, von dem der Kaumuskel entspringt.
- Die *Wangenleiste* beim *Rind* ist weniger deutlich ausgebildet, stattdessen findet sich eine hervortretende Erhöhung *(Wangenbeule)*.

Einzelne anatomische Bezeichnungen sind den Abbildungen 161 und 165 zu entnehmen.

- Abgesehen vom *Gehörn* des Rindes wird dessen Stirn nach hinten durch einen starken Knochenwulst *(Zwischenhornkamm)* abgeschlossen.
- Der *Nasenrücken* und dessen Flanken sind beim *Pferd* ein hoher, schmaler Tunnel (Abb. 162), der durch oberseitige Verbreiterung in Richtung auf die Augenhöhle in die Stirn übergeht (Abb. 161, linke Nebenzeichnung).
- Durch die Stellung der *Wangenbeule* beim *Rind*, verhältnismäßig weit vorn am Schädel (Abb. 165), wirkt die Frontalansicht stumpfer als beim Pferd.
- Mit dieser Ansicht verbindet sich ein weiterer Formunterschied: ein vom Stirnbein seitlich abgesetzter Wulst im Augenbereich, wodurch das Rinderauge und seine Umgebung besonders plastisch wirken.

In räumlichen Ansichten (z. B. von halb vorn) offenbart der Pflanzenfresserschädel seine Dreikantprismaform am stärksten. Dabei zeigt sich, dass die des Pferdes (Abb. 161, 162) seitlich schmal und hoch zusammengedrückt, die des Rindes stumpfer und wuchtiger ist.

Der Raum zwischen Wangenbeule bzw. Wangenleiste und Kieferwinkel wird beim lebenden Tier von der glatten Fläche des *Kaumuskels* ausgefüllt.

160

Kopf- und Schädelform eines Pferdes mit Proportionsangaben von Schädelhöhe zu Schädellänge

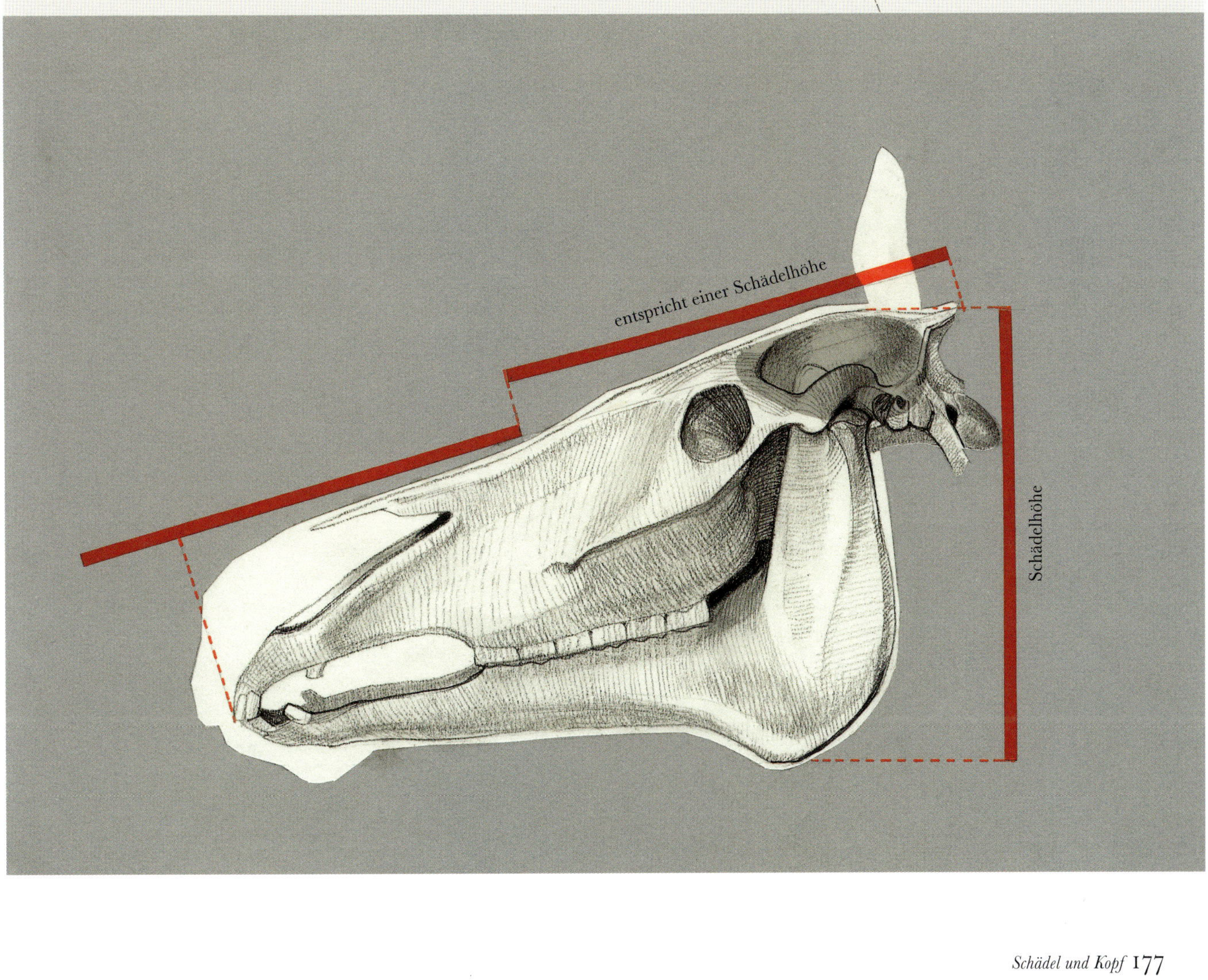

161

Schädelform des Pferdes in zwei Ansichten: mit Angaben von Schädelbreite im Verhältnis zu Schädellänge und in räumlicher Ansicht

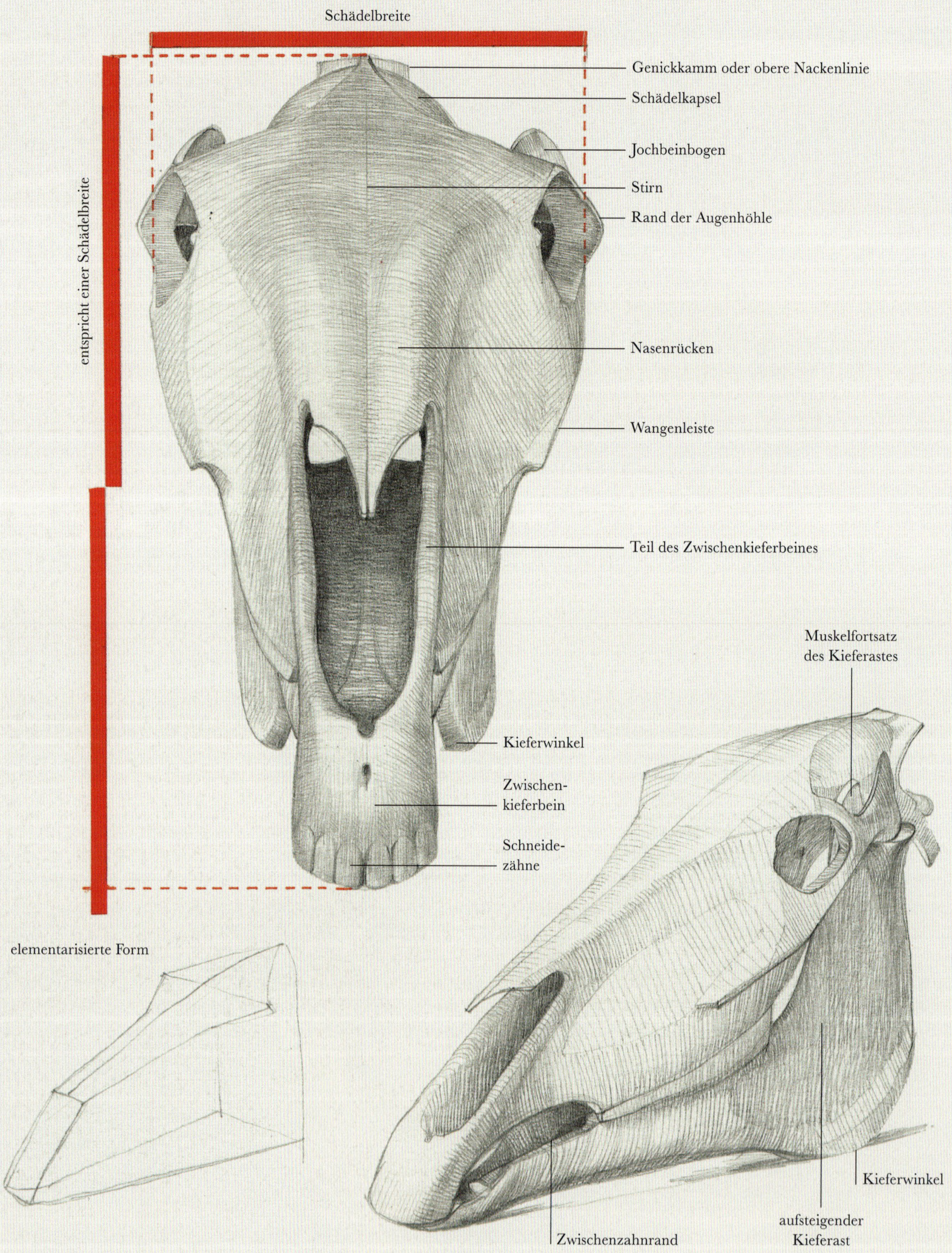

Spitzer Bleistift, DIN A4

Konstruktiv-vereinfachende Darstellung des Pferdeschädels
mit den Verlaufsrichtungen der Flächengefälle

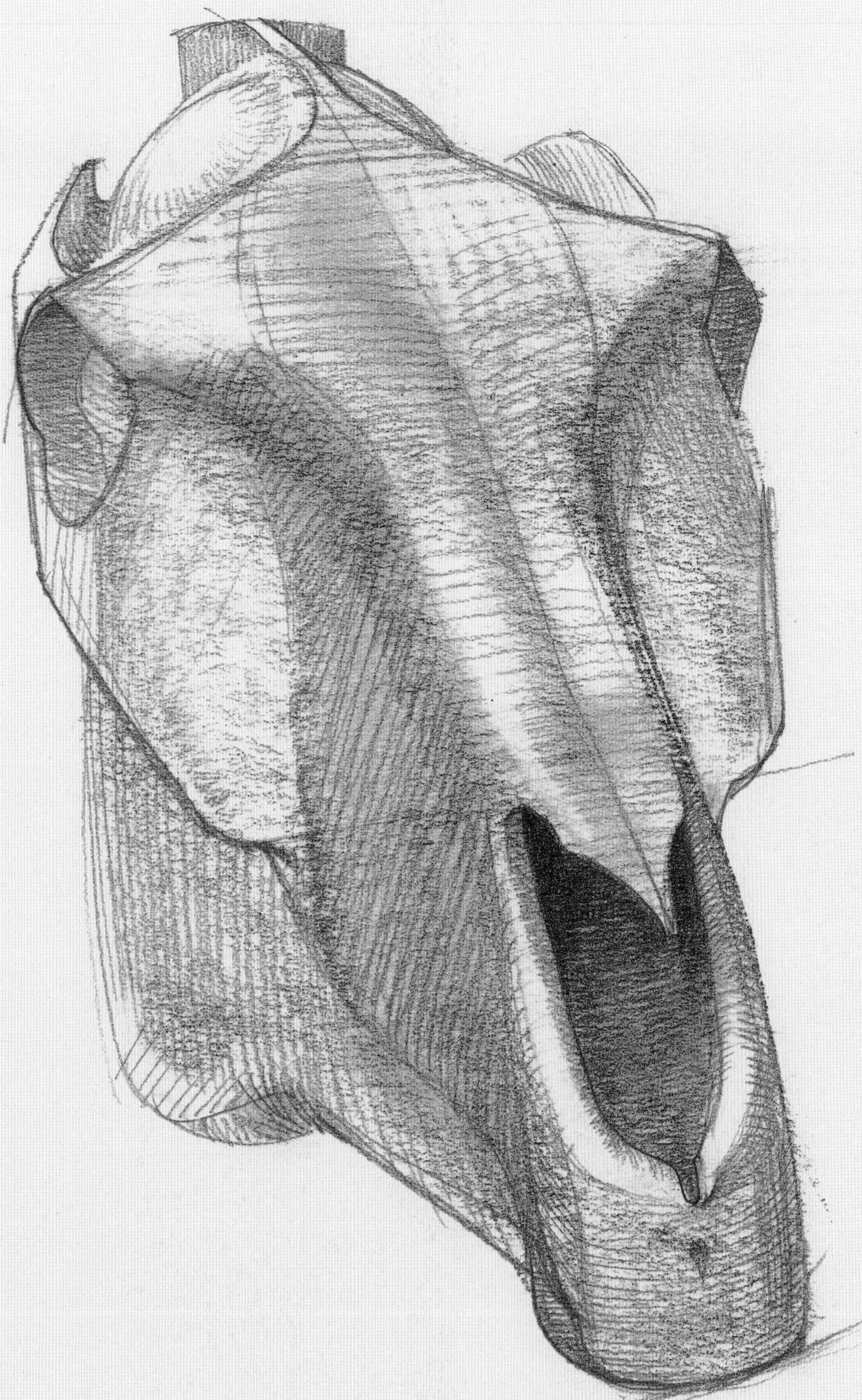

Bleistift, DIN A4

163

Darstellung der Lebendform des Pferdekopfs unter Berücksichtigung seiner Schädelgrundlage

Studie aus dem Universitäts-
Tierspital Zürich, 1988
Breiter Graphit, DIN A4

164

Kopf- und Schädelform eines Rindes mit Proportionsangaben von Schädelhöhe zu Schädellänge (unten)

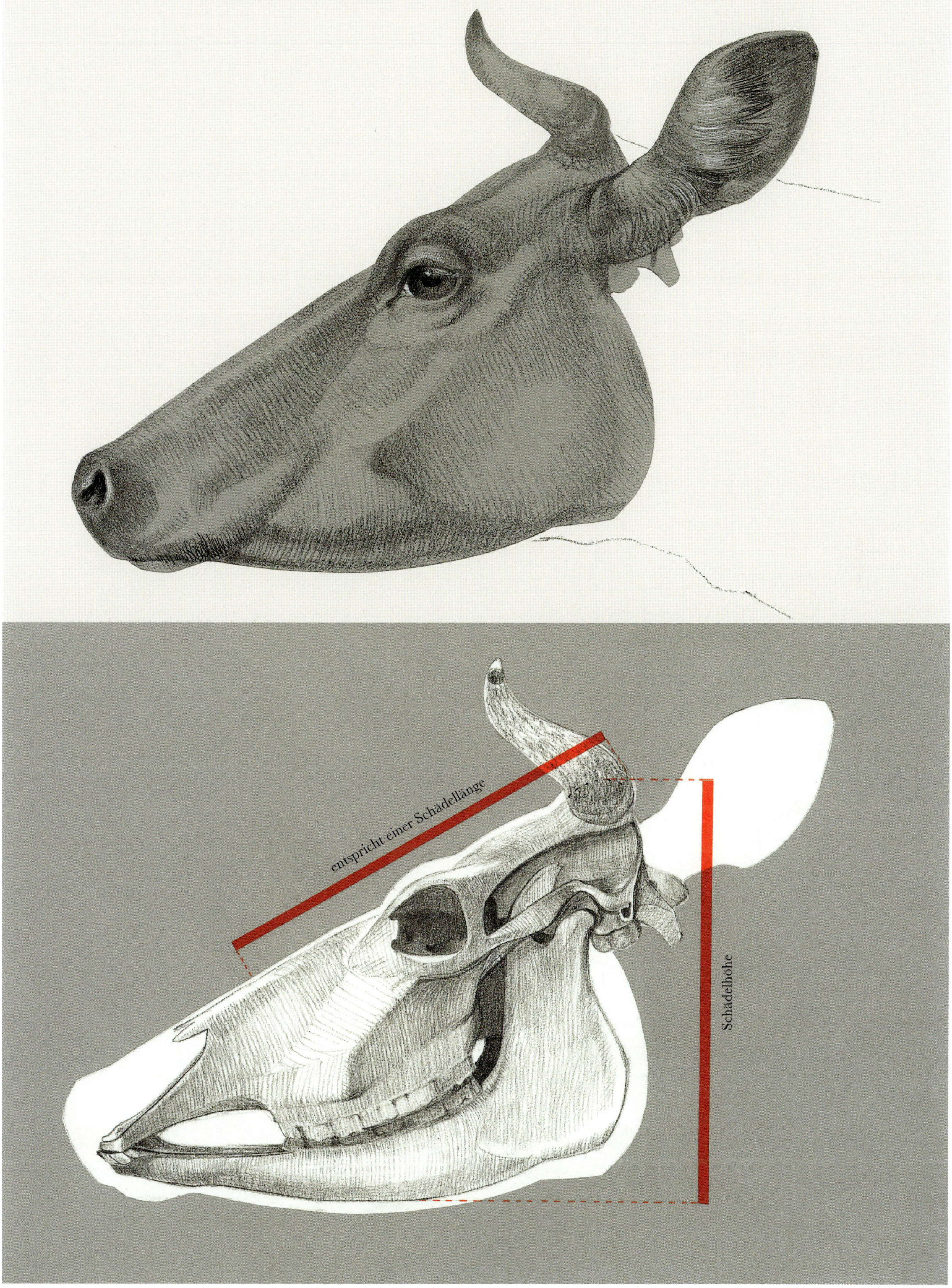

165

Schädelform eines Rindes in zwei Ansichten
mit Proportionsangaben von Schädelhöhe zu Schädelbreite

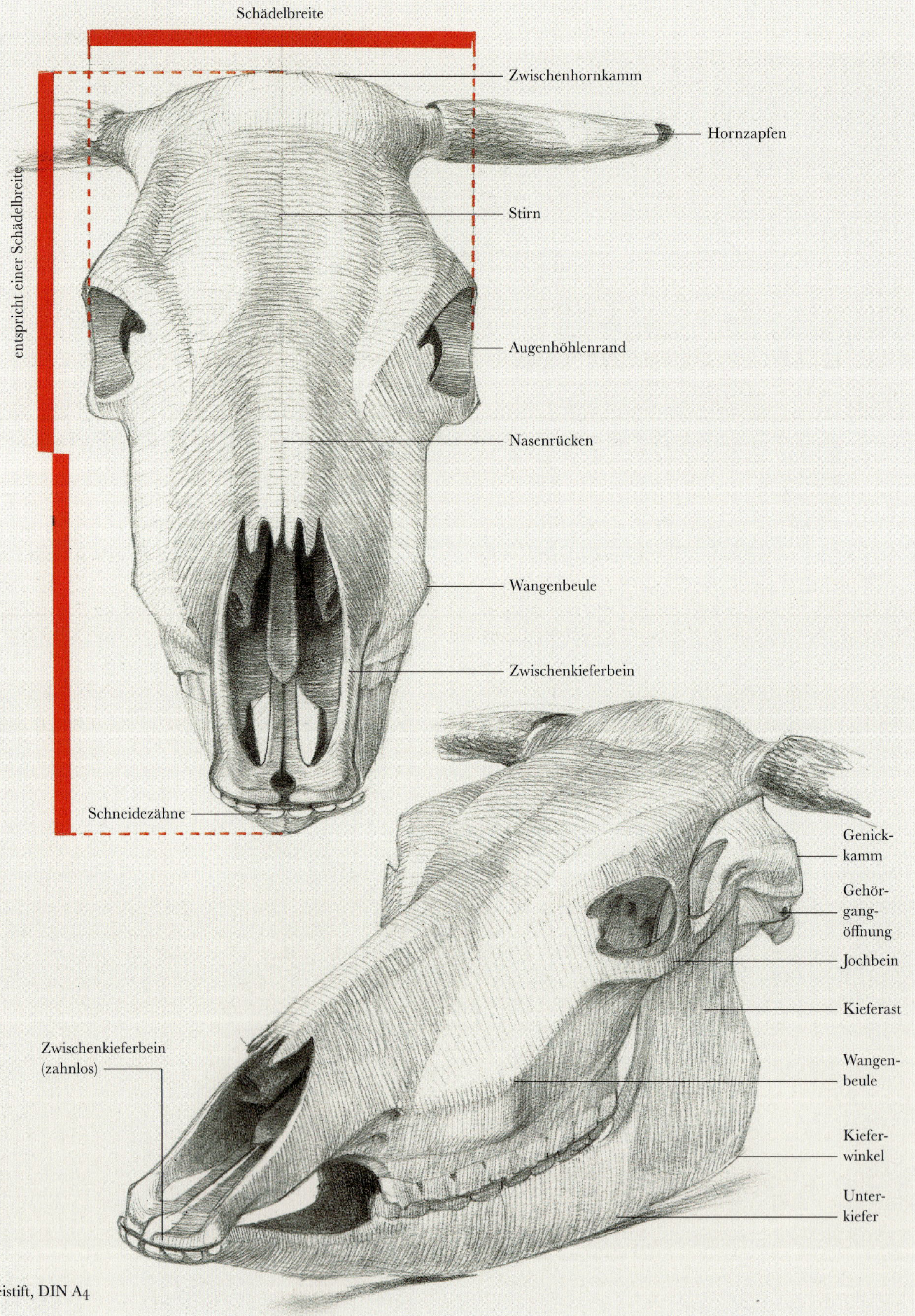

Spitzer Bleistift, DIN A4

Schädelstudien

Wer die Formbesonderheiten des lebenden Tierkopfes gründlicher verstehen möchte, sollte unbedingt Schädelstudien treiben. Niemals freilich hätte eine solche Aufgabe Sinn, würde man nur geschickte Kopien machen.
Welche Ziele und Wege wollen wir ins Auge fassen?

- Kläre wie bei allen Sachstudien das Ansichtsverhältnis und markiere die Fluchten der räumlichen Achsen.
- Mit dem geklärten Ansichtsverhältnis bestimme die sich darbietenden Ansichtsflächen mit aller Entschiedenheit und Konsequenz.
- Versuche primär, den Schädel zu elementarisieren zu stark vereinfachten Formen (Prisma, Ovoid), und benutze diese übergeordnete Form als Mittel zur weiteren Bestimmung der Lage des Körpers im Raum (siehe auch Abb. 161 links unten, 162, 165 unten). So schaffst du ein Grundgerüst für weitere Differenzierungen.
- Untersuche, welche räumlichen Richtungen von den den Körper begrenzenden Ansichtsflächen eingenommen werden. Markiere diese Richtungen mit entsprechenden Schraffen.
- Verzichte beim Anlegen der Zeichnung nicht auf ein räumliches Bezugssystem, d. h., zeichne den Verlauf der Mittelachse des Schädels und dazu den Verlauf der räumlichen Achsen von der einen Seite zur anderen.
- Achte darauf, dass für die Realisierung der unterschiedlichen räumlichen Flächengefälle deutliche Facetten gefunden werden, die Ecken und Kanten angeben (Abb. 166).
- Durchdenke ein solches Flächensystem sorgfältig und setze die einzelnen Schraffen bzw. ganze Schraffuren möglichst in klar kontrastierenden Richtungen.

Bis zu diesem Punkt reichen die allgemeinen Angaben für die Anlage des Schädels, bevor es zu weiteren differenzierenden Formgliederungen kommt:

- Achte hierbei aufs sorgfältigste auf Überschneidungen der Formen.
- Gehe auch beim Schädelzeichnen – und hier erst recht! – baumeisterlich vor: Schaffe Grundrisse, zeichne diese räumlich durch, also auch die verdeckten Ecken und Kanten.
- Verstehe die Schädelkapsel als Kuppel, die von Pfeilern getragen wird.
- Kläre die konstruktiven Zusammenhänge der Unterkieferäste, die mit der Schädelbasis in Verbindung stehen (Kontinuität der Kaudruckübertragung!).
- Begreife den Nasenhöhlenraum als Tunnelform.
- Am Schlingschädel (Abb. 172 unten, 175) ähnelt das Jochbein und der Jochbeinbogen einem seitlich am Schädel angesetzten Henkel.

Treibt man die Feinabstimmungen noch weiter, z. B. in den generellen wie einzelnen Formmerkmalen von Hund und Löwe, so arbeitet man die grazileren Formen (bis hinein in die Zahnformen) des Hundes gleichnishaft als ›gotischen‹ Formcharakter heraus (Abb. 173), die des Löwen als ›barocke‹ Schädelarchitektur (Abb. 175 unten).

Baut und zeichnet man den Schädel allseitig durch, so genügt hierfür oftmals eine rein lineare, konstruktive Vortragsweise.

166

Kopfstudie von einem Rind mit Berücksichtigung der Schädelgrundlage und Anlage der räumlichen Flächengefälle

Vierkantgraphit und Bleistift, DIN A4

Die Teilformen des Pflanzenfresserkopfes

Die Teilformen wie Maul, Nase, Auge und Ohr sind Ensembleformen des lebenden Kopfes und differenzieren die ohnehin typischen Schädelformen zu unverwechselbaren arttypischen Lebendformen. Wir müssen uns nun dem Verhältnis von Nasen- und Maulform zuwenden sowie der Stellung und Form von Auge und Ohr. Gänzlich außer Acht bleiben die plastisch unbedeutenden Gesichtsmuskeln. Zur Beschaffenheit von Maul und Nase bei Pferd und Rind (Abb. 167–170):

- Die knöcherne Öffnung des Naseneingangs wird durch die Knorpelnase weiter verschlossen. Die *Nüstern* des *Pferdes* erheben sich seitlich des Nasentunnels als knorpelige und bindegewebige Substanz und bilden eine Tüte, deren äußerer Rand einem steil gestellten C entspricht.
- Der Zwischenraum zwischen Nüstern und Mundspalt ist durchgehend samtig behaart, die Oberlippe schiebt sich noch weiter nach vorn als die Nüstern. Die Unterlippe (Abb. 160) bildet unterhalb des Mundspaltes eine Bindegewebsverstärkung (kein knöchernes Kinn!).
- Der *Nasen-Maul-Bereich* des *Rindes* verläuft im Profil (Abb. 164) als überhängende Form und stumpft den Kopf ab. Der Nüsternzwischenraum ist unbehaart und glänzt feucht (Flotzmaul). Die weit auseinander und flach stehenden Nüstern sind von fülligem Gewebe umgeben, wodurch der unterste Teil der seitlichen Oberlippe über den Mundspalt herabhängt (Abb. 168 – 170).

167

Pferdekopf in räumlicher Ansicht mit seinen Teilformen

Eingangsöffnung der knöchernen Nase in dunkler Schraffur.
Das Strichwerk folgt der prismatoidischen Grundform des Schädels und der Form seiner Details. Spitzer Bleistift, DIN A3

168

Bisonbullenkopf mit vorderem Körperabschnitt

Der schwere Kopf wird von dem mächtigen Widerrist überhöht.
Die zottige Kopfbehaarung gibt Flotzmaul und Auge frei.
Die Herausarbeitung der Haarwirbel bildenden dichten Fellstruktur wird gefördert durch weichen Graphit auf gröberem Papier.
Graphit, DIN A3

Die Kugelgestalt, auf der die *Augenform* beruht, bildet mit den Lidern (mit Wimperbehaarung am Oberlid) wichtige Überschneidungen. Ferner:

- Das voluminös wirkende Auge des Wiederkäuers bildet zwischen dem fülligen Oberlid und seinem knöchernen Augenhöhlenrand eine stark ausgeprägte *Oberlidfalte* (Abb. 167, 168, 169 oben links, 170).
- Der *Lidausschnitt* steht mit dem inneren Augenwinkel stets tiefer als der äußere, steigt also nach außen an.
- Der *innere Augenwinkel* läuft in eine lange *Tränenfurche* aus, diese ist beim Rotwild besonders lang.
- Die *Iris* füllt den Lidspalt fast vollständig aus, die von ihr gebildete *Pupille* ist von *querovaler* Form.
- Das *Ohr* des *Pferdes* gleicht einer lang aufgeschnittenen Tüte (Abb. 167) und sitzt nach *oben* gerichtet am Ende des Hinterhauptes.
- Dagegen steht das *Rinderohr unterhalb* des Gehörnes waagerecht *seitlich* vom Kopf ab (Abb. 164 oben, 170). Seine *Ohrmuschel* wird durch den vorderen bzw. inneren und den hinteren bzw. äußeren *Muschelrand* begrenzt. Letzterer bogt stärker aus und läuft nach oben in eine rundliche, stumpfe *Ohrspitze* aus.
- Der Muschelinnenraum wird beim *Pferd* mit gleichmäßig *kurzem Haar* besetzt (Abb. 160), hingegen das *Wiederkäuerohr* außenseitig mit kurzem, muschelinnenseitig mit langem, manchmal pinselartigem Haar. Dieses umsäumt nur den vorderen bzw. inneren Muschelrand und gibt dadurch die Form des äußeren Ohrrandes frei (Abb. 164, 170).

Es kann nicht nachdrücklich genug ein Einzelstudium dieser Teilformen angeraten werden, da es sich bei ihnen um ganz typische Gebilde handelt, die, werden sie nicht respektiert, groteske Kopfformen zur Folge haben.

169

Rinderschädel in konstruktiv vereinfachender Darstellungsweise und Detailstudien von Auge und Maul

Braune Kreiden, DIN A4

170

Kopfstudien von Bantengkuh und -stier

Charakteristisch für ein Rinderprofil ist die Gestrecktheit von Stirn und Nasenrücken. Farbige Kreiden, DIN A3

171

Kopfauszeichnung eines kaukasischen Tur-Bocks mit dekorativ wirkenden Hörnern, die den Steinböcken eigen sind

Feder in Schwarz, mit Weißhöhungen auf Tonpapier, DIN A3

Fleischfresserschädel

Zur Proportionsermittlung des *Hundeschädels* kann die Halbierung der Schädellänge dienen (Abb. 172 unten), wobei der obere Rand der Augenhöhle in etwa die Hälfte der gesamten Schädellänge markiert. Um die Größenverhältnisse bei Frontalansicht zu ermitteln, arbeitet man mit der größten *Schädelbreite* (von Jochbeinbogen zu Jochbeinbogen), die der Höhenbestimmung bei normaler Schlussbissstellung der seitlichen Zähne zugrunde gelegt wird (Abb. 173).

Zu den besonderen Formmerkmalen von Schädel und Kopf des *Hundes* (Abb. 172, 173):

- Das vordere Gesichtsschädelende ab Nasenbeinspitze bis zu den Schneidezähnen zeigt einen kurzen, steilen Abfall, die Profillinie fällt vom Scheitelkamm (gestreckter Verlauf) bis in Augennähe in flachem Winkel ab, der Verlauf des Nasenrückens ist wieder gestreckt (im Ganzen daher eine flache S-Schwingung).
- Die gewaltigsten Zähne im vorderen Zahnbereich (Eckzähne) sind dolchartig gekrümmt, wobei der Eckzahn des Unterkiefers stets *vor* dem des Oberkiefers schließt (Beutegriff), im Backenzahnbereich finden sich mächtige Reißzähne mit gezackten Kronen.
- Der Verlauf der Unterkieferkontur ist gestreckt, mit flachem *Kieferwinkel* und schräg aufsteigendem, kurzem *Kieferast*, optisch quasi fortgesetzt vom Genickkamm, sodass die Gesamtumrissform von schlank ovoidem Charakter ist.
- Ein frei tragender, graziler, nach hinten leicht ansteigender und wieder abfallender *Jochbeinbogen* (›Henkelform‹) wölbt sich heraus, der in seiner Verbindung zur Schädelbasis den *Gelenkfortsatz* des *Unterkiefers* aufnimmt.
- Die *Augenhöhle* ist nur teilweise knöchern umrahmt.

Zu den vom Hund abweichenden Formmerkmalen des *Löwenschädels* (Abb. 174, 175):

Sieht man von Nebenformen ab, so lässt sich die Schädelgrundform in Profilansicht in einer ellipsoiden Form unterbringen (Abb. 174 unten, Nebenzeichnung), deren Höhe etwa die Hälfte ihrer Länge beträgt. Die *größte Schädelbreite* von Jochbein zu Jochbein kann wieder als Grundriss für die *Schädelhöhe* gelten (Abb. 175). Würde die hier gezeigte leichte Aufsicht noch weiter vermindert, würde sich die Schädelbreite größer als die Höhe erweisen.

Charakteristika des Profilschädels:

- deutliche Abknickung der *Profillinie* in Augenhöhlenhöhe, wodurch der Hirnschädel nach hinten abbiegt und der Gesichtsschädel nach vorn abfällt,
- nach hinten lang hinausgezogener *Genickkamm*,
- stumpferer Abschluss des Gebisses im vorderen Zahnbereich,
- tief eingepflanzte Wurzel der oberen *Eckzähne* als gekrümmter, sehr plastischer Wulst im Oberkiefer, daher auch die große Breite des Gebisses in Frontalansicht (Abb. 175 oben); obere und untere Eckzähne bilden zusammen eine Zange mit überscherendem Maul,
- *Kieferwinkel* ohne eigene Formausbildung, abgesehen von dem nach hinten herausragenden *Kaumuskelfortsatz*.

Frontalansicht (Abb. 175 oben):

- Die *Nasenbeine* des Nasenrückens sind seitlich aufgewölbt, wodurch dieser längs gefurcht ist.
- Das bogig aus dem Oberkiefer ausladende *Jochbein* und der *Jochbeinbogen* weisen auf den ungeheuren Kaudruck, der von dem hier entspringenden Kaumuskel (Ansatz in der *Kaumuskelgrube*) auf den Unterkiefer ausgeübt wird.

Kopf- und Schädelform eines Hundes mit Proportionsangaben
zu Nasen- und Stirnlänge in Profilansicht

Typisch für das Hundeprofil ist der geschwungene Absatz zwischen Hirn- und Gesichtsschädel, im Unterschied zu den Katzenartigen.

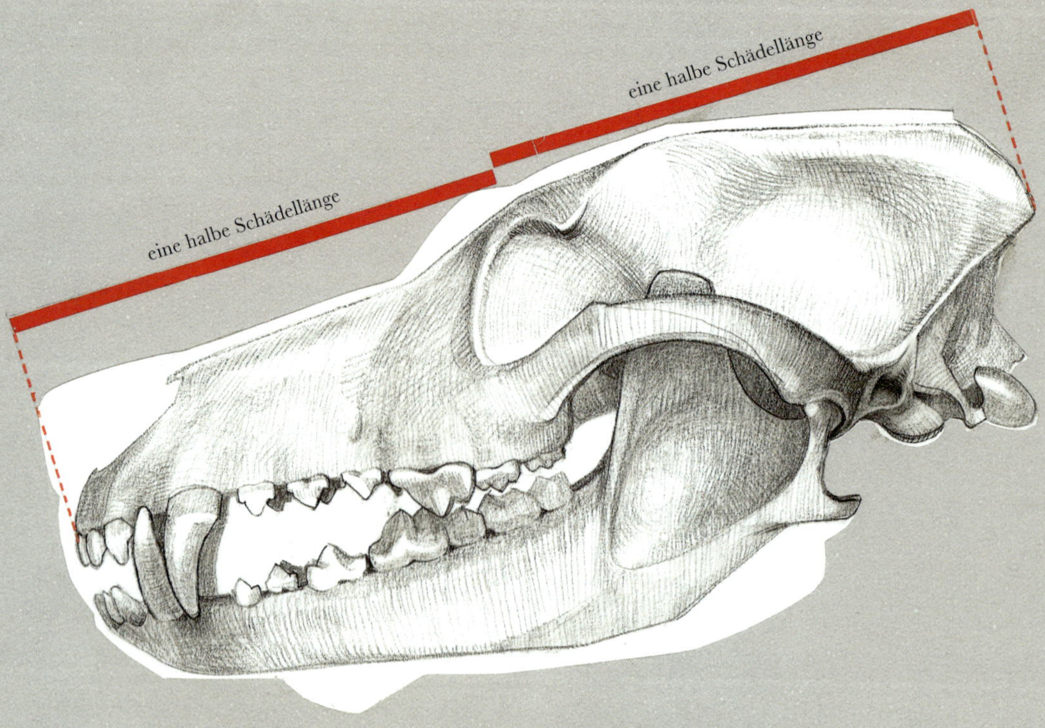

Vorder- und räumliche Ansicht eines Hundeschädels mit Proportionsangabe der größten Schädelbreite über den Jochbeinbögen im Verhältnis zur Länge

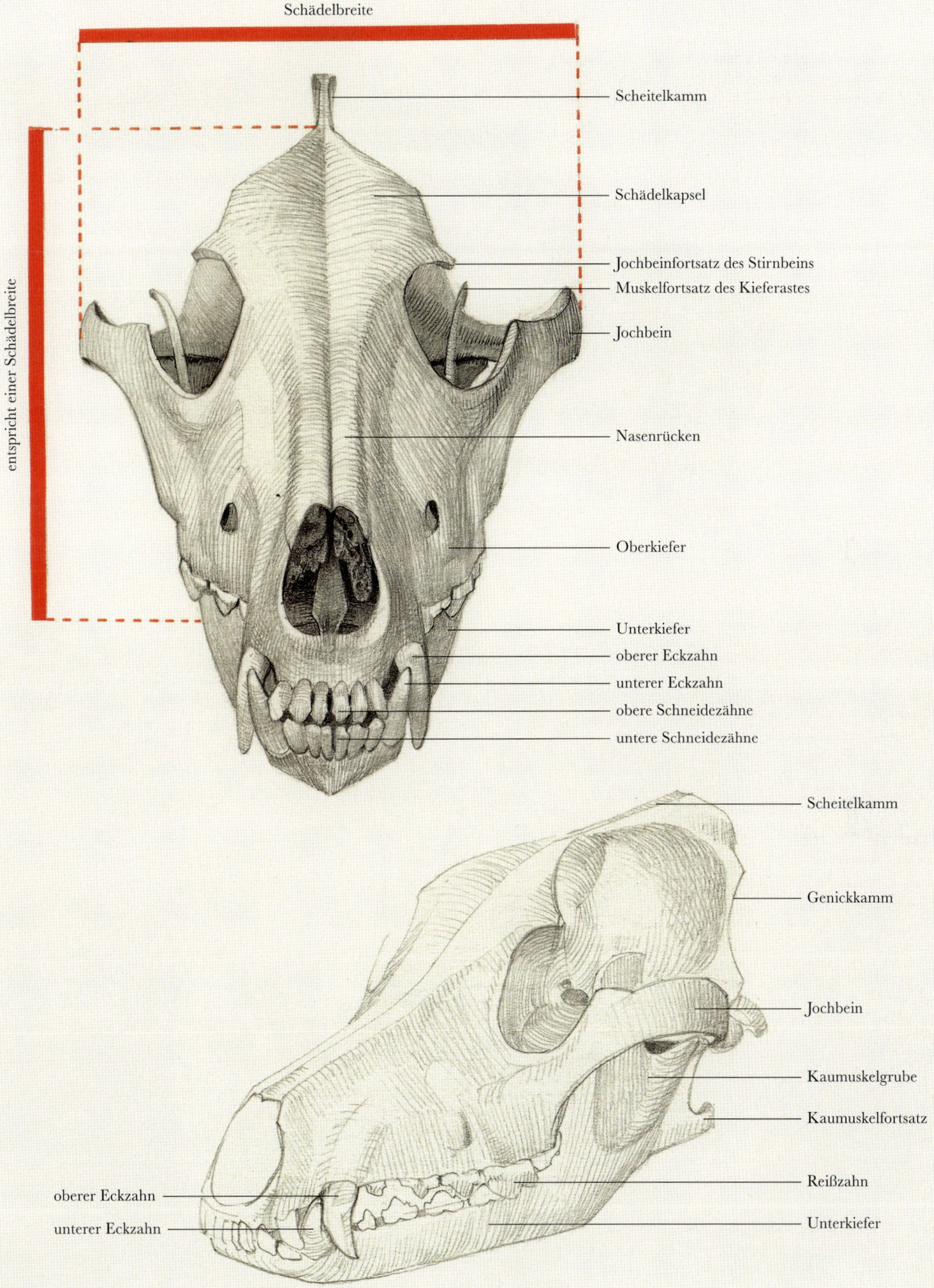

Bleistift, DIN A4

Kopf und Schädel einer Löwin in Profilansicht

Die Gesamtschädelform ist mit einem länglichen Ovoid (Nebenzeichnung) und einer Profillinie zu fassen, die gegen die knöcherne Nase hin in einem stumpfen Winkel zum Hirnschädel verbrochen ist.

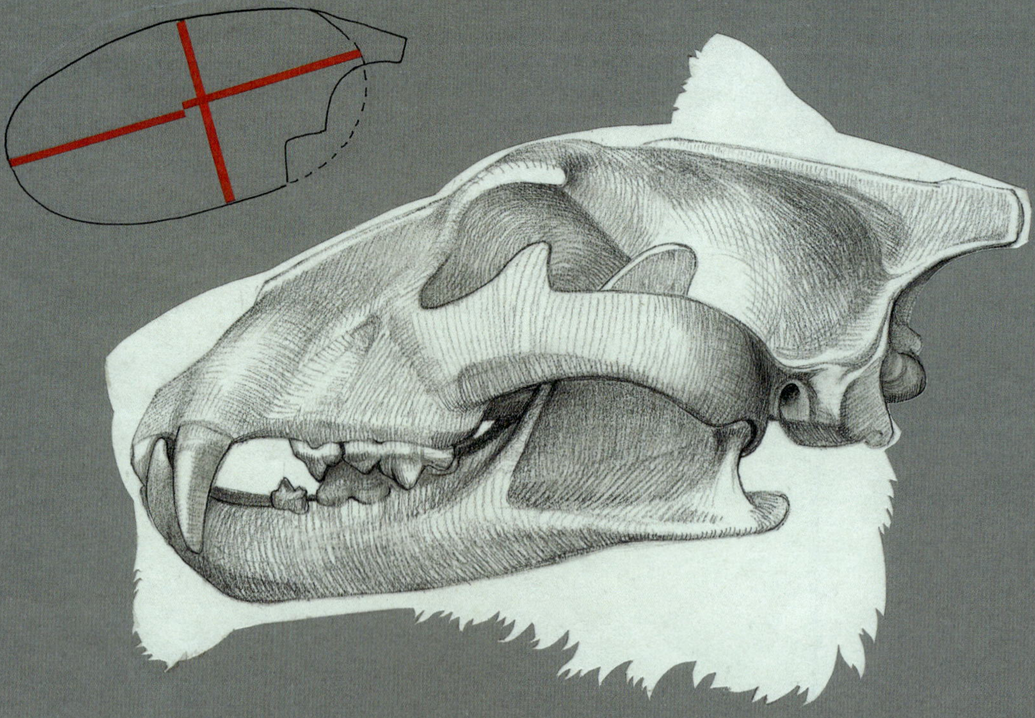

Schädel einer Löwin in Frontal- und räumlicher Ansicht,
mit Verdeutlichung des Verhältnisses von größter Breite zur Höhe

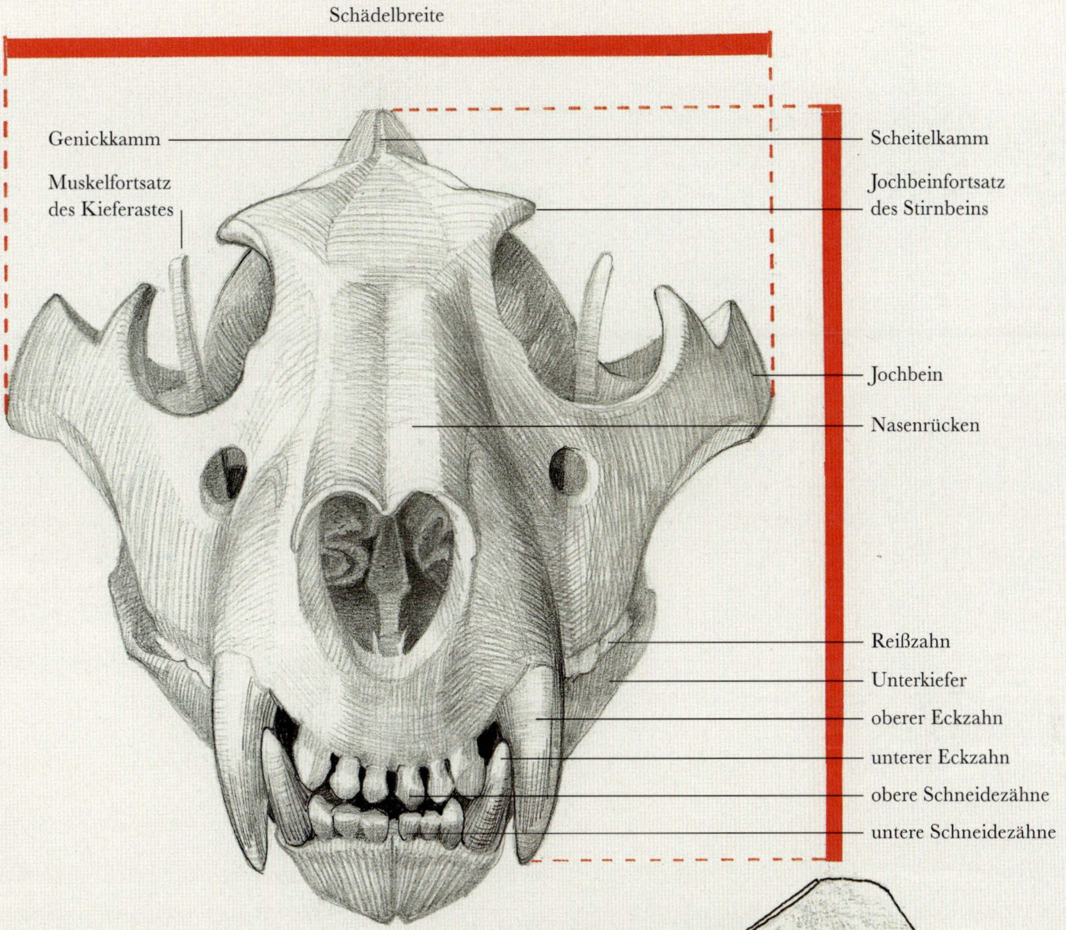

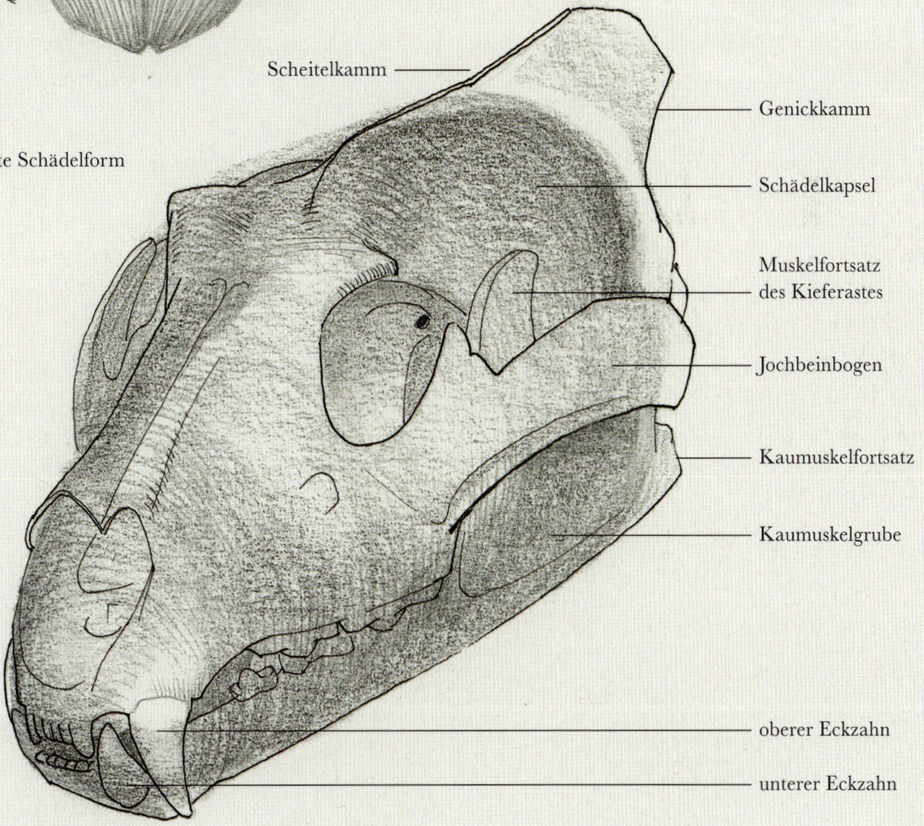

zum Ovoid elementarisierte Schädelform

Die räumliche Ansicht schließt alle Nebenformen zu einer geschlossenen ovoiden Gesamtform zusammen. Bleistift, DIN A4

Die Teilformen des Fleischfresserkopfes

Wir wollen uns der gleichen Systematik des Vorgehens bedienen wie bei den Ensembleformen des Pflanzenfresserkopfes. Auch hier bei den Fleischfressern Hund und Löwe haben wir auf jene Artspezifik der Formbeschaffenheit zu achten, durch die ein Kopf zum Kopf des Hundes oder zum Kopf der Katze wird:

- Aus dem Profil des *Hundes* schiebt sich die *Nase* am weitesten nach vorn (Witterungsaufnahme durch bodennahe Spurverfolgung). Daraus resultiert die Zuspitzung der *Schnauze* (Gebiet von Maul und Nase, Abb. 176). Die *Nasenlöcher* liegen dicht beieinander, getrennt vom Scheidewandknorpel.
- Der *Nasenspiegel* ist unbehaart, feucht glänzend und vorn flach eingekerbt. Die seitlich ausladenden *Nasenflügel* rollen sich in die Nasenlöcher ein und sind seitlich geschlitzt.
- Das reiche Hautvolumen der *Oberlippe* hängt herab und überdeckt den Mundspalt und zum Teil die Unterlippe. Der im *Mundwinkel* vorhandene Hautüberschuss (Lefze) stellt eine Hautreserve für das Öffnen des Rachens dar.
- Die *Stellung des Auges* ist bei Raubtieren nach vorn gerichtet und präzisiert das räumliche Sehen (siehe hierzu auch Abb. 177, 178). Die braune *Iris* füllt den ganzen Lidspalt aus und umschließt eine *runde Pupille*. Das für den Augenschluss voluminösere Oberlid setzt sich mit einer Falte *(Oberlidfalte)* gegen das knöcherne Augendach ab (Raum!).
- Die *Ohrmuschel* steht – je nach Zuchtform – aufgerichtet an der Seite des Schädels, läuft in eine leicht abgerundete Spitze aus oder hängt schlaff herab.
- Der seitlich gelegene *Kaumuskel* wölbt die Wange auf und hebt sich gegen die schmale Tunnelform der Nase ab.

Bevor die Teilformen des Katzenkopfes erörtert werden, seien Hinweise auf dessen Volumen gegeben (Abb. 178, 180):

- Er ist insgesamt von kompakter Masse, breiter als hoch. Die einzelnen Volumina sind von quellender Form im Backen- und Stirnbereich (schließende Muskeln des Kauapparates) und werden durch den Jochbeinbogen voneinander getrennt.
- Das Oberlippenvolumen bildet eine vordere und seitliche Polsterung der Schnauze und hebt sich gegen die Weichnase und die knöcherne Nase ab. Oberlippen- und Schnauzenvolumen werden vom Zwischenstück des Ober- und Unterkiefergerüsts getrennt.

Im Zusammenspiel hiermit stehen die Teilformen (Abb. 177 – 180):

- Das Profil des *Nasenspiegels*, von vorn eine Y-Form, liegt mit der Oberlippe und der Kinnbehaarung auf gleicher Höhe, daher das stumpfförmige Schnauzenprofil der Katze.
- Ein schmaler *Scheidewandknorpel* trennt die beiden schräg nach außen ansteigenden, flachen *Nasenlöcher* (Abb. 179).
- Die Lefzen im Mundwinkel hängen auch bei Öffnung des Maules noch herab. Im geschlossenen Zustand steigt der Mundwinkel etwas an (Abb. 174). Aus mehreren dunkel gefärbten, bogigen Reihen der Oberlippe entspringen kräftige Schnurrhaare (Abb. 179 unten).
- Der *Lidausschnitt* steigt vom inneren Augenwinkel mit seiner langen, pigmentierten *Tränenfurche* auffallend schräg nach außen an und birgt eine vertikal geschlitzte, gelbliche *Iris*.
- Die *Ohrmuschel* ist nach schräg oben aufgerichtet, stumpf und von Gestalt einer gerundeten Dreiecksform. Die innere bzw. vordere *Ohrleiste* trägt einen büschelartigen *Haarbesatz*, der den Muschelraum oft weitgehend bedeckt. Der Ursprung des äußeren Muschelrandes spaltet sich in eine Hauttasche auf.

Bei Katzengesichtern mit starker Zeichnung (Abb. 179) darf man – trotz ihres großen dekorativen Reizes – die unter ihr versteckten plastischen Formen nicht vernachlässigen (Abb. 178, 180).

Kopf eines Vorsteh-Hühnerhunds

Das knorpelige Nasenprofil ist beim Spürhund zweckvoll weit vorgeschoben und überragt nach vorn die Lefzen. Pastell auf rotbraunem Grund, DIN A3

177

Drei Köpfe eines einjährigen Löwen in unterschiedlichen Stimmungen

Braune Kreide, DIN A3

178

Kopf eines Panthers mit Hervorhebung der Beschaffenheit seiner Gesichtsvolumina

Die Zuspitzung des Hirnschädeldaches wird erzeugt durch den knöchernen Scheitelkamm, einer Leistenform, die dem Kaumuskelpaar in der Schläfenregion als Ursprung dient.
Breiter Graphit (oben), schwarze Kreide (unten), DIN A3

179

Kopfstudie von einem Amurtiger

Farbige Kreiden auf Tonpapier, Deckfarbe, DIN A3

180

Plastische Studie zum Kopf des Amurtigers von Abb. 179

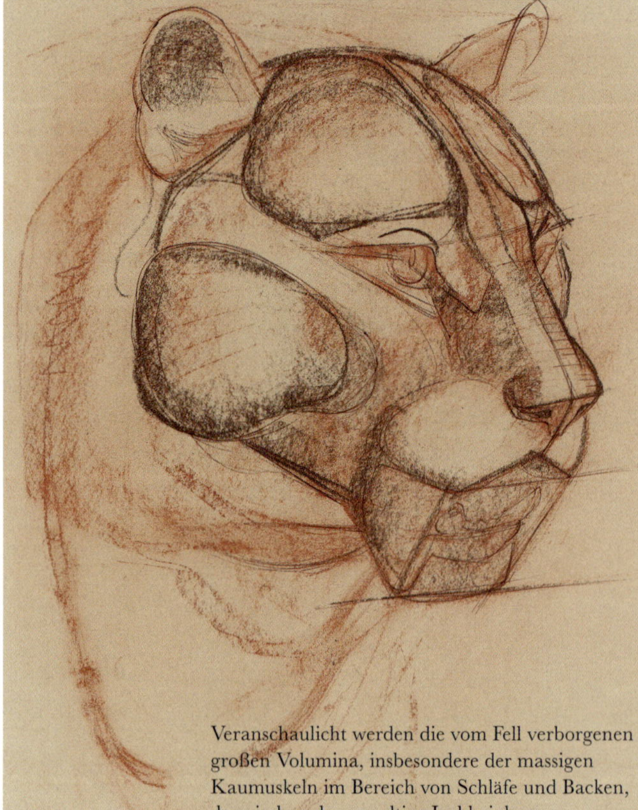

Veranschaulicht werden die vom Fell verborgenen großen Volumina, insbesondere der massigen Kaumuskeln im Bereich von Schläfe und Backen, dazwischen der gewaltige Jochbeinbogen.
Rötel, schwarze Kreide auf Tonpapier, DIN A3

Zeichenhinweise auf die Sonderform des Primatenkopfes

Auf die Größenzunahme des Hirnschädels im Verhältnis zum Gesichtsschädel weist schon die Abb. 159 hin. Wie sehr man auch zur Entdeckung menschlicher Bezüge, vor allem beim Jungtier (Abb. 183, 184), geneigt sein mag, so spricht sich dennoch deutlich die Tierhaftigkeit aus:

- Noch immer bestimmt der weit vorgeschobene und mächtige Gesichtsschädel (Abb. 181, 182) die tierische Physiognomie. Die *Gebissregion* von Ober- und Unterkiefer wölbt sich aus dem Untergesicht als beherrschende Kuppel hervor, in deren Mitte der *Mundspalt* liegt, umgeben von einer sehr langen und differenziert bewegungsfähigen *Ober-* und *Unterlippe*. Auch dem Menschenaffen fehlt das *Kinn*. Der Mundspalt wird nicht wie beim Menschen von Lippenrot gesäumt.
- Die *Nase* ist in ihrer Wurzel eingesunken und platt in ihrem Rücken, sodass auch die ›Nasenspitze‹ sich nur unwesentlich über das Niveau ihrer Umgebung erheben kann. Die flachen, breit gezogenen *Nasenlöcher* werden durch einen niedrigen, dünnen *Scheidewandknorpel* getrennt.
- Infolge der niedrigen und fliehenden Stirn muss ein gewaltiges *Überaugendach* (Orbitaldach) den knöchernen Schutz für die Augen übernehmen. Abgesehen hiervon liegen die kleinen Augen flach und dicht beieinander.
- Der *Lidausschnitt* steigt nach außen nur wenig an. Der Bogen des Oberlids krümmt sich weit stärker als der des Unterlids. Auch am Primatenauge – und hier erst recht – haben wir zeichnerisch auf seine plastische Form als Teil einer Kugel zu achten, über die sich die Lider legen. Wie beim Menschen bildet das Oberlid gegen die Augenhöhle die *Oberlidfalte* (Abb. 185, 186), die sich viel tiefer eingräbt als die Unterlidfalte. Der bläulich-weißliche Schimmer des menschlichen Augapfels fehlt, denn der Lidausschnitt wird fast gänzlich von der dunkelbraunen Iris und ihrer runden Pupille ausgefüllt.

Bei der zeichnerischen Anlage des erwachsenen Affenkopfes muss man – im Gegensatz zum Menschen – die Augenachse erheblich *über* die geometrische Mitte nach oben verlegen.

Am nächsten kommt der Schädel des Menschenaffensäuglings dem menschlichen Säuglingsschädel. Die Schädelformen beider Neugeborener sind nicht leicht zu unterscheiden, was fürs Zeichnen bedeutet (Abb. 183, 184):

- Wölbe die Stirn des Menschenaffensäuglings weit vor, stelle sie kindhaft steil und gib ihr reichlich an Höhe.
- Die Gebiss- und Mundregion ist – infolge des noch bestehenden Zahnmangels – weit von der Erwachsenenform entfernt.
- Unter den Verhältnissen eines großen Hirn- und eines kleinen Gesichtsschädels wirken die Augen menschlich groß.

181

Schädel eines weiblichen Gorillas mit vereinfachenden konstruktiven Formen

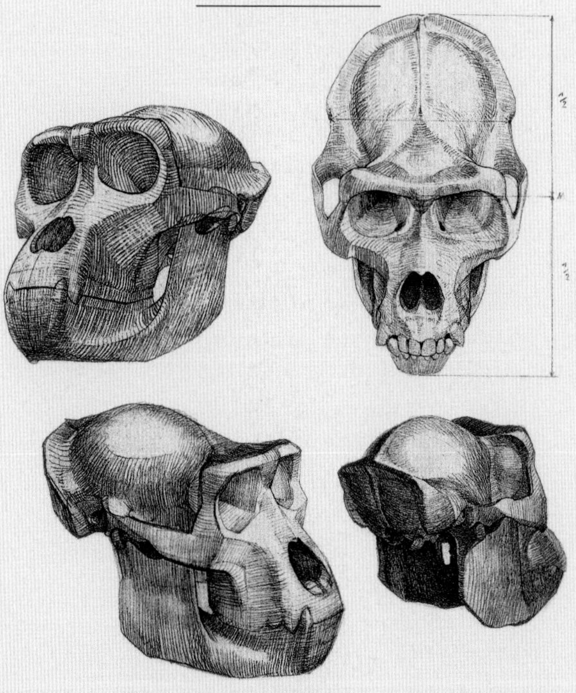

Bemerkenswert: Kleiner, fast horizontal angelegter Hirnschädel und starker, großer vorspringender Gesichtsschädel mit massiver Kinnlade und fliehendem Kinn. Die Scheitel- und Knochenkämme fehlen den weiblichen Tieren. Das Strichwerk folgt den verschiedenen räumlichen Flächengefällen.

182

Architektonisch aufgefasste Schädelform eines Schimpansen

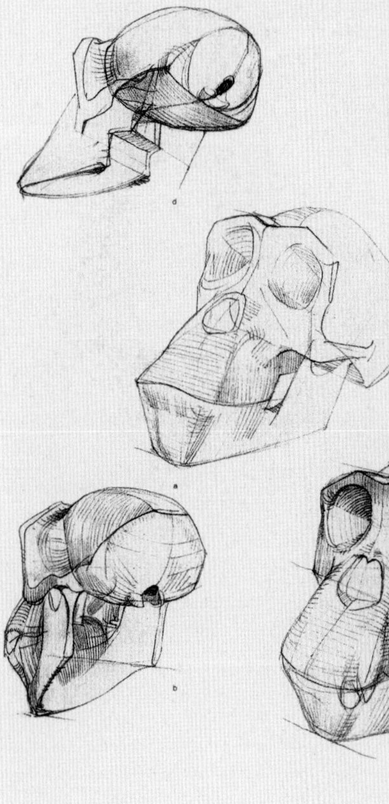

Der Gesichtsteil des Menschenaffen besitzt kein dachförmiges Nasenbein.

183

Anlegen des Kopfes eines Orang-Utan-Kindes

Im Gegensatz zum erwachsenen Tier ähneln seine kindlichen Kopfproportionen dem des Menschenkindes sehr, da der Kauapparat noch klein, die Stirn menschenkindähnlich vorgewölbt und das starke Überaugendach noch nicht ausgebildet ist.

184

Endphase bei der zeichnerischen Durchbildung des Kopfes eines Orang-Utan-Babys

Nach der Andeutung der Proportionssachverhalte in Abb. 159, 183 konzentriert sich nun die Weiterarbeit auf die Teilformen des Kopfes, so auf das lebendig blickende Augenpaar, den zugespitzten Mundspalt und das wuschelig hohe Scheitelhaar.

185

Kopfstudie von einer Orang-Utan-Frau

Maßgeblich bestimmt wird die Gesichtsplastik durch die fliehende Stirn, das schützende Überaugendach und das mächtige prominente Gebiss unter und neben dem flachen Naseneingang. Graphit, DIN A4

Um sich zeichnerisch in die strukturellen und proportionalen Gegebenheiten des Affenkindkopfes einzuleben, empfiehlt sich eine noch etwas unverbindliche Anlage (Abb. 183):

- Setze das Kreidematerial zunächst breit und locker auf und halte die nach vorn drängenden Formen offen. Es entsteht ein schemenhaftes Gebilde.
- Beginne mit Konkretisierungen. Reiße den Schädelumriss an, kennzeichne den Verlauf der Mittelachse, deute die Lage des Mundspaltes und der Augen an.

Gehe erst hiernach zur Ausführung der Teilformen über, beobachte die stoffliche und körperhafte Wirkung der Behaarung, die glatt gespannte Stirnhaut und die Runzeln der sich spitzenden Oberlippe (Abb. 184).

Kopf einer Orang-Utan-Frau

Das Überaugendach verschattet das kleine braune Augenpaar.
Im Gegensatz zu den geschlechtsreifen männlichen Tieren
fehlen den Weibchen die seitlichen Backenwülste (Hauptlappen).
Verschiedenfarbige Pastellstifte auf farbigem Grund, DIN A3

Die ganze Tiergestalt und ihre Körperbedeckung

Die Elementarisierung der Körperform und ihre Vorteile für die räumliche Darstellung

Nachdem wir uns verschiedenen Teilaspekten der Tiergestalt gewidmet haben, soll nun das ›notwendig Viele‹ wieder in einem ›notwendig Einen‹ aufgehoben sein. Der erste Schritt in diese Richtung betrifft die zeichnerische Gesamtanlage. Es gilt, die Körperform zu elementarisieren und dadurch die räumliche Situation (Abb. 187–191) zu meistern:

- Betrachte die Vielgliedrigkeit von Rumpf und Gliedmaßen komplex als hoch gestellten Quader (Abb. 187 unten, 188) und sichere mit ihm das Ansichtsverhältnis und seine grundsätzlich in Erscheinung tretenden Ansichtsflächen (siehe Nebenzeichnungen).
- Erst von hier aus schreite zu Differenzierungen fort, verliere aber dabei nie das Ganze des körperhaft räumlichen Konzeptes.
- Übersieh nicht, dass der quaderhaft aufgefasste Formkomplex diese seine Gestalt auch zu ändern vermag, z. B. können in liegender Ruhehaltung alle vier Gliedmaßen auf dem Boden aufliegen. Dann wird der Quader insgesamt zur Keilform (Abb. 187 oben).
- In die Differenzierungsphase, die der Klärung und Verstärkung der Körperhaftigkeit dient, setzt man im Geiste und praktisch Querschnittverläufe ein, mit denen die Begegnungen der Formstrukturen (konvex) sowie die räumlichen Gefälle zu klären sind (Abb. 188 unten).

Gleichzeitig mit der Formelementarisierung wird das räumliche Bezugssystem (Verlauf der Körpermittelebene und ihrer räumlichen Querachsen) angelegt.

- Hierin gewonnene Fertigkeiten und Sicherheiten können sich bewähren in frei und zügig gesetzten Pinselstudien (Abb. 189).
- Die schon erwähnte Differenzierungsphase schließt ab mit zwei wichtigen Ausdruckskomponenten: Mit der Bekräftigung der am Körper waltenden Spannungen, die sich z. B. in Gelenk-, Muskel- und Hautdehnungen während der Bewegung äußern (Abb. 190 oben), ist gleichzeitig das architektonisch aufgefasste strukturelle Wechselspiel der Formen zu steigern und in breit gesetzten Flächen aufzubauen.
- Immer geht mit dem Ausdruck und der Formulierung der körperhaften Sachverhalte auch die Beobachtung der vom Körper eingeschlossenen Räume (Binnen- und Zwischenräume) einher, die gleichwertig neben dem Körper stehen. So sollte man sich den Grundriss jener Binnen- und Zwischenräume, die beispielsweise zwischen zwei seitlich ausgreifenden Vorderpranken während des Fraßes im Liegen entstehen, durch Sonderuntersuchungen bewusst machen (Abb. 191).

In solchem Falle wird der Binnenraum zu einem abgeschirmten und eifersüchtig bewachten Raum. Wird er in seinen Ausdehnungen bewusst gesteigert, macht man ihn zu keinem geringeren Motiv der Ausdrucksgestaltung als die – wie in unserer Abbildung – gespreizt aufliegenden Ellenbogen, Unterarme, Pranken, der vorgeschobene Hals und Kopf.

Hiermit wiederholen wir ein weiteres Mal, dass der Raum nicht nichts, sondern konkret ist und zum Körper in einem Wechselverhältnis steht.

Bevor der Zeichner ein Genügen an üppig notierten Einzelheiten findet, sollte er primär grundlegende Tatsachen und Sachverhalte hierfür schaffen: Klärung des räumlichen Ansichtsverhältnisses sowie der Lage des Körpers im Raum und fundamentale Körperelementarisierung, wie hier bei der liegenden und im Antritt befindlichen Gesamtgestalt eines Geparden. Bleistift und breiter Graphit, DIN A3

188

Querschnittuntersuchungen im Dienst körperhaft-räumlichen Erfassens

Reale oder mitgedachte Querschnittverläufe leisten vorzügliche Hilfe beim Organisieren des körpermodellierenden Strichgefüges. Die natürlichen Fellstreifungen eines Tigers geben gute Anregungen.
Breiter Graphit, Querschnitte mit braunem Farbstift, DIN A3

189

Anwendung der plastisch-räumlichen Grunderfahrungen bei der zügigen Niederschrift der Pinselstudie

Pinsel, verdünnte Aquarellfarbe, DIN A4

190

Formelementarisierungen des Körpers und die aus der Körperbewegung überhöhten Formspannungen und -knappheiten verleihen der Tiergestalt, hier eines Geparden, bildhauerische Ausdruckskraft.

Feder und breiter Graphit, DIN A3

191

Das breite Aufliegen der Vorderarme über dem Fraß dieses halbjährigen Löwen entspricht stärker dem Ausdruck der Verteidigungshaltung als einem geruhsamen Liegen.

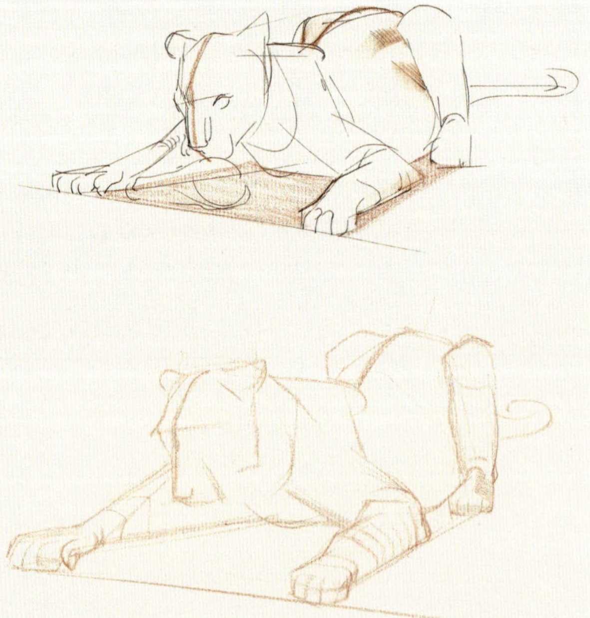

Auch das starke Abknicken der Wirbelsäule und der Hinterläufe verdeutlicht die Bereitschaft zu raschem Emporschnellen.
Rötel und Feder, DIN A3

Die Darstellung von Volumen und Räumlichkeit

Der Hinweis im letzten Abschnitt, dass der Raum nicht nichts ist, soll noch weitere Vertiefung erfahren. Ja wir versuchen sogar, das Volumen des Körpers zu erzeugen, indem wir uns nur auf die am Körper vorhandenen Einmuldungen konzentrieren, auf die flacheren oder tieferen ›Eindellungen‹ (= Räume der Körperoberfläche). Abgeschlossen wird dieser Abschnitt mit Schülerarbeiten (Abb. 192, 195), die überdies weitere Beispiele darstellen für Körperelementarisierung und -differenzierung.

Wir gehen in der folgenden Übung den seltenen umgekehrten Weg und erfassen zunächst alles, was wir an Oberflächenräumen vorfinden (Abb. 193):

- In denkbar lockerer Weise, noch unverbindlich gegenüber ›sachlichen‹ Konkretisierungen, ohne feste Vorzeichnung, wägen wir die Distanzen und Tiefen der verschiedenen Räume zueinander ab und deuten sie auf dem Papier leicht an (Abb. 193 oben, nicht als Licht-Schatten-Wirkung zu verstehen!), bei freier Wahl der Vortragsmittel. Überall, wo wir glauben, Vertiefungen anzutreffen, ›graben‹ wir sie andeutend und sanft in die Fläche des Papiers.
- Steht das räumliche Gerüst in seinen wichtigsten Positionen, schreiten wir zu weiteren Differenzierungen: präzises Vertiefen der Raumeinmuldungen, Suche nach den größten und den flachsten Tiefen, unterschieden durch dichteres, tieferes und offeneres, helleres Strichgewebe mit dem Ziel, dass auch die Räume als ›Flecken‹ Form haben und damit sekundär Körpervolumina hervorbringen.
- Die weißen, unberührten Zeichenflächen wölben sich umso mehr als konvexes Volumen, je mehr der Raum durch die Dichte des Strichwerks vertieft wird.
- Zwischen Höhen und Tiefen wollen wir die Übergänge möglichst offen halten, also keine harten Barrieren einbauen. Das gilt auch für die grenzlosen Übergänge von der Figur zum Umraum, der Zeichenfläche.
- Erst ganz gegen Ende der Arbeit erlauben wir uns einige wenige Stabilisierungen, indem wir sparsam einige Festigkeit verleihende ›Konturfragmente‹ einfließen lassen (Abb. 193 unten).

Dasselbe Problem lässt sich z. B. auch mit technischem Vortragswechsel angehen (Abb. 194):

- Setze Kreidestaub mit dem Finger überall dort ein, wo sich Tiefen befinden. Die Wirkung bleibt die gleiche: Das Auge versteht unbearbeitetes Weiß des Papiers als Höhe, als Hervorwölbung. Auch hier kann kontrastierend die Linie das Arrangement von Flecken umgreifen.

Längst haben wir gelernt, welche Bedeutung auch den anderen Mitteln zukommt, mit deren Hilfe Volumen und Räumlichkeit hervorgebracht werden. An den beiden Schülerarbeiten sei es nochmals gezeigt (Abb. 192, 195):

- Die aus der Elementarisierung hervorgehende Quaderform, hier die in den Flanken des Leibes und der oberen Gliedmaßenabschnitte zusammengedrückten Formen, werden vorn von der Querdimension des Unterarms (eine Folge der Überkreuzung der Elle durch die Speiche) und des Pfotenfächers abgelöst, hinten vom Fächer der Pfote (Abb. 192).
- Ähnlich verhält sich der Dimensionswechsel an den Gliedmaßen des Rindes (Abb. 195).

Verkürzungen, Winkelverzerrungen und deutlich gemachte Überschneidungen sowie die konvex gespannten Volumina des Rumpfes kontrastieren mit den hagerknochigen Volumina der Gliedmaßen und dem Dreikant des Kopfes.

192

Blockhafte Formelementarisierung unter Nutzung von Streiflicht

Studentenarbeit aus einem tieranatomischen Kurs an der Hochschule für Kunst und Gestaltung der Stadt Zürich, 1988

193

Wechsel von der Umrissanlage zur räumlichen Anlage und Einarbeitung

Der Verzicht auf lückenlose Umrissvollendung geschieht hier unter striktem primärem Aufspüren der in die Körperoberfläche eingemuldeten Vertiefungen, die zusammen bewirken, dass der Körper als ›vollständig‹ wahrgenommen wird. Feder, DIN A3

194

Das Problem der zusätzlichen Ergänzungsfähigkeit durch nachträgliche Konturangaben

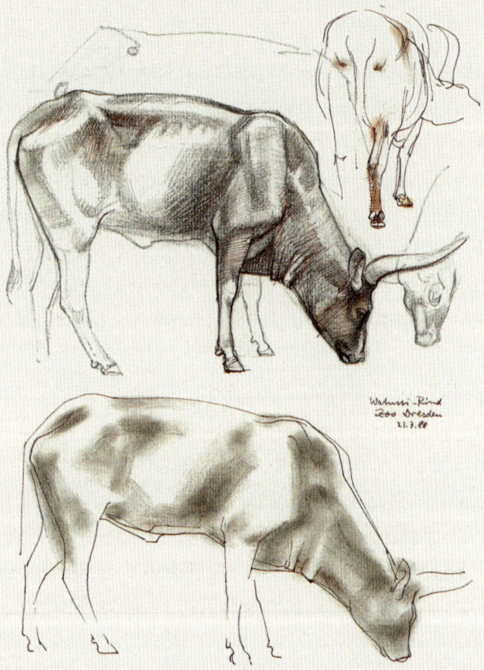

Sowohl Feder, farbiger Stift wie auch das Fingermalen mit Kreidestaub gelten primär der Festlegung von Tiefen (Räumen) der Oberflächenformen. Der später mit Feder angedeutete lineare Umriss erfüllt nur noch die Aufgabe erhöhter Gestaltprägnanz.
Farbige Kreide, Kreidestaub und Feder, DIN A3

195

Geordnete detailreiche Studie im Sinne sparsam angedeuteter Körperstruktur an einem stehenden Rind

Studentenarbeit aus einem tieranatomischen Kurs an der Hochschule für Kunst und Gestaltung der Stadt Zürich, 1988
Bleistift, DIN A3

Architektonisch bestimmtes bauendes Zeichnen

Mehr noch als sonst irgendwo kommt das architektonisch bauende Zeichnen bei der ganzen Tiergestalt zum Tragen, begegnen wir doch hier der ganzen Fülle unterschiedlicher Volumina und finden eine Vielzahl unterschiedlicher optischer Gewichte (bedingt durch die Verschiedenheit von Größe, Charakter und Masse). Vor allem können wir mit den aus dem architektonisch bauenden Zeichnen entwickelbaren Vorstellungsmodellen auch Brücken zur Arbeit mit der Farbe schaffen.

Worauf beruhen auch hier Anschauung, Vorstellen und Vorgehen (Abb. 196)?

- Auf der Grundvorstellung vom Walzencharakter des Rumpfes und seinen flankierenden Formen von Schultergürtel, Oberarm und Oberschenkel,
- auf der kraftvollen Breite der Bugform des Rumpfes, die aus der Komplexität von Schulterblatt und Schulter- oder ›Buggelenk‹ entsteht und frontal die kantig-eckige, trapezoide Form der Brust bildet, quasi die Basis für den Hals,
- auf der Vorstellungshilfe, wonach der Konus des Unterarms in diesen ›Bug‹ hineingeschoben ist,
- auf dem Quervolumen des Handgelenks, von dem aus rückseitig das Tiefenvolumen des Vordermittelfußes hervorgeht,
- auf dem schräg diagonalen Konus des Unterschenkels des Hinterbeins, unter- und außerhalb der schmalen Frontbreite des Knies,
- auf der Vorstellung von der Facettierung der ›Dachfläche‹ der Hinterbackenmuskeln zwischen Hüft- und Sitzbeinhöcker sowie Kreuzbein (hierzu auch Abb. 86, 91),
- auf der prismatisch beschaffenen Grundform des Schädels, an dem sich seitlich die Wangenleiste mit Kaumuskel und Kieferwinkel erhebt,
- auf den Nebenformen von Nüstern, Maul und Augen innerhalb der Kopfgrundform.

196

Architektonisch verstandenes Bauen der Körperplastik eines Vollblutpferdes mit Abklärung der räumlichen Richtungen der Flächengefälle

Vorstellungsarbeit in schwarzer Feder, DIN A3

Von der Pinselstudie zur farbigen Darstellung

Natürlich ist man nicht verpflichtet, das architektonisch bauende Zeichnen bei der künstlerischen Arbeit vor dem lebenden Tier in jedem Falle anzuwenden. Hat man sich einmal mit dieser Art des Zeichnens beschäftigt, wird sie auch bei der Handhabung beliebiger anderer Vortragsweisen immer von Nutzen sein. Denn die *innere* Gegenwärtigkeit bauenden Zeichnens vermag als Stimulans und Korrigens mitzuwirken, auch und gerade dort, wo der Zeichner einen hohen Abstraktionsgrad anstrebt, wie z. B. in der Pinselschriftstudie oder in der Pinselzeichnung (Abb. 197).

So setzt man beispielsweise ein Paar von Pinseltupfern als Zeichen für die Brustbreite, einen Pinselzug für den Schultergürtel, einen gekrümmten Bogen als Zeichen für die Walze des Leibes, einen Tupfer, um den Muskelkonus des Unterschenkels anzudeuten, usw.

Aus dem Umgang mit dem flüssigen Medium kann man, wie im vorgenannten Beispiel, eine Arbeit anstreben, die ganz für sich steht und keiner weiteren Bearbeitung bedarf, oder aber das Ganze als erste Anlage für eine aquarellistische Weiterarbeit auffassen (wie etwa Abb. 200). Setzt man Farben und Formen nass in nass nebeneinander und auf feuchten Grund, so geht man vom Zeichnen über zur Fertigkeit des Malens (Abb. 198).

Die nur illuminierend für die Zeichnung eingesetzte Farbe (Abb. 200) steht in der Regel auf trockenem Grund. Auch bei der Weiterarbeit muss man im Allgemeinen auf das schwer beeinflussbare Schwimmen der Farbe verzichten und die nächsten Farben auf die angetrocknete untere Farbanlage setzen. Der Charakter der Andeutung, der Spontaneität und der Frische bleiben durchaus erhalten. Allerdings muss man das Weiß des Papiers als farbigen Wert mitsprechen lassen und ein säuberliches ›Ausmalen‹ vermeiden. Ein solches Vorgehen bietet insbesondere für den Anfänger den Vorteil, dass ihm die Farbe nicht unkontrolliert davonläuft und damit die Form verloren geht. Er bewegt sich hier auf sichererem Boden und nutzt unmittelbar die Fertigkeiten, die er mit der Pinselzeichnung erworben hat.

Ein Wechsel der Medien führt immer auch zu einem ›neuen‹ Sehen. Bei aller Bedeutung, die man der sorgfältigen Beobachtung des Einzelnen beimessen sollte (Abb. 200), darf man doch den spontanen Ausdruck des Erlebens nicht vernachlässigen. Die Überwältigung durch die Emotion fragt nicht nach dem Einbringen von Details oder dem Medium. Man benutzt, was man gerade in die Finger bekommt (hier auf Abb. 201 ist es mit Speichel angewischter Aquarellstift, in Abb. 202 unten Fingermalfarbe, die teils mit dem Finger, teils mit einem struppigen Borstenpinsel verarbeitet ist). Entscheidend ist die ungehemmte Hingabe an das erlebte Ganze: hier der Ausdruck des Unheimlichen, der innerlich glühenden Leidenschaft, der bezähmten Wildheit, des Bedrohlichen, Gefährlichen.

Hingabe an die Emotion, an die subjektive Einfühlung, an das Erlebnis des Ganzheitseindruckes – so heißt die notwendige ›Kontraindikation‹ bei übermäßig analytischer Durchdringung. Aber wir sollten nicht vergessen: Künstlerische Arbeit ist nicht allein Hingabe an die subjektive Innerlichkeit (das ist sie ohnehin in jedem Falle), ist nicht ausschließlich Monolog, sondern auch Dialog mit dem als Wesen Erscheinenden.

197

Die Wahrnehmung ergänzt dabei die Auslassungen zur vollen Tiergestalt. Pinsel mit brauner Aquarellfarbe, DIN A3

Ausdruck der Wachheit und lebhaften Gespanntheit durch Farbe und Form am Beispiel eines Vollbluthengstes

Vorzeichnungslose
reine Vorstellungsarbeit,
fließendes Aquarell, DIN A3

199

Bantengstudien

Improvisationen sind unerlässlich
und dokumentieren die zeichnerische
Hingabe an den unerschöpflichen
Formenvorrat der Natur.
Farbige Stifte, DIN A3

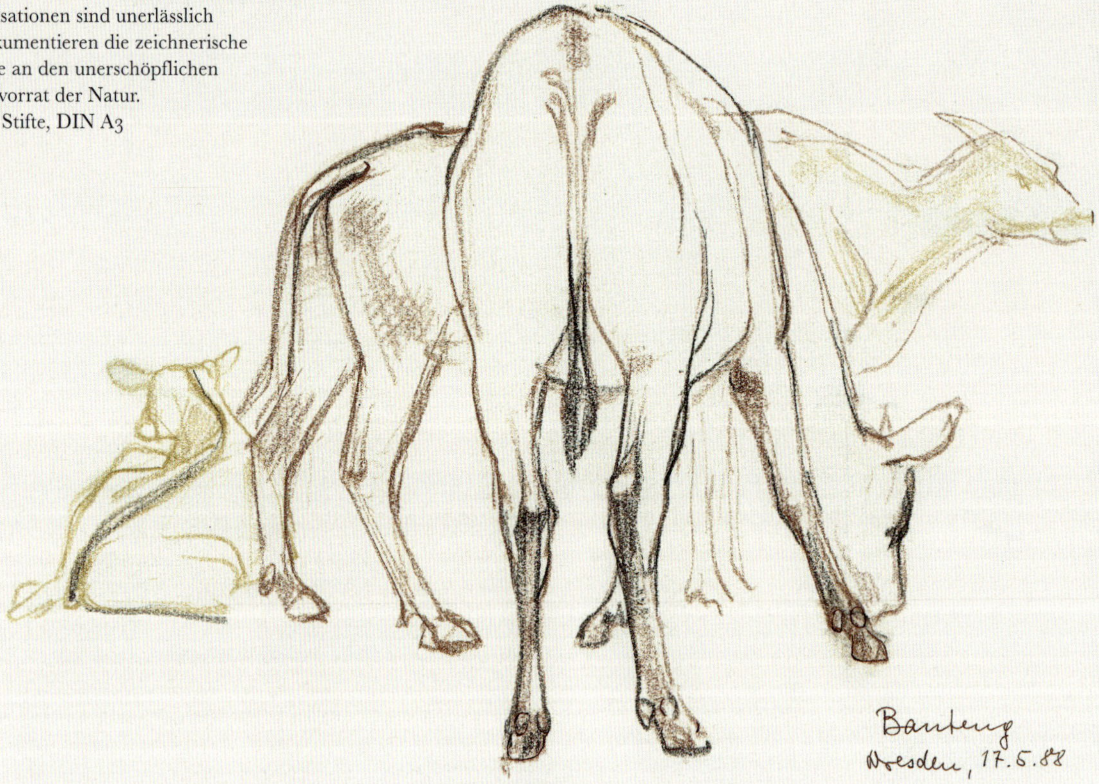

200

Dominanz des farbigen Pinsels bei geringfügigsten Formangaben (ruhende Banteng-Rindergruppe)

Farbmodulationen in rotbraunen Tönen, im Kontrast
zu kühlen blau-grünen Umfeldandeutungen
Improvisierende Aquarelltechnik, DIN A3

201

Ruhig, leicht, lebendig und gelöst – eine Forderung an die Studiensynthese von Zeichnung und Farbe

Die improvisiert gesetzten Schraffen von einigen Aquarellfarbstiften wurden hier und da mit dem Aquarellpinsel, gefüllt mit klarem Wasser, leicht übergangen. Kombinierte Technik für eine Pantherstudie, DIN A3

202

Ausdruckskraft der schwärzlichen, hingeworfenen Farbdominanz eines Panthers bei flott hingestrichenem malerischem Ambiente

Der schräg ausgewogene Vorderkörper steigert den Ausdruck gespannten Innehaltens der Bewegung. Weitgehende Vorstellungsarbeit, mit struppigem Pinsel sofort aufgetragene deckende Fingermalfarbe auf weißer Pappe, DIN A3

Fellstruktur und -zeichnung

Es kann in Anbetracht der großen Vielfalt an Fellstrukturen, -zeichnungen und -musterungen nicht die Aufgabe sein, Einzelerörterungen vorzunehmen. In erster Linie wollen die Beispiele Anregungen zu eigenen Experimenten bieten und deutlich machen, wie die verschiedenen Realisierungsmittel für die Charakterisierung des Haarkleides nutzbar sind. Auf Ordnungen von Tüpfelungen und Zeichnungen ist noch gesondert einzugehen. Hier vorerst so viel (Abb. 203–207):

- Tüpfelungen sind nach Form und Dichte nicht gleichmäßig über das Fell verstreut. Die Rosettenflecken des Leoparden verteilen sich als größere Kringel mit unterschiedlicher Konzentration über die Flanken von Brustkorb und Oberschenkel, an Kopf und Schulter ersetzt von Komma- und Punktformen.
- Beachte beim Zeichnen, dass diese Formen sich an die Körperrundungen anschmiegen und auch sie den Verkürzungen je nach Ansicht unterliegen können. Sie modellieren die Körperhaftigkeit.
- Versuche die Fleckung auch in nassen Medien auszudrücken. Lege zuvor die Gesamtform als transparente Pinselzeichnung an (Abb. 205) und setze in die feuchte Farbe die Rosetten in farbiger Tusche (Abb. 206).
- Gerade in der Kunsterziehung sollte probiert werden, die Fleckung der Giraffe mit dem Korkstempel darzustellen. Dabei müssen die trennenden ›Fugen‹ (Abb. 208) erhalten werden.
- Vermeide es unbedingt, langzottiges Fell wie wirres Heu darzustellen. Teste, ob man nass in nass oder trocken vorgehen sollte (Abb. 209, 210). Der Strich des Fells unterliegt gesetzmäßigen Richtungen, die ein Einzelstudium wert sind (Abb. 211, 212), und hier prüfe man, wie erfolgreich der Vortrag mit spitzem oder fließendem Material ist.
- Sehr reizvoll – unter gänzlichem Verzicht auf Feder oder Pinsel – ist auch das Malen mit dem Finger (Abb. 213) oder das Setzen der Farbe mit dem Spachtel (Abb. 214).
- Will man mehr von der Fellstruktur (Zottigkeit, Weichheit, Flauschigkeit usw.) erfassen, lohnt ein Versuch mit fließender Aquarellfarbe, in die hinein mit Feder und Tusche gearbeitet werden kann (Abb. 215).

203

Rosettentüpfelung eines nordchinesischen Leoparden mit verbalen Farbangaben zur Fellfleckung

Figur und Fell in Bleistift, teilweise gewischt, DIN A4

204

Kombination der Zeichnung mit farbigen Kreiden als notierte Eindruckswerte

Nicht immer ermöglichen die Bedingungen des Zoo-Ambientes den Einsatz flüssiger Farbgebungen. Hier das Zusammenspiel von farbigen Kreiden mit weißer Deckfarbe auf tonigem Grund, DIN A4

- Fellformationen, die dem jahreszeitlichen Wechsel unterliegen, bilden oft ein landkartenartiges Relief. Hier achtet man auf die Kontraste der Struktur (kurzhaariges, junges Fell, sich in Büscheln lösendes Fell und filzige Behaarung), die mit farbigen Kreiden, die sich stellenweise wischen lassen, besonders deutlich darzustellen sind (Abb. 217).

Das schon mehrfach empfohlene Fingermalverfahren kommt der Farbmodulation stärker entgegen als der Struktur. Hierbei empfiehlt sich (Abb. 216):

- konsequent nur die Finger zu benutzen, von der Breite des Daumens über die besonders feinfühlige Zeigefingerspitze bis zur Nagelkante des kleinen Fingers,
- das Farbmaterial unterschiedlich stark aufzutragen, von kräftig aufgesetzten Tönen bis hin zu dünnem lasurähnlichem Auftrag, indem man die Farbe durch stärkeres Aufdrücken verzieht.

Das Haarkleid fordert dazu heraus, seine Weichheit mit Hilfe des Nass-in-nass-Malens auszudrücken, wodurch sanfte Übergänge erzielt werden können. Um den Vortrag spannungsreicher zwischen Lockerheit und festerer Bestimmtheit zu gestalten, sollte man fließende Übergänge nicht überall anstreben, sondern auch begrenzende Aussparungen schaffen, um Formhärten zu erzielen (Abb. 218).
Der unbehaarten Haut und ihrer Struktur wenden wir uns im nächsten Abschnitt zu.

205

Monochrome Pinselvorstudie zur farbigen Studie eines nordchinesischen Leoparden

Pinsel mit transparenter Aquarellfarbe, DIN A3

206

Spontan angelegte farbige Studie von einem nordchinesischen Leoparden

Braune Tüpfelung auf weißem Fellgrund, ausgeführt mit Tusche und Feder. Über diese wasserlösliche Grundlage wurde stellenweise mit reinem Wasser und Pinsel hinweggegangen. DIN A3

Leopard im Keulensitz mit Rosettenfleckung

Die ›Fugen‹ zwischen den Tüpfeln sind eng aneinander gerückt; die großen Rosetten haben eine Ringform und sind an einer Stelle geöffnet. Aquarell, DIN A3

Netzfleckung der Giraffe

Die Fleckung ist von Tier zu Tier sehr variabel. Die dunklere Farbe steht auf hellerem, sandfarbigem Grund. Hieraus lässt sich ein schönes dekoratives Spiel ableiten, indem man auf die Grundfarbe entsprechend unregelmäßige Flecke mit einem zurechtgeschnittenen Korkmodel aufstempelt. Deckfarben auf gelbem Papier, DIN A3

Hovawart mit rotbraun und ockerfarbig leuchtendem, langhaarigem Fell

Aquarell, teilweise mit brauner Feder auf Aquarellpapier, 23 x 32 cm

Orang-Utan-Frau mit gelber Frucht in der Hand

Ihr langes, rostfarbenes Haarkleid umgibt sie wie ein Mantel, der im Gesicht, an Händen und Greiffüßen die Haut fast freigibt. Die Gesichtshaut nimmt violettfarbene Tönungen an. Trocken gemaltes Aquarell, DIN A3

Einhändig und einfüßig hängender weiblicher Orang-Utan

Bei normaler hockender Stellung im tropischen Regen verläuft der Strich des Haares in Richtungen, die dem Ablauf des Regenwassers förderlich sind. In der Hanghaltung jedoch folgt die lange Behaarung ihrer eigenen Schwere und steht stellenweise ab.
Braune Feder, Farbstift und Bleistift, DIN A4

Sitzende Orang-Utan-Frau mit erhobenen Armen und haltenden Händen in ihrem Gehege

Auch in dieser Haltung überrascht die übergroße Länge der Arme und die Kürze der Beine. Aquarell, DIN A3

Vorübung für die Behandlung des Kamelhaarkleides mit sehr wenig Aufwand

Jahreszeitlich unbeeinträchtigt gibt es Körperstellen, die immer von langem Haar bedeckt sind, so der grasbüschelartige Besatz der Höcker, des rückenseitigen Nackens und der Kehlseite des Halses sowie der Flanken des Unterarms.
Braune Fingermalfarbe, mit dem Finger aufgetragen, DIN A4

Die Flockigkeit des Haarkleides reizt zu variablen Vortragsweisen

hier des Farbauftrags mit dem Palettenmesser, DIN A4

215

Das im Abstoßen befindliche Winterfell des Kamels und sein lückenhaft gewordener Haarstrich bieten Gelegenheit zu Kombinationen von Tusche und Feder bei leicht aufgesprühtem Wasser und ergänzendem Einsatz der Aquarelltechnik. Feder in brauner Tusche, besprühter Grund und aquarellistische Weiterbearbeitung, DIN A3

Ein Farbenspiel wie hier vom dunklen Sepiabraun über karminbraune Tönungen der Körperflanken bis hin zu ockerweißlichen Aufhellungen an Bauch und Laufinnenseiten dient der Formgebung. Die ›Fehlstellen‹ werden durch das künstlerische Auge ergänzt. Deckfarbe, DIN A4

Der Ausdruck unwiderstehlicher Kraft des Bisonbullen bei gesenktem Kopf

Beachte die steile Kurve am Übergang des Nackens in den hohen Widerrist (bis 2,9 m Höhe).
Verstärkt wird der gewaltige Eindruck noch durch das Kräuselhaar der Stirn, das schwarzbraune, herabhängende Nacken- und Barthaar sowie die Fellpolsterung des Unterarms.
Farbige Kreiden in Braun bis Schwarz, DIN A3

Es bietet sich an, das wuschelige Fell z. B. eines noch tapsigen Junglöwen mit seinen breiten tollpatschigen Pfoten aus einem lockeren Spiel von schwimmenden und trockenen Partien der Aquarellvermalung entstehen zu lassen. Aquarell, DIN A3

Hautstruktur

Das nahezu haarfreie Hautgewand, insbesondere der Dickhäuter, ähnelt einer Draperie und verhält sich nach ähnlichen Gesetzen. Die Bildung des ›Faltenwurfs‹ (Abb. 219, 220) ergibt sich aus Hautüberschüssen (vorwiegend Bewegungsreserven), die der Wirkung von zwei Hauptkräften unterliegen, der Zugspannung und Stauung. Grundsätzlich laufen die Falten, die notwendig sind, damit das Tier Bewegungen ausführen kann (z. B. Beuge- und Streckfalten), quer zur Bewegungsrichtung. Dabei spielt die unterschiedliche Verschiebbarkeit der Haut dank ihrer Anheftung (durch das Unterhautbindegewebe) an der skelettalen und muskulären Unterlage eine nicht geringe Rolle. Abgesehen von den netzartig ausgebreiteten Runzeln lenken wir unser Augenmerk auf die auffällig faltenreichen und -armen Körperzonen:

- Die über den Rücken gelegte Haut verhält sich so wie eine Decke, die glatt über eine Polsterung gezogen ist, an den abschüssigen Regionen jedoch ihrer eigenen Schwere nachgibt.
- Zwischen der Anhaftung am Schultergürtel und Hüfthöcker hängt sie großbogig und faltenreich durch, wobei sich die vom Befestigungspunkt ausstrahlenden Faltenfächer gegenseitig durchkreuzen.
- In großem, schlaffem Überschuss hängt die Haut als schwere Girlande vom Bauch herab. Sie bildet hier die Reserve beim Vor- und Rückführen des Vorder- und Hinterbeins.
- Am Rüssel ist die Haut in ringartige ›Muffen‹ gelegt und gewährt damit dessen allseitige Bewegung.
- Ellenbogen und Knie werden von vielen Querfaltungen überzogen, in verstärktem Maße an den Vorder- und Hinterfußgelenken. Hier faltet sie sich wie ein zusammengesacktes Kleidungsstück und legt sich in Y-ähnliche Höhen und Tiefen.

Zu den Konsequenzen eines körperhaft räumlichen Zeichnens gehört, dass die Faltengebilde als Aufwölbungen und Vertiefungen (Räume) verstanden und dargestellt werden.

Die beeindruckende Massigkeit des Dickhäuters, seine stumpfe, rissige, schrundige, borkige Oberfläche, wird man mit jenen Materialien wiedergeben, die die Zeichen für diese besondere Art von Stofflichkeit und Struktur vermitteln:

- die Schwere suggerierenden weichen, dunkleren Kreiden, die mit ihren tiefen Tönen schon die Grundstimmung des Gewaltigen hervorrufen können.
- Nutze trockenes, breit geführtes Zeichenmaterial in Verbindung mit rauen, körnigen Zeichengründen, die in ihrem Zusammenwirken ohnehin eine wesensverwandte Struktur entstehen lassen.

Überlegungen vorgenannter Art mindern von vornherein die Tendenz, sich in verselbstständigte Faltendokumentation zu verlieren. So kann man sich leichter den großen Eindrücken von Volumen und Bau, Schwerfälligkeit und Gelassenheit hingeben. Und ganz zuletzt runden einige präzis beobachtete Züge der Hautdraperie das Ganze ab.

Die Faltenbildungen, hier bei einem indischen Elefanten, gleichen einem draperieartigen Überwurf, der auf Rücken und oberen Brustkorbflanken ziemlich glatt aufliegt. Tiefer jedoch, im Bereich der Hüfthöcker und des Schulterblattes, kommt es zur stärkeren Anbindung der Haut an ihre knöcherne Unterlage mit bogig durchhängenden Faltenzügen.
Im Bereich des Übergangs vom Unterarm in die Handwurzel entstehen Hautstauchungen, die sehr genau den Stauchungen einer aufsitzenden Hose entsprechen.
Unten: Hauptbereich gesetzmäßiger Faltenbildungen
Feder, graue und schwarze Kreide, DIN A3

Das oben beschriebene gesetzmäßige Hautverhalten bei einem afrikanischen Elefanten

Graue und schwarze Kreiden, DIN A3

Studie in Deckfarbe zum Farbenspiel der Haut eines afrikanischen Elefanten

Deckfarbe auf rotbraunem Karton, 22 x 21 cm

Ordnungen von Tüpfelung und Streifung

Während sich die Scheckung in gänzlicher Unregelmäßigkeit über den Körper verteilt (sowohl was die Form als auch die Größe und Anordnung der Flecken angeht), entbehren Tüpfelungen und Streifungen nicht jeder Ordnung. Ihr wichtiger Stabilisator, oft nicht sofort erkennbar, ist die Bezogenheit der Zeichnung auf die bilaterale Symmetrie: Verdichtung der Zeichnung auf der Rückenmittelachse, Auflockerung an den Innenseiten der Läufe oder Betonungen der Körperflanken.

Außerdem sind – wie am Beispiel Gepard – die Tüpfel nicht völlig zufällig wie ein Wurf Erbsen verstreut: Die Anordnung lässt quasi Bahnen erkennen (Abb. 222, bräunliche Linien), die wie die Schnüre eines übergeworfenen Netzes verlaufen. Man darf also nicht einfach drauflostupfen (Abb. 223).

Die Streifung von Tiger, gestromter Hauskatze oder Zebra wird gekennzeichnet durch Querrichtungen zum Verlauf von Leib und Gliedmaßen (Abb. 224–227). Das Aufeinandertreffen von vertikaler Streifung des Leibes und horizontaler der Gliedmaßen müsste zu einer Lücke der Zeichnung führen. Hier aber sorgen Übergangsverläufe (Interferenzstreifung) für das Auffüllen solcher Zonen. Die Zeichnung des Tigerkopfes ist so individuell wie die Tastlinien der menschlichen Finger.

Die Streifung kann dem Zeichner sehr wohl nützlich sein beim Erfassen der Körperhaftigkeit. Er nutzt sie wie die Ringformen, mit denen sich ein quer gestreiftes Trikot um die Körperform legt (Abb. 225).

Voraussetzung hierfür ist, dass der Zeichner immer im Geiste oder als reale praktische Untersuchung (Abb. 225 oben) die elementarisierten körperhaft-räumlichen Sachverhalte durchschaubar macht.

Die Umsetzungen von Empfehlungen für die praktische Lesermitarbeit können kein Abschluss sein. Sie sind ein Ansporn zu weiterem Tun. Denn mit dem in diesem Buch angebotenen ›Rüstzeug‹ ist ein neuer Anfang vorbereitet: der künstlerische.

Für ihn haben Geist und Hand die unerlässliche stockungslose Bewegungsfreiheit errungen. Mit ihr und durch sie wird auch der Erlebensübersprung wachsen, in dem die Formen fremder, tierischer Existenz, welcher Gestalt auch immer, für uns immer tiefere Bedeutung gewinnen, uns auch betroffener machen und unserer Obhut bedürfen.

Hinter allen nüchternen Erörterungen und arbeitsbezogenen bildnerischen Erwägungen mögen die Stimme und Stimmigkeit von lebendigen Ganzheiten transparent geworden sein, die koexistenziellen Erscheinungsweisen unserer eigenen menschlichen Existenz.

222

Die Tüpfelungen eines Geparden

Die Anordnung entspricht vergleichsweise einem übergeworfenen Netz, dessen Knotenpunkte mit einem Tupfer versehen sind. Unser Auge kann sie zu ganzen Linienzügen zusammenziehen, wobei sich Tüpfeldichte und -form der Körperoberfläche anpassen.
Bleistift, ›Netz‹ der Tüpfel in braunen Linien, DIN A4

223

Stehender Gepard von halb hinten, mit besonderer Beachtung seiner Tüpfelanordnung

Diese trägt zur Kennzeichnung der körperhaft-räumlichen Sachverhalte der Oberflächenstruktur bei. Aquarell, DIN A3

Gesetzmäßige Streifung des Tigerfells

Obwohl die Fellzeichnung des Kopfes und übrigen Körpers unwiederholbar individuell verläuft, werden dabei dennoch Regelmäßigkeiten eingehalten: Die Streifen verlaufen im Verhältnis zur Körperlänge etwa im rechten Winkel.
Am Übergang des Rumpfes in die Beine kommt es zu Zwischenrichtungen bei den Streifen (Interferenzstreifung).

225

Anpassung der Querstreifung des Tigers an seine körperhaft-räumliche Befindlichkeit

Die Streifung wirkt wie Andeutungen von vielen Querschnitten, die, ähnlich den Querstreifungen eines Hemdes, sehr wohl als Orientierungshilfe für die tierkörperliche Beschaffenheit vom Zeichner genutzt werden können.
Oben: Körperhaft-räumliche Studie zur plastischen Beschaffenheit eines liegenden Tigers unter Verzicht auf die Musterungsangaben
Zeichnung in brauner Feder oben, darunter aquarellierte Studie, DIN A3

Die gestromte Hauskatze mit ihrer Felltigerung ist ein Analogon zu ihrem großen Verwandten

Farbige Kreiden auf gelblichem Tonpapier, DIN A3

Entsprechende Übereinstimmungen (Analogien) des Streifungsprinzips verschiedener Großsäuger

Die Streifung des Zebras und des Tigers haben große Ähnlichkeiten, jedoch mit dem Unterschied, dass beim Zebra die Interferenzstreifung schon an den Hinterbacken beginnt.
Feder, aquarelliert, DIN A3

Zoo Dresden
9.7.88

Register

H

I

J

K

L

M

N

O

P

Q

Z

Impressum

Genehmigte Sonderausgabe für
boesner GmbH holding + innovations, Witten
Titelgestaltung: Stefan Pototzki
3. unveränderte Auflage 2017

Im vorliegenden Sammelband sind folgende Titel
vollständig enthalten:

Menschen zeichnen, Gottfried Bammes, ISBN 978-3-86230-000-6

Tiere zeichnen, Gottfried Bammes, ISBN 978-3-86230-162-1

ISBN 978-3-928003-20-9
Printed in Germany